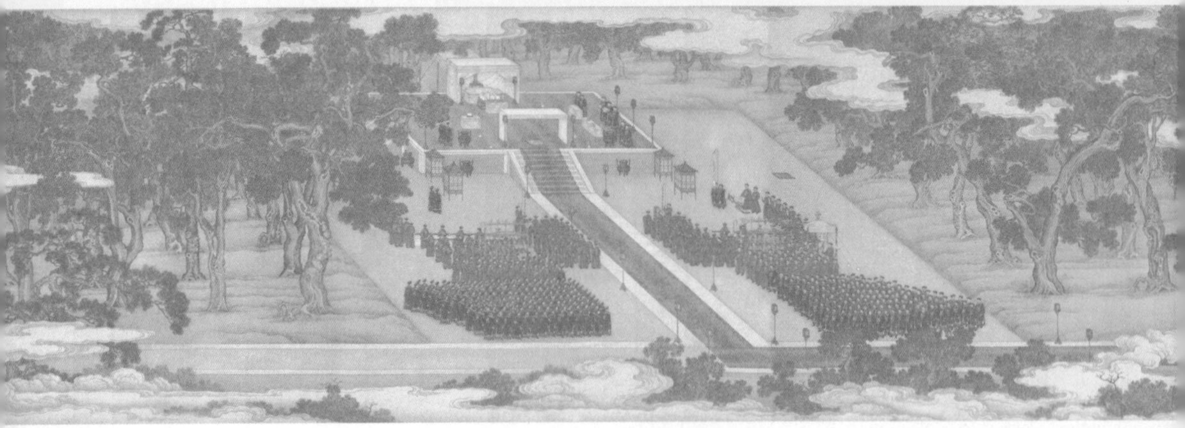

再說
雍正

金恒源 —— 著

前　言

原北京大学副校长、历史学家何芳川教授在13年前接受国家清史委编译组三位同志采访时就提出："我们毕竟是21世纪的中国学人,应该站在21世纪的高度来写清史",搞清史的人"手里要有一面世界史的'镜子'"[1]。

在他看来,

中国的皇帝对内都非常残暴,但对外却有一副儒家天朝大国的和善和友好的面孔。

过去我们一般通史中的清史,往往偏重于政治史,而文化史和经济史只是点缀或铺垫。

他建议,

我们一方面要看到康乾盛世在中国历史上的进步、积极的东西,它的功劳,同时也要看到它在中国历史上的消极的、负面的东西,如文化专制、文字狱等等。从制度文明来说,1640年英国资产阶级革命开始,在清朝建立的前四年,到1688年结束,正好在康熙的时候,他们开始过上好日子了。两次革命把英国的制度文明的问题解决了。18世纪80年代是美国独立战争,1789年法国大革命,在制度文明方面,人家完成三大革命的时候,我们却过着一种天朝无所不有的生活。在思想领域,伏尔泰、孟德斯鸠……多少大思想家,人家在那里百花齐放、群星灿烂的时候,我们在搞文字狱,这个反差多大啊!

他还说:"这个雍正杀人非常多,很不好。现在却说雍正很勤政等等。我觉得再写这个清朝分期,要以世界历史的发展阶段作为重要参照系来写。"[2]

---

[1]《清史译丛》第一辑,中国人民大学出版社,2004年,第207页。
[2]《清史译丛》第一辑,中国人民大学出版社,2004年,第200页。

2002年及2005年笔者分别专程前往拜访王钟翰、戴逸两位清史大家及高翔先生时，两位清史大家和高翔先生除了热情鼓励我继续深研雍正继位专题外，也都建议应关注对雍正帝统治思想、雍正帝制度、政策的研究。

早在2004年时，戴逸先生就指出："清军入关是1644年，距离哥伦布发现美洲已经一个半世纪，……当时中国也是处在十字路口，也有可能选择西方文化。作为统治者的满族，处在文化的后进的地位，它要学习先进文化。当时，它面临的先进文化有两种，一个是西方文化，一个是汉文化。它和西方文化接触很多，也知道它的好处，为什么没有更多地选择西方文化？这也是一个历史之谜吧。后来，完全走了汉化的道路，而且越来越汉化。看来，它不是没有可能选择西方文化，它有机会选择，但它没有更多地吸收西方文化，而是走了单纯汉化的道路。如果稍稍吸收一些西方文化，哪怕像日本一样，出现一个兰学，那中国历史的道路肯定会不一样。"

"中国走的道路依然是汉族的传统道路，没有吸收西方的先进文化。这是历史事实，清朝从一开始就面临着政治和文化选择，一开始就面临着西方文化，这是其他朝代没有的事。"

这样看来，清朝尤其是康、雍、乾三帝在机会选择上，应具有优先权。康熙帝似乎已打开了半扇窗，而雍正帝却又很快就把这扇窗关上了。

时下，只要一说起雍正帝，人们似乎已对他相当熟悉，不就是那位勤政、改革、务实、果断、刚毅、奋发有为，却又背负种种骂名、忍辱负重的历史人物吗？其实，无论对雍正帝继位真相之研究，还是对雍正帝其功过是非之研究，远并未到此为止，还有许多事情要做。

第一，30多年来，读者看到、听到的，几乎全是对雍正帝的一片叫好、赞誉声。却很少见有人发问：雍正帝执政13年，他把中国引向何方？他执政13年，中国的国际地位与其前任康熙帝相比较，究竟是提高了，还是倒退下降了？

第二，也很少见有人发问，他执政13年，其民生状况与前朝前任康熙朝、康熙帝相比较，究竟是提高了还是下降倒退了？当然也很少能听到或看到有人用史料用数据，把雍正帝、雍正朝的政治、经济、军事、外交、文化、民生、民舆等，与前朝前任康熙朝、康熙帝作一个全面比较。

而如果不提问、不研究雍正帝执政13年，最终把国家引向何方；不把雍正帝统治13年下的民生状况与前面康熙朝、前任康熙帝作比较究竟如何，只讲雍正帝如何勤政、如何务实，笔者以为，这是在舍本逐末，是把对历史人物的研究、把历史研究最根本的东西舍弃掉了。

试问，雍正帝所勤政的那个"政"、他务实的那个"实"，究竟是什么呢？如果他勤政只是实现了个人独裁比前任更大更强，国家的国际地位与民生并不比前任更高更强，对他的一片叫好赞誉是否会言过其实了呢？在评价某个帝王（而非普通人物)勤政、务实、改革、奋发有为等美誉时,还要不要认真审视一下——这位历史人物、这个历史时代的历史走向如何?

何为国家的历史走向? 国家与子民的生存现状与国家的发展方向、发展趋势也。

对雍正"改革型"皇帝的改革应当怎么评价,著名清史专家冯尔康教授近年曾作过这样的总结:"(雍正帝的)这些改革是在传统社会制度内进行的,是从维护这种制度出发的,而这种制度已经进入了它的晚期,时代已不允许它作出较有深度的生产关系的调整,所以改革的成果是有限的,不宜于夸大。"[1]

然,时间仅相隔几年,2009 年,冯先生又提出了另一种评价:"十三年的政绩比在位六十一年的康熙帝有过之而无不及。雍正帝将精力、时间全都交付给朝政了。"[2]

究竟雍正帝的"改革的成果是有限的,不宜于夸大"? 还是雍正帝"十三年的政绩比在位六十一年的康熙帝有过之而无不及"? 这不仅事关对康熙帝、雍正帝的历史评价,还直接事关对历史经验的借鉴与历史教训的总结,不能不认真对待。

电视剧《雍正王朝》热播后,雍正帝是"累死"的赞语,一下子铺天盖地、不绝于耳,名扬中外。

雍正帝真的有那么神圣、那么完美吗? 试问,古今中外的历史上,有哪一个皇帝是累死的? 唯独雍正帝是累死的? 事实上,雍正帝之独裁、闭关自守、个人奢侈、文字狱,都远胜过康熙帝的;雍正的天下观、国家观、君臣观、经济观、人生观、价值观,乃至伦理观,并不见得比康熙帝更先进、更开明;雍正朝执政十三年,国土大量流失,人民生活水平并不比康熙朝好。

秦始皇焚书坑儒,但他推行了字同文、车同轨、统一度量衡,倒也是实实在在的改革,是符合国家进步,符合历史发展,也是有利于提高人民生活水平的。雍正帝也作了一些改革,但雍正帝真正想要改的,是广大官僚、千万子民对他还不够忠,要改;是广大官僚、千万子民对以皇帝的是非为是非,或以皇帝的好恶为好恶上,表现得还不能令他满意的人、事、言行、结果,这些都要改。雍正帝推行密折制、建军机处、搞秘密立储,其最终目的全在此。雍正帝、秦始皇都是封建帝王,都实施了某些改革,出发点与落实处则是有所不同的,改革的历史成果也是很不相同的;秦始皇也搞独裁,但他推行字同文、车同轨、统一度量衡,这与个人独裁就并无直接联系。雍正帝推行密折制、建军机处、搞秘密立储,都与个人独裁有直接联系。而秦始皇是公元前 200 多年的人,雍正帝是秦始皇之后 1 900

---

[1] 冯尔康:《清史图典·雍正朝序言》,紫禁城出版社,2002 年,第 10 页。
[2] 冯尔康:《雍正帝》,中华书局,2009 年,第 134 页。

多年的人。雍正帝之改革，与1900多年前秦始皇之改革，孰优孰劣？

中国历史，不仅中国人在研究，外国学者也在研究。历史研究，是可以跨学科、多学科，互动互补、取长补短的。1976年，美国著名经济学家保罗·萨缪尔森在其著作中提问："世界上为什么有些国家富，有些国家穷，至今还没有令人满意的解释。"[1]

美国哈佛大学的戴维·兰德斯先生将保罗·萨缪尔森的提问又向前推进、又再往深处更为具体地追究了一步。他指出："16世纪的中国认为自己居于世界的中央，它的成就是其他国家无法比较的。正是这样一种文化的优越感，加上狭隘的自上而下的专制，使中国成为一个不图改进、怠于学习的国家，在工业化时代落后了。"

笔者以为，清代前期，雍正帝身上的那种"文化的优越感，其狭隘的自上而下的专制"，远比康熙帝更为浓厚、也更为强烈。这种看法竟与万里之外美国哈佛大学的兰德斯先生不约而同。

兰德斯先生认为："康熙大帝在探求西方种种事物方面，在中国人之中是最为开明，好奇心最强"，"少数有远见的官员和至少一位皇帝（如康熙帝）明白：学习这些新事物，帝国将受益匪浅"。而"一千年以前，中国人在世界上遥遥领先——当然也领先于欧洲。有些人会说在其后的几个世纪里中国一直保持着这种优越性。为什么中国后来'失败'了呢？"

兰德斯先生还举了一个很小的、却是耐人寻味的例子："（当时中国）有人居然说显微镜'徒见其表……而不究其里'。"

兰德斯先生继续指出，"大清帝国动荡不安，人民过着悲惨的生活，官吏们拉帮结派，统治者的位子岌岌可危。请记住清朝（1644—1911）最初是由满族人建立的。大约只有100万人口的这个小小的游牧民族，夺取了亿万人的泱泱大国的政权，并且统治了他们两个半世纪。"兰德斯先生的这个观点未必全对，美国本身也是从8年南北战争中得以统一的。

兰德斯先生也承认："新王朝建立的头几年，情况有改善。天下重新太平，一切井然有序，粮食供应跟得上需求。粮食产量的增长是欧洲对这个自以为万事不缺的民族最了不起的礼物：新的作物（土豆、甘薯、花生）能种植在本来土壤贫瘠的山岭地区。但此时中国人口也急剧增长——这恰恰符合传统的马尔萨斯理论——当粮食供应难以再升高时，饥荒、内乱便又出现了。康熙大帝（在位1662—1722）尸骨未寒，动乱就开始了，最初很容易就被镇压下去，但后来的动乱又如同积聚的暴风雨，越来越严重。"

兰德斯先生所说的"动乱"，显然是指雍正帝，又不仅只是雍正帝。因为，"中

---

[1] [美]戴维·S.兰德斯：《国富国穷》，新华出版社，2007年，第1页。

国在 1 000 年以前是世界的中心,是地球上最富庶、人口最多的帝国,约 300 年前仍是人们赞叹的目标,此后却没落到受人讥笑与怜悯的境地。"[1]

兰德斯先生说的 300 年前的中国,正处于清朝时代。人们常说,落后要挨打。殊不知,不与时俱进,与世界潮流脱节,却又自我感觉良好,盲目自大,不提高人民生活水平,历史、文化再悠久,国库再雄厚,也还是会落伍、会落后。

笔者试作以下思考,期待中外方家教正:

乾隆时代,中国 GDP 世界第一、中国国库(户部)白银存量世界第一、中国进出口总量世界第一、中国人口数量世界第一、中国军队数量世界第一。中国是十六七世纪当仁不让最富庶、最强大的国家。然而,中国老百姓的生活水平,是当时世界第几呢?

这个问题,千百年来从未列于中国皇帝的龙案上,中国皇帝从来就未考虑过要把中国老百姓的生活水平放到世界第几,清政府皇帝,当然也从未考虑过这个问题,他们从来根本对此不屑一顾,因为他们从未将此列为治国目标。中国皇帝包括清代皇帝的治国目标就两个字:皇权;或三个字:家天下。

中国古代皇帝那么多,却没有一个皇帝愿意跨出国门去看看外面的世界是什么样,看看外面世界的老百姓的生活是什么样。康熙帝还搞搞南巡和东巡,视察水利,与老百姓直接接触一下;雍正帝执政 13 年,从不直接接触老百姓。

雍正帝首先考虑的,是扫除政敌;政权稳固后,他首先考虑的,是如何把圆明园扩建得更气派、更宏伟、更奢侈,甚至还考虑到他身后的陵寝,如何可超越前任皇帝。他们关注得更多、更迫切的,是家天下模式如何绵延更长。如此自私而又作茧自缚,就是闭关自守,这其实同样是造成中国不了解国际社会、国际社会不了解中国,使中国在国际社会上落伍、落后的原因之一。

中国历代皇帝朝思暮想的,主要的或基本的,是如何巩固皇位,如何把皇位世袭下去且千秋万代。至于小民百姓,只要有口饭吃,不造反,就是理想社会,就不想再去改变,只想着如何维持和维护。这应该是作为大国中国,即使曾经是康乾盛世、一度辉煌强盛大国的中国的一条历史教训。

而雍正帝表面上的勤政、改革、务实、抱负、刚毅、果断、奋发有为,等等,主要的或基本的目的与目标,或骨子里,也即我们通常所说的本质,都是围绕如何巩固皇位,如何把皇位世袭下去且千秋万代,甚至,如何能长生不老,能活百岁以上。他从未考虑过如何把中国搞成世界第几,更从未考虑过如何把中国老姓生活水平搞成世界第几。

他称帝后考虑的第一件事,是万一他有不测,如何确保皇位传给其指定的儿子? 他考虑的第二件事,是如何迅速有效地确保他能无限扩大个人独裁? 他考虑

---

[1] 以上出自兰德斯言:《国富国穷》,第 297 页、第 303 页、第 306 页。

的第三件事,是如何扩建圆明园,如何炼丹、长生不老?他考虑的第四件事,是如何死后能理直气壮地不入东陵,另建一个规模、等级都大大超过康熙帝景陵的西陵?

以上这些目标和目的,除了长生不老外,他都实现了,但是,国家地位世界第几呢?老百姓生活世界第几呢?中国在国际上之地位、雍正时代老百姓生活水平比康熙朝是上升、提高了,还是下降了,还是老百姓不满度大大增强了呢?这些,都不在他治国安民的宏图内,雍正帝的成千上万条朱批,也完全见不到有这个百年大计的目标路线图。那么,他勤政、务实的终极目标,最后都落实到什么地方去了呢?最后都落实到圆明园,落实到西陵去了。

有人以雍正朝的户部库银为据,来论证雍正朝的经济比前任搞得好。其实未必见得,详见本书第五章。

《国富国穷》这个问题,本该是帝王们、历代统治者们日思夜想、付诸实践的问题。众多专家学子及国民抱着"国家兴亡匹夫有责"在满腔热情地不断研究、不断总结探索,说明千百年前的帝王、统治者们,当然也包括清代的统治者们,尚有许多很值得后来者再研究、再总结的空间。至少,被兰德斯先生多次提到的康熙、雍正二帝,就是一对很值得比较、研究的具体对象。

这项工作如此浩繁艰辛,只靠少数人是不能胜任完成的,而且,这个研究也同样不能闭关自守,同样不能关在门第圈内或个人小屋内,同样不能"小农经济式"地自满自足于一锄一犁,同样需要坚持改革开放路线、需要千军万马前仆后继、不屈不挠的精神。当代西方史学正在尝试把历史作为公共史学,让历史吸引更多人,让更多人关注、参与历史讨论和研究;历史讨论和研究除了从历史到历史外,还可以跨学科、多元化、多领域并举,作为历史讨论和研究的路径与方法,或也是可以借鉴,或也是值得借鉴的。

"学术者,天下之公器。"天下之公器,乃天下公民所共有;既为公器,当为天下国计民生进步与福祉之所虑、之追求、之探索、之奋斗。

任何人,无论本事有多大,智商有多高,终究不可能把所有学问都穷尽做完。"学问"二字,归根到底,也总是离不开边学边问,边问边学。这就有了本书最后一章的内容,再四拜读冯尔康先生《雍正传》后的问与学。

对雍正这位历史人物之研究,如山林之繁茂,似江海之广瀚。是否已经做到头了呢,是否还可以再研究、再评论呢,本着这一精神,笔者不自量力,也想在边学边问、边问边学中,摸索前进。

历史研究,诚如司马迁所说,是为"究天人之际,通古今之变,成一家之言"。余只希望此一家叨叨之言,能抛砖引玉,以求得更多能人贤士更加完善的研究成果,也衷心欢迎方家读者不吝赐教。

2014年初稿,2017年春节中改稿,2018年谷雨前后修定于上海寓所清源斋

目 录

前　言 ··· 001

第一章　治国理念 ··· 001
　　一、康熙帝的治国理念 ··· 001
　　二、雍正帝的治国理念 ··· 016

第二章　密折制 ··· 127
　　一、研究密折制不可忽略的两件史料——《朱批谕旨选辑》
　　　　雍正御制《序》及卷末乾隆御制《后序》 ················· 127
　　二、密折制是雍正帝特务统治之工具 ························· 133
　　三、密折制是凸显人治超越法制的畸形政治 ················· 136
　　四、密折制在雍正时代的历史走向 ···························· 142
　　五、密折制是国家政治生活中之肿瘤 ························· 145

第三章　秘密立储 ··· 151
　　一、制度创新还是权宜之计 ···································· 151
　　二、是政治进步还是历史倒退 ································· 155
　　三、雍正为何急于秘立弘历为储 ······························ 157
　　四、康雍帝秘密立储之优劣 ···································· 160

第四章　雍正朝没有新的经济增长点 ····························· 165
　　一、日发谕旨十一道 ·· 165

二、禁海禁矿……167
　　三、轻视商业……169
　　四、闭门自守……172
　　五、从雍正朝的财政收入结构说起……175

第五章　雍正朝的经济问题……176
　　一、康雍朝户部存银之简单比较……176
　　二、康雍朝米价之比较……179
　　三、康雍帝财经理念之比较……182
　　四、雍正帝为乾隆朝打下良好经济基础吗？……187

第六章　雍正朝的反腐……191
　　一、贪污、亏空与反腐惩贪的必要性……191
　　二、雍正朝反腐的时代背景与局限性……222
　　三、雍正帝与权贵官商……229
　　四、康熙帝为何反对"火耗加派"……240
　　五、对养廉银政策得失之思考……242
　　六、对养廉银制度优劣得失之再思考……248

第七章　雍正朝的几个文化现象及反思……256
　　一、雍正朝文字狱……256
　　二、雍正朝文字狱的第一位受害人与最屈受害人……261
　　三、大字报、大批判之发明者与推行者……263
　　四、清代最大的著作权案……267
　　五、雍正帝与寺庙、方丈……268
　　六、雍正朝的祥瑞说与造假风……278
　　七、康熙帝的南苑书房……283
　　八、康雍朝对中国文化的贡献与损害……284

第八章 雍正帝生活奢侈远超康熙帝 ··· 289
一、象牙席 ··· 289
二、鼻烟壶 ··· 291
三、衣食奢华远超康熙 ··· 296
四、圆明园之谜 ··· 301
五、再说《十二美人图》 ··· 310
六、另建西陵 ··· 312
七、痴迷炼丹、企求长生 ··· 318

第九章 来华使节与传教士对康熙帝之评价 ··· 324
一、比利时传教士南怀仁的记载介绍 ··· 324
二、法国传教士张诚的记载介绍 ··· 326
三、法国传教士白晋的记载介绍 ··· 330
四、法国传教士宋君荣 ··· 333
五、俄国特使萨瓦 ··· 335
六、美国学者恒慕义 ··· 336
七、意大利传教士马国贤的《清廷十三年——马国贤在华回忆录》 ··· 338
八、《朝鲜李朝实录中的中国史料》之诸多矛盾 ··· 350

第十章 雍正帝骂名之根本原因：人心所向 ··· 359
一、骂名由内而外的传播 ··· 361
二、骂名自上而下的扩大与热播 ··· 365
三、违背儒家传统价值观 ··· 366
四、雍正帝本人的成败与失落 ··· 369
五、雍正朝国土的大量流失 ··· 372
六、雍正朝经济滑坡 ··· 372
七、雍正帝的阴险、残暴 ··· 373
八、雍正帝过河拆桥、众叛亲离 ··· 386

九、未处理好宗教人士、外交人士的关系 ………………… 389

第十一章　伟人耶，小人耶？ ………………………………… 391
　　一、雍正帝即位前后的自评及对执政业绩自述之评估 ……… 393
　　二、对康熙帝死因之分析 …………………………………… 395
　　三、从雍正帝对后宫妻妾真实心态与行为，看雍正帝其人 …… 398

第十二章　余论：浅议近年来雍正研究之得失 ……………… 399
　　一、浅析康熙帝的优势、强势与局限、遗憾 ………………… 399
　　二、雍正帝的优势、强势与局限、遗憾 ……………………… 404
　　三、对雍正帝承上启下之再认识 …………………………… 405
　　四、拜读冯尔康先生《雍正传》 ……………………………… 407

后　记 …………………………………………………………… 429

第一章 治国理念

一、康熙帝的治国理念

(一) 从《庭训格言》《圣谕十六条》说起

评论雍正帝的治国理念时,为什么还要介绍康熙帝的治国理念呢? 这是因为只有把雍正帝同其前任作比较,才能对雍正帝的治国理念看得更全面、更真切,才能分出良莠高下。

康熙帝从对皇子的教育抓起,重心落在两个方面,其一,如何做人;其二,如何做事。这是因为,如何做人、如何做事,不仅是个人修养素质,更会直接影响到将来治国理政。

在如何做人方面,康熙帝既推崇儒家的经典,又会加上他个人的心得;既有言传,更重身教。在时间顺序上,《圣谕十六条》颁布于康熙九年(1670年康熙帝十七岁);《庭训格言》陆续出现在平三藩之后,将其系统化并刊刻成书,则颁布于雍正八年(1730),由三阿哥诚亲王奉命主持编纂。

《圣谕十六条》的第一条,即"敦孝弟(悌)以重人伦"。

何谓人伦? 父子、兄弟、君臣、夫妇、朋友,五伦也。任何人的社会关系,必是先有父子、兄弟,长大了才有夫妇、朋友关系,其后才出现君臣关系。所以,五伦中排在第一位的,并不是君臣关系,而是父子、兄弟关系。父子、兄弟关系乃人伦之始。《圣谕十六条》的第一条即为"敦孝弟以重人伦",道理在于此。

何谓孝?《孝经》云:"立身行道,扬名于后世,以显父母,孝之始也。""只要养得父母一日、便是报得父母一日,替得父母一事、便是报得父母一事;使父母身体安逸、心志快悦,这方才是孝。"[1] 故,康熙帝在《庭训格言》里强调:"凡人尽孝道,欲得父母之欢心者,不在衣食之奉养也。惟持善心,行合道理,以慰父母而得其欢心,其可谓真孝者矣。"[2]

《圣谕十六条》的第一条之所以一开头便说"孝弟(悌)"两字,是因为只有为

---
[1] 周振鹤撰集:《〈圣谕广训〉:集解与研究》,上海书店出版社,2006年,第3—4页。
[2] 赵润田编著:《康熙教子秘语》,东方出版社,2014年,第6页。

人者能够先孝于亲,未来才能会忠于君。自古道:"求忠臣于孝子之门。"能弟于兄,便能识上下礼体而尊敬长上,能尊敬长上便能和睦于家庭,能和睦于家庭焉有不顺父母之理?

孔子的弟子有子曰:"其为人也孝弟,而好犯上者鲜矣,不好犯上而好作乱者,未之有也。君子务本,本立而道生,孝弟也者,其为仁之本与?"儒家认为,犯上作乱即大不孝。

中国儒家传统文化提倡百善孝为先。康熙帝又对孝字深化了要求。康熙帝特别指出,孝,不在于形式。孝,首先要讲一个诚字。如果心不诚,只流于形式,那就不是真孝,是伪善、伪孝,是虚伪。

康熙帝训曰:"为臣子者,果能尽心体贴君亲之心,凡事一出于至诚,未有不得君亲之欢心者。可见,凡为臣子者,诚敬存心,实心体贴,未有不得君亲之欢心者也。"[1] 又曰:"朕待皇太后家人礼数,以至顺适为安,自然为乐,并不以朝见日期限定礼法而称孝。"[2] 时下常见有人以四阿哥多次宴请康熙帝作其孝敬表现,似与康熙帝的孝本意并不相符。又训:"人生于世,无论老少,虽一时一刻不可不存敬畏之心。"故孔子曰:"君子畏天命,畏大人,畏圣人之言。"[3] 结合当时情况,这些训谕至少有一部分好像重点是针对当时的四阿哥说的。因为,从现在能够看到的史料而言,只有四阿哥说过、写过、有过,将天上玉皇、人间帝王,西天佛祖、古圣贤孔子全部一一骂过,四阿哥似最无敬畏之心者。

又训曰:"天道好生。人一心行善,则福履自至。……由是观之,仁者诚为人之本欤。"[4]

仁者系为人之本,也是施政执政之本。

又训曰:"凡人平日必当涵养此心。朕昔足痛之时,转身艰难。足欲稍动,必赖两旁侍御人挪移,少着手即不胜其痛。虽至于如此,朕但念自罹之灾,与左右近侍谈笑自若,并无一毫躁性生忿,以至于苛责人也。二阿哥在德州病时,朕一日视之,正值其含怒,与近侍之人生忿。朕宽解之,曰:'我等为人上者,罹疾却有许多人扶持任使,心犹不足。如彼内监或是穷人,一遇疾病,谁为任使?虽有气忿向谁出耶?'彼时左右侍立之人听朕斯言,无有不流涕者。凡等此处,汝等宜切记于心。"[5]

这种暴戾恣睢恶习,将下人随便任性当出气筒,动辄打骂,二阿哥身上见过,四阿哥身上也见过。康熙帝对养尊处优的皇子动不动就将情绪迁怒于人十分不

---

[1] 赵润田编著:《康熙教子秘语》,第7页。
[2] 赵润田编著:《康熙教子秘语》,第9页。
[3] 赵润田编著:《康熙教子秘语》,第19页。
[4] 赵润田编著:《康熙教子秘语》,第21页。
[5] 赵润田编著:《康熙教子秘语》,第60页。

满。他责问，若穷人心中有气有火，其向谁发泄呢？他要皇子们时刻将此牢记于心。作为一位封建帝王，这已远远超出了一般意义上的严格要求。康熙帝还批评过四阿哥"喜怒无常"，四阿哥辩称已经改了。四阿哥做皇帝后，只因两个唱戏的童伶多问了一句话，雍正认为与身份不符，竟下令将两人用棍棒打死。雍正对皇父一再教导要仁、要善良、要克制怒火、不可随便向下人发泄，早已抛到九霄云外。这两个唱戏的童伶，即使有犯规之处，打几下板子也就算了，何至于要活活杖死？雍正无非是借此两条小命，向众人立威罢了。他对众弟兄、众功臣尚且残酷无情，这两条小命又算得了什么？

又训曰："人之为圣贤者，非生而然也，盖有积累之功焉。由有恒而至于善人（有德之人），由善人而至于君子，由君子而至于圣人，阶次之分，视乎学力之浅深。孟子曰：'夫仁亦在乎熟之而已矣。'积德累功者，亦当求其熟也。是故有志为善者，始则充长之，继则保全之，终身不敢退，然后有日增月益之效。故至诚无息，不息则久，久则征（得到证验、证果），征则悠远，悠远则博厚，博厚则高明。其功用岂可量哉（学无止境，功用亦无止境）。"[1]

这个"熟"，意为成果、成效。孟子说："五谷是庄稼中的好品种，但如果不成熟，那还不如稗子之类野草。仁，也在于使它成熟罢了。""熟"，也可理解为表里一致、实在有用，此处之"仁"，不可徒有虚名的意思。

又训曰："朕自幼登极，生性最忌杀戮。历年以来惟欲人善而又善。即位至今，公卿大臣保全者不计其数。即如幼年间于田猎之时，但以多戮禽兽为能。今渐渐年老，围中所圈乏力之兽，尚不忍于射杀。观此则圣人所言'我欲仁，斯仁至矣'之语诚至言也。"[2] 显然，康熙帝是不主张大开杀戒的。

康熙帝又训曰："《大学》《中庸》俱以慎独为训，则为圣贤第一要节。后人广其说曰：'暗室不欺。'所谓暗室有二义焉：一是私居独处之时，一在心曲隐微则人不及知，惟君子谓此时指视必严也。战战栗栗，兢兢业业，不动而敬，不言而信，斯诚不愧于屋漏而为正人也夫。"[3] 康熙帝的意思是，做人、做事都要光明磊落，不要搞阴谋诡计。是康熙帝已经看出了四阿哥的毛病，还是康熙帝以儒家慎独为训，对皇子概而训导？

又训曰："春至时和，百花尚铺一段锦绣，百鸟且啭无数佳音，何况为人在世，幸遇升平，安居乐业，自当立一番好言，行一番好事，使无愧于今生，方为从化之良民，而无憾于世矣。朕深望之。"[4]

康熙帝一向甚为厌恶、反对碌碌无为。而四阿哥却偏以"天下第一闲人""闲

---

[1] 赵润田编著：《康熙教子秘语》，第102页。
[2] 赵润田编著：《康熙教子秘语》，第161页。
[3] 赵润田编著：《康熙教子秘语》，第106页。
[4] 赵润田编著：《康熙教子秘语》，第245页。

王"自居。四阿哥当时立了什么言？他立了《好了歌》《布袋和尚哈哈笑》《悦心集》。那么，康熙帝的这段训谕，既是广而教之，也有可能是有所指。康熙帝要所有皇子不可慵懒，施政执政者更必须有所作为。必须有所作为，这也是康熙帝的治国理念。

又训曰："人生于世，无论老少，虽一时一刻，不可不存敬畏之心。故孔子曰：'君子畏天命，畏大人，畏圣人之言。'我等平日凡能敬畏于长上，则不罪于朋侪，则不召过，且于养身亦大有益。尝见高年有寿者，平日俱极敬慎，即于饮食，亦不敢过度。平日居处尚且如是，遇事可知其慎重也。"[1]

这是康熙帝再次强调人于世上，时时刻刻不可不存敬畏之心。即使身为天子帝王，也必须时时刻刻身存敬畏之心。

（二）个人气质、性格对施政之影响

1. 胸怀天下，民意即天意

康熙五十五年（1716）丙申十一月辛未，诏曰："帝王之治，必以敬天法祖为本，合天下之心以为心，公四海之利以为利，制治于未乱，保邦于未危。夙夜兢兢，所以图久远也……昔人每云，帝王当举大纲，不必兼综细务，朕不谓然。一事不谨，即贻四海之忧；一念不谨，即贻百年之患。朕从来莅事，无论巨细，莫不慎之又慎，惟年即衰暮，只惧五十七年忧勤惕励之心，隳于末路耳。"[2]

康熙帝认为，朝廷不为百姓谋利，将为谁谋利益呢？"朕听理诸事，必于民生关系之处，详加筹度，而后施行。"[3]"人时之重莫过乎耕获，敬天之事莫过乎爱民。……以此随天授时，其道岂可易乎？"[4]"民意即天意也。"[5]"为人君者，但能为天下民生忧心，则天自佑之。"[6]

康熙十二年（1673）癸丑十一月庚午，年仅20岁的康熙帝谕户部："自古国家久安长治之谟，莫不以足民为首务。……朕思小民拮据开荒，物力艰难，恐催科期迫，反致失业。朕心深为轸念。嗣后各省开垦荒地，俱再加宽限，通计十年，方行起科。其所司官员，原有议叙定例，如新任官员自图纪叙，掩袭前功，纷更扰民者，各督、抚严行稽察，题参治罪。"[7]"凡为政者，只求实惠及民而已，何必以美名自托哉？"[8]康熙四十九年庚寅冬十月戊子，上曰："朕非但为百姓，亦为大小诸臣

---

[1] 赵润田编著：《康熙教子秘语》，第19页。
[2] 《清史稿》卷6，《圣祖本纪三》。
[3] 中国第一历史档案馆整理：《康熙起居注》，中华书局，1984年，康熙二十三年四月丙辰条。
[4] 《清圣祖御制文四集》卷24，第2—5页。
[5] 《清圣祖实录》卷245，中华书局，1985年，第17页。
[6] 《庭训格言》，中州古籍出版社，2010年，第57页。
[7] 《清圣祖实录》卷44，第580页。
[8] 鲁源生编著：《康熙治国要略》，东方出版社，2014年，第206页。

保全身家性命也。朕南巡时,闻龙潭地方建造行宫,恐致累民,曾谕总督阿山,令其拆毁。……总之,此不欲累民之念,可以自信,亦可见信于天下后世。"[1] "不欲累民之念"是康熙帝治国理政的总纲,贯彻在一切方面,坚持了一生。

1697年巴黎出版的法国传教士白晋给法国皇帝路易十四的报告——《康熙皇帝》中说:

> 康熙皇帝精神上的美,远远超过他肉体上的美。他天赋极高、博闻强记、智力过人、明察秋毫。他有处理复杂纷繁事务的刚劲毅力,他有制定、指挥、实现宏伟规划的坚强意志。……他具有迅速处理政务的才能,所以,庞杂的国务对他来说,只不过是一种乐趣而已。
>
> 他有高尚的人格、非凡的智慧,更具备与帝王相称的坦荡胸怀;他治民修身同样严谨,受到本国人民及邻国人民的崇敬。从其宏伟的业绩来看,他不仅威名显赫,而且是位实力雄厚、德高望重的帝王。在边陲之地能见到如此英主,……法国耶苏会士对此甚为吃惊。[2]

2. 严于律己、以身作则、勤政实干、不图虚名

训曰:"凡人有训人治人之职者,必身先之可也。"《大学》有云:"君子有诸己而后诸人,无诸己而后非诸人。穆特为身先而言也。"又训曰:"如朕为人上者,欲法令之行,惟身先之,而人自从。即如吃烟一节,虽不甚关系,然火烛之起多由此,故朕时时禁止。然朕非不会吃烟,幼时在养母家,颇善于吃烟。今禁人而己用之,将何以服之?因而永不用也。"[3] "中路出征时往来行走四月有余。日进一餐五更起行、至晚始歇。遇沙地、则下马步行……凡领兵行走、欲士卒精强马匹壮健、俱视率领之人、措置何如耳。且宁夏出兵之时,朕带领兵丁、每日杀兔数千。一日所获,可作兵丁几日干粮……领大兵行走、事必率先、心能豫料、始可服众令其遵指授而行也。"[4]

康熙帝勤政也非常出色。康熙十二年(1673)丁亥十二月戊戌,谕大学士温达等曰:"顷因刑部汇题事内,有一字错误,朕以朱笔改正,发出。内外各衙门奏章,朕皆一一全览,外人谓朕未必通览,故朕于一应本章见有错字,必行改正,其翻译不堪者亦改削之。当用兵时,一日有三四百本奏章,朕悉览无遗,今一日中仅四五十本而已,览之何难? 一切事务,不可少有怠慢之心也。"[5] 一天批阅奏章三四百本,其勤政之状令人敬佩。

---

1 《清圣祖实录》卷244,第422页。
2 [法]白晋著,赵晨译:《康熙皇帝》,黑龙江人民出版社,1981年,第1—5页。
3 赵润田编著:《康熙教子秘语》,第200页。
4 《清圣祖实录》卷232,第322页。
5 《清圣祖实录》卷44,第580页。

康熙五十四年（1715）乙未十月初四日丙寅，上驻跸行宫。上曰："朕于各处奏折内，朱笔谕皆出朕一手，并无代书之人。此番出巡，朕以右手病，不能写字，用左手执笔批旨。"[1]

康熙二十三年（1684）甲子十月十五日丁未，上驻跸沂州大石桥地方。先是，一应本章俱三日递到一奏。是日，上坐待至二鼓，数问本章到否。因未经递到，谕阁臣曰："奏章关系国政，最为紧要。朕凡在巡幸之处，奏到随即听览，未尝一有稽留。前此递本官员因其迟延，朕已经重处。此番本章何又至今未到？今日奏章不拘时刻到来，尔等即便呈进，朕宵兴省览。是夜四鼓，本章递到呈进，上即起，一一详览达旦。次日黎明，将折本听断发落。"[2]

3. 节俭

训曰："民生本务在勤，勤则不匮。一夫不耕，或受之饥；一妇不蚕，或受之寒。是勤可以免饥寒也。至于人生衣食财禄圆，皆有定数。若俭约，则可以养福，亦可以致寿。若夫为官者，俭则可以养廉。居官居乡只廉不俭，宅舍欲美，妻妾欲奉，仆隶欲多，交游欲广，不贪何以给之？与其寡廉，孰如寡欲？语云：'俭以成廉，侈以成贪。'此乃理之必然矣。"[3]"虽贵为天子，而衣服不过适体，富有四海，而每日常膳除赏赐外，所用肴馔，从不兼味。此非朕勉强为之，实由天性使然；汝等见朕如此俭德，其共勉之。"[4]

训曰："尝闻明代宫闱之中，食御浩繁。掖庭宫人，几至数千。小有营建，动费巨万。今以我朝各宫计之，尚不及当日妃嫔一宫之数。我朝外廷军国之需与明代略相仿佛。至于宫闱中服用，则一年之用尚不及当日一月之多。盖深念民力惟艰，国储至重，祖宗相传家法，勤俭敦朴为风。古人有言：'以一人治天下，不以天下奉一人。'以此为训，不敢过也。"[5]

训曰："朕所居殿现铺毡片等物，殆及三四十年而未更换者有之。朕生性廉洁，不欲奢于用度也。"[6]

又训曰："朕为帝王，何等物不可用？然而朕之衣食毫无过费，所以然者，特为天地所生有限之财而惜之也。"[7]

（三）忠臣与良臣孰优孰先

君臣关系，是君主在治国理政中，大量、直接、时刻发生作用的关系，也是颇为

---

[1]《康熙起居注》第三册，第2201—2202页。
[2]《清圣祖御制文四集》卷24，第2—5页。
[3] 赵润田编著：《康熙教子秘语》，第27页。
[4] 赵润田编著：《康熙教子秘语》，第50页。
[5] 赵润田编著：《康熙教子秘语》，第52页。
[6] 赵润田编著：《康熙教子秘语》，第58页。
[7] 赵润田编著：《康熙教子秘语》，第72页。

微妙、颇为难处的关系。总体而言,是忠臣与良臣在治国理政中孰优孰先的关系。

康熙帝在阅读了《论纳谏》后有感,曾直接就忠臣与良臣关系一事说道:"人臣进言,固当直切无隐;人君纳谏,尤当虚怀悦从。若勉听其言,后复厌弃其人,则人怀顾忌,不敢尽言矣。朕每阅唐太宗、魏征之事,叹君臣遇合之际,千古为难。魏征对唐太宗之言:'臣愿为良臣,毋为忠臣。'朕尝思忠良原无二理,惟在人君善处之,以成其始终耳。"[1]

汤斌为江苏巡抚时,就把康熙帝"以民为本""民意即天意"作为为官执政的第一要领:"凡诸便民者,皆奏请行之,见属吏,必反复丁宁,告以君命不可负,民命不可残。"[2]

不仅康熙朝的大员必须以康熙帝"以民为本""民意即天意"作为为官执政的第一要领,康熙帝的第二代接班人乾隆帝在执政五十八年时,也再次重申了这一点。乾隆帝五十八年(1793)十一月己酉(二十日)冬至第二日,乾隆帝对大臣谕旨:"朕自御极以来,惠爱黎元,加恩海寓。凡普免天下钱粮四次,普免漕粮二次。此外,偶遇水旱偏灾,随时蠲免赈恤者,又不一而足。敬念圣祖仁皇帝御极六十年……朕继承统绪。于重熙累洽之后,惟日孜孜,无刻不以民依为念……彼时大臣中或以经费有常,储蓄宜裕为词者。似为国用起见,易于动听。而不知民为邦本,为民、正所以为国,其言断不可听从也。至为治之要,首在用人,而人才究以正途为重……倘复有奏请开捐者,即为言利之臣,更当斥而勿用。"[3]

乾隆帝在执政近六十年之际,他怀念并更为敬重的,是皇祖康熙帝;他公开宣布,他继承、奉行并坚持推行的,仍是皇祖康熙帝"以民为本""民意即天意""君命"与"民命"并举并重的君民治国理念。

对臣属的取舍好恶,究竟是以是否忠于皇上为先,还是以民與民心为重,康熙帝的立场态度是非常显明、坚决的。康熙三十九年(1700)十一月,康熙帝在提到张鹏翮、彭鹏、郭诱等官员时说:"臣下之贤否,朕处深宫,何由得知?缘朕不时巡行,凡经历之地必咨询百姓,以是知之。"[4]

又云:"凡居官贤否,惟舆论不爽。果其贤也,问之于民,民自极口颂之,如其不贤,问之于民,民必含糊应之。官之贤否,于此立辨矣。"[5]

康熙帝并未将忠君列为第一条,官做得好不好,首先要问老百姓,这实际上已经回答并解决了忠臣与良臣孰优孰先的问题。何为良臣、好官?"不取非义之财,一心为国效力,即为好官"。[6]

---

1 《康熙政要》卷16,《论理学第二十八》。
2 汤斌:《碑传集》卷16,转引自高翔:《康雍乾三帝统治思想研究》,中国人民大学出版社,1997年,第85页。
3 《乾隆实录》卷1441,第249页。
4 《清圣祖实录》卷201,第53页。
5 《清圣祖实录》卷201,第52页。
6 张鹏翮:《张文端公文集》卷七,《杂记》。

康熙帝的良臣、好官的标尺十分简单明了,但真正做到、做好,也非易事。

早在康熙十八年(1679)八月,26 岁的康熙帝就对在廷众吏说:"人臣事君全在辨心术之公私,今尔诸臣之才皆能料理政务,但徇私利己者多,公忠为国者少。若诸臣肯洗心涤虑,公而忘私,国而忘家,和衷协恭,实尽职业,庶务何患不就理,国家何患不治平哉。"[1]

康熙二十二年(1683)正月十三日谕部院大臣:"从来君臣之分虽甚尊严,上下之情贵相浃洽。尝观唐宋盛时,堂廉不隔,以成交泰之治。"[2]康熙二十四年(1685)四月初七日谕大学士等:"(国家)必得贤能之人,始能管理。"(同上书)"事君之道,不欺为本。"[3]"何事当行,何事当革,悉意以陈,毋有所隐也。"[4]

祖母孝庄太后有一次问玄烨有何愿望,玄烨答:"惟愿天下乂安,生民乐业,共享太平之福而已。"[5]他为此立志:"所爱不在一身,总为天下生灵计。"[6]

他 14 岁亲政时,诏谕天下:"朕以冲龄圆,嗣登大宝圆……朕以凉德,夙夜祗惧。天下之大,政务至繁,非朕躬所能独理。宣力分猷,仍惟辅政臣、诸王贝勒、内外文武杠小各官是赖。务各殚忠尽职,洁己爱民,任怨任劳,不得辞避。天下利弊,必以上闻,朝廷德意,期于下究,庶政举民安,早臻平治。凡我军民,宜仰体朕心,务本兴行,乐业安生,以迓休宁之庆。政在养民,敢虚天地生成之德;时当亲政,恒念祖宗爱育之心。布告天下,咸使闻知。"是年,又谕吏部等衙门曰:"民为邦本,必使家给人足,安生乐业,方可称太平之治。近闻直隶各省,民多失所,疾苦颠连,深可悯念。或系官吏贪酷,胺削穷黎,抑或法制未便,致民失业,果何道以遂其生耶?一切民生利病,应行应革,尔内外各衙门大小文武等官,念切民依。其各抒所见,毋隐。"[7]

官吏队伍庞大,犹如林子一大什么鸟都有。康熙帝的办法是:"举贤退不肖,正百官也,二者不可偏废,如但举贤而不退不肖,则贤者知所勉,而不肖者不知所惩,终非劝众之道。惟黜退不肖之员,则众方知所戒,俱勉为好官矣。"[8]

在以上众多要求和标准中,康熙帝从来没有、一次也没有对官员提出过要把忠于皇帝个人的忠君要求作为良臣首条,也从未把忠君作为好官的标准。即使有时也会偶尔露出为臣要忠诚,也始终是把为官清廉、公而忘私、心有百姓、一心为国效力放在首位。

---

[1] 《清圣祖实录》卷 84,第 1066 页。
[2] 《康熙御批》,中国华侨出版社,2000 年,上册第 581 页、第 583 页。
[3] 《康熙起居注》第三册,第 2147 页。
[4] 《康熙御批》(影印本上),第 522 页。
[5] 《清圣祖实录》卷 1,第 4 页。
[6] 《康熙起居注》第一册,第 800 页。
[7] 鲁源生:《康熙治国要略》,东方出版社,2014 年,第 1 页。
[8] 《康熙政要》卷九,《论择官第十》。

此外，能臣与良臣也非一回事。能臣是办事能力颇强之臣。若为官虽清、待民刻薄，康熙帝也不喜欢。康熙帝喜欢为官清廉、办事能力颇强，又能待民宽仁、深得民心之臣，方是良臣。

（四）"天人感应"说之运用

康熙、雍正二帝都说过、都用过"天人感应"说，但出发点和落实点有所不同。康熙帝用"天人感应"说威吓百官，要他们老实做人、清廉、实干为官；雍正帝则用"天人感应"说威吓百官、若对他有所不忠，则必会受到老天报应。他为此还发明了一个新词"天诛"，把对八阿哥、九阿哥等众多人之杀害，一概归之"天诛"。

先看康熙帝如何说"天人感应"。

康熙十八年（1679）七月二十八日，京师地震后第三天，七月三十日，康熙逾吏部等衙门："朕薄德寡识，愆尤实多，遘此地震大变，中夜抚膺自思，如临冰渊，兢惕悚惶，益加修省，仍宣布朕心，使尔诸大臣、总督、巡抚、司道有司各官咸共闻知，务期洗心涤虑，实意为国为民，斯于国家有所裨益，即尔等亦并受其福，庶几天和可致，若仍虚文掩饰，致负朕意，询访得实，决不为尔等姑容也。……今上天屡垂警戒，敢不昭布朕心，严行诫饬，以勉思共回天意，作何立法严禁，务期尽除积弊，着九卿、詹事、科、道会同详议具奏，特谕。"[1]

康熙帝把京师地震作为上天屡垂警戒、自己益加修省之机，借此诫饬所有官员务期洗心涤虑，实意在为国为民，斯于国家有所裨益，实是用心良苦。

康熙四十八年（1709）正月丙申驻京城南苑时，谕八旗都统："爱养生民，勤劳宜旰，理所宜然，并未有神奇之德。"[2] 康熙帝认为，自己勤政爱民是理所应当、份内之责，并未有什么神奇，也并不可以百姓恩人、功臣自居。

凡康熙帝说到"天"字，多与"民"相连并列。如："惟民为不可欺。居官之善与不善，到任不过数月，人即知之。故曰：'天视自我民视，天听自我民听'，民意即天意也。"[3]

"为人君者，但能为天下民生忧心，则天自佑之。"[4] "天下托命于人主，而相职佐君以有为。故朝廷振作则庆流宗社，泽被蒸民，非时命所得而主也。李泌云：'惟君、相不可言命'，确是实理。"[5] "人时之重莫过乎耕获，敬天之事莫过乎爱民。"[6]

---

[1]《康熙起居注》第一册，康熙十八年七月三十日条；《清圣祖实录》卷82，康熙十八年七月三十日壬戌条。转引蒋兆成、王日根：《康熙传》，第285—287页。
[2]《清圣祖实录》卷236，第362页。
[3]《清圣祖实录》卷245，第17页。
[4]《庭训格言》，新疆人民出版社，2001年，第225页。
[5]《清圣祖御制文二集》卷39，第8页。
[6]《清圣祖御制文四集》卷24，第4页。

故，康熙帝一再强调"敬天"的这个"天"，除了宇宙自然科学上"天"的含义外，更多的是人文思考、政治含义上的"天"。例如，康熙十五年六月谕礼部："朕惟天人感召，理有固然。人事失于下，则天变应于上。捷如形影，岂曰罔稽。"[1]"以此观之，上天之眷可知矣。既承天眷，安得不为国为民竭尽心力乎。"[2]

康熙帝虽然也曾用"天之眷"为自己壮胆，却并未停留于此，而是又回到"安得不为国为民竭尽心力"上并以此鞭策自己。

康熙帝虽说到"天之眷"，也并未躺在"天之眷"上停止不前，而是永不自满，始终充满着危机意识，始终意识到问题所在。例如，他在群臣的一片赞颂声中"清夜自问，移风易俗，未能也；躬行实践，未能也；知人安民，未能也；家给人足，未能也；柔远能迩，未能也；治臻上理，未能也；言行相顾，未能也。自觉愧汗。"[3]

这七个"未能"，用今天的话来说，就是七个问题导向，就是施政执政的改进方向。

"今海内虽定，民生未尽悦安。……若遽谓升平，则泰然自足，无勤求上理之心，非朕意也。嗣后谕旨，此等夸张盈满语，勿复拟入。"[4]"一切颂扬之文，俱属无益。朕见近来颂圣之语殊多，表策内亦以此等语铺张凑数，悉应停止。"[5]

(五)"为君难"的思想理念

康熙帝"为君难"的思想理念，最早是其祖母孝庄皇太后灌输，又受到汉文化儒家经典思想影响。康熙帝深知"为君难"，并非一般意义上"大有大的难处"，首先是为君者的责任之重大，使命之艰巨。

14岁的少年天子亲政后，玄烨的祖母孝庄太后特亲自书写了"为君难"条幅，送给她心爱的、寄予厚望的孙子玄烨，谆谆告诫："古称为君难，苍生至众，天子以一身临其上，生养抚育，莫不引领，必深思得众则得国之道，使四海咸登康阜，绵历数于无疆，惟休。汝尚宽裕慈仁，温良恭敬，慎乃威仪，谨尔出话，夙夜恪勤，以祗承祖考遗绪，俾予亦无疚于厥心。"[6]

孝庄皇太后要玄烨亲政后能时时刻刻不忘"为君难"。这是清代文史中明晰可见清帝"为君难"思想最为直接的历史和思想渊源。

中国向有"半部论语治天下"一说。作为一代统治者的康熙帝，当要熟读孔、孟的经典。

康熙帝的为君难思想，受《论语》影响也很大，此见《论语·子路》。

---

1 《清圣祖实录》卷 74，第 950 页。
2 《清圣祖实录》卷 234，第 340 页。
3 《清圣祖实录》卷 218，第 12 页。
4 《康熙起居注》第 2 册，第 1403 页。
5 《康熙起居注》第 3 册，第 2160 页。
6 《清史稿》第三册，中华书局，1998 年，卷 214，第 2299 页。

> 定公问:"一言而可以兴邦,有诸"?孔子对曰:"言不可以若是其几也。人之言曰:为君难,为臣不易。如知为君之难也,不几乎一言而兴邦乎"?曰:"一言而丧邦,有诸"?孔子对曰:"言不可以若是其几也。人之言曰:予无乐乎为君,唯其言而莫予违也。如其善而莫之违也,不亦善乎?如不善而莫之违也,不几乎一言而丧邦乎?"

这里的"一言",不能简单理解为只是一句话,而是泛指什么样的治国理念、什么样的制度政策。也可泛指什么样的君主可以兴国兴邦,什么样的君主可以丧国丧邦。而国家除君主外,还有大臣。国家兴亡除了与君主统治理念直接相关外,同大臣也有重要联系。换言之,君臣关系状况如何,某种程度上也就反映出了国家状况如何。所以,定公在与孔子讨论"为君难"问题前,先向孔子问了君臣关系如何相处。(《论语·八佾》)

> 定公问:"君使臣,臣事君,如之何"?孔子对曰:"君使臣以礼,臣事君以忠。"

然,君使臣以礼,礼不够,不好;礼过,也不好,不易恰到好处。再,说道臣事君以忠的问题,首先是君识臣、君用臣的问题。而识人难,又是君臣关系中之首难。北宋政治家、文学家欧阳修在《为君难论》中指出"为君难"之难,最难的是用人:"《语曰'为君难'者,孰难哉?盖莫难于用人。"[1]此论确是抓住了"为君难"的要害。

归纳起来,康熙帝的为君难思想,一是指国之兴亡系于人主一身,肩责重大,担子艰难;二是君臣关系之难,识人用人之难;三是君臣能否为国民之利始终如一之难。经过长时间治国理政的实践,康熙对为君难思想不仅牢记于心,勤于实践,还一再以此谆谆训导自己的儿孙与满汉大臣。

后来,康熙帝的为君难思想更是大量、直接、集中地见之于康熙五十六年(1717)冬在乾清宫对皇子、满汉大臣的长篇面谕中。康熙帝谕曰:"朕年将七十……,孜孜汲汲,小心敬慎,夙夜不遑,未尝少懈,数十年来,殚心竭力有如一日,此岂仅劳苦二字所能该(概)括耶?前代帝王,或享年不永,史论概以为侈然自放,耽于酒色所致。此皆书生好为讥评,虽纯全尽美之君,亦必抉摘瑕疵,朕为前代帝王剖白,盖由天下事繁,不胜劳惫之所致也。诸葛亮云:鞠躬尽瘁死而后已。为人臣者,惟诸葛亮一人耳。……若帝王仔肩甚重,无可旁诿,岂臣下所可比拟?臣下可仕则仕,可止则止。年老致政而归。抱子弄孙,犹得优游自适,为君者勤劬一生了

---

[1] 冯尔康:《雍正帝》,中华书局,2009年,第9页。

无休息,……一事不谨,即贻四海之忧;一时不谨,即贻千百世之患。……尔等有退休之时,朕何地可休息耶?"[1] 这 270 余字,既是康熙帝的理想抱负,也是他"为君难"之所以难、难在何处之所在。

甚至在朝鲜史料中,也有"以为君不易之道,训诫胤禛"的说法。[2]

可见,康熙帝的"为君难"理念、"为君不易之道",当时还已影响到了国外。

清代帝王的"为君难"理念,烙印甚深,行之甚勤,康、雍、乾三帝于此尤为彰著。例如,乾隆帝去世当天颁布的太上皇遗诰曰:"朕惟帝王诞膺天命……诚知夫持盈保泰之难,而慎终如始之不易也";"即位以来,日慎一日,敬思人主之德,惟在敬天、法祖、勤政爱民。而此数事者,非知之难,行之维艰,数十年来严恭寅畏,弗懈益虔";"永惟创业之艰,益切守成之惧。万几躬揽,宵旰忘疲,引对臣僚,批答奏章,从无虚日。"[3]

因此,康、雍、乾三帝"为君难"的理念,可谓根深蒂固,其中心思想,诚如乾隆帝所概括之"惟在敬天、法祖、勤政爱民,非知之难,行之维艰,永惟创业之艰,益切守成之惧"。[4]

经过长时间治国理政的实践,康熙对为君难思想不仅牢记于心,勤于实践,还一再以此谆谆训导自己的儿孙与满汉大臣。

康熙帝自述:"当年立心以天下为己任,许'死而后已'之志,今朕躬抱病,怔忡健忘,故深惧颠倒是非,万几错乱,心为天下尽其血,神为四海散其形,既神不守舍,心失怡养,目不辨远近,耳不分是非,食少事多,岂能久存?""心有余而精神不逮,悔过无及,振作不起,呻吟床褥,死不瞑目,岂不痛恨于未死?"[5]

可见,康熙帝的"为君难",又特指难在为君者责任重大、难以卸肩;又感叹自己虽有以天下为己任"死而后已"之志,却又面临身已衰老、力不从心之"为君难"。

又谕曰:"《尚书·洪范》所载:一曰寿,二曰富,三曰康宁,四曰修好德,五曰考终命。五福以考终命列于第五者,诚以其难得故也。"[6] 可见,康熙帝的为君难,又指难得五福齐全。

又谕曰:"昔梁武帝亦创业英挚,后至耄年,为侯景所逼,遂有台城之祸;隋文帝亦开创之主,不能预知其子炀帝之恶,卒致不克令终。又如丹毒自杀,服食吞饼,宋祖之遥见烛影之类,秒种所载疑案,岂非前辙?皆由辨之毛早,而且无益于国计民生。汉高祖传遗命于吕后,唐太宗定储位于长孙无忌。朕每览此,深为耻之。或有小人,希图仓卒之际,废立可以自专,推戴一人,以期后福。朕一息尚存,岂肯容此辈乎?""立储大事,朕岂忘耶?"[7]

---

1 《清圣祖实录》卷 275,第 695—696 页。
2 吴晗辑:《朝鲜李朝实录中的中国史料》,中华书局,1980 年,第 4378 页。
3,4《太上皇乾隆帝遗诰》,转引自《王钟翰说清朝》,上海科技文献出版社,2009 年,第 245 页。
5,6,7《清圣祖实录》卷 275,第 695—696 页。

可见，康熙帝的为君难，又特指后事难以预料，接班人大事，未尝定能如愿，难在选立接班人上。"前辙"（历史上选立接班人问题上教训）多多，此也康熙帝为君之难。

(六)"不生事"的思想理念

常见有人批评康熙帝治国理政中的"不生事"理念，把"不生事"同"不作为"等同起来混为一谈，实是对康熙帝"不生事"理念之误解。纵览康熙帝"不生事"原旨，并无一处与"不作为"相干。与此相反，他是从务实、辩证角度，论述"不生事"与"作为"的关系。

康熙五十年(1711)正月乙卯(二十六日)，康熙帝在畅春园接见巡抚潘宗洛时训谕："凡为督抚者，操守甚为紧要。尔宜洁己，为下属表率。今天下太平无事，以不生事为贵。兴一利则生一弊。古人云，多事不如少事，职此事也。"

又训谕："驭下宜宽，宽则得众。为大吏者，若偏执己见，过于苛求，则下属何以克当。至于红苗（贵州苗族之一支），处在荒隅，不得与内地百姓同视，宜善为抚绥。朕观尔等汉官，一遇难事，便欲告退。夫设官分职，原欲令其宁谧地方，抚养百姓。既为封疆大吏，凡事宜一己担当，黾勉效力。一遇难事即图脱卸，可乎？"[1]

这是康熙帝较早提出"不生事"理念，既是对自己执政五十年经验之总结，也是对为官者如何抚绥一方之小结。但，何时何处有"不作为"之意图？非但没有"不作为"之意图，与此相反，他要求大吏"宜洁己，为下属表率"，要有"担当，黾勉效力"，要"宁谧地方，抚养百姓"，不可"一遇难事即图脱卸"。

康熙五十二年(1713)四月甲寅(初七日)，大学士等以左都御史赵申乔奏农忙之时京城地方亦应遵例停讼请旨，康熙训谕："农忙停讼之言，听之似乎有理，而细究之实无裨益，赵申乔总未知事之本源耳。天下之民，非独农人，商贾涉讼即废生理，百工涉讼即废手艺，地方官不滥准词状，于应准者准之，即行结案，则不失农时，讼亦少矣。若但四月至七月停讼，而平时滥收民词，案牍堆积，冬季词讼，迟至次年五六月而后审理，虽停讼何益"？[2]

康熙五十二年(1713)五月辛巳(初五日)，针对有人禁矿之议；康熙训谕说："有矿地方初开时即行禁止，乃可；若久经开采，贫民勉办赀本争趋觅利，藉为衣食之计，而忽然禁止，则已聚之民毫无所得，恐生事端。总之，大地间自然之利，当与民共之，不当以无用弃之，要（领）在（于）地方官处之得宜，不至生事耳。"[3]

---

[1] 《清圣祖实录》卷245，第436页。
[2] 《清圣祖实录》卷254，第516页。
[3] 《清圣祖实录》卷255，第521页。

这个"不至生事",是指不要因官吏或政策不当而导致地方发生事端,是指不要因官吏或政策不当而导致百姓生计窘迫,与"不作为"毫无关联。

地方政策地方行动必须与中央一致,不要自搞一套,更不要瞎搞一套,不要瞎折腾,这才是康熙帝"不生事"的要义所在。康熙帝提出的"天地间自然之利当与民共之,不当以无用弃之"的思想,与顺治初期清军进京后大肆圈禁田地、抢占民房,形成强烈反差。

早在青年时代,年仅26岁的玄烨就体会道:"自古帝王治天下之道,因革损益,期于尽善。原无数百年不敝之法。果属不可行者,自应参酌时宜,归于可久。至于制度既定,事可遵行,不宜议论纷纭,朝更夕改。近阅奏章,亦有不思事之可否,但欲徒为更张,或粗识数字,即为大言,准之事理,殊属茫昧,如逞空言,无补实用,其谁不能。且明末一切事例,游离不定,上无道揆,下无法守,以致沦亡,此皆尔等所亲见,亦众所共知。今后凡条奏本章,尔大学士等务加详酌。"[1]

青年康熙帝训诫臣属:"人臣为国,不择利害(不要以个人利害作为选择);有志之士,虽死不畏,况降级乎?"[2] 哪里是什么"不作为"的思想?

制度、政策都是因事而定,也要与时而进。但制度、政策一旦确定,就不应"议论纷纭,朝更夕改"。讲空话容易,但于事无益,不解决问题。实践证明不可行者,当然要改进。一旦确定,就应该"归于可久"。

制度、政策要有连续性、稳定性,百姓才能知行止,社会才会稳定。

康熙五十四年(1715)十一月庚子(初八日),谕大学士等:"朕御极五十余年,于诚伪公私之介(界),详加审办。古帝王先圣治理,无不专务诚敬、屏弃虚浮,是以朕孜孜图治,亦皆崇尚实政,不贵空言。督抚系地方大吏,凡关系民生,兴利除弊,有裨风化,鼓舞士子,果有真知灼见者,即应竭虑殚心,见诸躬行,以利地方。"[3]

"崇尚实政,不贵空言""凡关系民生,兴利除弊,即应竭虑殚心,见诸躬行,以利地方",这与"不作为"都毫无关联,完全是两种思想、两种实践。

康熙帝讨厌地方大员瞎折腾、乱作为,从他对左都御史赵申乔的训谕里,可以清楚领会:康熙四十二年(1703)二月丁酉(二十二日)召大学士等谕:"观近日南方风景,民间生殖较之康熙三十八年(1699)南巡时,似觉丰裕。"

康熙帝将此总结为"大约任地方督抚者,安静而不生事,即于民生有益。倘徒恃才干,不体下情,以此争先出发,民必受其殃"。

如此看来,官员是不是"生事",有两条鉴别标准:一看其是不是"徒恃才干,不体下情",二看其小民百姓是不是"受其殃"。康熙帝以自己为例:"倘朕欲将州

---

[1] 《清圣祖实录》卷83,第1062页。
[2] 《清圣祖实录》卷84,第1066页。
[3] 《清圣祖实录》卷266,第611页。

县官员日加驱使（瞎折腾），未为不可。（之）所以不忍为者,亦因体恤微员耳。（真仁君矣）今总督巡抚能如此体恤者甚少。"康熙帝特别对赵申乔"居官诚清,但性喜多事,所以小民反致其累"。

好心未必办好事,官清也未必不累民。根子在于"徒恃才干,不体下情",乱作为、瞎折腾上。怎么去克服呢？康熙帝有训谕："清而能宽斯为尽善。"[1]

早在青年时代,康熙帝就深谙此道。

康熙十一年（1672）壬子十二月十七日戊午,上御乾清门,听部院各衙门官员面奏政事。午时,上召学士熊赐履至懋勤殿问曰：

"汉官中有以言官风闻言事请者,朕思忠爱之言,切中事理,患其不多……若其不肖之徒,借端生事,假公济私,人主不察,必至倾害善良,扰乱国政,为害甚巨。"

赐履对曰："言官渎奏乱政,固足为害,但言路通塞,关天下治乱。古云谏无端官,士庶亦得建白。盖人主深居九重,一日万几,若非兼听广纳,明目达聪,则政事得失,生灵休戚,何由周知其故。古人悬靶设铎,止辇旌槛,良以此也。盖闻见不可以不广,而采纳不可以不慎。闻见不广,则病在壅塞；采纳不慎,则病在泛滥。好问好察,执两用中,舜之所以为大知也。"

上曰："从来与民休息,道在不扰,与其多一事,不如省一事。朕观前代君臣,每好多大喜功,劳民伤财,紊乱旧章,虚耗元气,上下讧嚣,民生日蹙,深可为鉴。"

赐履对曰："《书》云,临下以简。又云,监于先王成宪。皇上此言,诚千古守成之要道也。但欲省事,必先省心,欲省心,必先正心。自强不息,方能无为而成；明作有功,方能垂拱而治。人主诚能清心寡欲,日新又新,则大本已立,凡举措设施可不劳而理矣。纷更繁扰,别则丛挫罔功……怠窳废弛,则痿痹不振。历观前代,俱有明验也。"

上曰："居敬行简,方为帝王中正之道,尔言朕知之矣。"[2]

如康熙五十一年（1712）十月初五日乙卯谕吏部："张伯行居官清正,天下之人无不尽知,允称廉吏,但才不如守,果系无能。噶礼虽才具有余,办事敏练,而性喜生事,并未闻有清正之名。伊等互参,皆起于私隙,听信人言所致,诚为可耻。"[3]

---

[1]《清圣祖实录》卷211,第144页。
[2]《康熙起居注》第一册,第68—69页。
[3]《清圣祖实录》卷251,第488—489页。

康熙四十七年(1708)三月二十一日康熙帝在江宁织造给的奏折上朱批:"凡平粜官员等,倘有多事者,尔即写密折奏闻。"[1]

"为政之道以爱养百姓为本,不宜更张生事,尔到地方当务安静,与民休息。"[2]

康熙帝还作诗记之、歌之、总结之:"问道愚民何为愿,官清省事便丰年。"[3]

康熙帝借古人云,"多事不如少事",其意在于,经过50年实践证明,老百姓能够安居乐业,社会繁荣稳定,地方官就不要脱离中央轨道另搞一套,就不要乱折腾,就不要扰民、累民、害民。

"不生事"并不是不作为,而是针对地方官背离中央政策自搞一套、乱作为、瞎折腾,"小民反致其累",应予纠正杜绝。

二、雍正帝的治国理念

(一)重评雍正帝之勤政:雍正帝是累死的吗?

雍正之勤政,因孟森赞其"自古勤政不及雍正",在冯尔康等先生的详细介绍后,已为世人所称赞,笔者也深为敬仰之。然,若以为雍正勤政"十三年如一日",实是未明全部真相。雍正帝自语,雍正八年后,"勤政大不如前。"乾隆帝上任后,也对此有同样评语。

查《雍正朝起居注》可知:雍正八年只见其1—6月,7—12月全为空白。雍正帝以养病为自己辩护,这同康熙帝右手不能写字,改用左手批文,勤政之状况大不一样。不仅雍正八年如此,雍正九年至十一年,连续三年《雍正朝起居注》也是全部缺档、空白。说明雍正勤政大不如前已不仅只是雍正八年下半年,而是雍正八年下半年至十一年,连续四五年里已是常态。虽然雍正帝也说到"十九日地震,朕恐惧修省,上天垂象示儆之恩,倍加干惕"之类的话,却并不像康熙帝那样带病坚持工作。雍正八年(1730)九月二十四日"庚寅,谕内阁,今年八月十九日地震,朕恐惧修省,以凛天戒,并将夏秋以来朕躬静摄,不能勤敬如前,以上干天和,引过自责,晓谕天下。今经一月矣,地气尚未全宁,又值两次阴雨。……当地动之日,朕已先登舟,是以并未受惊。"[4] 这同康熙朝地震时,康熙帝坚持在帐篷内办公完全不同。雍正八年地震时,雍正帝从圆明园大殿逃到船上,不停在船上叩头。工作状态与康熙帝大不一样。

---

[1] 《康熙御批》(影印本),中国华侨出版社,2000年,第223页。
[2] 《康熙起居注》第二册,第1601页。
[3] 《康熙御制文集》三集,卷48,《诗》;转引自高翔:《康雍乾三帝统治思想研究》,中国人民大学出版社,1995年,第91—93页。
[4] 《清世宗实录》卷96,第308页。

第一章　治国理念 | 017

雍正提到康熙朝地震,"皇考训谕,'大动之后必有微动。康熙十八年地动至一月有余朕身居帐幕之中,瘝瘝悚惕,寝食未宁者,已一月有余矣。'愿尔大臣、官员、士庶、兵丁等人人诚心感激上天示儆之深恩,返衷自问,思过省愆。不但恶事邪念急宜扫除,即怨尤抑郁之心亦当屏绝,则天高听卑,必垂照察,不但地土宁静,共获安居,且可永免上帝之谴责,断无再罹险厄之虞也。朕非以地动之异,诿过于臣工黎庶也。朕之生平,先责己而后责人,先自勉而后共勉,愿天下臣民共知朕心。"[1]

这段话的言外之意是,虽然他因地震恐惧修省,但康熙朝也有地震,意即地震并非君主之过引起天怒。所谓"先责己而后责人",甚为表象。他喜欢用用祥瑞美化神化自己,用地震天灾恐吓臣工黎庶,要他们"诚心感激上天示儆,返衷自问,思过省愆","(方)可永免上帝之谴责,断无再罹险厄之虞。"据有的材料透露,雍正八年雍正帝曾大病一场,大内已在悄悄为其准备后事。之所以《雍正朝起居注》中雍正八年下半年月为空白,很可能与此有关。这场大病,又同当时京城大地震给他带来的恐惧有关。

有材料说,这次大地震京城死伤十万人。地震死伤带来巨大的恐惧,更加重了他的病情。雍正八年八月十九日(1730年9月30日)京城大地震,震坏了圆明园、畅春园、紫禁城的宫殿。看雍正如何说这次地震:雍正八年(1730)八月三十日"丙寅,谕内阁,京师十九日地震,朕恐惧修省,上天垂象示儆之恩,倍加干惕。今年各直省收成颇好,而其中又各有被水涝溢之处。该省督抚大往往引过自责,朕即批示并宣谕左右大臣曰,此非臣工之咎,其过实在朕躬。盖今年春夏以来,朕体中违和,仰惟宗社悠关,列祖皇考付托之重,不敢不保护此身。是以屏除思虑,(所谓屏除思虑,说白了就是放假静休)葆静颐养,而勤政敬事之心实不及平时……"[2]

到雍正七年(1729)后期时,雍正已将政敌全部彻底扫除,皇位、政权已彻底稳固,这是雍正从勤政开始走向懈怠的重要原因之一。与此同时,从雍正七年起,雍正后宫先后从4人、8人,一下子猛增到37人,这是雍正从勤政走向懈怠的又一个重要原因之一。雍正后期西北用兵偃旗息鼓、罢兵撤退,既同路途遥远,后勤困难等客观条件有关,又同雍正帝锐气大减、勤政大不如前大有关系。这与康熙帝平三藩后又三次亲征准噶尔之锐气、之勤政,完全不一样。

以《雍正朝满文朱批奏折全译》为据,将雍正八年一月至十三年八月满文朱批骤减状况为例,揭示于下。[3]

---

[1]《清世宗实录》卷96,第309页。
[2]《清世宗实录》卷96,第301—302页,雍正八年八月三十日丙寅条。
[3] 中国第一历史档案馆译编:《雍正朝满文朱批奏折全译》,黄山书社,1998年,第1913—2396页,雍正八年一月至十三年八月二十日满文朱批。

表1-1　雍正八年一月满文朱批状况

日　　期	上呈(件)	御批(件)	附　　注
初一—初四	0	0	连续4天无奏折,无御批
初五	2	2	
初六—初九	0	0	连续5天无奏折,无御批
初十	4	1	
11—12	0	0	
13	8	5	
14—15	0	0	
16	2	1	
17	1	0	
18—20	0	0	
21	2	0	
22	0	0	
23	1	0	
24	1	0	
25	2	0	17—25已连续9天无奏折,无御批
26	7	7	
27	0	0	
28	1	0	
29	2	1	
30	1	0	

本月共奏折34件,共御批17件,平均每日批0.56件,其中初一至初四连续4天无奏折无御批,初六至初九连续5天无奏折无御批,初十七至二十五日已连续9天无御批,当时雍正尚未生病。

表1-2　雍正八年二月满文奏折御批状况

日　　期	上呈(件)	御批(件)	附　　注
初一	3	1	
初二	2	0	
初三	0	0	

(续表)

日　期	上呈(件)	御批(件)	附　注
初四	1	0	
初五	2	0	初二至初五连续4天无御批
初六	3	3	
初七	0	0	
初八	1	1	
初九	2	2	
初十	0	0	
11	0	0	
12	1	1	
13—16	0	0	连读4天无奏折无御批
17	3	3	
18	0	0	
19	1	0	
20	1	0	
21—22	0	0	
23	1	0	
24	0	0	18—24日连续7天无御批
25	3	3	
26	0	0	
27	7	7	
28	0	0	
29	1	0	

本月共呈折32件，御批19件，平均每日批0.7件，其中初二至初五连续4天无御批，13—16日连续4天无奏折无御批，18—24日连续7天无御批

表1-3　雍正八年三月满文奏折御批状况

日　期	上呈(件)	御批(件)	附　注
初一—初二	0	0	
初三	2	0	

(续表)

日 期	上呈(件)	御批(件)	附 注
初四—初六	0	0	初一至初七连续7天无御批
初七	1	0	
初八	3	1	
初九	0	0	
初十	2	2	
11—13	0	0	
14	1	0	
15	0	0	11—15日连续5天无御批
16	1	1	
17	8	7	
18—19	0	0	
20	5	5	
21—24	0	0	连续4天无奏折无御批
25	2	2	
26	3	1	
27	1	0	
28—29	0	0	27—30日连续4天无御批
30	1	0	
无日期	1	0	

本月共呈折31件，共御批19件，平均每日批0.6件，其中初一至初七连续7天无御批，11—15日连续5天无御批，27—30日连续4天无御批。

表1-4 雍正八年四月满文奏折御批状况

日 期	上呈(件)	御批(件)	附 注
初一—初二	0	0	
初三	5	5	
初四	0	0	
初五	4	4	

(续表)

日　期	上呈(件)	御批(件)	附　　注
初六—初九	0	0	
初十	1	0	
11	0	0	
12	3	1	
13	1	0	
14	1	0	
15—21	0	0	13—21日连读9天无御批
22	1	0	
23	0	0	
24	4	0	
25—26	0	0	13—26日连续14天未作御批
27	1	1	
28—30	0	0	

本月共呈折21件,共御批11件,平均每日批0.36件,其中13—21日连续9天无御批,13—26日连续14天未作御批,当时并未生病。

表1-5　雍正八年五月满文奏折御批状况

日　期	上呈(件)	御批(件)	附　　注
初一—初三	0	0	
初四	2	2	
初五	0	0	
初六	2	0	
初七—初十	0	0	初五—初十连续6天无御批
11	2	1	
12	0	0	
13	2	2	
14	2	2	
15	0	0	

(续表)

日　期	上呈(件)	御批(件)	附　注
16	3	2	
17	0	0	
18	1	1	
19	1	0	
20	0	0	
21	1	1	
22	1	0	
23	0	0	
24	1	1	
25	0	0	
26	3	3	
27	0	0	
28	1	0	
29—30	0	0	

本月共呈折22件，共御批15件，平均每日批0.5件，其中初五—初十连续6天无御批。

表1-6　雍正八年六月满文奏折御批状况

日　期	上呈(件)	御批(件)	附　注
初一	0	0	
初二	1	1	
初三	2	1	
初四—初五	0	0	连续2天无奏无御批
初六	1	1	
初七—十七	0	0	连续11天无奏折无御批
18	1	1	
19—21	0	0	连续3天无奏折无御批
22	3	3	

(续表)

日　期	上呈(件)	御批(件)	附　注
23—29	0	0	连续 7 天无奏折,无御批
30	2	0	

本月共呈折 10 件,共御批 7 件,平均每日批 0.2 件,本月有 24 天无奏无批。

表 1-7　雍正八年七月满文奏折御批状况

日　期	上呈(件)	御批(件)	附　注
初一	1	0	
初二—初五	0	0	
初六	1	0	
初七—三十	0	0	连续 30 天无奏折无御批

本月全月仅呈奏折 2 件,也未批,本月全月 30 天呈冬眠休止状与生病有关。

表 1-8　雍正八年八月满文奏折御批状况

日　期	上呈(件)	御批(件)	附　注
初一—初七	0	0	
初八	1	0	
初九—二十三	0	0	
24	1	0	
25—30	0	0	

本月全月仅呈奏折 2 件,也无御批,本月 30 天全月呈冬眠休止状可能与生病有关。

表 1-9　雍正八年九月满文奏折御批状况

日　期	上呈(件)	御批(件)	附　注
初一—初十	0	0	连续 10 天无奏折,无御批
12	4	3	
13—24	0	0	连续 12 天无奏折,无御批
25	1	1	
26—27	0	0	连续 2 天无奏折无御批

(续表)

日　期	上呈(件)	御批(件)	附　注
28	1	1	
29—30	0	0	连续2天无奏折无御批

本月共呈折6件，共御批5件，平均每日批0.16件，本月有26天无奏折无御批。

表1-10　雍正八年十月满文奏折御批状况

日　期	上呈(件)	御批(件)	附　注
初一—初五	0	0	连续5天无奏折，无御批
初六	2	1	
初七—初八	0	0	连续2天无奏折无御批
初九	2	2	
初十一十三	0	0	连续4天无奏折，无御批
14	1	1	
15—20	0	0	连续6天无奏折，无御批
21	1	1	
22—25	0	0	连续4天无奏折，无御批
26	3	2	
27—28	0	0	连续2天无奏折无御批
29	1	1	
30	0	0	

本月共呈折10件，共御批8件，平均每日批0.26件，本月有24天无奏无批。

表1-11　雍正八年十一月满文奏折御批状况

日　期	上呈(件)	御批(件)	附　注
初一—初七	0	0	连续7天无奏折，无御批
初八	1	0	
初九—十一	0	0	连续11天无奏折，无御批
12	3	3	
13	0	0	

(续表)

日　期	上呈(件)	御批(件)	附　注
14	1	1	
15—17	0	0	连续3天无奏折,无御批
18	1	1	
19	2	2	
20	0	0	
21	2	2	
22—23	0	0	连续2天无奏折无御批
24	1	1	
25—30	0	0	连续6天无奏折无御批
本月共呈折11件,共御批10件,平均每日批0.3件,本月有24天无奏折无御批			

表1-12　雍正八年十二月满文奏折御批状况

日　期	上呈(件)	御批(件)	附　注
初一	0	0	
初二	2	2	
初三	1	1	
初四—初七	0	0	连续4天无奏折,无御批
初八	2	2	
初九—十一	0	0	连续3天无奏折,无御批
12	1	1	
13—15	0	0	连续3天无奏折无御批
16	1	1	
17	2	2	
18	2	2	
19—23	0	0	连续5天无奏折,无御批
24	1	1	
25	1	1	
26—27	0	0	连续2天无奏折无御批

(续表)

日　期	上呈(件)	御批(件)	附　注
28	1	1	
29—30	0	0	连续2天无奏折无御批
无日期呈折4		无日谕1	
本月共呈折18件,共御批发旨15件,平均每日批0.2件,本月有20天无奏折无御批			

雍正八年有2个月(七、八月)完全冬眠休止状。排除生病原因,全年平均每日批0.3—0.6件。

表1-13　雍正十三年正月满文奏折御批状况

日　期	上呈(件)	御批(件)	附　注
初一—十九	0	0	连续19天无奏折,无御批
20	2	0	
21—23	0	0	连续3天无奏折无御批
24	4	4	
25	0	0	
26	1	1	
27	3	3	
28	3	0	
29	2	1	
30	0	0	
本月共呈折15件,共御批9件,平均每日批0.3件,本月有24天无奏折无御批			

表1-14　雍正十三年二月满文奏折御批状况

日　期	上呈(件)	御批(件)	附　注
初一—初五	0	0	连续5天无奏折,无御批
初六	2	1	
初七	1	0	
初八	0	0	
初九	1	1	
初十一—十四	0	0	连续5天无奏折,无御批

(续表)

日　　期	上呈(件)	御批(件)	附　　注
15	4	0	
16—17	0	0	连续2天无奏折无御批
18	3	2	
19	1	0	
20	0	0	
21	1	1	
22	0	0	
23	1	0	
24—25	0	0	连续2天无奏折无御批
26	1	1	
27—28	0	0	连续2天无奏折无御批
29	1	0	
30	0	0	
本月共呈折16件,共御批6件,平均每日批0.2件,本月有20天无奏折无御批			

表1-15　雍正十三年三月满文奏折御批状况

日　　期	上呈(件)	御批(件)	附　　注
初一	1	1	
初二	1	1	
初三	0	0	
初四	1	1	
初五—初八	0	0	连续4天无奏折无御批
初九	1	0	
初十一—十四	0	0	连续5天无奏折,无御批
15	3	3	
16—17	0	0	连续2天无奏折无御批
18	2	2	
19	0	0	
20	1	0	

(续表)

日　期	上呈(件)	御批(件)	附　注
21—23	0	0	连续3天无奏折无御批
24	1	1	
25—26	0	0	连续2天无奏折无御批
27	1	0	
28—30	0	0	连续3天无奏折,无御批
本月共呈折12件,共御批9件,平均每日批0.3件,本月有2天无奏折无御批			

表1-16　雍正十三年四月满文奏折御批状况

日　期	上呈(件)	御批(件)	附　注
初一	0	0	
初二	2	2	
初三—初五	0	0	连续3天无奏折无御批
初六	1	1	
初七—十一	0	0	连续5天无奏折无御批
12	2	1	
13—17	0	0	连续5天无奏折,无御批
18	3	0	
19—20	0	0	连续2天无奏折无御批
21	1	0	
22—26	0	0	连续5天无奏折,无御批
27	2	2	
28—30	0	0	连续3天无奏折无御批
无日期	3	0	
本月共呈折14件,共御批6件,平均每日批0.2,本月有24天无奏折无御批			

表1-17　雍正十三年闰四月满文奏折御批状况

日　期	上呈(件)	御批(件)	附　注
初一	2	1	
初二	2	0	

(续表)

日　期	上呈(件)	御批(件)	附　注
初三	0	0	
初四	4	4	
初五—初七	0	0	连续3天无奏折无御批
初八	1	1	
初九—十二	0	0	连续4天无奏折,无御批
13	1	1	
14	0	0	
15	2	2	
16	0	0	
17	1	0	
18	1	0	
19—20	0	0	连续2天无奏折无御批
21	4	4	
22	0	0	
23	1	0	
24—25	0	0	连续2天无奏折无御批
26	1	0	
27—30	0	0	连续4天无奏折无御批
无日期		2(谕)	
本月共呈折20件,共御批发谕15件,平均每日批0.5件,本月有19天无奏折无御批			

表1-18　雍正十三年五月满文奏折御批状况

日　期	上呈(件)	御批(件)	附　注
初一	0	0	
初二	1	0	
初三	2	1	
初四	0	0	
初五	1	1	

(续表)

日　期	上呈(件)	御批(件)	附　注
初六—初八	0	0	连续3天无奏折无御批
初九	1	0	
初十	0	0	
11	2	0	
12—14	0	0	连续3天无奏折无御批
15	1	1	
16	0	0	
17	1	1	
18	1	1	
19	0	0	
20	1	0	
21	1	1	
22—23	0	0	连续2天无奏折无御批
24	1	0	
25	2	2	
26—30	0	0	连续5天无奏折无御批
本月共呈折15件,共御批8件,平均每日批0.26件,本月有18天无奏折无御批			

表1-19　雍正十三年六月满文奏折御批状况

日　期	上呈(件)	御批(件)	附　注
初一	1	0	
初二	0	0	
初三	1	0	
初四—初七	0	0	连续4天无奏折无御批
初八	4	2	
初九	0	0	
初十	2	0	
11—12	0	0	连续2天无奏折无御批

(续表)

日　期	上呈(件)	御批(件)	附　注
13	1	0	
14—17	0	0	连续4天无奏折无御批
18	1	1	
19	0	0	
20	2	1	
21—23	0	0	连续3天无奏折无御批
24	2	1	
25—26	0	0	连续2天无奏折无御批
27	2	2	
28—30	0	0	连续3天无奏折无御批
无日期密谕		1	
本月共呈折16件,共御批密旨8件,平均每日批0.26件,本月有21天无奏折无御批			

表1-20　雍正十三年七月满文奏折御批状况

日　期	上呈(件)	御批(件)	附　注
初一—初二	0	0	
初三	9	8	
初四	3	2	
初五—初七	0	0	连续3天无奏折无御批
初八	2	2	
初九	1	1	
初十	0	0	
11	1	0	
12—14	0	0	连续3天无奏折无御批
15	2	1	
16—18	0	0	连续3天无奏折无御批
19	2	2	
20	1	0	

(续表)

日　期	上呈(件)	御批(件)	附　注
21—23	0	0	连续3天无奏折无御批
24	1	0	
25—26	0	0	连续2天无奏折无御批
27	2	2	(墨批)
28	4	4	(墨批)
29	3	1	(墨批)
30	0	0	
本月共呈折31件,共御批密旨23件,平均每日批0.76件,本月有17天无奏折无御批			

表1-21　雍正十三年八月满文奏折御批状况

日　期	上呈(件)	御批(件)	附　注
初一—初二	0	0	
初三	1	1	(墨批)
初四	1	0	
初五—初九	0	0	连续5天无奏折无御批
初十	1	0	
11—16	0	0	连续6天无奏折,无御批
17	1	1	
18—19	0	0	
20 都统名单折	1	1	(墨批)
20 将军名单折	1	1	(墨批)
21—22	0	0	
23			子时(夜23时至凌晨1时)暴亡
雍正八年是其不怎么勤政的开始和集中暴露。			
本月共23日,共呈折6件,共御批4件,平均每日批0.17件。末年中的七月批奏最多,平均日批也仅0.76件,平均每天一件都不到,与雍正朝早年勤政完全无法相比。			

雍正帝病于雍正八年(1730)夏秋,逝于雍正十三年(1735)八月二十三日。从雍正八年一月起,至雍正十三年(1735)八月二十三日逝世止,从以上每月每日

满文朱批状况看,雍正勤政大不如前已非止雍正八年夏秋有病期,见如上统计。据此,可赞其"十三年如一日""鞠躬尽瘁死而后已""是累死的"乎?

(二)康雍二帝勤政之异同

1. 康熙帝的勤政

康熙帝与雍正帝都是有抱负的勤政皇帝,为什么三十多年来会产生康熙帝勤政不及雍正帝这种感觉呢?康熙帝与雍正帝的勤政又有什么异同呢?从这些异同中,又能得出什么历史比较呢?

清代史学名家章梫依据皇家文献编辑的《康熙政要》,是了解康熙帝执政理念与风格的一部重要史书。为帮助读者阅读,鲁源生先生对这部珍贵记录加以整理、译注,以《康熙治国要略》之名编印出版,现摘录若干条,介绍于下。

(1)怎一个"勤字"了得。"圣祖孜孜求治,日昃不遑。几务之余,犹有日课。"(这是章梫的记载,大意是康熙帝治国从不懈怠,太阳西斜也不休息。处理政务之余,每日还有自己的功课。以下还有康熙帝本人记述。)"朕于宫中,未明求衣,辨色而起。则命讲官捧书而入,讨论义理,是典学者为一时。出御宫门,则群工循序奏事,朕亲加咨度,是听政者为一时。已而阁臣升阶,朕与详求治理,咨诹军国者久之。若夫宫禁之务,各有攸司,廷臣退,乃裁决焉。既事竟,罢朝。宫中图籍盈几案,朕性好读书,丹黄评阅辄径寸,辨别古今治乱得失。暇或赋诗,或作古文,或临池洒翰,以写其自得之趣。止此数事,已不觉其日之夕矣。及宫中燃烛,玉漏初下,则省一日所进章疏,必审其理道之安而后已。要非夜分,不就宴息也。如是者岁率以为常。夫禹汤、文武、成王之德,自揣乌能企及,而不敢懈逸之心,或者其庶几焉。因为记自勖,以比于盘铭之义云。"

鲁源生先生对此作了译文,大意是:"康熙帝在宫中,天不亮就要穿衣,天微明就起床。命令讲官捧书而入,与其讨论义理,此时朕是一名学者。从内宫出来,群臣按顺序奏事,朕亲自加以裁夺,此时朕是一位听政者。然后大学士拜见,朕和他们共同商议军国大事。至于宫内事务,各有部门负责,大臣退下之后,再行裁决。这些事完成后才能退朝。宫中图书众多,朕喜欢读书,加以评阅的史籍动辄数寸,以考辨古今治乱的得失。闲暇之时或者赋诗,或者作文,或者运笔写字,以求自得之乐。等这些事完成,太阳已经落山了。在夜晚来临,宫中点亮蜡烛之时,就审阅一天所上奏的奏疏,一定要处理完成才行,不到午夜不能休息。每年每日都是这种工作节奏,已经习以为常。像夏禹、商汤、文王、武王、成王他们的品德,自觉不能企及,然而自己努力勤政不敢懈怠的心思,或者已经如同这些圣王一样了。写下这些话以自勉,就像盘铭一样时刻警醒自己。"[1]

---

[1] 鲁源生编著:《康熙治国要略》,东方出版社,2014年,第36—38页。

（2）为民不自夸。康熙帝认为，君臣勤政，"只求实惠及民而已，何必以美名自托哉？"[1] 康熙帝认为，君臣勤政是理所应当分内之事，不必过度赞颂，也不必王婆卖瓜，自卖自夸。

（3）处变不惊。为政者时会遭遇突发大事，或天灾，或入侵。"康熙间，台湾蠢动。闽省警报到日，圣祖正率皇子在畅春园习射，谕令该部知道。旋报全台失陷，仍如前谕。诸皇子请宣旨指授机宜，圣祖不答。射毕回宫，始召诸皇子谕之曰：'闽省距京数千里，台湾复隔重洋。平日用督抚、提镇，原为地方有事而设，伊等自能就近筹办。若降谕旨，岂能悉合海外情形？督抚不遵是违旨，遵则误事。'未几，全台收复矣。"[2]

（4）观人必先心术，次才学。康熙十二年（1673），圣祖御弘德殿，讲官进讲毕，谕讲官等曰："从来民生不遂，由于吏治不清，长吏贤则百姓自安矣。天下善事，俱是分所当为。近见有寸长片善，便自矜夸圆，是好名也。"又谕曰："有治人无治法……，但真能任事者，亦难得。朕观人必先心术，次才学。必术不善，纵有才学何用？"熊赐履奏曰："圣谕及此，诚知人之要道也。"寻又谕讲官等曰："从来君臣一心图治，天下不患不治。此等光景，未易多得。朕与诸臣，何可不交勉之？"[3]

（5）"君子进，则小人退。""康熙十六年，讲官喇沙里、陈廷敬等进讲《孟子·一暴十寒章》。圣祖曰：'君子进，则小人退；小人进，则君子退。君子小人，势不并立。孟子所谓"一暴十寒"，于进君子退小人，亲贤远佞之道，最为明快，人君诚不可不知也。'"[4]

近朱者赤，近墨者黑。上有好者，下必迎之。人君喜欢亲近什么人，自然就会任用什么人。人君身边光明磊落的正人君子多了，阿谀、生事、损公肥私的小人就会远去，就会畏避。

（6）"不在徒言，惟当躬行实践。"康熙深知：空谈误国，实干才能解决问题。"康熙十六年，谕讲官曰：'尔等进讲经书，皆内圣外王、修齐治平之道。朕孜孜详询，每讲之时必专意以听，但学问无穷，不在徒言，要惟当躬行实践，方有益于所学。尔等仍直言无隐，以助朕好学进修之意。'"[5]

（7）身先士卒、亲临一线，"巡行地方，轸恤民隐，咨诹利弊，有应兴革者，即见诸施行""务期尽除积弊"。

无论是平三藩、西部用兵三征准噶尔，还是治水视察水利，都亲临现现场。为

---

[1] 鲁源生编著：《康熙治国要略》，东方出版社，2014年，第206页。
[2] 鲁源生编著：《康熙治国要略》，第213页。
[3] 鲁源生编著：《康熙治国要略》，第7页。
[4] 鲁源生编著：《康熙治国要略》，第9页。
[5] 鲁源生编著：《康熙治国要略》，第11页。

了亲自耳闻目睹百姓民情、了解官吏为官一方的民舆,从康熙二十三年(1684)九月康熙帝初次南巡起,到康熙四十六年(1707),24年中,6初次南巡,沿途实地视察。

康熙二十八年闰三月初十日(1689年4月29日)谕户部:"朕巡行地方,轸恤民隐,咨诹利弊,有应兴革者,即见诸施行。近闻江、浙、闽、广四省海关,于大洋兴贩商船,遵照则例征取税课,原未累民,但将沿海地方采捕鱼虾及贸易小船,概行征取,小民不便。今应作何征收,俾商民均益,着九卿、詹事、科道会同确议具奏。特谕。"[1]

康熙二十八年九月十八日(1689年10月30日)谕户部:"朕勤求治理,笃念民依,欲使妇子干宁,用是频蠲租赋,至于时值荒歉,倍切焦思,赈赡之恩,尤宜亟沛。今岁畿辅亢旸为虐,播种愆期,年谷不登,小民艰食。旱灾情形,朕所亲见,夙夜殷劳,轸念已久。顾此茕茕之民,糊口尚不能给,若更责以输赋,必致流移失业。直隶被灾州县卫所,所有本年地丁各项钱粮,除已征在官外,其余未经征收及康熙二十九年上半年钱粮,尽行蠲免。尔部速行该抚,通行晓谕,务使均沾实惠,以副朕拯恤穷黎至意如民人仍致流散,或不肖官役蒙混侵蚀及仍行私征者,将该抚一并严加处分。尔部即遵谕行。特谕。"[2]

康熙三十年九月十八日谕户部:"朕顷巡行边外,入喜峰口见有民间田亩为蝗蝻所伤,又闻榛子镇及丰润县等处地方被蝗灾者,亦所在间有。秋成失望则民食维艰,朕心深切轸念,倘及今不为区画储蓄,恐至来岁不免饥馑之虞。着行该抚亲历直隶被灾各州县,通加察勘,悉心筹画。应作何积贮,该抚详议具奏。其被灾各地方明岁钱粮仍照例催科,小民必致苦累,着俟该抚察报分数到日,将康熙三十一年春夏二季应征钱粮缓至秋季征收。用称朕体恤民生休息爱养至意。尔部即遵谕行。特谕。"[3]

康熙帝还看到了什么、知道了什么?从下面这条谕旨中可生动得知。

康熙十八年(1679)京师地震后,七月三十日康熙帝谕吏部等衙门:"朕薄德寡识,愆尤实多,遘此地震大变,中夜抚膺自思,如临冰渊,警惕悚惶,益加修省。仍宣布朕心,使尔诸大臣、总督、巡抚、司道有司各官,咸共闻知。务期洗心涤虑,实意为国为民,斯于国家有所裨益。即尔等亦并受其福,庶几天和可致。若仍虚文掩饰,致负朕意,询访得实,决不为尔等姑容也。一民生困苦已极,而大臣长吏之家日益富饶,以民间情形虽未昭著,近因家无衣食,将子女入京贱鬻者,不可胜数,非其明验乎!此皆地方官吏谄媚上官,苛派百姓,总督、巡抚、司道又转而馈送在京大臣。以天生有限之物力,民间易尽之脂膏,尽归贪吏私囊,小民愁怨之气,上干天和,以致召水旱、日食、星变、地震、泉涸之异。一大臣朋比,徇私者甚

---

[1] 《康熙御批》,中国华侨出版社,2000年,第659页。
[2] 《康熙御批》,中国华侨出版社,2000年,第663页。
[3] 《康熙御批》,中国华侨出版社,2000年,下册第673页。

多,每遇会推选用时,皆举其平素往来交好之人,但云办事有能,并不问其操守清正。如此而谓不上干天和者,未之有也。一用兵地方诸王、将军、大臣于攻城克敌之时,不思安民定难,以立功名,但志在肥己,多掠占小民子女,或借为通贼,每将良民庐舍焚毁,子女俘获,财物攘取,名虽救民于水火,实则陷民于水火之中也。如此有不上干天和者乎?一外官于民生疾苦不使上闻,朝廷一切为民诏旨亦不使下达,虽遇水旱灾荒,奏闻部覆,或则蠲免钱粮分数,或则给发银米赈济,皆地方官吏苟且侵渔,捏报虚数,以致百姓不沾实惠,是使穷民而益穷也。如此有不上干天和者乎?一大小问刑官员,将刑狱供招,不行速结,使良民久羁囹圄,改造口供,草率定案,证据无凭,枉坐人罪,其间又有衙门蠹役,恐吓索诈,致一事而破数家之产,如此有不上干天和者乎?一包衣下人及诸王、贝勒、大臣家人侵占小民生理所在,指称名色以网市利,干预词讼,肆行非法,有司不敢犯其锋,反行财贿。甚且身为奴仆,而鲜衣良马,远胜仕宦之人,如此贵贱倒置,为害不浅。以上数条,事虽异而原则同。总之,大臣廉则总督、巡抚有所畏惮,不敢枉法以行私;总督、巡抚清正,则属下官吏操守自洁,虽有一二不肖有司,亦必改心易虑,不致大为民。此等事朕非不素知,但以正在用兵之际,每示宽容。今上天屡垂警戒,敢不昭布朕心,严行诫饬,以勉思共回天意。作何立法严禁,务期尽除积弊,着九卿、詹事、科道会同详议具奏。特谕。"[1]

政策不是深宫高墙内听取汇报就可制定,须来自社会实践,来自广大人民现实生活中之迫切需求,来自"有应兴革者,即见诸施行",也就是来自社会改革的迫切需求。

这一年康熙帝26岁,亲政已12年。他对宫中、官场弊端、下层民生疾苦,已看得十分清楚。他决心"务期尽除积弊",这就是他勤政、兴革之目标,也是勤政、兴革之目的。他深知肩负重任,因为,"为人臣者尚有可诿,为人君者将安诿乎?……惟当敬天勤民,鞠躬尽瘁而已。"[2]是勇于承担领导责任,还是诿过于人,这是勤政者也经常会遇到的问题。

(8)与民同乐。虽贵为君主,并不以天子身份高高居上,远离群众。"康熙二十三年岁次甲子。……九月二十四日,圣驾南巡。……二十六日至苏州,……即在工部衙内安歇。……次日皇爷早起,问曰:'虎丘在哪里?'工部曰:'在阊门外。'上曰:'就到虎丘去。'……至日中后,方起驾,抚院传百姓:'俱要执香跪接,候圣驾。'上亦着头等哈传谕百姓:'不论男女,尽他们看,不许拦赶。大小店肆,仍旧开张,不许掩闭。'自此传闻,百姓挤拥街道。圣驾过,百姓叩首俯伏曰:'愿我皇万岁'。上曰:'你们百姓多有寿。'妇女多在楼窗内挤看。驾出阊门,到山塘

---

[1]《康熙御批》,下册第630—632页。
[2]《清圣祖实录》卷234,第340页。

上,人挤难行,河内舡亦挤满。上在马上又传旨曰:'百姓不要跪。'竟到虎丘,到山门即下马进去,自己上山,并无扶援者。登大殿,拜三世佛,拜毕,即到后殿看宝塔。又走至四贤祠,回出到大殿,对正门东向坐。抚院及两将军、工部、布政、兵道,并随从官员,俱两行立。传苏州清客打十番。打完,上曰:'好!果然好!但是只晓得南方的音,还不晓得我北方的音。叫小番来,打一番与你们看。'即刻飞传舡上小番来,俱十五六岁俊俏童子,一样打扮,俱穿酱红缎衣,头戴红纬貂帽,共一十六个,各持乐器上山。在大殿前两旁边立,打一套十番,果然好绝。姑苏极老班头,亦从未闻见者。约有一个时辰方毕,时已黄昏矣。上起而出,到天王殿,见下边百姓挤拥,塔上俱点红灯,照耀满山,看者不肯散去。上曰:'上边百姓都已听见了,下边的还没有听见,再打一套去。'随坐千人石上,打起十番。上自动手打鼓,后乃连打数套,逐件弄过,直打至二更时方完。即随二将军及长随哈等,在人丛中挤出山门,竟下舡,如飞开去。"[1]

从康熙二十三年(1684)始,至康熙四十六年(1707)止,康熙皇帝先后六巡江南。康熙二十三年首次南巡车驾进入山东境内,出现万人空巷、争睹御容场面。康熙帝特谕扈从人员不得驱赶百姓,并作诗以纪其事。诗云:"东来端为重民生,不事汾阴泰畤名。井里俨存齐国俗,田畴还忆历山耕。暂宽羽骑钩陈卫,一任村童野老迎。敢道迩言勤访察,止期治理得舆情。"[2]

(9)心中始终存有敬畏之意。一次,康熙帝在弘德殿与讲官熊赐履、孙在丰、喇沙里谈及:"人主势位崇高,何求不得,但需有一段敬畏之意,自然不致差错,便有差错,也会省改。若任意奉行,略不加勤,鲜有不失之纵佚者。朕每念及此,未尝敢一刻暇逸也。"[3]因此,"朕断不以己之过移之他人。"[4]

即使"朕意已定之事,但视何人之言为是,朕即择而行之。"[5]"关于用人行政,刑名钱粮要务,必折出,着扈从内院诸大臣请旨商酌。复奏之时,皇上必和颜虚衷,俾诸臣各尽言其意,然后皇上始行独断。"[6]

> 朝廷致治,惟在端本澄源,臣子服官,首崇奉公杜弊,大臣为小臣之表率,京官乃外吏之观型,大法则小廉,源清则流洁,此从来不易之理。如大臣果能精白乃心,恪遵法纪,勤修职业,公而忘私,小臣自有所顾畏,不敢妄行。[7]

---

1 [清]姚廷遴:《历年记》,第93—95页;转引自王春瑜主编:《康熙政风录》,中共中央党校出版社,1996年,第125—126页。
2 《清圣祖御制诗文一集》卷39。
3 章梫:《康熙政要》卷7,中州古籍出版社,2012年。
4 《康熙御批》,中国华侨出版社,2000年,第496页。
5 《康熙起居注》第2册,第1026页。
6 《康熙起居注》第2册,第1203页。
7 《康熙御制文集》一集,卷10,《敕谕·谕内阁九卿詹事科道》。

这实际上就是老百姓口中常说的"上梁不正下梁歪"问题。康熙帝特别注意抓朝廷的廷官京官和督、抚大员的表率，也就是朝廷的高级领导层，应该是对的。

（10）学习。康熙帝史称千古一帝，不仅专指他一生的业绩，也指他是清代皇帝中、可能也是中国封建社会所有帝王中，最肯刻苦学习的皇帝。

"机务之余，犹有日课""既事竟，罢朝。宫中图籍盈几案，朕性好读书，丹黄评阅，辄经寸，辨别古今治乱得失。暇或赋诗，或作古文，或临池洒翰，以写其自得之趣。"[1]

他并不以天子之高位而目空一切。他深知并告诫众皇子："人心虚则所学进，盈则所学退。朕生性好问，虽极粗鄙之夫，彼亦有中理之言，朕于此等决不遗弃，必搜其源而切记之，并不以为自知自能而弃人自善也。"[2]

他深知"玩物丧志"之理，他在勤政之余、罢朝之后，案几上堆放的全是书。他要从中挖掘识得"辨别古今治乱得失"之道。

他也一直以此教育诸皇子："《尚书》记载帝统道法，关切治理"；"思帝王之政之要，必本经史"，"朕惟以《春秋》者，帝王治世之大法，史外传心之要典也"；"天德王道之全，修己治人之要，具在《论语》一书。"[3]

他对诸皇子训曰："朕自幼好看书，今虽年高，万几之暇犹手不释卷。诚以天下事繁，日有万几，为君者一身处九重之内，所知岂能尽乎？时常看书知古人事，庶可以寡过。故朕理天下事五十余年，无甚差忒者，亦看书之益也"。[4]

又训曰："凡人进德修业，事事从读书起。多读书则嗜欲淡，嗜欲淡则费用省，费用省则营求少，营求少则立品高。读书之法，以经为主。苟经术深邃，然后观史。观史则能知人之贤愚，遇事得失亦易明了。故凡事可论贵贱老少，惟读书不问贵贱老少。读书一卷，则有一卷之益；读书一日，则有一日之益。此夫子所以发愤忘食，学如不及也。"[5]

康熙帝看书，以治国理政为轴，以治国理政中有用为目的，视此为正书，其他为闲书。他把方术符道视之为邪书，鄙之、弃之。

康熙帝的读书、学习范围还不限于中国古代经史。勤政之余，他还通过西方传教士，学习西方的天文、数学、几何、地理、哲学、拉丁文、音乐、医药、解剖学等。这是中国封建社会几百位帝王中，史无前例，又空前绝后者。

以上，乃康熙帝勤政，或与勤政密切相关读书学习之若干内容。

---

[1] 鲁源生编著：《康熙治国要略》，东方出版社，2014年，第36—38页。
[2] 康熙：《庭训格言》，新疆人民出版社，2001年，第67页。
[3] 《康熙起居注》第1册，康熙十二年九月初六壬申条。
[4] 《庭训格言》，第224页。
[5] 《庭训格言》，第304页。

2. 雍正帝的勤政

雍正帝的勤政几乎已妇孺皆知,这里仅将他与康熙帝勤政的不同之处,作一些简述。

雍正帝的勤政始终囿于深宫高墙之内,主要集中并局限在养心殿和圆明园两点一线间,他勤政只勤在奏折朱批上。他从来不上马带兵,也从来不下马视察民情。即使是军事、水利、庄稼、天灾等大事,他也全是坐听汇报,审阅奏折,这是雍正帝勤政与康熙帝勤政的最大不同。

雍正帝的勤政取得成绩时,喜欢听歌功颂德之言,甚至乐闻祥瑞之说,这是雍正帝勤政与康熙帝勤政的又一不同之处。

在处变不惊上,雍正帝的勤政不及康熙帝勤政中从容、镇定、自信。例如,雍正上台之初西部20万人动乱、贵州苗民动乱、京师大地震等事件时,雍正帝的慌乱、恐惧之状,显而易见,这是雍正帝勤政与康熙帝勤政的又一不同之处。

在识人、用人上,雍正帝有许多打破传统常规之法,值得借鉴。但雍正帝很迷信八字、迷信面相,偏重才能却轻忽品德。雍正帝尤其突出把忠君作为识人、用人首条,这是雍正帝勤政与康熙帝勤政的很大不同之处。

关于进贤、退不肖,雍正帝与康熙帝有相同之处。但在施行中,往往仍把忠君作为贤良,把不忠或忠字不纯作不肖,这与康熙帝勤政中对官员要求的主要内容有所不同。

在不尚空谈,提倡务实、实干上,雍正帝与康熙帝有相同之处。但在施行中,往往一拖再拖,计划与兑现经常脱节、落空。其清亏空、西部用兵、改土归流、整顿风俗,基本上皆如此。这是雍正帝勤政与康熙帝勤政的不同之处。

在身先士卒、以身作则上,雍正帝对下级臣僚讲得多,自己在身教行动上做得少,这是雍正帝勤政与康熙帝勤政的又一不同之处。

雍正帝执政一生中,从不与民同乐,甚至根本不与人民百姓接触,这是雍正帝勤政与康熙帝勤政的很大不同之处。康熙时代,有一次康熙帝问大学士马齐:前代君王不接见诸臣,所以诸臣也见不到君王,君臣之间怎样通气呢? 马齐回答说:明代皇帝向来无接见诸臣之例,即使接见,也不许说话。康熙皇帝慨叹道,"为人君者若不面见诸臣,则政何以理焉?"[1]

君主理朝诚然不可不见大臣,则君主理朝可执政十三年至死不见百姓乎?

雍正帝心中并无敬畏之心。"君即天""朕即国"是雍正帝勤政中的一条总纲、主线,这是雍正帝勤政与康熙帝勤政的又一不同之处。

无论在皇子时代还是身为皇帝时代,雍正帝勤政之余对读书、学习看得很淡,更不愿向西方先进科技文化学习。雍正帝虽作了这样那样读书的肖像画,犹

---

[1]《康熙起居注》第二册,康熙四十五年十一月。

如今人摆姿拍照,作秀大于纪实。雍正在勤政之余如何读书,空白无纪。而玩狗玩鸟玩收藏,痴迷于炼丹,追求长生不老,倒有详细记载。这是雍正帝勤政及勤政之余,与康熙帝勤政及勤政之余的又一不同之处。

3. 雍正帝为何勤政

勤政,即勤于朝政、勤于理政也。从 20 世纪 80 年代起,很多研究者都在大力宣传突出介绍雍正帝勤政,多数介绍基本上只是在简单重复、照搬、人云亦云,很少去深究雍正帝为什么勤政。而如果不去深究雍正帝为什么勤政,不去深究雍正帝勤的是什么政,则雍正帝的勤政就失去了正能量。有人戏云,希特勒不勤政吗? 然,希特勒那样的纳粹狂人越"勤政",则全世界就越遭殃。可见,勤政是有能量正负之分的,本应是当然之义。

勤政两字本身,单从字面上言,无所谓正负。但谁在勤政,为何勤政,在勤什么政,必然会在勤政内容与勤政目的、勤政带来的社会结果上存在社会能量的正负之分。例如,从历史纪录片中可知,德国纳粹党领袖阿道夫·希特勒这个战争狂人,也是勤于朝政、勤于理政的。然,希特勒这个战争狂人越"勤政",被他屠杀的各国人民就会越多,世界就会越遭殃。

因此,分析雍正帝为什么勤政,在勤什么政,就很有必要。

雍正帝为什么勤政,有其内因、外因之因之果。

康熙帝去世后第七天,康熙六十一年十一月二十日(1722 年 12 月 27 日),雍正帝在其汉文版即位诏书中开首部分的第一句话,就提出:"从来帝王之治天下未尝不以敬天法祖为首务。"

这句话本是康熙帝遗诏之所言,也是雍正帝即位之初对于如何治天下的政治表态。

敬天法祖是两个部分、有两个内容,这里先说法祖。法祖,就是效法列祖列宗,就是继承、学习列祖列宗治理天下的理念、做法。而清代入关前后,雍正帝的列祖列宗无一不是勤政者。康熙帝在遗诏中要求其继承者必须"敬天法祖",有许多内容,勤政,只是其中之一,却又是首先、必须之一条。先不去评论雍正帝即位是否正常、名正言顺,雍正帝即位后,首要的必须的表态和表现,就是必须要勤政。否则,就不符合康熙帝对即位者的政治要求。

换句话说,康熙帝去世后,无论谁继位,都首先、必须要勤政。

雍正帝有过谕旨:"圣祖仁皇帝御极六十余年,孜孜图治,圣寿已至,犹日揽万机,不倦于勤。朕仰承鸿业,自宜效法前朝乾夕惕,事无巨细,亲为裁断,岂当力富力强之时,而可稍图暇逸乎。皇父七旬犹日揽万机,不倦于勤。自己正值年富力强,岂可贪图暇逸。"[1] 这应该是雍正帝发自内心的真实思想。故,笔者将其

---

[1]《上谕内阁》卷 16,二年二月。

归于雍正帝勤政的内因之一。

康熙帝8岁继位,14岁便开始亲政。他自己规定:"每日听政,必御正门。"正门,即与皇帝所居内廷最近的乾清门。每月除初五、十五、二十五这三日常朝在太和殿之外,其余时间都去乾清门听政、理政。常朝比较隆重,一般是臣下参拜、升转各官谢恩、各国各省进贡使臣行礼等例行礼仪。常朝之后,康熙帝仍再去乾清门听政,"嗣后日以为常",风雨不误。每日"未明求衣,辨色视朝",天尚未大亮即更衣上朝。春夏早六时,秋冬早七时,必亲御乾清门听理朝政。盛夏季节,因天气炎热,临时移往西苑南海之瀛台,"每日早晨,御门听政,未尝暂辍""令臣下各勤职掌,时来启奏"。有时因病不能御门,则另换时间,"日理奏章,未尝废事"。

有时春季驾临玉泉山,每天早晨按时在玉泉山内前亭照常听理政务。康熙帝出巡时,部院各衙门章奏集中于内阁,每二三日通过驿递驰送行在。一般多于晚刻到达,康熙帝便立召扈从大学士、学士等,于行幄帐内或行宫,处理折本。有时,早晨于网城南门外,召诸王、大臣,发布谕旨。至秋,康熙率禁旅至北京永定门外二十里的南海子(南苑)围猎习武,每日合围四五次,奔逐百余里,不以为劳,至晚与随行学士"举火读奏章",认真批答,"一更乃已"。

康熙后期,每年都去承德避暑。避暑山庄的内午门、"烟波致爽"寝宫及"万壑松风"等地,都是康熙帝接见官吏、批阅章奏之处。康熙帝还时常去畅春园暂住,仍每早按时"御畅春园内澹宁居听政"。因为澹宁居位于畅春园大门东墙角内,便于官员尤其是年老官员进出。总而言之,康熙帝走到哪里,就在哪里办公理政。呈到他手里的,都是军政国计民生大事。需要特别提出的是,康熙帝不仅不分寒暑昼夜勤政,他的勤政理念也相当开明。他多次强调:"一切政事皆国计民生所关,最为重大,必处置极当乃获实效"。因此,他最反对臣下附会、迎合,而是真诚鼓励臣下各以所见直陈。他对臣下说:"朕从来不惮改过(不怕修正个人意见),惟善是从,但视何人之言为是,朕即择而从之,此尔等所共知也。"

他希望"上下一体,励精图治之意"。他认为"致治之道,务在精勤,励始图终,勿宜有间"。即勤政是为图治,勤政不可中断。

康熙二十九年(1690)十月,他曾小结说:"朕三十年来,每晨听政,面见诸臣,咨询得失,习以为常。今若行更改,非励精求治初终无间之道。且与诸臣接见稍疏,朕衷亦甚眷念"。他还对大学士明珠等人总结道:"明朝末世,君臣隔越,以至四方疾苦、民生利弊,无由上闻","朕虽凉德,上慕前王之盛世,凛遵祖宗之家法,思与天下贤才共图治理,常以家人父子之谊相待臣僚,罔不兢业,以前代为明鉴。"

他力图将君臣关系如家庭内父子之谊相待。遇有战事,本章最多时,日达三四百件；通常，少者每天亦不下四五十件。不论多少，康熙都"亲览无遗"。一般人以为，堆积如山的奏章，皇帝未必全看，书写时不免粗心疏忽。岂知康熙帝连其中错字都能发现，并予一一圈出改正。其翻译不准确者，亦亲手改正之。

康熙帝勤政，还注意不陷于事务主义，不拘谨于细枝末节。康熙帝听政中发现有同一件事两部重复启奏，便创立了会同启奏制，以简化程序，提高效率。如："兵部议叙军功之事，必请下吏部。及至吏部，乃并无别用察核之处，复行启奏。"按照会同启奏制，避免兵、吏两部重复启奏，"可以会同一次题复。事既不繁，且经两部详确会议，不至舛错。"

再如分编佐领一事，户部、兵部启奏重复，"委属繁冗"，康熙决定，"以后如此等事，俱着两部会同启奏"。还谕令大学士、学士等："凡可二次会题完结之事，嗣后不必两、三次具题，于应会会同之部院，即会议结案奏闻，如有仍违误具题者，尔等即随签以进。"

康熙帝勤政之理念及勤政之方法，为后来者树立了很好的榜样。

雍正帝急切要想有所作为，要当"一代令主"乃至"千古令主"。[1] 用今天的白话来说，就是要做一个有所作为的英明领袖。但雍正并不是经过实践一步步熬到君主之位，而是一夜之间一步登天的，以前并无任何重要职位，没有从政经历，更无政绩功业，他曾自认皇子时代甚是"平庸"，必须以勤补拙方可行政。这从他的两次谕旨中也可以清楚看出。

其一，雍正即位之初，在给太后的面奏内曾坦言："朕于政务素未谙练。"[2]

既然如此，唯一出路和办法，惟有勤政；其二，"敬天法祖"是必须遵循之法理，雍正四年十月丁亥（1726年11月22日），他对大学士谕："朕自即位以来，以皇考之心为心，以皇考之政为政。"[3]

从雍正元年八月十二日（1723年9月11日）闽浙总督满保奏谢奉朱批训谕折中，也可以看出他为何勤政。雍正朱批道：

> 昔日为王时，持身闲适，无意求取声名，兹每思前事，即深感惭愧。兹不意骤登大宝，倘再不留意名操，则是关系朕皇考六十年辛劳之是非也。此虽非朕之本心，但往日夙愿已不可行矣。若仍固执前行，则有负皇考也。虽平庸，亦要事事勉为学习，以求日新。至尔等省臣，以前有隐瞒未奏或因掣肘无奈导致舛误怠懈等事，朕如此推诚相见，体谅尔等，唯不副朕造益地方百姓之诚，对以往过失仍行推诿，隐瞒真情，百般掩饰，务期以往举措获朕称许，则反误其间，极为可惜，岂能行耶？我君臣俱应开诚相见，

---

[1]《雍正朝起居注》第一册，第239页、355页，雍正二年十月。
[2]《大义觉迷录》。
[3]《清世宗实录》卷49，第748页，四年十月丁亥。

捐弃前怨，以求来日。凡事唯求实心黾勉，爱惜心血，不图安逸，勤勉整治地方。勉之。[1]

"虽平庸，亦要事事勉为学习，以求日新"，就不仅是泛指过去曾经平庸，更是泛指当下。这是雍正自己亲口承认的，是实话真话，非政敌对其攻击之言。正因为过去平庸，现在又不甘平庸，事事要勉为学习以求日新，这就不能不勤政。他常道："当朕在藩邸时，朕从不留心闻听，今居此位，不得不如是也。"[2]

"不得不如是"，是指他的角色、身份、地位变化以后，责任和使命担当"不得不如是"之必然，也是因过去长期以来政务素未谙练，如今"不得不如是"事事勉为学习之必然。

雍正元年八月二十四日（1723年9月23日），雍正在给广东巡抚年希尧的朱批中写道："向日朕之疏懒，你是知道的，何也？应当那样，何苦徒自苦于无用而反有害也？俗云：'不是闲人闲不得，闲人不是等闲人'。及至今日，如何图得安闲？"[3] 雍正自己一语道出，正是向日之疏懒，造成向日之平庸。

过去长期以来，父皇康熙帝对其并不特别重视，所以疏懒，是个"天下第一闲人""闲王"。这种状况一半是出于无奈，一半是出于韬光养晦。同日，在给广东巡抚年希尧的朱批中又谕旨道："既有责任在身，非勤不可。"这既是他对臣属的要求，也是他对自己的要求。

依笔者之见，雍正帝勤政还有一个深隐于身心的内因，那就是他要迫不及待地将功赎罪，用勤政求得九泉之下皇考的谅解与保佑。如，雍正二年二月二十七日在两江总督查弼纳的奏折上朱批："我君臣只勤而又勤，慎而又慎，若能以全皇父脸面，上天必鉴而惠保。"[4]

显然，雍正帝希望通过君臣勤政，以求得上天与皇考的认可、惠泽与保佑。

同年三月初四日又在两江总督查弼纳的奏折上朱批："我君臣仅将此意此行敬而益敬，勤而益勤，如此而为，我君臣必定叨蒙永久恤悯、佑庇之恩矣。"[5]

以上这些，都是促使雍正帝"不得不如是"勤政的内因。

4. 雍正帝的勤政内容

勤政，顾名思义，是勤于政务。但雍正帝的勤政内容，不仅是勤于政务，而是几乎无所不包：一方面，大至密折制度、摊丁入亩政策的制定，重大军事行动的决策、指挥，国家人事的升降奖惩与调动，宗室、后宫的人事升降、奖惩、册封与调

---

[1] 中国第一历史档案馆注编：《雍正朝满文朱批奏折全译》（上），黄山书社，1998年，第282页。
[2] 《雍正朝满文朱批奏折汇编》，第703页。
[3] 《雍正朝汉文朱批奏折汇编》第3册，第131—132页。
[4] 《雍正御批》影印本（上册），中国华侨出版社，2005年，第381页。
[5] 中国第一历史档案馆注编：《雍正朝满文朱批奏折汇编》上册，黄山书社，1998年，第691页。

动或变动,每年秋后对刑部处决人犯作最高层级核准批复。以上,理当属勤政项目之内。另一方面,雍正帝的朱批甚至还包括对臣属家事(如婚宴之类)的干预或决定,甚至小至对某件工艺品的制作、改进要求,甚至对狗窝、狗衣的具体要求,等等,都要等候雍正帝的一一谕旨或朱批才可决定如何行动。

雍正帝的勤政,主要或大部精力投入在并见诸于朱批上。雍正元年(1723)二月的一条谕令对此有过详细记载:"一切地方之利弊,通省吏治之勤惰,上司孰公孰私,属员某优某劣,营伍是否整饬,雨旸是否时若,百姓之生计若何,风俗之淳浇冥似,即邻近远省以及都门内外,凡有骇人听闻之事,不必待真知灼见,悉可以风闻入告也。"[1]

此外,雍正朝还有大量满汉文的谢恩折、请安折。其细小琐碎之程度,实属罕见。

下面,仅以雍正元年(1723)《雍正朝内阁六科史书·吏科》第一册为例,进行说明。

(1) 请求休致(告老告病退休)、报告州县官吏病故本

从雍正元年正月十四日(1723年2月18日)起,请求休致(告老告病退休)、报告州县官吏病故本就开始呈现,从此源源不断。如,雍正元年正月十四日盛京礼部侍郎巴济纳题为年老体衰请求休致本,雍正元年正月二十三日(1723年2月17日)南巡抚杨名时题报阿迷州知州详请休致本,同日,署山西巡抚德音题为留晋办理军需之工部郎中赛龙阿年老乞休本,河南巡抚杨宗义题报裕州知州董学礼病故日期本,广东巡抚杨宗仁题报河源县知县申玉衡病故本。雍正元年正月二十四日浙江巡抚傅泽渊题报归安县知县丁绩曾患病乞休本;雍正元年正月二十五日广东巡抚杨宗仁题报博罗县知县韩钦病故本,广东巡抚杨宗仁题报博罗县知县韩钦病故本,河南巡抚杨宗义题报巩县知县邹传尧病故本,河南巡抚杨宗义题报河道总督陈鹏年病故本,等等。

雍正元年正月二十三日(1723年2月17日),一天之内,竟有4个乞休本和病故本。

对中央政府而言,知县这样的官吏属基层单位多如牛毛。为什么病故或要求休致(告老告病退休)之类事,还要题本皇帝过目?因为,无论休致还是病故,必须要另外及时更换或补充。而更换补充必须要皇帝亲自批准。

雍正帝这个人爱信八字,选人时还在乎面相,这便常常要过目过堂。更要求即将更换、补充的官员要牢记皇恩,所以必要籍此召见训话。中国这么大,每年乞休和病故的知县都要批复并召见,确实勤政。然,将这类勤政谓之雍正帝事事揽权,事事独裁,亦并不冤枉他。若雍正帝只对朝廷大臣的乞休、病故、更换、变

---

[1]《朱批谕旨》,雍正二年七月十一日。

动掌控,将知府知县的乞休、病故、更换、变动交由吏部或六部按录用条件去运作,自己时加考察是否可以勤政得更为合理,更为开明?

(2) 谢恩本

从雍正帝即位之初起,谢恩折就风起云行,这同雍正帝本身的做法大有关系。例如,雍正帝即位之初的半年内,多次将圣祖康熙帝遗物(衣帽、笔砚、扇子等)赏赐臣工,作为宠信、拢爱之举。如,雍正元年三月初六日(1723年4月10日)山西巡抚德音奏谢赏先帝衣服等物之恩本,三月二十七日安徽巡抚李成龙奏谢赏先帝亲用端砚等物本,四月初一日闽浙总督满保奏谢赏先帝御用物品本,福建巡抚黄国材奏谢赏先帝亲用衣物本,四月初四日陕西巡抚噶世图奏谢赏先帝御用砚墨等物本,四月十九日河南巡抚石文焯奏谢授河南巡抚并赏先帝御物之恩本,二十六日贵州巡抚金世扬奏谢赏端砚荷包等物之恩本,五月初三日云南巡抚杨名时奏谢赏先帝御用物品本,云贵总督高其倬奏谢赏先帝御用物品本,六月十一日甘肃巡抚绰奇奏谢赏先帝亲用之物本,湖广总督杨宗仁奏谢赏先帝亲用之物本,七月十九日江西巡抚裴律度奏谢赏圣祖遗物之恩本,七月二十日四川巡抚蔡铤奏谢赏人参之恩本,等等。这些谢恩折,其实就如同效忠书,一封接一封从全国各地飞向雍正案前,达到了雍正帝预期的目的。

臣属升职,更必须谢恩。如,雍正元年二月初六日(1723年3月12日)新升湖广巡抚那齐哈奏谢升授湖广巡之恩本,山西巡抚德音题为代新升山西布政使森图谢恩本,福建巡抚黄国材奏为臣子补授陕西甘山道谢恩本,二月二十四日广西巡抚孔毓珣奏为钦奉皇上御极恩诏谢恩本,等等。这类谢恩多如牛毛,几乎已成所有升任官员接旨上任后之定例。

甚至,连官员儿子入国子监读书,也要谢恩。如,雍正元年三月十五日(1723年4月19日)漕运总督张大有奏为钦奉恩诏送一子入监读书本,三月十七日两江总督查弼纳奏谢送一子入监读书之恩本,三月二十三日广东巡抚黄炳奏为钦奉送子入监读书恩诏谢恩本,二十四日云贵总督高其倬奏谢实授云贵总督之恩本,四月初四日江宁巡抚昊存礼奏谢照品封赠并送子入监读书之恩本,七月二十一日署广东巡抚年希尧题代广东布政使王朝恩谢封赠二代并送子入监读书之恩本,等等。

这个监,是国之监,相当于今日之干部子弟学院,雍正特批恩准这些官二代入监读书,这些为父的做官者自然要谢恩。雍正还在景山开办宗学,将宗室(即皇亲国戚或大官的子女)入学。此举与其说是重视教育,不如说是更重视官二代与人民群众的社会等级差别和文化等级差别更为到位。

更为滑稽可笑的是,兄为弟谢恩,弟为兄谢恩,也粉墨登场,热闹不已。如,雍正元年六月二十一日署广东巡抚年希尧奏为赏弟年羹尧太保世袭三等公兼兵部尚书职衔谢恩本,八月初四日川陕总督年羹尧奏为旅兄年珐尧授湖广上荆南道谢恩本,就是一例。

(3)事务琐碎、无当奏本

作为国家最高领导人,是将精力放在抓国计民生大事上,还是陷入鸡毛蒜皮的琐碎事务堆中,不仅是个工作方法问题,更是个执政理念问题,是执政有无重大规划、有无顶层设计,有无长远目标和近期目标,有无国家明确走向及蓝图的重大问题。从雍正朝题本奏折与雍正朱批的内容上,不难看出以上问题之存在、之严重。

雍正即位之初,急于要解决朋党问题,急于要解决反对派,这是任何执政者无可回避,也是无可非议的。但事实上,雍正初年,有组织、有计划、有纲领的反对派朋党并不存在,存在的是人心所向、朝野舆论。即使雍正怀疑或担心有朋党存在,在雍正的处置下,也很快就不复存在。在朋党已基本上不复存在或已被打散的情形下,发展国家经济,提高国家实力,改善人民生计应是重中之重。但雍正在头六年内,不是在发展国家经济,提高国家实力,改善人民生计上作出重大规划、作出顶层设计,作出长远目标和近期目标,以研究决定国家走向,而是仍在解决并不存在或已不复存在的朋党反对派上殚精竭虑。

雍正也并未提出新的经济增长点,而是忙于三年内清退亏空。事实上,三年内清退亏空的近期目标也并未实现,终于将期限一拖再拖,一改再改。这同雍正将大量精力浪费在关注、解决琐碎事务堆中,也大有关系。如:

雍正元年正月二十四日吏部尚书隆科多题参工部贴写书办不慎烧毁稿卷该管官员一并罚俸本;雍正元年二月初二日署掌河南道事监察御史迈柱题为照例查报上年十二月下吏部科抄咨呈已完未完数目本;雍正元年二月初五日署云贵总督高其倬题为造送贵州秋季己未逾限钱粮命盗案件清册本;雍正元年三月十一日吏部尚书隆科多为员外郎吴黑等承差疏忽致使八人脱逃请革职本;雍正元年三月十五日吏部尚书隆科多为直隶昌平州知州隐讳盗案请革职本;雍正元年三月二十九日两江总督查弼纳题报江宁府理事同知系族侄请令回避本;雍正元年五月十五日兵科掌印给事中陈世倓题明独石口外章尉拿获盗贼一案迟延之故系兵部逡漏注销本;雍正元年五月二十一日安徽巡抚李成龙题请准来安县知县冯文汉归宗改复李姓本;雍正元年六月十八日川陕总督年羹尧题参陕西光棍冯氏父子庇匿钦赃请将其子革职一并监追本;雍正元年七月初九日浙江巡抚李馥题应得荫监之嫡长孙请准在家读书本;八月初四日两广总督杨琳题浙江山阴县贡生吴征入幕十三载实属历练老成本;雍正元年十月初九日奉天府府尹邹汝鲁题参锦县知县娄起镐昏庸无能请敕部严加议处本;雍正元年十月十五日吏部尚书隆科多题参内务府员外郎等擅骑驿马请拿交刑部从重治罪本;雍正元年十月二十六日两江部督查弼纳题报本署幕宾品行本;雍正元年十一月初七日署甘肃巡抚傅德题报工部侍郎王懿行至庄浪病故本;雍正元年十一月二十日江西

巡抚裴律度奏长子崇锡遵旨在家读书本；雍正元年十一月二十日 漕运总督张大有题为遵旨呈报所延幕宾姓名本；雍正元年十一月二十一日广东杨琳奏为长孙杨铸奉恩诏得荫生情愿随本职任所读书本；等等。

以上题本，无一件是国计民生大事，无一件是十万火急之军情大事，也无一件是非要由皇帝亲自处理不可之事。然，从各省总督巡抚到府尹，连官二代子弟可否在家读书，内务府员外郎等擅骑驿马，幕宾品行，有家奴脱逃等琐碎事情，却都无不正儿八经题报龙案，非要由皇帝亲自处理或过目，雍正不勤政也不可以。

翻看雍正朝满汉文奏折中几乎80%以上都是鸡毛蒜皮的琐碎事务。这说明雍正之独裁，已成国家政治生活之常态。雍正如此集权却又将精力消耗在一大堆无关国计民生的鸡毛蒜皮的琐碎事务上，是作茧自缚，工作方法很不可取。他将自己陷入一大堆鸡毛蒜皮的琐碎事务之中灯下朱批，是可歌可泣值得歌功颂德之勤政，还是对如此勤政应予剖析，应予去芜存精？雍正本人已不可反思，习史之人是否可对其勤政作些历史反思呢？

（4）有质量的题本寥若晨星

雍正龙案上堆积的大量题本，几乎80%以上都是如上无关大局、琐碎事务的谢恩、请求退休、报告官员病故或其他鸡毛蒜皮之类的题奏，有质量的题本寥若晨星。

自雍正元年一月一日起，直至六月底，在堆积如山的几百件题本中，跳出了一件雍正元年六月二十七日云贵总督高其倬题为钦奉上谕不许家人出入衙门在堂办事本，六月二十九日云南巡抚杨名时题报钦奉上谕不许家人出入衙门在堂办事本。这是相同事、重复题报的题本。不许家人出入衙门在堂办事，用现在的话来说，就是回避制度。雍正注意到并规定不许家人出入衙门在堂办事，具有司法革新、廉洁公道的意义。但这样有质量题本寥若晨星，在几百件题本中仅2件。而这2件又是相同事重复题报，实质上只是一件。

雍正元年七月十八日（1723年8月18日）湖广总督杨宗仁题报查明湖北华容县知县马世珍居官平庸本，是年八月初六日漕运总督张大有题参江西赣州府通判勒诈银两请革职本，这些都是吏治中直面问题，有质量的题本。

（5）题本中暴露出的问题

雍正元年十月初五日（1723年11月20日）吏部尚书隆科多题报候选钿府监生等捐纳米驼请按各官品级给予封典本，暴露出雍正初年用捐纳进仕做官已蔚然成风成为制度惯例。

雍正元年十月二十一日（1723年12月6日）……广东巡抚年希尧题参儋州知州重加火耗请革职本，说明对重加火耗一事如何处置是有不同看法的。

雍正元年十二月二十一日（1724年1月16日）通政使图兰题参福建巡抚黄

国材题本与例不符本。然,同一天,福建巡抚黄国材竟也题请告休守陵本。

按雍正帝的要求,奏本应严格保密。通政使图兰的题参与巡抚黄国材之间显然存在芥蒂,黄国材也显然与图兰在斗气,这才会出现图兰题参黄国材的同一天,黄国材竟也题请告休守陵本的怪事。

如果图兰心存善意,黄国材题本与例不符的事可予当面指正,何至为此惊动圣驾。说明利用题本相互攻击,已愈演愈烈。

雍正元年五月十六日(1723年6月18日)和硕简亲王雅尔江阿题请将云贵总督革职、贝子允禵永行停俸本。皇太后乌雅氏(雍正帝、允禵兄弟两人的生母)五月二十三突然自杀愤然离世,同五月十六日后雍正帝下旨永行停止允禵俸米有关,同五月二十二日太后下旨召允禵回京不得,更直接有关。

(6) 奇怪题本

如,雍正元年五月十二日(1723年6月14日)直隶巡抚李维钧题为宣化府知府实难称职请准原品休致本。既是不称职,要么降职,要么停职,怎可按原品待遇退休?这与通政使图兰题参福建巡抚黄国材的小题大做俨然迥异。

还有更奇怪的。雍正元年十二月初九日(1724年1月4日),内阁学士希布题为年老力衰请求休致本。拉锡原为康熙帝身边御前侍卫,任职七年从未提升。康熙帝逝世后,半年不到,拉锡连升四级,官至都统、内阁学士。照理,拉锡应该鞠躬尽瘁死而后已,怎能雍正元年就提出休致请求?

题本中暴露出的问题还有,雍正元年十二月初六日(1724年1月1日)吏部尚书隆科多题请纠拿督抚严饬各州县廉洁自持严束吏役不得滋扰乡民。隆科多是老成谨慎大臣,如果此类现象不是普遍现象且已相当严重,隆科多怎会为此专门题本?

以上,均为题本所存、所见,也系雍正十三年全部题本之缩影。雍正帝勤政之内容,也从中历历在目、窥豹一斑。

5. 雍正帝的以农为本

"国之大事在农,而为政在人。"[1] 雍正五年(1727年)三月庚寅(初三日)谕内阁:"自古帝王致治诚民,莫不以重农为先务……《论语》云,'百姓足,君孰与不足。'孟子云,'民事不可缓也,盖国以民为本,民以食为天。农事者,帝王所以承天养人,久安长治之本也。"[2] 说明雍正帝对农业非常重视。

但雍正帝的重农,与康熙帝尚有不少异同之处。雍正深知,民事之所以不可缓,因为民以食为天,天天要吃饭。只要老百姓有口饭吃,就不会造反。老百姓不造反,社会才能久安长治。为什么必须以重农为先务,根本原因在这里。

---

[1] 《雍正朝起居注》第一册,第406页,雍正二年十二月三十日己亥条。
[2] 《清世宗实录》卷54,第813页。

雍正帝虽然也念了《论语》里"百姓足,君孰与不足",这个"足",只是"足"以糊口吃饭、饿不死而已,决不是富裕之足。综观雍正帝的十三年,其政策的倾向始终不断向皇室、向皇家贵族集团、向朝廷大官倾斜。这是以官为贵,不是以民为本。社会腐败和贫富差距,比康熙帝、康熙朝有过之而无不及。康熙帝也是封建帝王,他的制度、政策从根本上说,也为贵族集团、为统治阶级服务的。但康熙帝不仅自己相当节俭,而且深谙不患贫、患不均之害。这个"患不均"并非指没有差距,而是指不合理的巨大差距,是指畸形之不公。

康熙、雍正帝"以农为本"的相同之处是:两帝都非常重视农业,都在奏折朱批中对此投入了大量精力,都重视开垦荒地与移民,都在灾年及时发赈济荒,都重视水利建设,都重视仓储,等等。

康熙、雍正帝"以农为本"的不同之处,则可见于以下诸项:

(1) 雍正帝以农为本中的机械唯物观

如说:"朕观四民之业,士之外,农为最贵,凡士、农、工、贾,皆赖食于农,以故农为天下之本务,而工贾皆其末也";"市肆之中多一工作之人,则田亩之中少一耕稼之人"。[1] 这是典型的机械唯物观,不仅严重压抑了商业发展,其实也并不利于农业发展。

(2) 雍正帝以农为本中的迷信与形式主义

雍正二年八月初十日(1724 年 9 月 26 日)顺天府尹张令璜奏进:"皇上躬耕耤田内,瑞谷一茎四穗者,三本一茎三穗者,三本一茎两穗者十二本,臣等传观之下,不胜欢忭。"[2]

大臣们显然都知道雍正帝喜欢听这一套,于是,八月二十九日大学士马齐等又奏:"八月二十四日臣等同现丰泽园皇上躬耕田内收获之稻,一茎四穗者五本,一茎三穗者四十五本,一茎两穗者二百三本,皆穗长盈尺,珠粒园坚,较之往年稻穗多至一百六十余颗,诸臣敬观之下,不胜踊跃庆幸。"[3]

因为康熙帝向来反对、不信、不喜欢这套东西,大臣们自然也就从不敢在朝廷中搞这一套东西,这就是区别。

雍正在春耕伊始,亲自开犁,以为亲农、重农表率。然,后来又流于形式。如,"耤田和先农坛原来设于首都,雍正于四年(1726)下令,命各府州县设立先农坛,备置耤田,每年仲春亥日地方官举行耕耤礼,意思是让他们知道皇帝'敬天勤民',学习皇帝注重农功的精神,劝率百姓力田务本。"[4]

这些华而不实的形式主义,康熙帝向来不喜欢,也反对臣僚胡搞。雍正二年

---

[1]《雍正朝起居注》第二册,第 1233 页,五年五月初四日条。
[2]《雍正朝起居注》第一册,第 296 页,雍正二年八月初十日条。
[3]《雍正朝起居注》第一册,第 309 页,雍正二年八月二十九日条。
[4]《上谕内阁》,七年四月二十二日谕;转引自冯尔康:《雍正传》,第 195 页。

(1724)，雍正说农民辛劳作苦以供租赋，不仅工商不及，连不肖士人也不如他们。因此下令各州县官，每年在每乡中选择一两个勤劳俭朴、没有过失的老年农民，给予八品顶戴，以示奖励。[1]

此举不仅徒有形式，反而滋生贿赂、地霸钻营钓誉，后被乾隆帝废除。[2]

(3) 雍正帝扩大开垦

雍正二年(1724年)，指示年羹尧争取在宁夏扩大开垦。雍正六年(1728)，湖广、江西、广东、广西四省人民数十万进入四川，雍正命根据各地区流来人口的多寡，分给三四十亩、五六十亩不等的荒地，并给牛种口粮，以事安置。[3]

(4) 雍正帝边修筑水利边建造龙王庙

雍正二年，派吏部尚书朱轼往江浙会同巡抚何天培、法海商议修治办法，修筑浙江，江南海塘。朱轼提出动用帑银十五万筑浙江海塘，十九万筑松江海塘，雍正予以批准。松江海塘开始修筑的是土塘，雍正说不牢固，东南是财赋重地，应保证安全，改筑石塘。后来在石塘之外，修贴石土塘一道。[4]

雍正朝的水利建设与改造，总理大臣允祥(即康熙帝的皇十三子)功劳大矣，另述。然，雍正帝一边修海塘，一边又在浙江海宁钱塘江边筑造龙王庙，求龙王佑护地方平安、风调雨顺。

雍正朝在浙江，江南修了海塘，江北盐场却出了人命大事。海潮冲决范公堤，沿海二十九个盐场被淹，竟溺死灶丁男妇四万九千余人。[5]

除了扩大开垦、修筑海塘、兴修水利是振兴农业的实政外，康熙帝亲耕，为选良种；雍正帝亲耕，为大臣渲染祥瑞提供平台与材料；康熙帝治黄河及其他水利，亲临现场，几十年如一日。雍正朝搞水利，雍正帝从不亲临现场；康熙帝蠲免，灾年免，丰年有时也免；康熙四十年二月十五日(1701年3月24日)谕直隶巡抚李光地，"虽遇丰年，民犹艰食，务使真正穷民咸沾实惠。"[6]雍正朝蠲免，大都由督抚报灾才施蠲免，丰年不免，还要将灾年所免补缴。此外，与之相关的米价、赋税都要高于康熙朝、康熙帝。

雍正朝的可耕地田数要高于康熙朝，但农民生活未必提高。一方面，同米价、赋税提高有关，另一方面，耕地田数有虚报、浮夸或隐蔽少报等不实之弊。督抚多报、是为多征；督抚向中央隐蔽少报，是为少缴。故，雍正朝的可耕地田数，并不准确。

此外，康熙帝御制《耕织图》，是为感慨农民耕织之不易与辛苦；雍正帝御制

---

1 《上谕内阁》，二年二月初九日、二十日谕。
2 冯尔康：《雍正传》，第194页。
3 《清朝通典》卷9，《户口丁中》；转引冯尔康：《雍正传》，第201页。
4 冯尔康：《雍正传》，第202页。
5,6《康熙御批》，中国华侨出版社，2000年，第723页。

《耕织图》,是为美化自己,是为掩饰、美化他与宫女钮祜禄氏私生弘历于热河避暑山庄外狮子园的那一段历史。[1]

雍正帝出于经济与统治需要虽然主观上不得不重视农业,但他在以农为本、以民为本的理念、制度、实际政策上,未见得比康熙帝的以农为本理念及实际政策更先进、更见成效,某些做法例如扩大税收、扩大社会贫富差距上,其实是在倒退。

(三) 以"君即天""天无二日"的"君本位"统治思想为纲——从头戴假发与《雍正刺虎图》说起

1. 君即天

"君即天",天至高无上,故,君主即天主;君主代天主行使意志;对君主不忠、冒犯君主或至埋怨,都必会遭天谴,重则天诛(灭亡)。这就是雍正帝的君本位统治思想,也是他经常在朱批中宣传、灌输、训斥臣工或威胁臣民的工具。

雍正帝向臣工强调:"为人臣者,奉君之法是即奉天之道。"[2]

"不以至诚事主,断无不遭上天谴责之理,是以数年来,凡欺罔负恩之人,无不即行败露,天道之近且显若此,岂不可畏之甚哉。"[3]

"君即天……,逆天岂能逃于天谴乎？如汪景祺,查嗣庭其明证也。"[4]

"上天之赐福降灾,即如人君之赏罚,若休征而承之者骄矜纵肆,则将转福为灾;咎征而承之者戒慎恐惧,则将化灾为福。即如君臣上下,用赏用罚,无非曲成之,使改过迁善也。"[5]

"是是非非,惟朕是从。""尔诸臣若将朕之所好者好之,所恶者恶之,是非画一,则不敢结党矣。于朕所嘉赏之人,尔等若一体称赞,其人则愈加鼓舞,一他人亦企慕效法。朕所恶刁恶之人,尔等若一体贱恶,其人乃无地自容,亦可望其悛改。"[6]

"为臣的,要心上惟知有君,这就是尽为臣的理。"[7]

"竭虑殚诚,惟图报主,除此一念之外,毫无所顾。"[8]

雍正七年正月,兵部侍郎史贻直奉雍正旨意,训诫福建总督高其倬云:"大凡人臣事君,不但当以身事,更当以心事,此心惟知有礼,此心惟知有君

---

[1] 参见拙著(台北)《你所不知道的雍正后宫》(上册),弘历出生于草房的最新可靠证据——解读《雍正耕织图》,知本家文化事业有限公司,2013年,第131—157页。
[2] 《上谕内阁》,六年七月初八日。
[3] 《雍正朝起居注》第四册,第2943页,雍正七年七月己酉初六日。
[4] 《雍正朝起居注》第一册,第793页,雍正四年九月乙卯二十六日。
[5] 《永宪录》,中华书局,2006年卷4,第330页。
[6] 《雍正朝起居注》第一册,第248页,雍正二年五月壬戌二十日。
[7] 《雍正朝汉文朱批奏折汇编》第7册,第101页。
[8] 《雍正朝汉文朱批奏折汇编》第6册,第1页。

而不知有己,斯可以任封疆之重。"[1]"为人臣者,义当惟知有君。"[2]

雍正帝还当面训斥直隶巡抚李绂:"你实不及朕远矣。何也?朕经历处多,动心忍性者,非止数年几载。若与朕一心一德,心悦诚服,朕再无不教导玉成你的道理。若自心谓记载数篇文章,念诵几句史册,心怀轻朕之心,恐将来悔之不及。当敬而慎之,五内感佩可也。朕非大言不惭,纵情傲物以位以尊胜人之庸主,莫将朕作等闲皇帝看,则永获益是矣。"[3]

"人臣若能以诚事君,则一言一动无非出于忠爱之心而无一毫欺隐之念。何患事有不立政有不举哉?"[4]"君亲大义也,而君为尤重。"[5]

雍正帝最为敏感、最易恼怒的底线、红线,是臣属不能有二心,必须有忠心。为防止臣下不忠、有二心,雍正帝特别忌讳、防范朋党。"朕以为君子无朋,小人则有之。"[6]

雍正帝当然也讲过许多做官要公而忘私,要国家、社稷至上的话,如,"盖忠则知有国而不知有身,正则知有法而不知有情。"[7]

田文镜积极配合,"惟知有君,则凡事悉秉至公。"[8]雍正帝当然喜欢他。

"大凡为臣者,必以报称君上为心,而不得有瞻顾身家之念,古圣贤之教忠皆是道也,及乎居官,则国尔忘家,公尔忘私,尽屏其偏颇党同之习,悉去其沽名市惠之念,此之谓实心任事而智名勇功于是乎出矣。"[9]

雍正帝之所以特别鼓吹人君天授、君即天的君本位统治思想,是雍正初年为应对其继位不合法、不名正言顺、缺失有力证据的强大舆论压力下的特殊政治需要,是为这种特殊政治需要所作的特殊政治宣传。同时,也确实是他自我感觉极度良好的反映。但,康熙帝从不这么说。

如,雍正二年(1724)十一月十五日上御乾清宫西暖阁召诸王、满汉文武大臣谕:"皇考以冲龄登极,深居九重,一切纤悉艰难之处,尚有未尽周知者,亦未可定。若朕在藩邸四十年,阅历甚久,岂得犹以朕为未尽知者乎?"[10]

类似相同的话,雍正说过多次。其言外之意用大白话直截了当地说,就是,先帝登位时,还只是个稚童,能懂什么?怎能如我已四十年阅历之久之帝王?

---

[1]《雍正朝汉文朱批奏折汇编》第 14 册,第 372—373 页。
[2]《雍正朝起居注》第一册,第 277 页,雍正二年七月丁巳十六日。
[3]《雍正朝汉文朱批奏折汇编》第 8 册,第 513 页;转引高翔:《康雍乾三帝统治思想研究》,中国人民大学出版社,1995 年,156 页。
[4]《雍正朝汉文朱批奏折汇编》第 8 册,第 898—904 页。
[5]《雍正朝起居注》第一册,第 5 页,雍正元年四月丁4卯十八日。
[6]《雍正朝起居注》第一册,第 279 页,雍正二年七月丁巳十六日。
[7]《雍正朝汉文朱批奏折汇编》第 8 册,第 898—904 页。
[8]《朱批谕旨·田文镜奏折》,四年十一月初九日折。
[9]《清世宗实录》卷 73,第 1095 页,雍正六年九月甲戌二十七日条。
[10]《雍正朝起居注》,第 371 页,雍正二年十一月乙卯十五日条。

同一天，他又说了以下这段话："古来书史所纪，多言人君为臣下蒙蔽，朕以为不然。夫人君岂皆庸暗，必待贤明之臣引君于道，独无睿哲之君可以训迪臣工而引之于道乎？朕自揣生平诸事不让于人。向在藩邸时，诸王、大臣不能为之事，才力能办之，诸王、大臣见不到之处，朕之智虑能及之。"[1]

雍正二年十一月十三日，大学士马齐、公隆科多、大将军年羹尧、领侍卫内大臣等奉上谕：

>……从前罪过交宗人府议处者，不止数十件。朕俱曲为宽宥，不过切加训诫，冀其改过自新，并未降职一级，罚俸一月。乃在廷诸臣为廉亲王所愚及，以朕为过于苛刻，为伊抱屈。
>
>即朕屡降谕旨之时，观众人神色，未尝尽以廉亲王为非，惟舅舅隆科多、大将军年羹尧、大学士王琐龄、侍郎沈近思曾在朕前陈奏。一年以来，大小臣工因廉亲王贻累者甚多，乃甘心忍受，并不归怨廉亲王。而廉亲王恬然自安，全不知愧，又不念及国法，全无恐惧，此党援之终不能解散者也。"[2]

这说明，不仅八阿哥廉亲王对雍正帝"君即天"的君本位天人感应说毫无恐惧，而且，在廷多数臣工竟公然用脸色向雍正帝表明，他们并不以廉亲王为非，即以雍正帝为过于苛刻，多为廉亲王抱屈。甚至，即使为此受廉亲王之株连而受伤害，也甘心忍受，也并不归怨廉亲王。

可见，即使雍正帝舞弄"君即天"大棒，玩弄天人感应的天谴说，也未能成功，失败了。朝廷的民心，据雍正帝本人以上自述，并不在雍正帝这一边，则是显而易见的。不仅如此，即使当时完全站在雍正帝一边的舅舅隆科多、大将军年羹尧等人，未几，也都受到了"天谴"与"天诛"。

年羹尧、隆科多、延信、戴铎，这些雍正帝曾经的心腹、恩人、功臣，未风光几年，都相继倒在了雍正帝架设的"有二心"这条底线、红线上。

领侍卫内大臣是清廷职高位重大臣，竟也公然对抗雍正帝。此事见于雍正三年二月二十九日（1725年4月11日）上御干清门谕旨：

>阿灵阿、鄂伦岱二人原系廉亲王允禩等之党首，罪恶至重……朕（四阿哥雍正帝）奏云，皇父圣体初愈，此等悖逆之人屡烦圣怒，乱臣贼子自有国法，若交与臣，便可即行诛戮……令其边地料理驿站效力行走，伊到彼处并不效力，以抚恤驿站之人及将驿站事务败坏，致蒙古等不能存活。朕闻知

---

[1]《雍正朝起居注》，第373页，雍正二年十一月乙卯十五日条。
[2]《雍正朝起居注》，第364—365页，雍正二年十一月癸丑十三日条。

后，赏赉数万金，另遣效力人员前往料理，以牲蒙古之困。鄂伦岱种种罪恶俱行宽免，并未治罪，从驿站调回，仍令为领侍卫内大臣，又为都统，伊之父祖，朕俱厚加恩典，冀其悛改过恶，为朕出力。而鄂伦岱结党之心坚如金石，并无感激报效之念。以为朕之加恩其父祖，皆因隆科多之力所致，在朕前并无一语奏谢。

朕有朱批降与阿尔松阿，令鄂伦岱转交。乃鄂伦岱于干清门众人前，将朕旨扔之于地。且极力党护阿尔松阿，将其死罪承认在身，憨不畏死，顽悍已极。朕每召诸王、大臣等颁发谕旨，鄂伦岱从未有一次点首心服……鄂伦岱之罪，虽置极典不足以蔽其辜。朕念其为皇祖妣、皇妣之戚属（注，鄂伦岱系佟佳氏，清满洲镶黄旗人，国舅佟国纲长子，康熙帝表兄弟），其父又经阵亡，不忍加诛，从宽发往奉天，令与阿尔松阿一同居住……嗣后大小臣工昔有怙恶不悛、暗附朕之弟兄者，朕必明正其罪，置之重辟。

总之，朕兄弟中党援积疾、沉痼已久。朕既不能摄之以威使其畏惧，而又终不能使之感化，朕深为抱愧……亦朕无可奈何之事也。[1]

若鄂伦岱确犯死罪，何须由四阿哥诛戮？这说明，四阿哥不仅向来杀机重重，而且要借刀杀人，以除掉八阿哥的支持者。四阿哥对鄂伦岱恨之入骨，早就想杀之。但，这是幕后之事。如果不是事后雍正帝本人透露，谁也不会知道。

雍正帝要鄂伦岱代传之旨给阿尔松阿，是要阿尔松阿任刑部尚书（司法部长）。但阿尔松阿认为这是雍正帝要置其于死地，坚辞不受。阿尔松阿坚坚辞不接旨，鄂伦岱也不可能再将圣旨退回雍正帝，只能当着阿尔松阿的面，将圣旨放在阿尔松阿面前的地上。阿尔松阿认为要其任刑部尚书是要置其于死地前奏，故坚辞不受，这种怪事在康熙朝61年里，闻所未闻。

在雍正帝眼里，鄂伦岱从前是罪人，有历史旧账，今天仍是虽置极典不足以蔽其辜的罪人，有新罪。

奇怪的是，雍正帝对这样一个早就想杀掉的罪人，非但不治其罪，反而屡屡加恩。不仅将其从外地调回京城，还官复领侍卫内大臣、满洲都统。更奇怪的是，鄂伦岱仍毫不感恩领情，居然公开与其针锋相对。雍正四年，鄂伦岱终于与阿尔松阿一起，"被斩于奉天（沈阳）贬所"[2]。

雍正帝强调君即天，强调忠君，并以范时捷、李维钧为例：

范时捷、李维钧皆年羹尧素日亲密之人，今能醒悟改悔，列款参劾年

---

[1]《雍正朝起居注》第一册，第443—444页，雍正三年二月丁酉二十九日条。
[2]《永宪录》卷四，中华书局，1959年，第278页。

羹尧。外间有不明大义之人,有议论二人心怀两端,患得患失,前后反复者。朕从前特制朋党论,训诫臣工,以为尝典。君上同其好恶者,正为此也。朕昔优待年羹尧,故二人亦敬年羹尧。今年诸事败露,获罪于朕,而范时捷、李维钧即举其劣迹,特疏绊参绝朋党之私情。重君臣之正义,实能悔过自新,遵旨奉行,何谓前后反复也? 已往之咎既能悔改,即便消除,甚为可嘉,何罪之有?[1]

雍正帝斥八阿哥"自绝于天,自绝于朕,宗姓内岂容有此不忠不孝大奸大恶之人乎?"[2]

雍正帝斥隆科多"深负朕恩""若稍有怠忽,定行正法"。[3]

八阿哥"自绝于朕",所以不能容此人;隆科多"深负朕恩",所以,定行正法。雍正帝要用铁腕捍卫"君即天",这才是八阿哥、隆科多等人被"天诛"的关键。

这同康熙帝对君臣关系的要求完全不同。康熙帝更强调:"人臣事君,全在辨心术之公私。今尔诸臣之才皆能料理政务,但徇私利己者多,公忠为国者少。若诸位肯洗心涤虑,公而忘私,国而忘家,和衷协恭,实尽职业,庶务何患不就理,国家何患不治平哉。"[4]

又谕:"人臣为国不择利害,有志之士虽死不畏,况降级乎?"

康熙帝也偶尔说过"朕为上天之子""承天命,统御万方"之类的话。康熙四十七年第一次废黜太子时,上召大学士等入谕:"朕所撰文内,有鞠躬尽瘁死而后已,乃用诸葛亮出师表之语。尔等殆谓,此语惟可用,而人君则不可用。"康熙帝还认为:"……此语非特人臣当如此,而人君益当如此。朕常为诸臣言之,为人臣者犹有可诿,为人君者,将安诿谁? 惟当敬天勤民,鞠躬尽瘁而已。朕为上天之子,朕所赖者,惟天所依信者,惟皇太子。今皇太子所行如此,欲行废斥,岂可不昭告上天。定于明日告祭。"[5]

又云:"人君承天子民,时育万物,自当以宽厚为根本,始可成敦裕之治";而且对民之治"不可偏于宽,亦不可偏于严。宽严适中,始可谓善也"。[6]

康熙帝将自己喻为上天之子,同雍正帝君即天,都有个"天"字,意义并不完全一样。

上天之子,子在天之下;君即天,君与天一样高。康熙帝将自己喻为上天之子,落实在人君惟当敬天勤民,人君益当鞠躬尽瘁;雍正帝的"君即天",是要天下

---

1 《雍正朝起居注》第一册,第504页,雍正三年五月乙丑二十八日条。
2 《雍正朝起居注》第一册,第661页,雍正四年正月戊戌初五日条。
3 《雍正朝起居注》第一册,第678页、第682页,雍正四年正月二十一日、二十八日条。
4 《清圣祖实录》卷84,第1066页,康熙十八年八月辛卯二十九日条。
5 《清圣祖实录》卷234,第340—341页,康熙四十七年九月己丑十六日条。
6 转引自宋德宣:《康熙思想研究》,中国社会科学出版社,1990年,第102页。

臣民如敬畏天一样敬畏人君、无条件服从人君、无限忠于君主。康熙帝将自己喻为上天之子,意为如天之阳光时育万物,如天之阳光普照大地,无偏无倚,宽严适中;雍正帝的"君即天",万民仰望天主,举国仰赖君主,因为天主"无所不知,无所不能"。

康熙、雍正二人都是封建帝王,也都提到了"天"。康熙帝的君臣观、天子观,当然比雍正帝"君即天"的君本位论、以神权来支掌皇权,更可符合社会和历史的要求,更可符合国计的要求。

雍正帝"君即天"的君本位论统治思想,拉大了君臣距离,更拉大了君民距离。雍正帝对臣僚反复强调、再三重申的忠君旨令,与康熙帝的"民意即天意"的民本位统治思想相比、与康熙帝并不突出把忠君作为头条,而是把不取不义之财、一心为国为民作为好官良臣,孰高孰下,应该是可以对比,而且是可以对比显明、立竿见影的。

2. 雍正帝的西洋发套与《刺虎图》

在有清近300年的十几位帝王中,唯雍正帝一人戴过西洋假发头套并作肖像画。如果再往上追溯,在中国几百位封建帝王中,也唯有雍正帝一人戴过西洋假发头套。身为中国封建帝王却头戴西洋假发头套,雍正帝是史无前例、后无来者,称得上是空前绝后。综观雍正帝执政十三年,他对西方科技文化,其实并无特别浓厚的兴趣。为什么却独对西洋假发头套有如此浓厚兴趣,还要在定身量作后,自己亲手戴上?

目前大致有以下几种说法:

(1) 追求时尚、猎奇。

时尚者,时代潮流之风尚。那么,戴西洋假发头套是雍正朝的时代潮流之风尚吗?雍正朝除了雍正帝一人戴过西洋假发头套,全国还有第二人吗?再也没有了。当时的中国,无论自上而下还是自下而上,无论在宫廷还是在民间,实在并无这个风尚,也并不存在雍正帝率先带头后要推动这个风尚一事。则雍正帝追求时尚之说从何说起?

再者,雍正帝的父皇康熙帝在吸收西方科技文化上远胜雍正帝。为什么康熙帝在位61年从不戴西洋假发头套,雍正帝却要追求这个时尚呢?雍正帝的继承人乾隆帝其风流潇洒也远胜雍正帝,且在位60年以上,也从不戴西洋假发头套,为什么只有雍正帝非要追求这个时尚呢?可见,追求时尚、猎奇云云只是表象,其背后,还应有更本质、更深层的原因。

(2) 与法国路易十三心有灵犀、同气相求

如果说,戴西洋假发头套是欧洲上层贵族社会的时尚,这个时尚与法国路易十三大有关系。起初,路易十三只是用来掩饰一下自己光秃秃的脑袋而已(一说是用来掩饰一下头上的伤疤)。总之,是为形象好看。试问,雍正帝戴西洋假发

头套是为了形象好看吗？如果他认为那样好看,那么,依他的我行我素性格,即使不是天天戴,也完全可以经常戴。而事实是,他既没有天天戴,也没有经常戴。他只是过一把瘾,更像是为了要制作并要留下这幅戴西洋假发头套的画像。那么,他又为什么要作这幅画呢？为什么他的父皇康熙帝和他的继承人乾隆帝都不作这样的画像,唯独雍正帝要作这幅画呢？了解一下法国路易十三的命运经历与执政理念,就不难理解。

路易十三,1601年—1643年,正是中国明万历二十九年至明崇祯十六年人。雍正帝是路易十三逝世35年后出生的人。路易十三性格内敛、阴郁,不讨人喜欢,这一点与雍正帝有点相像。雍正帝上台执政,离路易十三逝世已80年。路易十三与太后关系不好,太后到死也没原谅自己的这个儿子,这一点也与雍正帝相像。路易十三唯一的亲弟弟一辈子都在造他反,雍正帝唯一的亲弟弟虽然没有造反,却与他对立了整整十三年。路易十三临终前祈求上帝原谅自己为了国家而对家人冷酷无情,晚年对过于严酷自己兄弟心存内疚以致失眠;他立志要做一个不输给父王的统治者,在这一点上,雍正帝与路易十三也很相像。路易十三的几乎所有亲人都与他为敌,又都受他的迫害;雍正帝也有众多兄弟与他作对,也都受到雍正帝的严厉打击和残酷迫害。路易十三决不容许有人反对自己却纵容黎塞留"架空"自己,雍正帝同样决不容许有人反对自己却放手十三弟允祥手握大权。晚年的路易十三除了打猎几乎足不出户,雍正帝执政十三年,更是养心殿——圆明园之间两点一线,从不接触人民群众。甚至路易十三的儿子路易十四上台后,更多的是继承祖父亨利四世一套,而不是路易十三的那一套。这方面竟也惊人地相似——乾隆帝推行的,更多的是继承祖父康熙帝的一套,而不是被继承人雍正帝的那一套。这一条,雍正帝生前不可能知道,研究历史的人却可以知道。

雍正帝与路易十三命运相仿,最相似处是两人都有抱负、都有作为、又都有骂名。这是雍正帝与路易十三相距万里却又心有灵犀、同气相求的主要原因。

(3) 权力与地位的象征

雍正帝曾经问过传教士,为什么要戴假发头套？告之:这是权力与地位的象征,甚至也是富贵荣华的象征。

初始,法官为了显示老成、老练,就戴上用白色马鬃做成的假发头套。资历越长,假发头套的成色就越陈旧,就显示资格越老,办案经验越丰富。之后,就演变成法官级别越高,假发头套就越大、越豪华。而当时制作一个豪华假发头套,要花费1300法郎、40多个工时。贵族人家为显摆,竞相制作豪华发套。正是因为豪华假发头套是权力与地位象征的缘故,甚至也是显摆财富的象征,雍正帝非要做一个,非要戴一戴。

就是说,雍正戴假发头套作肖像画并不是过把瘾,是有其政治目的。他是要把自己比作法国的路易十三,他要亲身体验一下戴西方假发头套在表现无限权力与崇高地位上的感受,在表现无穷财富时的那种居高临下独一无二的感受。在中国,在他之前的几百位帝王中,谁戴过法国路易十三型的豪华奢侈的波浪式长发披肩的头套?如果说雍正帝猎奇,猎的也就是这个奇罢了。

雍正帝还有两套《行乐图》。一套是以圆明园为主体背景的《十二月行乐图》。按春夏秋冬四季十二个月时序,分别为:正月灯,二月踏青,三月桃,四月流,五月舟,六月凉,七月乞巧,八月赏月,九月菊,十月画像,十一月参禅,腊月雪作画。

另一套是以圆明园以外的不确定背景,甚至完全是想象、虚幻的背景作背景,却有意突出表现雍正帝的高大、伟岸与神勇。

例如,身着汉服坐在江海岸上的《雍正降龙图》。雍正帝的身躯竟然比画中之龙还大几倍。龙在雍正帝面前缩成一团,犹如一条即将倒毙的蛇。

又例如,在雍正帝骑马乘舟上岸的《行乐图》中,雍正帝的身躯竟然比马还要大。都是要有意夸大雍正帝的高大、伟岸与神勇。"尚武""好勇"是满族的民族传统。清太宗皇太极就亲自殪老虎14只。

《雍正刺虎图》,正是以圆明园为主体背景的《十二月行乐图》之外的另一套14幅《行乐图》中之第11幅。

雍正帝在藩邸时代虽然跟着父皇在木兰围场打过猎,但从未亲自打过虎。他当皇帝13年中,从未打过一次猎,当然,也更从未打过虎。从未打过虎的雍正帝,却比打过多次虎的父皇康熙帝还要"神勇"。何以见得?康熙帝去围场打猎,千军万马,层层收缩包围圈。最后,由康熙帝挽弓装箭射杀之。据史料记载,都是用鸟枪、弓箭射杀之。

但在《雍正刺虎图》里,并不见千军万马,也不见层层收缩包围圈。所见者,独雍正帝一人。并不见画中的雍正帝挽弓装箭,只见他双手紧握钢叉,双目怒睁,老虎在雍正帝面前低头趴下,束手就擒。有人说,这幅画比例失调,雍正帝头大无比,像个木偶。君不知这正是雍正帝所想要的艺术或宣传效果。康熙帝既然用鸟枪、弓箭射虎,说明康熙帝与虎尚有一段距离。雍正帝手握钢叉刺虎,与虎是零距离,这需要多大的胆量和勇气,又需要多大的臂力。雍正帝命人画《雍正刺虎图》,就是要向世人暗示:他比前任皇帝、比他的父皇康熙帝更加神勇,更加了不起。

问题是,他当皇帝13年,一次围猎也未打过,手握钢叉刺虎,是个道地道地的伪命题,是根本不存在的大乌龙。然,他就是要用这幅《雍正刺虎图》制造一段伪历史。

据史料记载,康熙帝本人就曾亲口说过,他共捕杀过"135只老虎、20只熊25豹、96条狼、132只野猪"。这个数字是否有夸大之处,不得而知。但决非无中生有,则是可以肯定的。因为除了《实录》《康熙起居注》等官方史记外,许多地方志乃至身在现场的老外的记载里,也多地、多次有康熙帝射杀老虎记载,有些还是亲眼目睹者。

例如,《康熙起居注》中记载了康熙皇帝多次射杀老虎的事迹。仅康熙二十一年(1682)三月至五月康熙在东巡79天的时间里,就射杀虎39只,最多的一天竟射杀5只虎。

高士奇为康熙皇帝所识宠,曾任起居注官、詹事府少詹事。康熙二十二年(1683)春二月,他随康熙皇帝西巡五台山,写下《扈从东巡日录》,记录了康熙皇帝射虎之事:

> 己亥,渡滦河,经永平府城南,永平古孤竹国,秦汉时为右北平地,李广曾守北平,夜出见虎,弯弓射之没羽,比明乃知为石。今府城东南十五里,峰峦峭拔,下多溪谷,射虎石其遗迹也。驻跸抚宁县城西。
>
> 辛丑,出山海关。……是日行围桦皮山,皇上亲射三虎,皇太子年甫九龄,引弓跃马驰骤山谷间,矢无虚发。见一虎,射之,立毙。万人仰瞻,莫不震颂。自此,每合围时射虎甚多,不能尽纪。

康熙二十二年(1683),"二月丙申,上回銮,于长城岭西路傍射殪一虎。是日,驻跸龙泉关。"[1]

《康熙实录》中不时出现康熙帝打虎的战果。康熙在承德西北隆化阿穆呼朗图行宫听说有老百姓被老虎咬伤的事,就到南山去打猎,亲自捕杀了两只大老虎和一只小老虎,从此当地就再也没有虎害了。出了山海关,举行围猎,康熙用箭射杀了两只老虎。康熙二十一年(1682)二月末第二次东巡从盛京(沈阳)到永陵祭祖后,又在夫余山举行围猎,用箭射杀了一只老虎。几天后举行围猎,康熙又亲手用箭射杀了三只老虎。

山西五台县东北一百三十里有射虎川,就是因康熙二十二年(1683)康熙帝幸台御射殪虎而得名。乾隆《五台县志》卷八《艺文志》有巡抚穆尔赛"射虎川碑记",也记载了康熙二十二年西巡五台射虎之事。

曾跟随康熙帝打猎的比利时传教士南怀仁写过一本《鞑靼旅行记》,详细描述过康熙帝打猎的场面与战果。即使康熙帝捕杀过"135只老虎"在数字上有出入,他在各地多次打杀多只老虎,应是可信事实。

对比之下,雍正帝在"尚武""好勇"上,尤其在亲手打虎上,本来是一张白纸,数据是零。但雍正帝在内心思想上想极超越康熙帝的欲望,又很强烈。正是在

---

[1]《清圣祖实录》卷107,第93页,康熙二十二年二月丙申二十四日。

这样的历史环境与心态下,制作并保存了《雍正刺虎图》。

它虽然出现在《雍正行乐图》里,却并没有也从来没有真正获取过打虎的乐趣。他要的只是一种心灵精神上的满足。一是能充分体现权力欲上的满足,二是能充分体现他要超越康熙帝的心灵精神上的满足。即便在事实上他无法超越康熙帝,例如在打虎记录上他永远不可能超越康熙帝,他也要通过某种形式,例如,通过画像虚构的形式,让它成为纸上的事实。

据英国萨塞克斯大学龚之允先生对《刺虎图》册页的文献的考证、剖析和当时宫廷创作环境的还原,论述了郎世宁参与创作了《雍正皇帝行乐图册》。[1]

而郎世宁的参与创作,显然是奉了雍正帝旨意的行动。

康熙帝射死老虎,有身边众多随从见证,有身边大臣、地方官多人文字记载,更有地方志和当地为康熙帝射死老虎立的碑亭;四阿哥藩邸时代随驾围猎的次数并不比众兄弟多,骑射水平并不比众兄弟高,更从无手持钢叉刺虎的经历。因此,雍正帝手持钢叉的刺虎图,完全是雍正帝命郎世宁等中外御用文人用图画虚构历史、伪造历史。如此虚构历史、伪造历史,当然很符合雍正帝的政治需要,也很符合他逞强好胜的虚荣心理。这不难理解,也不难揭穿。可是,研究和展览雍正史迹者,明明知道雍正帝一生并无打虎事迹,偏就特喜欢挑其出来向读者展览宣传之,岂不是在雍正帝作虚构历史、伪造历史的过程中,为其充当义务宣传者?

(四) 忠臣与良臣孰先孰重

所有的皇帝都喜欢忠臣,但忠臣未必一定就是良臣。康熙帝对好官的要求是清廉不取非义之财、公而忘私。忘私,不是否认有私,是公在前,私在后。不取非义之财,说明合法合理的个人利益或家庭财产是允许且应该受到保障。康熙帝在位长达61年,很少见他把忠君挂在口中,更未见将忠君作为好官第一前提。雍正帝执政中也时常会提到公、国家,但这个"公"、这个"国家",雍正帝有他指定、规定、限定的特别含义,与世人平日常说的"公""国家"并不是同一个概念。

雍正帝对臣工的第一要求就是忠诚。忠,就是他一再说明"心中唯知有君,这就是尽为臣的理";"是是非非惟朕是从,若朕有错误,大臣矢忠谏诤,朕若不能用其正论忠行,即桀纣之君也,大臣即效微子、比干自尽,亦足以于万世。"[2]

可见,雍正帝要的是对他个人无条件服从的愚忠。

"为人臣者,义当惟知有君……今既登朝莅官,则君臣为公义,而朋友为私情,人臣当以公灭私,岂得稍顾私情而违公义。"[3] 这个"公"、非国家之公。因为,

---

[1] 龚之允:《雍正皇帝刺虎》与郎世宁,《中国美术研究》,2014年第2期。
[2] 《雍正朝汉文朱批奏折汇编》第7册,第101页;《雍正朝起居注》第一册,第247页,二年五月二十日壬戌条。
[3] 《雍正朝起居注》第一册,第279—280页,二年七月十六日丁巳条。

"朕即国家","惟知有君",就是为公。

雍正帝对忠臣的要求是,如果雍正帝不接受大臣的谏诤,大臣可用自尽的方式去垂名。如此忠君观、忠臣观,是耶,非耶？常见有文称赞雍正帝强调公私分明、称赞雍正帝强调以公克私。殊不知雍正帝之谓公的核心灵魂是"君即天",臣工必须时刻铭记"心中唯知有君","是是非非惟朕是从,君即公,君臣大义惟朕是从。"雍正帝之谓以公克私,即是以君臣大义去克私。所以,虽然雍正帝也会说到为国、为社稷,但最终,必然要全部纳入到忠君、纳入忠君即是为公的轨道。当雍正帝觉得臣工忠诚时,就是良臣,"大臣中如年羹尧、朱轼,可谓公慎无私,属知人者"。[1] 但当雍正帝怀疑年羹尧有二心后,就大骂年羹尧"猪狗不如,要他何用？"忠臣就是良臣,忠之不纯就不是良臣。

雍正帝尤其反对大臣中结党,对大臣中结党深恶痛绝。但雍正帝提倡鼓励臣僚与总理大臣、十三弟允祥结党,提倡鼓励臣僚与雍正帝结党。

相比之下,康熙帝对结党一事似有辩证分析。康熙帝说,有君子党、小人党之分。雍正帝虽反对一切朋党、严禁一切结党,却号召臣僚与雍正帝结党。他召大学士马齐、张廷玉入宫面谕:"人臣事君须明大义。夫同一固结,于君则为忠,于友则为党。忠则为君子,且赏亦必及之;党则为小人,而罚亦必及之。虽至愚,亦未有不欲为忠良之君子,而甘为匪党之小人,以避赏就罚者也。毫厘之差(一念一差),天渊之别,可不慎哉。……况朕之才识未必不及尔等,从前局外旁观三四十年矣,一切情态知之甚悉。汝欲瞒上,而上究不能瞒。"[2] 这同康熙帝"居官贤否,唯舆论不爽"[3],并不突出强调把忠君放首位,有所不同。

雍正帝的朋党观是:与雍正帝结党即是忠臣、就是良臣、即为君子、即可有赏;雍正帝之外结党者即是小人、即是愚蠢、则要惩罚、则要打击、则要取消。

康熙帝也说过"忠为事君之大义",但甚为厌恶"但以朕可者可之,否者否之"。所以,康雍二帝在忠臣、良臣的理念上,是有所差别的。

康熙帝从来不像雍正帝那样,老是把"忠君"放在口上作为御臣之紧箍咒。康熙帝认为,良臣(品德优良政绩优秀的臣工)就是忠臣。他读《论谏诤》时,就忠臣、良臣关系说道,"人臣进言,固当直切无隐;人君纳谏,尤当虚怀悦从。若勉听其言,后复厌弃其人,则人怀顾忌,不敢尽言矣。朕每阅唐太宗、魏征之事,叹君臣遇合之际,千古为难。魏征对唐太宗之言:臣愿为良臣,毋为忠臣。朕尝思忠良原无二理,惟在人君善处之,以成其始终耳。"[4] 可见,康熙帝更欣赏的是良臣。他更强调"忠良原无二理,惟在人君善处之"。而雍正帝一再强调把

---

[1]《雍正朝起居注》第一册,第369页,二年十一月十五日乙卯条。
[2]《雍正朝起居注》第一册,第698页,四年三月二十二日甲寅条。
[3]《清圣祖实录》卷201,第52页,康熙三十九年十月丙寅初七日。
[4]《康熙政要》卷十六,《论理学第二十八》;转引蒋兆成、王日根:《康熙传》,第400页。

忠君放在首位,他首先是要求别人。康熙帝则是一再强调"忠良原无二理,惟在人君善处",首先是对人君提出严格要求。这样一来,两者差别就很大,就并不完全一样了。

康熙帝首先对人君提出严格要求,这种理念不是偶然的,也不是三分钟热度,不是一阵子、做做样子。他在对皇子的教育中,就多次提出:"凡人孰能无过?但人有过,多不自认为过。朕则不然。于闲言中偶有遗忘而误怪他人者,必自任其过,而曰:'此朕之误也。'惟其如此,使令人等竟至为所感动而自觉不安者有之。大凡能自任过者,大人居多也。"[1]

此处之大人,非大官者,乃德高之人,是对己严、待人宽之人。作为人君,就更不可卸过于大臣:"训曰:曩者三逆未叛之先,朕与议政诸王大臣议迁藩之事,内中有言当迁者,有言不可迁者。然在当日之势,迁之亦叛,即不迁,亦叛。遂定迁藩之议。三逆既叛,大学士索额图奏曰:'前议三藩当迁者,皆宜正以国法。'朕曰:'不可。廷议之时言三藩当迁者,朕实主之。今事至此,岂可归过于他人?'时,在廷诸臣一闻朕旨,莫不感激涕零,心悦诚服。朕从来诸事不肯诿罪于人,矧军国大事而肯卸过于诸大臣乎?"[2]

(五)"为君难"的思想理念

1. 雍正帝提出"为君难"思想

雍正帝是一位很有抱负、敢作敢为的勤政皇帝。他曾对河南巡抚田文镜这样自白:"朕就是这样汉子,就是这样秉性,就是这样皇帝。"雍正即位初年,就御书长三尺九寸五,宽一尺六寸六"为君难"匾,高挂于宫中养心殿西暖阁;雍正元年四月,当皇帝还不到半年,又命造办处刻制了"为君难"玺章。此后又多次坦言做皇帝的难处,这又似乎与他争强好胜的个性不大吻合,且其中必有缘故。

"为君难"玺章完工的同一天,雍正还另治了"朝乾夕惕"章、"雍正宸翰"章。这三枚闲章,都是其心腹爱弟怡亲王精选上好寿山石为料,雍正亲令造办处精工刻制而成。

"为君难"章长8.5公分,宽5公分,通高仅4.5公分。之后,又先后刻制了"亲贤爱民"章,章体通高9.2公分;"兢兢业业"章。

长方形"为君难"章与"兢兢业业"章的体积规格,都未超过边长6.6公分之正方形"亲贤爱民"章。之所以如此,是因为这些玺章都并非官书用印,故体形都小巧玲珑,规制都不大,很适宜于随心所欲地放置和把玩,也便于在书画上钤用。可见其制作时的心态,与多数古今书画家、收藏家的斋名章、诗句章极为相似。

---

1 《庭训格言》,新疆人民出版社,2001年,第8页。
2 赵润田编著:《康熙教子秘语》,东方出版社,第86页、第134页。

2002年，北京故宫在精印的大型系列《清史图典》中对此的介绍词是："为君难，似乎反映了雍正帝作为一个君主，在强化皇权与维护亲情之间的矛盾心理。当然也有人认为这不过是雍正帝的故作姿势。"[1]

北京故宫的这个评价和介绍，十分准确而又生动，可以用恰如其分、维妙维肖八个字概括之。

近年来冯尔康先生以《雍正朝满文朱批奏折全译》为资料，多次提出："为君难是他激励自身成为明君，显示（体现）他积极有为的精神状态，以便推行他的社会改革大业。"[2]

但细阅雍正刻制"为君难"玺章前后数年里的《雍正朝满文朱批奏折全译》，可以于此郑重报告，在围绕"为君难"玺章产生前后长达数年的时间里，雍正虽有用"为君难"玺章激励自身"以便推行他的社会改革大业"的宣言，更多的则是在其朱批中大量一再可见其大叫为君之苦，以博取臣下同情之心或体谅之意。

"为君难"者，其实就是为君苦、为君累、为君忙的代名词而已。雍正即位初年，又是亲书，又是刻章，目的是要以君心换臣心，用为君苦，为君累，为君忙，换取为臣苦，为臣忙，即雍正口中常言的"君臣一体"。雍正朱批中动辄便用"我君臣"如何如何，即是明证。

有研究者又"从六个方面，比较深入地阐明他（雍正）对'为君难'的认知。这六个方面是：① 敬天法祖的言论；② 祭堂子、祭天地神祇的行为；③ 君主自律与体谅为臣不易；④ 君臣一体、同心同德的道德准则；⑤ 对臣工有守有为的要求；⑥ 君民一体、理顺民气。"[3]

然，即使在以上六个方面中，无论从雍正对其自身的要求看，还是从他对臣工方面的要求看，并不见雍正有用"为君难"玺章作为激励"以便推行他的社会改革大业"的片言只字。我们所能看到的，仍是他担忧、怀疑臣工对他不忠不诚，担忧、怀疑臣工不竭尽全力的矛盾心理。例如，早在"为君难"玺章刻制前，雍正元年二月初十日（1723年3月16日）就有谕旨："夫启朕杀人之端者，其人族灭，犹不足以蔽其辜。"[4]

雍正即位初年便杀心早定，但还要选择时机，还深处在思想矛盾之中罢了。

2. 产生雍正帝"为君难"思想的社会原因

（1）缺少重要的从政经验却又仓促即位

雍正即位时已45岁，他对宫内乃至社会的诸多弊端知之颇多。然，对社会诸多弊端知之颇多，并不等于即能迅速解决之。犹如医生治病，并非能诊断知

---

[1] 《清史图典》第五册（雍正朝），紫禁城出版社，2002年，第61页。
[2] 《雍正——清世宗文物大展》，台北故宫博物院，2009年，第354页、第355页。
[3] 冯尔康：《雍正帝》，中华书局，2009年，第12页。
[4] 《上谕内阁》，雍正元年二月初日上谕。

何病即能迅速彻底解决之，是一样的道理。须知，在 45 年漫长的皇子生涯中，胤禛一直始终只有爵位，从无担任过重要职务，因而尚缺少担当治国理政的执政经验，这是造成、产生雍正帝即位之初"为君难"思想最直接最首先的重要原因。

对此，雍正即位之初，曾多次公开坦言自认。例如，雍正即位之初就对母后这样说过："朕御极后，凡办理朝政，每日必行奏闻，母后谕以不欲与闻政事。朕奏云：臣于政务素未谙练，今之所以奏闻者，若办理未合，可以仰邀训诲，若办理果当，可仰慰慈怀，并非干预政事也。"[1] 又云："朕自幼未曾理事。"[2] 雍正二年九月又云："朕在藩邸年久，虽于群情利弊事理得失无不周知，至如国家政事有关定例者，朕既经历未久，如何可比皇考匡正之责。"[3] "朕即位、二年，实一事未谙，一人不知，实觉甚难"；"为君难，为臣不易，但知难诸事是矣。为君，为臣，原是一苦境。"[4] 直至雍正十年（1732），雍正仍在回忆中坦言："朕向在藩邸，未谙政事，不识一人，毫无阅历闻见……耳目不广，见闻未周，何以宣达下情，洞悉政务，而训导未切，诰诫未详，又何以使臣工共知朕心。"[5] 以上，当是雍正元年刻制"为君难"玺章最直接的原因。

雍正帝刻制"为君难"玺章，时间是雍正元年四月十九日（1723 年 5 月 23 日）。早在雍正元年元月，怡亲王已将三方玉料呈送。雍正帝命将这方长方形下方治印处做成腰圆形镌"为君难"三个篆字。[6] 而雍正元年四月，正是圣祖仁皇帝梓宫迁至景陵，大臣复请雍正帝御门听政之时。故，"为君难"玺章制成于是年是月，同雍正元年四月雍正帝御门听政的正式开始这一重要历史背景，明显有着直接的关系。且看雍正帝当时怎么说："朕缵成大统，夙夜兢业，日昃不遑。思所以上继皇考功德之隆，下致四海晏安之治。惟顾凉德，深惧负荷之难。今御门听政之初，益当寅畏小心，综理庶事。咸期举措允宜，簪笔侍臣，何可厥与。当酌复旧章，于朕视朝临御……"[7]

"丁卯（十八日），上始御门听政。"[8]

显然，雍正元年四月十九日刻成"为君难"玺章，是特为纪念前一日（十八日）他临御视朝这一特殊的历史时刻，当然，也是有意籍此用以警示、勉励自己要谨慎勤政。然，深惧负荷之难，这便是雍正帝"为君难"玺章，也是雍正帝"为君难"思想的初衷及历史本来面目。

---

1 《大义觉迷录》。
2 《清世宗实录》卷 6，中华书局，1985 年，第 134 页。
3 《雍正起居注册》第一册，中华书局，1993 年，第 327 页。
4 《宫中档雍正朝奏折》第八辑，第 397 页，雍正五年六月二十四日四川巡抚宪德奏折朱批。
5 《清世宗诛批谕旨》（序），雍正十年三月初一日。
6 朱家溍编：《养心殿造办处史料辑览》第一辑，紫禁城出版社，2003 年，第 7 页。
7 《清世宗实录》卷 6，第 132 页。
8 《清世宗实录》卷 6，第 133 页，雍正元年四月丁卯十八日。

再者,雍正应对"为君难"的指导思想,一是"益当寅畏小心",二是"综理庶事。咸期举措允宜",对策原则是"酌复旧章","率由旧章"。例如,雍正二年,他又重复说道:"朕缵成大统,临御兆人,以圣祖之政为政,夙夜黾勉,率由旧章。"[1]

对此,雍正元年八月,他在闽浙总督满保的奏折朱批中讲得更为明白透彻:"朕昔日为王时,持身闲适,无意求取功名。不意骤登大宝,倘再不留意名操,则是关系朕皇考六十年辛劳之是非也……若仍固执前行,则有负皇考也。虽平庸,亦要事事勉为学习,以求日新。"雍正在朱批中多次强调:"我君臣俱应开诚相见,捐弃前愆,以求来日。"[2]

"天下第一闲人"骤登大宝后,"一刻不得闲"[3],他自知自认是"平庸""闲人",必须以勤补拙。雍正再不能似从前持身闲适,必要留意名操,必要顾全皇考颜面,必要事事勉为学习,这就是骤登大宝之初雍正刻制"为君难"玺章,作为自我警惕勉励之用的历史之本来面目。

"推行社会改革大业"云云,即使是口头上的说词,远还未见其摆到龙庭宝几之案上。

纵览雍正元、二年乃至三、四年雍正所有的满汉文诛批谕旨,也并不见"推行社会改革大业"的任何片言只语呢!

(2)从雍正帝满文朱批中再追觅其"为君难"思想产生之直接原因

雍正刻制"为君难"玺章这件事,是他在给闽浙总督满保奏折的满文朱批中写到的,时间已是雍正二年四月初九(1724年5月1日)。朱批曰:为君难数字,朕写成匾额,镌刻宝印,时刻放置眼前,心中时常挂记思考。为臣之人,理应如此将'为臣不易'四字照尔所奏谨记思索。"[4]

此时,"为君难"玺章已面世一年矣。在以上这51字朱批中,雍正除了表明要将"为君难"宝印时刻放置眼前,心中时常挂记思索外,同时又特别强调为臣之人理应将"为臣不易"四字谨记思索。

细阅雍正元年四月十九日(1723年5月23日)至二年四月初九日(1724年5月1日)这段时间雍正的所有满文朱批,当是追觅并解读雍正"为君难"思想产生之直接原因的最好途径。

其一,从雍正二年四月初九满保奏折的满文朱批中可知,当雍正告知镌刻"为君难"玺章之前,雍正已多次告知要其铭记"为臣不易"。

仅以上这一件奏折中,满保就三次提起。第一次是重复雍正教诲"将为臣不易四字铭记于心",第二次是满保感悟"知为臣不易"。第三次满保竟将"为臣不

---

[1]《圣谕广训》(序),雍正二年二月初二日,上海书店出版社,2006年。
[2]《雍正朝满文奏折全译》,上册,第282页,雍正元年八月十二日,闽浙总督满保奏谢奉朱批训谕折。
[3]《宫中档雍正朝奏折》,第一辑,第527页,雍正元年七月二十六日,两广总督杨琳奏。
[4]《雍正朝满文奏折全译》,上册,第760页,雍正二年四月初九,闽浙总督满保奏谢奉朱批教诲折。

易"写为"为臣之不宜(易)"。但不管怎么说,雍正用"为君难"教诲满保铭记"为臣不易",这个目的是达到了。有没有以此"推行社会改革大业"云云呢?没有!

雍正二年四月初九日满保的满文奏折,并不止以上这一件,而是有六件。分别是,① 满保等奏报用船载运小荔树送京城折;② 满保等奏谢补放知县人选奉谕折;③ 满保等奏谢训谕黄国材事折;④ 满保奏谢朱批教诲折(即雍正朱批告知镌刻"为君难"玺章折);⑤ 满保奏谢家族私事奉凤诏折;⑥ 满保奏谢并报雨水沾足情形折。

以上同一天之6件满文奏折中,无论是君,是臣,是奏折,还是朱批,所谈的事,所批的谕,都是极为具体的事,并没有一字一句"推行社会改革大业"之宏论或规划或心志,"推行社会改革大业"之论从何而来的呢?

其二,再看雍正元年镌刻"为君难"玺章前后的满文奏折和朱批。雍正元年三月十六日(1723年4月20日)雍正在山西巡抚德音奏报雨水折上朱批:"上天耳目甚灵,唯有竭力黾勉,每年上天方予赐爱。"[1] 雍正二年二月二十七日(1724年3月21日)雍正在两江总督查弼纳的奏折上朱批:"我君臣只勤而勤之,慎而慎之,若能以全皇父脸面,上天必鉴而惠保。"[2] 雍正三年四月二十四日(1725年6月4日)在闽浙总督满保奏谢折上朱批:"三年内朕亦不会更改皇考新例。"[3]

在另一份上谕中又曰:"朕所好之人,尔等即宜好之,朕所恶之人,尔等即宜恶之……夫君亲大义也,而君尤重于亲……惟以君之好恶为好恶,人始知改过迁善耳。君臣一德同心,实国家之福,传之万世亦有令名,尔等其祗承朕谕,永远遵行。"[4]

雍正一再表明要"酌复旧章","率由旧章",且"三年内朕亦不会更改皇考新例",这同"推行社会改革大业"云云,显然并不能同日而语。

同年三月初四,雍正在两江总督查弼纳奏江南普降大雨的折上朱批:"朕之福,即为尔等之福。尔等之福,即为万民之福,其间实无丝毫悬隔区别。所有地方,均蒙上天屡施恩泽……如此看来,天地皇考必赞同我君臣矣。我君臣仅将此意此行敬而益敬,勤而益勤,如此而为,我君臣必定叨蒙永久恤悯佑庇之恩矣。"[5]

雍正在大谈"为君难"的同时,又一再用天佑神灵恩威并重,以树立并巩固皇帝的权威。如,是年三月十五日雍正在两江总督查弼纳的奏折上朱批:"天人之相感,原是立竿见影的。知此,我君臣惟有益加敬仅耳。"[6]

---

[1]《雍正朝满文奏折全译》,上册,黄山书社,1998年,第49页,雍正元年三月十六日,山西巡抚德音奏报雨水折。
[2]《雍正朝满文奏折全译》,上册,第691页,两江总督查弼纳奏请禁米出海折。
[3]《雍正朝满文奏折全译》,上册,第49页,雍正三年四月二十四日,闽浙总督满保奏谢折朱批。
[4]《雍正朝满文奏折全译》,上册,第70—71页,雍正元年四月初八日,雍正帝上谕一纸。
[5]《雍正朝满文奏折全译》,上册,第702页,雍正三年三月初四日,两江总督查弼纳奏江南普降大雨折。
[6]《雍正朝满文奏折全译》,上册,第718页,三月十五日两江总督查弼纳奏折。

为了强调天佑神灵完全站在他这一边，雍正甚至在诺岷奏贺青海之贼被灭折上这样朱批："仰仗苍天、皇考泽恩，业（孽）已自行消除。若言靠人而成，乃无良心之辈。"[1]

雍正甚至把京畿地方降雨，也视为是天意助朕，是臣下"仰副朕意"的结果，"倘若上天不庇护，何以能如此？此皆因为尔等省臣能仰副朕意，故而感动天之和气所致，朕实倍增欢悦而谨慎之念。朕虽不敢念每日更新增业，但甚勤于守本分。"[2]

原来，雍正牢记"为君难"于心并警惕勉励自己，只是为督促自己勤守本分，并"不敢念每日更新增业"，如此，所谓用"为君难"作为激励"以便推行社会改革大业"之说，岂非远离了雍正本意，实乃后人拔高溢美之词乎？

得人用人之难，更是雍正"为君难"无可回避的直接原因。雍正元年二月，雍正施政中就有"诸事掣肘"之困惑。[3] 施政半年多后，又触景生叹"一切总倚朕躬而为之，胡禁不止，曷令不行耶？"[4]

雍正二年闰四月，雍正帝在查百纳的奏折上再次朱批："得人甚难，如何为好？"[5]

及之雍正三（1725）年四、五月，这种状况非但未能解决，反而愈加激烈。如雍正帝曰："朕与允禩，分属君臣，谊属兄弟。今观允禩于朕，则情如水火，势如敌国。"[6]甚至年羹尧、隆科多这样向为雍正帝视为恩人的功臣，也视如寇仇："朕御极之初，将隆科多、年羹尧寄以心膂，毫无猜防，所以作其公忠，期其报效。孰知朕视为一体，伊等竟有二心。"[7]

"马尔萨，鄂伦岱，阿尔松阿，汝福，苏努等同恶相济，屡训不悛，隆科多于此数人力加解护，而屡参廉亲王，必欲朕致其身命，其意将廉亲王多年结成之党羽，收罗以为己手足耳。"

雍正四年五月十四日（1726年6月13日），雍正帝在谕旨中又感叹："朕即位以来，百凡整理，费尽苦心，乃三年之久。顽邪尚未尽化，风俗尚未还变。"[8]

雍正十二年正月初二日（1734年2月5日），诸王大臣以元旦立春向雍正致贺，雍正帝答曰："朕于天人感应之际，信之甚笃，知之甚明。信之笃，是以一刻不敢自懈自逸；知之明，是以不惮反复申明诰诫。"[9]

---

1 《雍正朝满文奏折全译》，上册，第730页。
2 《雍正朝满文奏折全译》，上册，第742页。
3,4 《清史编年》，第四卷（雍正朝），中国人民大学出版社，1991年，第730页。
5 《雍正朝满文奏折全译》，上册，第788页。
6 《雍正朝起居注》，第一册，第497页，三年五月己未22日。
7 章开沅主编：《清通鉴》，岳麓书社，2005年，第二卷，第44—45页，雍正三年五月二十二日谕。
8 《清史编年》第四卷（雍正朝），中国人民大学出版社，1991年，第730页；《清世宗实录》卷44，第651页。
9 《清世宗实录》卷139，第763页。

雍正二年十月丁亥十七日（1724年12月2日），雍正帝在乾清宫召诸王、满汉文武大臣面谕："自古为君难，至于朕躬缵承大统，尤为难之难者……总之，朕若能为令主，则圣祖皇帝付托得人，便是本朝列祖之功臣。若朕所行不当，则关圣祖皇帝六十余年之苦心俱付之流水矣。朕屡召大小臣工，开诚布公，谆谆教谕，至再至三，今见尔等居心行事，究竟积习未除，故不得不再加切谕，使尔等共知朕心。"[1]

雍正缵承大统之所以尤为难之难，是因为他的继位出现了合法性政治危机。现实政治的残酷，社会舆论的压力，众叛亲离的窘境，个人抱负与兑现之差距，凡此种种之"为君难"，都同这个合法性政治危机直接或间接有关，不由得雍正帝不生出"为君难"之感悟，雍正帝也不得不以"为君难"时时鞭策自己。雍正帝感叹"为君难"，归根到底，是雍正帝施政之难这个历史烙印的反映。

3. 雍正朝官吏队伍人力资源奇缺

雍正元年二月初一日（1723年3月7日），雍正在闽浙总督满保奏报总督衙门每年各项进银数目折上朱批："……身边倍受宠爱，信可纳其言，近则须臾不离差遣之侍卫太监，诚无一人。"[2]

雍正帝即位初期竟感叹自己身边能得宠信的贴身侍卫太监"诚无一人"，足见其人力资源奇缺。这番感受处境之谕旨，两个月后又重复了一次。

雍正元年三月二十九日（1723年5月3日），雍正帝在闽浙总督满保奏报雨水米价折后另附谕纸一张，云："……朕宫内太监不过行差耳，并无亲近可信之哈哈珠子（小太监）。朕近前左右信用之人，诚无一人。尔等知之，当钦遵效力，着加小心。"又加朱批于后："总督、巡抚俱在此列。"[3] "雍正委任的21位内阁高级官员中，有12人来自上三旗。"[4]

这就说明：雍正帝上台之初不仅叹苦身边亲信"诚无一人"，而且"总督、巡抚俱在此列。"而他对汉人、汉臣又很不放心。这无疑是雍正帝产生"为君难"的最靠前也是最紧迫的实际情况。

有人宣传，康熙帝选择皇四子胤禛继位，在时间上已考虑很久。若果真如此，康熙帝深知为君者用人之重要，怎么会在已考虑很久的情况下，让胤禛面临"诚无一人"的"为君难"局面？对比一下康熙五十七年（1718）皇十四子胤祯（允禵）离京西征为其配备的军政文武班子乃至多名王爷、弘字辈皇孙随队跟班的情况，何以反差如此鲜明悬殊？难道皇十四子胤祯的西征比已考虑很久选择皇四子胤禛继位还重要？如果真的如雍正所说，康熙派皇十四子胤祯西征是担心

---

[1]《雍正朝起居注》第一册，338—339页，雍正二年十月丁亥十七日。
[2]《雍正朝满文朱批奏折全译汇编》，第23页，雍正元年二月初一日朱批。
[3]《上谕八旗》，雍正元年三月丁卯二十九日谕闽浙总督满保。
[4] 赵志强：《雍正朝军机大臣补考》，《历史档案》，1991年第3期，第104页。

他在京城生事，那么，当皇十四子胤祯离京后，康熙帝就可大树皇四子胤禛的威信，更可以着手壮大皇四子胤禛的政治力量。但看来康熙帝并无这方面的打算与迹象。

不妨从色尔图、阿尔松阿说起。

雍正二年七月丁巳，上御干清门听政，谕曰："色尔图疏内有臣系罪人超用之语。色尔图系皇考任用遣往料想大军粮饷之人，允䄉因私意诬参，将伊问罪。此情皇考深知，随降旨痛加惩责。若果系皇考问罪之人朕岂肯再用。此语有关系，将本发还色尔图，着另行具奏。"[1]

雍正说，允䄉因私意诬参色尔图，又说此情皇考深知，随降旨痛加惩责。经查对，都是一派胡言，是有意混淆视听。此事有满文原始奏折档案为证，括号内为笔者做注评论。

> 臣于三月十一日行抵西宁，奉旨迅即前往，钦此。惟色尔图尚未令使臣等起程。

兵马未到，粮草先行，此兵法常识。大将军王已率大军自京城抵达青海西宁，负责粮饷之臣僚尚未起程，如此贻误军机，雍正竟说成是允䄉因私意诬参，将伊问罪，是何居心？难道色尔图此为系四阿哥暗中唆使故意坏事不成？否则，何以颠倒黑白如此？

> 臣曾于二月二十一日行文查询，因何迟延至今。（应该查询，必须查询，这完全是依法办事，是依职责、依程序办事）据色尔图禀称，一切物品，先未预备，使臣到日始行办理，是以迟延等语。（色尔图是督饷负责人，一切物品先未预备，责在色尔图。使臣迟到、迟延，责亦在色尔图，如何可以推却？）再色尔图去年贻误大军粮饷，当奏请宽宥，俟会议事竣，再行议处。……（伊）奉旨特派办理西宁军用粮饷，及去年调派进藏兵丁并未解送马匹粮饷，亦未能送到，贻误军机。嗣后派出兵丁，陆续来到西宁，又未及供给粮饷。候至队伍齐到，始行供给。至派出士兵，不能得食，困苦实多。蒙特降恩旨，瑚什图、英珠队伍到西宁后，着将马匹喂养一二月，再赴肃州（位于甘肃省西北部，酒泉市东部，祁连山北麓、河西走廊中西部，南依祁连山，北枕古长城，东接金张掖，西邻嘉峪关。全境东西长约104公里，南北宽约84公里，）伊预先屯积草料不足，因之不能供给，兵丁受困。拟起程前往凉州（今武威市）喂养马匹。当告都统延新（即延信）即行起程。臣（允䄉）于途中遇见此项兵

---

[1]《雍正朝起居注》第一册，第275页，二年七月丁巳十六日条。

丁,器械不齐,衣服残破,马区饥瘦,甚为劳苦。……而色尔图并不派李禧等帮办,以便有裨军士,反与李禧等交相宴饮,与李禧等简略从事。贻误机宜之官员碍于情面,一员亦未参究。臣(允禵)带兵进驻西宁后询问色尔图,屯积草料若干,云,现在只购得豆三千石,草六十万捆。此草只敷二三日之用。当询之(提出责问后),色尔图则推诿与伊无涉,皆系地方官之事。复令其将在阵受伤之满洲绿营官兵数目查明,预备臣到时即行颁赏。而臣到时尚未查明。现在西宁人民对于色尔图怨声载道。臣在外安抚二三日,始行进城。再,臣来时,据西宁卫千总杨世荣诉称,笔帖式戴图恩及色尔图家人承办运米事项,共同扣克银两等因,控诉前来。当(即)令将此家人交出(好,处置果断)。而伊隐匿二日不交(心虚有鬼,攻守同盟也)。该色尔图领饷百万奇两,仍贻误一切军机。违背谕旨,情殊可恶。是以一面参奏,一面将色尔图拿办,兹奉万寿之际(3.18是康熙帝万寿节)未便严讯,俟过万寿日后,严行审讯,拟定罪名,再行奏闻。现将管理钱粮关防交按察使八十(人名)暂行办理。查色尔图两次奏领各项银两一百四十四万八千余两,除用现在库存仅十三万余两,又亏欠豆一万九千余石,草一百八十万捆。事关粮饷重要,伏乞另简贤能大臣一员前往办理。再,现在运送草料,均已饬交效力官员,令其迅速输运。不准扰民。而迅速者当分别议叙。如饷运不能及时,草料限内不到,定行参奏,从重治罪。谨此恭折奏闻。[1]

色尔图领银一百四十四万八千余两,居然用家人承包,却又屡屡克扣粮草延迟不发;库存仅十三万余两,还亏欠豆一万九千余石,草一百八十万捆。如此贪赃枉法,难道不该追究?

试问,康熙帝随降旨痛加惩责了吗?康熙帝痛加惩责谁?有一字一句痛加惩责允禵了吗?

允禵以上密折写于康熙五十八年三月十五日(1719年5月4日),奏折内已提到欲奖抚绿营受伤士兵。康熙帝已派内务府郎中牛纶、户部郎中泽霖告诉十四阿哥,"大将军王起程时,朕欲颁赏银、缎令其携往。嗣以繁重未颁。现预计已到西宁,特旨:赏银十万两,缎五百疋"。允禵答奏,"臣除感激外,无可言喻。嗣后惟有掬诚以仰体圣怀。谨将恩泽分给效力官员兵丁。"[2]

康熙帝接奏后,非但无一句惩责,对"遣何员带颁,如何防失,着大将军酌量办理""尔等所议各节,交大将军议覆。本处大臣等所议如此,彼处总理大臣等,亦应会同议奏。钦此钦遵。"[3]康熙帝对皇十四子、大将军王可以说言听计从、十

---

1 《康熙五十八年三月十五日抚远大将军参劾史部侍郎色尔图(即色尔图)督饷失责折》,《抚远大将军允禵奏稿》,全国图书馆文献缩微复制中心出版,1991年,第22—23页。
2,3 《抚远大将军允禵奏稿》,全国图书馆文献缩微复制中心出版,1991年,第24页。

分信任，评价极高，哪里有过随降旨痛加惩责之事？

雍正帝捏造谎言，无非是要如色尔图这一类人，对雍正帝感恩戴德而已。换言之，如果雍正帝人力资源厚沛，雍正帝又何须走这步棋？以下一例则更为清晰、充分。

雍正元年五月初九日（1723年6月11日），礼部尚书苏康奏布政使员缺，雍正谕："湖北布政使员缺，朕熟思数日不得其人。"八月初二日在山西巡抚诺岷奏折上又朱批，"京城显要之缺。"[1]

雍正二年十月丁酉（1724年12月12日），上谕：

> 前因刑部尚书不得其人，阿尔松阿（年少大臣、阿灵阿之子）往天津料想盐务时，甚属明白可嘉，以为可用之，乃降旨之时，疑欲杀伊，抵死固辞。此即廉亲王当封王之日以为不知死期之意也。若亲王、尚书之职皆视为朕杀人之具，则朕实不能行赏罚于天下矣。朕居大位，朕心甚愧。阿尔松阿自受任以来，竟与朕结冤，反复劝之不听，威之不畏。既不能回其心，是朕令一有罪之人总理天下刑罚大事，其名岂可居乎？况伊无心为朕出力，虽勉强用之，亦于国事无益。朕既嘉而用之，又复激以求退，此亦欲加朕以轻进退大臣之名耳。朕奈之何？刑部尚书员缺，将色尔图（即以上之色尔图）调补，阿尔松阿朕亦不诛，令伊在文武各职中自行拣择行走。伊欲退职，俟时亦听之。特谕。[2]

雍正帝早已咬牙切齿，这只是缓兵之计，却也露出雍正内心深处确有杀阿尔松阿之意。不久，阿尔松阿果然就被雍正杀于沈阳。既然雍正自云令一有罪之人总理天下刑罚大事，其名岂可居乎，为什么还要任其此职？为什么康熙朝长61年从无一臣有此感有此语，雍正称帝一二年，兄弟、臣工即有多人有此感有此语？读者应当不会忘记，雍正任命八阿哥为总理大臣时，八阿哥嫡福晋就预言，不知何时人头就会落地。雍正任命阿尔松阿为刑部尚书，阿尔松阿竟也认为这是雍正要杀他之计。问题在于，后来八阿哥、阿尔松阿果然不久就被雍正所杀。雍正朝官吏将雍正任官视为雍正杀头之前奏，非八阿哥、阿尔松阿二人而已。雍正朝官吏队伍人力资源之奇缺，于从也可见一斑也。

雍正四年四月二十日（1726年5月21日），雍正帝在圆明园召果郡王允礼、顺承郡王锡保、大学士马齐、署（代理）大学士张廷玉、都统绰奇、尚书法海等，奉上谕："今日朕坐于勤政殿以待诸臣奏事，乃部院、八旗竟无奏事之人。"[3]

---

[1]《雍正朝满文朱批奏折全译》上册，第123页，第261页。
[2]《雍正朝起居注》，第349页，二年十月丁酉二十七日条。
[3]《雍正朝起居注》第一册，第675页，四年四月壬午二十日条。

雍正帝坐于勤政殿,部院、八旗竟无奏事之人,真是滑稽可笑之状。后来雍正规定,即使无事可奏也要写无事可奏折上来。雍正帝后来竟命一名书无事可奏者,写十张上来。尽管如此,此滑稽可笑之状,仍并未能迅速扭转。

雍正四年八月初三日(1726年8月29日)上谕:

> 数十年来,各省钱粮亏空甚多,朕深悉其弊端,曾降谕旨宽限三年,令各省督抚自催完项,至今未见有督抚奏报料理就绪者。惟原任直隶总督李维钧曾于去年奏称各属州县地丁银两俱已弥补,仓谷尚略有缺欠,冬春之间即可全然补足。
>
> 李维钧之罪诚无所逃,据此,则他省之钱粮不能清楚显然可见。该督抚等不忍欺朕,故含糊迟延不行奏报耳。[1]

雍正初年勒令三年各省督抚自催完项,现在时间已至四年八月,居然至今未见有督抚奏报料理就绪者。雍正感叹,如田文镜样督抚太少,实是得力督抚太少之故也。

四年十月十六日(1726年11月9日),大学士、九卿等面奉上谕:"朕用人亦极难耳。一员缺出,访问在廷诸臣,诸臣可以意中无人为对而朕岂可因无其人而逆悬不补乎?……此为君难实不可以言语形容者也。"[2] 雍正朝官吏人力资源窘态已毕现。

雍正五年(1727),雍正帝又感叹守令(县令、知县)不得其人。所谓"万事胚胎,皆由州县",州县在清代政权体制中作为基层政权,是一切政事的开始,即此理也。上谕:

> 守令乃亲民之官,关系百姓之休戚。故,得其人,则民生被泽,而风俗日淳,不得其人,则民生受累,而风俗日薄。自古安民必先察吏,此不易之经也。
>
> 朕御极以来,夙夜孜孜,欲使薄海之内无一天不获其所,而此愿一时难遂者,则以县令之不能尽得其人也,果能得有猷、有为、有守之人布散各省,不屑民社之寄彼一人之精神力量,足以贯注乎一邑,凡督抚大吏耳目心思之所不能过及者,县令皆能体察经理之,则民生安得不厚,风俗安得不淳,而朕心无一天不获之愿,于是乎可还矣。
>
> 向来各省县令多据资、按次照例选用之员,故其中庸碌无能者有之,年衰备者有之,不更事者有之,以致苟且因循、贪位窃禄,诸事阘茸,职掌废弛。

---

1 《雍正朝起居注》第一册,第728页,四年八月壬戌初三日条。
2 《雍正朝起居注》第一册,第825页,四年十月甲戌十六日条。

此等之人尚不能顾一身之考成,岂能为地方之凭籍乎?今因会试后天下举子齐集京师,朕思其中必有才品兼优之士,是以特加遴选,升以县令之任。尔等亦各鼓舞踊跃,欲乘此年力精壮之时,为国家宣猷劾效用,意亦甚善。

然朕之所望于尔等者,不仅在于办理刑名、征收赋税,了簿书、期会之责而已也。必须实尽父母斯民之道,视众庶为一体,刚柔相济,教养兼施。化浇薄为醇良,惩奸邪以安善类,古称爱民如子。此语众宜体会父母爱子之心,未有不教之以正者。县令果视民如子,岂有优柔贻害,姑息养奸,行妇人之仁,忘圣贤之义,而可谓病相得之着乎?

自古圣贤为治皆尚实政,最忌虚名。若时存沽名吊恩之心,必至为同流合污之乡愿,又何能为整纲饬纪之良吏乎?[1]

笔者近年曾用大量史料史实,论证雍正帝如何大失君主风度、如何虚伪、如何阴险残酷,唯以上这一段是例外。

雍正虽是封建君主,然以上这一大段话,即使在今日,也很有现实意义。余稍作归纳,是否可见以下五点:

① 县令比督抚更了解地方实际情况;② 县令职责不仅在于办理刑名、征收赋税,了簿书、期会之责而已。必须实尽父母斯民之道,这个要求比较高。多数县官只是对上级负责,要求如父母爱子般爱民,虽有,不多;③ 督抚是管一个省乃至两个省,若一个县的小环境搞好了,督抚全省做不到的事,县令却在一县能做到;④ 天下举子(或云社会精英,或云志士仁人者)当乘年力精壮之时,为国家宣猷效用;⑤ 尚实政,忌虚名,若时存沽名吊恩之心,必至为同流合污之乡愿,又何能为整纲饬纪之良吏。

雍正四年十一月,雍正帝谕:"目今天下督抚诸臣中,朕最关切者,鄂尔泰、田文镜、李卫三人耳。"[2]

国家之大,君主仅关切三个督抚?雍正帝的孤家寡人、"为君难"之状,再一次毕现矣。

4. 如实评价雍正帝"为君难"思想

(1)雍正"为君难"论的别有用意

雍正帝的"为君难"论,除了"反映了雍正帝作为一个君主,在强化皇权与维护亲情之间的矛盾心理。当然也有人认为这不过是雍正帝的故作姿态"外,除了台北故宫文献处郑永昌先生所言雍正刻制"为君难"印章"钤于书画起首处,作为自我警惕勉励之语"[3]外,还有没有其他的言外之音,另有一番难言之隐呢?

---

1 《雍正朝起居注》,第 1102—1103 页,五年闰三月乙丑初九日条。
2 《宫中档雍正朝奏折》,第六辑,雍正四年十一月戊甲二十日朱批。
3 《雍正文物大展》,台北故宫博物院,2009 年,第 365 页。

请看雍正二年四月初七日（1724年4月29日）雍正的以下谕旨："尔诸臣内但有一人或明奏，或暗奏，谓允祀贤于朕躬，为人足重，能有益于社稷国家，朕即让以此位，不少（稍）迟疑。为君非易事，若谩焉临御只图一身逸乐亦复何难？必欲继美皇考，则更无难于为君者矣。"[1]

雍正刻制"为君难"印章，既是给自己看，当然也更是要给别人看。以上谕旨中的"为君非易事"，"更无难于为君者"数语，除了时时警告自己外，也不排除就是专为说给八阿哥允祀等人听与看的。雍正就是还要用"为君难"、"为君非易事"，"更无难于为君者"，来吓退允祀，要难住允祀，希望允祀包括十四弟允禵等人从此能知难而退，以死了妄蓄大志、希冀大宝之心！

雍正元年"湖北布政使员缺，朕熟思数日不得其人"。[2] 此雍正"为君难"之一难矣；先帝大事刚完，又遭太后之事，"朕亦无奈"，[3]此雍正"为君难"之又一难矣；八阿哥允祀却仍妄蓄大志欲图大宝，却全不知当皇帝乃大苦之事，全不知"为君难"，全不知"为君非易事""更无难于为君者"！不向其棒喝"为君难"，更向谁人棒喝耶？

雍正即位之初，首先遇到了皇太后的政治抵制。太后先是绝食，滴水不进，誓与先帝同去。继之又誓不搬出永和宫，拒不接受百官贺拜，拒不接戴太后凤冠。甚至放言，她做梦也未期望雍正能当上皇帝。这就无疑将雍正陷入了十分尴尬的为难境地。这是他为君难却又难言之苦的又一原因。

而康熙帝的几乎所有年长的有影响的皇子，也是雍正同父异母的兄弟如三阿哥、八阿哥、九阿哥、十阿哥、十二阿哥，一母同胞兄弟如十四阿哥，也都对雍正即位的合法性表示质疑和反对。

又，几乎所有康熙帝的原传旨太监梁九功、赵昌、魏珠、李玉等，都遭到雍正的严厉打击，不是逼杀，就是人间蒸发。

本文列举以上大量事实只为证明另一重要事实：雍正即位之初所面临的政治压力，是清代所有皇帝绝无仅有，也是清代历史上空前绝后的。这个社会存在与雍正的社会地位，决定了其政治局面决不同于其皇祖顺治帝和其皇父康熙帝。雍正"为君难"论的内容与表现形式，也决不完全同于顺治帝和康熙帝之"为君难"。

雍正二年八月，雍正在谕中既是表白，也是恳求："朕向者不特无意于大位之心，实苦之。前岁十一月十三日皇考始下旨意，朕竟不知。若少（稍）觉之，朕亦别有道理……不得已缵承大业此……尔等毋犹视朕身为昔日之雍王，当念朕身为圣祖之身。"[4] 称帝已二年的雍正，竟要求其兄弟、满汉大臣们不要仍视其为是昔日

---

[1]《雍正朝起居注册》，第一册，中华书局，1993年，第203页。
[2]《雍正朝满文奏折全译》，上册，黄山书社，1998年，第123页。
[3]《雍正朝满文奏折全译》，上册，第163页。
[4]《雍正朝起居注册》，第一册，第301页。

之雍亲王,应视其是当今之雍正帝,这,当是雍正当时"为君难"之典型表现。雍正坦承:"朕临御四载,亦只得卿(即鄂尔泰)与怡亲王二人耳。"[1]这就难怪雍正会说:"朕近前左右信用之人,诚无一人。"[2]也难怪雍正会说:"朕即位于今四年,舆论二字不但不足为凭,竟全然不可听信。"[3]这是因为舆论对他实在甚为不利。

又谕:"凡事要兢兢业业,以天是为是,则必有好报应。"[4]

原来,雍正刻制"兢兢业业"章以自勉,并要求臣工也兢兢业业,为的是要求得到天公给予好报应。雍正自云如上,谓"为君难章""推行社会改革大业"之纲要规划,见诸何处耶?

雍正六年二月初二,已升为将军、都统的拉锡呈奏请求雍正珍惜龙体,雍正朱批:"一点亦不费心,有兴趣就多写一些,不愿批则罢手不批,孰逼近(紧)朕耶?尔切勿为朕担忧,朕确实比尔起程去江南前还好。"[5]

早在雍正元年十二月初五日(1723年12月31日)在给山西巡抚诺岷奏折的朱批中,雍正就谕示:"朕比去年冬天又胖了。"[6]

雍正二年二月初一日(1724年3月7日)在给诺岷奏折的朱批中又谕:"朕躬甚安,甚是发福。"[7]

以上,即是雍正帝"为君难"中,另一面之真实历史。

在以上困境、矛盾的压力下,雍正不甘服输,更不甘平庸,他力求用严猛和勤政,以有所作为,以证明自己是称职的皇帝,但这需要臣工的同心协力。然,雍正对许多臣工的表现十分不满,甚感烦难。其境况与心态同康熙帝迥然不同。先天与后天,都令雍正大有为难之处!

如雍正二年五月二十日(1724年7月10日)雍正有旨:"抄没石文桂家产时,大学士马齐不知从何得信,于先一日晚间通知将各样物件俱皆藏匿。伊系皇考任用之老臣,如此年纪岂如此行事?此乃不知君臣大义之重,效法众人刁风之所致。此等事难以枚举。"[8]

马齐系雍正即位之初册封的总理大臣,高层重臣尚且如此行事,地方官员就更是不可想象了。而此类之事又"难以枚举",雍正之困境、之压力,即"为君难",则可想而知矣。例如:雍正元年三月二十日(1723年4月24日),雍正谕旨:"朕将伊(吴尔占)训饬之后,旋即降旨宽恕。伊反有傲慢之态,殊属可恶,伊何所倚

---

[1]《硃批谕旨》,雍正四年九月十九日云南巡抚鄂尔泰奏折朱批。
[2]《雍正朝满文奏折全译》,上册,第64页上谕一纸;第102页,雍正元年四月二十四日朱批。
[3]《清史编年》,第四卷(雍正朝),雍正五年元月三十日,两广总督阿克敦奏折朱谕。
[4]《雍正朝满文奏折全译》上册,第595页。
[5]《雍正朝满文奏折全译》下册,第1604页。
[6]《雍正朝满文奏折全译》上册,第552页。
[7]《雍正朝满文奏折全译》上册,第639页,雍正四年九月二十二日,川陕总督岳钟琪奏折。
[8]《雍正朝起居注册》第一册,第245页。

恃,而与朕相抗,应将伊正法。"[1]

直至雍正六年十二月二十六日(1729年1月25日),雍正又谕旨:"副都统花色自行保举,朕恩准补为副都统。察之此人,行为乖张。朕当面训示时,其仰面向上。桀骜不驯之状,甚属可恶。将此人革职,交粘杆处,杖四十,严管行差。"[2]

甚至粘杆处一名小小的普通三等侍卫,居然也敢在雍正面前放肆傲慢,请看雍正七年四月二十七日雍正谕旨:"粘杆处三等侍卫唐喀,于朕前行走殊不老实,左顾右盼,贼头贼脑。朕降谕旨斥责,毫无惧色,一副傲慢迂拙之态。将唐喀革去侍卫,交其当差处派充苦役。"[3]

为什么上至宗室兄弟、总理大臣、都统、将军,下至一名粘杆处三等侍卫,甚至宫内手执扫把的太监杂役,甚至雍正原曾信任重用者如年羹尧、延信等,居然都敢于在雍正帝面前仰面向上地傲慢、箕坐,公开摆出一副桀骜不驯不恭不敬之态呢?虽原因尚有待再深入研究,当时无情之现状,毕竟都是客观之存在,客观之事实也。

雍正四年九月二十二日(1726年10月17日),雍正在川陕总督岳钟琪的奏折上朱批:"……(凡)有不及朕意者,百般训戒,置若罔闻,朕之愤闷气郁,其苦,亦不可言语形容也,奈何?"[4]

雍正六年(1728)十一月,雍正竟在给云南总督鄂尔泰的奏折上还这样朱批:"虽系匪类逆言,览其言语不为无因。似此,大清国皇帝做不得矣!还要教朕怎么样?"[5]

雍正六年底,雍正的大部分政敌均已被镇压、搬掉。在这样一个时代背景下,雍正帝居然仍在向其心腹叹苦"大清国皇帝做不得",则其即位之初时的"为君难"之惨烈,就更是可想而知了。

因此,雍正的"为君难"匾也好,印章也好,"为君难"论的所有谕旨也好,首先是雍正帝其人之社会存在、其社会局面客观形势困难重重之产物。

"为君难"既是雍正帝用以自警、自勉,并以此换取臣工同心同德的一块金字招牌,甚至也是雍正用以吓阻、压退如八阿哥之辈妄蓄大志、希冀大宝的护身符。

总而言之,"为君难"实在就是雍正帝"为君苦"之代名词。因此,雍正帝"为君难"的产生成因及其作用是多元、多重的,是其即位后政治局面困难重重之产物,远不是一句"以便推行社会改革大业"之赞言就能全部概括之。归根结底,是社会存在决定社会思想之产物。

---

[1] 中国第一历史档案馆编:《雍正朝汉文谕旨汇编》,广西师范大学出版社,1999年,第48页。
[2,3]《雍正朝满文奏折全译》下册,第1800页。
[4]《雍正御批》(影印本),上册,中国华侨出版社,2005年,第434页。
[5]《雍正御批》(影印本),下册,第940—941页。

清代帝王的"为君难"理念,烙印甚深、践之甚勤,康、雍、乾三帝于此尤为彰著。例如,乾隆帝去世当天颁布的太上皇遗诰曰:"朕惟帝王诞膺天命……诚知夫持盈保泰之难,而慎终如始之不易也";"即位以来,日慎一日,敬思人主之德,惟在敬天、法祖、勤政爱民。而此数事者,非知之难,行之维艰,数十年来严恭寅畏,弗懈益虔";"永惟创业之艰,益切守成之惧。万几躬揽,宵旰忘疲,引对臣僚,批答奏章,从无虚日。"[1]

推究康、雍、乾三帝的"为君难"理念,可谓根深蒂固。其中心思想,诚如雍正帝后来所概括的"惟在敬天、法祖、勤政爱民,非知之难,行之维艰,永惟创业之艰,益切守成之惧"。[2]

康、雍、乾三帝的"为君难"理念,可谓康、雍、乾三帝的圣主、明君情结,直令后人敬佩;惟康、雍、乾三帝的"为君难"、圣主、明君之情结,尚有历史时代之局限,还停留在封建传统的帝王术上。

康、雍、乾三帝没有、也不可能迈出同当时世界工业革命、世界政治变革的改革潮流与时俱进,如上所述,仅仅局限在敬天、法祖、勤政爱民上而已,仍将国家基本上仍停留局限在小农经济社会。纵然有"为君难"、勤政的圣主、明君情结,纵然有GDP世界第一的辉煌,也未能把中国推向世界第一强国。

虽然康、雍、乾三帝都强调勤政爱民,人民生活水平还是基本停留在几十年,乃至二三百年以前的水平上。

今日之研究者在关注、肯定康、雍、乾三帝"为君难"理念历史作用的同时,是否还应观照"为君难"的以上历史之局限。任何贬损否定与任何拔高溢美,都非康、雍、乾三帝"为君难"之原貌之全部。

看来,要如实全面客观的介绍雍正"为君难"的历史成因和历史作用,尚非一人一纸一书可毕其功于一役,尚须治史者共同努力,尚须从多视角多方面探索,方能探得其人其事之全貌。肯定雍正的政绩、贡献和历史地位是完全必要的,也是完全应该的;但脱离历史背景,脱离历史实际作拔高溢美,似大可不必了。

(六)"祥瑞"说助长臣下弄虚作假

雍正帝骨子里是喜欢并宣传鼓吹祥瑞说的,康熙帝则是一贯、明确、讨厌、反对祥瑞说的。颇具历史讽刺意义的是,康熙帝统治的康熙朝绵延长达60年以上,喜欢并宣传鼓吹祥瑞说的雍正帝统治的雍正朝,只存在了短短的13年。此为其一。其二,雍正帝宣传祥瑞说,思想又极为混乱、矛盾、心口不一。在行动上,也随心所欲,反复无常。他一会儿宣传推崇祥瑞说,一会儿又否认、否定祥瑞

---

[1]《太上皇乾隆帝遗诰》,转引之《王钟翰说清朝》,2009年,上海科技文献出版社,第245页。
[2]《上谕内阁》,雍正七年八月十八日上谕。

说，称"朕素不言祥瑞。"[1]

雍正帝宣传祥瑞说的本质，仍是"君即天"、君本位统治思想在作怪，再用迷信作包装，愚弄臣民而已。

康熙帝认为祥瑞说全是骗人之说，"朕生平从不作欺人语，欺人即自欺"。[2] 因此，雍正帝围绕祥瑞说的种种花样，都是在康熙帝反对搞祥瑞说的思想上的倒退，是历史倒退。

由于政治需要，雍正帝积极宣传、推崇祥瑞说，这在雍正朝的头几年里尤为活跃。这是因为雍正继位产生的合法性危机及由此引发的社会舆论对其统治很不利，雍正帝在政治上陷于被动却又无法摆脱而玩弄的政治游戏，也是雍正帝"君即天"君本位统治思想的配套工程。

雍正帝从上台称帝起，一直、一再告诫臣下不可对他欺隐，他自己却一直、一再在欺人，也一直、一再在自欺。

"君即天"的天谴、天诛说，连同雍正帝积极推崇宣传的祥瑞说，既是雍正帝用来欺骗天下众人以巩固其君权，也是雍正帝用来自欺，以达到自我安慰、自我陶醉之目的。

雍正帝搞祥瑞说例如"报瑞谷"，具体是什么时候开始的呢？是什么背景下开始的呢？有的专家提出，是雍正元年八月开始：元年八月，大学士等奏称：江南、山东出产的麦、谷，大多双歧、双穗，蜀黍有一本四穗的，这都是"皇上圣德之所感召"，请宣付史馆。雍正同意了。这是报瑞谷的开始。不过这时只报一本两穗、四穗，以后则越报越多，越离奇了。二年（1724），顺天府尹张令璜进呈瑞谷，一茎四穗。同时，大学士等报雍正亲自耕种的丰泽园稻田，大量出现多穗稻，且"穗长盈尺，珠粒圆坚"。

五年（1727），田文镜奏报河南所产谷子，有一茎十五穗的，雍正很高兴，说这是田文镜忠诚任事感召天和的表现。其他官僚不甘落后，大幅度多报。陕抚张保送进一茎十二穗的麦子，据说"颖粒坚硬，茎本丰茂"。总兵官马觌伯奏报鄂尔坤图拉地方的屯田，麦子高产有一茎十五穗的。七年（1729），黔抚张广泗报告，新近改土归流的地区，稻谷粟米一茎数穗，多的达十五六穗，稻谷每穗四五百粒，甚至七百粒，粟米每穗长至二尺多。雍正命把他呈进的瑞谷及图重新绘画刊刻，颁发各省督抚观览。十二年（1734），镇筸镇总兵官杨凯，侍郎蒋洄分别折奏改土归流地区谷子一茎五六穗，或十余穗，雍正把他们的奏折及谷本图样发给廷臣观看。雍正还把地方官奏报的瑞谷，制成《嘉禾图》《瑞谷图》，亲自作跋。元年四月，马兰峪总兵官范时绎进呈蓍草，说是顺治的孝陵所生，雍正命廷臣传阅，百官

---

[1] 《上谕内阁》，雍正七年八月十八日上谕。
[2] 《清圣祖实录》卷232，第317页，康熙四十七年正月庚戌初二日条。

"惊喜赞颂以为奇瑞"。七年(1729),康熙景陵的圣德神功碑建成,领侍卫内大臣尚崇痹奏称碑亭仪柱石上生出瑞芝一本,长六七寸,"祥光焕发",雍正说这是"上天特赐嘉祥,以表扬我皇考功德之隆盛"。十年(1732)和十二年(1734)官员都奏报景陵生瑞芝,雍正命宣付史馆,昭示中外。[1]

据《清世宗实录》记载,元年八月大学士等奏称,江南、山东出产的麦、谷,大多双歧、双穗等祥瑞,其背景是雍正帝"遣官告祭景陵"。(即清东陵康熙帝陵)[2]

在康熙景陵的祥瑞说中,除了雍正七年、十年、十二年外,其实,真正最早的应是雍正元年九月初一日(1723 年 9 月 29 日):"上(雍正帝)出至陵寝门外,向北跪哭,执事诸臣恭率校尉等先奉圣祖仁皇帝龙盾入宝城,次奉孝恭仁皇后龙盾入宝城时,诸王大臣及各官仰见有祥云五色自西北起,覆于景陵缭绕不散,皆以为圣祖峻德神功之瑞应,皇上至诚大孝之感格焉,随奉安梓宫于各宝床,陈册宝于各石案毕,恭闭元宫石门。上复入陵寝门于祭台前奠献毕,上依恋不舍,哭无停声。群臣再三跪劝,上方出至幄次更礼服。"[3]

显而易见,围绕景陵的最早祥瑞说,最早的时间是雍正元年九月丁丑初一日(1923 年 9 月 29 日),背景是圣祖仁皇帝龙盾和母后孝恭仁皇后龙盾入宝城地宫安放。雍正帝及其御用文人、雍正朝官吏制造五色祥云覆于景陵缭绕不散,与其说是要歌颂圣祖仁皇帝德峻德神功之瑞应,不如说更是为歌颂雍正帝至诚大孝之感格。

因此,雍正元年八月大学士等奏江南、山东出产的麦、谷,大多双歧、双穗等祥瑞,在《清世宗实录》里是紧嵌在雍正帝"遣官告祭景陵"之下之同时,就不是偶然、巧合了。它实际上就是雍正帝为围绕景陵所作政治宣传的最早之开始。

十分巧合的是,雍正帝围绕景陵的祥瑞说,也是只字不提雍正元年九月,只提雍正六年景陵芝英产于宝城顶上:"朕即位之初,孝陵蓍草丛生,六年之秋,景陵芝英产于宝城山上,以至双歧五秀之嘉禾、九穗盈尺之瑞谷、五星聚于奎璧、黄河清于六省,骈实连株之应,卿云甘露之祥……是以连年丰稔,今又蒙上天特赐嘉祥以昭示福佑万民之象。"[4]

雍正帝用"以至"二字,显然有将雍正朝所有的祥瑞,都归源于东陵景陵芝英产于宝城山上之后如何如何祥瑞不断,却又只字不提雍正元年围绕景陵的祥云五色自西北起,覆于景陵缭绕不散这个源头,令人好生奇怪,逻辑上又好生矛盾?!

雍正帝显然并非是因疏忽而遗忘、遗漏雍正元年皇考、皇妣安放宝城地宫时有五彩祥云覆于景陵缭绕不散这个这个祥瑞之源。

---

[1] 冯尔康:《雍正传》,第 432—433 页。
[2] 《清世宗实录》卷 10,第 183—184 页,元年八月戊午 11 日条。
[3] 《清世宗实录》卷 11,第 196—197 页,元年九月丁丑初一日条。
[4] 《大义觉迷录》。

这件事是真有，哪怕是巧合，还是无中生有、纯属编造？如果是真有，哪怕是巧合，雍正帝为什么却只字不提？如果是无中生有、纯属编造，那么，编造的目的，就是为了要大肆宣传，雍正帝又为什么只字不提呢？所以，无论是真有其事，哪怕只是巧合，还是无中生有、纯属编造，雍正帝都似在有意要避而不谈。

雍正朝的种种祥瑞，自元年起至十三年雍正朝结束，各种祥瑞之出现、各地对祥瑞之奏折，从未停顿止息。"祥瑞"之出现与奏折之出现的地方，自遵化清东陵的景陵起，京师、直隶、河南、山西、山东、江苏、云南、贵州、广东、广西、陕西、甘肃、四川……几乎全国各地无处不出现，雍正帝也几乎都无不作了朱批，却独对雍正元年围绕景陵的祥云未作朱批，不是很值得玩味、很值得思考的吗？这反映了雍正元年先帝和太后落地安葬时，雍正帝极其矛盾与复杂的心态。

笔者在拙文《论康熙帝之死》中，比较详细地剖析了康熙帝之死正常病故说的种种不合正常情理、种种不合宫廷礼制规定以及雍亲王种种不合正常情理、种种不合宫廷礼制规定的行为表现，特别是雍正帝在遭到谋父篡位的舆论谴责后，竟然毫无洗刷辩护清白之证据。笔者据此得出判断：康熙帝非正常死亡，雍正帝有无可排除、无可否定谋父篡位之嫌疑。[1]

在康熙帝蹊跷之死后半年不到，雍正帝又以不许太后与十四弟母子单独相见，不许太后与十四弟母子单独说话，不断严厉打击处罚十四弟的做法，致使太后自尽，招致逼母致死的宫内外舆论谴责。[2]

无论雍正帝是否真的存在谋父篡位和逼母致死这两个事实，雍正元年先帝和太后落地安葬的时代背景，就是存在以上这样的场景氛围。所谓"诸王大臣及各官仰见有祥云五色自西北起，覆于景陵缭绕不散"，无论是否定雍正帝私下布置所营造，还是诸王大臣及各官主动迎合雍正帝所编造，都是为洗刷雍正帝谋父逼母做辩护而为。

表面上，清东陵景陵祥瑞说是为康熙帝在歌功颂德，实质上，是意在歌功颂德雍正帝。如果雍正帝真的光明磊落、清清白白，又何需如此煞费心思、又何必要如此躲躲闪闪？

康熙帝死后，雍正帝先是搞了供奉先帝御容，遭到了八阿哥质疑，认为我朝从无这个规矩做法。弘历继位后，也同样对此提出过批评，并为此在布局上做过调整。但当其时，雍正帝首在先帝行宫畅春园建庙造寺。雍正帝的种种出奇料理及反常之举，如同他后来搞《大义觉迷录》在全国颁行适得其反一样，反而招致社会舆论对他的更大更多的抨击。

在先帝、母后之死的事件上，一方面，雍正帝有如愿以偿、如释重负的得逞

---

[1] 《清史论丛》，中国社科院历史所清史研究室，2007年，第117—132页。
[2] 《你所不知道的雍正后宫》下册，台北：知本家文化事业有限公司，2013年，第107—134页。

感；另一方面，雍正帝的内心思想又难免会有一种负罪的罪恶感与道德良心上的内疚感。他在畅春园建恩佑寺，正是这种心态和需要的反映。如果说，种种祥瑞说，雍正帝都很需要，也都心安理得受之，那么，雍正元年九月，所谓"诸王大臣及各官仰见有祥云五色自西北起，覆于景陵缭绕不散"，虽然雍正帝也很需要，但却根本无法心安理得受之。这就是雍正帝对种种祥瑞说都有朱批，却唯独对雍正元年九月景陵祥瑞说没有朱批、只字不提的原因所在。用现代文字形容之，这是一个敏感话题，极易引火烧身。故，同样是祥瑞说，有的大张旗鼓，有的则低调进行。

例如，雍正七年（1729）正月雍正帝在云贵总督的奏折上朱批："今据云贵广西总督鄂尔泰折奏，恭逢万寿令节云南四府三县卿云呈现。又引《孝经》援《神契》之语曰：'天子孝，则卿云见'，朕之事亲不敢言孝，但自藩邸以至于今四十余年，诚敬之心有如一日，只此一念，可以自信。"[1]

雍正帝一面对鄂尔泰引《孝经》之语"天子孝，则卿云见"而沾沾自喜，一面又坦陈"朕之事亲不敢言孝"。尽管雍正帝本人已坦陈不敢言孝，时下却常见有人一再赞誉雍正帝"诚孝"，此即为一例。对康熙帝是否有可能赞誉四阿哥"洵是伟人，甚为诚孝"一说不辨真伪，不加分析，大力宣传四阿哥"诚孝"，则为又一例也。

笔者还见到，有人还要为雍正帝推崇祥瑞说评功摆好、大加赞誉而着文论说，并以雍正帝谕旨作为论证："古帝王以丰年为祥瑞，而不以景星、庆云、灵芝、甘露为祥瑞，以贤才为宝，而不以珠玉为宝。"[2]

笔者却觉得，这条朱批正好说明：雍正帝推崇祥瑞说是明知故犯，足见其政治上的虚情假意与政治上的欺骗性，史学工作者应予揭露、批判、否定之。然，为雍正帝推崇祥瑞说的评功摆好者并不这样看待，他们认为："他（雍正帝）懂得……假祥瑞所起到的政治实效，有时并不亚于真祥瑞，故不可言之为假、为虚浮……从这一点看，雍正帝较之乃父乃子又确是更为注重实效，更懂得运用政治手腕的一个大务实派。"[3]

笔者在学习研究中，也还拜读到过杨乃济、冯佐哲两位先生的其他论述，唯独对两位先生以上这段的对雍正帝推崇祥瑞说评功摆好的"辨析"，深感困顿、困惑。

笔者以为，杨乃济、冯佐哲两位先生上面的这个"辨析"，虽在语言、辩论技巧上甚为出彩，但无论在逻辑上还是在价值取向上，都甚为矛盾与混乱，大有好钢未用在刀刃上之憾，更似横竖要为雍正歪理扳正之嫌。如果一名骗子或一名窃贼的"本事"很大、"收获"很"好"，世人是应该揭露它、将其绳之以法，还是反要赞赏它、肯定它的骗术、窃技高明？对骗子或窃贼"高明"的"手腕"是应该揭露它、

---

[1] 《清世宗实录》卷77，第196—197页，七年正月甲寅初九日条。
[2] 《朱批谕旨》，雍正三年正月二十日，福建巡抚黄国材奏朱批。
[3] 杨乃济、冯佐哲：《雍正帝的祥瑞观与天人感应说辨析》，《清史论丛》，第5辑，中国社科院历史所清史研究室，中华书局，1984年，第209页。

鄙视它、批判它,还是要对其赞美、欣赏之?

例如,"辨析"者向读者指出:"(雍正帝)是一个非常务实又颇有政治手腕的政治家,惟其务实,才不侈谈祥瑞,惟其颇有政治手腕,才极善于利用神道设教的祥瑞说服务其政事。对于祥瑞,有所言又有所不言,这就是雍正帝的祥瑞观和祥瑞辩证法。"与之类似者还有,如"雍正帝之于佛、于黄老……用于其政事,恰似如虎添翼,大有其积极作为者……虽在其好,更在其用的一大实用主义者。"

杨乃济、冯佐哲两位先生认为:"他(对祥瑞说)既信又不信,既虔诚又亵渎……他突出的是一个'用'字,而非'信'字。"

杨、冯两位先生对林毓辉、史松两位先生的如下观点用"辨析"提出了质疑与批驳:"(雍正帝)大搞神道设教,用神权来支掌皇权;推崇迷信,用愚昧来维护统治,这是封建统治者惯常的做法。但是像雍正那样大张旗鼓,闹得如此喧嚣,那确实是比较少见,这也反映了封建末世政治上的虚弱性和腐朽性。"[1]

杨乃济、冯佐哲两位先生则提出:"对于以上评论,我们未尽敢苟同。……这样的问题不能简单化地以迷信二字就能得以概括。至于雍正帝所以对此(祥瑞说)'大张旗鼓'、喧嚣一时,更不能一概归之于虚弱与腐朽的反映。"

杨乃济、冯佐哲两位先生在列举了雍正帝"打击朋党、整顿吏治、清查钱粮、耗羡归公、改土归流、开脱贱民等封建时代之'善政'后"提出:"雍正一朝大搞特搞的祥瑞与天人感应,又都是和这些'善政'交织在一起的,'善政'恰好是在它的推动下付诸实现的,若据此一史实,又何以言称其为虚弱、腐朽呢?"

杨、冯两位先生的结论是:"雍正帝是一个卓越的实用主义政治家,而绝非那种无所作为的世纪末的无道昏君,以一顶虚弱、腐朽的政治帽子戴到雍正帝的头上,那是不够公正的。"

对杨乃济、冯佐哲两位先生的以上辨析,笔者以为有必要再辨析、再商榷。

雍正帝大搞特搞的祥瑞与天人感应,这些东西究竟是不是"迷信",究竟是不是"用愚昧来维护统治",究竟是不是"是封建统治者惯常的做法",究竟是不是表现封建帝王的"虚弱、腐朽",以上种种,应首先判断其是不是历史事实。如果确是历史事实,而且是清代皇帝中搞得最严重者,那么,指出其"虚弱、腐朽",就不应该定性为是"政治帽子",而应该将雍正帝大搞特搞祥瑞与天人感应定为其政治统治中"虚弱、腐朽"之事实。

杨、冯两位先生为雍正帝大搞特搞的祥瑞与天人感应作洋洋洒洒的辨析,无非是想说,雍正帝玩弄祥瑞说与天人感应说很熟练,玩得很得心应手,很实用,很自在,还很有"效果",并用"如虎添翼,大有其积极作为"作为赞赏、肯定之。那么,这是一只什么虎?又是添了什么翼?到底是封建迷信,还是"积极作为",到

---

[1] 林毓辉、史松:《雍正评议》,转引杨乃济、冯佐哲:《雍正帝的祥瑞观与天人感应说辨析》,第219页。

底是应赞赏之,还是应摒弃之?

笔者以为,雍正帝之所以大搞特搞的祥瑞与天人感应,正是其统治思想思想库与其统治手段都感到不够用,或统治效果尚不够理想,这才玩起了祥瑞说与天人感应说。在这个问题上,不妨再将雍正帝与其前任作一下比较:

康熙五十六年五月十六日(1717年6月24日),直隶总督赵弘燮奏为灵芝呈瑞折,御批:"朕自幼龄读书,颇见帝王所好者,景星、庆云、天书、芝草之类,朕皆不以为瑞。所为瑞者,年谷丰登,民有吃的,就是大瑞。真伪不必再言。"[1]

康熙帝对祥瑞说,厌恶之极,断然拒绝。

雍正帝后来虽然也曾一度搬用过康熙帝的以上观点,但骨子里仍是喜欢之、要利用之。

笔者之所以认为杨乃济、冯佐哲为赞赏、肯定雍正帝大搞特搞的祥瑞与天人感应在逻辑上是自相矛盾,因为无论杨乃济、冯佐哲两位先生的思辨多么精彩,最终仍是看到:"雍正所说的树以'公'心即忠君之心……雍正帝每以天人感应说训诫臣工,惟树以'公'心,感格方有所验,究其实者,不过上天即朕,天人感应不过是为君臣感应披上一重神灵的外衣",雍正帝要用"天人感应平息民怨……兼行恐吓与说教,以平旗民之怨"。[2]

这两个评语说得太好了,非常到位。既然如此,林毓辉、史松两位先生说雍正帝大搞特搞祥瑞与天人感应,是迷信,是愚昧,反映了封建末世政治上的虚弱性和腐朽性,有什么不公正,又有什么不对呢?

笔者之所以认为杨乃济、冯佐哲两位先生赞赏、肯定雍正帝大搞特搞的祥瑞与天人感应在逻辑上是自相矛盾的,还因为:杨、冯断定:"他(对祥瑞说)既信又不信,既虔诚又亵渎……他突出的是一个'用'字,而非'信'字。"

余以为,帝王也好,政治家也好,百姓个人也好,所有的行为、行动决定都是受思想支配的。作为一个政治家,他要治国安邦,必有他深信的东西,也必有他不信的东西。也许,他深信的东西后来还会有变化,但,他大搞特搞的东西,必是他深信的东西,这一点应该是毫无疑问的。如果他大搞特搞的东西竟然是连他自己也不信的东西,那他就是在搞政治欺骗,就是在玩弄政治,就是在愚弄臣民,亦必然就是在误国害民。

再则,作为一个政治家,怎么可以把自己"既信又不信,既虔诚又亵渎"的东西,只突出一个"用"字(利用),而非"信"字?

如果只要以满足或达到雍正帝个人之目的即为务实,唯以达到目的作为是非标准或成败标准,那是非常令人担扰的。这同明知是假货,只要能赚钱就心安

---

[1] 《康熙御批》(影印本)上册,中国华侨出版社,2000年,第248页。
[2] 杨乃济、冯佐哲:《雍正帝的祥瑞观与天人感应说辨析》,第213—215页。

理得心满意足毫无两样。

杨乃济、冯佐哲两位先生用赞赏、肯定的态度和感情来评价定位雍正帝"既信又不信,既虔诚又亵渎"的祥瑞与天人感应,实在令人费解,也实在令人惋惜。因为,笔者甚至认为那既是在浪费杨乃济、冯佐哲两位先生自己的才华与时间,也是在浪费读者的时间与精力。

把理应批判、否定或揭露的东西,想方设法"辨析"、辩护成应予赞美、赞赏、肯定,或为其辩解,还煞有介事地说出一套"道理"来,在当下研究、介绍、评价雍正帝身上,这类例子太多、太多了。为雍正帝大搞特搞祥瑞与天人感应作辩护、作美化,只是其中之一罢了。这固然是学术研究中百花齐放、见仁见智的正常现象,但又不得不对这样的"辨析"再研究、再辨析。

例如,关于雍正帝的善政、政绩与大搞祥瑞与天人感应的关系问题。

冯、杨两位先生指出:"两百余年来,中国(清代)的版图是扩大了,而不是缩小了,多民族的国家更趋于稳定了,而不是离析了,社会生产主要是农业生产是更趋发达了,而不是落后了。而上述强心剂的注射,正集中在康熙初年,和雍正在位的十三年的前后二次,如此使得中国封建社会后期又出现了一度回光返照,即所谓康、雍、乾盛世。"[1]

冯、杨两位先生又特别指出,雍正一朝的"善政",同大搞特搞祥瑞与天人感应,又都是交织在一起,是同步进行的。意为祥瑞说与天人感应说也发挥了它独特的政治、社会作用。

笔者认为,对雍正玩弄祥瑞说进行美化或辩护,并不可取。现对冯、杨两位先生的以上"辨析",笔者再辨析如下。

指出清代在中国历史上的地位、作用,十分必要。现在许多青年人甚至文化名人,一讲到清代,就只知道慈禧太后;一讲到清代,就只知道甲午海战,未免太偏颇了。今天中国的版图是清代确立,今天中国的56个民族统一为中华民族大家庭,是清代完成、奠定的,仅此两点,清代在中国历史上的地位、作用就不该小看,更不容全盘否定。

那么,清代中国的版图是怎么确立的?56个民族又是怎么统一为中华民族大家庭的?是大搞特搞祥瑞与天人感应确立的吗?当然不是。虽然康、雍、乾三位皇帝都玩弄过天人感应说,要么,用来控制、吓唬、束缚臣民思想,要么,用来美化自己。总而言之,是封建宣传中的工具与伎俩。清代中国版图的扩大与奠定,归根到底,是用政治和军事力量,在捍卫国家主权的理念与原则下用智慧和意志去努力实现的,决不是用宣传祥瑞,也决不是他玩弄天人感应说的结果。

不能因为雍正帝有善政、有政绩,就肯定他搞祥瑞与天人感应的实用作用,

---

[1] 杨乃济、冯佐哲:《雍正帝的祥瑞观与天人感应说辨析》,第220页。

那样,既不符合历史实际,也不符历史合逻辑。例如,雍正帝设立会考府,这是清政府以前所没有的创举。尽管雍正帝一直用祥瑞与天人感应训诫官员,但会考府的作用就是会考府的作用,不能把会考府的作用理解说成是他搞祥瑞与天人感应的作用。否则的话,雍正帝也一直在强调忠君,难道能由此推理,把雍正帝整顿吏治的政绩,也归于是官吏忠君的作用与结果吗?

与冯、杨两位先生对雍正帝大搞特搞祥瑞与天人感应基本肯定、赞美的观点恰好相反。笔者认为,雍正帝在大搞特搞祥瑞与天人感应上越是花样繁多,越是天花乱坠,越是得心应手,越能证明他不是治国理政政治上的成熟与开明,反而越能证明他政治上的虚伪,越能证明他欺骗愚弄官民的程度越大,而不是相反。雍正朝的若干善政与政绩,是其政策、政举能符合历史潮流,能符合时代形势的结果,而决非是他大搞特搞祥瑞与天人感应的结果;只不过是雍正帝擅于用祥瑞与天人感应为自己脸上贴金罢了。如此而已,岂有他哉?例如,"六起拾金不昧,既不涉神灵,亦无足称怪,古来多无称,独雍正帝对此颇加称许,此亦雍正帝祥瑞观的非同凡响。"[1] 拾金不昧与"祥瑞观"不是一码事矣。

康熙帝晚年对此特别有过警告:"本朝受命以来,惟以爱养万民为务,如庆云、景星、凤凰、麒麟、甘露、天书、月宫诸事,从不以为祥瑞而行庆典,亦无封泰山,禅梁父改元贻诮之举……自古帝王因不学问,任彼书生訾议。"[2]

雍正帝却自吹:"朕并非以此为祥瑞夸耀于众也,盖实有见于天人感召之理捷于影响,无纤毫之或爽。朕以至诚、纯恳之心,每岁躬耕耤田以重农事,即蒙上帝降鉴,叠产嘉谷,以昭休应。似此八穗九穗之谷,岂人力所能强为,亦岂人君所能强之使有乎?天人感应之理,朕见之最真最切,但恐此心不诚耳。诚则未有不动者。……即如从前青海蠢动,朕为边陲忧虑,虔祷于宫中。不数旬,而捷音即至,疆围宁谧。又如前岁夏间近畿雨泽稍愆,朕宫中默祷,诚善修省,虔诚叩恳,不数日,而甘霖大沛,禾稼有秋。此皆近年来朕亲行亲验之事。"[3]

雍正帝俨然已成了张天师,以为只要设台作法,便可要风得风,要雨得雨,即使青海几十万人暴动,只要他在宫中默祷,虔诚叩恳,不数旬,捷音即至,疆围宁谧。若雍正帝神通果真如此广大,何必再耗费几千万两银子、几十万军队?雍正帝如此宣扬天人感应与祥瑞,还值得习史者为其巧舌如簧、饰非掩丑,为其美化、辩护乎?

(七) 瞎指挥与知人善任之矛盾

雍正帝不仅以勤政著名,还以知人善任著名。这似乎已人所皆知,似乎已成

---

[1] 杨乃济、冯佐哲:《雍正帝的祥瑞观与天人感应说辨析》,第203页。
[2] 《清圣祖实录》卷291,第831—832页,康熙六十年三月乙丑初四日条。
[3] 《清世宗实录》卷47,第713页,雍正四年八月丙戌二十七日条。

定论或共识,但还是有值得再研究的问题。

雍正帝尚未正式登基上台,就任命了四位总理大臣。未几,就处决了两名。四位总理大臣,一半被废除,知人善任乎?

雍正元年六月壬戌(1723年7月16日),署抚远大将军、贝子延信奏:"青海和硕特蒙古亲王罗卜藏丹津兴兵作乱,大破郡王额尔德尼。"

雍正元年九月己丑(1723年10月11日),罗卜藏丹津骗取青海大喇嘛察罕诺门汗支持,远近喇嘛及百姓二十余万人附从为乱,进犯西宁。雍正接报,罗卜藏丹津已渡黄河,或遣使策妄阿拉布坦处,期约作乱,或欲窥取西藏。西部地区如此大规模兴兵作乱,为清代历史上之罕见、之仅有。

雍正元年十月丙寅(1723年11月17日),罗卜藏丹津竟将雍正派去的特使侍郎常寿扣押于堪布庙(今塔尔寺),笔帖式多尔济凌辱,愤而自杀。这是康熙朝61年里从未发生过的、与中央政府直接对抗的严重挑衅事件。这与抚远大将军胤禛(允禵)在青海四年时,达赖喇嘛与青海各旗王公台吉全力支持、服从统一领导与指挥,形成了强烈鲜明对比。

雍正元年十二月癸酉(1724年1月23日),年羹尧奏报西宁一带罗卜藏丹津叛军已被剿灭。年羹尧有功,功不可没。雍正帝对此感激涕零,对年羹尧说了一大堆肉麻之极的话,甚至把年羹尧比作"朕之恩人"。[1]

> 夫为君难,为臣也不易。岂唯为君必亲历始知其难,即为臣不易,亦非亲历其境者不知。如不为诸王,岂知诸王之难?不为大臣,岂知大臣之难?即如年羹尧建立大功,其建功之艰难辛苦处,人谁知之?……总之,非身亲其境者,不知其难也。[2]

年羹尧封功,实在还委屈他。[3]

雍正二年,因年羹尧平定青海罗卜藏丹津动乱有功,雍正封年羹尧一等公爵。但后来很快又改口:"至于平定青海,实系岳钟琪之功,年羹尧不过坐镇指挥而已。"[4]

未几,连"坐镇指挥"之功也被雍正否定了。岂止是否定,雍正甚至说:"青海叛逆由年羹尧激成。"[5]

从雍正二年雍正帝把年羹尧比作"功臣""朕之恩人",到"年羹尧不过坐镇指挥",再到"青海叛逆由年羹尧激成",在同一个年羹尧身上、同一件青海罗卜藏丹

---

1 《雍正朝汉文朱批奏折汇编》,雍正二年三月二十九日年羹尧奏谢鹿尾折朱批。
2 《上谕八旗》,二年十一月十五日。
3 季永海、李盘胜、谢志宁翻译点校:《年羹尧满汉奏折译编》,天津古籍出版社,1995年,雍正元年五月初三日朱批,第240页。
4 《永宪录续编》,中华书局,1959年,第404页。
5 《永宪录》卷三,中华书局,1959年,第248页。

津动乱事件上,在短短一年多的时间内,雍正就作出了以上三种完全不同,甚至是截然相反的结论。究竟是年羹尧一二年内翻天覆地的激变所致,还是雍正帝对年羹尧翻来覆去的激变所致?

有人认为,是年羹尧居功自傲、大肆贪婪所致,年羹尧罪有应得。但细究雍正帝对年羹尧火冒三丈的导火线,既不是年羹尧居功自傲,也不是他大肆贪婪。就在雍正二年十一月十五日雍正大赞"年羹尧建立大功,其建功之艰难辛苦处,人谁知之",甚至提出有人"欲设计以陷年羹尧"之后一个月还不到,雍正帝在给年羹尧的朱批上已经发生了微妙的,却又是巨大的、根本性的变化。

且看雍正帝是怎么批的:"据此不足以报君恩父德。必能〔须〕保全始终,不令一身致于危险,方可谓忠臣孝子也。凡人臣图功易,成功难;成功易,守功难;守功易,终功难。若倚功造过,必致返〔反〕恩为仇,此从来人情常有者。尔等功臣,一赖人主防微杜渐,不令致于危地;二在尔等相时见机,不肯蹈其险辙;三须大小臣工避嫌远疑,不送尔等至于绝路。三者缺一不可。而其枢要,在尔等功臣自招感也。朕之此衷,天地神明,皇考圣明共鉴之久矣,我君臣期〔齐〕勉之、慎之。"[1]

雍正二年(1724)雍正帝已用"一身致于危险"、甚至用"送尔等至于绝路"对年羹尧作出警告、作为威胁,其真正原因,见其以下朱批:"朕御极之始,将隆科多、年羹尧寄以心膂,毫无猜防,所以作其公忠,期其报效。孰知伊等竟有二心……决以逆党从重正法。"[2]

雍正三年(1725)正月初五日,也即以上朱批仅半个多月,雍正帝首先调图里琛为西安布政使,这实际上已是在为整肃年羹尧开始做组织准备。雍正甚至已在年羹尧奏折的朱批上赫然写道:"图里琛是在广(东)拿住你哥哥的人,叫他来拿拿你看。"[3]

雍正帝尚未公布年羹尧的任何罪名,已公然向年羹尧发出要图里琛拿下(逮捕)他之威胁。究其原因,并非是什么居功自傲也不什么大肆贪婪,而是怀疑隆科多、年羹尧"竟有二心"。年羹尧尚蒙在鼓里,也并不服气,两次在奏折中写道:"伏祈弘慈宽宥,仍赐明白指示,使臣得以亟图改过,不致彷徨莫措。"雍正却在朱批中驳回:"还要如何明白指示?彷徨莫措,亦自信不及耳。"[4]

年羹尧"竟有二心"的罪证是什么呢?在年羹尧92款的大罪中,有一条竟是"与行止妄乱之沈竹、戴铎结党怀欺,煽惑众听"。[5] 罪名达92条之多,无非要其

---

[1] 《年羹尧满汉奏折译编》,雍正二年十二月十一日雍正在年羹尧奏报抵署日期并谢豪陛见折朱批,天津古籍出版社,1995年,第309—310页。
[2] 《上谕内阁》,雍正三年五月二十二日上谕。
[3] 《年羹尧满汉奏折译编》,第310页,雍正三年正月初五日,羹尧奏遵旨令诺穆浑暂署西安布政使折。
[4] 《年羹尧满汉奏折译编》,第317页,雍正三年二月二十八日年羹尧谢恩折。
[5] 章开沅主编:《清通鉴》,第55页,雍正三年十二月十一日条。

死有余辜罢了。

而沈竹、戴铎都是雍正藩邸的门下人。尤其是戴铎，不仅是最早向胤禛献计献策、进言夺储的心腹之人，在胤禛政治上处于最低谷、夺储最为不利时，戴铎甚至甘愿先去台湾以为胤禛预作退路。直至雍正去世，也未见戴铎有任何"作威作福""妄自尊大"之罪。年羹尧与这样一个雍正的心腹之人结党，要排斥打击什么政治异己，又要煽惑什么众听，又能谋取什么不义之利呢？雍正说，"朕深知戴铎行止妄礼，罪实当诛，而近日不将戴铎置之死地者，实恐年羹尧等奸邪小人加朕以杀戴铎灭口之名也。"[1]

因为年羹尧与戴铎"结党怀欺，煽惑众听"，所以，年羹尧是"奸邪小人"。

从雍正二年（1724）十二月十一日起，雍正帝对年羹尧的一切言行，一直都是在围绕舆论造势、防止年羹尧狗急跳墙这两个方面大做文章。只等舆论造势和防止年羹尧狗急跳墙措施一一落实到位，即择机施行而已。这个时间不长不短，不快也不慢，正好是一年。

雍正整肃年羹尧的根本原因是"与戴铎结党怀欺，煽惑众听"，说了对他不利的话。

早在雍正三年（1725）二月二十一日，雍正谕责未能抚恤青海蒙古郡王额尔德尼等部，以致穷困流离时，已有谕旨："如有一二人逃入策妄阿拉布坦之地，必重治年羹尧之罪。"[2]

可见，雍正要"重治年羹尧之罪"，是蓄谋已久，早就张网以待了。青海蒙古郡王额尔德尼等部与策妄阿拉布坦之地辽阔千里，年又怎能做到无一人进入策妄阿拉布坦之地？青海蒙古与策妄阿拉布坦之地互通婚姻，早已有之，年怎么能做到无一人进入策妄阿拉布坦之地？雍正三年二月时，所谓年羹尧作威作福、妄自尊大等罪名尚无影无踪，雍正已处心积虑"必重治年羹尧之罪"，试问，这也是年羹尧作威作福、妄自尊大罪有应得之表现乎？

又例如："朕藩邸门下之人，向者唯年（羹尧）与戴（铎）二人肆无忌惮，曾在朕前敢作不法之语。昔日年羹尧启折中有'今日之不负皇上，即他日不负王爷'之语，彼时朕手批切责，有云'尔此语真乱臣贼子之言，观今日之负我，知他日必负皇父之谕，朕欲将其启折奏参于皇考前，因伊再三恳求而止'。"[3]

雍正帝翻出十几年前大舅子年羹尧与其私下甜蜜私语作为其"不法""乱臣贼子"之据，与居功自傲、贪污罪状有何系？无非想要证明，他早就看出、早就知道年羹尧是个不安分守己之人。为什么当时不作举报？为什么称帝后又一再重用？又一再纵容其扩大"年党"？

---

1 《上谕内阁》，三年六月初八日。
2 《清通鉴》，雍正三年二月二十一日条，岳麓书社，2000 年，第 39 页。
3 《上谕内阁》，雍正三年六月初八日条。

即以年羹尧大肆贪污为例。贪污必与职权瓜葛。年羹尧官高权重,非一朝一夕。康熙五十七年(1718)前,年早已任职督抚大吏。康熙五十七年(1718)大将军王允禵出征青藏,康熙帝特命年羹尧为允禵的"总后勤部长",坐镇川陕。每月有多少银饷、粮草要从其手中调拨,为何那时未成巨贪?为什么到了雍正帝手下,仅二三年的时间就成巨贪了?雍正帝知人善任乎?年羹尧培植"年党"、二三年便成巨贪,雍正帝脱得了干系乎?

年羹尧的"上天入地",荣辱生死,同雍正帝关系之大,为雍正帝自己所甘认。雍正三年(1725)七月,雍正帝谕:"今隆科多、年羹尧二人互相交结,欲将内外威权同谋专擅,负朕殊恩。诸事欺隐,唯利是图,贪污卑贱无耻,过施宠锡,甚为错误。"[1]

雍正帝不得不承认,年羹尧有今日,雍正帝自己"过施宠锡,甚为错误"。

九天后,雍正帝在乾清宫召大学士等又谕:"年羹尧今日之功,岂能及鳌拜之大,而所犯之情罪,则甚于鳌拜。"[2]

这与定年羹尧罪名有 92 条之多之目的一样,无非由雍正帝拍板——年羹尧死有余辜,不杀不能平民愤,除此之外,岂有他哉。

如果说,雍正帝在年羹尧的问题上还只是识人、用人失察,"过施宠锡,甚为错误"的话,那么,与安南(越南)、俄罗斯的边界,及西部用兵失败,就完全是雍正帝用人不当再加瞎指挥所一手酿成大错大误了。

1. 雍正帝主动拱手相让边界 120 里

雍正六年正月己卯(1728 年 3 月 8 日),与安南国(今越南)定边界。雍正帝让地八十里后,又赏地四十里。[3] 这是中国西南方从雍正帝手里流失的一大片领土。

先是,雍正三年四月,云贵总督高其倬以安南占有内地旧境一百二十里,请旨加以清理。有旨:"让给安南八十里,命其退还所占地四十里。"[4]

云贵总督高其倬在给雍正帝的报告中奏得很清楚:一来,这是安南占有中方内地;二来数量面积是向中方边境推进侵占了一百二十里;三来中方须加以清理。清理者,两国应予确定。该收回的收回,以前尚未确定的,应予正式确定。这些确定,当然应首先在调查研究的基础上,以国家主权和领土完整为原则,合理兼顾对方国利益。总之,必须坐下来,通过有据有理的谈判,正式解决。

但雍正帝没有这样做,而是把国家主权与领土当礼物一样,以大国向小国恩赐的形式,一下子就"让给安南八十里"。难道雍正帝不知道、边界退让 80 里意味着什么?

---

[1]《雍正朝起居注》,第一册,第 529 页,雍正三年七月甲辰初九日条。
[2]《雍正朝起居注》,第一册,第 535 页,雍正三年七月癸丑十八日条。
[3]《清史编年》第四卷(雍正朝),第 311 页。
[4]《清通鉴》第二册(雍正朝),岳麓书社,2000 年,第 99 页。

此事在清代官书中有记载：先是，有内地旧境一百二十里为安南所占，应加清理。有旨：

"命给与八十里（即中方边境线后撤让出八十里），于铅厂山下小河以内四十里立界。"

安南国王激切陈诉。五年五月，谕责该国王，"以执迷之心，蓄无厌之望，忘先世恭顺之忱，负朕怀柔之渥泽。"

雍正帝谕责该国王"以执迷之心，蓄无厌之望"，说明该国王的欲望既"执迷"、又贪得无厌。说明雍正帝明明知道对方是无理的过分要求。为什么不通过谈判、先谈再判，而是未经谈判就主动拱手相让？为什么康熙朝康熙帝从没有主动拱手相让，雍正朝第六年雍正帝就主动拱手相让了？雍正帝在作出这个重大决定前，内阁、议政大臣会议权衡讨论过利弊得失否？还是他个人一拍脑袋就决定了？

五年九月二十六日，命副都御史杭奕禄、内阁学士任兰枝该国谕。杭等未至，该国王接五月敕谕后具陈谢表文至，称：奉以铅厂山小河立界，感载圣恩，欣跃欢忭。雍正帝因是下旨："览王奏，感恩悔过，词意虔恭，朕特沛殊恩，将云南督臣等查出之地四十里赏赐该国王。"

雍正帝主动拱手相让80里之后，还不罢休，又命将云南督臣等查出之地四十里"赏赐"该国王。雍正帝何以对领土相让如此慷慨?! 雍正帝在云贵搞改土归流，并未在国家版图上增加一里半里。何以在主动拱手相让后退80里后，再后退相送40里?!

本日，又颁敕谕交杭奕禄等前往安南宣读。敕谕称，鄂尔泰体朕怀远之心，定界铅厂山下小河，较之旧界已缩减八十里。现该国王既自悔从前执迷之误，词意虔恭，"在王既知尽礼，在朕便可加恩。况此四十里之地，在云南为朕内地，在安南仍为朕之外藩，一毫无所分别。着将此地仍赏赐该国王世守之。"

杭奕禄、任兰枝遵旨，于本年六月十六日抵安南国都。国王黎维祹跪迎敕谕，率文武官行三跪九叩礼，言："世世子孙，永矢臣节。"具陈谢奏章由杭等携回。十月间，杭等回京，面奏出使经过，言："该国人民蕃庶，畜产饶裕。"雍正帝谓大学士等，"朕闻之甚为欣美，兼以自愧。"[1]

---

[1] 史松主编：《清史编年》第四卷（雍正朝），中国人民大学出版社，1991年，第311页，雍正六年正月二十八日条；《清世宗实录》卷六五、卷七十四。

雍正帝拱手相让120里后,又是欣羡,又是自愧。他欣羡什么,又自愧什么呢?

他不战、不谈,只是为了要凸显他是大国君主,竟主动慷慨、拱手相送安南国80里地。所谓"命其退还所占地四十里",完全只是虚晃一枪,根本就未认真,也并未算数。

安南国国王软磨硬缠,说了几句甜言蜜语之后,竟又拿去四十里地。这四十里广大土地本是中国云南域内属地,是自明至清的历史遗留问题。明朝政府并未相让,康熙帝在位61年也并未相让,雍正帝一句话"赏",便拱手相送,从此就放弃、流失了。

康熙三十六年(1697)法国传教士张诚记述:"通常康熙皇帝巡游归来并不举行任何仪式,但这次皇帝要使前来臣服的厄鲁特人认识中华帝国的威严、富有与礼仪,从而给他们留下深刻印象,所以特意举行隆重的仪式。"[1]

康熙帝一生从未有也决不会为了显示大国君主形象,不谈不判就主动将大片面积国土随意主动拱手相送;也决不会为要显示大国君主形象而逞个人威仪。他向厄鲁特准噶尔使者展现的,是国家的威严、富有与礼仪,是中央政府对妄图分裂国家、破坏国家稳定的强大威慑。

而雍正帝雍正朝五至六年的短短几个月内,仅凭雍正帝高兴、仅凭雍正帝一句话,就主动将中国与安南国接壤的边界线后退120里,大片国土从此无谓流失。这个责任,完全在雍正帝一人身上,他不自愧,谁自愧?!

2. 雍正七年——十二年西部用兵、凸显雍正帝瞎指挥与知人善任之矛盾

西部用兵,是雍正朝花时最长,投入兵力、财力规模最大的军事行动。雍正帝踌躇满志,满以为稳操胜券,岂料战局完全未能按预定计划进展。这期间,军队人员素质之差,战斗意志、战斗力之松散,将官之间相互倾轧之剧烈,最终结局之惨败,均为康熙朝乃至有清200多年所罕见。

雍正帝上台之初,对西部的对策本是采取守势。雍正元年三月初五日(1723年4月9日),雍正帝便作出决定:撤西藏驻防官军及西宁八旗兵,设戍于察木多(今西藏昌都)。

雍正七年二月癸巳(1729年3月17日),廷议发兵征讨准噶尔。雍正帝谕诸王、内阁、九卿、八旗大臣等:"准噶尔部噶尔丹策零甚属凶暴,非安分守法之人,必将生事妄为,扰害喀尔喀蒙古、青海、西藏,甚属可虑。现今国帑充裕,官兵同心,实系可以举行之会,若迟疑不决,定贻后悔。然用兵大事,所关甚重,不得轻率,尔等可各抒己见,详确密议。"

"廷议中,大学士朱轼、都御史沈近思等以为天时人事未至,不可出兵;大学

---

[1] 《耶稣会士张诚》,大象出版社,2009年,第56页。

士张廷玉则竭力主战;帝决定兴师讨伐。"[1]

"雍正八年(1730)十二月乙卯(二十一日),准噶尔兵进犯西路汛界。先是,宁远大将军岳钟琪奉旨进京,由提督纪成斌护其印。纪成斌以满洲人强悍,令副参领查廪率兵往阔舍图牧放马驼。然查廪至该处后,置马驼于不顾,率众避寒山谷间,日置酒高会,挟娟妓以为乐。于是,噶尔丹策零遣兵二万乘虚偷袭阔舍图卡伦,劫走牲畜大半(十几万头),查廪逃遁,总兵曹勋出战失利(大败)。"[2]

雍正西部用兵,出师不利,暴露出了许多问题。因气候寒冷,高层指挥军官马尔赛竟置大批驼、马于不顾,不仅带头避寒山谷,还酗酒嫖娼。这样的军队岂能打仗?这样的军官岂能带队?

雍正九年正月庚寅(1731年3月4日),西部用兵改攻为防。为严防准噶尔兵进犯,频频调兵赴西北诸军事要地驻扎。调直隶、河南绿营马兵各一千名赴西安;山西绿营马兵一千五百名赴甘州,俱听大将军岳钟琪、署总督查郎阿调遣。调奉天兵一千五百名、宁古塔兵一千五百名、黑龙江兵二千名赴北路军营;调青海蒙古兵一万名于青海紧要适中处驻扎;调蒙古科尔沁等部兵五千名赴归化城驻扎。又命甘州、西宁、凉州于本地募兵,甘州三千名,西宁、凉州各二千名;西安亦募兵二千名,以增强驻防力量。说明雍正帝的战略已变攻为守。

问题是,查廪那样的窝囊废在雍正朝并非个别现象。贪生怕死,贪图享乐,互相推卸,相互倾轧,在军队高层中也并不罕见。最为典型的就是和通泊役大败。

3. 和通泊役大败

此役一开始雍正帝就判断失误,自挫军心,竟令前方将军往返折腾于青海、北京千里途中,丧失战斗良机。

雍正九年(1731)六月,有准噶尔使臣特磊到达岳钟琪军前来,表示要求和平,岳钟琪当即向雍正报信,认为"此言实难凭信"。但是,雍正帝未经核查,就随即下命暂缓进兵,先是要岳钟琪派兵送特磊来京;随即又下命召傅尔丹、岳钟琪进京商议军情。本来千军万马几千里路长驱直入,个个摩拳擦掌要杀敌立功。突然被雍正帝一声令下停止前进,还将前线将帅召回北京。军心随即大起大落,士气大大受挫。

而以后的事态发展证明,岳钟琪的判断是对的,雍正帝误信、误判,是在瞎指挥。特磊是奉命故意散布假讯,以拖延清军用兵。

岳钟琪明明是忠臣良将,雍正帝却从一开始就怀疑、防范、牵制他。早在是年三月,竟暗中布置都统伊礼布带领八旗兵二千名,若岳钟琪有统兵行动,要伊礼布带领八旗兵一同前往,形同监军。伊礼布则随即暗中攻击岳钟琪虽手握大

---

[1] 《清通鉴》第二册(雍正朝),第118页。
[2] 《清通鉴》第二册(雍正朝),岳麓书社,2000年,第153页。

兵,不能御敌,调度无方。是年五月,雍正帝又命石云倬为西路副将军,实则是分散削弱岳钟琪兵权。岳钟琪一出征,其川陕总督随即由满人查郎阿署理。这一切,无非受到轰动一时的湖南曾静案之影响。

军者,国之大事。康熙帝历来主张,用人不疑,疑人不用,用则有责有权。雍正帝若对岳钟琪有疑,完全可以不用。以上过程说明,雍正帝受湖南曾静案之影响,表面上对岳钟琪一如既往,实际上已对岳疑之、防之、又要利用之。这就势必造成西部军队上层内部面和心不和。

是年六月,北路军与准噶尔交战于和通泊,雍正朝的政府军大败,几乎全军覆没。

按原先筹备与计划,西路军为主力。但开战的却是北路军。先是,傅尔丹率北路军于五月进驻科布多,随路守卡侍卫拿获准噶尔部间谍(实是有意诱清军入围)供称:噶尔丹策零发兵三万,令大策零敦多卜、小策零敦多卜统领,陆续起程至阿尔泰山奇林地方会合,进犯北路。今小策零敦多已至察罕哈达,大策零敦多因事宿留未至。傅尔丹轻信其言,计乘敌兵未集时袭之,选兵一万,从中以二队循科布多河西以进,自率大队继后掩击。前锋统领丁寿、侍郎永国、副都统觉罗海兰等谏言不可,弗听。本月初九日,北路军由科布多出发寻前锋进次扎克赛河,拿获准噶尔巡逻兵,言此处距察罕哈达只三日程,准噶尔兵不过千人,未安营。傅尔丹命各队乘夜速进,行数日不见敌。十七日,炮准噶尔间谍,据云:准噶尔兵二千屯博克托岭。傅尔丹遣兵四千余人前往击之。准噶尔出诱敌之兵且战且退,而伏精兵二万于山谷中。十九日,傅尔丹率大队至。二十日,准噶尔伏兵出击,胡笳远作,毡裘四合,乘高突冲,遂围北路军于和通泊。经过连日艰苦激战,至二十二日,觉罗海洼突出重围,丁寿、参赞苏图、副都统马尔齐自尽,副都统苏禄战死,副都统西弥赖因令索伦兵驰援丁寿专关赋顶菲十珪日,准噶尔兵环攻北路军大营,傅尔丹督兵力战,杀敌五百余人。察哈尔、喀喇沁、土默特等部蒙古兵皆大溃。二十四日,永国、觉罗海兰、副都统岱豪皆自杀。傅尔丹等率残部且战且退革于三干穴百渡哈尔噶纳河,杀追兵二千余人。公达福、副将军巴赛式查纳弼、参赞马尔萨、副都统舒楞额皆阵亡。七月初一傅尔丹逃回科布多筑城地方,收残兵仅剩二千余人。

因傅尔丹初战惨败,雍正帝命以大学士、忠达公马尔赛为抚远大将军。

> 十月乙巳(十五日),又解马尔赛调兵权。谕马尔赛:"从前尔领兵尚未至察罕叟尔,并不知军前情形,即欲指示顺承王锡保,殊觉不合。现不经请旨,即令吴喇忒、毛明安等部各预备兵一千,听尔调遣,甚属背谬。再者,尔所侦探军情并不确实,办事亦甚含糊。嗣后,蒙古扎萨克等俱遵靖边大将军印信行事,不得以抚远大将军印信有所征发。"

十一月癸亥(初四日)，命锡保为靖边大将军,降傅尔丹为振武将军。乙丑(初六日)，以左都御史署陕西巡抚史贻直为兵部尚书暨以康亲王崇安摄抚远大将军,降马尔赛为绥远将军。辛未(十二日)，命锡保统领北路军一切事宜,傅尔丹、马尔赛俱听其调度。

雍正十年(壬子,1732)三月,丁丑(二十日)，议处岳钟琪。大学士鄂尔泰等参奏：岳钟琪身为大将军,专制边疆,敌军以五、六千人由无克克岭入卡伦,进犯哈密,伊茫然不知,致使敌军劫掠牲畜,并从容遁归。岳钟琪智不能料敌于平时,勇不能歼敌于临事,玩忽纵敌,请将伊敕部严加议处。寻有旨：岳钟琪削去公爵及少保,降为三等侯,仍留总督衔,护大将军印,戴罪立功秋,七月,辛丑(十七日)，锡保奏：七月十四日,准噶尔兵进犯乌孙……傅尔丹率兵迎击失利退回大营。命锡保将此役失败原因及详情查明具奏。

八月,癸亥(初九日)，时副将军张广泗劾大将军岳钟琪调兵筹饷及统驭将士皆失之乖方,称穆垒地处两山之间,筑城其中,形同釜底易攻难守不可驻军。又准噶尔兵专资马力,我军制敌宜马步兼用,而岳钟琪立意用车,于自巴尔库尔至穆垒间尽为沙碛沟堑情形不合。是日,命西路军乘准噶尔兵在北路之际,迅速撤回巴尔库尔。己酉(二十五日)，锡保奏：傅尔丹在乌孙珠尔并不预筹堵御之策,轻调官兵进击,以致有误军机。帝降旨,革去傅尔丹公爵、领侍卫内大臣、振武将军。

冬,十月戊午(初四日)，谕责锡保。庚辰(二十六日)，革岳钟琪大将军职。谕曰：岳钟琪身为西路大将军,却秉性粗疏,办事急躁,将国家军旅重务视同泛常。且赏罚不公,号令不一,不恤士卒,不纳善言,傲慢不恭,刚愎自用,以致防御追击屡失机宜,士气不振。而凡所陈奏者又皆虚假诈伪之词,为怙过饰非之计。误国负恩,罪难悉数。着革其职,交兵部拘禁候议。雍正十二年,大学士等议将岳钟琪斩立决,有旨改斩监候。

十二月丁卯(十四日)，马尔赛伏法。先是,锡保等奏言：马尔赛负恩纵敌,不忠不孝,令人痛心切齿；李杖怀奸济恶,法所难宽。应将此二人即正典刑,以昭国宪。得旨：马尔赛着即处斩,免其枭示；李杖着在军前监候秋后处决。至是,命副都统索林、奏事郎中张文彬驰驿赴扎克拜达里克军营,将马尔赛正法。

这个马尔赛,接到西征任命时,竟发牢骚："还不如充军黑龙江好。"雍正一向以知人善任自喻,派马尔赛这样的人去统帅西北军务,怎么能胜任？

雍正十年十月初十日(1732年11月27日)，雍正在谕旨中宣布了马尔赛之所以要军前正法(杀头)的罪状：

> 马尔赛本属庸才。备员政府、为班联领袖,未能赞襄一事、敷奏一言。伊历来贪赃不法之案渐次败露,朕皆暗中为之消弭,其应追之赃银数万两,又悉行宽免。更赏世职以逮其子孙、赐帑金以固其操守。

原来雍正不仅早就知道马是庸才,还早就知道马是贪官。然雍正非但不严处或降级调动,还暗中为之消弭,其应追之赃银数万两,悉行宽免。更赏世职以逮其子孙、赐帑金……时下竟见有人着文号召向雍正学习反贪,岂非大跌眼镜。

> 凡所以恩待之者,远出诸臣之上。去年傅尔丹失机,将马尔赛为北路大将军,畀以讨贼防边之重任。伊在京承命时,即有退缩怨望之意,及领兵行走,并不教训兵丁爱惜马力,未到归化城而马匹已陆续倒毙于道。在归化城时,又不于水草好处牧放马匹,致兵丁之马损失大半。又伐木取材、盖造暖室、全忘士卒之露处,竟欲久居于此为娱老之计。且心怀怨望,于众大臣齐集时,口称:领兵为大将军,不如发遣黑龙江反为安逸。朕知其不可为大将军,改授为绥远将军,令其领兵赴扎克拜达里克驻扎,以为堵御邀截之计。

明知不可用仍用之,是谁之责?

> 八月初,策零等大败贼兵于厄尔浴尼招,锡保等将敌军由推河潜逃之信驰报,令其发兵堵截,而马尔赛立意坐视,按兵不举。身任统兵之职,地当扼要之区,贼过不行堵截、贼去又不尾追,端坐空城,视同秦越。众人苦劝之言坚执不听,竟令入网之兽复得像兔脱,将来余孽跳梁一时未能翦灭,伊谁之咎?似此有意阻挠军机,紊乱国事,并非寻常失机之比。
>
> 马尔赛不思国家高厚之恩,不念伊祖积累之旧,在国为叛臣,在家为逆子,不忠不孝,莫此为甚。此皆朕乏识人之明,误用匪人。朕先谢罪宗社世民,将马尔赛正法,以为人臣受恩深重而心怀悖逆者戒。[1]

雍正说了那么多,无非是要说一句话,马尔赛该杀。雍正说他之所以用马尔赛,是因为"皆朕乏识人之明,误用匪人",这是说不过去的。因为"马尔赛本属庸才……未能赞襄一事,敷奏一言",这些都是早在马尔赛出任西北大将军之前,雍正早就知道了。而"伊历来贪赃不法……朕皆暗中为之消弭,其应追之赃银数万两悉行宽免",这些劣迹雍正不仅早已掌握,更完全是由雍正一手包庇下来的。在这种情形之下,"更赏世职……赐帑金",就不是什么"误用"所能掩饰得过去

---

[1]《清世宗实录》卷124,第629—633页,雍正十年十月甲子初十日。

的。"傅尔丹失机,将马尔赛为北路大将军",都是在以上种种明知的情形之下委以重任的,这怎么能说成是一般"乏识人之明,误用匪人"呢?

明知马尔赛是"庸才"而重用,明知马尔赛"贪赃不法"而"朕皆暗中为之消弭",这又怎么能用"误用"二字推卸呢?答案只有一个,马尔赛、福彭等人本都是雍正的心腹,这些心腹既平庸又贪婪,但雍正还是重用之,直至马尔赛实在不像样子,直至弄到了误国、误军、不杀不足以稳定军心的地步,才在议政大臣的奏请下,不得不杀了马尔赛。

马尔赛固然该杀,但雍正杀马尔赛,也大有借马尔赛之头,为自己推卸西北用兵失败的责任而已。

马尔赛之后,又改换锡保。锡保在审办隆科多及为雍正整肃众多政敌中十分卖力,但他未必是军事干才。把锡保派往西北挂帅,主要也是因为他是自己的心腹。锡保竟"不能筹划指示"。那么,这样的人,为什么还要派他去呢?只问是否心腹,不问是否胜任其职,这是几年内大将军一职几度折腾、频繁更换的主要原因。雍正帝知人善任耶?

雍正十一年正月庚子(1733年3月3日),命鄂尔泰前往北路军营,经略军务。

辛丑(十九日),先是,锡保于乌孙珠尔之役中虽拨兵一万,而所到之兵实仅三千,且留傅尔丹于军营,致准噶尔兵越克尔森齐老,遇策凌兵始败走。是日,帝以锡保不能筹划指示,命将其交宗人府议议处。

六月戊子(初九日),以锡保任大将军以来,调度无方,因循畏缩,坐失机宜,命多罗平郡王福彭为定边大将军,统领各路大军。寻革锡保亲王、大将军。

雍正看到师久无功,所派将帅皆不如意,杀戮降调也不解决问题,感到已不能打下去了。十一年五月宣布暂停进兵。其实,这既是鄂尔泰、张廷玉等为雍正出的主意,也是雍正在屡战屡败,屡败屡换,屡换仍不胜,旷日持久,后勤匮乏等僵持、不利形势下无可奈何之选择。

十二年正月,鄂尔泰自西北还京,主张与准噶尔部议和,奏云:"准噶尔僻处荒要地方,得其地不足守,得其人不足臣。我以大兵临之,彼恐失其世守,必合力死拒。若弃之化外,必不敢内侵,自然悔罪服降。"[1]

雍正曾对广西巡抚自认,"朕之自信,有时尚不及信鄂尔泰之深"。

十二年(1734)七月,雍正决意议和。

在无情的事实面前,雍正帝终于不得不承认自己"皆朕无能不明之咎"。[2]

---

[1]《上谕内阁》,十二年七月二十一日谕。
[2] 冯尔康:《雍正传》,人民出版社,1985年,第353页。

这是在消耗了雍正帝执政后半生主要精力，也是在消耗了雍正朝五六千万两白银、旷日持久后的失败的"无能不明之咎"；也是雍正七年设立军机处后，最大规模用兵的最大失败的"无能不明之咎"。与康熙帝平三藩、收台湾、平准噶尔比比看，与大将军允禵西征"大得人心"（康熙帝评语）比比看，雍正帝的自以为是就相形见绌了吧？

当初设立军机处的主要目的，主要就是为西部用兵服务。西部用兵最终以失败告终，则军机处之设立还能作为是雍正改革的成功之举吗？西部用兵失败，是雍正朝国家主权与领土的败笔。

4. 雍正帝败在萨瓦手里

雍正朝的中俄边界谈判，始于雍正四年正月。甲寅（二十一日），雍正帝闻俄国外交使团将抵北境，谈判中俄边界事宜，命原理藩院尚书、一等公隆科多与额附策零等于视察阿尔泰山后，赴喀尔喀蒙古边境勘查疆界，等候与俄国国使臣会谈。

令人奇怪不解的是，七天后，正月二十八日雍正有旨：罢去隆科多吏部尚书之职。

雍正既欲将隆科多罢官降职，又何必委任其去中俄边界谈判？既欲将隆科多委任去中俄边界谈判，又何必此时对其罢官降职？雍正帝显然未能将中俄边界谈判视作国家重大的核心利益之捍卫、之争取，而是将中俄边界谈判事件视作为是一件对隆科多的远差、苦差，更是一次万一隆科多在谈判中有何差错，雍正可随时籍口对其处罚之理由。

雍正选择在中俄边界谈判前夕、对中方代表团长隆科多罢官降职，正好暴露了雍正的权术与心机。而这种权术与心机是将个人恩怨、个人利害、个人情绪置于国家主权、国家领土之上，作为帝王君主，这是一个严重的政治错位，是一个严重的政治颠倒。这种严重的政治错位、严重的政治颠倒，随之在正式谈判中恶性膨胀，终于使中方在正式谈判中蒙受了重大损失。

雍正四年十月丙寅（1726年11月1日），俄国外交使团抵京。先是该使团到达恰克图附近之布尔河，与隆科多等会谈。俄国全权公使萨瓦提出进京贺帝登基，并率俄国商队同行。

雍正朝已经进入第四年，萨瓦此时提出进京贺帝登基，显然是美其名曰。隆科多看穿了这一点，于是采取了以下对策。

隆科多表示，只许外交使团入京。本日，萨瓦率使团至京。十一日，觐见雍正帝。谕令吏部尚书查弼纳、理藩院尚书特古忒、兵部侍郎图理琛与萨瓦谈判。这段文字隐蔽了谈判桌后面萨瓦的肮脏交易。即，由于谈判中隆科多坚持要求俄国归还侵占中国之大片蒙古土地，态度坚决，致使萨瓦恼羞成怒，威胁要用武力解决。隆科多不为所动，萨瓦又提出必须更换隆科多这个中方首席代表。萨瓦提出："隆科多对俄国朝廷明显地心怀不善"，"似乎想把俄国赶出黑龙江流域，或者,最低限度收回被俄国蚕食的土地,把划定在色格愣斯克与彼尔河之间。"于是,萨瓦命俄军在边境处于战备状态,并致书边境地区中国蒙古王公,称隆科多的态度"可能导致两国永世不和"。蒙古王公向雍正帝作了报告。图理琛也认为隆科多"固执己见"。[1]

谈判历时半年,会议30余次,提案20多个。其间,萨瓦秘密勾结在华法国传教士巴多明,收买朝廷大学士马齐。萨瓦允诺"付给一定的代价",巴多明则表示"愿在力所能及范围内照顾(俄国)利益"。

萨瓦进而窃取清朝谈判代表团之机密情报,使清廷处于极被动与不利地位。萨瓦抵京后,雍正帝谕令吏部尚书查弼纳、理藩院尚书特古忒、兵部侍郎图理琛与萨瓦谈判。这是萨瓦幕后用金钱收买雍正帝身边大学士马齐、贿赂在华法国传教士巴多明撤换隆科多得逞的结果,也是雍正帝将个人恩怨、个人利害、个人情绪置于国家主权、国家领土之上,是雍正帝严重的政治错位、严重的是非颠倒、大局与局部颠倒的结果。

到后期,由俄方提出最后方案。双方代表最终就一般原则问题达成初步协议,商定于布尔河畔继续举行边界谈判。雍正五年闰三月十四日,萨瓦使团由图理琛等陪同离京。

雍正帝将坚持国家主权至上、只就有争议领土进行谈判的隆科多迅速撤换,除了萨瓦用金钱贿赂收买雍正帝身边大学士马齐、贿赂在华法国传教士巴多明的原因外,铸成错误局面的主要原因或主要责任,在雍正帝身上。

雍正五年六月癸巳(1727年7月26日),将隆科多调回京,是雍正帝的决定。时隆科多正与郡王策凌、四格、兵部侍郎图理琛同俄国使臣萨瓦谈判中俄边界问题。之所以出现这个情况,是发现了所谓隆科多私抄玉牒问题。

议政王大臣等奏称,"玉牒系皇家宗谱,除宗人府衙门外,外人不得私看,虽有公事应看者,应具奏前往,敬捧阅看。隆科多私抄玉牒藏于家中,有旨询问而不据实具奏,不敬已极,应俟其办完俄罗斯边疆事件,革职拿回严审"。

是日,雍正帝谕:"隆科多在彼处并不实心效力,反致混行坏事,可将其调回。着克什图前去替换隆科多,与西格、图理琛办理边疆等事丑寻削去隆科多一等公,由其弟庆复袭替。"[2]

这是雍正帝再次严重的政治错位、是雍正帝严重的错误处理。

当时,议政王大臣等已经会议(研究过后)奏称,"应俟其办完俄罗斯边疆事件,(再)革职拿回严审",这个方案与处置是完全正确、是两全其美的方案,但雍正帝听不进去。早在私抄玉牒藏于家中事件之前,雍正帝已经在向隆科多开刀

---

[1]《1619—1792年俄中两国外交文献汇编》;转引自史松主编:《清史编年》第四卷(雍正朝),中国人民大学出版社,1991年,雍正五年五月十六日条。
[2]《清通鉴》第二册(雍正朝),岳麓书社,2000年,第87页。

了。隆科多私抄玉牒藏于家中案发后,终于借机一巴掌将隆科多打入冷牢。

十月,隆科多一回北京,丁亥(初五日),雍正帝命"将隆科多永远禁锢"。

十二月丁亥(初六日),又以贝勒延信曾与允䄉、允䄏、阿灵阿等结为党羽,徇庇年羹尧,犯有二十条大罪,命与隆科多一处监禁。后隆科多、延信均同时期死于监所。

雍正六年五月戊辰(1728年6月25日),中俄签订《恰克图条约》。是为两国代表依北京协议及《布连斯奇界约》而在边境订立规定两国关系之总条约。中国代表为郡王额附策凌、内大臣伯爵四格等,俄国代表为萨瓦、格拉祖诺夫等。条约有满文、拉丁文与俄文三种文本,(另一说还有蒙文本)共十一款,主要内容为:确认《布连斯奇界约》所规定之中俄边界,重申双方均不得进占乌第河及该处其他河流;规定俄国商队每三年至北京贸易一次,人数不得超过二百,且确定恰克图、尼布楚为双方边境互市地点;嗣后双方必须严行查拿越境逃人,透交对方守边官员;中国允许俄国在北京建造东正教堂,由四名神甫在内传教,并接受六名俄国学生来北京学习满文与汉文。二十二日,中国代表启程返京。是年冬,萨瓦等回至俄国莫斯科。

这段文字又隐蔽了谈判结果完全倾向沙俄一方、中方领土作出重大牺牲的重要真相。

据萨瓦、朗克等随即分别向本国政府的报告称:"边界的划分十分有利于俄罗斯帝国";"大量空旷的蒙古土地,现在并入了俄罗斯帝国的版图";"有的地方扩大了几天行程的面积,有的则扩大了几个星期行程的面积"。[1]

冯尔康先生在著作中痛骂道:"雍正签订《恰克图条约》,付出了相当的代价。他撤换隆科多,是不可饶恕的罪过。订约过程中马齐等的受贿,不仅表明清朝官员在对外事务中受贿成风,更说明殖民主义者用行贿作为侵略中国的一个手段,方法至为卑鄙无耻。"[2]

骂得好,骂得完全应该,骂得完全痛快。但最该挨骂的应是谁呢?难道不正是以明察秋毫自居的雍正帝自己吗?不正是以勤政著名,以英明的一代令主自居的雍正帝自己吗?

雍正帝的罪过,不止是在他撤换隆科多。如果撤换隆科多后、换上去的人比隆科多更称职、更胜任、更能维护好国家主权与领土,撤换有何不可以,有何不好?但事实并非如此。

问题出在,早在萨瓦尚未行贿雍正帝身边大臣和在华传教士之前,雍正帝已经出于个人恩怨硬要撤换隆科多。甚至,在议政大臣已经提出"应俟其办完俄罗

---

[1] 《1619—1792年俄中两国外交文献汇编》,转引史松主编:《清史编年》第四卷(雍正朝),中国人民大学出版社,1991年,雍正五年七月十五日条。
[2] 冯尔康:《雍正传》,人民出版社,1985年,第421页。

斯边疆事件(之后再将隆科多)革职拿回严审"这个正确方案和方法时,雍正帝却仍置之不顾,雍正帝仍等不及了,执意马上要撤换隆科多,为的是要迫不及待将其永远禁锢。而撤换隆科多,正是萨瓦的阴谋。而且,撤换隆科多后的中方谈判代表与居中用拉丁语翻译的法国传教士,又都是受过萨瓦行贿的人。且看雍正帝又是何态度、又如何处理。

雍正五年(1727)六月初一日(1727年7月19日)议政大臣提出"应俟其办完俄罗斯边疆事件(之后再将隆科多)革职拿回严审"后,有旨:"尔等所议俟隆科多办完俄罗斯之事再行拿回,甚非朕意。从前差隆科多前去,并非不得其人以其办理而使之也。俄罗斯事件最易料理,特给伊效力之路,以赎其罪。隆科多去后,看其陈奏,一应事件,不但不稍改伊之凶心逆行,且并不承认过失,而举动狂悖,全无愧惧。将朕降旨行文之事隐匿巧饰,无一诚实之语。伊既不实心效力,则留伊在彼反致妄行搅扰,毫无裨益。可将隆科多调回,令其速来。未到京以前,尔等请旨。俄罗斯边疆等事,着克什图前往,与四格、图理琛办理。"[1]

"未到京以前,尔等请旨",说明雍正帝对如何处置隆科多,已胸有成竹。

雍正帝迫不及待要撤换隆科多,除了将个人恩怨置国家主权与领土之上这个主要原因外,也有受萨瓦行贿的大学士马齐等人在其身边煽动与鼓动的重要原因。总之,这是一个雍正帝不应该犯的重大错误,是一步昏招、臭棋。

更为严重的,这次中俄谈判,由于萨瓦事先通过行贿取得了中方的内部情报,致使中方处于被动不利地位,最终使谈判完全朝有利于沙俄一方进展,谈判结果竟令萨瓦"喜出望外"。

对于被许多人赞不绝口的雍正帝,我要在此骂他一声昏君,至少,他在中俄恰克图谈判中,雍正帝的所作所为,完完全全是一个昏君所为不是一个明君所为,读者诸君以为然否?

(八) 康雍帝治国理政思想对弘历《乐善堂·序》之影响

《乐善堂·序》,是乾隆接受康雍帝治国理政思想影响的产物,也是他半明半暗准备继位、登台的他的治国理政思想的亮相,或云舆论导向,或云政治试探。通过认识了解弘历《乐善堂·序》,对了解雍正帝在康乾盛世中承上启下的真实作用,对了解弘历对康雍帝治国理政思想之态度,都有益处。

乾隆对康雍帝治国理政思想之态度是一个较大之专题,本文也只是就《乐善堂·序》作一点粗浅探索而已,期待方家作更精深之介绍。

1.《乐善堂集·庚戌年原序》的历史政治背景

庚戌年,即雍正八年(1730),从原序中"今年二十矣"可知,这是弘历20岁时

---

[1]《清世宗实录》,卷五十八,第883页,雍正五年六月丙戌条。

所作。从原序中"择取庚戌秋九月以前七年所作者十之三四",其内容有"序论、书记、杂文、诗赋,分为十有四卷"。为什么要汇成书卷呢?弘历说是要"置在案头,便于改正"。[1]

这显然不是全部真相。

《乐善堂集·庚戌年原序》的真实历史政治背景有二:一,早在雍正元年八月,雍正帝便秘密立储。特别是雍正五年八月初六日(1727年9月20日),年长弘历8岁的弘时被赐死(一说被圈禁后抑郁而死,笔者持弘时被赐死说。因为,即使弘时系被圈禁抑郁而死,也完全可视作被其父雍正帝逼死论。更何况,雍正四年二月十八日(1726年3月21日),雍正已经有旨:"弘时为人断不可留于宫廷";四年五月又有旨:"此等实国家之贼,更断不可留于人世……此辈正法,亦属当然!")

那么,至少从雍正五年八月起,雍正帝秘密立储者何人,已是公开之政治秘密。换而言之,从雍正五年八月起,不仅弘历自己已悄然无声地以皇储自居并悄然无声地努力准备,大臣们也悄然无声、心照不宣也,此为历史政治背景之一。

二,雍正八年秋,正是雍正帝大病之时。据有的材料透露,大内已有悄悄为其准备后事之打算。之所以《康熙起居注》中,雍正八年下半年月为空白,很可能与此有关。这场大病,又同当时京城大地震给他带来的恐惧有关。有材料说,这次大地震京城死伤十万人。地震死伤恐惧更加重了他的病情。

雍正八年八月十九日(1730年9月30日)京城大地震,震坏了圆明园、畅春园、紫禁城的宫殿。八月三十日

> 丙寅,谕内阁,京师十九日地震,朕恐惧修省,上天垂象示儆之恩,倍加乾惕。今年各直省收成颇好,而其中又各有被水涝溢之处。该省督抚大臣往往引过自责,朕即批示并宣谕左右大臣曰,此非臣工之咎,其过实在朕躬。盖今年春夏以来,朕体中违和,仰惟宗社悠关,列祖皇考付托之重,不敢不保护此身。是以屏除思虑,葆静颐养,而勤政敬事之心实不及平时……[2]

所谓"屏除思虑",说白了就是放假静休。

九月二十四日"庚寅,谕内阁,今年八月十九日地震,朕恐惧修省,以凛天戒,并将夏秋以来朕躬静摄,不能勤敬如前,以上干天和,引过自责,晓谕天下。今经一月矣,地气尚未全宁,又值两次阴雨。……当地动之日,朕偶先登舟,是以并未受惊"。[3]

---

[1] 《御制乐善堂集注》,乾隆五年刻本,上海图书馆古籍部藏书,第1页。
[2] 《清世宗实录》卷96,第301—302页,雍正八年八月三十日丙寅条。
[3] 《清世宗实录》卷96,第308页。

皇考训谕,大动之后必有微动。康熙十八年地动至一月有余。朕身居帐幕之中,寤寐悚惕,寝食未宁者,已一月有余矣。愿尔大臣、官员、士庶、兵丁等人人诚心感激上天示儆之深恩,返衷自问,思过省愆。不但恶事邪念急宜扫除,即怨尤抑郁之心亦当屏绝,则天高听卑,必垂照察,不但地土宁静,共获安居,且可永免上帝之谴责,断无再罹险厄之虞也。朕非以地动之异,诿过于臣工黎庶也。朕之生平,先责己而后责人,先自勉而后共勉,愿天下臣民共知朕心。[1]

话虽如此,从中可知,是年春夏以来,皇帝体中违和,地震带来之恐惧又大大加重了他的病情。大臣及太医担心其挺不过去,已纷纷把目光转到弘历身上。这便是《乐善堂集·庚戌年原序》真实的历史政治背景。

除了自己作序外,弘历还先后请弟弟弘昼,表兄弟和同窗福彭,老师鄂尔泰、张廷玉、蒋廷锡、福敏、顾成天、朱轼、蔡世远、邵基和胡煦,以及三位叔叔、和硕庄亲王允禄、和硕果亲王允礼和允禧阅读并作序。这实际上是要其兄弟、大臣们重新站队,政治表态,用为《乐善堂集》作序,作为向其效忠的效忠书。虽然,是年八、九月雍正帝未死,挺了过来,属意料之外,弘历却认认真真、踏踏实实地进行了一场改朝换代、登基执政的前期准备与演习。

直到雍正十年,这场准备与演习仍在继续进行。如,庄亲王允禄写道,雍正十年冬皇四子以所为《乐善堂文钞》示余而属(嘱)为之序:"古圣贤人乐善不倦,惟是检身之严密,见于自序之文者,永矢而勿渝焉。"这实际上是吁表态支持其乐善不倦之政治理念,但响应者也毫不掩饰地表露出一丝担心,纷纷表露出但愿其永矢勿渝。奇怪的是,未几年,有位皇叔竟卷入了一场以拱倒弘历为目的的宫廷政变。更为奇怪的是,弘历居然宽大为怀,并未为此大动干戈。

另一位皇叔允禧序为:"王(弘历)以乐善署其堂,而复以名其集,盖善即德也,德备而功与言随之,如水之有本、木之有根。王之乐善,王之取善也。盖善无穷,而取善之心挚挚砣砣,日有积而月有累,故其发而为言,得心应手,自有行乎其所当行,止乎其当止。……王赠(《乐善堂文钞》)也,夫文所以载道也,言者心之声也,而非蕴之养之则不足以资其本而培其根。雍正十一年癸丑五月上澣允禧序。"[2]

皇叔允禧除了与允禄一样,多少也有但愿弘历不是心血来潮、不是说说而已外,他的"行乎其所当行,止乎其当止",似乎话中有话、言外另有意思。是否隐指当下时政有不当行、不当止之言之事?又是否大有一旦弘历执政,什么当行,什

---

[1]《清世宗实录》卷96,第309页。
[2]《御制乐善堂集注》,乾隆五年刻本,上海图书馆古籍部藏书,第25页。

么当止,要有新的取向和气象。新的取向和气象为何?诚如皇叔允禧所云:"善即德也,德备而功与言随之,如水之有本、木之有根。"换言之,善是根、善是本、善是德,德备而功与言随之立。为何皇叔允禧对这位未来人君特别强调这个"善"字呢?

弘历同父异母之弟弘昼的序,除了照例一番恭维话外,竟还意外(还是巧妙有意)道出了一些宫违内幕,笔者用黑体标出:"……吾兄随皇父在藩邸时,朝夕共处,寝食相同,及皇祖见爱,养育宫中,恪慎温恭,……而又念弟之在家不能帛常聚,虽两地,心则相通。及皇父尊居九五,吾二人下唯读书朝夕共处,寝食相同。雍正八年秋九月汇订其序弟弘昼谨序。"[1]

笔者曾先后在中国社科院《清史论丛》、避暑山庄博物馆建馆60周年特刊及台湾出版的专著多次不断发表论文论证,弘历绝非诞生于雍和宫,而是确确实实、千真万确诞生于山庄草房,今次又有弘昼谨序中之新证也。弘昼与弘历都是康熙五十年(1711)出生,同龄。若弘历诞生于雍和宫,怎么会同龄兄弟分隔两地、在家却不能常聚?弘昼的序中还透露出,弘昼与弘历寝食相同朝夕共处,是在皇父尊居九五之后。

平郡王的序,作于雍正十年十月,大臣鄂尔泰的序未注年月,张廷玉的序,作于雍正八年(1730),但文字十分谨慎,内容十分中性平淡,并未作任何个人倾向性评论。大臣朱轼的序,作于雍正九年十一月,他也十分谨慎地写道:"皇子之所乐者,善也,非文也。"雍正八至九年先后作序者还有蒋廷锡、福敏、蔡世远、胡煦等。到乾隆元年(1736),这些人、当然又会有更多的人积极作序,其内容,当然已带有明显歌功颂德色彩。

无论是皇叔还是皇弟、还是在廷大臣,都称赞了弘历乐善。这实际上是一个价值取向,也可以理解为是对弘历一旦执政的政治期待。

弘历在以上背景下整理自己的习作旧稿,精心挑选出其中十分之三四,辑为《乐善堂文钞》(也称《庚戌文钞》)十四卷,还自己作了一篇序。这十分之三四,正是《乐善堂文钞》之精华,连同《乐善堂集·庚戌年原序》,已经透露出并包含了他的治国理念。直言之,就是仁政,或云善政。而这正是康熙帝一以贯之的治国理念。

弘历是位天赋极高的政治家,在雍正八年之前,他当然决不会公开提出自己的治国纲领与理念。他既是一位天赋极高的政治家,则必会以他的特殊方式和方法并会选择最佳时机,来进行并完成这项有着特殊意义的重要工作。

弘历的治国纲领与理念,如玉在石,既实实在在存在着,又在坚硬的石壳下得到不露声色的坚固保护。它们集中在他的《论》亦即他学习儒家、史籍的心得体会中,更是通过借用赋、诗的形式,巧妙地表述、反映了出来。即,他上台后将

---

[1]《御制乐善堂集注》,乾隆五年刻本,上海图书馆古籍部藏书,第30页。

继续皇祖康熙帝的一套,而将摒弃皇父雍正帝的那一套。

2.《乐善堂集》及庚戌年原序的政治倾向

如果说,作于雍正八年的《乐善堂集》及庚戌年原序当时尚受到一定约束和限制的话,那么,到乾隆二年,弘历已彻底打碎了所有的约束和限制,已完全可以放开手脚,畅所欲言了。

庚戌年原序开场白的第一句话,是"余生九年始读书,十有四岁学属文,今年二十矣。其间朝夕从事者,四书五经、性理纲目、大学衍义、古文渊鉴等书。讲论至再至三,顾质鲁识昧,日取先圣贤所言者。以内治其身心,又以身心所得者措之以文,均之有未逮也。日课论一篇,间以诗歌杂文。虽不敢为奇辞诡论以身外于经传儒先之要旨,然古人所云,文以载道者……"[1]

然,迄今为止,所有持弘历出生于雍和宫说者、所有持康熙默定弘历为第三代接班人说者,对笔者质证何以弘历九岁始读书、何以12岁才入圆明园、何以入圆明园时竟然不知道站在他面前的雍亲王是谁——这三个问题均装聋作哑、避而不谈。既不公开否定之,也不正面解答之。

弘历在《乐善堂集》庚戌年原序中开诚布公提出以上相关问题,无非是有"天将降大任于斯人也,必先苦其心志,劳其筋骨,饿其体肤,空乏其身,行拂乱其所为"之用意。[2]

他在乾隆二年的前记中,第一句话,是"有不得已者记曰……今兹所行哥无大小,莫非政之平陂,生民之苦乐,相倚不可以中立者也。因此盖自警惕而克艰,天位顾畏民岩,庶几明理立诚之学,参前倚衡永之,勿替也夫"。[3]

"有不得已者记曰",即弘历有不得不记、即弘历有必坚持之思想理念者也。

弘历为《乐善堂集》作了两次序。第一次作于雍正八年,是试探性地提出自己的安国治邦理念。到乾隆二年(1737),他用"有不得已者记曰"作为开场白,实是有力图说明为什么他要坚持雍正八年时提出的自己安国治邦理念之意。

例如,《耕耤赋》,表明坚持以农为本;《四时勤政》,必须勤政务实为宗旨;《以贤为宝赋》,表明了他的人才观和用人观;《为善最乐赋》,则表明了他欲学习、效仿皇祖康熙帝待民以宽,同皇父雍正帝严苛有别的政策风格;《学然后知不足赋》《三无私赋》《以不贪为宝赋》《审乐知政赋》《圣德合天地赋》《学问至刍荛赋》《松竹四时潇洒赋》等,既是他对自己的道德修养要求,也是他对臣属的要求。

当乾隆二年(1737)重刻时,卷内仍有景陵瑞芝赋,表达了他对皇祖康熙帝的怀念、感恩与崇敬。但,56首赋中,竟罕见其内有怀念先帝雍正之赋。

弘历在《乐善堂集》的庚戌年原序中提到孔子所云"行顾言","非知之艰,行

---

[1] 《御制乐善堂集注》,乾隆五年刻本,上海图书馆古籍部藏书,第1—2页。
[2] 《孟子·告子下》。
[3] 《御制乐善堂集注》,乾隆五年刻本,上海图书馆古籍部藏书,御制序。

之惟艰","常取余所言者以自检,所行倘有不能自省克,以至于言行不相顾,能知而不能行,余不滋甚乎哉"。[1]

弘历的知行观受儒家传统文化影响很大,更直接受到康熙帝之影响。至少,弘历的知行观与康熙帝的知行观,思想上是一脉相承的。

《尚书》中,就有"非知之艰,行之惟艰"之说。康熙帝说:"凡事言之匪艰,行之维艰。"[2]

又说过:"非知维艰,行之维艰。"[3] "凡事必须亲历乃知。"[4] "凡事皆如此,必亲见亲历始得确实。若闻之他人,或书中偶见,即据以为言,必贻笑于有识之人矣。"[5] "凡事只空谈不眼见,终属无用。"[6] "学问无穷,不在徒言,要惟当躬行实践,方有益于所学。"[7] "人君为学,……将精其义以致用于天下。"[8] "一生所学者为治天下","非书生坐观立论"者可比。[9] "大臣受朝廷委任,必须为国为民,事事皆有实济,若徒饮食菲薄,自表廉洁,于国事何益耶?"[10]

以上诸条,都不见规定臣僚必须首先对君主愚忠,也不见沿用其父雍正帝的思想,倒是与皇祖康熙帝的思想、风格一脉相承。

康熙帝的认知观与知行观,是把人君学习,学习与实践,实践与治理天下,三者有机统一了起来。弘历庚戌年的原序仅315字,其结尾中的话,正是他初步学习并初步体现了康熙帝的这些思想。

如果说,弘历在《乐善堂集》的庚戌年原序中隐藏、闪烁的治国安民理念还不能完全明朗公开、也尚未系统牢固的话,那么,弘历继位后,则完全明朗公开、也完全系统牢固了,这就是他在山庄所谕:"朕惟体皇祖之心为心,法皇祖之事为事。"[11]

实际上,乾隆帝执政后,一开始就对皇父雍正帝的那一套提出了婉转批评并作悄然修正。

乾隆二年七月十七日(1737年8月12日)上御干清门听政时谕示:

> 天下亲民之官,莫如州县。州县之事,莫如(迫)切于勤察民生、而务教养之实政。夫所谓知州知县者,欲其周知一州一县之庶务,悉以经理……有

---
[1]《御制乐善堂集注》,庚戌年原序,乾隆五年刻本,上海图书馆古籍部藏书,第2页。
[2]《清圣祖实录》,第242卷,第404页,康熙四十九年四月初十日乙巳条。
[3]《康熙起居注》,第3辑。
[4]《清圣祖实录》,第140卷,第530页,康熙二十八年三月初七日甲戌条。
[5]《庭训格言》,新疆人民出版社,2001年,第73页。
[6]《庭训格言》,新疆人民出版社,2001年,第72页。
[7]《东华录》,19页。
[8]《御制文集》第2集,《经筵讲章序》。
[9]《御制文集》第4集,《朱子全书序》。
[10]《清圣祖实录》卷220,第221页,康熙四十四年四月二十九日壬辰条。
[11]《清高宗实录》卷892,第966页,乾隆三十六年九月初八日乙己条。

事则在署办理,无事则巡历乡村。所至之处,询问疾苦,课民衣桑,宣布教化。善良者加以奖励,顽梗者予以戒惩……乡愚无知,则面加开导之,庶几上下之情通达无阻,而休戚相关、亲爱之诚,油然而生……不愧为民父母之称。乃今之州县有司,祇以簿书为事。平日安坐衙署,除相验人命,因公踏勘外,足迹不至乡间。以故,乡民非有事匍匐公庭,目不睹官长之面,耳不闻官长之训,无论穷檐疾苦,未能周知。即四境情形,亦茫然莫晓。

这不正是康熙帝几十年如一日,身体力行之楷模的吗?用今天的话言之,即,要走出办公室,要深入人民群众,要深入实际。而雍正帝执政一生中则从不巡历乡村询问疾苦也,乾隆帝又岂非不是借谕示州县之官,在隐喻对父皇十几年足不出户的婉转批评之?

……往来乡村,必须轻骑减从,丝毫不扰里民方为有益……

这又是皇祖康熙帝几十年如一日,训诫大臣与地方官,自己身体力行之楷模者。

……若失于觉察,以致书吏乡保跟随人役等,借生事,扰累百姓,则较之耽逸偷安、端居不出者,其过为更大,朕必加以严谴。[1]

乾隆帝的这段训谕,再次重申了康熙帝"轻车简从、减少扰民""与民休息、道在不扰""安静无为、体恤下情""不生事"的政治理念。乾隆帝甚至认为,那些穷凶极恶、贪得无厌、乱折腾、乱作为官员的对民之害,比安静、端居不出者,其过为更大。这些辩证的统治思想,显然都是源自皇祖康熙帝,而有别于其父雍正帝。雍正帝自称爱民,执政十三年中,从不接触人民群众,甚至认为人民群众的"舆论全不可信"。

乾隆帝是雍正帝的继承人,但乾隆朝不是雍正朝照搬照旧的延续,乾隆朝是雍正朝之后的另一个时代。乾隆帝深谙中国古代夏朝实际创始人禹的德训:"德惟善政,政在养民",这也是其皇祖康熙帝一生坚持的治国理念。故而,乾隆朝的政治、经济、军事、文化,与雍正朝具有许多不同的特点。

从弘历《乐善堂集》庚戌年的原序,到乾隆二年御笔再序,直到整个乾隆时代里乾隆帝的大量谕旨,都能充分有力、持久坚定地证明这一点。

已故前辈萧一山先生认为,"他(弘历)一身并无可取之处,学术德行不如康

---

[1]《清高宗实录》卷47,第806—808页,乾隆二年七月十七日癸卯条。

熙,政治能力不如雍正,但在外表上看,乾隆一朝,是清运的鼎盛时代,为什么呢?因为清朝经康、雍两朝的培植芟理,到这时才开花结果,花之盛,果之实,是园丁的功绩,而不是看花食果人的功绩。乾隆帝好像一个纨绔子弟,得了先人的丰富遗产,穷极奢侈,富丽堂皇,实际不是他手上得来的东西。"[1]

余以为将乾隆帝一笔抹杀并不公平。清代经济的鼎盛点距雍正帝去世有三十多年,中国版图奠定于康熙朝、完成于乾隆朝;中国古代征服最成功、最具盛名者是康乾二帝。

弘历执政第三年时,他已将在《乐善堂集》中体现出来之"知"的部分,转化、兑现成为"行"。他认为,"行"之难比"知"之难更难,这也同样是皇祖康熙帝的知行观与施政、执政风格。

例如,乾隆三年四月初二日(1738年5月20日),他在圆明园对大学士等谕训:

> 凡朕用人行政,岂能一一悉当。如有缺失,即当据实指陈。不但政事之形于外者,即朕躬朕心偶有几微过误,俱当直陈无隐。[2]

这与乃父雍正帝下令天下臣工必须全部一定"以朕之是非为是非,以朕之所好为好、以朕之所恶为恶",孰是孰非、孰高孰下?

同日又谕:

> (尔等)皆当公而忘私、国尔忘家,同心一德,以佐朕躬。格天之道,唯在君臣之间,共竭诚心,不在章奏之美言敷陈。政事之(诣)补偏救弊(而)已也。[3]

这又是其皇祖康熙帝几十年如一日所坚持的理念。康熙帝当然也是坚持中央高度集权的,但他在训诫臣工时,并不过分强调提忠君之类的话,而要求臣下是"当公而忘私、国而忘家""不取非义之财""宽仁爱民"。

乾隆三年五月初十日,他在畅春园作戒臣工迎合圣意谕训:

> 关于政务日陈于前,亦惟物来顺应,初无成见成心。若预立意见于事先,则宽严赏恩之间必有不得其平者矣。人臣事君,于事之是非可否,一(亦)当以理为准,若有揣摩迎合之意,妄希有当上意,而不顾事理当然之则,则偏颇轻重之弊,不可胜数矣。数年以来,朕屡以此训戒臣工。[4]

---

[1] 萧一山:《清史大纲》,上海古籍出版社,2005年,第51页。
[2] 《高宗实录》卷66,第66页,乾隆三年四月甲申初二日。
[3] 《高宗实录》卷66,第67页,乾隆三年四月甲申初二日。
[4] 《高宗实录》卷68,第98页,乾隆三年五月辛酉初十日。

国家政事如何定夺,是以君意为先,还是以国家事理利害关系为先,这是国家政治治国理政的程序问题,也是国家政治治国理政的历史规律。这个历史规律就是:一人之智,总不敌众人之智。许多专业领域,如军事、如经济、如水利等,皇帝岂能无所不知、无所不能？在这方面康熙用身先士卒、刻苦学习,不耻下问、亲临现场一线、召集会议,以此弥补一人之智所不足。人君集中臣工智慧,集众臣之智为君王之智,又深入社会,这样的君主,才是贤明的开明君主。

康熙帝在位61年,除立储大事因遭皇四子胤禛阴谋破坏、功亏一篑外,其他军国大事无一不实现宏愿目标。而其原因,康熙帝在位61年,其执政理念与实践,基本上符合历史规律,也基本上符合制度法规程序。他权倾天下,却从不任性轻率破坏规矩。

但雍正帝规定人臣事君,事理是第二位的,忠君是第一位。"君"的位置大大高于"理"的位置,这就违背了历史规律。雍正帝之所以不得人心,不是输在他的才能上,而是输在他在"君"与"理"的位置人为颠倒上。

乾隆三年五月二十五日(1738年7月11日),他在畅春园谕内阁大臣:"观其陈奏,可以知其人之识见才具如何。诸臣既奉诏进言,必当有关于国计民生之要务或朕躬阙失,或政事乖差,据实指陈,朕不难收回成命。"请读者抽空去翻阅一下雍正朝如山似水的万千奏折,有多少是关于国计民生之要务,又有多少是鸡毛蒜皮无病呻吟者。帝王收回自己成命,不会有损帝王丝毫威信。雍正帝派隆科多去中俄边界谈判前夕,先对其降级处分。是君主只顾逞威,不顾国家事理的错招、昏招。内廷已呈奏郑重提出待中俄边界谈判结束,再召回隆科多并作相关处理。雍正帝却坚持迫不及待召回隆科多并作处理,不肯收回成命,是将个人意见置于国家大事之上,将个人权威、颜面置于国家事理之上的错招、昏招。

"从来国家政务必行之数年而后可以徐收其效。焉有取必于旦暮之间者。"[1]

这是康熙帝"不生事"理念、坚持政策稳定性。康熙帝最讨厌和反对无所事事、无所作为。同时,也讨厌反对乱作为、乱折腾。对中央政策与决定阳奉阴违,或背着中央另搞一套,只会乱套、扰民。而希求"旦暮之间"大获成功,则是急功近利、是侥幸、是投机取巧。中央的政策决定,是从国家大局出发。地方在执行中,有一个结合本地的磨合过程。如果对中央的政策决定阳奉阴违、朝令夕改,再好的政策决定也不可能取得预期结果。

乾隆三年七月三十日(1738年9月13日),乾隆帝就吏部议覆有旨:"嗣后凡密折奏事,请发交内外大臣查审查议。倘有挟私妄奏,即照例议处。"[2]

---

[1]《清高宗实录》卷69,第114页,乾隆三年五月丙子二十五日。
[2]《清高宗实录》卷73,第167页,乾隆三年七月己酉三十日。

若要论评密折制的改革,余以为真正的改革者实是乾隆帝弘历。他将乃父雍正帝搞了十余年全国所有奏折,无论何人何事一律密封送呈皇帝一人,改为"先发交内外大臣查审查议"。这是对雍正帝密折制的颠覆性改革。这个颠覆性改革,把前任也是皇父雍正帝搞了十三年的独裁制程序打破了、打乱了。

乾隆帝是封建帝王,也是中央集权的坚定维护者,但他把密折从原来百分之百暗箱操作,改为"发交内外大臣查审查议",将原来百分之百暗箱操作打开了一个大大缺口。使原来的畸形政治,向法制的制度政治、透明政治靠拢,这多多少少倒是符合历史进步要求的。

乾隆帝的改革还加了一条,"倘有挟私妄奏,即照例议处",说明乾隆帝已看到了雍正帝时期密折完全暗箱操作、只对皇帝一人献忠尽忠的密折,极易产生挟私妄奏、无事生非、打击异己、献媚投靠等弊害。

将雍正帝密折制置于康、乾朝对密折的不同处置来观照,是否可对雍正帝密折制的是非得失可以看得更全面、更客观。

以上仅是就密折制,再说浅论而言。

乾隆朝的辉煌,是在雍正帝晚期连续五年 GDP 严重滑坡的严酷形势下,是乾隆帝坚持并发扬光大康熙帝制度、政策、理念、风格,长期奋斗 30 多年后的结果,而决非是推行雍正帝制度、政策、理念、思想风格的结果。这须另作专题研究,非三言两语可概述,也决非对乾隆帝、乾隆朝全盘否定、一笔抹杀就可概述了结,须作全面比较研究方可总结。

(九) 雍正帝的成功与失败

1. 雍正帝的成功之处

雍正帝的成功之处不单只指他帝梦成真龙袍加身做了十三年的皇帝,还应包括他为皇子时的藩邸时代。没有他当皇子时藩邸时代的成功,就不可能有后面称帝及 N 项施政之成功。这里的"成功"二字,主要专指其对权力目标、目的之实现,而不在功过是非之讨论。现罗列于下:

(1) 皇四子藩邸时代伪装、韬晦之成功。四阿哥吸取了大阿哥允禔、原太子二阿哥允礽、八阿哥允禩谋储失败的政治教训,在外表上,给人一种从不过问政治,更不卷入争储漩涡的假象,这样既保护了自己,又蒙骗了众人,尤其是蒙骗了父皇康熙帝。康熙帝晚年虽对皇四子胤禛有所怀疑,甚至已经有所防范,但终究未能获得胤禛谋储、谋位的真凭实据,甚至,他低估、轻视了皇四子胤禛的能量。凡此种种,都是四阿哥胤禛善于伪装、韬晦之成功的结果。有人说,四阿哥用欺骗取得了康熙帝的信任,故而得位。余对此说并不以为然。如果四阿哥真取得了康熙帝的信任,四阿哥继位决不会出现那么多尴尬和麻烦。

康熙帝虽然因皇四子胤禛喜怒无常、凡事皆不肯对人诚言等而不喜欢他,甚至晚年对他略有防备，但又过于自信。之所以康熙帝过于轻视皇四子胤禛，归根结底，还是因为四阿哥伪装、韬晦成功的结果。

（2）四阿哥选准时机，精准发力，一举成功。皇四子胤禛用加速并利用康熙帝之死，发动了一场闪电式的宫廷政变，一夜之间，将众兄弟、众大臣控制于股掌。完全跳过谋为储君阶段，一步登天，当上皇帝。

皇四子胤禛本身，无论政治影响还是武装力量，都并不强大。政治上，四阿哥在宫廷的人脉和威望远不及八阿哥允禩。军事武装力量上，康熙帝晚年特授皇十四子胤禵大将军职，领 20 万大军（对外号称 30 万），并赋予生杀大权。返京时，京城"欢声如雷"（康熙御笔），并在乾清宫为其举办千叟宴庆功，众兄弟、宗人府官员，乃至西藏的藏文记载中都已将其视作新的皇太子。在这种形势下，皇四子胤禛敢于废康熙之所立而自专，敢于无视宫中乃至天下舆论，足见其魄力之大与权谋之深。

他用步军统领隆科多的武装力量控制宫廷，利用张廷玉伪造的汉文版康熙遗诏假戏真做，利用坐镇川陕负责军需的年羹尧拖延抚远大将军使其不能按康熙之计划如期抵京，又利用延信速赴西宁稳定抚远大将军指挥的 20 万大军（其中 10 万左右为青海蒙古军队）并设计收缴康熙给皇十四子胤禵的所有朱批，等等。其行动之迅猛、计划之周密，基本达到了预定目标和目的，是一场非常成功的政变篡位。他篡的首先是康熙帝的权以控制局面，夺的是康熙帝所选定的皇十四子的储君之位。

（3）四阿哥欲擒故纵之成功。八阿哥允禩和将军延信本是皇十四子的人马。康熙帝逝世第二天，四阿哥胤禛尚未正式登基，就用册封八阿哥为四位总理之一的手法，来稳住对其得位不正持质疑及反对态度的反对派中最有影响者，大大降低了反对派对他的对抗力度。又利用延信速赴西宁接管十四阿哥胤禵大将军职，以稳住西部的 20 万军队。三阿哥、八阿哥、九阿哥、十阿哥等众兄弟乃至太后明知这是假戏，是老四的缓兵之计，在四阿哥已将众人控制在乾清宫内、京城九门被封闭的局面下，也只能束手就擒，在无奈中痛苦接受四阿哥称帝之现实。

（4）雍正帝首创收缴康熙帝朱批奏折，销毁了大量对其不利的史料。又扩大推行雍正朝密折制，既为雍正帝全面了解情况提供了窗口，又为雍正帝全面统治提供了抓手。密折制一举两得，成为雍正帝手中得心应手的统治工具。单从成功与否而言，绝对是成功的。

（5）雍正帝在清代还首次按个人旨意成功实施了秘密立储。这对巩固其君权地位，缓和因得位不正面临的政治和舆论压力，起到了良好作用。

（6）雍正帝首创会考府，清查前朝历年亏空钱粮和贪污挪用，既使国库得到充实，又成为打击反对派队伍的一个缺口，成为施政、执政的一个得力抓手，是一项成功的举措。

（7）雍正帝首创军机处，将清代皇帝的独裁统治、极权政治，推到前所未有的高峰。如果不论是非，不作深层分析，只论集权目的之实现，当然也是成功的。

（8）雍正帝仅用几年时间，用各个击破，用过河拆桥，成功瓦解了反对派的政治基础。

（9）雍正帝建立了庞大、高效的特务组织粘杆处，又利用密折令官员相互密奏监视。无论在收集动态，掌控形势，还是在威摄政敌方面，其特务效能之高、之广，也是成功的。

（10）雍正帝不住乾清宫、迁居养心殿，加强了身在大内的安全系数。他扩建圆明园，身不离禁苑。13年中，他对自身的安全保护，也是成功的。

问题是，直到雍正一朝终结结束，没有任何史料、也没有任何迹象能证明朝中包括兄弟中有人要谋刺他。如果四阿哥本人一向光明磊落没有任何阴谋活动，何以心内阴影重重？为什么其父不怕与人民群众接触？为什么其接班人乾隆帝从不担心有人要谋刺他？所谓吕四娘谋刺雍正，纯是戏说。13年中，雍正的人生安全绝对保证。但他心里始终有这种阴影，又岂可安寝？

（11）雍正帝在圆明园大搞炼丹，企求长生不老，并将丹药赏赐文武官员，作为拢络。虽不宜用成功二字形容，也完全能按个人意志将炼丹一事付之实现。

（12）雍正施行摊丁入亩、养廉银制度，若不论利弊得失，仅以制度、政策之得以贯彻而言，也是成功的。

（13）雍正大力扩充后宫，从藩邸时代的4名福晋，到即位后8名，再到雍正七年后37名美女，在满足个人随心所欲上，他也是成功的。

（14）雍正拒入东陵，另建西陵，在生前就已实现愿望，满足了他死后享受的规格规模上都超越康熙帝景陵之规模、之豪华，这一方面也是成功的。

以上14条项，若不论是非，只论实现与否或是否按其个人意志践行，都可归入雍正帝的成功之列。

2. 雍正帝的失败之处

那么，雍正帝身上还有没有失败之处呢？姑且先不作道德、是非的评论，仅单就成败二字本身而言，答案也是肯定的。

（1）宣传失败。康熙帝死后第二天，雍正就开始自称"朕"。他的继位，不仅受到众多兄弟的严重质疑，也受到了生母皇太后、众大臣、众宗室人员、原众多康熙帝身边人的质疑、不满、不服与非议，全国上下的舆论也对其非常不利。雍正帝动用了独裁皇帝所能使用的一切手段为己正名，开足了全部国家机器为己宣传，但收效甚微，基本上或总体上是失败的。所谓骂名滚滚而来，表明人心所向不在雍正帝一边，人民群众拒绝采信雍正帝的自辩或官家宣传。雍正帝本人及其宣传机器的宣传，从根本上、总体上看，是失败的。

(2) 众叛亲离、成孤家寡人。康熙帝死后第二天,雍正就册封马齐、隆科多、允禩、允祥为总理大臣,命延信赴西宁接任大将军。又命年羹尧从延信手中接大将军,又命岳钟琪从年羹尧手中接大将军,又命马尔赛为大将军,又命康亲王崇安署理大将军。未几,隆科多、允禩、延信、年羹尧、岳钟琪、马尔赛先后遭其严处。说明雍正帝用人也有许多重大失误与失败。隆科多、年羹尧、戴铎、延信等先是都受到雍正帝重用,随即又都受到雍正帝猜疑而除之。三阿哥、八阿哥、九阿哥、十阿哥、十四阿哥,均遭牢狱之灾或"天诛"。甚至太后、亲生儿子,也都成为自己政敌。

(3)《布连斯奇条约》之失误。雍正五年(1727)中俄边界《布连斯奇条约》及雍正六年(1728)中俄《恰克图条约》,是在沙俄特使用金钱贿赂收买了充当中方翻译的西方传教士及雍正帝身边大臣马齐,致使中方谈判代表图里琛等基本按照沙俄特使萨瓦的方案意图进行,进而完全满足并超额满足了萨瓦的全部要求。这就从根本上、本质上决定了:这两次中俄边界谈判,是完全被动、失策、失败的。

(4) 西部用兵失败。雍正五年(1727)起开始准备平定准噶尔,雍正七年(1729)至十二年(1734)共消耗六千多万两银子,投入20多万兵马,因用人不当、瞎指挥、遥控失灵失效,最终主动停止用兵、撤兵议和,以失败收场。雍正帝自陈"皆朕无能、不明之咎。"[1]

"雍正朝有两次很漂亮的战斗,一是岳钟琪进剿罗藏丹津叛军的青海之战,一是策凌大败准噶尔兵的光显寺之战。这两战的共同点是没有雍正帝的干预掣肘,这是获胜的主要原因。"[2]

(5) 主动让送120里是败笔。雍正六年(1728)雍正帝要以大国君主形象施恩小国,两次开口,对安南国主动边界后退让送120里,这是雍正帝执政13年中的一个败笔。

"雍正帝将本属中国的疆土一百二十里'赏'与安南国王,是一件中外古今罕有之事。"[3] 岂止是罕有之事,是实实在在的可耻、可悲之事也。

(6) 文化政策失败。雍正帝的文化思想制度与政策是失败的,与康熙朝相比,雍正朝几乎没有什么重大、突出的文化成果。雍正帝对思想和言论自由的钳制远甚于康熙朝,文字狱也远甚于康熙朝。

(7) 雍正朝没有新的经济增长点。虽然清理亏空、追欠为充实户部库银有所贡献,但雍正朝几乎没有什么新的经济增长点。雍正朝的经济,前期上升,后期走势呈下降,总体上呈"∩"型,并无骄人成果。从数据及走势分析,并不存雍

---

[1]《上谕内阁》,雍正十二年七月二十一日谕。
[2] 史松:《雍正研究论纲》,《清史研究》1993年第2期,第74页。
[3] 史松:《雍正研究论纲》,《清史研究》1993年第2期,第75页。

正帝为乾隆帝打下良好经济基础的史实。

（8）物价、税收都上涨较快。雍正朝的物价、税收都比康熙朝高。雍正帝为民生的口号并未实现。

（9）司法苛严,衙役凶狠。雍正朝的衙役、师爷比康熙朝更凶恶、更贪婪,民生环境并不比康熙朝更宽松。

（10）喜欢搞祥瑞,痴迷炼丹。雍正帝喜欢搞祥瑞,长期访仙求道、大炼丹药,企求长生,但事与愿违,失败了。

（11）自任新教主失败。雍正帝企图将儒、释、道三教合一,自任新教主,也事与愿违,失败了。

（12）海外舆论总体上不及前任康熙帝。虽然雍正帝的抱负是欲面对"汉唐宋明之主实对之不愧",但雍正朝当时的舆论并不这样认可,当时在华的使节、传教士也并不这样认可。

雍正帝在追求权力、追求独裁的风雨兼程上,是勇者,是足智多谋者,是胜利者,是成功者;在国家主权、领土上,在国家重大项目如西部用兵上,他不是勇者,他的智商并不够用,他不是胜利者,不是成功者;在经济建设上,雍正朝的中期,曾经有过很短暂地上升,然,昙花一现之后,便一路下滑、一滑到底。一面是物价、税收不断加重,一面将官民思想、言论自由的绳子不断收得更紧。

雍正帝虽在吏治上有所作为,但雍正帝执政的价值取向与雍正帝时代国家的历史走向,大体如上,则是无情之事实。雍正帝的成功与失败,亦大体如上。

总之,他在为个人谋位并将个人独裁推向顶峰上,他是成功者、胜利者;在将国家走向世界强国上,在将民生水平超越前任前朝上,即使就其个人抱负施展达标上,从雍正朝后期连续5年经济低迷、持续滑坡看,从人民群众社会舆论的评价看,他实在谈不上是一位成功者。

雍正朝的国家形象与海外地位,并不比康熙朝的国家形象与海外地位更先进、更强大,更能获得国内外喝彩。雍正帝的历史地位,怎能与汉武帝、唐太宗相比? 又怎能与康熙帝比? 萧一山先生著《清史大纲》,似对雍正帝13年总体肯定。看其归结,"只为清朝造成君尊臣卑,大一统的无上威权耳"。也就是雍正帝在实现个人独裁上,他是成功者。

萧一山先生在赞赏雍正勤政后还极具眼光地指出："欧美各国有政党无朋党,中国有朋党无政党,公私判然,应该注意。"[1] 虽然雍正帝极力反对"朋党",却极力结树"帝党",又先后在他独裁期间形成"年（羹尧）党""隆（科多）党""鄂（尔泰）党""张（廷玉）党"。岂非是对雍正帝颁《朋党论》之讽刺?

---

[1] 萧一山:《清史大纲》,上海古籍出版社,2005年,第52页。

清代定都北京以后,朝廷有"朋党"无政党的最早也是最大根源,不正是肇于雍正帝、雍正朝吗?

(十) 朱批奏折是其勤政、独裁、自负、率性、作秀之见证

雍正朝的大量朱批奏折,是雍正帝勤政的最好证明。据统计,雍正朝汉文奏折有3.5万余件,满文奏折有6 600余件。于是有人这样统计:"雍正帝在位12年8个月,4 247天,平均每天批阅10件。"也有人说,雍正帝在奏折中所写下的批语多达1 000余万字。这两个介绍当下非常流行,似乎已成世人共识与学界定论。殊不知这1 000余万字如何统计而来?笔者对这两种流行说法十分怀疑,觉得有必要再研究、考证一下。

以《雍正朝满文朱批奏折全译》为例,雍正朝满文朱批奏折的全部奏折加朱批总计469万字。[1] 若每份满文奏折平均朱批200字,6 600件×200≈132万字。而事实上满文奏折每件平均朱批根本远未有200字。

再以汉文奏折分析,35 000件×200≈700万字。事实上汉文奏折每件平均朱批也根本远未有200字。即使如此,132万+700万,也远未达到一千万字。

因此,所谓雍正帝朱批批语多达1 000余万字,很可能是把所有奏折的文本数字也全部加进去了。无论是雍正朝满文朱批奏折还是汉文朱批奏折,奏折件的数量肯定大大多于朱批字数量;奏折字数在整体上更是肯定大大多于朱批的字数,这是毫无疑问,也完全是有据可查的。说雍正帝朱批字数1 000余万字,这1 000余万字的证据在哪里?把雍正朝满汉文41 600条奏折字数加上朱批字数的总和大约1 000余万字,全部作为雍正帝亲手写朱批字数,这是雍正帝勤政的历史真相吗?还是被夸大、被拔高了的勤政形象?

雍正朝大量的满汉文奏折中,还有许多是未作朱批的。是雍正帝看过了却未作朱批,还是听近侍念听后未作朱批,在未作考证、握有实据前,谁也无法作正确结论。将雍正帝看过或只是听过了却未作朱批的奏折文本数字,也列在雍正帝亲手写朱批1 000余万字字数,并向读者反复宣传,可取乎,可信乎?

雍正《朱批谕旨》有三百六十卷,收录了七千余件奏折,对应有七千多条朱批。这倒是比较真实的,"朱批往往表达的是没有修饰过的历史"[2]。

因此,朱批奏折不仅是雍正帝勤政的最好证明,也是雍正帝执政理念、执政风格,乃至个性气质与"没有修饰过的历史"的第一手史料。

而雍正元年是正式进入雍正时代的第一年,也是雍正帝干劲最大、勤政状态最强、精神最好的一年。

---

[1] 《雍正朝满文朱批奏折全译》,中国第一历史档案馆译编,黄山书社,1998年。
[2] 刘凤云编著:《朱批康雍乾用人与治吏》,戴逸序,党建读物出版社,2014年,第1页。

下面,以雍正元年正月满文朱批奏折状态为例,来研究考证以上问题。

表 1-22　雍正元年正月满文朱批奏折状况

日　期	上呈(件)	御批(件)	附　注
初二	1	1	在延信等西藏事务奏折上朱批 43 字
初二	1	1	在闽浙总督满保请安奏折上朱批 15 字
初三	1	1	在闽浙总督满保恭进西瓜折上朱批 85 字
初三	1	0	在闽浙总督满保奏冬收米价折上无朱批
初六	1	1	在内务府查赵昌家产折上朱批 6 字
初八	1	0	在河南河北总兵官吴如译折上无朱批
初九	1	0	在恒亲王允祺折上无朱批
初十	1	0	在内务府奏拿获李煦之子及家产折上无批
11	1	0	在拉锡奏青海事务折上无批
11	1	0	在拉锡奏防范策妄阿喇布坦对策折上无批
12	1	1	在允祀奏嘉觌青海台吉折上朱批 87 字
12	1	0	在玛尔齐哈奏谢折上无批
13	1	0	在拉锡奏青海事务折上无批
18	1	1	在内务府有关苏州织造折上朱批 3 字
19	1	0	在甘肃巡抚绰奇奏折上无批
19	1	1	在绰奇请安折上朱批 28 字。绰奇请安折仅"奴才绰奇跪请圣主万安",雍正居然批了近 30 字。在拉锡多次奏青海事务的长篇奏折上,居然每次都只字无批。奴才的只语数字的请安折比千余字的边疆奏折还值得重视吗?
20	1	1	在傅尔丹将军请叩谒梓宫折上朱批 50 字
20	1	1	在祁里德将军请叩谒梓宫折上朱批 4 字
22	1	1	两江总督查弼纳粮价折批"知道了"3 字
22	1	0	在查弼纳奏谢折上无批
22	1	0	在查弼纳奏缴御批折上无批
22	1	1	在查弼纳江宁雨雪折上朱批 20 字,内有"天下皆赖皇考神灵之庇佑,天慈之怜悯"句

(续表)

日　期	上呈(件)	御批(件)	附　　注
22	1	0	在玛尔齐哈奏河工百姓苦累折上无批。雍正在奴才绰奇跪安折上朱批近30字,在奏河工百姓苦累折上只字未批。真爱民耶?真爱己耶?
22	1	0	在玛尔齐哈奏总督陈鹏年殁于工所折上无批。陈鹏年是总督大吏,死在工作岗位上,雍正居然毫无表示。
22	1	0	在富宁安将军抵领雍正继位诏书折上无批。旅居日本的杨启樵一直在反复宣传雍正继位与继位诏书毫无关系。若雍正继位与继位诏书毫无关系,雍正为何将继位诏书送到千里迢迢塞外去宣读展示?
24	1	0	在山西巡抚德音奏降雪折上无批
24	1	0	在拉锡奏西藏事务长篇奏折上无批。雍正在闽浙总督满保恭进西瓜折上朱批80余字,在拉锡奏西藏事务、青海事务的长篇奏折上只字无批。何以如此颠倒轻重耶?
24	1	1	在理藩院奏折上朱批20字
24	1	0	在拉锡青海事务长篇奏折上无批
26	1	1	在都统丹津奏折上朱批8字
26	1	1	在工部尚书孙渣齐奏折上朱批8字
26	1	0	在拉锡青海事务长篇奏折上无批
30	1	1	在延信奏折上朱批19字
30	1	0	在延信奏谢折上无批
本月无日期	1	0	双全等人奏折,原档残缺,无批
本月共呈满文奏折35件,雍正朱批14件,朱批文字总共399字。			

资料来源:《雍正朝满文朱批奏折全译》,第1—21页。

　　从雍正元年正月满文朱批总共14件、雍正总共朱批399字看,在13年里雍正手书朱批1 000余万字,可信乎?须知,雍正前期朱批比雍正后期朱批明显要勤要多。

　　然,对雍正手书朱批1 000余万字一说,几乎人云亦云,几乎宣传得铺天盖地、不亦乐乎。一直以严谨自居又一直在批评别人不严谨的先生们,却从不肯坐下来冷静认真地去看一看《雍正朝满文朱批奏折全译》全书,岂非可笑?!

雍正帝勤政当然可敬可爱,但显然被夸大,被拔高了。这同雍正帝自己的标榜有关,同近年来对雍正帝的片面宣传有关。

一方面,在雍正八年之前,雍正帝还是以勤政要求自己,雍正帝还是以勤政形象出现在政治舞台上。另一方面,雍正帝勤政尚有许多值得再探讨、再研究的问题。例如,从雍正帝的朱批奏折里,可以清楚看出伴随雍正帝在勤政中暴露出来的独裁、自负、率性、作秀,这4个烙印,深深印在了雍正帝的骨肉里,它伴随了他13年全部的执政生涯中,并在他13年全部的朱批里,生动、淋漓地跃然于纸上。

独裁,意为独自裁断。多指独揽政权,实行专制统治。故,独裁者总是事无巨细,完全由个人意志决定朝政。独裁者还往往实行特务统治,高压统治,暗箱政治,黑幕政治,残暴政治,以此维持其独裁。

有观点认为:"术则是君主'藏之胸中,以偶众端而潜御群臣'的工具。韩非认为,君主之所以必须以术来驾驭群臣,是因为人性皆恶,人与人之间不可能有真诚的互相依赖和忠诚,人君不可能指望臣下真心相爱,只能以'术'来造成人君的高深莫测,使臣下不敢谋害君主;同时,君主还冀以术达到'使人不得不爱我'的境界,并令臣下相互之间不团结,把每一个臣放在多数臣的监督之下,才能保证统治者的安全。"[1]

封建帝王都信奉也都擅玩弄帝王术,而雍正帝在玩弄权术上,尤为炉火纯青。

如果说,雍正是以阴谋得位,那么,他上台后公开搞的第一个阳谋就是独裁。"君即天""天无二日""而有异心,则逆天矣。逆天者岂能逃于天谴乎?""人君之事天,即如人臣之事君也""当知顺天者存,逆天者亡""敬神真不如忠诚妙也",都是为其推行独裁所作的思想宣传和威胁工具。

试以雍正元年的汉文朱批奏折佐证述:

雍正元年四月二十四日(1723年5月28日),《浙江道试监察御史罗其昌奏陈根除蠹书积弊办法折》。"蠹书",谓晒去书中的蠹虫,又指被蛀坏的书,或泛指破旧书籍。这样一件鸡毛蒜皮的琐碎小事,也要报告雍正帝批准?赞其雍正帝勤政固然可之,若以此责其独裁,又有何过分之处?

类似例子雍正一朝不胜枚举。雍正元年七月初五日(1723年8月5日)《梁文燕奏请备造乡试桌椅折》、七月初八日《刑部尚书佛格等奏请钦点堂官前往盛京会审偷刨人参案折》、七月初九日《两广总督杨琳等奏报发落盗犯名数日期折》、七月十九日《廉亲王允禩等奏核查养心殿油饰换造条帘事宜折》、七月三十日《云南道监察御史田嘉谷奏请查理五城乞丐折》、八月初三日《刑部尚书佛格等

---

[1] 杜语:《前言》,《阳谋与英雄——对中国历史的正面解读》,线装书局,2015年,第8页。

奏审理私入围场犯人折》、八月初三日《广东道监察御史向日正奏请严禁婚礼陋俗折》、八月十六日《刑部尚书佛格等奏景陵割草案由折》等等。

以上奏折，无一件是国计民生重大问题，也无一件不可由地方官自行解决。然，都必须一一报雍正帝批准；连养心殿更换一条帘子，乡试要造桌椅，也要报雍正帝批准；甚至，有人进入皇陵割草，查理城市乞丐等等琐事，也都全部要报告雍正帝决定，如此事无巨细均独自裁断，雍正帝怎能不"勤政"？以上例举，只是雍正元年的部分奏折，纵览雍正朝十三年满汉文朱批奏折，则基本、全部千篇一律，大同小异也。

然，雍正帝是位大国皇帝。一位大国皇帝整天忙于处理以上这些琐事，即使是勤政，这样的勤政，实在是浪费精力。其根子，实出于雍正帝独裁上。

以下，再试以雍正元年的满文朱批奏折佐证述之：

雍正元年正月的第三件满文朱批奏折，是闽浙总督满保向雍正帝请示圣裁进贡西瓜的品种与数量。

试看雍正元年正月初三日（1723年2月7日）《闽浙总督满保奏进西瓜折》

> 福建浙江总督奴才觉罗满保恭进：御赐西瓜籽所获西瓜一百，泉州西瓜二十，台湾土产西瓜四十。朱批：赐籽西瓜，来年进八十个足矣。泉州、台湾西瓜免进，不需要。再去年赴盐差之鄂齐尔返回奏言，唯剩银三百两。据闻鄂齐尔已留人向商人追缴欠款，然后留下了。鄂齐尔共得多少，余银多少，留人收得多少，着访实奏来。[1]

一边是闽浙总督大员，一边是至高无上的皇帝，竟为进几个西瓜这类小事动用朱批，是雍正帝精力过剩，还是由此足显凡事皆须雍正帝独断独裁？连进几个西瓜尚且必须奏折待批，国家政治可想而知也。

又如六月十七日《闽浙总督满保奏报泖湖有贼纯属讹传折》

> 朱批：知道了。君臣相互信赖，凡事开诚相见，毫无掣肘疑惧之症，则何事不成？我君臣唯求一个诚字，彼此体谅爱惜，勿玷负皇考多年养育之恩。落泪而书。[2]

笔者每见雍正朱批中"落泪而书"四字，就觉好笑，纯是画蛇添足，分明是在作秀，是矫情。在康熙朝近50年的朱批中，从没有也从不见康熙帝"落泪而书"

---

[1] 中国第一历史档案馆译编：《雍正朝满文朱批奏折全译》，黄山书社，1998年，上册，第1页。
[2] 《雍正朝满文朱批奏折全译》，第177页。

这样扭捏矫情的作秀表演。最好笑的是下面这条朱批：

雍正元年八月初七日(1723 年 9 月 6 日)《镶白旗满洲副都统达色奏报无奏事折》

> 镶白满洲旗副都统奴才达色谨奏：奴才达色无奏事。
> 朱批：尔缘何无奏事，初次不奏，尚待何年？殊玷厥职。身为一旗副都统，朕如是垂问，一事不奏，已属违旨；观测各官所奏，权衡是非再奏，更属狡诈。不奏却称无奏事，乃弥天大谎。不专心思索，顾惜心血，不忠且懒，不仰副主子垂问之意，乃大不敬也。若无奏事，为报答朕之此恩，写十张奏来。[1]

雍正竟规定，无事可奏也要在折上写"无奏事"三字呈报，却又对呈送"无奏事者"大发雷霆。其又对他人说，无事可半月不上奏折。镶白旗满洲副都统达色信以为真，竟真的写了"无奏事"三字呈上。这本是按雍正要求做的，不料又引发龙颜大怒。如果说，雍正朱批的前面几点尚属训诫，那么，最后一句"若无奏事写十张奏来"，就太任性使性，几近恶作剧，不是秉公惩罚、纯属任性打击报复了。

但这也很符合他的性格、他的作风、他的真实形象。下面，他对图理琛的朱批也是这样。

雍正元年八月二十三日(1723 年 9 月 27 日)《兵部郎中图理琛奏清查广东布政司库银两折》

> 朱批：着尔用为广东布政使。尔之才能，朕是知道的，尔操守平常，朕亦稔知。尔在京时朕已当面详加告诫矣，是否辜负朕恩，能否保全满洲人脸面，尔乃知耳。李应奎这等品级之人，如此玷污朕颜，兹朕再亦不能轻信何人矣。恩法既在眼前，弃万年功名，图眼前之祸，此等之人，朕实不明白。尔无子嗣，理应摈弃私念，权衡利害，勘酌轻重，坚韧不拔，忍受一切，输尽诚悃，以报朕任用之恩。参尔之人甚多，朕排众议，任用于尔，断不可有辱朕之颜面。尔有何奏事，封固交年希尧转奏。[2]

雍正在对图理琛的朱批中说，"参尔之人甚多，朕排众议，任用于尔"，无非是要图理琛对其感恩、报恩。可是，前面又说"尔无子嗣，理应摈弃私念"，逻辑甚为荒唐奇怪。若按无子嗣者理应摈弃私念说之逻辑，则难道有子嗣者则就可存私念了吗？雍正前面又说，图理琛才能与操守均平常，朕亦稔知，在这种情形下，雍

---

1 《雍正朝满文朱批奏折全译》，第 271 页。
2 《雍正朝满文朱批奏折全译》，第 308 页。

正仍力排众议给予任用,足见雍正主观性非常强。然,实践证明,雍正任用图理琛,确有问题。雍正五年,某用图理琛与沙俄边界谈判,沙俄特使竟用金钱(卢布)收买欧洲传教士和中方官员,其中就有图理琛。结果,中国领土大量流失。雍正的尔无子嗣理应摈弃私念,站不住。

九月十九日(1723年10月17日)《署理西安将军印务普照奏请驰赴西宁军营效力折》

> 朱批:西安乃为省城,甚为重要。尔之此奏,不顾轻重。年羹尧决非误事之人,尔凡事能照伊指示而行,即为报答朕矣。切勿另存异心。慎之,切记记遵行。[1]

可见对年羹尧之宠信。

雍正元年十二月十九日(1723年1月14日)《川陕总督年羹尧奏报靖除贵德堡番子折》

> 朱批:实为大喜事。惟尔谨慎行动,多次办理调遣,如何尽心,如何谋略,实为奇人,甚为可嘉,此称尔之才能亦不可,非人之能力之事。此皆天赞同尔之心,殊为神明佑尔所致,今朕惟畅悦外,亦无降尔之旨。仰上天之恩,屡闻尔之喜讯。[2]

雍正元年十二月二十三日(1724年1月18日)《副将军阿喇纳奏报领兵至布隆吉尔及南北各路、派兵追踪侦察折》

> 朱批:甚是。唯凡事不可恃勇,务求稳妥,将南北统一筹划,谨慎从事,断不可轻忽懈怠。若有大举进兵等处,非紧急之事,悉听大将军调遣。凡有筹划应行之处,即陈明与大将军商量。朕距边遥远,凡事尚不必奏朕,俱报年羹尧,凡事统为一体方才为宜。尔即便请旨,朕亦要问大将军,徒费时日。为此特谕。[3]

年羹尧后来恃才骄狂,固然是居功自傲,这同雍正对他的专宠、毫无监督、一昧放任,当也有关系。

喜用酷刑,是雍正的天性。对兄弟八阿哥、九阿哥尚且无比残酷,对小民便

---

[1]《雍正朝满文朱批奏折全译》,第356页。
[2]《雍正朝满文朱批奏折全译》,第577页。
[3]《雍正朝满文朱批奏折全译》,第585页。

更不在话下。

雍正元年四月十三日(1723年5月17日)《闽浙总督满保等奏报拿获福州名贼高颂祥等情形事折》

> 朱批：割贼犯脚筋者，不失为一条好刑律，着施于应施之人。[1]

对于盗贼，枷铐、脚镣、锁链、牢房还不足用吗？非要割贼犯脚筋吗？脚筋割断后，一辈子就脚残了。对八阿哥、九阿哥尚且用九条锁链，对江洋大盗为何不用？雍正称割贼犯脚筋者，不失为一条好刑律，好在哪里？刑律之严必同教育结合，形成社会良好风尚，才能真正降低犯罪率。雍正元年，山西命案不降反升，即如此。后来终于废之。

雍正元年十一月十五日(1723年12月12日)《山西巡抚诺岷奏陈严肃法纪减少命案折》

> 朱批：这才为省臣，尔所有折子，全令朕畅悦，甚是。凡是唯求"真"字、"好"字。如今成百命案被隐瞒，说无命案，骗谁？命案目前虽然多些，日后可望绝迹矣。甚是，依议。[2]

赵昌、魏珠、李玉、梁九功等都是康熙帝身边的心腹太监，因为不肯依附雍正，不肯为雍正作证清白，深遭雍正忌恨。赵昌、梁九功先后死去，魏珠被抄家。雍正元年九月初六日《尚书孙渣齐等奏报魏珠侵占禁地修建墙院等情折》

> 朱批：依议。京城之房屋早已有旨。若对魏珠用刑，务必请旨。[3]

这实际上是在暗示可以对魏珠用刑，不久，刑部便上奏折要对魏珠施以绞刑处死。魏珠后来下场结局究竟如何，有多种说法，尚待探考。

语句油腔滑调、轻浮，这在雍正朱批中屡见不鲜，此为任性率性也。雍正元年五月二十一日《和硕简亲王雅尔江阿等奏明锁拿允禵管家未奏名姓缘情折》

> 朱批：此四人，尔等既欲含混了事，朕亦含混降旨耳。着廉王、宗人府王等知之。[4]

---

1 《雍正朝满文朱批奏折全译》，第855页。
2 《雍正朝满文朱批奏折全译》，第507页。
3 《雍正朝满文朱批奏折全译》，第321页。
4 《雍正朝满文朱批奏折全译》，第144页。

读者一定还记得雍正对年羹尧的朱批:"年羹尧平日非粗心办事之人,直不欲以'朝乾夕惕'归之于朕耳……今年羹尧既不以'朝乾夕惕'许朕,则年羹尧青海之功亦在朕许与不许之间而未定也。"雍正曾封隆科多为天下第一功臣,也曾封年羹尧天下第一良臣,也曾在朱批中封诺岷天下第一巡抚。

雍正元年十一月初二日(1723年11月29日)《山西巡抚诺岷奏谢御赐牌匾折》

> 朱批:知道了。尔如此一个人一颗心,朕实未曾有所指望。此乃朕之幸、尔之福也。当今天下总督之外,巡抚内尔乃首屈一指,好好照此黾勉。朕此一年之政,尔半年之巡抚,我君臣苟能恪守此道,必为万世之人也。当彼此力戒,日久松懈之情。[1]

许多人以为,雍正是只知工作,不知休息的工作狂,实是只知其外,不知其里。雍正元年,是雍正上台后最为忙碌的一年,大臣们自然也会关心起皇帝的健康。

雍正元年八月二十一日(1723年9月20日)《两江总督查弼纳奏请万安折》

> 江南、江西总督臣查弼纳跪请圣主万安
> 朱批:朕躬甚安。九月初三日,陵寝大事一应丧仪全部顺利完成,已还宫矣。……朕父皇六十载,辛辛苦苦为国家万民操劳,上苍如此施恩亦是理所应当。朕一高兴,身体之疲劳全忘了,反似胖了。[2]

雍正元年,朱批多多的雍正帝反似胖了,这可是雍正帝在朱批里亲笔告诉大臣的。类似相同的朱批,并非一次。

雍正元年九月初一日(1723年9月29日)《山西巡抚诺岷奏请保养圣躬折》

> 山西巡抚臣诺岷跪请圣主万安。窃臣伏惟,圣主自去年到现在,连遭两次大事,圣躬劳瘁,悲伤过甚。
> 朱批:朕躬甚安。皇考皇妣大事俱顺利妥善告成。甚感欣慰,一点不觉劳累,尔放宽心。[3]

雍正元年十月初四日(1723年11月1日)《靖逆将军富宁安奏谢御赏平安丸折》

---

1 《雍正朝满文朱批奏折全译》,第470页。
2 《雍正朝满文朱批奏折全译》,第305页。
3 《雍正朝满文朱批奏折全译》,第315页。

据兵部咨开,雍正元年九月十二日,都统兼散秩大臣拉锡传谕:送将军富宁安平安丸四百粒,方子四张。富宁安再给阿喇衲处一百余粒。此药性甚平不烈,平常之人如若生病,各种病皆可服饮。唯注明须按病情视药引子服用。另送槟榔膏一匣,一并寄送。钦此钦遵。

朱批:此药甚好,很灵。即便无病之人,服用亦无妨,且可治大病。故又送去一千粒。[1]

雍正元年十月二十六日(1723年11月23日)《靖逆将军富宁安奏请赐巴里坤等处官兵平安丸药折》

靖逆将军大学士臣富宁安谨奏:为请赏药事。朱批:前已给尔加送了。兹再送一千粒。[2]

当然不是所有人都有这份殊荣,对臣工狗血喷头的恶骂,则是家常便饭、司空见惯。

雍正元年十月二十一日(1723年11月19日)《和硕廉亲王允禩等奏缴原河南巡抚杨宗义之谕旨折》

管理工部事务和硕廉亲王臣允禩等谨奏:为恭缴上谕事。郎中范岱捧赍原任河南巡抚杨宗义之谕旨,恭缴到部,理应恭缴。为此谨奏。朱批:已死之人缴给似尔昏聩而死之人耳,缴朕何干?[3]

无论作为君主,作为兄长,何须朱批里如此恶毒咒骂?

雍正元年十月二十七日(1723年11月24日)《甘肃巡抚绰奇奏报未曾克扣军需钱粮折》

……窃奴才本一末等之人,自蒙圣主差委,三代承恩异常。而奴才弱懦不才,致使圣眷操劳至极。奴才正为不能效力涓滴而惶悚之际,顷接皇上谕旨,指责奴才自办理军用钱粮以来,克扣数十万两,尚不知稍有戒惧。钦此。伏读之下,不胜魂飞魄散,惊恐万分。奴才自办理军需钱粮以来,因愚弱无能,且未经历过类似大事。过愆之处甚多,但决不敢捞取军需钱粮分毫。奴才居官四十余载,即便加上奴才京城原有家业,亦不过三万两之价。奴才

---

1 《雍正朝满文朱批奏折全译》,第409页。
2 《雍正朝满文朱批奏折全译》,第457页。
3 《雍正朝满文朱批奏折全译》,第449页。

诚有私匿之银,日后带回京城,亦难逃众人耳目。彼时,不但奴才身获死罪,且累及全家性命,奴才如何愚蠢,何敢辜负圣恩,自寻家毁人亡焉?奴才本意,俟得觐天颜之日,将诸情面奏皇上,兹左思右想,事甚重大,奴才终身及有生之年皆赖圣主父恩,是以跪伏叩首泣奏,恳请父恩。奴才自任巡抚以来,所得各项银数及其用项细数,若于此折开列难以容下,故缮汉折具奏,恳请恩恤。奴才不胜战栗,陈实具奏。

朱批:何暇览尔此等琐屑之事。自隐瞒给贝子允禵银两一事,即可知其他全是假的。著将贝子允禵任大将军以来,所有龌龊不要脸之处,就尔所闻所知之一切,悉行密折奏来,不可隐瞒分毫。朕仅想知道耳。[1]

雍正对三阿哥、八阿哥、九阿哥、十阿哥、十二阿哥、十四阿哥等恨之入骨,咬牙切齿。恶骂辱骂,从未停息。恶骂是其次,暗中搜集材料欲置之死地是为重。雍正先是对甘肃巡抚绰奇诈吓,指称绰奇克扣军银数十万两,这是杀头之罪。吓得绰奇赶紧向雍正详细申诉。果然,雍正说,朕哪有时间看你这些鸡零狗碎之事,要的是"允禵任大将军以来,所有龌龊不要脸之处,就尔所闻所知之一切,悉行密折奏来,不可隐瞒分毫"。

雍正说的所有龌龊不要脸之处,是指允禵在西宁娶青海台吉之女一事。此事是九阿哥向十四阿哥献策,用政治联姻加强中央在青海的统战力量,也是九阿哥向康熙帝奏报获准的政治联姻举措。不然,怎可私自办理皇族与蒙古贵族联姻是清政府传统政策,与青海台吉联姻是新形势下的政治需要与创举,吃酒宴、看滑冰表演,只是其中程序之一部分。雍正嫉妒心极强,但皇阿玛已批准,他再嫉妒也无用。如今皇阿玛已死,四阿哥当了皇帝,此事便成了龌龊不要脸之事。并以允禵在西宁糜费为名,勒令允禵退赔一百万两银子,且永远停止其薪俸、禄米。而他自己与宫女在草房私生下弘历,隐瞒弘历母子、扔在山沟多年,不向康熙帝坦白,又成何体统?

他曾一再逼迫十四阿哥手下侍卫、太监举报其主子吃酒。未能如雍正所愿,雍正就下令将他们永远枷铐示众。当有人对雍正饮酒有所议论时,雍正就为自己辩护:"朕若于政事不误,即使饮酒亦复何伤?"[2]十四阿哥带兵西北,青藏地区气候地形远比皇宫险恶,又与青藏少数民族相处,雍正却以十四阿哥饮酒为一大罪名。雍正身在皇宫园林,以饮酒不误政事为己开脱,这不是强盗逻辑吗?不是欲加之罪何患无辞吗?

但皇帝历来拥有指鹿为马之话语权,三阿哥、八阿哥、九阿哥、十阿哥、十二

---

[1]《雍正朝满文朱批奏折全译》,第463页。
[2]《清世宗实录》卷44,第646页,雍正四年五月庚子初九谕。

阿哥、十四阿哥等全被剥夺了话语权,包括康熙帝身边的知情人赵昌、魏珠、李玉、梁九功等,都死的死、关的关,历史与是非全由皇帝一人一言成鼎。

雍正元年末十二月初五日(1723年12月31日)《山西巡抚诺岷奏请万安折》

> 山西巡抚臣诺岷跪请圣主万安。朱批:"朕躬甚安。比去年冬天又胖了。为使尔高兴,特寄之。"[1]

勤政、不知疲倦的工作狂并未如康熙帝那样日见消瘦,反而一年比一年胖,奇也。

雍正元年满文朱批奏折共1 075件,十分具体,也十分琐碎、丰富、多面又详细。雍正帝之勤政,当然毫无疑问,可敬,可爱,跃然纸上;其独裁,自负,率性,作秀,甚至刻薄、恶毒,翻手为云覆手为雨,轻薄、油滑,又强词夺理,岂不也历历在目、件件凿实?

满汉文朱批中可常见如上,雍正帝对大臣面谕时,说谎话也一点不会脸红。例如他说:"昔日皇考所信任者,朕躬与舅舅隆科多、年羹尧,众皆悦。"[2] 前面一句已是假话谎话,后面"众皆悦"一句更是假之又假。英国诗人拜伦诗云,(某些人笔下讲)历史……扯起谎来就像叙述真理一般。例如:

> 朕在藩邸时,不特不与人结仇,亦并不与一人结党……朕在藩邸有年,与舅族皇后家及诸姻戚并无过于亲切往来之处,亦众所共知者。再,并无满汉大臣及内廷执事人、侍卫等一人结交亲密往来也。初则兄弟之内尚相往来,自戊子年(康熙四十七年)皇考下训旨后,兄弟之内并无往来。
>
> 自前岁在朕花园(与九阿哥)共请皇考之后,朕具饭召(待)庄亲王、公允祹看花,又曾召诚亲王(三阿哥)因病不至,又曾召恒亲王(五阿哥),怡亲王(十三阿哥,当是四十七年前),果郡王(十七阿哥),逮允禵(十四阿哥)出征时,亦曾屡次具饭召之。[3]

时大阿哥、二阿哥已被圈禁,唯一同四阿哥亲近者十三阿哥也被圈禁,三阿哥、八阿哥、九阿哥、十阿哥、十四阿哥与其无共同语言。故,非四阿哥不欲与众弟兄亲近,而是众弟兄并不重视四阿哥。但,四阿哥仍假意殷勤。

从雍正七年(1729)颁布的《大义觉迷录》中透露出的他对众兄弟之切齿仇恨看,他在藩邸时对众兄弟之表象全是伪装,全是为韬晦所用。

---

[1]《雍正朝满文朱批奏折全译》,第552页。
[2]《雍正朝起居注》第一册,第247页,二年五月二十日壬戌条。
[3]《雍正朝起居注》第一册,第300—301页,二年八月二十二日壬辰条。

当然也有吐露真情、说真话的时候。如云："诸王大臣等此后协力同心，当以朕之所好者好之，所恶者恶之，辅朕以全仁君之名。"[1]

从其十三年执政全部历史看，仁君之名恐怕难以通过。他在位时就未通过，他身后三百年来也未通过。其勤政之君、独裁之君，则犹如其两脚支撑其一身，则名副其实也。

---

[1]《雍正朝起居注》第一册，第248页，二年五月二十日壬戌条。

第二章 密折制

一、研究密折制不可忽略的两件史料——《朱批谕旨选辑》雍正御制《序》及卷末乾隆御制《后序》

研究雍正勤政与密折制，有2份史料不可或缺。一份是雍正十年三月初一日雍正帝本人就《朱批谕旨选辑》御笔所作的序；另一份是雍正帝的继承人乾隆帝于乾隆三年春三月亲笔所作的后序。这两份序，对雍正帝为何勤政、如何勤政，或曰雍正帝为何推行密折制，均有真切说明。

不无遗憾的是，常见有的研究者往往只取上文中一二章中之条句，有的还是断章取义，并未向读者介绍全文，也未向读者点出雍正帝作的此序中所含的全部真实意思和序中显现出来的多维的完整的内容信息。

为弥补这一缺憾，现将雍正帝就《朱批谕旨选辑》御笔刊制的序的全文复录于下，笔者评论也一并列出，以供读者品鉴或有兴趣于此者再度研究之参考：

> 朕向在藩邸，未谙政事，不识一人，毫无阅历闻见。

以上这第一句话，是雍正帝本序开宗明义的开场白。序文一开头就公开表明了，他在登位前漫长的皇子阶段里"未谙政事，不识一人，毫无阅历闻见"。请注意，这是他当皇帝已经十年时，郑重其事亲笔所写，是完全符合他在漫长的皇子阶段里，父皇康熙帝从未给他重要职务、重大权力、重大威信这个基本事实，并非是后来谦逊、作秀之语。以上同样意思的话，在他即位之初时，也曾亲口对生母、皇太后说过，见其即位7年时钦定的《大义觉迷录》。这些，都是雍正帝的真实经历、真实情况、真实意思。那么，康熙帝又怎么可能硬是要令所有人大出意外，包括皇四子自己本人也十分意外，突然临终之际要把江山付托给这么一个"未谙政事，不识一人，毫无阅历闻见"的皇四子呢？对此，雍正帝的这篇序文中始终避而不谈。因为，他当皇帝已十年，已无须再谈及此事。但是，对于一个向来"未谙政事，不识一人，毫无阅历闻见"之人打算用什么办法去克服这些窘境，如何去胜任突然降临的这个重任，雍正帝倒是在下面给出了他的答案。

> 及受皇考圣祖仁皇帝付托之重，临御寰区，惟日孜孜勤求治理，以为敷政宁人之本。然耳目不广，见闻未周，何以宣达下情，洞悉庶务！而训导未切，诰诫未详，又何以使臣工共知朕心，相率而遵道遵路，以继治平之政绩！是以内外臣工，皆令其具折奏事，以广咨询。

雍正帝在序中谈及，虽然他以前在藩邸未谙政事，既然皇考圣祖仁皇帝"付托于"他，只能每日孜孜勤求治理，以勤补拙。由于其在藩邸时向来"不识一人，毫无阅历闻见"，"是以内外臣工，皆令其具折奏事，以广咨询"。这就是说，鉴于他以前"未谙政事，不识一人，毫无阅历闻见"这个现实，仓促下如何去应对这个局面呢？雍正帝首先想到的是用通过内外臣工的大量奏折，作为他咨询政务，了解下情的窗口和平台，再通过这个窗口和平台，用朱批训导告诫臣工，使臣工知道皇帝的旨意，从而完成其执政、施政。通过君臣自下而上的奏，再自上而下批——这个流程，进行并完成他对国家的治理。可见，这是处于"未谙政事，不识一人，毫无阅历闻见"、却又一夜之间登上最高统治地位的雍正帝不得不这么做的权宜之计。他不这么做，就无从了解各地情况，也就无从贯彻他的施政，这也是他即位之初当时形势下，唯一可以行之有效的行政手段。

不少研究者却并未顾及以上当时政治的现实形势，也并未充分正视雍正帝本人的以上这些表述，把当时不得不这么做的根由、上升到了为"提高工作效率的重大制度改革"。这与雍正帝本人的以上表述，明显大有出入。依笔者之见，即使奏折制在客观上减少了上下沟通的时间环节，雍正帝推行奏折制的本意是为其实用，是为其集权，是从权宜之计出发，并不是要从国家政治改革出发

> 其中确有可采者，则见诸施行，而介在两可者，则或敕交部议，或密谕督、抚酌夺奏闻。其有应行指示开导及戒勉惩儆者，则因彼之敷陈，发朕之训谕。

如果说，将雍正帝推行密折制作为所谓的重大制度改革，那么，他首先要改变的是国家行政的现行制度和行政程序。按康熙朝国家行政的制度和程序，国家大事先由地方上报督、抚（省级），再由朝廷有关部院、内阁大学士上报康熙帝。如果督抚直接奏报康熙帝，康熙帝也必会先召集议政王大臣、满汉大学士或九卿咨询合议后再作决断。康熙朝满文奏折数量为 5 800 多件；汉文朱批奏折有将近 4 000 件。雍正朝满文朱批奏折为 6 600 余件，汉文朱批奏折共有 35 000 余件。雍正朝 13 年的满文朱批奏折数量，比康熙朝 61 年的还多 800 件，其汉文朱批奏折竟多出 30 000 余件。我们将此作为雍正帝勤政的事实与数据，并无问题。但如果换一个

角度看，这也是国家政治生活极不正常，国家行政、执政程序极不正常的事实与数据，也并不为过，也并无问题。古今中外，在雍正帝以前，没有任何一个国家，也没有任何一个皇帝，是用大量密折（官员小报告）作为施政执政的主流方式。无论从历史走向看，还是与康熙朝比较，这都是历史倒退，不是前进。这是加强人治，不是法治。

雍正帝一上台，甚至尚未正式上台，就将国家行政、执政程序改为全部军政直接先上报于他的案前，再由他决定是否"敕交部议"，或直接由他"密谕督、抚"。雍正帝之所以要这么做，一是如他本人所言他对如何执政并无经验，他"耳目不广，见闻未周，何以宣达下情，洞悉庶务"。康熙朝满、汉文奏折之所以较之雍正朝大大稀少，决非康熙帝不勤政，而是因为康熙帝把奏折这种小报告、密报只作为收集情报的辅助、补充手段，但决不允许把这种奏折小报告、密报作为国家行政、执政的主体、主要手段，更不允许将其制度化、程序化。

如果说，雍正帝上台后这么一改就大大"提高了工作效率"，他所提高的完全是雍正帝个人独裁的效率，破坏的则是国家依法行政、依法执政的制度化、程序化。他这么改，并不是把国家政治生活往更加开明、更加健全的轨道上推，而是把国家政治生活和一切重大决定完全纳入雍正帝的个人独裁轨道。用今天的话来说，即破坏了以法治国。难怪雍正帝时常说"朕即国家"，他就是强化人治，强化个人独裁。康熙帝也重视人才、人治的作用，这个人，是德才兼备，以德为先的人。用康熙帝的话说，"若心术不正，才有何用。"康熙帝的人治，是在基本顾及典章制度化、施政程序化框架下的人治。而雍正帝的人才观，首先是忠君观；雍正帝的人治，首先是保证个人独裁下的人治。与康熙帝的人才观或人治有所不同。

面对雍正帝的"朕即国家"论，面对雍正帝将制度、程序完全置之不顾，只顾个人独裁，今天的历史研究者应该拍手叫好，应该赞美他，大唱赞歌，歌功颂德，还是应该揭露他，批判之呢？

笔者以为，即使在封建社会，国家重要决定的程序，国家施政的程序，究竟是由中央政府上层建筑顶层设计、会议合议后决断好，还是先由或完全由雍正帝一人、一票、一个脑袋决断好？这是很值得再研究、再评价的大问题，不可等闲视之，也不可避而不言。

> 每折或手批数十言，或数百言，且有多至千言者，皆出一己之见。未敢言其必当，然而教人为善、戒人为非，示以安民察吏之方，训以正德厚生之要，晓以福善祸淫之理、勉以存诚去伪之功，往复周详，连篇累牍，其大指（致）不过如是，亦既殚竭苦心矣。

以上这段111字，历年来尤其是近年来已被无数人转引过，以此作为自古勤政未及雍正的论据，这也是最早由雍正帝本人表白他是如何勤政的论据来源之一。不少研究者都将"每折或手批数十言,或数百言,且有多至千言者"作为赞美之事,却并未对这数十言,或数百言,且有多至千言者"皆出一己之见"这六个字给予足够重视与剖析。

如果雍正帝的"一己之见"是集中了集体智慧的总结,那当然是好事情,是较为开明、英明的君主。如果雍正把政府机构、议政大臣都甩开,凡事都是一个人关在小房子里拍脑袋决定或仅是听汇报就决定,这样"皆出一己之见",就未必都是好事情。轻则是逞能,重则即封建独裁。

> 至其中有两人奏事,而朕之批示迥乎不同者,此则因人而施,量材而教;严急者导之以宽和、优柔者济之以刚毅,过者戒之、不及者引之,并非逞一时之胸臆,信笔直书,前后矛盾,读者当体朕之苦心也。

雍正帝如此自辩说明,必是有人对"有两人奏事,而(君主)之批示迥乎不同者"已提出疑问在先。余以为,因人而施,量材而教,这并无大错,这里可放其通过,不必求全责备。

> 此等奏折,皆本人封达朕前,朕亲自览阅,亲笔批发;一字一句,皆出朕之心思,无一件假手于人,亦无一人赞襄于侧。非如外廷宣布之谕旨,尚有阁臣等之撰拟也。

雍正帝如此辛苦,若单就勤政二字而言确实受之无愧。

> 雍正六年以前,昼则延接廷臣引见官弁,傍晚观览本章,灯下批阅奏折,每至二鼓、三鼓,不觉稍倦;实六载如一日。此左右近侍及内直大臣所备知者。近年以来,天下庶政渐次就理,下情稍觉洞达,臣工之奏折较前减少,而朕躬精力亦不如前,批答之事始从简便;此实情实事,可举以告天下者。

这131字,也是当下众多赞美雍正勤政者经常反复引用宣传的内容,却又都对"雍正六年以前"的"以前"二字视而不见,宣传者引用都只引此段的前上半部分,对后下半部分,都视而不见或只字不提。

其实,这131字,既是雍正帝刻画自己如何勤政的生动纪实,也是对自己雍正六年以后朱批"较前减少"的自我反省。

为什么雍正六年(1728)以后(笔者界其为雍正八年后),朱批"较前减少"了?雍正本人其实已经一一道出了缘由:(1)"近年以来,天下庶政渐次就理,下情稍觉洞达";(2)"朕躬精力亦不如前,批答之事始从简便"。也就是说"手批数十言,或数百言,且有多至千言者",那只是即位初期前期的事,"多至千言者"更只是偶尔一现。经过 6 年执政,政权已稳固了,国情下情也已熟悉了,精力也不如前了,因而,"批答之事始从简便"。

看其大量朱批,雍正六年以后,有时仅朱批"知道了"3 字,有时只批一个"览"字,司空见惯,不足为奇。然,不少研究者对这种状况和雍正本人亲口所述根本不予理会,也不去注意这个变化。笔者已于前文将雍正八年雍正倦勤、一个月只批一件,甚至一个月一件也未批的大量事实一一列表注出。

笔者至今坚持:古今中外,没有哪一个皇帝是累死的!

> 今检内外诸臣缴回朱批之折,不下万余件。因思自古帝王治天下之道,以励精为先,以怠荒为戒;朕非敢以功德企及古先哲王,而惟此勤勉之心自信可无忝于古训,实未负我皇考付托之深恩也。又念此等批示之语,实出于朕之苦心,或可为人心风俗之一助。但本人承旨之时,不敢宣露于外,他人无由知。今将外任之大臣官员奏折,经朕手批,酌量可以颁发者检出,付之剞劂——计算实不过十分之二、三;俾天下臣民展读,咸知朕图治之念、诲人之诚,庶几将此不敢暇逸之心,仰报我皇考于万一耳。或人之观此而感动奋发,各自砥砺,共为忠良,上下蒙福,朕心愉快更当何如!特谕。
>
> 雍正十年三月初一日御笔。

"以励精为先,以怠荒为戒",这是雍正帝对自己的要求,也是他对臣工属下的要求。他的"图治之念、诲人之诚",在他的朱批中,也是历历在案、跃然于纸上的。可惜的是,他在雍正十年(1732)三月所作的雍正六年以后朱批"较前减少"的反省,并未见其切实践行,反而是在雍正八年及以后更加追求安乐。雍正大炼丹药,雍正大量扩充后宫,都是雍正八年(1730)的事。故,这篇作于雍正十年三月的御笔序文,既是其勤勉勤政的纪实之文,也是他反省自己雍正六年以后,朱批"较前减少"的反省之文。此御制序文对于研究雍正勤政、研究雍正朱批奏折,都具有十分重要的史料价值。

除雍正帝御笔自序外,他的继位人乾隆帝弘历也御笔作了后序,现一并录制于下,供读者参阅。

世宗宪皇帝朱批谕旨后序

> 皇考世宗宪皇帝,天纵圣神,精勤庶政,四方文武臣僚具折言事者,日或数人、人或数事,缄封直达御前,手自批发。或立见施行,或咨询廷议;善者温纶褒予,过者训戒谆谆:随宜指示,悉出睿裁,一字不假手于人。御极十有三年,常如一日。

乾隆帝称赞其皇考世宗宪皇帝，不仅"天纵圣神，精勤庶政"，而且"十有三年，常如一日"，与乃父所说雍正六年以后朱批"较前减少"是否矛盾？笔者以为并非矛盾。须知，这是儿子为老子作序，难免会用一点谥美之词，犹如悼词中不会对逝者严词求全责备一样。但在另一场合，乾隆帝也正儿八经说过，雍正八年后，皇考世宗宪皇帝召见臣工之勤大不如前的话。

> 雍正十年，特检历年批发奏折，命内廷词臣缮录校理，付诸剞劂，汇成数帙，辄以颁赐在廷群臣，工未告竣，奄遽上宾。予小子缵绍丕基，敬展遗篋，见所贮手批奏折不下数万，奎画烂然，克溢巨麓；然以未经皇考检定，不敢意为增益。谨就检录已定者汇着为目，前后凡二百二十三人，分一百一十二帙，统为十八函。当时随检随发，无先后伦次，兹亦不复排类。盖折奏浩繁，不胜编录，所刻仅十百中之一、二，略见大凡，本非全览故也。既告蒇事，谨缀序言于后。

这是乾隆帝记述编辑世宗宪皇帝《朱批谕旨》选辑的经过，甚为具体详细。"前后凡二百二十三人，分一百一十二帙，统为十八函……所刻仅十百中之一、二"，足见雍正勤政名不虚传。

需要提醒的是，乾隆帝后序作于乾隆三年（1738），选辑仍以雍正六年前朱批奏折为主，时间下限仍以雍正十年为界。可见，十三年如一日之说，只是乾隆帝序文中的美饰包装，并非货真价实矣。

> 洪惟我皇考至仁如天，至明如日，至诚如神。简拔贤才任之以心膂、股肱之寄，开诚布公，蔼然家人父子，无不可尽之言；诸臣之才具大小、短长，与性质之刚柔、强弱，克知灼见，如权衡、绳尺之不爽。片长足录，亟登而进之；有不及，则激厉而开导之。稍肆焉，则裁抑之；其陷于过，始则训饬之，能改则已，悛则戒儆之使知悔艾，终于怙恶，则亦未尝姑容。然哀矜恻怛之意尚流溢于毫楮间也。同一事，而此或俞之、彼或咈之，非有所好恶于其间也；盖俞之者必有可俞之道，而咈之者亦必有可咈之端。同一人而始或予之，终或斥之，非有所喜怒于其间也；盖始有可予则予之，终有可斥则斥之。明烛几先，坐悉情伪，远隔万里，迟阅数年，睿鉴所周，范围莫越正人心、厚风俗，兢兢业业，儆戒无虞。虽屡丰见告，瑞应频仍，而惟是忧勤惕厉之心，久而益笃。记有之曰："天道至教，圣人至德。"春秋冬夏，风雨霜露，无非教也。我皇考之为治，一天道之运行；教泽所被，百志惟熙，即万世而下，尚如日月之临照，光景常新；春风之煦然被物，不自知其感动奋发而兴起也。

乾隆帝用"至仁如天,至明如日,至诚如神",连用3个"至"字赞美父皇,在其后漫长执政生涯中并不多见。"至"者,到达、极致之意。说雍正帝的仁慈已达到、极致到天那么高、天那么大,英明已达到、极致到太阳那么光辉,心诚已达到、极致到神的地步,这是儿子对老子的夸大溢美之词,读者、习史者是不必去认真、去较真的。

予小子寅承鸿业,自惟寡昧,无能企逮万一。仰法皇考明目达聪、孜孜图治之心,祗绍徽猷,夙夜黾勉,其服教畏神、警省弗怠之志,讵敢以岁月易耶!谨序。

乾隆三年春三月既望敬书。

末尾一段,倒是乾隆帝的真心话,也是其心志的坦露:他也要孜孜图治,祗绍徽猷,夙夜黾勉,服教畏神、警省弗怠,而且,必持之以恒,不因岁月而改易。

乾隆帝的后序,肯定了其父前六年孜孜图治之勤政,又以一句"讵敢以岁月易耶"作为他言志表态的同时,巧妙、含蓄地批评了皇考在执政六年后,"臣工之奏折较前减少","因岁月而改易"初衷,多少有些婉转揭批皇考雍正帝牛头蛇尾、善始非善终、焕然两人、两面的憾惜之情之意。

雍正、乾隆父子两人先后御笔作的序文,为我们全面研究、评论雍正帝勤政与其朱批奏折,无异提供了一个十分重要的、新的窗口。

二、密折制是雍正帝特务统治之工具

密折制或并密折,非进入雍正朝才有,但雍正帝尚未正式上台,就将密折作为特务统治之工具,实际推行时间为康熙六十一年十二月(1723年1月)。康熙帝去世第二日,康熙六十一年十一月十四日在乾清宫举行康熙帝大殓时,四阿哥自称朕,并以朕的名义,命延信速去甘州(今张掖市)去接替抚远大将军的职务。这是面上的、公开的一手。他还有背后的、不能公开的一手。延信动身之前,雍正帝一面密谕延信"将大将军王之所有奏书,所奉朱批谕旨,均收缴,封闭具奏送来。倘将军亲自携来,尔速陈其由,于伊家私书到达前密奏。倘尔稍有怠懈庸懦、使其观家书而未全解送,朕则怨尔"。一面又密谕延信,"途中若遇大将军,此情万勿被发觉"[1]。

---

[1]《康熙朝满文朱批奏折全译》,康熙六十一年十二月二十一日,《辅国公延信密奏遵雍正帝旨收缴胤禵奏书及朱批谕旨折》,第1521—1522页。

如果雍正确系康熙帝指定继位,又何惧大将军手里有康熙帝朱批谕旨?如果雍正帝继位合法合理,大将军回京后正大光明对其收缴又何不可,为什么要如此暗中搞特务行为、见不得阳光?笔者分析判断,雍正急于要收缴的,是康熙帝去世前三个月与大将军商定回京事宜的朱批奏折。因为雍正要编造皇考将十四阿哥派遣西北是怕其在京生事,十四阿哥手中握有康熙帝去世前二三个月已令其回京,这是否定雍正编造"驱远说"的重要证据,雍正必须要赶在大将军回京前收缴。所谓收缴,实际上是要延信在大将军回京前在途中骗取。若骗取不成,再强制进行收缴。

所谓"此情万勿被发觉",有两层用意:其一,不能让十四阿哥察觉这是雍正帝布置收缴,也不能让其通过家人来往产生疑问而使收缴迟缓或有所折扣"而未全解送";其二,从延信密折可知,十二月初六日,大将军王宿榆林。陕西榆林是甘肃甘州往返北京的中间站,正好是全程的 1/2 以上处,从甘州至此,行程用时至少 20 天左右。按此计算,早在 11 月 16 日甚至更早时,允禵早就离开甘州,开始返赴北京。雍正帝 14 日命延信往甘州,延信最早 15 日—16 日才能动身离京。即使雍正帝另派专人去送丧讯,16 日之前也绝对到达不了甘州。而十二月初六日大将军王胤禵已宿榆林,这就足可证实:允禵决非是接到雍正帝谕旨才奔丧回京,而是远在康熙帝去世前一二个月,就计划、决定并实施回京了。这也正是雍正帝迫不及待要收缴先帝给允禵所有奏书、所奉朱批谕旨之原因,这也正是雍正帝再三叮嘱"此情万勿被发觉"之原因。而这一切,雍正都是用密折,用特务手段,用秘密政治,用暗箱操作进行的。

十一月十四日是康熙帝去世的第二天,可见,雍正帝尚未履行任何正式上台形式和程序,就已开始了他的特务手段。

雍正帝的特务手段主要是针对政敌,也针对其极欲防范之功臣或曾经之心腹。如雍正元年五月密令三屯营副将李如柏监督十四贝子允禵举动:"你只可冷冷的傍作无心而观之,若认真作个稽察之景,莫想得一句话听。你只要留心就是了,没有你什么不是。"[1]

雍正帝非但亲自布置李如柏监视兄弟允禵,还亲自教授如何才能侦探,即,表面上装作毫无敌意与动静,只冷冷的傍作无心而观之。

雍正帝对胤禵的特务监视一直丝毫没有放松。雍正三年八月,雍正令三屯营副将柏之蕃:"郡王允禵虽不在你地方上,(但)离你地方甚近,你要留心,若有可疑之人,也要留心,副将原不应奏折子,你的折子送与怡亲王替你转奏。"[2]

雍正帝对胤禵的特务监视不仅限于允禵居住的现场,甚至悄悄扩大到允禵

---

[1] 《雍正朝汉文朱批奏折汇编》第 1 册,第 465 页。
[2] 《雍正朝汉文朱批奏折汇编》第 6 册,第 193 页。

居住的附近地方。即使附近地方的副将不够上密折资格,但为了特务统治的需要,雍正帝也破例允之使用密折,从而使其特务统治更具隐蔽性和高效能。

不仅如此,雍正帝还把特务爪牙扩大到官员的家人身上。如雍正元年正月,雍正密谕山东兖州知府吴关杰:"倘有应奏事情,从巡抚处具折奏闻,遇有方不得已之事,你难道没有子侄么? 没有家人么? 竟具折奏闻,你看那有折子到朕门上,谁敢拦阻!"这不仅使特务统治更具隐蔽性,且编织了一张更大却又无形的特务网络。

三年六月,署川陕总督岳钟琪奏年羹尧离陕时,"止有外委数十人出送、悉皆平日得年羹尧资财之人也,臣俱密记其姓名。"[1]

如果没有雍正帝的授权与布置,岳钟琪怎敢对年羹尧作如此特务动作?

年羹尧不仅是雍正帝的大舅,更是雍正帝的心腹与功臣。有人为雍正帝辩护,认为雍正帝杀年羹尧不是为灭口,是因为年羹尧居功自傲。居功自傲能判死罪? 在署广州巡抚石礼哈的朱批密折中,雍正帝终于露了馅:"臣不密则失身,年羹尧不是榜样么?"[2]

可见,年羹尧之所以招来杀身之祸,主要原因是年羹尧失密、泄密,致使雍正帝无法容忍。雍正帝杀年羹尧不仅是为灭口,更是要杀一儆百,要所有人——即使是过去之心腹与功臣,不得失密、泄密,否则,一概杀无赦。"其实,他更善于使用特务手段,派遣侍卫到地方大员身边监视;通过密折制度令臣工互相告密"[3]。

如,雍正九年(1731)十一月二十一日在侍卫阿成阿谢恩折上,雍正帝布置:"尔每次另缮密折具奏,保密。"还另有布置:"周凯捷如何? 石文焯、钟海、李元英等声名如何? 勿得隐瞒,从实奏来。将此等事,惟慎密之,一旦为朕知觉,要关系尔之一生。"诩"朕之耳目遍及全国,岂能隐瞒"? 雍正自认在全国密布特务,有人却还在硬撑雍正朝没有特务统治。

民间野史对雍正帝的特务统治更有大量生动故事,虽非正史,亦非全是空穴来风。"雍正初,上因允禵辈深蓄逆谋,倾危社稷,故设缇骑,逻察之人四出侦调,凡间阎细故,无不上达。"[4]

昭梿是皇室王爷,他对雍正帝的特务统治的揭露,当具有很大的可信性。

吴晗先生在研究介绍明代朱元璋皇帝时,有一段精彩犀利的评论:"没有作皇帝之先,用阴谋,用武力,使尽一切可能的力量去破坏,从而取得政权。作了皇帝之后,用阴谋,用武力,使尽一切可能的力量来不许破坏,镇压异己,维持既得利益。一句话,绝对禁止别人企图作皇帝,或对他不忠。"

---

[1]《雍正朝汉文朱批奏折汇编》第 5 册,第 211—212 页。
[2]《雍正朝汉文朱批奏折汇编》第 6 册,第 302 页。
[3] 冯尔康:《雍正帝》,中华书局,2009 年,第 76 页。
[4] 昭梿撰:《啸亭杂录・续录》,上海古籍出版社,2012 年,第 8 页。

要严密做到镇压"异图""不忠",巩固已得地位,光是公开的军队和法庭,光是公布的律例和刑章是不够用的。可能军队里法庭里,就有对现状不满的分子;可能军队里法庭里,就有痛恨这种统治方式的人们。得有另外一套,得有一批经过挑选训练的特种侦探,得有经过严格组织的特种"机构"和特种监狱,用秘密的方法,侦伺、搜查、逮捕、审讯、处刑。在军队里,学校里,政府衙门中,在民间集会场所、私人住宅、交通孔道、大街小巷,处处都有一些特殊人物在活动。执行这些任务的特种组织和人物,在汉有"诏狱"和"大谁何",三国时有"校事",唐有"丽竟门"和"不良人",五代有"侍卫司狱",宋有"诏狱"和"内军巡院",明初有"检校"和"锦衣卫"。[1]

雍正帝则建立粘杆处,在紫禁城和雍和宫都设有固定机关。民间流传的"血滴子",则是对雍正粘杆处的文学加工,使其更形象化、生动化而已。八阿哥、九阿哥、苏努父子等的处死方式,对允禵、年羹尧等人的严密监控,充分说明,雍正帝实行的,完全是以朱元璋为模本的恐怖政治、特务统治。这与康熙帝的统治、理念、风格均有所不同。是耶?非耶?

三、密折制是凸显人治超越法制的畸形政治

密折在中国封建社会早已有之,它是皇帝情报系统的一部分,但并不成为正式的、名正言顺的国家政治制度,更不应成为国家政治生活的主流。

季康子问政,孔子对曰:"政者,正也。子帅以正,孰敢不正。"康熙一再强调人君首先要以身作则,大吏要为地方官做榜样,就是这个道理。所谓"君君、臣臣、父父、子子",除了君为臣纲、父为子纲的封建理念外,还有君要像君的样子,尽君的责任,臣才能像臣的样子,尽臣的责任的意思在内。在封建社会里,"政"是人君、皇帝的政。所以孟子曰:"君仁莫不仁,君义莫不义,君正莫不正。"这个"正",除了以身作则,己"正"方能正人外,还含有一切政事必须按国家制度、规矩、政策、程序办理或进行,必须按法定程序走正门、正道专业行之。为此,设立了内阁、六部、九卿,甚至设立了监察史、谏官。康熙帝时代也用过奏折,作为收集情报、监察威慑百官的工具。只是将奏折作辅助工具,严格控制在小范围内使用,并不成为国家政治的主流。国家政治的运转,下情上达、上令下达,主要仍由内阁、六部、九卿、督抚、布政使乃至县吏层层进行。这不是循旧,这是按制度、规矩施政,按法律和规定的程序办事。

康熙帝将所有朱批奏折除必需归档的外,全部交当事人保存。这是为君者

---

[1] 吴晗:《朱元璋传》,岳麓书社,2012年,第167页。

正大光明有自信的表现,至少是说话算数、说话负责、说话守信的表现,也是人君对臣下信任的表现。

　　中国历史上真正的专制政治,清代是第二个,但满洲人比蒙古人高明,他们懂得接受中国传统政治里面许多的好处,而又能把中国传统政治转变成为他们所要的君主独裁制。内阁大学士闲置了,把皇帝办公厅改移到皇宫内部所谓南书房军机处。大学士走不进南书房,便预闻不到军国要务。皇帝重要命令直接由南书房军机处发出。而且可以直接发给中央乃及地方各机关各行政首长。这在明代是不可能的,是违法的。[1]

违法,就是不正;不正,就是不正大光明,就是政治上的歪门旁道。

　　在明代以前,皇帝正式命令不公布,亦算是违法的,而且也不可能。皇帝的秘密信件,绝不算是政府的正式文件,绝不能取得政治上的法理地位。但在清代还是取得了。因此我们可以说,清代政治才真是一种君主专制的政治。[2]

　　密折,就是君臣之间的秘密信件,就是官员或受委托人给皇帝的秘密报告。本来绝算不上是政府的正式文件,却由于有皇帝的个人朱批,不仅取得了政治上的法理地位,而且,比政府的正式文件还有效。它不仅将国家机器内阁、六部、九卿等全部一脚踢开,内阁、六部、九卿等也都形同虚设。国家一切事务,无论政治、经济、军事、司法、乃至人事升降奖惩调迁,全部在皇帝的秘密信件中,按皇帝的个人意志办理。如果雍正帝的这一套密折制真是好的"改革",我们今天为何不继续发扬光大?

　　密折制的推行,除了无限扩大雍正帝个人的独裁权力,把雍正帝个人独裁下的人治推向到一个与法治越走越远外,从依法治国的角度而言,实在看不出好在那里。

　　有人提出,密折制的推行,跳过了层层机构的环节,大大提高了工作效率。试问,这些层层机构的环节是应该跳过的吗?若说大大提高了工作效率,又是大大提高了谁的工作效率?除了大大提高了雍正帝个人独裁权力外,还有何效率可行?如果这些机构都是多余之废物,何不干脆全部废除?

　　再说,密折制真的大大提高了工作效率吗?且看雍正帝自己怎么说:

1　钱穆:《国史新论》,生活·读书·新知三联书店,2001年,第78页。
2　钱穆:《国史新论》,第79页。

雍正二年(1724),雍正在上谕中坦陈:"近闻不但江南多盗,即山东、河南、湖广路上有过往官员被劫。州县贿赂,事主隐匿。司道既无觉察,督抚亦受蒙蔽,以致盗贼无忌。"[1]

雍正四年(1726)五月十四日,雍正在谕旨中坦陈:"朕即位以来,百凡整理,费尽苦心,乃三年之久,顽邪尚未尽化,风俗尚未丕变。"[2]

"朕即位五年以来,虽悉心竭力加意整理,而尚毫无就绪项。"[3]请注意,这是雍正帝推行密折制已整整五年多以后的自述。若密折制真的大大提高了工作效率,怎么会出现雍正帝"悉心竭力加意整理"五年多以后,仍"尚毫无就绪项"、社会现状仍如此堪忧的状况?

雍正六年(1728)七月初六日,李卫在给雍正的奏折中报告江南情形:"东南第一繁华财赋重地之江苏,竟如病者之四体难以运动,关格(节)不能相通。全省钱粮新旧积欠将及千万,不仅难以催追,且动辄罢市闹堂……,通省吏治,则大僚各行其见,下情隔绝而不通,功过不分,劝惩无术,所以人心涣散,文武各图保全禄位,苟且目前。有司黎庶如失母婴儿无所依归。又,武官之骄,兵丁之骄,尤为特甚。松江各标,一人挂名营任,则举族钱粮可以不空;鱼肉百姓,无恶不作,公然贩私,有司不敢过问。"[4]

田文镜在奏山东弊政中写道:山东"钱粮积欠甚多。雍正六年钱粮至今完不足五分。察其原因,一由于各州县火耗太重,一由于州县私派太多。耗羡各虽加一八,实则加二、加二五、加二七八不等,耗重而不支,是以艰于输纳正项。州县官每年养廉银一千两,而各种陋规竟达三四千两。如:州县官进见上司必交门包,巡抚十六两,布、按八两,粮道十二两,本府十六两,解钱粮千两,各种使费约三十两。而不肖绅衿从中把持,用一派十,从中分肥,小民饮泣吞声。因此,欲禁州县加耗派,必先严上司,革陋规"。

雍正七年七月二十日(1729年8月18日),四川提督黄廷桂奏报:"……万县百姓五千余人于四处扯旗聚众,口称丈量土地不公,旗书'万民诉冤'四字。忠州百姓数百人、扯旗直书'丈量不公'。现按察使高维新等已往万县开导,并密访为首闹事者相机擒治。"[5]

雍正十一年八月初六日(1733年9月13日)在给山东兖州总兵李建功的朱批:"……边境未宁、兵燹息,每念及将士之劳,寝不安而食无味。直(隶)省百姓

---

[1]《永宪录》卷三,第226页。
[2]《清世宗实录》卷44,第651页。
[3]《雍正朝起居注》第二册,第933页,雍正五年一月十六日癸卯。
[4]《宫中档雍正朝奏折》第十辑(雍正六年五月—六年十月),台北故宫博物院,1977年,《雍正六年七月初六日李卫折》。
[5]《宫中档雍正朝奏折》,第十三辑,雍正七年七月二十日四川提督黄廷桂奏折;《清史编年》卷4(雍正朝),第399页。

未能家给人足,吏治羌能纯清,武备未能实整,正我君臣朝乾夕惕、竭力各尽己责之时,有何踊跃欢忭之至也。"[1]

雍正十一年(1733)四月初七日,朝鲜国使者报告国王:"清皇每责其臣之不一进规,而及其有规,辄疏斥。且恶闻灾异,钦天监虽有灾不敢奏。"[2]

朝鲜国使者还向国王报告:"闻皇帝以黑为白,则群臣不敢矫其非。明察摘发,以此御下,故大小官员,只以告讦为能事……(当今)皇帝……多苛刻之政,康熙朝旧臣死者数百人。置五星御史讥察朝臣,故人皆惴惴。殖货无厌,怨声载道。"

雍正九年四月庚子初八日(1731年5月13日),雍正帝谕内阁:"近来风闻陕西之民竟有怨朕而私相谤议者,总因十数年来,陕西居住之允禵、塞思黑、年羹尧、延信等人皆怀挟异志,包藏祸心,其协从之党实繁有徒……皆公然以反叛为众人之倡,则其他匪类之造作妖言、暗中煽动者,又不知其几矣。地方既有奸宄之人,而又值军兴旁午,或有司自顾考成,间有奉行不善之处,是以恶民无知,惑于邪说,溺于私情,偶因用力于目前,遂忌受恩于平日,此也事势怨之所不免者。"[3]

雍正帝将陕西之民怨议之声归咎于"总因十数年来,陕西居住之允禵、塞思黑、年羹尧、延信等人"毫无道理。大将军允禵、也是其同父同母同胞兄弟,早在康熙六十一年十二月十七日(1723年1月23日)一回京城就被雍正帝严厉监控,"十数年来,陕西居住"之说从何而来? 塞思黑(九阿哥)住西宁之北的大通,同样有专人看守,与陕西有何关系? 年羹尧、延信等都是受雍正重用之人,他们究竟怀挟什么异志,包藏什么祸心,又为什么要"怀挟异志,包藏祸心"?

年羹尧早在雍正三年十二月就被其处决,雍正九年(1731)陕西之民怨议雍正帝怎能迁罪到年羹尧、延信身上? 为什么大将军允禵在西部四年大得人心,川陕军民乃至青藏边民从不"私相谤议",雍正帝执政第九个年头,"陕西之民竟有怨朕而私相谤议"? 田文镜奏山东"小民饮泣吞声",也是允禵、塞思黑、年羹尧、延信等人"包藏祸心"所致的吗? 难怪雍正帝会说,雍正初年青海20万人动乱是年羹尧"激起"。正是欲加之罪、何患无辞。

从雍正帝的心腹大臣李卫、田文镜及全国各地大官小吏的奏折中,从雍正帝本人持续十多年里的朱批中,甚至在外国使节给本国国王的报告中,都对雍正朝的社会现状很不满意,即连雍正帝本人,也是很不满意。从青海20万人动乱,到贵州苗民起义;从山东"小民饮泣吞声"到"陕西之民竟有怨朕而私相谤议";从"四川万县百姓五千余人于四处扯旗聚众"到朝鲜国使者向本国国王报告见闻百姓"怨声载道"。雍正帝的雍正朝社会,人民群众并不满意,雍正帝本人对自己的政绩也并不满意。但是,事隔280多年后的今天,研究者却得出结论——雍正帝

---

[1] 《朱批谕旨》,《雍正十一年八月初六日在山东兖州总兵李建功奏折朱批》。
[2] 吴晗:《朝鲜李朝实录中的中国史料》下编卷八,中华书局,1980年。
[3] 《清世宗实录》卷105,第390页,雍正九年四月庚子初八日。

推行密折制后,工作效率如何高、雍正帝的"改革"如何之美好,岂不令人困惑,又岂不值得大家反思?

再者,密折完全是百分之百暗箱操作,不是阳光政治。这把国家政治生活基本上或大部分的主体都纳入暗箱操作,这是历史进步吗?这是社会的正能量推动国家向上前进吗?退一步说,即使密折制能有利于雍正帝个人的统治,那岂不仍是重蹈"以皇帝的是非为是非"吗?

雍正帝何日宣读康熙遗诏正式登台?有多种版本。据《上谕内阁》载,就分别有康熙六十一年十一月十八日、二十一日、二十二日。最早的日期见《清世宗实录》,为十一月十六日。

但早在十一月十四日,即康熙帝去世后第二天,雍正就晋封公延信为贝子,命延信驰驿赴甘州掌大将军印。这是雍正的一贯伎俩,以此麻痹、拉拢、利用之。雍正任命延信时,雍正本人尚未履行任何就位程序仪式。而未几,延信就与隆科多同囚一处,并同时死于囚所。

据延信密折可知,他是十四日即康熙帝去世后第二天才得知康熙帝去世消息,随即受命骑马赴甘州。但,之后等到年羹尧一到甘州,西部所有权力全归年羹尧,延信被完全排除在议政决策圈外。说明雍正帝命延信驰驿赴甘州,完全是利用延信的人脉和以前他在军中的军功与威信去稳定那里的部队和人心。雍正帝力用延信还有一个目的,即,在延信尚未抵达甘州前,在半路上截住大将军王允禵,收缴康熙帝给允禵的所有朱批奏折。以上所有这一切,都是他用密折,在暗箱中进行。这也是政治制度"改革"?这样的政治制度"改革"究竟是雍正帝独裁的需要,还是历史和人民的需要?还是人治超越法治的畸形政治?请看当时密折:

> 辅国公臣延信密奏:为钦遵谕旨事。延信宿住举罗之日,奉上谕:尔到达后,尔将大将军王之所有奏书,所奉朱批逾旨,均收缴,封闭具奏送来。倘将军亲自携来,尔速陈其由,于伊家私书到达前密奏。倘尔稍有怠懈庸懦、使其观家书而未全解送,朕则怨尔。途中若遇大将军,此情万勿被发觉,惟尔抵达甘州前,称讹旨赶到,尽告彼处大臣等。尔抵达后即收领印信,掌权之后再行。此间事甚机密,尔之所有密奏文书,以大将军有奏书之匣、钥匙,尔传旨取用。若平常具奏,则普通封奏,札克丹等、太监等若强推诿谎称将军亲自携来,即行执拿,一面具奏。钦此,钦遵施行外,奴才于十二月初六日,宿建安堡。是日,大将军王宿榆林。翌日初七日经双山堡途中会大将军王,见之下骡执手痛哭,我劝之进入店铺,突然询我:皇父何病,此事作梦亦未料到,有如此之例乎?痛哭不止。我告之:我等查仓完竣,十一月初六日前往海子具奏,是日我等俱面见皇上,主子面谕。询问仓务,久议方散。是

日主子气稍虚,脸亦消瘦。翌日即入畅春园,我等八旗大臣等相约,初十日往请主子安,奉旨:尔等再勿前来。从此我等再未前往。十四日我等方闻之,各自前往,此事确不是梦,大将军王一再哭泣,经我劝慰后启程。我亦前来。初八日,于榆林附近会见前锋统领阿哥,亦照此禀告。延信我于本月二十日,宿凉州。闻大将军王之小福晋等,俱于此腊月初五日经凉州前往京城。降旨内称于伊之家书到达前密奏。延信我惟念,大将军王家之私书,伊之姨母同携之不可料定,计算日期尚未抵至京城,自镇靖往京城有二路。一路经大同、宣府、南口进。一路经绥德州、汾州府、平定州、固关进,过正定,保定,前往京城。再由侍郎札克丹随王前往。延信我抵达甘州查明另奏外,为此谨密奏。[1]

又是密奏。这份密奏充分说明并证明,延信远未抵达甘州前,十四阿哥及小福晋等早已离开甘州;也充分说明并证明,十四阿哥并非是奉雍正的奔丧令才离开甘州。再说,延信是奉命去甘州接授大将军印,理应在甘肃甘州(今张掖)与十四阿哥当面交接,怎会在陕西榆林与十四阿哥途中相遇?十四阿哥得知康熙去世的消息,显然是在陕西榆林途中相遇时延信告诉后方才知道,这之前十四阿哥毫无已知父皇去世的迹象。

从雍正对延信的具体布置看,完全是在用欺骗手段,而并非雍正以皇帝名义正大光明依法、依程序进行收缴。与此相反,雍正再三叮嘱延信,不能暴露出这是雍正要收缴意思。雍正要延信赶在大将军王抵京前,不择一切手段用各种办法把康熙帝给允禵的所有朱批奏折,连同收寄密奏之匣、钥匙,也务必全部骗到手。甚至,一旦十四阿哥手下太监拒交,可当场对其拘拿。

收缴允禵手中康熙帝朱批,根本不是什么改革之需要,完全是雍正帝政治权术之需要;决不是正大光明之举,是暗箱操作、特务行为。这以后,雍正又将收缴作为制度。故,雍正收缴朱批奏折,实肇启于康熙末年。

将密折作为制度,则始于雍正元年,且完全是雍正帝一手操办制定。雍正元年二月十五日(1723年3月21日),雍正帝敕谕科道官"每日一人上一密折,轮流具奏,一折只言一事,无论大小事务,皆许据实敷陈,即或无事可言,折内亦必声明无可言之故"。[2]

为什么即或无事可言,也要上折?是制度改革需要?还是形式主义、率性而为之?

同月二十八日,命各省总兵官俱以折子言事。这是将密折制度化、扩大化的

---

[1] 《康熙朝满文朱批奏折汇编》,第1521—1522页。
[2] 《清世宗实录》卷4,第103页,雍正元年二月十五日之谕。

又一步骤。七月二十九日，雍正帝命尚书、侍郎等官每日一人轮班奏事，密折封进。其内容，包括"一切地方之利弊，通省吏治之勤惰，上司孰公、孰私，属员某优某劣，营伍是否整饬，雨锡是否时若，百姓之生计若何，风俗之淳浇冥似，即邻近远省以及都门内外，凡有骇人听闻之事，不必待真知灼见，悉可以风闻入告也"。[1]

据统计，经雍正帝批准的上密折者有1 500人之多。自此，密折作为为雍正帝独裁效力的人治超越法治的畸形政治，并作为人治制度，作为国家行政、执政的主流方式和主要内容，在全国推行。

完全为雍正帝独裁需要效力的、超越法治的人治密折制在全国上下推行，这一畸形政治的产物，是历史和时代进步的结果，还是将本来就有限的法治完全倒退到独裁社会的结果！无论是从当时还是今天回头去反思，究竟该喜耶、该赞呀颂呀，还是该痛耶、该忧耶、揭露批评之耶？

四、密折制在雍正时代的历史走向

密折制在雍正时代的历史走向，可以从其数量数字、对历史的负面影响这两个方面去观照分析。

(一) 数量数字

以满文朱批奏折为例。康熙朝61年，满文朱批奏折总数为5 800多件，汉文朱批奏折有将近4 000件。现存最早的满文朱批奏折为康熙十二年(1673)，说明康熙帝用密折作为其统治工具在其执政生涯中起步较晚。这当然同他年龄有关。玄烨即位时年仅8岁，他最早启用密折时也仅20岁。雍正尚未正式登基就开始启用密折，登基不足一年就搞秘密立储，这同他的人生经历和政治理念都有密切关系。他的继位过程本来就充满了神秘色彩，他对"密"字充满着激情。因此，他的执政生涯，始终同秘密政治或政治秘密水乳交融、无法脱离。他的一生，从他之继位登台，直到突然暴亡，也都充满了神秘色彩。这是他的政治理念与性格的风格双重使然，是历史的必然。

另一方面，因为康熙帝并不迷信密折，也从未将密折放在治国理政的头等位置，在他20岁以后直到近70岁逝世，在他身体精力与政治成熟都处于黄金阶段几近40年的漫长时间里，密折的动用还是呈少数状。有人将此作为康熙帝勤政不如雍正帝之证据，笔者对此大不以为然。与此相反，笔者以为这正是康熙帝对国家制度、程序之重视大大超越对密折之重视的表现。这也可以在奏折的数量

---

[1]《马会伯奏折》，《朱批谕旨》，雍正二年七月十一日。

数字上充分反映出来。笔者以为,这是好事情,不是坏事情。阳光下的政治,总比暗箱里的秘密政治更符合历史前进的要求吧?

康熙朝满文朱批奏折实际年均118件,月均10件,每天平均0.3件。现存最早的汉文朱批奏折为康熙二十八年(1689),即,康熙朝汉文朱批奏折实际年均333件,月均28件,每天平均0.9件。汉文朱批奏折之出现,与现存最早的满文朱批奏折相比,二者相差16年。

以上数据说明,无论是满文朱批奏折还是汉文朱批奏折,数量都十分有限,这说明康熙帝从未将朱批奏折作为国家政治生活中的主流。康熙帝只是将奏折作为耳目、情报之补充来源,只是将其作为国家机器的润滑剂使用,如此而已。

雍正朝的满文朱批奏折为6 600余件,年均508件,是康熙朝的4.3倍;月均42件,是康熙朝的4.2倍;每天平均1.4件,是康熙朝的4.6倍。

雍正朝汉文朱批奏折共有33 000余件(一说35 000余件),年均2 538件,是康熙朝的7.6倍;月均212件,是康熙朝的7.5倍;每天平均7件,是康熙朝的7.8倍。无论是年均,月均,还是日均,都是康熙朝的7倍以上。这说明,由于雍正帝大力推行密折制,朱批奏折已作为国家政治生活中的主流,已成为国家机器运作中不可缺少的重要部件,成为雍正帝执政、施政不可缺少的运作方式。而这种运作方式,又始终处在秘密状态之中,完全是在暗箱中操作,完全是为雍正帝的个人意志所左右,完全是为雍正帝的独裁政治所需要,更完全是为雍正帝的独裁服务的,决非是人民群众所需要,也并非是时代前进所需要。

中国封建社会本来就是皇帝独裁的人治社会,在这种传统形势下,雍正帝再大力推行密折,使得国家政治生活的惯性走向中,再度把人治极致化,将政治秘密化,将个人独裁扩大化,将暗箱操作制度化、合法化。无论是相对于前朝的康熙时代,还是相对于当时的世界潮流,这样的制度政策与统治方式,都是历史倒退,决不能说成是历史进步,也不可能是历史进步。

(二)密折制对中国历史之负面影响

把人治极致化,将独裁扩大化,将暗箱操作制度化、合法化之历史后果及其负面影响,随着时间的推移与积累,在晚清慈禧太后的身上,急剧澎胀,恶性发作。

慈禧以雍正帝为师,亦步亦趋效法之,有着许多相似并再现,她将中国政治的走向,又进一步推向个人独裁之高峰。

皇四子胤禛用加剧催促康熙帝之死再利用康熙帝之死,勾结并利用步军统领隆科多,用宫廷政变篡夺了国家最高权力;慈禧则利用或加剧催促光绪帝之死,勾结利用恭亲王奕䜣,发动辛酉政变,再次篡夺了国家最高权力;雍正帝用密折制扩大独裁,将暗箱操作制度化、合法化;慈禧则用垂帘听政,实现其独裁统治,并将其制度化、合法化。

咸丰帝临终前一天,召集宗人府宗令、御前大臣、军机大臣等,宣布立皇子载淳为皇太子,派载垣、端华、肃顺,与军机大臣匡源、穆荫、杜翰、焦佑瀛及额驸景寿八人赞襄一切政务,辅佐太子执掌朝政。定明年(1861)改元为"祺祥",这并不违背传统法治原则。为防止大权旁落,又将"御赏"和"同道堂"两颗印,授予皇后钮祜禄氏与皇子,并规定在日后下发的谕旨上,加盖此二印才算有效。但咸丰帝的苦心却被心机深重的慈禧所利用了。

慈禧用辛酉政变,一举击败赞襄政务王大臣,将肃顺斩决,勒令载垣、端华自尽,其余5人或革或降。

在这个过程中,御史董元醇奏请皇太后垂帘听政,八辅臣以无此祖制,拟旨痛加驳斥。慈禧太后却将所拟之旨留中不发。这实是人治与法治斗法,但法治最终未能斗过人治的结果。慈禧太后将所拟之旨留中不,是违反制度、破坏程序的违法行为。咸丰帝去世后,年号的重新定名与垂帘听政之施行,都是人治胜过法治、独裁胜过法治的重大标志。

大学士周祖培奏请更定"祺祥"年号。议政王、军机大臣受命恭议,以"同治"二字进呈,慈禧、慈安两太后允行,并谕内阁奉皇太后懿旨以明年为同治元年。"同治"二字,意为两太后临朝而治、太后与皇帝共同统治。

实践证明,"同治"不仅是地地道道的人治,是一个徒有其名的年号。名曰"同治",实际上就是慈禧一人独裁而治。

为使垂帘听政合法化,慈禧还谕内阁,将历代帝王政治及垂帘事迹汇纂进呈。可见,人治,有时还要寻找法例作理论根据,以历史曾有先例作振振有词之门面,但也暴露出垂帘听政者心虚理亏的一面。

但是,自皇太极入关至咸丰帝去世,清代在235年的执政史上,并无由皇后太后垂帘听政之制度,更无由太后一人独裁而治之先例。垂帘听政制度,太后一人独裁而治,是咸丰帝去世后,清代235年执政史上之历史倒退。因为太后一人独裁而治是将合法皇帝架空,这种将合法皇帝架空在之前清代历史上既无历史依据,也无法理依据。其根源,就是源自雍正帝的密折制,源自雍正帝的秘密政治,源自雍正帝的暗箱操作,源自雍正帝的个人独裁。如果不是雍正帝将密折制、秘密政治制度化,内阁何须向皇后、太后上密折?年号何须由皇后、太后审议再决定?皇位继承人又何须由皇后、太后来定夺?

将"御赏"和"同道堂"两颗印授与皇后钮祜禄氏与皇子,并规定在日后下发的谕旨上,加盖此二印才算有效,这只是咸丰帝防止大臣擅权的一条举措。在此之前,除了雍正为争夺皇权而搞过宫廷政变外,再无复例。

然,雍正是皇子,为皇权而宫廷政变,历史上司空见惯。慈禧是后宫女性,由后宫女性为皇权而宫廷政变,在清代200多年历史上,仅此一例。

慈禧显然是在仿效雍正,用先帝之死作为夺权之机,以宫廷政变作为夺权之手段,以密折制作为个人独裁之工具。

不是皇帝的慈禧,权力却远远胜过皇帝。居然先后立过同治帝载淳、光绪帝载湉和宣统帝溥仪三个小皇帝。在同治、光绪两朝,居然又三代垂帘听政,时间长达48年,实际统治中国近半个世纪。

这是雍正帝的密折制之政治肿瘤,在慈禧身上的再次恶性发作;是雍正帝的独裁政治、秘密政治、暗箱政治在清代国家历史走向上历史后遗症之恶性发作,是历史倒退、政治倒退之必然。

五、密折制是国家政治生活中之肿瘤

任何时代,国家政治的推动都是在一定的制度、既定的程序中运行、运作的,虽然也有局部倒退局部停滞的现象,总的趋势必是不断前进、不断进步。就像一条大河,虽然弯弯曲曲,却总是浩浩荡荡奔腾向前一样。十七、十八世纪的中国,早已跳出了酋长制的原始荒蛮的时空模式,进入国家职能分工专业化、政府配套系列化的时代模式。

例如,清代沿习明代的吏、户、礼、兵、刑、工,俗称六部,各部都有负责长官(领导部的有大学士及尚书、侍郎等)称堂官,部下属各司有郎中、员外郎、主事以及主事以下的七品小京官称为司官。在六部之外和六部并立的中央行政机构还有:大理寺、太常寺、光禄寺、太仆寺、鸿胪寺、国子监、钦天监、翰林院、太医院、理藩院、宗人府、詹事府、内务府,都各有分工明确的专司职能与职权。

自顺治帝进入北京紫禁城,吸收了明代的历史经验后,清代的政府司职部门已经相当健全,其法规体系已是历朝历代较齐全,且都处于正常运作状态。特别是康熙年代,平定吴三桂,收复台湾,收复拉萨,治理黄河,发展经济,重视民生,引进西方科学技术,社会长期稳定,执政长达60多年。

实践证明,康熙年代的国家机器与政治运行运作是正常、有效的。康熙末年吏治有些松弛,财政有亏空(各省存在不同程度的钱粮官欠和民欠及挪用现象),其实也属正常现象。

所谓正常现象,并非指理应存在,而是指难免指存在,是指这种现象不仅在康熙年代存在,在任何国家、任何时代,即便在今天东西方现代化社会,也都仍难免存在。例如,当今世界最发达、最强大的美国,也始终存在财政赤字,也始终存在政府内部各部门各种原因的拖欠、挪用,至于国家的外债数额,更是全球第一。但所有这些,都并不影响美国仍是当今世界最发达、最强大的国家。

以雍正朝而言,即使雍正帝设立了会考府,在整个雍正时代,从雍正元年至十三年,在雍正设立会考府后,各种拖欠、挪用甚至贪污,不也仍是每年照样都始终存在，并未绝迹。

雍正上台后要突出宣传指责一下康熙末年吏治有些松弛，财政有亏空，固然是事实，也有其政治需要。雍正上台后要对这个现象或弊端进行整治、改革，这当然不仅无可厚非，而且应该赞扬。然，进行这个整治成改革，是以改革旧制度中的弊端为主，是以建立新的更符合实际的制度为主，还是要将国家政府机器与机制完全纳入个人独裁、完全纳入暗箱中去操作？这与清理拖欠、整治吏治，惩治腐败，整肃贪污并不是一回事，不可混为一谈，也不可不对此作分析比较。年羹尧这只贪婪的"大老虎"不是康熙帝手里生成，正是雍正帝养虎为患的，结果并不是康熙帝晚年吏治松弛成虎患，恰恰是在雍正帝手里造成的。

以密折而言，康熙年间使用密折与雍正帝有很大不同。如，康熙朝浙江巡抚黄秉中恭请圣安折（原档无日期），御批："知道了。凡督抚，许上折子，原为蜜（密）知地方情形、四季民生、雨旸如何、米价贵贱、盗案多少等事。尔并不奏这等关系民生的事，请安何用？甚属不合！"[1]

康熙帝许用密折，是为一切事关民生之事；雍正帝急于并日夜挂在心间的，则是臣属对他是否有二心，担心是否对其不忠。康雍两人搞密折的动机、目的、效果并不相同。

又如以下御批："人君以天下之耳目为耳目，以天下之心思为心思，何患见闻之不广。观舜以好问好察而称大智，则知自用则小者，正与之相反矣。"[2] 康熙帝"以天下之耳目为耳目"，因此，每到一地，必亲自观察，亲自询问。雍正帝从不外出视察，又疑心重重，就只能通过粘竿处侍卫（特务）四面打探，只能通过官员密折（秘密报告）作为其耳目。

又如康熙帝谕吏部："都察院国家设立都御史及科道官员，以建白为专责，所以达下情而祛壅蔽，职任至重。使言官果能奉法秉公实心尽职，则迩问气苞闻，官差贪邪皆可厘剔，故广开言路，为图治第一要务。近时言官条奏参劾章疏寥寥最间有入告，而深切时政从实直奏者甚少，此岂委任言路之初指乎？自今以后，凡事关国计民生及吏治臧否，但有确见，即应指陈，其所言可行与否，裁酌自在朝廷，虽言有不当，言官亦不坐罪。自皇子诸王及内外大臣官员，有所为贪虐不法并交相比附、倾轧党援，理应纠举之事，务必大破情面，据实指参，勿得畏怯贵要，瞻徇容隐。即朕躬有失，亦宜进言，朕决不加责。其有怀挟偏私，借端倾陷者，朕因言察情，隐微自能洞悉。凡属言官尚各精白乃心，力矢忠说，以无负朕殷切责望至意。尔部院即传谕行。特谕。康熙三十六年二月初四日。"[3]

康熙帝把皇子、诸王也作为参奏对象，甚至把皇帝本人也一并列为臣下参奏

---

[1] 《康熙御批》（影印本），上编，中国华侨出版社，2000年，第26页。
[2] 《康熙御批》（影印本），上编，第480页。
[3] 《康熙御批》（影印本），上编，第548页。

对象,这与雍正帝主要把政敌作为参参对象,或者,将一切他生了疑心之臣包括众弟兄,或将一切他打算惩治之人均作为参参对象,具有很大不同。

康熙十八年八月二十六日(1679年9月30日)康熙帝谕九卿、詹事、科道:"若关天下之重,朋党徇私之情,皆国家可参可言之大事,不但科道而已,有志之臣民,概可以言之。何在区区风闻之言,能敛戢奸贪之志气哉!"[1]

总之,康熙朝的密折内容,不仅主要围绕事关天下之重,而且不限于官员,一切有志之民皆可参可言,其所言,皆言国家可参可言之大事,非个人恩怨倾轧之琐事。这与雍正帝推行密折制在官员中两面三刀、挑拨离间,也具有很大不同。

康熙三十九年十月初八日(1700年11月8日)谕大学士伊桑阿、马齐、王熙等:"言官风闻言事,向曾准行。今各省自督抚以下,典史教职以上,将军提镇以下,千把总以上,凡官员贤否及关系民生利病之事,科道官有风闻者亦准陈奏。"[2] 奏折的队伍面虽然有所扩大,但奏折的内容始终限于"官员贤否及关系民生利病之事"。

早在康熙二十四年(1685)五月康熙帝就规定:"自后大朝期,一切奏章交送内阁,遇大雨雪临时请旨,其祁寒盛暑之时各部院果无应奏事宜,方许暂止启奏。朕始终不欲一念倦怠、晏安自便也。"[3] 这是实事求是,合情合理,是人君体恤臣属的开明。与雍正帝规定无事可奏也要写无事可奏呈上,甚至要写十遍的形式主义与任性,完全不同。康熙帝得人心,雍正帝不得人心,于此可见一斑。

一切奏章是先交送内阁还是全部集中先交送皇帝个人,这是奏章运作中的程序设计,这是朝依法治国走,不是将个人独裁推向极端,也是区分中央集权与个人独裁的第一步,但这一步十分关键。此外,遇大雨雪临时请旨,其祁寒盛暑之时各部院果无应奏事宜,方许暂止启奏。

康熙朝平三藩、平准噶尔噶尔丹、收复台湾、收复雅克萨城的成功,尼布楚条约的成功,都完全能充分证明这个制度、这个程序是行之有效的,是于国于民有利的。

然,雍正帝一上台就对此作了改变。雍正元年二月,雍正帝命各省总兵官俱以折子言事,又命尚书、侍郎等官"每日一人轮班奏事密折封进"。这就把先由部议、廷议的程序,改为先由各部各司直接向皇帝汇报,而且,把本来按程序先由部议、廷议后再由皇帝拍板决定的法定公开程序,改成为密折封进、暗箱操作。这是把法治程序倒退到人治程序,把国家大事由部议、廷议后再由皇帝拍板决定,改为先由皇帝一人决定后再由皇帝一人决定是否交部议、廷议,甚至,干脆取消部议、廷议,一切都直接由皇帝独裁决定。

---

[1] 《康熙御批》(影印本),上编,第517页。
[2] 《康熙御批》(影印本),上编,第552页。
[3] 《清圣祖实录》卷121,第272页。

例如，雍正元年十一月初二日（1723年11月29日），雍正帝在诺岷的谢恩折里朱批："若另有所闻及令尔怀疑之事，则密访打听。即便打听到朕处，如若为难，着密问怡王。"可见，用收缴密折和推广密折将国家政治秘密化，从雍正元年前后起，一开始就是雍正帝治国理政的主要方式。

雍正七、八年的军机处，更是一个典型例证。军机大臣成了皇帝的高级秘书，军机处成了皇帝的收发处。康熙朝全国上密折者仅百余人，雍正朝全国上密折者达一千二百余人，是康熙朝的12倍。这是密折制高度发展、畸形发展后的结果。

雍正帝用密折制不断取得并不断扩大个人独裁，再通过个人独裁，使密折制这类小报告成为国家政治生活的主流，用密折制作为国家政治秘密化、暗箱化、特务统治的主要手段和主要运作方式。从国家的历史走向看，这种手段和方式，除了只有利于皇帝一人独裁外，并无任何历史进步意义。

紧接着密折制的推行，是雍正元年八月秘密立储。看来，雍正帝对个人独裁、暗箱操作、国家政治秘密化情有独钟。无论是国家行政施政的运行，还是国家最高领导皇位继承人的选择与产生，都强行纳入雍正帝的个人独裁、暗箱操作之轨道中去进行。

事实证明，个人独裁、暗箱操作，是国家政治的肿瘤，有害无益，是需要割除、抛弃的东西。

康熙帝亲政后说："朕听政以来，以三藩及河务、漕运为三大事，夙夜廑念，曾书而悬之宫中柱上。"公开、明确把解决三藩、河务、漕运作为近期规划。之后，又择时收复了台湾和拉萨。

雍正帝执政后，始终把追求权力、实现独裁放在首位，一切从眼前出发，一切从权宜之计出发，这就不可能对国家蓝图与规划有一个宏观、科学的顶层设计。他迫不及待地推行密折制与秘密立储，即是例证。

翻看雍正元年、雍正二年大量满汉文的几百条朱批，没有一条是谈国家发展道路和国家蓝图，就是最有力证明。雍正六年前，雍正帝的主要精力和真正目标是投放在整治反对派、肃清政敌上。清理钱粮拖欠，既是经济斗争，更是政治斗争。直至雍正七年（1729）建军机处，又是一个搞个人独裁的有力证明。整个雍正时代，并无新的经济增长点，是为又一证明。雍正朝的国家领土相对于康熙朝，只有缩小、流失，而物价、税收相对于康熙朝，只有增大、加重，人民群众的实际生活水平只有下降，并未提升，而官与民的贫富悬殊，则明显地畸形增大。

也许有人会拿出雍正帝的话反问："朕欲澄清吏治，乂安民生，故于公私毁誉之间，分别极其明晰，晓谕不惮烦劳，务期振数百年之颓风，以端治化之本。"[1] 还

---

[1]《雍正朝起居注》第二册，第959页，五年二月初三日条。

会拿出雍正帝的话反问:"将唐宋元明积染之习尽行洗濯,则天下永享太平。"[1]这些,不都是他的国家新蓝图与规划、不都是他的改革纲领吗?

以上两条,都是雍正帝执政已进入第五年时说的。与其说这是他的国家新蓝图与规划,不如说这是他对当时社会现象之愤懑,与其说这就是他的改革纲领,不如说这是他对当时执政的一个支撑门面的口号。

看来,他执政第五年时仍有很多愤懑。他愤懑什么?他愤懑吏治不清,实际上就是政令不畅,官员唯利是图,阳奉阴违。他还愤懑或担惊受怕朝野结党,对他不满者不利者多多。但雍正帝将此全归于"数百年之颓风""唐宋元明积染之习",将对他的不满、不利,全都巧妙地转移了,却仍然只字不见他的国家蓝图、国家道路是什么。

雍正五年(1727)时,雍正帝的政敌已基本整除几尽,但朝野舆论仍对其不利。这显然已不是少数政敌造谣生事之所为之所能,而是人心所向所致。雍正帝不愿意承认问题在自己身上,也不愿意承认问题在人心所向上,只能将其归为是"数百年之颓风""唐宋元明积染之习"。

雍正二年七月,雍正帝颁布《御制朋党论》。效果如何?雍正四年五月,雍正帝有一个自评:"朕即位以来,百凡整理,费尽苦心,乃三年之久。顽邪尚未尽化,风俗尚未丕变,尔等满洲大臣急宜醒悟。"雍正五年正月,雍正帝在署两广总督阿克敦奏折上朱批:"朕即位于今四年,舆论二字不但不足为凭,竟全然不可听信。"[2] 说明舆论对他十分不利,他才会这么说。

雍正八年三月,广东布政使王士俊向雍正帝密奏,"臣由知县以至藩司,遍历各省,知书办、衙役等守法者少,坏法者多。且父兄子侄更易姓名替换承充,盘踞既久,百弊丛生。督抚司道之书役更狐假虎威,无恶不作。书办分内外班,内班经管案件,外班传递消息。饱其贪壑则改重为轻,拂其所欲则批驳不已。吏办舞文弄法,差役纵肆婪赃,各省大率皆然。本日谕:朕素知此辈之情状,已经定例,严申禁约。今再行训饬督抚藩臬应约束于平时,访察于临事。秉公驾驭,用意防闲。一有见闻,即加惩治。"[3]

雍正十年二月,侍郎彭维新与江苏巡抚尹继善奏报,自康熙五十一年至雍正四年,各属积欠一千零一十一万六千三百二十五两。[4] 说明雍正朝第四年新的拖欠仍在出现。

雍正十三年正月,雍正帝尚健在,贵州苗民爆发大规模起义。

即使在是康熙六十一年之末年,也没有以上这幅乱像。至少,康熙朝六十一

---

1 《雍正朝起居注》第二册,第935页,五年一月十七日条。
2 《雍正编年》,第244页,五年一月三十日条。
3 《宫中档雍正朝奏折》,1977年,台北故宫博物院,第十九辑。
4 《清世宗实录》卷115,第525页。

年及末年,也从未出现"大潦各行其意见,下情隔绝而不通。功过不分,劝惩无术,所以人心涣散"的局面。这是因为,康熙帝虽然也始终集大权于一身,但决未如雍正帝这般独裁。康熙帝虽然也使用密折,但决未如雍正帝这般,把国家政务完全纳入于用密折运行一切,将一切政务都纳入暗箱操作之中。

无论雍正帝说过多少豪言壮语,也无论雍正帝推行密折制和独裁有多少个原因或"理由",也不能以雍正帝的是非为是非。雍正朝的社会现状,从以上连续十三年系统的列举中可知,"密折制"远非如某些人所说的那么光明美好。

雍正朝的十三年,既是他力图改革的十三年,很想施展作为的十三年,也是雍正帝有所作为的十三年,与此同时,也是他把个人独裁推向极致峰顶的十三年,是雍正帝暗箱操作的十三年,是雍正时代国家政治存在恶性肿瘤并在肿瘤中生活蔓延了的十三年。

正如高翔先生所指出的:"密折的运用、军机处的设立,使皇帝的意志可以不受任何制约地贯彻到全国每一个角落,而教化的推行、文字狱的迭兴,更使意识形态出现前所未有的'一体化'现象:有影响的异端思想家不再产生,即使产生,其思想也得不到传播,整个士人队伍,几乎无一例外地束缚于儒家纲常伦理之中。"[1]

"密折制"的大力推行不仅把雍正帝的个人独裁推向至峰顶极致,还严重束缚、障碍了新的进化思想的产生与传播,这是高翔先生的目光、视野更为高远的体现,值得向大家推介。

---

[1] 高翔:《康乾盛世浅议》,《清史研究》,1993年第1期,第12—13页。

第三章 秘密立储

一、制度创新还是权宜之计

制度创新与权宜之计是两回事,两个概念。就雍正帝的秘密立储而言,要么是权宜之计;要么是制度创新,二者必居其一。不可能既是权宜之计,又是制度创新,这在概念和逻辑上是矛盾相悖的。

那么,雍正帝的秘密立储,究竟是一个权宜之计,还是制度创新呢? 这要从雍正帝秘密立储的时代背景、个人动机、社会效果、秘密立储的历史地位与作用等诸多方面作综合考虑与评估才能结论。

(一) 雍正登台后面临的继位合法性危机

有人提出:"不能以皇帝的是非为是非。皇帝所立的太子是合法的,是合皇帝之法;谋为储君,甚而自立者,是不合法的,是不合皇帝之法。这是以国君之是非为是非,是封建道德的是非观念。皇帝所立者不一定好,非皇帝所立者不一定坏……

在储君问题上,以皇帝之是非为是非,是君为臣纲的道德标准的体现,当然不能把它奉为神圣不可动摇的准则。不能用封建伦理评论康熙朝储位之争"。[1]

奇怪的是,包括冯先生在内的许多人,却还是在千方百计为雍正辩护,却还是要千方百计用雍正所说来力图证明:皇四子胤禛确是康熙帝指定继承皇位、是"合法"继位。

其实,雍正自立为君也罢,夺权谋位也罢,关键是为谁谋位,后来又为谁立储。如果皇四子不是皇四子而是农民或代表其他劳动人民群众向封建帝王康熙帝夺权,或者,康熙帝临终时不及指定继位人,人民群众一致或多数在廷满汉大臣都拥戴皇四子为新君,在以上情形和前提下,冯先生的以上立论就是完全正确的。如果不是以上情形和前提,则又要另当别论。

试问,皇四子是代表人民群众向康熙帝夺权吗? 是一个阶级推翻另一个阶级的革命夺权吗? 是为了人民群众勇于担当才自立为领袖的吗? 都不是。

---

[1] 冯尔康:《雍正传》,人民出版社,1985年,第73页。

皇四子继位的本质，仍是宫廷内部的权力斗争，根本谈不上也用不上一个"好"字。皇四子先是用韬晦待时隐蔽自己，用虚伪欺骗父皇与众兄弟，在关键时刻发动武力宫廷政变，他又并没有拿出比康熙帝更为先进、更切实可行的治国纲领从而号召、团结一批人、带领一批人把国家航船驶向更为光明的理想社会。总而言之，皇四子只是抓住时机，为实现个人龙袍加身、皇位到手而铤而走险，并侥幸得逞，如此而已。简言之，他的继位登台，是不折不扣的个人野心、个人阴谋之举动。

据笔者研究考证，康熙帝临终前，确已留有满文遗言并布置内阁完成满文遗诏。即使康熙帝临终前没有留下满文遗言与满文遗诏，来不及指定继位人就逝世了，是不是就没有更合适、更胜任的继位人了呢？也并非如此。

皇四子理当知道、他不可能不知道，早在康熙四十七年（1708）九月第一次废黜皇太子允礽后，十月，康熙帝就谕诸皇子及廷臣："今立皇太子之事，朕心已有成算，但不告知诸大臣，亦不令众人知。到彼时，尔等只遵朕旨而行。"[1]

这就说明，康熙帝非但不是不想立继位人，与"不立太子说"相反，他心中其实早已有谋划，而且，"朕心已有成算，但（只是）不告知诸大臣"罢了。

第二个月，十一月十四日康熙帝命在廷满汉大臣举荐太子，并公开表示："众意属谁，朕即从之。"[2]结果，众大臣一致推举八阿哥为储，没有任何人推举四阿哥。电视剧《雍正王朝》里算盘噼啪响，四阿哥多少票，完全是戏说。

如果四阿哥没有个人野心，没有个人阴谋，当康熙帝病危时，理应速与三阿哥诚亲王、五阿哥恒亲王、七、八贝勒、九贝子、十阿哥敦郡王等众兄弟共同担当起抢救父皇生命的责任与义务，并拥戴被众大臣一致推举出来的八阿哥为皇位继承人，但四阿哥不可能这样做。

如果四阿哥没有个人野心、没有个人阴谋，为什么康熙帝逝世后，在将康熙帝遗体从畅春园向紫禁城转移时，三阿哥、八阿哥等众兄弟都不知情，都不在场？如果康熙帝临终前确已宣布过由四阿哥继位，四阿哥完全可以光明正大、名正言顺地进行一切活动，何须在转移康熙帝遗体时如此阴森可怖，又何须如此背着众弟兄进行？

在政治生活中，合法指的是按人们通常承认的法定方式获取权力和行使权力，用中国儒家传统语言来说，合法就是名正言顺。"清世宗胤禛自从继位直至去世，终其一朝，其帝位合法性始终受到人们的怀疑，就是今天，史学界也众说纷纭。这种疑问主要包括两个方面的内容：第一，康熙晚年虽

---

[1]《清圣祖实录》卷235，第345页，康熙四十七年十月初一日条。
[2]《清圣祖实录》卷235，第1934页，康熙四十七年十一月丙戌十四日条。

然没有明确册立皇太子,但在诸皇子中必然有倾向性的继位人选,这个人是谁?是不是胤禛?第二,在继位方式上,胤禛是不是矫诏篡立?雍正自云其继位系康熙"仓卒之中,一言而定大计",问题在于,康熙在临终前是否真的留有遗言?如有遗言,是否确实是令胤禛继位?胤禛在继位以后,面对人们对其统治合法性的怀疑与攻讦,曾对这两个问题作过反复辩解,千方百计证明自己缵承大统合理合法,然而这在当时并没有收到明显效果,反而引发出更多的狐疑与猜测。这是因为他不但拿不出确凿证据证明自己的帝位名正言顺,而且其有关论述大多漏洞百出,自相矛盾。[1]

笔者对高翔先生的以上论析深为钦赞。笔者想再补充一条的是,若康熙帝不死,皇四子绝无可能继位,这是毋庸置疑的。问题要害是,康熙帝究竟是正常病故,还是非正常病故?如果是非正常病故,则皇四子之嫌疑最大,且无法排除,皇四子受舆论谴责则是必然的,也是应该的。而恰好在这个十分关键要害而又敏感的重大问题上,伶牙俐齿的皇四子居然又说不清、道不明了,又无法为自己法洗刷、证明清白无辜了。

雍正元年八月,当雍正帝提出秘密立储时,正是雍正即位面临以上合法性危机的高潮未息之时,雍正帝却又左右说不清、横竖道不明,总是无法洗刷证明自己,又无法摆脱舆论谴责——这么一个形势局面,此为雍正帝迫不及待提出秘密立储的主要时代背景。

(二)雍正帝的应对

在以上形势局面下,雍正帝不得不正面应对。

面对全国上下的舆论谴责,雍正帝以一句"舆论全不可信"或一句"朕就是这样的汉子"作搪塞,并不能摆脱危机压力。雍正帝的当务之急,一是要迅速显示皇帝权威,以保证其统治的进行;二是要有所防备。防备个人生命发生不测,防备"为君难"局面继续发酵膨胀直至其皇位坐不住、皇帝干不下去。迅速指定继承人,则既可以显示皇帝权威,又可以防备个人生命发生不测,一旦个人生命发生不测,皇位不致旁落他家。而秘密立储,则既可把以上两个目的合在一起,同时实施之。这完全是为当时形势所迫的结果,这才是雍正帝搞秘密立储的初衷,或曰目的、动机。也就是说,雍正帝搞秘密立储,完全是一个为应对形势所迫下的权宜之计而已。

杨珍先生说,雍正即位之初,他"最为担心的,还是反对派对他的暗害……这是雍正帝急于实施秘密立储的最主要原因"。"第二个重要原因是,曾被康熙暗

---

[1] 高翔:《康雍乾三帝统治思想研究》,中国人民大学出版社,1995年,第109—110页。

定为储君的允禵……对雍正帝的皇位构成直接威胁……允禵因建有殊功而在朝野上下享有很高威望的状况,并未随着雍正帝的继位而骤然改变。"[1]

这个判断完全正确。

"秘密建储制度只是一个治标而非治本的权宜之计,这是它的最大局限性所在。"[2] 这个判断也是完全正确的,立论非常精辟。

而"雍正在向大臣王公们宣布这一事件时,并没有说从今以后就立法成为制度,更没有严令他的子孙要遵行"。[3]

雍正元年,正是雍正帝焦头烂额、穷于应对最艰难之时。他上台伊始,有多少国家大事迫在眉睫?无论在轻重缓急上,还是从政治运作之常理上,不可能上台伊始自己尚未建功立业就迫不及待先要搞什么传位制度改革之理。传位制度改革云云,只不过是现在的人额外赠送给雍正帝秘密建储的过度赞誉及美丽包装罢了。

(三) 从秘密立储的内容与立储经过分析

雍正元年八月十七日(1723 年 9 月 16 日),雍正召见总理事务王大臣(八阿哥允禩、十三阿哥允祥、大学士马齐、舅舅隆科多)及在廷满汉文武大臣等于乾清宫西暖阁,宣布立储一事:

> 今躬膺圣祖付托神器之重,安可怠忽不为长久之虑乎?当日圣祖因二阿哥之事,身心忧悴,不可殚述。今朕诸子尚幼,必须详慎,此时安可举行?然圣祖既将大事付托于朕,朕身为宗社之主,不得不预为之计。今朕特将此事亲写密封,藏于匣内,置之乾清宫正中世祖章皇帝御书"正大光明"匾额之后,乃宫中最高之处,以备不虞。诸王大臣咸宜知之。或收藏数十年,亦未可定。[4]

雍正帝当时讲得很明白,其一,"朕诸子尚幼";其二,"建储一事必须详慎,此时安可举行"?说明此时决定建储一事有点不合时宜。明知不合时宜仍为之,乃形势所迫"不得不预为之计,以备不虞"。

"不得不"三字,就是笔者上述的形势所迫。"预为之计"之"计",是"以备不虞"的权宜之计。"以备不虞"者,之后可能用得上,也可能用不上,难以预测,以

---

[1] 杨珍:《清朝皇位继承制度》,学苑出版社,2001 年,第 376 页。
[2] 杨珍:《清朝皇位继承制度》,学苑出版社,2001 年,第 390 页。
[3] 陈捷先:《雍正写真》,浙江文艺出版社,2003 年,第 115 页。
[4] 中国第一历史档案馆编:《上谕内阁》,元年八月十七日谕;《雍正朝起居注》,中华书局,第一册,第 83—84 页。

备不虞而已。如果是已经定为制度,那就不存在之后可能用得上,也可能用不上之情形。雍正帝在结尾处已讲得很明白,"或收藏数十年,亦未可定"。

试问,如果雍正帝是将此作为制度改革,岂有将某个制度或制度改革"或收藏数十年,亦未可定之理耶"? 由此可见,"制度说"或"制度改革说"之无根无据。

雍正帝的秘密立储究竟是权宜之计还是制度改革,无论从秘密立储的时代背景、雍正帝的目的动机、秘密立储的内容与经过,特别是雍正帝的原话分析,答案是不难作出的。

以下就雍正帝秘密立储的功过是非之一,即,国家重大决定之政治程序——进步还是倒退,讨论如下。

二、是政治进步还是历史倒退

在中国封建社会,尽管立储是皇帝的家事,其重要性,归之于国家重大决定之国事,也是一点不为过的。评价雍正帝秘密立储的功过是非,是否可用以下三把尺子。

第一把尺子,从有清以来立储的程序上,看其是政治进步还是历史倒退;第二把尺子,从康熙朝先公开明立、后又在晚年秘密立储的实践,看雍正帝秘密立储是政治进步还是历史倒退;第三把尺子,从国家社会宏观的历史走向上,从国家重大决定之政治程序上,看雍正帝秘密立储是政治进步还是历史倒退。

(一) 清前期八王推举议决产生新汗皇太极

天命七年(1622),正好是康熙帝去世前一个世纪,努尔哈赤提出了八王共治制,并同时明确提出了如何立储及新君如何治国等思想:

> (天命七年)三月初三日,八子(即八和硕贝勒)相会,问于汗曰:天予之政,何以平定? 天福何以永承? 汗曰:继父为国主者,毋令豪强认为君。以豪强认为国主时,恐其恃力自恣,得罪于天也。一人之识见,能有几何,能及众人之议乎! 尔等八子为八王,若八王同议,可无失矣。选择不拒尔等八王之意之人,使继尔父为国之主。若不取尔等之言,不行善道,尔等则更换尔等八王任置之汗,选置不拒尔等之言之坚者。更换之时,若不心悦诚服,而有难色者,岂能任尔不善之人之意乎? 若如斯,则以恶者更代矣!……八王须贬斥奸诡之人,进举忠直之人。[1]

---

[1]《满文老档·太祖》,卷38。

资深专家周远廉先生指出:"八和硕贝勒共治国政,是努尔哈赤晚年确定的治理国政制度,这在中国历史上,还是少有的。"[1] 这个历史上之"少有",正是较之以往过去历史先进性进步之体现。

> 谁奸、谁忠,不是臣僚本人自封,不是新汗钦定,而由八贝勒评断。用谁、罢谁,全由八贝勒议定。[2]

努尔哈赤去世后,总计共由 15 人共同推选新汗,所谓"八王"并非是一确定之数。虽然新汗产生过程中也有过激烈矛盾和分歧斗争,在"共议"与"举贤"这个共同原则认可下,还是顺利产生了第一位由共议产生的清代新一届领导人。

皇太极是当时八王中,汗位竞争力最强的一位,但皇太极骄纵揽权、结党倾向明显。八王共治制促使他有所收敛,使他"改变骄横作风,处事较为谨慎,成功地改塑了自己的形象,从而博得了父汗的认同,并多少安抚了三大贝勒"。[3]

努尔哈赤生前曾首立诸英为嗣,次又命代善执政,都有始无终。最后,他确定八贝勒共治国政。努尔哈赤死后……在八贝勒推举时,因皇太极"深契先帝圣心,终为人心所归,在岳托、萨哈廉兄弟推动下,大贝勒代善出面推举,以'才德冠世'的皇太极乃继大位"[4]。

在雍正帝提出秘密立储的 100 多年之前,努尔哈赤已对立储程序提出"一人之识见,能有几何,能及众人之议乎!若八王同议,可无失矣"。到底是用众人之议立储、在国家政治生活或国家重大政治决定在程序上更为开明、更符合于社会历史的前进,在操作方法上也更为完善,还是雍正帝提出的完全由他一人瞒住众人,独自一个人拍脑袋又暗箱操作更为开明呢?对此,大家应不难作出正确判断。

(二)对比康熙帝尝试用选举产生储君

康熙四十七年十一月丙戌十四日(1708 年 12 月 25 日),康熙帝在畅春园要满汉文武大臣会同详议,于诸阿哥中举奏一人为储,除大阿哥品行不堪除外,"众议谁属,朕即从之。"[5] 康熙帝要满汉文武大臣会同详议,选举产生储君,这不仅相对于努尔哈赤提出八王同议又一大进步,更是中国千百年来立储思想、立储制度上史无前例的一大进步。

---

[1] 周远廉:《清朝开国史研究》,辽宁人民出版社,1981 年,第 276 页。
[2] 周远廉:《清朝开国史研究》,辽宁人民出版社,1981 年,第 281 页。
[3] 杨珍:《清朝皇位继承制度》,学苑出版社,第 42 页。
[4] 滕绍箴:《努尔哈赤评传》,辽宁人民出版社,1985 年,第 377 页。
[5] 《清圣祖实录》卷 235,第 351 页,康熙四十七年十一月丙戌十四日条。

因为,努尔哈赤提出的八王同议虽是一大进步,"八王"仍都是皇族、贵族之"八王",仍局限在爱新觉罗氏"家天下"的框架内,仍有很大很强的封建性、局限性。康熙帝要满汉文武大臣会同详议,选举产生储君,满汉文武大臣并非都是皇族、贵族、爱新觉罗氏。特别是汉人文武大臣,更非皇族、贵族。这就把储君、皇位接班人历来纯是皇帝的"家事",开始向"国事"有了实质性转变。

由满汉文武大臣会同详议,选举产生的储君,其开明程序要比百年前的八王同议的开明度和透明度更大,其人选的质量更具公认度和权威性,这对国家政治生活而言,当然更具活力和凝聚力。在立储的程序上,比过去更开放、更透明、更完善,也更进步。

三、雍正为何急于秘立弘历为储

研究雍正秘密立储,必然会碰到雍正帝为何要急于秘立弘历为储的问题。

如果把雍正秘密立储界定为是一个"权宜之计"没有大错的话,那么,研究雍正为何要急于秘立弘历为储,也理应从"权宜之计"这四个字上去多用心思。

综合分析各种材料和情况后就会发现,雍正秘立弘历为储,也确实是个权宜之计。

(一) 政治利用、玩政治

雍正是一位擅弄权术的政治人物,他即位之初又正面临着极其严重的政治危机,他要摆脱政治危机,仍必需从政治上去寻找解决方案。康熙帝去世前半年多的时候(康熙帝本人当然决未料到半年多后他会离世),康熙帝对从未见过面的皇孙弘历,显现出种种慈爱之情。这为擅弄权术的雍正提供了一个政治道具和机会。因为历史上有过因老皇帝喜爱某个孙子而将皇位先传给其父的先例。

问题是,康熙帝从未说过或暗示过要立弘历为第三代接班人之类的话。因此,雍正至死也并未说过以上同类意思因康熙喜欢弘历而传位于他的话。但雍正要演一出戏,这出戏的言外之意就是父皇康熙帝因为喜爱弘历,所以,仓促之际,把皇位托付给了他。

这样,名义上雍正要秘密立储,实际上并无秘密可言。如果真是秘立,上面这张政治牌就打不出去,制造利用康熙帝因为喜爱弘历,所以,仓促之际,把皇位托付给了他的言外之意也就无从说起。

雍正搞秘密立储主要是以防自己不测,同时,也是为自己政治上加分。从这个层面上说,雍正搞秘密立储,仍然是在玩政治,是在利用弘历玩政治。

（二）从雍正元年雍正帝的儿子情况分析，雍正当时别无选择

雍正元年雍正帝有4儿子，分别是弘时、弘历、弘昼、福慧。福慧是年妃所生，其大舅年羹尧早已是雍正心中大患，必欲择机除之。且年妃所生3个儿子都是福字辈，无一取爱新觉罗氏弘字辈。雍正元年5月，年妃又生福沛，却又旋即夭折。

在弘时、弘历、弘昼3子中，弘时已19岁，弘历、弘昼均十三岁，从年龄、资历上看弘时正是黄金时代。按常理，弘时应为太子。当雍正帝以皇帝身份发号施令起，很可能八阿哥已开始在弘时身上展开攻势，大做文章。这从后来雍正帝下令强将弘时作为八阿哥干儿子，将弘时交八阿哥管教，又将弘时与八阿哥同时关禁，并剥夺宗籍，最后又都很快死去等可以看出，雍正对弘时之痛恨，决不亚于八阿哥。故，是不是由此生出要赶快立储之念头，也未可知。但弘时决不在立储人选之内，已可肯定。这样，立储人选只能在弘历、弘昼2人内，择取其一。

从目前掌握材料看，无论在体格上还是在智商上，弘历都优于弘昼，这应该是雍正之所以选弘历而不选弘昼的主要原因。

《啸亭杂录》中就有"纯皇（乾隆）少时，天资凝重，六龄即能诵《爱莲说》"的佳赞。

乾隆本人则更不厌其烦地一再炒作。

> 康熙六十年，予年十一，随皇考（雍正）至山庄内观莲所下，皇考命予背诵所读经书，不遗一字。时皇祖近侍，皆在旁环听，咸惊颖异。皇考始有心奏皇祖令予随侍学习。[1]

这是弘历继位后也在玩政治的"杰作"。康熙帝近侍怎么会自由散漫地"皆在旁环听"一个小孩背诵所读经书？康熙帝晚年几乎年年都去山庄，康熙帝又喜欢孙子，何以该皇孙已长到12岁，以前从未见过面？若康熙帝早就有在孙子中隔代指定，培养接班人的计划，怎么可能十几年中长期对弘历不知不晓、不见不问？

又云："康熙壬寅（六十一年），皇考敬奉皇祖临幸（圆明园）观花，慈颜有怿，因于燕喜之次，以予名奏闻，爱抚备至，是为承恩之始。仰惟付托之重，默契圣心，投艰遗大，似即肇基于此。"

同年三月，康熙即命将"圆明园寝殿之左，旧谓之牡丹台者，即四十景中所谓楼月开云者"，为弘历起居，读书之所。

虽然笔者对乾隆帝弘历治国能力之敬仰远远胜于雍正帝，然，对弘历以上之谎话假话也不得不提出质疑也。试问，雍亲王是圆明园王府主人，弘历是雍亲王

---

[1]《清高宗御制诗》五集，卷90。

亲生儿子,弘历在圆明园哪里入住,还需要拖延12年之后,必须由康熙帝来现场开金口下旨决定吗?笔者在2013年8月台湾出版的《你所不知道的雍正后宫》上册中,以郎世宁写真纪实的《平安春信图》为证指出,乾隆帝亲笔题款"我少年时入室,幡然者不知此是谁",证明:弘历9岁左右入圆明园时,竟然还不认识站在他面前的生身父亲是谁?

冯尔康先生说,他(弘历)的这个御笔是"开了个玩笑"[1]。这个御笔是乾隆四十七年(1782),乾隆帝已70多岁时写的,从题款全文"写真,世宁善绘,我少年时入室,幡然者不知此是谁"看,20字中无一字不严谨,无一字是玩笑之话。再说,他有必要开这么大的政治玩笑吗?结合上面也是乾隆帝老年时透露出来的——他在圆明园究竟住在哪里,是康熙壬寅六十一年三月皇爷爷康熙帝决定的。至此,笔者已可断定:弘历是12岁那年,即康熙六十一年三月才初入避暑山庄。如果弘历真的诞生于雍和宫,雍和宫就在北京,怎么可能直到9岁左右才进入圆明园?又何需由康熙来指定他在圆明园于何处居住?

杨启樵先生在对内务府《活计档》作研究中发现,弘历在很长的时期里不叫弘历,叫元寿。[2]那么今天我们又有了新的证据,那就是乾隆帝晚年回忆中透露出来的——"康熙壬寅(六十一年),皇考敬奉皇祖临幸(圆明园)观花,以予名奏闻",这说明,不仅弘历母亲长时间里没有正式名分,就是连弘历本人,在12年里,连弘字辈的辈分都尚未得到确认。直到康熙壬寅(六十一年)康熙帝临幸圆明园时,才"以予名奏闻"。弘历是在这样一个特殊背景、特殊情况下,直到12岁时才第一次见了皇祖康熙帝。

在以上这样一个特殊背景、特殊情况下,而且康熙帝仅仅见了4个月,到七月时,就已决定或默选弘历为第三代接班人了?康熙帝花几十年时间尚未搞定解决继位人,用4个月时间就果断搞定解决第三代接班人了?某些专家教授至今还在煞有介事地完全采用弘历一人一口,并无任何直接文献证据就累牍连篇地反复宣传这个神话故事,岂非有意无意地在为弘历宣传伪史?岂非有意无意地在误导读者?

这个神话故事的首创是乾隆帝,但乾隆帝耍了一个滑头,搞了一个文字游戏。他是这么说的:"即今仰窥皇祖恩意,似已知予异日可以付托,因欲预观圣母福相也。"[3]"似"者,好像之意也。对于要把江山托付于予这样头等重要的国之大事,乾隆帝并不是用十分肯定的语句,更没有拿出十分确凿的证据,两次用"似"这样故弄玄虚、含糊其辞的字眼。而且,是在学他的父亲雍正帝。雍正帝做皇帝5—7年后突然"想起"并"举证",康熙帝临终前于早晨对隆科多及7位兄弟

---

[1] 冯尔康:《雍正帝》,中华书局,2009年,第162页。
[2] 杨启樵:《揭开雍正皇帝隐秘的面纱》,上海书店出版社,2002年,第144页。
[3] 《清高宗御制诗》五集,卷90,上海图书馆古籍部珍藏乾隆年刻本。

口头宣布由皇四子继位。

无独有偶,乾隆帝在做皇帝四十多年后,突然"想起"并"举证",康熙六十一年七月,皇爷爷康熙帝好像已经看出、已经知道异日可以付托于皇孙弘历。康熙帝用几十年心血尚未如愿解决当下的接班人问题,现在却只用三个多月时间,在一个生母尚未有正式名分、本人尚未有弘字辈身份连大名都尚未确定的初来乍到的12岁小孩身上,决意立其为第三代接班人了?

雍正元年八月秘密立储之时,雍正帝也自始至终并无一句一字提到过康熙帝默定弘历为第三代接班人一事。(参见《清圣祖实录》《清世宗实录》《雍正朝起居注》《雍正朝汉文上谕》)排除了康熙帝默定弘历为第三代接班人的神话、谎话后,就更可看出雍正秘密立储弘历玩弄政权、一计多用的权宜之计之本质。

雍正在弘历、弘昼两人中不得不选弘历,是当时雍正帝无可奈何、别无选择的结果。雍正帝之所以说"或收藏数十年,亦未可定",余以为是指两种情况:其一,若雍正帝所担心的个人发生不测情况并没有出现,则他执政数十年亦未可定;其二,他称帝时年45岁,若执政数十年,说不定他还会再有儿子。无论秘立还是明立,都可以再确认或再变更,这也是"或收藏数十年,亦未可定"之一种可能。

雍正十一年六月,雍正帝果然又有了皇子弘瞻。但雍正八年雍正帝的一场大病,差点夺去其生命,弘历接班人地位的真正确立,应是这个时候。

四、康雍帝秘密立储之优劣

康熙帝晚年虽然早在康熙四十七年(1708)十一月已在筹划、实施秘密建储,但与雍正帝的秘密立储相比较,又有以下不同特点:

第一,康熙帝在决定立储人选前,先征询大臣意见;而雍正帝完全是一人独断独行,并不征询任何大臣意见。

雍正帝征询大臣意见,是在雍正帝已经决定秘密立储人选之后,已经在决定执行秘密立储人选的程序完成之后,这就失去了征询大臣意见的意义,征询大臣意见已完全沦为形式、沦为作秀的表面文章。

例如,雍正帝在宣布秘密立储决定后(请特别注意这个"后"字)问诸臣有何意见,隆科多奏称,皇上"圣虑周详,为国家大计发明旨,臣下但知天经地义者,岂有异议,惟当谨遵圣旨"。于是诸王大臣、九卿等皆免冠叩首,雍正表示满意,令众臣退出,留下总理事务王大臣,将密封锦匣藏于"正大光明"匾后始出。[1] 这同

---

[1] 《雍正朝起居注》第一册,第83—84页,元年八月十七日条。

康熙帝二废太子后、重新立储前征询汉大臣李光地等人意见,截然不同,与康熙帝要满汉大臣用选举产生储君人选,更截然不同。

第二,康熙帝晚年筹划、实施秘密立储时,对意有所属的皇十四子胤祯重点培养、赋以重任,在政治、军事、行政各个方面大力提高其全面料理国事的素质和能力,并在其取得业绩后大力树立胤祯威信,从军功和能力及其辅政班子两个方面,为胤祯继位构建从政基础;而雍正帝则将立储计划锁进密匣,搞暗箱操作,又将密匣置于乾清宫正大光明匾后束之高阁,令建储之事蒙上神秘色彩,既不容任何大臣参与,也不对暗中立储的弘历进行从政国事的重点培养,只是用"封储"的承袭方式"令"暗中树立的接班人继位。

储君是国家领导接班人,身负江山重任,理应经受国之大事的全面政务训练。但,雍正帝秘立弘历为储,并未令弘历经受国之大事全面的政务训练,也并未令弘历在经受实践中通过建功立业增加威望。其做法,显然不及康熙帝晚年秘密立储中的多项举措之合理。

雍正仓促、蹊跷的上台,使其面临着巨大舆论压力,除了因雍正缺乏继位称帝的有效证据外,同康熙晚期皇十四子胤祯已建功立业,康熙已通过各种形式公开树立皇十四子胤祯个人威望,皇十四子已在朝野大得人心——这个强烈对比大有关系。这个人心所向之舆论,是雍正上台之前已经形成,并非单纯为雍正上台后其政敌造谣攻击所致之结果。

第三,雍正帝秘密立储在中国历史上的负面影响,是显而易见的。而且,很快就暴露了出来。

乾隆帝是雍正秘密立储的第一个受益者,乾隆初期,围绕皇权斗争的严酷和尖锐就突现了。且看《清高宗实录》乾隆四年九月乙丑(1739年10月23日)上谕:

> 弘升(康熙第五子允祺子)于皇考时获重罪,禁锢后蒙见宥,俾得自效。朕即位以来用至都统……。竟若为他人荐举所致,诸处夤缘、肆行无耻……若仍留之于外,必至挑动事端,使我宗室不睦,事体不知何所底止……将伊革去都统,锁拿……押解来京,交宗人府……此后,王公宗室当以弘升为戒,力除朋党之弊。[1]

乾隆帝的谕旨,是针对同辈中有人"挑动事端,使我宗室不睦"和"朋党之弊。"乍一看,同雍正帝秘密立储似无直接关系。实际上,仍是针对雍正帝秘密立储的结果在发难,是针对弘历的出身经历在发难。

乾隆四年,弘历本来是要以弘升为例杀鸡儆猴,不想事态并未按其设想了

---

[1]《清高宗实录》卷101,第525页,乾隆四年九月乙丑二十一日条。

结,而是继续急速严重恶化。此谕下达不及一月,乾隆又发一谕:"庄亲王允禄及弘晳(废太子允礽子)、弘升(允祺子)、弘昌、弘晈(允祥子)等结党营私,往来诡秘,请将庄亲王允禄及弘晳、弘升俱革去王爵,永远圈禁。弘普(允禄子)革去贝子,宁和革去公爵,弘晈革去王爵。"[1]

乾隆还在谕旨中指出:"弘晳、弘升、弘昌,弘晈等私相交结,往来诡秘。朕上年即已闻知,冀其悔悟,渐次散解,不意至今仍然固结。"

乾隆说的"上年",是乾隆三年(1738)。这说明皇族内部好多人针对乾隆的矛盾与斗争已非一日,早就开始了,且"结党""仍然固结"。而以上人中,庄亲王允禄是乾隆的叔父,不仅是弘历早年的武师,而且雍正七年八月,雍正还命他负责编辑刊布《上谕内阁》。雍正猝死,弘历继位,就是由庄亲王允禄主持开启立储密匣的,可见允禄受到过雍正、弘历重用。弘晈是允祥之子,而允祥是雍正的第一心腹重臣,允祥对雍正可以说是鞠躬尽瘁、死而后已。为什么乾隆按雍正秘密立储顺利继位后,他的叔父允禄、总理允祥之子弘晈,还有其他宗室中人仍执意要同乾隆过不去?这说明,所谓"秘密立储"就可避免皇子分裂一说,并非至论。即使雍正的秘密立储能得以顺利实现,实现后也并不能避免重重矛盾与冲突。

弘历由秘密立储登位后出现的矛盾,不仅在其上一代人(如允禄)中留了下来,而且在同一代人(如弘晳、弘升、弘昌、弘晈等)中照样存在,并不因为"秘密立储"就可"避免",而且竟延续至庄亲王子弘普,直至乾隆七年(1742)弘升死于禁所,此案才告一段落。

关键原因是这个接班人不是大家选的,是"秘密立储"产生的。而皇太极在位 18 年,顺治帝在位 18 年,康熙帝在位 61 年,都不是"秘密立储"继位,也都并不存在这方面的后遗症。

雍正帝秘密立储在中国历史上的负面影响,还在于他开了一个坏头。即,将已经存在、已经制度化、程序化中的在共举中议决产生皇位继承人的制度政策完全,倒退到由一人一票决定产生;将尚有一定程度公开透明的进行,倒退到完全神秘化、封闭型的暗箱操作之中。

雍正帝秘密立储在中国历史上的负面影响,在以后国家政治生活中,例如,在道光、咸丰、同治时代,暴露得更为惊人、严重。

道光帝在选择决定皇位继承人时,一度曾在皇六子奕訢、皇四子奕𬣞之间犹豫不决。如果采用大臣议决,这个问题本来是不难解决的。道光帝最终选择决定奕𬣞作皇位继承人(是为咸丰帝),多少仍受了嫡长子继承皇位的影响。而事后实践证明,奕𬣞的能力和体质条件,都要逊于奕訢。如果采用大臣议决,奕訢作皇位继承人,咸丰朝的许多弊政或可减少。

---

[1]《清高宗实录》卷 103,第 545 页,乾隆四年十月乙丑十六日。

咸丰帝病逝后,御前大臣载垣、肃顺等八大臣与新皇帝载淳的生母皇太后叶赫那拉氏(即慈禧太后)围绕国家权力的掌控,产生了严重矛盾。

叶赫那拉氏鼓动咸丰帝的皇后钮祜禄氏(即慈安太后)与八大臣争权,授意御史董元醇上朝奏请由皇太后垂帘听政,随即遭到八大臣抵制。

平心而论,八大臣对慈禧太后的政治抵制,无论于法于理,都是站得住的,是从国家利益出发。慈禧鼓动(实是利用)咸丰帝皇后慈安太后争权,于法于理,都是站不住的,完全是从满足个人野心、满足个人权欲出发。这个临界点和分水岭就在于国家重大政治决定的政治程序上,特别是皇位继承人产生的政治程序上。

另一方面,当时宗族中的恭亲王奕䜣与咸丰朝顾命大臣僧格林沁和军机大臣文祥等人被排斥在最高权力之外,政治上极为不满。于是叶赫那拉氏与奕䜣等人联合,发动政变。发动政变本身,就是非法的,是宫廷权力斗争的恶性发作。

从此,慈禧、慈安两太后开始垂帘听政。但实际上,是形成慈禧个人掌握清政府的最高权力并使其固定为合法化,历时竟达四十七年之久。

慈禧骨子里完全是继承雍正的衣钵,在走雍正的老路。

这是国家政治生活不正常,个人权力意志至上的结果。其根源,是雍正将国家制度、政治程序都一脚踢开,一切都暗箱操作,一切都个人独裁的恶果。如果道光、咸丰的清政府仍然坚持用议决共举产生皇位继承人,则慈禧的政变、慈禧的独裁,慈禧以"老佛爷"自居,都是不可能得逞的。更不可能出现由一个连皇帝都不是、连政府大臣都不是的后宫老女人——来决定国家最高领导人的人选,来决定国家命运——这样的咄咄怪事。

据《悔逸斋笔乘》记载:光绪十八年(1892)仲夏之时,一天,光绪与隆裕皇后为小事争吵,隆裕跑到慈禧面前哭诉其事。慈禧大怒,对身边的人说:"皇上是我所立,(光绪)实乃忘恩之举,隆裕是我的亲侄,辱骂皇后就是对我最大的不敬,实在难以忍受。"

一句"皇上是我所立",充分暴露出个人独裁之专横、暗箱操作之弊端。如果用八王议政来决定皇位继承人,用康熙帝晚期提出的通过在廷满汉大臣投票选举,"众议属谁,朕即从之",在决定皇位继承人时,不是将个人意志强加于众人的人心之上,而是将个人意志服从于众人的人心,慈禧的"皇上是我所立"就可以避免出现。康熙帝的"众议属谁,朕即从之",把个人放在从众的位置。康熙帝没有用"众议属谁,朕即准之",而是"众议属谁,朕即从之",一字之差,反映出康熙帝立储思想中曾经展现其宝贵、光辉的一面。

皇位继承人之产生,竟由一个连皇帝都不是的人去决定,其产生过程完全抛开向大臣征求意见或上层议决程序。甚至,连皇帝都不是的人,其权力竟远在皇帝之上。光绪帝要搞改革,竟会受到慈禧"老人干政"的重重阻挠与压制,这是历史的倒退,是国家政治的倒退,是雍正帝秘密立储在中国历史上负面影响的后遗症之恶劣结果。以致后来又出现杨珍教授所说的"传位不传权"之怪象。

乾隆帝传位于嘉庆后,居然仍要当太上皇,不放皇权。嘉庆帝颙琰生长于清王朝全盛时期。乾隆六十年(1795)九月被册立为皇太子,翌年即位,改元嘉庆。

退为太上皇的乾隆帝,仍居住在养心殿,照旧批阅奏章,内廷时宪书和档案仍使用乾隆年号。颙琰深知其父并没有真正放弃权力,处处小心回避,不去参与国事。于是当嗣皇帝期间,看戏成为嘉庆帝的重要活动。据敬事房档案记载,嘉庆元年(1796)正月,他共计看了十八天戏。不是嘉庆帝不想作为,是太上皇乾隆帝的"老人干政"压抑了他,束缚了他。晚清的慈禧在名义上让光绪为帝,光绪帝竟连自己的婚姻、爱情都无法做主,光绪帝的职位完全成了慈禧的摆设与傀儡。

因此,对雍正帝秘密立储事件从本质与历史走向去分析,根本不值得赞美肯定,理应对其揭露批判并否定之。

评析雍正帝秘密立储的功过是非,应从国家政治的历史走向去评判,不能只从是否有利于雍正帝皇位、皇权、独裁统治去评判。不能轻重、主次不分,不能局部、长远不分,不能只站在雍正帝的立场上、只站在雍正帝的利害关系上考虑问题,应当站在更高的历史高度,从历史走向趋势上去评判。

第四章　雍正朝没有新的经济增长点

经济是国家的命脉,是社会的基础。一个国家、一个时代,如果没有新的经济增长点,虽也能维持生存,但,那是没有活力、没有发展前途的国家;是没有活力、没有发展前途的时代。

雍正朝没有新的经济增长点,这是笔者始终坚持的观点。

也许有人会问,顺治朝、康熙朝有新的经济增长点吗?为什么只突出强调雍正朝没有新的经济增长点呢?这是因为,顺治定都北京时,根本没有自己的经济基础,康熙朝在平三番、平准噶尔后,社会政治格局才真正稳定,才可以真正开始奠基清代自己的经济基础。而雍正执政时,清统治者已在中国执政近80年。有不少研究者把雍正帝、雍正朝的"改革""功劳"放大到远远超过了康熙帝、康熙朝;是因为至今仍有不少研究者一直在宣传"雍正帝为乾隆帝、乾隆朝打下了良好的经济基础"这一神话,这一伪史的光环。

笔者以为,以上两个对雍正拔高溢美的历史观点,都非历史真相。提出并证明雍正朝没有新的经济增长点,可以对以上两个历史观点多少提出一些较为有些说服力的驳论。即使算不上是学术研究之创新,至少也是耳目一新,或多或少能促动学界重视并再度"回诊"这些长期以来翻来覆去、人云亦云,老生常谈,却又远非历史真相的误说与误传。

更何况,笔者坚持认为,提出雍正朝没有新的经济增长点,并不只是提出一个历史观点,而是在提出一个历史事实。以下分5个方面展开论述:

一、日发谕旨十一道

雍正元年(1723)正月初一日,新年的第一天,历来是停朝放假、休息、过节的日子。雍正帝却一改惯例,不许百官放假休息,他自己也不放假休息。为什么?他要让百官和天下臣民都知道:"雍正改元,政治一新。"[1]

---

[1] 李绂:《穆堂别稿》卷十八。

雍正明白告诉大家:"朕缵承丕基,时刻以吏治兵民为念。"[1]强调:"为政之道,要在务实。"他对官吏中"……结党怀奸、贪缘请托、欺罔蒙蔽、阳奉阴违、假公济私、面从背非种种恶劣之习,朕所深知灼见。"[2]这是雍正在向众吏发出警示。

新年第一天,雍正在金銮殿日发11道谕旨,其内容:(1)谕总督察吏安民秉公务实不得徇私负恩;(2)谕巡抚改过勤勉安靖封疆克尽职守;(3)谕提督虚公和衷办事饬属勤缉奸宄以俾地方安堵;(4)谕总兵巡缉宜严纪律宜明训练宜精;(5)杜亏空不可营私黩货旷职累民;(6)谕臬司虽狱务须明允以剔宿弊;(7)谕学政廉洁持身精勤集事以端士品以正文风;(8)谕道员粮河盐驿各当兴利除弊务尽其职;(9)谕知府率属爱民严杜徇私纳贿贻害地方;(10)谕知州知县洁己奉公实心尽职以固国家根基;(11)谕副将、参将游击等官严整戎伍卫民防乱不可恣意逞威为害地方。以上11道谕旨,都是对各级文武官员下达的,内容不下千言。[3]

总督是朝廷的封疆大吏,是各省的最高行政长官。所以,第一道谕旨就是发给各省总督的。雍正在第一道谕旨中明示:"朕观古今之纯臣,载在吏册者,兴利除弊,以实心,行实政……今之居官者,钓誉以为名,肥家以为实,而曰'名实兼收',不知所谓名实者果何谓也。"[4]

他在给按察使的谕旨中又指出:"迩来士大夫好云名实兼收,所谓名者,官爵也,所谓实者,货财也。"这同有些封疆大吏"钓誉以为名,肥家以为实,而曰名实兼收",完全是一路货、一回事。不久他就给所有为官者下达谕旨,作出规定:"不可务虚名而废事务,不可但先洁己而后奉公,不可以因循为安静,不可以生事为振作,不可以柔善盗宽仁之名,不可以姑容钓属员之誉,不可重朋友之情而欺朕,不可受权要之托而诳君。"[5]

新年元旦日雍正帝发谕旨11道,是雍正改元的新气象,令人振奋。然,第一条中不仅对督抚要求察吏安民、秉公务实,还要求督抚不得徇私负恩。不负恩,就是不忘皇恩。雍正帝执政13年,每次对臣属作出行为规诫时,都必带不要负恩、不要忘恩的训示。

在以上11道谕旨中,其内容都是围绕臣属的行为规范说的,或可归入吏治,自始至终并没有谈起经济二字。虽然,在第五、第八条中有牵涉到经济内容之处,其着眼和落脚点仍在官吏行为规范上,与注重发展经济并不是一回事,与规划、产生新的经济增长点,更非一回事。

新年元旦日发谕旨11道,目的是要把自上而下的国家管理机器从康熙朝的

---

[1]《清世宗实录》卷十三,第238页,元年十一月丁酉二十一日条。
[2]《雍正朝起居注》第一册,第798页,四年十月初二日条。
[3]《清世宗实录》卷三,第67页;《雍正朝汉文谕旨汇编》第七册,第113页。
[4]《清世宗实录》卷三,第67页,元年正月辛巳初一日条。
[5]《雍正朝汉文朱批奏折汇编》第七册,第113页。

轨道,纳入雍正朝、雍正帝的轨道,这是必须的。同时又反映出,雍正帝对治国理政的认识与把握,从一开始,主要就集中在对官吏的行为规范上。其本质,还是停留在人治的格局模式与轨道。而雍正帝对官吏行为的规范,主要是两点,一是忠君,二是尽责。雍正帝在日发谕旨11道中,从未考虑过什么经济规划、产生新的经济增长点。如果说,雍正帝出于统治需要考虑,出于厘正社会风气考虑,必须首先关注官吏行为的规范;或者,首先关注官吏行为的规范,并非就不考虑规划、产生新的经济增长点,那么,他后来的两个禁令,显然就是把规划、产生新的经济增长点放到了龙案之外、置于帝王脑后。

不仅雍正朝新年发谕旨11道中不见其新的经济增长点,在整个雍正朝,《上谕内阁》《雍正朝满文朱批奏折汇编》《雍正朝汉文朱批奏折汇编》《雍正朝起居注》《清世宗实录》,直至雍正帝临终前的传位诏书里,也都一概不见雍正帝考虑过国家规划中应考虑产生新的经济增长点问题。可见,雍正帝从他上台的那天起,直至雍正一朝结束,雍正帝从未考虑过新的经济增长点问题。

二、禁 海 禁 矿

中国是世界上海岸线最多最长的国家之一,但中国两千多年来,所有的改朝换代都是在陆地用步军和骑兵解决,因而,所有的皇帝都从不考虑建立强大海军,更从不考虑发展海洋经济。非但如此,几乎所有的皇帝,尤其是明清皇帝,都把海岸作为守卫政权的天然壁垒,作为抵御海外威胁的天然壁垒,同时,又把海岸作为闭关自守的天然壁垒。公元1405—1430年明成祖、明宣祖命郑和七下西洋,是中国封建社会里的伟大创举,也是中国航海史上空前绝后的辉煌一页。

但在郑和七下西洋100年之后,雍正帝的海洋理念和海洋政策仍是禁海。在大陆,则是禁矿。其根源,都是从维护皇家政权出发。即使在禁海、禁矿上后来有所松动,也是从让小民糊口、活命,维持起码生存而已,从未把海洋经济、矿业作为国家新的经济增长点放到国家议事日程上来。如,康熙十四年定开采铜铅之例。户部议准。

> 凡各省产铜及黑白铅处,如有本地人民具呈愿采,该督抚即委官监管果取。[1]

康熙十八年覆准,产铜铅厂,任民采取,征税银二分,按季造报,八分听

---

[1]《清朝文献通考》卷30,"征榷5","考5129"。转引《清代的矿业》上册,中华书局出版社,1983年,第5页。

民发卖。先尽地主报名开采,地主无力,许本州岛县民采取,雇募邻近州县匠役。如别州县越境采取,及衙役搅扰,皆照例治罪。有坟墓处,不许采取。倘有不便。督抚题明停止。[1]

康熙帝的"任民采取,征税银二分,按季造报,八分听民发卖"这一经济政策,是利国利民的经济政策,这比四年前又开明、前进了一步。

康熙五十二年(1713)奉旨:"有矿地方,初开时即行禁止乃可,若久经开采,贫民勉办资本,争趋觅利,借为衣食之计,而忽然禁止,则已聚之民,毫无所得,恐生事端。"康熙帝把经济与民生结合考虑,把民生与社会稳定结合考虑,是开明君主的做法。

康熙五十二年五月初五日(1713年5月28日)大学士九卿等遵旨议复,开矿一事,除云南督抚雇本地人开矿,及商人王纲明等于湖广、山西地方各雇本地人开矿不议外,他省所有之矿向未经开采者,仍严行禁止。其本地穷民现在开采者,姑免禁止,地方官查明姓名记册,听其自开。若别省之人往开及本处殷实之民有霸占者,即行重处。

上曰:"有矿地方,初开时即行禁止乃可,若久经开采,贫民勉办资本,争趋觅利,借为衣食之计,而忽然禁止,则已聚之民,毫无所得,恐生事端。总之天地间自然之利,当与民共之,不当以无用弃之,若在地方官处置得宜,不致生事耳。"[2]

(康熙)时有请开矿者,大豪多辇金京师谋首事,圣祖以问公(李光地),公对言:开矿以食饥民,无不可。请着令许土著贫民人持一铫以往,而越境者诛,则奸人不致屯聚山泽以酿乱。议遂定。[3]

康熙的处置是既适当顾及有矿之地的民生之艰,又防止他省一窝蜂潮涌生事。

雍正二年奉旨:今日有利聚之甚易,他日利绝,则散之甚难。若招商开厂,设官收税,传闻远近,以致聚众藏奸,则断不可行也。

五年,又谕申言之:何必谆谆以利为言?

雍正十三年三月十五日两广总督鄂弥达等请开矿采铸奉旨:停止开采甚是。地方一切事务,自当以久远宁帖,永无后患始为尽善,(已)有旨

---

[1] 光绪《大清会典事例》卷247,"户部杂赋"。
[2] 《清圣祖实录》卷255,第521页,康熙五十二年五月辛巳初五日。
[3] 彭绍升:《二林居集》卷15,页8,《故光禄大夫文渊阁大学士李文贞公事状》;转引《清代的矿业》上册,中华书局,1983年,第7页。

谕部矣。[1]

嘉庆四年四月，御史据民商呈奏，请开邢台银矿，奉旨："恭阅世宗宪皇帝朱批谕旨，于开矿一事，深以言利为戒，不准行。"

五年，大名请开铅厂，折（留中）不发。

六年三月，塔尔巴哈台金矿，奉谕："以无籍之徒聚之甚易，散之则难，于边地殊有关系，严行封禁。"

九月，平泉州铜苗见，请开厂。谕：永远封禁。

嘉庆二十年四月谕封禁都兰哈拉铅厂。[2]

雍正帝的禁矿政策，竟一直影响到嘉庆朝，直到其孙子嘉庆帝执政后仍在固守，竟然沿袭了一百多年，仍一直固守不变。

在如此陈腐而又固守、百年不变的制度政策下，怎么可能有宏观经济规划，又怎么可能会出现新的经济增长点？

三、轻视商业

纵览十六七世纪西班牙、葡萄牙、荷兰、法国和英国的崛起，无不与重视商业、无不与发展海洋贸易相关。

1550—1650年，正是中国明世宗朱厚熜执政的嘉靖二十九年至清世祖福临执政的顺治七年。这个阶段：意大利传教士利玛窦已于明万历十一年（1583）来华、德国传教士汤若望已于明天启三年（1623）来华、比利时传教士南怀仁已于清顺治十七年（1660）进京。他们虽与雍正帝并无直接关系，但雍正帝理应知道他们来华的事实和活动。而法国传教士白晋，意大利传教士郎世宁，雍正帝不仅知道这些人，还都很熟悉。白晋逝于1730年即雍正八年，那么，雍正帝向白晋学习西方科技文化了吗？没有。

白晋对康熙帝之死，对雍正帝突然继位，实质上是持质疑态度，是将京城视为危险之地，决心赶快离开（见后文详述）。故，白晋不大会对雍正帝作什么奉献。

郎世宁逝于1766年即乾隆三十一年，雍正帝去世时，郎世宁还活跃健在于宫内。那么，雍正帝向郎世宁学习西方科技文化了吗？也没有。雍正帝要郎世宁做的，一是参与圆明园西洋楼大水法的设计、建造，二是为其绘像、绘画，都是完全为其个人服务。

---

1 《朱批谕旨》第56册，第73—75页；转引《清代的矿业》上册，第35页。
2 俞正燮《癸巳存稿》，"禁开矿"，卷9，第19页；转引《清代的矿业》上册，第5—6页。

康熙五十五年十月壬子二十六日(1716年12月9日),康熙帝召广州将军管源忠、浙闽总督满保、两广总督杨琳来京陛见帝,并对大学士、九卿等作了以下面谕:"天下事未有不由小而至大,小者犹不可忽,大者盖宜留心……即如海防,乃今日之要务。朕时加访问,故具如原委。地方督抚提镇也未能尽悉也。海外西洋等国,千百年后中国恐受其累,此朕逆料之言。"[1]

在中国几千年历史上、几百个帝王中,只有康熙帝一个人发出了预见——将来中国会受到海外西洋等国之累。八国联军攻打北京、火烧圆明园、抢劫故宫不是很快就在晚清成为事实了吗?

雍正即位后,既没有在中国海洋水师上有所考虑、有所规划,更没有在海洋经济上有所考虑、有所规划。从康熙五十六年(1717)起,康熙帝的工作重心,一是操心于西部噶尔丹动乱,二是操心于秘密立储。从五十七年(1718)起直至逝世,康熙帝在实施应对中,实际上将这两件事合二为一了。

雍正即位后的前五、六年,其工作重心,主要集中于打击、整肃政敌上。从雍正七年起直至逝世,其工作重心主要集中于两方面。一是对西部噶尔丹西部用兵,一是大力扩充后宫,将后宫嫔妃从8人扩充到37人;同时大力扩建圆明园。从雍正元年起,直至雍正十三年逝世,从来没有见到雍正考虑、规划、提出、产生新的经济增长点。

雍正中期雍正七、八两年昙花一现的户部快速增长,是物价因素和税收因素促成,不是新的经济增长点促成。自雍正九年(1731)起直至雍正十三年(1735),户部白银始终呈一路下降下跌,这也有力证明:雍正一朝始终未有新的经济增长点。

这同雍正帝轻视商业的理念与政策也有直接关系。早在雍正二年(1724),雍正帝就公开宣布:"四民士为首,农次之,工商为下。"[2]

雍正五年(1727),雍正帝又发布:

> 朕观四民之业,士之外,农为最贵,凡士,农,工,贾,皆赖食于农,以故农为天下之本务,而工贾皆其末也。今若于器用服玩之物争尚华巧,必将多用工匠。(朕)以为市肆之中多一工作之人,则田亩之中少一耕稼之人。此逐末之所以见轻于古人也。且愚民见工匠之利多于力田,必群趋而为工,则物之制造者必多。物多则售卖不易,必至壅滞而价贱。是逐末之人多,不但有害于农,而并有害于工也。小民舍轻利而趋重利,故,逐末易,而务本难。[3]

雍正帝这一大套重本轻商的理由和理论,实在机械刻板,或云是装模作样、

---

[1]《清圣祖实录》,卷270,第650页,康熙五十五年十月壬子二十六日。
[2]《上谕内阁》,二年二月二十日谕。
[3]《雍正朝起居注》第二册,第1233页,五年五月初四日条。

不懂装懂,甚至强词夺理,非常有害。

雍正帝惯于权宜之计、权术之计,或云急功近利,功利心太强。种田务农可以收稻谷,民以食为天。老百姓没饭吃,很可能会造反。这才是雍正重农为本的根本原因。这个根本,更多的基因是政治,已超离了经济的单一意义。

雍正帝的这一认识来自传统历史,来自历来统治者的统治之道帝王术,来自中国是个长期传统的小农经济社会,并非完全毫无原因。

问题在于,当世界进入十六七世纪后,当欧洲传教士们已经把西方先进的科技文化带入中国后,当皇父康熙帝已经冲破层层传统阻力把西方的科技文化引进用于中国天文研究、制造全国地图、制造红衣(夷)大炮、火枪后,当皇父康熙帝已经开始关注海洋问题后,雍正帝反而历史倒退。

前已说过,雍正帝对欧洲传教士的使用,不是为国家利益服务,不是为中西文化交流服务,而完全停留在为雍正帝个人服务,这就是政治倒退。

例如,雍正帝对西方先进的科技文化并无兴趣,如何用西方先进的科技文化促进经济发展更毫无兴趣,但对从西方引进的老花镜很有兴趣。要造办处按每个时辰2副,即按每个小时不同使用标准为其制作。雍正帝还为此下旨:"用料要上好的。"造办处分别用水晶、墨晶、茶晶、玻璃制作20多副。直到他临终前数日,造办处还在为他特别制作。这就是他的自私和功利性。

不妨以日本为例作横向比较,日本并非传统的钟表制造强国。当欧州钟表进入日本后,日本并未将钟表停留在皇宫内少数人私享,而是将钟表推向社会全民享用。日本在把钟表推向社会全民享用中,又十分注意将日本文化原素体现在钟表的外观上,受到了日本广大人民的喜爱。这样,日本很快就形成并发展了日本自己的钟表制造业。

相比之下,中国与日本几乎同时引进欧洲钟表。中国皇帝视钟表为玩物、为摆设,从未考虑把钟表推向社会全民享用,这同重农抑商的传统理念、重农抑商的政策大有关系,同功利性十足,为一己私用服务的传统政策大有关系。

笔者在讲座中还曾以一向不登大雅之堂的便桶为例。当西方欧洲已全民普遍使用冲水马桶时,中国"最高贵"的皇帝、皇后们还在使用千百年不变、简陋落后的木头马桶。因此,当今世界国际著名洁具无一不是西方国家品牌,没有一件是中国品牌,也就毫不奇怪了。

虽然火药是中国人发明的,火柴却是西方人发明并将它走进了千家万户、走向了世界各国。西方国家的钟表、洁具、牛仔裤可以垄断国际市场,是西方国家重视商品、重视商业发展、重视商业出口的结果。这与雍正帝固守重农抑商所谓"国之大事在农"[1]的传统理念、政策,是很不同的。

---

[1]《雍正朝起居注》第一册,第406页,二年十二月己亥三十日条。

康熙帝大胆引进西方科技文化并取得成果时,已年逾六旬。雍正帝即位时,45岁,正是他年富力强之时。他理应在前任引进西方科技文化的基础上,在谋划、打造中国新的经济增长点上做得比前任更好。但雍正帝执政一生,多围绕在权力与权术上下功夫,从未在谋划、打造中国新的经济增长点上下功夫。无论他曾经多么勤政,这终究是无情之事实,也是无情之遗憾。

四、闭门自守

雍正八年三月初十日(1730年4月26日),《浙江总督李卫奏请酌量给与日本岛内僧人所需物品并陈硫磺折》

> 近有……行商郑恒鸣船回,临来之前,有日本管长崎岛夷目……误听奸商夹带违禁私货入口,僧众被天朝预知拿获,从宽发落。又云,彼地所产倭硫磺、配合火药攻击甚远,向俱珍重,不与商人私买携回。今情愿准商向臣领照核定担数减价买归,听凭内地配用。……伏思前因,夷人勾通奸商,招诱无赖出洋,教习内地技艺,私带僧人书籍舆图,窥探情形,是以设法禁防……亦未尝欲售硫磺图利。
>
> 御批嘉悦览焉,此皆卿忠诚一念,上天赐佑之所致。卿功大矣。硫磺之论甚是,当谕以"在德不在军器之利钝,大国只以恩理服远,何在火药之远近"等语,措词答必不准行之故。和尚当选老成修行优僧数人给去。伊极好勾股算法,有圣祖纂缉(辑)《律历渊源》一书,此算法乃发从古未阐之秘函,其中历法不便给予。其《算法》《律吕》二书,发来卿酌量,若可以内言"将伊等恭敬之情已密奏闻,向皇上求得内藏,制此书赠予"等语,将此二书给去,不可言朕之所赐。未知与事宜可否,详细斟酌料理奏闻。[1]

李卫奏报日本长崎岛头目为求清朝释放被拿人员,愿向中国出售硫磺供制火药。雍正认为治国"在德不在军器之利锤",加以拒绝。却又把宫藏勾股算法等书白白送给日本人。一句"大国只以恩理服远,何在火药之远近",完全画出了雍正帝既要闭门自守,又要摆出一副"天朝大国"的架子。明知日本硫磺、配合火药攻击甚远,向俱珍重,为何拒之门外?

雍正帝闭门自守并非一时。

雍正九年四月二十二日(1731年5月27日),《广东海关监督祖秉圭奏报遵

---

[1] 《雍正御批》(影印本)下册,中国华侨出版社,2005年,第847页。

旨宽免吗吧喇国遇难番商税银并赏给回盘缠折》

> 去年九月内,有吗吧喇国番船一只来广贸易,因在彼国开行稍迟,以致风信不顺,飘至肇庆府阳江县地方,被风打破,银货沉没。该船番商水手登岸者五十七人。……十一月十六等日,各欲附搭便船赶风回国……于番船开行前一日,衙门传齐被难番商水手,着令通事宣布皇上怀柔远方至意,该船所有捞获银物并贸易出口之货应征税项,旨宽免不收外,又命赏赐番商回国盘缠。
>
> 御批:嘉悦览之。凡似此外国商贾之事,但务施恩得体,据理为之,万不可因小利而令外人鄙笑。所得些须,何能偿其所失?志之。[1]

雍正帝对海洋贸易概无兴趣,只字不问。他所关心的,只是要将皇恩浩荡再向西方国家施恩。雍正帝认为,中外贸易,"所得些须,何能偿其所失?"在这种轻视商贸、自满自足、闭门自守的铁框下,加工制造的创新及规模受到了极大限制,物流运输的规模受到了极大限制,仓储设备及管理受到极大限制,国际国内的市场受到极大限制,进出口总量受到极大限制,商品品牌与专利受到极大限制。生丝、茶叶、瓷器这些传统的大宗出口仍在进行,这主要是民间商行简单的扩大再生产的循环重复。缺少生产链上的深加工和扩大附加值。

这一切,都源于不肯走出国门,不肯睁眼看中国以外的世界,也不肯承认中国以外的世界也有中国所无、中国所落后不及的东西。

因此,当西方眼镜、老光镜进入宫廷后,雍正帝居然以 50 岁用、60 岁用作为选用标准,竟不知五六十岁人的老光镜也是因人而异,并不是千人一律的。

与钟表一样,眼镜、老光镜开始时也只是宫内少数人的奢侈品,从未考虑推向社会,全民日用。如果雍正帝不是限于个人享用或宫廷享用,而是像日本政府那样推向社会,则仅是钟表、眼镜二项,可创造多少就业岗位,又可创造多少社会财富?

但这势必与雍正帝"多用工匠、市肆之中多一工作之人,则田亩之中少一耕稼之人"的"以农为本"的传统治国理念发生严重冲突了。正是这个观念冲突,把许多新的经济增长点,一股风吹掉了。

1514 年(明正德九年),当葡萄牙人出现在东南海岸附近的海面上时,中国人首次开始同西方的直接交往。继葡萄牙人之后是荷兰人和英国人,他们也是由海路到达中国;而在北面则出现了俄国人,他们是从陆路到达黑

---

[1]《雍正御批》(影印本)下册,中国华侨出版社,2005 年,第 849 页。

龙江流域的。他们将贸易关系限制在少数几个港口，拒绝在完全平等的基础上建立外交关系。[1]

中国人对西方的商品很少感兴趣。北京（清）政府曾于1729—1799年颁布法令，禁止鸦片进口，但这一贸易非常有利可图，以致中国官员接受贿赂，允许走私。[2]

从明正德九年(1514)到雍正七年(1729)，已过去200多年。到康熙朝，葡萄牙人已以传教士身份而不是海盗身份出现在中国和北京。以葡萄牙传教士穆经远而言，是雍正二年(1724)二月与九阿哥允禟一起被发配到青海大通县。穆经远帮助允禟父子设计密码写信，是用于商业贸易及金融机密，并非政治谋反，也并非谋刺雍正。雍正三年十一月事发，穆经远随后被捕。但雍正帝并未揭露出穆经远有任何政治谋反罪证。雍正四年六月，穆经远被毒死于西宁狱中后，"枭首示众"。[3]

史松先生是支持雍正合法继位说的，他对雍正的经济也并不看好："雍正经济政策有较大局限，表现在发展农业生产的片面性，和对工、矿、商各业的多方限制。究其原因，除传统的重农抑商外，主要是害怕危及封建统治。开矿或其他手工业使'民聚众多''良莠不齐''易于生事'；经商者甚至江湖医生等以其四处流动，难守防范，都在严查之列。在雍正朝，聚众开矿常被朝廷视为'矿匪'，派兵驱赶剿除。对某些种植业（如与粮争地的果木业、烟草业）、某些畜牧业（如与人争粮的养猪业），雍正帝亦三令五申，极力反对。这些错误政策，严重地阻碍着整个国民经济的发展。

雍正帝经济政策的局限性，同他对自然科学的无知有一定关系。……由于以上两方面的原因，整个国民经济停滞不前。"[4]

为什么康熙帝能从西方传教士那里开放引进西方科技文化，康熙帝之后的雍正帝反而不能呢？为什么雍正帝并不将西方科技文化作为先进文化，只作为个人享用之产品呢？

历史没有如果。有时忍不住还会设问：如果雍正帝能沿着康熙帝大胆吸收西方科技文化的路子走下去，雍正朝在前任的足迹跑道上步子再大一点，步子再快一点，雍正朝新的经济增长点，如矿业、鱼业、造船业、海洋运输业、海洋进出口贸易业、经工业、手工业、丝绸业与茶叶的精加工深加工，等等许多新的经济增长

---

1 ［美］斯塔夫里阿诺斯：《全球通史：从史前史到21世纪》，北京大学出版社，2015年第7版(下册)，第584页。
2 史松：《雍正研究论纲》，《清史研究》，1993年第2期，第73页。
3 阎宗临著、阎守诚编：《传教士与法国早期汉学》，大象出版社，2003年，第197页。
4 史松：《雍正研究论纲》，《清史研究》，1993年，第2期，第73页。

点,或许就会早日出现。

但是,雍正帝踏上政治舞台的初衷,只是为关注皇位权力花落谁手。在个人独裁统治传统型治国理政的模式与格局下,在雍正帝不肯走出国门,不肯睁眼看世界,不肯承认西方世界也有优于中国商品、货物的桎梏下,在雍正帝死抱着以大国君主自居、又自满自足的传统陈旧理念下,清代国家新的经济增长点——显然是不会出现的。

五、从雍正朝的财政收入结构说起

从顺治元年(1644)定都北京开始,清代的财政收入结构基本上就是沿习汉民族明朝政府的传统结构。从《清实录》中每年年末财政收入项目看,主要是:丁银、盐课银、关税、米稻、麦子、豆、草、茶、盐。从顺治元年(1644年)到雍正元年(1723),已经79年接近80年,基本没有变化。

康熙朝时,西方国家的钟表、眼镜、玻璃制造、洋炮、羊毛织品、西药、兵舰、地图制作、西洋乐器等都已进入中国。如果说,康熙帝晚年因年老体衰、更因立储一事耗尽心血的话,那么,雍正即位时,年45岁,正当年富力强之时。即使头五年忙于整肃政敌,至少雍正六年以后可以把以上诸项都搞起来。然,终雍正一朝,以上诸项作为社会制造业并在社会放民用民享上,一项也未搞起来。

与此相反,雍正为自己搞了几十副老光镜,还自作聪明地吩咐按50岁、60岁年纪分别用水晶、墨晶、茶晶、玻璃制造。他进口玻璃,把养心殿全安装上明净的玻璃窗。这在当时是天价,犹如今日购买钻石,而且要大克拉的。雍正要郎世宁帮助设计圆明园中西风格结合的园林,要郎世宁为他绘完全虚构的《雍正刺虎图》。

为什么康熙帝不叫郎世宁在畅春园、南苑、避暑山庄设计中西风格结合的园林?雍正偏要这样搞呢?因为康熙帝一生坚持节俭,坚持国库户银只能用之于国、用之于民上。所以,康熙帝的一块地毯用了四十年还在用。而雍正帝不仅喜欢政治上独裁,还喜欢物质上独享奢华。

雍正帝坚持"朕即是国""君即天",国库户银用之于君,与用之于国并无两样。

雍正帝并不完全拒绝西方科技文化,但,从不考虑如何引进借鉴西方科技文化来构建国家要发展新的经济增长点,也从未规划从中国实情出发的新的经济增长点,只考虑西方科技文化如何也可为其个人享受服务,并为其个人政治宣传所用。如此,即使雍正再做十三年皇帝,国家的财政经济收入结构,会有大的改变吗?雍正朝十三年总的经济形势,最终在总体趋势上是呈大步下滑、大步倒退状,岂非必然规律之事?

第五章　雍正朝的经济问题

一、康雍朝户部存银之简单比较

地丁税银是清代财政收入的主项,另一项比较稳定的重要收入是盐课税收和海关税收。这是因为,地、丁基数不仅基本稳定,而且基本上总是呈上升趋势,除非遇到自然灾害。而户部库存银数,除了以上两个主项外,还包括了国家财政年度的其他全部财政收入。严格说来,户部库存银的实数甚至还包括了国家上一年度乃至历年来户部库存银结累的结余数。因此,户部库存银数既是实数,也是一个宽乏数,它既体现了清政府当年的经济状况与财政收入,又反映了上一年乃至近年来的经济状况与财政收入。

最能直接反映当年经济状况与财政收入的,是当年的地丁税银实收数,加上当年米、麦、豆、草、盐、茶的实物征收数量。由于草的征收数量直接影响到军马饲养,其重要性实在不亚于今天的石油。从盐课税的数字变化上,也多少能反映出国家赋税轻重大小的变化动态。

从以上这个角度及事实出发,当下关于康雍两朝财政收入及户部存银的评价介绍,就很值得我们再重新检验或讨论。

当下2个颇为流行的说法,很值得再研究。

一是康熙四十八年(1709),户部存银5 000多万两,康熙末年(六十一年,1722)仅800多万两。

康熙末年库银仅有800多万两,此说来源于清道光年间魏源《圣武记》卷十一内《武事余记·兵事兵饷》。而魏源的依据,则来之于乾隆四十六年(1781)大臣阿桂给乾隆帝的奏折。[1]

二是因此又有了康熙末年吏治松弛,"雍正初,整理财政,收入颇增"(《清史稿·食货志》)说法。这两种说法,给人一种康熙朝晚期不仅"吏治松弛",财政经济也大不如雍正朝,康熙帝搞经济远不如雍正帝"内行"的错觉。

据大内银库黄册及其抄档:

---

[1]《皇朝经世文编》卷二六《户政理财》(上)。

雍正元年：银 23 611 919 两，
　　二年：银 31 627 608 两
　　三年：银 40 434 744 两
　　四年：银 47 409 780 两
　　五年：银 55 252 933 两
　　六年：银 58 235 780 两
　　七年：银 60 248 747 两
　　八年：银 62 183 349 两
　　九年：银 50 375 953 两
　　十年：银 44 392 848 两
　　十一年：银 37 933 743 两
　　十二年：银 32 503 428 两
　　十三年：银 34 530 485 两。[1]

以上可见，雍正朝头三年的库银（2 361—4 043 万两），都并未超过"康熙三十三年 41 007 790 两、康熙四十七年 47 184 788 两、五十八年 47 368 645 两水平……"；雍正四年（1726）库银，也不过与康熙五十八年库银基本相同（同上）。雍正头年库银比康熙五十八年要减少 2 375 万两，几乎只及康熙五十八年雍正朝头三年的库银（2 361—4 043 万两），都并未超过"康熙三十三年 41 007 790 两、康熙四十七年 47 184 788 两、五十八年 47 368 645 两水平……"；雍正四年（1726）库银，也不过与康熙五十八年库银基本相同（同上）。雍正头年库银比康熙五十八年要减少 2 375 万两，几乎只及康熙五十八年库银的 50%！雍正三年库银比康熙五十八年要减少 693 万两；相对于康熙五十八年库银数，雍正朝头三年始终是呈严重倒退状。雍正三年库银比康熙五十八年要减少 693 万两；相对于康熙五十八年库银数，雍正朝头三年始终是呈严重倒退状。

雍正后期连续四年的库银，也并未超过康熙中期水平。雍正朝库银的巅峰，是雍正七年与八年，突破了 6 000 万两。然，这个高峰昙花一现于雍正朝中期，而且整雍正朝仅此两年，以后从此就再未出现过。

而且，自雍正九年起，直到雍正末年十三年，之后雍正朝的户部银库始终是在走下坡路，甚至，雍正后期连续四年的户部银库始终还未超过康熙四十七年的水平，也就是说，倒退了 27 年。

整个雍正朝的库银曲线图不仅始终呈逐年下降态势，且是呈大起大落态势，经济形势与发展很不稳定。雍正九年比八年，竟要减少近 1 200 万两。雍正十年比八年竟要减少 1 777 余万两。雍正末年比八年更要减少 2 765 余万两。

---

[1] 史志宏：《清代户部银库收支和库存统计》，福建人民出版社，2008 年。

从这些数据和发展轨迹看,雍正朝的经济发展及户部收入不仅大起大落,不仅总的趋势是一路下跌,而且,雍正朝后期之下跌,相当严重。恶化状况,非常明显。这与康熙朝时代 61 年整体稳步前进,可持续前进,有着明显不同。如果说,这同雍正朝的军费巨耗有关,那么康熙朝的军费巨耗,又何尝同户银没有关系?

阿桂给乾隆帝奏折中称康熙末年库银仅 800 多万两,并不正确可靠。据大内银库黄册所记,康熙六十一年,库银数是 27 155 088 两,钱 138 598 串,是阿桂奏称 800 万两的 3 倍以上。[1] 据允祥给雍正的奏折,康熙六十一年库银实数是:27 119 286 两。[2]

可见,长期以来人云亦云的康熙末年户银 800 万两,是一个很不客观、也很不公平的误导之说。为了拔高雍正帝,居然对康熙帝踩一脚。居然很多人并不去查考,也跟着去踩。

从康熙二十六年(1687)至四十六年(1707)20 户银看,康熙朝的经济长期稳定,且一直处于稳中有升的形势。

以执政严猛又勤政著称的雍正帝,为什么头三年的户部银比 14 年前的康熙四十七年(1708)的 47 184 788 两还要少收 357 万,645 万两呢?是雍正帝大发慈悲、减租减息免税免赋了吗?是雍正朝头三年遇到天灾了吗?都不是。

查康熙六十年(1721)人丁户口 24 918 359,农地 7 356 400 顷,年收米豆麦共 6 902 353 石。雍正元年(1723)人丁户口 25 326 307,比康熙六十年多 41 万,农地 8 901 879 顷,比康熙六十年多 155 万顷,米豆麦则反而少收 278 万石。

雍正二年(1724)人丁户口 25 511 500,比康熙六十年多 60 万,农地 8 906 475 顷,比康熙六十年多 155 万顷,米豆麦则反而少收 231 万石。

雍正三年(1725)人丁户口 25 565 131,比康熙六十年多 65 万,农地 8 965 827 顷,比康熙六十年多 161 万顷,米豆麦则反而少收 228 万石。

在既未遭遇天灾又未大力减税减征,人丁与农地又年年增加的情形下,却连续每年少收 200 多万石,说明雍正朝的米豆麦征收遇到了问题。换言之,是雍正朝的财经政策出现了问题。雍正帝后来对欠收很有意见,并开始对前朝拖欠大力清查,很可能同雍正朝头三年的连续欠收大有关系。

雍正四年(1726)人丁户口数与农地规模与上年基本一样,但米豆麦总收接近 493 万石,增收 30 万石。户银比上年也一下子多进 700 万两,在人丁户口数与农地规模与上年基本一样的前提下,说明雍正四年(1726)征收的力度大大增大了。

以雍正朝的高峰期雍正七年(1729)、雍正八年(1730)为例:

---

[1] [日]岸本美绪:《清代中国的物价与经济波动》,社会科学文献出版社,2010 年,《关于清代户部银库黄册》,第 425—446 页。
[2] 《雍正朝汉文朱批奏折》,《雍正二年四月十四日怡亲王胤祥奏折》。

雍正七年(1729)人丁户口 25 799 639,农地 8 732 156 顷;雍正八年(1730)人丁户口 25 480 498,农地 8 781 760 顷;七年、八年的人口增加不大,农地比雍正元年(1723)还有所减少,但农作物米豆麦比二年、三年分别多收 55 万—58 万石,户部银更是多收 862 万—3 056 万两。

雍正十三年的农业科技并未有突飞猛进,亩产也未有突飞猛进。雍正七年(1729)、雍正八年(1730)户部银的高峰值,显然是用多征、多收得来的。

总而言之,雍正前期在人丁户口数与农地规模方面都在明显增加上升、国库农作物却连续三年负增长;甚至雍正晚期户银居然连续四年远比康熙朝的中期水平还要落后;面对以上从头至尾如此无情的一连串事实,雍正帝的"经济成就"有什么好吹的呢?雍正四年(1726)征收的力度开始猛然增长,在七年、八年达到高峰,又怎么会令老百姓高兴?

二、康雍朝米价之比较

"民以食为天",这是所有人都知道的硬道理。但对米价贵好、还是米价低好,经济学家、历史学家乃至帝王、政治家的看法不尽相同,而且都能说出一番理论根据来。其实,最有发言权的应是老百姓。为什么?因为老百姓是多数,经济学家、历史学家乃至帝王、政治家是少数。

康熙帝在位期间对物价(主要是米价)非常重视,时常会询问各地官员,还会布置心腹定期向其报告。这是因为,米价直接关系着百姓的生存,直接关系着社会稳定。

据中华书局出版的《中国近代手工业史资料》记载:康熙年间的酱园店,以一文钱可以买酱、醋、油、酒各一碗,谓之"四碗一文"。与此相应的,是康熙时代的米价。最低的时候,二文钱即可以买一升米。一升,按 16 两一斤的老秤,是一斤半。康熙八年,七钱银子一石(150 斤),也就是一升米六文钱左右。康熙在位 61 年,七钱银子一石米,是他统治期间的平均米价。

康熙初年,有一名出生在比利时的耶稣会传教士叫鲁日满的,在常熟、苏州、松江、上海等地布道。他是一个细心人,留下了一本从康熙 13 年到康熙 15 年的账本。从中透露:当时买 30 磅山药,花费约 0.160 两。买 30 磅盐,花费 0.360 两。

鲁日满先生是用英制的"磅"来记账的:"买 3 磅牛肉 130 文。买一磅糖 80 文。买一磅面粉 13 文。买一磅羊肉 55 文。"根据"一磅十二两"的比例,将英制的磅折算成中国的斤两,换算的结果是这样的:牛肉:58 文一斤;羊肉:73 文一斤;面粉:18 文一斤;盐:12 文一斤,糖:80 文一斤。这位传教士买了 5 斗优质大米,也就是 75 斤,相当于花了 756 文钱,平均一斤大米为 10 文钱。也就是说,康熙十四年,6斤优质大米可换一斤牛肉。[1]

因自然灾害米价上涨后,康熙八年(1669),米价又回落到七钱银子一石(150斤),也就是一升米六文钱左右。相对于雍正、乾隆年间平均一两银子一石米,是绝对的低。

有人提出,康熙在位61年,七钱银子一石米作为他统治期间的平均米价,这个数据未必准确可靠。因为61年是一个相当长的时间,会有各种情况(如自然灾害、战争等)发生,米价必会上下波动。但康熙年间物价基本稳定或力求基本稳定,则是可信的。

物价稳定,生活就稳定,人心就稳定,社会自然就稳定。康熙朝社会长期基本稳定,同康熙帝对物价(主要是米价)力求基本稳定,大有关系。

再看康熙中、后期的米价情况。

自康熙三十年(1691)至六十年(1727),任苏州织造达三十年之久的李煦,按康熙帝规定,必须每年定期向康熙帝报告苏州、扬州一带米价。据李煦密折可知,白米每石(约150斤)九钱至一两一钱。据史家钱泳记载,康熙四十六年,松江、苏州、常州、镇江大旱,是时米价每升7文。后二年大水,涨至十六七文。就是说,康熙四十六年苏常大旱时,米价基本仍是每升7文。

从湖南巡抚杨锡绂给乾隆帝的奏报可知:康熙年间,稻谷登场时每石不过二三钱,雍正时每石四五钱,今则五六钱。[2] 说明雍正时稻谷价是康熙年间2倍左右。

到雍正年、乾隆初,米价定价十余文后来已成常态,即使丰收,十四五文一石也已成常态,是康熙中、后期的2倍。乾隆五十年(1785)大旱,每升米价竟涨至五十六七文,是康熙中期的8倍!湖南、四川历来是产粮大区,米价仍然上涨1—3倍。雍正末年,米价每斗已达200文,即每升20文,已是康熙中期(康熙四十五年)的3倍!

有数据表明,康熙末期(1721年)米价指数48.70(以乾隆二十五年的80%作为100)。这个米价指数与康熙四十九年、康熙五十二年、康熙五十三年、康熙五十四年相等。康熙六十年物价指数56.17,与康熙三十五年相似。换言之,康熙年间米价指数与物价指数,总体上都基本稳定。[3]

而雍正三年(1725),米价指数猛窜至64.93几近65,上升了16%。雍正末期雍正十一年(1733年)为75.76,比康熙末期上升了27.06,比雍正三年上升了10.83,几乎上升了11%。

雍正年间米价指数与物价指数,总体上一直呈上升态势,且上升的速度较

---

[1] 参见[比利时]高华士著,赵殿红编译:《清初耶稣会士鲁日满——常熟账本及灵修笔记研究》,大象出版社,2007年3月。
[2]《清高宗实录》卷311,第34—37页。
[3] 彭凯翔:《清代以来的粮价》,上海人民出版社,2006年,第170页。

快,幅度较大。除去物价(这里主要比较米价)直接关系到百姓的生存、生活状态外,收入水平的升降高低也是民生状况的重要支柱。

先看一下康熙朝官吏的收入。康熙二十三年(1684)江苏巡抚汤斌上任,年薪130两,月工资还不到11两。汤斌死后,家中仅有纹银八两,连一个月的工资都不到。

按《大清会典》卷二一"文职官之俸"条:"一品岁支银180两,二品150两,三品130两,四品105两,五品80两,六品60两,七品45两,八品40两,正九品33两有奇,从九品、未入流31两有奇。"此为基本工资,称"正俸";而"京员(中央机关和京城地方官员)例支双俸",即在基本工资之外加发同样数目的津贴,称"恩俸";此外"每正俸银一两兼支米一斛,大学士、六部尚书侍郎加倍支给",称"俸米"。

一个七品知县工资45两加45斛米(1斛相当100升),年收入约合56两银,月工资仅4.6两。一位县长的月收入仅是最普通市民劳作收入的4.6倍。

像汤斌这样的江苏巡抚,在雍正年代,养廉银已可拿到二万,是康熙朝巡抚的153倍至200多倍以上!

据康熙年间翰林院编修查慎行的《南斋日记》:"付轿夫七月工食文银四两"得知,轿夫的月工资是一两。按当时汇率一两银子兑换1 680文计算,可买白米240升即24斗,约360斤,普通劳动人民的基本生活应该是没有问题的。

康熙年代,苏州的一名家庭纺织女工,大约一天可挣五六十文钱。按一个月计算,大致也是一两上下。苏州织造衙门的太监,收入最低的为二两,最高的每月八两。官与民的收入,通过雍正年代巡抚养廉银20 000两/年÷12月=1 666.6,而普通市民的月收入多在一两左右。据此可知,康雍朝的官民收入差距至少在理论计算上已扩大了1 666倍以上,因为政府对督抚大员还有其他贴补。

清代顺治康熙年间,鱼价一般是每斤二十文左右,猪肉是每斤三十至三十五文,牛肉约每斤二十五文至四十文左右。鸭蛋一钱银四十五个,鸡蛋一钱银五十四个。蔬菜价格随精细品种不同而有差别,普通瓜菜如黄瓜每斤二文上下,白菜每斤一至三文,葱每斤五文,蒜薹每斤八文。桃子六至十文一斤,梨十至二十文一斤。米价几乎与白菜价相同。而以上这些蔬菜价都是道光年间的市价,150多年前康熙年间的农副产品价格,当比道光年间的更低。

乾隆三年五月甲戌二十三日(1738年7月9日),乾隆帝谕训先帝的心腹大臣直隶总督李卫:"近看李卫办事甚属粗率,不似从前……,又伊所开米价单内,保定府稻米每仓石价银二两六钱至二两七钱;大名府稻米每仓石价银一两七钱五分至二两一钱四分,(仍)称价贱。岂有如此米价而尚得为中、尚得为贱乎?"[1] 稻米每仓石价银已涨到二两六钱至二两七钱,比康熙年代涨了五倍,难怪直隶总督李卫在奏报米价"贱"时,遭到了乾隆帝训斥。

---

1 《清高宗实录》第十册,卷69,第112页,乾隆三年五月甲戌二十三日。

三、康雍帝财经理念之比较

"人为财死,鸟为食亡"这两句话,是封建社会的流行语,也是封建社会的社会本质。本质是不加粉饰的。"天下熙熙皆为利来",语出西汉著名史学家、文学家司马迁《史记·货殖列传》,意思是说天下人都在为了利益蜂拥而至,又为了利益各奔东西。

实际上,这也是国家社会财经理念的本质。国家社会的一切财经政策,也无不都是为利而来、为利而往。

作为封建帝王,其财经理念、财经政策万变不离其宗,一曰财从何而来,如何生成,如何积累,又如何发展扩大;二曰财何所往,怎么用,往向何处去。

自古到今,国家财经主要来自税收,外加实物征收。就清代而言,米、稻谷、麦、豆(大豆)、革(要喂马)、茶、盐乃至布匹、丝绸、煤、木材木料,都在征收范围。

但同为封建帝王,征收的程度有小大之分,手段有温和、暴戾之别,标准有适度、无厌之异。笔者认为,康熙帝属于前者,雍正帝只能列入后者。

(一)"国用若足、多取奚为"

康熙四十一年十一月初八日(1702年12月26日)谕大学士等曰:

> 蠲赋为爱民要务。征取钱粮,原为国用不足。比年以来,附近省分俱屡行宽免,惟云南、贵州、四川、广西等处,未得常邀蠲恤。今户部库帑有四千五百万两,每年并无糜费,国帑大有赢余。朕欲将此四省四十三年钱粮、悉行蠲免。倘有宽裕,并及广东省、亦令蠲免。其蠲免四省谕旨,明春即行晓示。庶经费易为措置也。[1]

此前数年,从康熙三十三年(1694)起,户银已从二三千万两,突破四千万两,且保持多年不跌。"每年并无糜费",这在封建帝王来说,已属难能可贵。当"国帑大有赢余"时,康熙帝想到,将过去尚未享受宽免的云南、贵州、四川、广西等省,后年也享受宽免政策。

此年,云、贵、川、桂并无天灾。当国库大有赢余时,康熙帝主动提出要对边远四省宽免,尤其难能可贵。

促成康熙帝作此决策之主要原因,就是"国用若足、多取奚为"。取,是为了

---

[1] 《清圣祖实录》卷210,第132页,康熙四十一年十一月乙卯初八日。

国用；国用能够满足时，何必再多取？他得到的奏报，是年山东、河南都是丰收。他巡幸到德州时，见到有灾民流徙，"询问疾苦"，也是康熙帝主动为之。"询问疾苦"后他又有什么想法与动作呢？

康熙帝谕曰：

> 虽据山东巡抚称被灾州县已行令地方官发粟散赈，但自冬徂夏，青黄不接之际，颁赈不继，无以资生，应行文山东、河南两省巡抚：凡属被灾地方，令有司加意赈济，至明岁，麦收时，方止其灾伤。田粮虽已照分数蠲免，犹恐被灾之后民力艰难，宜更沛特恩用加休养，山东莱芜、新泰、东平、沂州、蒙阴、沂水，河南永城、虞城、夏邑被灾州县康熙四十二年地丁钱粮除漕项外，着察明通行蠲免。江北田土瘠薄，生计尤艰，着将安徽巡抚所属府州县卫等处康熙四十二年地丁钱粮，除漕粮外，通行蠲免。河西一带地邠产素称贫瘠，虽免四十一年钱粮，民生未裕，再将康熙四十二年地钱粮通行蠲免。

这是康熙帝南巡途中，亲察民情，"现场办公"，了解实情后，对"国用若足、多取奚为"的进一步细化。

康熙帝"国用若足、多取奚为"的思想理念不是心血来潮，不是作秀。十余年后，他再次在畅春园谕户部重申："朕意国用已足，不事加征。"[1]

（二）滋生人丁、永不加赋

康熙五十一年二月二十九日（1712年4月4日），康熙帝在畅春园对大学士、九卿等谕曰："朕览各省督抚奏编审人丁数目，并未将加增之数，尽行开报。今海宇承平已久，户口日繁，若按现在人丁，加征钱粮，实有不可。人丁虽增，地亩并未加广。应令直省督抚，将现今钱粮册内，有名丁数，勿增勿减，永为定额。其自后所连人丁，不必征收钱粮。编审时，止将增出实数察明，另造清册题报。"[2] 又重申"朕故欲知人丁之实数，不在加增钱粮也"。

康熙帝的"滋生人丁、永不加赋"思想与政策，得到了古今中外史家、特别是老百姓的极大欢迎。康熙五十五年（1716）人丁户口2 475万2 424，比起康熙五十二年（1713），三年内增加111万。这是康熙帝坚持"民为邦本，休养宜先"统治思想与政策的结果。[3]

"国家之用虽尽出于百姓，朕兹南行，民间之物秋毫无扰。"[4] 需要指出的是，

---

[1]《清圣祖实录》卷256，第534页，康熙五十二年八月丙子初一日。
[2]《清圣祖实录》卷249，第469页，康熙五十一年二月壬午二十九日。
[3]《清圣祖实录》卷139，第161页，康熙二十八年二月戊午初一日。
[4]《清圣祖实录》卷139，第523页，康熙二十八年二月戊午二十日。

康熙帝的"滋生人丁、永不加赋"思想,早在28年前就已在酝酿筹划。康熙二十四年三月初二日(1685年4月5日),康熙帝对户部满郎中苍柱等、汉员外郎王之麟等6人谕:"赋役全书一定,将来永为定例。尔等必须精心详慎,务求要当,编纂成书。""编纂成书"就是形成制度政策。又谕:"朕思田地一亩之外,亦有另星不足亩者,将毫忽俱为一厘,虽目下易于办理,诚恐有累小民,尔等尤宜详加确议。"[1] 这一年康熙帝32岁,已在酝酿筹划"将来永为定例"的能永久安民利民的赋税大事。

既然这个思想早在28年前就已在酝酿筹划,何以搁至28年后才在康熙五十一年(1712)宣布实行?这是因为人丁数始终处于变动之中,更因为国家之大,地形复杂,农地亩数的确实数须要耗时耗人核定。

康熙帝认为:老百姓"不苦于税,苦于税外之税"。[2] 可见,康熙帝是坚决反对在百姓身上搞税外之税的。"国家设关榷税,原以阜财利用、恤商裕民。必征输无弊,出入有经,庶百物流通,民生饶余。近来各关差官,不恪遵定例,任意征收。官役通同,恣行苛虐……重困商民,无稗国计。种种情弊,莫可究诘。朕思商民皆我赤子,何忍使之苦累。""今欲除害去弊,正须易辙改弦。所有现行例收税溢额,即升加级记录(法外之法的各种土政策土规定),应行停止。"[3]

康熙帝要用"滋生人丁、永不加赋"来杜绝官役通同任意征收之乱加派;用各关设立木榜"昭示商民,照额征收,如有不肖官吏,于定额之外,私行滥征者,令该督抚不时查察,据实题参,依律治罪。"[4]

当国库丰厚时,康熙帝坚持取之于民、用之于民;坚持"国用若足、多取奚为";坚持带头节俭,严以制官、宽以待民;坚持政策的长久稳定和可持续性,不为作秀,不搞权宜之计。这是康熙帝把"敬天之事莫过乎爱民"[5]。

从治国理念化为惠民实践、把惠民实践化为现实的过程,这是康熙朝社会经济和人心长久稳定的重要原因。

康熙帝的"敬天之事莫过乎爱民"之理念表明,他把对"爱民"之敬畏,胜过对"敬天"之敬畏。有了这个敬畏,他才会取之于民、用之于民,就不会取之于民、用之于朕。

(三) 口是心非、事与愿违的财经政策

笔者以为,雍正帝的财经理念与财经政策,一是口是心非,二是事与愿违。口是心非者,即讲得很动听,但口中所言与真正所作之目的、动机不完全是一回事,甚至完全不是一回事。事与愿违四字则容易理解,所定目标、计划不能如期

---

[1] 《清圣祖实录》卷120,第259页,康熙二十四年三月己巳初二日。
[2] 《皇朝经世文编》卷28,《户政》。
[3] 《清圣祖实录》卷124,第317—318页,康熙二十五年二月丙申十二日。
[4] 《清圣祖实录》卷118,第267页,康熙二十四年三月辛丑日。
[5] 《清圣祖御制文四集》卷24,第5页。

完成兑现,有时竟适得其反。试以雍正帝的清查拖欠为例。

雍正帝的清查拖欠,并非始于雍正朝,即位之初、尚未改元就开始了。

康熙六十一年十二月十三日(1723年12月19日)谕:"近闻道府州县亏空钱粮者正复不少。"[1]

他给户部下达全面清查拖欠钱粮的命令:"各省督抚将所属钱粮严行稽查,凡有亏空,无论已经参出及未经参出者,三年之内务期如数补足,毋得苛派民间,毋得借端遮饰,如限满不完,定行从重治罪。三年补完之后,若再有亏空者,决不宽贷……其亏空之项,除既亏国帑,复累民生,大负皇考爱养元元之至意,此朕所断断不能姑容者。"[2]他对大臣、十三弟允祥谕:"尔若不能清查必另遣大臣,若大臣再不能清查,朕必亲自查出。"[3]

许多研究者将此谕作为雍正帝决意改革、整顿拖欠之坚决,固然不错。殊不知,这是对康熙帝康熙五十一年二月二十九日(1712年4月4日)谕"嗣后督抚倘不奏明实数,朕于就近直隶地方派遣人逐户挨查即可得实"[4]之照搬套用。

所不同者,康熙帝查实是为支出,是为用,是为全国"滋生人丁、永不加赋"而查。雍正帝清查是为进入,是为增加户银。如果只从文字表面看,似乎都是在为国家长治久安而谋划。

若听一听雍正帝之所言,则更为动听。雍正元年七月初六日(1723年8月6日),云南巡抚杨名时奏陈禁革规礼羡余加派等项事宜折御批:"……兵民足,州县足,司道足,督抚富,此朕之大愿也。有一者不足,帷尔督抚巨富,即朕不加之罪,奈头上昭昭湛湛何。"[5]

雍正帝说他希望全国兵民,上至督抚,下至州县官吏都富足,是真心话,还是口是心非?事实胜于雄辩——待到推行养廉银时,督抚收入扩大了几百倍,小民呢?

雍正帝清查拖欠钱粮,本意是清查康熙朝历年亏空。岂料,雍正朝当下的前三年,米稻麦豆就未完成正项。以康熙五十九年(1720)为例进行比较:

康熙五十九年(1720)人丁2 472万404,农地726万8 122顷。征银2 983万1 892两,征收米麦豆690万2 353石。

雍正元年(1723)人丁2 532万637,比康熙五十九年增加60万,农地890万1 879顷,增加164万顷。征银3 022万3 943两,仅上升39万,米麦豆竟比康熙五十九年少收278万石。这当然并非雍正帝想少收,是收不足。在人口增加60万,耕地增加164万顷的情形下,特别是在雍正帝大张旗鼓搞清查拖欠钱粮的情

1,2 《上谕内阁》,康熙六十一年十二月十三日谕。
3 《上谕内阁》,雍正二年十一月十三日谕。
4 《清圣祖实录》卷249,第469页,康熙五十一年二月壬午二十九日。
5 《雍正御批》(影印本)下册,中国华侨出版社,2005年,第491—492页。

形下,雍正朝第一年就少收作物 278 万石,这对以勤政、严猛著称的雍正帝而言之,不是一个极大讽刺吗?这对雍正帝大张旗鼓搞清查拖欠钱粮,不是一个极大讽刺吗?这又何尝不是触发雍正帝"为君难"的其中一个实际原因?

雍正二年(1724)人丁、农地都有所增加,米麦豆入库 459 万石,仍比康熙五十九年少收 231 万石。

雍正三年(1725)人丁、农地仍在增加,米麦豆入库 462 万 9 229 石,仍比康熙五十九年少收 227 万石。雍正头三年的人丁、农地都在上升增加扩大,连续三年米麦豆入库数每年都比五十九年少入库 227 万石以上,说明雍正帝的钱粮征收遇到了普遍性的抵触。

雍正朝的户银,直到雍正七年(1729)才略微超过康熙五十九年十万两,米麦豆入库一直低于康熙五十九年(1720)和五十八年(1719),这是经济成功的标志耶?还是失败的标志耶?

雍正帝一上台就把户银看得远比康熙帝重,然他执政的头六年,户银却始终都未胜过康熙五十九年。许多人还在宣传雍正一上台经济改革怎么了得,这种研究状况还不值得我们认真研究一番吗?

(四)"财用充足""渐见充裕"户银多多益善

以上情况,直到雍正帝统治中期才开始扭转。雍正六年(1728)三月初三日谕户部:

"君民上下之间休戚相同本属一体。《论语》曰,百姓足,君孰与不足。是民间之生计即国计也自古人君无不恤民之灾、济民之用者。而至于欠岁蠲免之数,往往多寡不同者,则时势赢绌为之,出于不得已也。圣祖仁皇帝深仁厚泽,爱养斯民,或因偶有水旱而全蠲本地之租,亦且并无荒欠而输免天下之赋浩荡之恩不可胜举。而特未曾更改旧例者,盖恐国家经费或有不敷,故仍成法而加恩于常格之外耳。朕即位以来命怡亲王等管理数年之中,库帑渐见充裕,以是观之,治赋若得其人,则经费无不敷用……倘将来国用益饶,更可增于此数之外。假若经费或有不足,凡尔百姓自然涌跃输将,则此例又可变通,必不因朝廷格外之恩,而遂忘奉公之本念也。"[1]

要领会、消化雍正帝这道谕旨的真正意思,还要作些梳理、解读方行。

(1)雍正帝一开口就说"君民上下之间休戚相同本属一体",其亮点是在"百姓足,君孰与不足。是民间之生计即国计也",开场非常动听。但说完一通后,其

---

[1] 《清世宗实录》卷 67,第 1020 页,雍正六年三月癸丑初三日。

结尾要点却是落在假若经费或有不足"上尔百姓自然涌跃输将"。雍正帝的"君民一体",中心是"民"要为"君"解困。雍正帝以"百姓足"开场,却以"百姓自然涌跃输将"(增加缴税和捐给)收场。

"百姓足,君孰与不足""民间之生计即国计"只是雍正帝口上说说的,"百姓自然涌跃输将"则才真正是他实实在在所要的。

(2)雍正帝高兴的,是"怡亲王等管理数年之中,库帑渐见充裕"。雍正帝担心的,是"假若经费或有不足"。"假若"二字,非常模糊、很难确定。本来,国家经费都是有计划、可计划、可预见的。把预防天灾、救灾列入其内,仍是有计划、可计划之。一加"假若"二字,就变幻难测。因为,可以"假若"成倍于往年之灾状,也可以"假若"五倍于往年之灾状。则户银也要相应成倍或五倍。一句"倘将来国用益饶",说明虽然雍正帝比上几年有所高兴了,但内心仍认为目下户银还不够,还不富饶,还要扩大征收,以备"将来国用益饶"。总之一句话,户银多多益善,无论是眼下还是将来,"或有不足""尔百姓自然涌跃输将"也。

在雍正帝眼里,国家经费足与不足,只同老百姓缴纳输入相关。从雍正元年(1723)元旦节雍正日发谕旨11道起,直到雍正六年(1728)雍正帝发以上谕旨,雍正帝有没有在如何发展国家经济上作谋划？有没有在大量朱批中见其为此殚精竭虑广作调动？康熙帝为实现"滋生人丁、永不加赋"事,早早谋划、用心准备了28年。

当康熙帝已将"滋生人丁、永不加赋"作为国策后,雍正帝殚精竭虑的,还是用"假若经费或有不足""倘将来国用益饶"作令旗,"尔百姓自然涌跃输将"。与康熙帝"国用若足、多取奚为"的财经理念,出发点与落脚点都有很大不同。

雍正七年(1729)、雍正八年(1730)户部银直线上升,同雍正帝骨子里户部银多多益善的理念与指导思想大有关系。由于雍正帝骨子里立足于"收",却缺少新的经济增长点支撑,也缺少"尔百姓自然涌跃输将"的民意支撑,因此,户部银直线上升只能是昙花一现,此路只能是越走越窄,结果反而成"王小二过年,一年不如一年"局面。

雍正帝自以为是的经济模式,是一个嘴上说得动听、其实口是心非,归根到底是走下坡路、是事与愿违的经济模式与经济格局。即使有人对这个论析不乐意,怎奈数据如山耶!

四、雍正帝为乾隆朝打下良好经济基础吗？

长期以来有个流行甚广的说法,由于雍正帝的改革,"为乾隆朝打了下良好经济基础"。清代的御用文人喜欢这样说,对雍正帝抱好感的专家们喜欢这样说,许多人茶余饭后也跟着这样说,似已成为"定论"。历史真相果然如此吗？且看乾隆帝本人怎么说：

乾隆五十一年闰七月十八日（1786年9月10日），乾隆帝谕："朕即位初年，户部银库计不过三千余万两……现在户部库银（经过三次普免天下地丁钱粮三次，蠲免漕粮两次，又各省赈灾，及用兵军费）尚存七千余万两。较之即位初年，已多一倍有余。"[1]

"不过"两字，充分表露出了乾隆帝即位初年时对户部库银的严重不满。因为"三千余万两"实在"不过"只是雍正二年的水平，已经倒退到十多年以前去了。甚至，这个数字还胜"不过"康熙三十三年（1694）4 100万、康熙三十四年（1965）4 226万、康熙三十五年（1696）4 267万，更不及康熙五十八年（1719）4 736万的水平。

雍正帝撒手人寰后，留给接班人弘历的户银数量，不仅不及十多年以前雍正二年（1724）的水平，甚至还不及康熙三十三年（1694）的水平。纵观雍正一朝，其头三年，特别是最后四年的户银数，都远低于康熙四十八年（1709）5 000万两水平。甚至直至雍正十一年（1733）的户银数竟然也大大低于康熙三十三年（1694）4 100万两的水平。换句话说，雍正帝留给接班人弘历的户银数量，其真相、真实水平竟然是已经倒退到低于康熙朝40多年前的水平。

雍正一朝仅十三年，居然有七年户银数都低于康熙朝。尤其是雍正朝最后四年，竟然也远远低于康熙朝三十三年（1694）4 100万两的水平。面对以上这种局面和事实，居然可以不顾当事人乾隆帝本人的亲笔记载，也不去查核数据，仍闭着眼睛或睁着眼睛宣传"雍正帝为乾隆朝打下良好经济基础"，岂非远离历史真相？雍正帝给接班人弘历打下良好经济基础，从何说起？如果不是雍正帝把"良好经济基础"都投入到圆明园和西陵去，雍正最后四年怎么会如此大步萎缩倒退？

简单梳理一下乾隆朝的户银数轨迹就不难明白，在乾隆朝的户银高峰之前，经过了长达30年的低谷期。乾隆十三年库银27 463 645两，钱9 044串，这个数字，只是略高于83年前的顺治九年（1652）2 428万两的水平，尚未超过康熙三十一年34 255 285两的水平。在以上数据和发展轨迹下，仍闭着眼睛或张着眼睛不厌其烦地在宣传雍正帝为乾隆朝打下良好经济基础，可信乎？还是误导耶？

从乾隆元年（1736）至乾隆二十八年（1763），乾隆朝的户银从未超过康熙五十八年（1719）水平。乾隆朝户银与雍正朝之间的重大变化，出现在乾隆三十年（1765），比雍正七年（1729）要高出637万两。历经三十年后才出现的这一重大变化，是乾隆帝、乾隆朝接盘、收拾、扭转雍正朝"烂尾楼、烂摊子"的功劳与政绩，还是雍正帝为乾隆朝打下良好经济基础的结果？以上这个历史过程，能说成是雍正帝为乾隆帝留下良好经济基础了吗？

乾隆三十六年（1761）底，"部库所积多至八千余万两"[2]。"金川用兵五年，

---

[1]《清高宗实录》卷1261，第964页，五十一年闰七月己丑十八日。
[2]《清高宗实录》卷900，第32页。

耗银七千余万两";四十一年(1776)十月"部库尚余六千余万两";"四十二年(1777)部库又积至七千余万两";四十六年(1781)、四十九年(1784)都是"七千余万两"。[1] 这个良好雄厚的经济基础是乾隆帝、乾隆朝打下的。

清代前期康雍乾三朝,经济发展的蓬勃期和高峰期,都在乾隆时代。从乾隆三十三年开始到六十年,除去中间三十八年、四十年,二十多年里一直保持在7 000万两以上,其中四十二年高达8 000多万两。

因此,当下乃至一直以来颇为流行的、所谓雍正帝为乾隆帝打下了良好的经济基础之说,其实并不存在。只不过是从前早就有人为美化拔高雍正帝而罔顾事实,之后又有许多人跟着的为美化拔高雍正帝而在误导、误传罢了。

表5-1 乾隆年户部银统计一览　　　　　　　　　　（单位:两）

乾隆元年	33 695 9624	乾隆二十一年	43 222 030
乾隆二年	34 385 138	乾隆二十二年	40 152 254
乾隆三年	34 858 478	乾隆二十三年	36 380 809
乾隆四年	32 582 976	乾隆二十四年	36 732 865
乾隆五年	30 485 876	乾隆二十五年	35 496 902
乾隆六年	31 463 653	乾隆二十六年	36 638 572
乾隆七年	32 746 752	乾隆二十七年	41 927 924
乾隆八年	29 121 104	乾隆二十八年	47 063 610
乾隆九年	31 902 518	乾隆二十九年	54 273 814
乾隆十年	33 170 655	乾隆三十年	60 336 378
乾隆十一年	34 633 177	乾隆三十一年	66 613 127
乾隆十二年	32 363 404	乾隆三十二年	66 501 052
乾隆十三年	27 463 645	乾隆三十三年	71 823 888
乾隆十四年	28 073 043	乾隆三十四年	76 222 877
乾隆十五年	30 796 147	乾隆三十五年	77 299 736
乾隆十六年	32 493 786	乾隆三十六年	78 940 001
乾隆十七年	38 630 287	乾隆三十七年	78 740 262
乾隆十八年	39 870 394	乾隆三十八年	69 677 071
乾隆二十年	42 997 048		

资料来源:此表数据参见吕坚:《康雍乾户部银库历年存银数》,《历史档案》,1984年,第四期,第19—21页;申学锋:《清代财政收入规模与结构变化论述》,《北京社会科学》,2002年,第一期。

---

[1]《清高宗实录》卷1018,第21页;卷1025,第29页;卷1138,第33页;卷1212,第23页。

可见乾隆元年至十八年(1753),户部白银始终徘徊在4 000万两以下,还不及康熙中期的4 700万两;乾隆二十七年(1762)前,户部白银始终低于康熙中期的4 700万两以下。直到乾隆二十八年(1763),户部白银才开始达到4 000万两以上。

乾隆年户部存银数对雍正年的真正突破,出现于乾隆帝中期,已迟至乾隆三十一年(1766);乾隆年户部存银数恢复到五千万两已是乾隆二十九年(1764);乾隆朝花了近三十年时间仅恢复到雍正朝五、六年水平,只能说明雍正朝的经济政策对后任的恶劣影响之大,恢复之艰难,耗时之漫长,又何来良好之基础?良好基础见之在何方?

乾隆朝户部存银数突破七千万两大关,则要更晚,要迟至乾隆朝三十三年。七千万两这条红线,是乾隆朝彻底扭转雍正朝经济多年低谷徘徊,开始走向盛世的新起点。因为它彻底突破了雍正朝户银的最高峰值6 218万两。乾隆三十七年(1772)、三十八年(1773)已达到8 000万两,是雍正朝晚期户银的两倍以上。

但此时离雍正帝健在已相距38年,还能归入为这是雍正帝为乾隆年打下良好经济基础乎?

乾隆朝前期连续长达29年近30年低迷徘徊,乾隆朝户部存银数的真正突破要到乾隆朝三十三年(1768)以后的这种局面及其历史事实,与所谓雍正帝为乾隆年打下了良好经济基础,根本对不上号。至少,雍正帝为乾隆年打下良好经济基础云云,在乾隆朝前期长30多年的时期里,根本得不到历史体现。所谓"良好经济基础"云云,并无任何数据可以证明。

雍正帝去世30多年后,乾隆帝才对雍正年户部存银取得真正重大突破。这个真正重大突破,是乾隆帝、乾隆朝的功劳,不仅大大突破了雍正朝,也大大突破了康熙朝户部存银数。

乾隆帝经济政策的成功,不仅远离雍正朝30余年,而且,正是对前任雍正朝经济政策不断调整、改革的结果;是乾隆帝、乾隆朝奋斗30多年、积累30多年、持续30多年逐渐发展之结果。

硬要把乾隆前期30多年这段低谷时间一刀撇开,把乾隆帝执政30多年后方才出现的那个经济辉煌、功劳拉过来算在早已死去33年的雍正帝身上,是不是勉强至极?

第六章　雍正朝的反腐

一、贪污、亏空与反腐惩贪的必要性

(一) 雍正元年满文档

这是《雍正朝满文朱批奏折全译》全卷宗的第 5 条,时间为康熙六十一年十二月初二日。可见,尚未进入雍正朝,清查、抄家就开始了,而且,首先是从康熙帝的身边心腹人开始的。

雍正元年正月初六日《内务府奏查赵昌家产事折》

> 内务府谨奏:为遵旨查赵昌家产事
>
> 康熙六十一年十二月初二日奉上谕:除赵昌之妻及儿媳外,将闲散女人内现有子者查后另奏。将无子之闲散女人赏与包衣佐领及管领内无妻贫穷之人。钦此。钦遵。经派员外郎瓦尔达、原看守王道华查核,除将赵昌之闲散女人内,三名无子之闲散女人,赏给管领内贫穷之人外,赵昌夫妻、子九人、儿媳四人、孙三人、孙女二人,算有子之闲散女人三人,共二十三口。其有子之三名闲散女人之年龄、姓名,已缮入另一片子内……
>
> 赵昌本人及赵昌子女所住房屋共一百五十二间;出租之房有一百九十三间;热河有房五十二间半;畅春园有房八十间;涿州有房二十间;汤泉有房八间;所住之房、收租之房、畅春园、汤泉、涿州、热河等处之房,算油廊,共五百零五间半;……
>
> 现有银三千一百九十两;借出银四千九百十九两;大钱三十七吊五百;……总共有马、骡、驼、牛一百五十三。
>
> 署理内务府总管事务臣允禄、办理内务府总管事务领侍卫内大臣臣曼武、内务府总管臣噶达浑、办理内务府总管事务佐领臣伊都立。朱批:交定造房做价。[1]

---

[1]《雍正朝满文朱批奏折全译》,中国第一历史档案馆译编,黄山书社,1998 年,上册,第 2—3 页。

笔者对查抄折中赵昌"热河有房五十二间半；畅春园有房八十间"深感怀疑。畅春园、热河行宫都是皇家禁地，八十间房不是一个小数目，也不能随意隐藏，康熙帝怎么会对此一无所知？即使赵昌瞒住了康熙帝，八十间在畅春园虎皮墙内，有御林军严格看守。赵昌既不能将房对外出租，更不能对外出售，他要霸占、侵吞八十间房有何用？赵昌身为太监总管，这 80 间房当是赵昌本人及其众多手下人在畅春园或热河的办公、居住、休息乃至库房所在。抄家者将此 500 多间房数字上报，既让雍正帝高兴，又作为抄家清查之战果成绩了。

雍正元年正月初十日（1723 年 2 月 14 日）《署理内务府总管事务允禄等奏请拿获李煦之子并查清其家产折》

> 内务府谨奏：为遵旨会议事。雍正元年正月初五日，李煦为王修德等人采参具奏一事，经我衙门议覆：采参之事甚为繁乱，请宁古塔将军宗室巴赛、盛京副都统来文、阿萨那，会同户部，公同详加议定等因具奏，奉旨：王修德等六人，俱系大乱之人，实为六光棍，现将此等人立即拿获，交慎刑司，将伊等先前所欠之银，严加追还，伊等若全部交出，再奏闻。若不全交完，断不得宽宥伊等，定严加治罪。李煦，伊不安分，仍然替此等六光棍如此具奏，甚属不合，伊谎用、亏空织造衙门之银亦不少，理应将李煦立即拿获，严加治罪，惟伊为皇父有稍尽力之处，且已年迈，将此交内总管大臣议罪可也。钦此。钦遵。臣等议覆，看得，李煦因病缠身，甚为虚弱糊涂，妄听人言，即替恶棍王修德等人采参事具奏，甚属不合。将李煦革职，由织造衙门解任，伊所欠钱粮甚多，不可不偿还。近年李煦疾病缠身糊涂，凡事不能亲办，皆交其子、家人等办理，方谎用、亏空如许钱粮。由此观之，显为其子、家人从中克取。既然如此，其所欠钱粮之处，即严加咨文该处巡抚、官员等，务将李煦之子及办理家务、立业之现有及分档出去之所有家人，由伊衙门使用之人，尽皆拿获，将此等人房屋、产业、买卖、铺子、贷出之银等项查明后，由该巡抚、地方官等具保后，具奏可也。为此谨奏，请旨。署理内务府总管事务臣允禄、办理内务府总管事务领侍卫内大臣曼武、内务府总管噶达浑、办理内务府总管事务佐领伊都立。"[1]

李煦是广东巡抚李士桢长子、康熙的亲信，江宁织造曹寅是其妹夫。李煦历仕至户部侍郎兼苏州织造。康熙二十七年（1688），李煦返京充任畅春园总管。由于他做事干练，谨慎敏捷，很受康熙皇帝的赏识。康熙三十一年（1692）十一月，曹雪芹的祖父曹寅由苏州织造调任江宁织造，李煦接任苏州织造，任职达 30

---

[1]《雍正朝满文朱批奏折全译》，上册，第 4—5 页。

年之久。期间四迎圣驾,是康熙帝的耳目近臣。康熙五十二年(1713)李煦曾受总督赫寿之托,为八阿哥允祀买过侍女五人。雍正五年(1727)二月事发,李煦再次入狱,发配关外的吉林打牲乌拉。雍正七年(1729),李煦逝于此,时年75岁。

雍正元年二月初一日(1723年3月7日)《闽浙总督满保奏报清查布政司库银两折》

福建、浙江总督奴才觉罗满保谨奏:为查奏布政司库钱粮,恳乞明鉴事。窃查康熙六十年征剿台湾逆贼,因事紧急,动用库银二十三万余两。进入台湾后,内地招募之兵及原留台湾之兵丁,不发钱粮难以为生,故动支储于厦门之台湾兵饷三万余两送去供给。为此奴才等与众官员捐银赔补十万二千两,除此之外,其余十二万两及台湾兵饷三万余两,福建地方小事情多,委实无力捐纳,故请准予销算。等因。于康熙六十一年九月缮本具奏。兹经核查库存之银,部拨建造营船工价及风灾所赐之银共计三万余两,此乃应拨之项。各营及八旗官兵之俸银马匹米价预支银五万余两,此乃每岁如是,逐月扣还,非属亏空,亦不致拖欠。至偿还采买铜斤,捐造营船,浙江旗兵来福建,福建旗兵赴京城等项共计用银九万余两。此概为公事,垫用实出无奈。现拟以催征旧欠及应收取之俸工银两抵还此项。再布政使沙木哈用于公务尚未补还之银二万余两,为此令布政司即以所得款项补还。皇上圣明,为库银所降之旨极为周详。奴才将遵旨会同巡抚黄国材,务将应还库及扣除各项上紧催办,限年清完。并令各府州县将库银复核清楚。为此谨奏,伏乞皇上明鉴。朱批:知道了。捐纳之事。闻之虽好,唯不肖胥吏岂肯自出钱财效力?其反会借名扰害百姓,加倍摊派。诚属公用,仍动正项钱粮为宜。至将亏欠官员革职留任,以令偿还,实属蠢事。若能偿还,此等赃官何须留任,离任偿还方才合理。若不能偿还,不出自于民,又从何而出。朕宽限三年革新,三年过后,凡此类赃官必俱法办。此等之事,着尔省臣竭力匡正,体恤百姓,严饬下属,竭尽效力。[1]

雍正元年二月初一日(1723年3月7日)《闽浙总督满保奏报总督衙门每年各项进银数目折》

福建、浙江总督奴才觉罗满保谨奏:为奏明奴才衙署进项银两仰祈睿鉴事窃查奴才总督衙门因亏损,每年由福建布政司添银五千两、衙役钱粮二千两,用以赡养奴才家眷及公私奖赏之项。浙江布政司未曾给银。浙江盐

---

[1]《雍正朝满文朱批奏折全译》,上册,第21页。

道每年送银一万两,用于犒赏、一省兵丁、地方公事,及补贴奴才私用。此情,奴才于康熙五十五年四月业经缮折奏闻讫。七年间因循而行。抑或某年,事务繁多,不敷需用,司道府员馈赠礼品,奴才量其收入,亦偶有取用之处,并未形成惯例。此外州县各官及武职将弁礼物,概未收纳。(朱批:对皇考如是具奏可也,对朕此言何用。朕并不追究。尔等唯持躬勤慎。若仍如前欺瞒朕听,非但不成,且多无益。朕之耳目遍及全国,岂能隐瞒?清正廉洁,何所惧之,此既娄朕,亦靠自己。尔等有何掣肘为难之处,着即陈奏,切勿畏忌,朕必令尔等放心治理地方,断不令尔等缄口。朕如此而为,尔等再有负于朕,朕将从重治罪。苍天在上,我君臣实当赤诚相见。)兹为补偿台湾用兵银两,奴才拟将本衙门添加之银五千两,逐年捐献,汇集各官捐银一并偿还库项。皇上圣明,卑奴诸事难逃洞鉴。为此谨具奏闻。朱批:尔居官效力、地方之事办理颇好,唯清廉名声颇为不足。至尔等因掣肘不得已耗用银两之处,朕岂有不知?所得经费显然不敷用,须例外收取点。即便如此,尔等却不知皇考恩典,恣意挥霍,全无正用。此等言语何必奏朕,朕岂为八岁登基之君。尔等如此,反招朕猜疑。我君臣唯开诚相见,息息相通,互为体谅,于事方可有益。尔属难得之总督。朕即用尔,则放宽心治理地方,为国效力,感戴皇考多年养育之恩。朕身边,倍受宠爱,信可纳其言,近则须臾不离差遣之侍卫太监,诚无一人。尔等昔日不思我皇考圣恩,恣意挥霍,虚耗钱粮,蒙混过关。兹朕如此开导训示,倘仍不就此罢手,榨取万民膏脂,阿谀皇子左近小人,则朕亦无办法。兹朕信用者,乃数首辅王大臣,尔等若有所求即求伊等,切勿私下央托小人,毁朕名声。[1]

雍正元年二月初九日《山东道监察御史迈柱奏陈摊丁入亩折》

山东道监察御史奴才迈柱谨奏:为条陈事。圣主绍承大宝,屡次降旨革除时弊,又命奴才我等陈奏,古来德政莫过于此。奴才仅就所见,缮写二项,奏呈御览。二项,为各省免赋之年,穷黎均得恩惠事。奴才看得,贫民无地者甚众,皆租富户田亩耕种。免赋之年,皇上既已施恩蠲免官赋,奴才祈请敕命,凡贫民租种之田,亦停止向地主交租。如此穷黎均可得承洪仁也。一项,为易完国赋且利贫民事。各省田亩,富户地多丁少,贫民地少丁多,田赋征收不均。嗣后若将丁粮均摊入亩征收,既便于完纳田赋,且于贫民有利。奴才与原侍郎明安遵旨巡查西地赈济之情,到达霍州,见地方熙攘,多无受害情景。经访问,以前田赋丁粮分征,年年不能完纳,贫民窘困,官员亦

---

[1] 《雍正朝满文朱批奏折全译》,上册,第23页。

获罪不得升迁。后来将丁粮均摊入亩,不但当年钱粮易完,且先年积欠未完钱粮全都纳完,等语。由此可见,丁粮均摊入亩,其利显然。唯各省田亩多为豪强大户所有,故地方官必会掣肘,奴才岂敢为避嫌怨,缄口不奏。为此谨具奏览。[1]

雍正元年二月十八日(1723年3月24日)《定西将军策旺诺尔布等奏报青海诸台吉会盟密谋反叛折》

署理定西将军印务公奴才策旺诺尔布等谨奏:为密奏闻事。切公策旺诺尔布之族兄、现居青海之台吉诺颜哈西哈等之蒙文密书,经翻译阅得:三台吉之书寄给尔等。尔等身体可好?我等在此均好。今有一言相告,青海大小诺颜于本年十月会盟,对外只言系为制止贼盗,防止隐匿逃犯以求和穆相处而誓盟,然却会盟密谋曰:自我祖父乃至我辈,皆遵奉阿穆呼郎汗旨意而行,如今看来,于我毫无益处。拉藏汗汗自行不端,策妄阿喇布坦出兵杀之,占据土伯特国。而后我兵马协同汉军进剿,击溃策凌敦多布敬请达赖喇嘛坐床。昔日阿穆呼郎汗曾言,取土伯特国后,自尔等之内授以汗位,故思我等之内或有受命为汗者。今时隔三四年,仍无动静。由此看来,我等亦无指望矣。我等与准噶尔自祖父一辈及至此辈亲密无间,唯因拉藏汗汗妖孽方才为敌,但此于我何干?兹即自今冬十二月始,速遣使于策妄阿喇布坦,转达从前我等祖父和睦相处,如今我等仍望安好之意。嗣后我等要同心协力。既然倚靠阿穆呼郎汗于我毫无益处,宜速将此情遣使晓谕策妄阿喇布坦。等语。议后屡次盟誓。闻之此情,念及圣主乃天下众生之大恩主,尔现承办土伯特国大政,此事至关重大,青海诺颜将生何变,作何打算,俱未可料。故此事除尔之外,万不可告他人,务必驰奏圣上。即使尔等所在之土伯特国,亦宜多加防范为宜。青海诺颜今虽属意策妄阿喇布坦,但我等期望,此次仍如以往青海诺颜屡经盟誓而仅限于言词,未负诸行动也。以前各次事虽消弭,如今是否仍同前情,实难预测,倘百姓贫困不堪,反叛圣主,情亦叵测。故宜驰速密奏,并速报此地之大将军王。尔等于彼亦应固守为宜。为防他人阅看,于伯勒克内封固数层送去等语。再据青海台吉巴尔珠尔所遣使人卫正囊素言告:我弟弟于青海台吉巴尔珠尔处为茶水侍从,罗卜藏丹津聚会商议时,于近前侍奉,伊将所闻俱语我云:一旦打箭炉至喀木、藏卫、土伯特国俱为我所占领,何人将敢惹我?等语。卫正囊素乃我喀尔喀之骨肉,等语。奴才我等愚意,罗卜藏丹津承恩优渥,远非他人可比。倘其倡

---

[1]《雍正朝满文朱批奏折全译》,上册,第30页。

首悖恩反叛，则是自取灭亡。青海人心不合，骨肉分离，各行其事。其之属下亦多心猿意马。罗卜藏丹津一意孤行，已失人心。其虽招集会盟，而青海人等仰荷圣主仁育厚恩，无不感戴。况其中不少人唯思各守牧场，安逸生活，岂能悉随罗卜藏丹津自寻祸患一同叛乱？既然涉其事，不可不备。故奴才等一面密报大将军王，一面密咨侍郎常寿，总兵官王一谦、四川云南总督、巡抚、提督，知会防范。奴才等除在此暗中准备外，因事甚重要，不便驿传，特选派前申请赴将军延信军中效力留任之委署护军校齐世、泰平二人，将诺颜哈西哈密寄之蒙文书一纸及照抄之蒙文书一份交付伊等，分别由四川、西宁两路密奏御览。伏乞圣主旨训。

公奴才策旺诺尔布、额驸奴才阿保、都统奴才武格、布政使奴才塔林、员外郎奴才马尔汗。[1]

为什么康熙五十七年（1718）十月抚远大将军允禵率众将官在给康熙帝的奏折中均只称臣与职务，雍正年赴西部众将官在给雍正帝的奏折中均在职务前一律加称奴才。

为什么康熙五十七年（1718）抚远大将军允禵率20万大军去西宁，罗卜藏丹津并没有造反。雍正元年罗卜藏丹津会在青海大规模谋反动乱？

雍正元年二月二十五日（1723年3月31日）《川陕总督年羹尧奏查凉州等三道亏欠捐纳银两折》

四川、陕西总督臣年羹尧谨奏：为遵旨查奏事。康熙六十一年十二月二十七日，兵部来文内开：总理事务王大臣、议政大臣议后复奏：甘肃巡抚绰奇所奏凉州、甘州、肃州三道何廷贵等亏空新增九项例定捐纳银一案，查得，西部兵兴以来，所用钱粮甚多，故开捐纳之例，以裨军需。此等捐纳人应交之银米，本应上紧催交，早令完纳，然推托日久，方行奏陈，定有缘由之处，亦不可料。将此交付总督年羹尧，查明议定具奏可也。等因具奏之时，奉旨：依议。钦此。钦遵，送至臣处。臣伏思，开捐纳之例，特为有裨军需。倘务必看视将银米交纳仓、库，再给发实收字据，方不致寻幸妄索官员之字，且有裨军需。臣一到陕西，即早已知悉捐纳之例弊端甚多，用于军需者半。众官员私吞亦占一半。嗣后抵甘州、肃州，详细访查，又经询问绰奇，尽皆稔知。惟新增九项则例，弊端尤甚，故部来文著臣查明具奏，臣即行文巡抚绰奇及三道严查，目今皆已回文前来。查得，此捐纳之例，虽名为三道公同收

---

[1]《雍正朝满文朱批奏折全译》，上册，第35页。

取,实为伊等各自承办。再,总查乃巡抚之专责,既已亏空,不可免罪。惟巡抚绰奇,既已陈奏伊未能亲自查核,故应候部议。再计算三道所收之数,未给字书应除去者有四万余石,除此实收银谷十三万余石。据肃州道胡仁智呈称,伊承办应捐纳之米谷为六万二千二百余石,其中两份米谷为一万二千四百余石,八份银为三十五万八千余两,实用于军需之米谷为一万二千五百余石,银四十一万二千余两等语。将此核算,除伊所收者外,仍赔补一百余石米谷、五万四千余两银,并未亏空……。朱批:总理事务王大臣会同宗人府、吏部、户部议奏。[1]

之后几年在执行对八阿哥、九阿哥、十阿哥、十二阿哥、十四阿哥清查抄家时,多用扩大事实,或无中生有,或无情打击。年羹尧在清查凉州、甘州、肃州三道后,居然奏折"并未亏空",未落井下石。

雍正元年三月初八日(1723年4月12日)《巡城御史舒库奏陈钱粮亏空缘由折》

> 北城巡城御史奴才舒库谨奏:为敬陈管见事。奴才窃查各省钱粮亏空,盖督抚疏忽所致。嗣后若欲各省府州县钱粮不致亏空,唯严饬各省督抚,地方官员倘有升贬病殁,其缺务必挑选贤能署理,方不致亏空也。但若挑选操守好才堪任用之人不予任用,仍如从前继续署理,则署理之员因时日短暂迭累地方百姓,且钱粮仍不能完,彼此唯图一己之利,庶致钱粮亏欠。设若如此,则何督抚委署,即令何督抚与亏欠钱粮之地方官一并限期,或一年或二年,限内完纳可免其罪,限内未完,将该委署督抚一并交该部从重治罪。如此严加约束,既可杜绝私弊,国家钱粮亦无亏空也。再现任之员因亏空钱粮,为其督抚揭参之事,向未闻也。举凡参劾者,皆前任罢黜亡故之员,就其家产限期交该地方官催偿,旗人则交该旗催缴,别说一限之内完纳,即使逾限二三全部抵偿者,实未闻一人也。是以奴才据实直陈,谨具奏闻。[2]

巡城御史舒库指出了一个社会现象——"举凡参劾者,皆前任罢黜亡故之员""现任之员因亏空钱粮,为其督抚揭参之事,向未闻也。"用今天的大白话说,就是只打"死老虎",不打活老虎",有问题往死去之官、受罢黜之官身上推诿。

雍正元年四月二十四日(1723年5月28日)《闽浙总督满保奏报接奉训谕亏空钱粮不摊派于民折》

---

[1]《雍正朝满文朱批奏折全译》,上册,第39—40页。
[2]《雍正朝满文朱批奏折全译》,上册,第45—46页。

福建、浙江总督臣觉罗满保谨奏：为叩谢训谕事。臣奏查福建布政司库钱粮一折内奉朱批：知道了。捐纳一事，闻之虽好，唯不肖胥吏岂肯自出钱财效力，反致借口扰民，加倍摊派。诚若用于公务，尚动用正项钱粮为是。至亏欠之员，革职留在偿还，甚属荒谬。诚能偿还此等赃官何必留任，回避偿还，方为合理。若不能偿还，不出自于民，又何从取之。朕暂限三年革新，三年过后，凡此等赃官必俱正法。此等情弊，着尔省臣竭力匡正，体恤百姓，训饬下属，竭尽效力。钦此。臣跪捧展阅。仰见我皇上神明之至，不胜感动。查地方私派之弊，首当革禁。而后为捐纳公务，实则行以私派者更应防范。皇上睿鉴周详，开导训示甚是。臣等遵旨切磋筹划不行摊派，尽完公帑之策。朱批：此闻之入耳，办理甚难。唯尔等输以赤诚，依理而行，体恤下民即如亲生赤子，于之属员莫存分毫私心，甄别善恶良莠，下力整治三年，方有成效耳。事再易空谈亦无用。诸事皆赖尔等省臣矣。凡有应办之事，切勿畏惧，即刻开诚陈奏。朕断不致尔等为难。竭力勉之。至亏欠钱粮，虽原因不同，但贤良之员，断不致无故亏空也。亏欠之员离职偿还，殊为合理。皇上训谕实乃鞭辟入里一语道出各省情弊，兹再颁仁恩，给以革新之路，宽限三年偿还，于补偿钱粮之事大有裨益。臣等钦遵明训，竭力匡正亏欠钱粮摊派于民之陋习，恤爱百姓，约束下属，效力公益，以副皇上谆切指示之至意。为此谨将朱谕二纸缴奏。朱批：知道了。[1]

雍正帝在吏治上确有一套。他说，"事再易空谈亦无用""凡有应办之事，切勿畏惧"。这点值得肯定。

雍正元年四月二十五日（1723年5月29日）《两江总督查弼纳奏明岁收各项礼物银两数目折》

臣查弼纳谨奏：为据实陈奏，仰乞天恩事。臣世荷朝廷隆恩，又蒙圣主信赖，委以总督要职。自到任以来，地方诸务皆遵定例办理，尚未效力，安敢奏闻一己私事，以烦天聪。但倘不奏明，又何能遵奉以行。臣素以为自身若不清廉，则必不能管束下属。故赴任之先，即咨衙署禁止准备一应物品。（朱批：闻矣。）受任之日，即将衙门内所备之物咸俱搬出送还，（朱批：闻矣。）各官礼物一概未收，（朱批：俱知矣。）亦未收取随封。（朱批：早已闻知。）臣衙门应得礼物数目早应据实奏闻，缘臣到任之时，诸事积压颇多，且

---

[1]《雍正朝满文朱批奏折全译》，上册，第102页。

未查明实数,是以未奏。[1]

两江总督查弼纳的奏折中点出了当时社会现状,"诸事积压颇多。"

雍正元年五月十三日《德音奏报暂留太原等候清查钱粮折》

奴才德音谨奏。本月初七日,奴才为谢恩交印缮本具奏后,于初九日起程。十一日见,因其告知见到巡抚诺岷,因其告知有旨,故奴才复又返回太原府。十三日,巡抚诺岷向奴才传谕:德音留太原,待将尚未查清之钱粮全部清完后再回来。钦此钦遵。奴才暂在此地,等候巡抚清查。再户谕,奴才原欲亲自带回缴送。兹因暂时不去,谨密封缴奏。为此谨奏。[2]

德音已离开太原,闻有旨又回太原,须将尚未查清之钱粮全部清完后再回京,可见清查太原钱粮事务繁重。

雍正元年五月十六日(1723年6月18日)《刑科给事中石图奏陈以火耗银补给官员家用及亏空折》

刑科给事中奴才石图谨奏:为敬陈管见事。窃奴才任甘肃巡抚衙门笔帖式时,见州县官员征地丁钱粮每两收取火耗一钱,想来各省州县官员征收钱粮时所收俱同,然而钱粮却至亏空。可见皆为不肖州县官吏不遵法纪,不顾国帑之重,未将所征钱粮悉送布政司库,从中截留归署肆意挥霍所致。核计各省亏空钱粮至达数百万两,至今尚无垫赔完清之日。嗣后州县所收钱粮不得留署,俱酌量所收即交送布政司库。按各省州县岁得近一千二百两计,一年所收地丁钱粮即为二千六百六十万两。其中火耗银为二百六十六万两,从中拨给州县官员每人每年六百两赡养家口,七十一、二万两足矣。加之熔铸元宝所需之煤炭、工匠役夫各项需用一百二十万,尚余七十余万两。将此项银两及官员清欠所得之银悉行填补各省亏空,则六七年内即可完也。钱粮少之省分火耗银不足以支付州县官员之资,则自正项钱粮中拨给,将所拨数目呈报户部,由部于办理协解兵饷时一并办理,偿还原项。一年填补亏空钱粮细数由该布政司呈报巡抚,于年终奏闻。如此嗣后不唯国帑庶不致亏空,且每岁尚可增七十万两钱粮,州县官吏亦永无亏欠之累也。

---

[1] 《雍正朝满文朱批奏折全译》,上册,第105页。
[2] 《雍正朝满文朱批奏折全译》,上册,第134页。

伏乞皇帝睿鉴施行。奴才惶悚谨奏,请旨。[1]

从刑科给事中石图奏中可知,火耗银已达266万两,"各省亏空钱粮至达数百万两,至今尚无垫赔完清。"从刑科给事中石图奏中还可知,石图不仅自称奴才,还"惶悚谨奏"。

雍正元年五月二十六日(1723年6月25日)《两江总督查弼纳奏报清查李煦家产缴送查出之折子折》

> 臣查弼纳谨奏:为遵旨事。清查李煦家产,将查出之李煦奏折呈送前来。臣经查内有圣祖皇帝朱谕一张,御批折子四百零六件,未批折子一百九十三件,臣将朱谕御批折子分装八匣,未批折子分装四匣,恭谨加封。又皇上赐给李煦之对子一副,臣包裹另装一匣恭封一并奏缴。再臣正清查李煦家产,拟缮折子具奏之际,管理苏州织造事务之郎中胡丰慧来文内称,李煦亏空之钱粮奉命交于臣清查。等语。李煦就任织造三十年,所取用之钱粮档册种类繁多,且其办理各项钱粮之相公沈义仕又在京城,而调人查档颇费时日。兹李煦家产业已查清,各俱封存。若俟查明亏欠钱粮再具奏闻,一应事务则无人照料,若久封存放,恐致受潮霉烂,亦未可料,不如早早料理。是以将此事先行具奏。亏欠之钱粮俟查明之后,再为具奏。为此谨具奏闻。臣查弼纳亲书。朱批:另行办理甚是。余者知道了。[2]

雍正帝不仅要清查银子,还要查折子,更要查缴先帝朱批留给各当事人的朱批奏折。从李煦家中查出"御批折子406件,未批折子193件",几近600件。其实,"查出"二字,用词极为不对。李煦拥有并保存康熙朱批,完全是合法合理行为。即使李煦有经济问题,李煦的经济问题同康熙朱批有何关系?可见,雍正帝大规模抄家,还有政治目的。他对昔日心腹年羹尧、隆科多、延信、戴铎,乃至十四弟允禵实施拆墙、掘地,都是为此。若雍正帝合法继位,何须如此害怕先帝以往朱批不在十四弟允禵手中?

雍正元年六月初八日(1723年7月9日)《山西巡抚诺岷奏报知府裴章等首告苏克济勒索财物折》

---

[1]《雍正朝满文朱批奏折全译》,上册,第141—142页。
[2]《雍正朝满文朱批奏折全译》,上册,第155页。

奴才诺岷谨奏：为奏闻事。切照本月初六日，原山西巡抚苏克济在任时之潞安府知府裘章及辖县知州王守色等员联名用印呈文奴才，首告伊等各府州县历年亏空积欠，盖前任巡抚苏克济勒索所致。奴才查算出首各款，共计银四百五十万两有奇。苏克济见其家人赵七一家皆被处死，已经灭口，窘困之际，必会拼命隐瞒转移财产。兹如果消息走漏，伊得知将银物悄然转移，催取必会落空。故接裘章等人呈首，片刻不误，即刻驰奏。奴才愚以为既然裘章等人俱出首苏克济所得各项财物，将其家产财物尽其所有，悉行抄没入官，亦甚合理。若按出首之情立即就近交付该旗严查入官，其银物既不致遗失，且可补偿亏欠之项。至山西省亏欠钱粮，奴才现正一一核查，除前日所参之一百三十万两外，还有几处尚未查明。苏克济所得，诸多年来想必亦花费不少，苏克济一人所余财银家产万一不足抵偿亏欠，则不足部分皆分摊亏欠各府州县之员偿还。此等亏欠之员前经参革，虽准留任偿还亏欠，但至今亦未偿还。故奴才将细加甄别，倘原亏空确属勒索所致，其人办事勤勉，尚属得力，则准留任效力，若属为官恶劣者，则予革职，另换新人。如此多年亏欠可完，且省内亦可得获贤良新员。裘章等出首之接管赵七财物之朱一魁，开当铺之袁英、王申，奴才俱已拘拿。再清钥、栾廷芳、冯国泰、孙赞功、德音、森图各案，俟查清时另议具奏。谨将裘章等人呈首加印之文一并奏览。

朱批：尔此查出者甚属可嘉。毋惧怕何人，此乃朕稔知之事，依靠朕威果断办理。唯尔是新用之臣，地方二三大臣及全省官员，独尔一人恐难承当，朕已派额伦岱、涂天相辅佐尔查明此事。尔切不可推诿于朕所遣之臣，凡事仍以尔及连肖先为首办理。着诸臣知道，通力清查钱粮。苏克济之子亦送前去。隐藏财产不但今日，伊在巡抚任内即已藏妥了，别说该旗任何人亦难查出。唯与苏克济讲明，由伊设法补偿耳，如若不成，再将其法办。额伦岱等到后，尔等不得瞻徇畏惧，通力清查。德音不能完，即照朕之交付，有不能完的法则，今日谁能救德音？苏克济若不能赔补，应由为他徇庇之德音、森图替他偿还。此类贪婪恣意袒护等恶习，务必好好整治。[1]

原山西巡抚苏克济竟涉案450万两！前派德音往太原清查，德音竟然徇庇苏克济，知法犯法矣。雍正帝为诺岷打气，"毋惧怕何人"，好！雍正帝考虑到"尔（诺岷）一人恐难承当，朕已派额伦岱、涂天相辅佐尔查明"，英明！但雍正帝谕旨"苏克济若不能赔补，应由为他徇庇之德音、森图替他偿还"，听上去很解气，却于法无据，于理不合。德音、森图徇庇苏克济，犯的是包庇罪。要德音"替他偿还"，是雍正帝的主观、率性、君意而已。此乃人治之典型例，非依法治国之典型。前

---

[1]《雍正朝满文朱批奏折全译》，上册，第166—167页。

面处置英明,后面处置失当也。

雍正元年六月十二日(1723年7月13日)《刑部尚书阿尔松阿等奏报审理天津原任道台亏欠银两折》

奴才阿尔松阿、年熙谨奏:为奏闻事。奴才我等抵达天津哑后,会同莽鹄立、段如辉审理原任道台宋世宗亏欠三十八万余两银两一案,除各商贾盐场所欠之二十一万六千四百余两及原分司杜毓范未交之铜斤等项一万七百余两外,其余十五万四千九百余两皆系宋世宗本人亏欠,并向诸商大贾勒派是实。故而奴才将会拖延数日,亦系无奈而已。兹唯俟行取之人到此质审,查明银两细数,使事得以牢靠,银两皆有着落后,再另行奏闻。为此谨先行具奏以闻。朱批:何必延长数日,诸事俱从容查清后再回来。[1]

都知道雍正帝急性子,其实,他的耐心也深厚莫测。

雍正元年六月十七日《闽浙总督满保奏谢朱批训谕并追取欠银事折》

福建、浙江总督臣觉罗满保谨奏:为恭谢训谕事。浙江粮道蒋国英擅自动用库银供漕,从中克扣一事,臣闻后一面派人核实,一面奏闻。皇上天赋英明,洞察秋毫,将蒋国英劣迹早已悉知,列举种种弊情,下责为臣庸懦,命臣会同巡抚曲馥妥善料理。臣伏读训谕,愧惧交加,不胜感激皇上鸿恩。查蒋国英人品恶劣是实,臣曾屡次责其改正。但如此干犯法纪,实出所料,故未能早予参革,此乃臣之庸懦不济。至漕粮事务至为紧要,向由漕粮总督、浙江巡抚就近承办。本年臣闻知蒋国英擅自动用库银、克扣银两之事。一面奏闻,一面交令浙江布政司按察司确查核实。在此期间,漕运总督张大有亲自访问过淮安之漕丁,获得实情,先行参奏讫。臣以钱粮重要,恐蒋国英又有亏空款项,即令严查。兹据布政司傅泽渊申称:蒋国英去淮安时曾携库银六万两,今陆续交回三万六千余两,另二万三千余两隐瞒未交。兹将库存钱粮清查之后另行呈报。等情。前来。臣除缮本参劾外,一面交付布政司傅泽渊,将蒋国英家眷及衙署书办一并严加缉拿,立即追回尚未交还之二万三千余两银两,垫还原项。其道库内之钱粮责成布政司傅泽渊,于三日内清查报来,倘有短缺,亦由蒋国英等共同赔偿。此事臣遵旨会同巡抚李馥妥为办理,使应赔者务必赔完,以清库帑。为此恭谢皇上训谕,缴还朱批。

---

1 《雍正朝满文朱批奏折全译》,上册,第172页。

谨奏。朱批：知道了。傅泽渊若何？[1]

闽浙总督满保奉旨追查浙江粮道蒋国英擅自动用库银，雍正帝还在朱批中暗察布政司傅泽渊，可见问题涉面之广。

雍正元年六月二十日（1723年7月21日）《监察御史莫礼博等奏请严禁私税折》

监察御史奴才觉罗莫礼博等谨奏：为请严私税之禁，舒民力以裕国课事。窃奴才等奉差巡查，闻罗文峪口外，有腹内百姓砍放木板，运送遵化州及迁安县之澈河桥、三屯营，卖价度日。工部及通永道各有印号，抽税充饷。自康熙五十七年，有本地光棍吴三，勾串旗人郑四，借山主抽山分名色，擅立印号，公然私收，至今六年矣。岁前皇上御极，珍念民生，惟恐不肖之徒，在外扰害地方，屡降谕旨严禁，遂各敛迹不收。至今年二月内，故智复萌，改换字号，仍来私收。臣等访问的确，仰体皇上爱养黎庶至意，以口外官山有何山主，且穷民血汗，获利几何，堪此剥削？严谕遵化州牧，出示禁革，但恐不能永除民累。且闻迁安县之澈河桥现在砍山百姓与私收税银光棍相争斗殴，致伤人命，伏乞敕下直抚，严拿治罪，永行禁革，则民力舒则国课裕矣。为此谨奏。监察御史臣觉罗莫礼博、监察御史臣许容。[2]

不仅官府有亏空侵吞几百万两的"大老虎"，还有社会上类似吴三、郑四扰害地方的"小苍蝇"，也在监察御史奏折内容之内。全面从严，很有必要，不这样不能除恶务尽。

雍正元年六月二十七日（1723年7月28日）《内务府奏报分给亲王财物数目折》

内务府谨奏：为请旨事。雍正元年四月二十二日奉上谕：分给廉王、怡王之庄屯、财帛物项，经查若较分给诚王者少，补给。除分给果王、理王之旗、府佐领人外，查庄屯、财帛物项，俱照分给淳王之数分给。若分给理王之庄屯、财帛物项较分给淳王者少，亦照分给淳王之数补给。钦此。钦遵。窃查，先前分给和硕廉亲王、和硕怡亲王之庄屯、财帛物项内，较分给和硕诚亲

---

[1]《雍正朝满文朱批奏折全译》，上册，第178页。
[2]《雍正朝满文朱批奏折全译》，上册，第182—183页。

王者少,分给:关内粮屯各四征银庄屯各一;关外庄屯各一,乌拉打牲男丁各七名;盛京三佐领男丁各二十户,带地投充之汉人各二十户……;

马原定八百匹,已照数给发和硕廉亲王。已给发和硕怡亲王六百六十六匹,应补发一百三十四匹。驼原定七十只,已照数给发和硕廉亲王。已给发和硕怡亲王三十一只,应补发三十九只。牛原定八百九十头,已给发和硕廉亲王六百头,应补给二百九十头。已给发和硕怡亲王三百二十八头,应补给五百六十二头。羊原定五千只,已给和硕廉亲王三千只,应补二千只。已给发和硕怡亲王五千五百六十一只。三佐领男丁四十户,应交付盛京佐领等派出。乌拉打牲男丁十四人,应交付乌拉总管派出。朱批:"依议。倘现有应做应买之物,问过二王后,照伊等之愿办。"再,应分给多罗履郡王之庄屯、财帛等物项,已照给发悼郡王之例,俱已给发。朱批:"停止补发理王。"羊原有三千只,除已给发五千五百六十一只外,马原有八百,已给发六百六十六匹,应补发一百三十四匹,驼原有七十只,已给发三十一只,应补发三十九只。牛原有六百头,已给发三百二十八头,应补发二百七十二头。为此谨奏,请旨。办理内务府总管事务和硕庄亲王臣允禄、内务府总管赖保、噶达浑、李延禧。[1]

雍正帝"奖罚分明"也——一面清查亏空拖欠侵吞,一面赏赐八阿哥"羊五千只、马八百匹、驼七十只、牛八百九十头";赏十三阿哥硕怡亲王允祥"羊五千五百六十一只、马八百匹、驼七十只、牛六百头"。理王是原太子二阿哥,按雍正帝旨,停止补发。雍正帝赏罚的功利性,其玩弄权术的惯性思维与一贯作风,以上可见一斑。

雍正元年七月十二日(1723年8月12日)《两江总督查弼纳奏请诈骗银两之犯认交银两数目勒限完抵折》

江南、江西总督臣查弼纳谨奏:为钦遵上谕事。雍正元年三月初九日,镶红汉军旗阿达哈哈番赵洪基来江宁省城传谕,赵洪基着会同总督弼纳,将原任河道总督赵世显所奏诈骗钱银之家人严加缉拿审催。再将被告崔三兄弟家眷查审催取,不可隐漏。钦此。又接准兵部咨开,奉谕,将赵洪基派往查弼纳处,会审案情完后,着查弼纳具奏。赵洪基由彼前往湖广。钦此钦遵。

除前任漕粮总督施世纶已查,原任江宁巡抚吴存礼复查崔三兄弟所有之田宅铺子等项之十三万银两外,兹崔三兄弟叔父之子又认交银子十三万七十两,陈恩官认交一万六千二百四十两,潘四管认交一万七千二百九十六两,刘祥认交八千二百零二两一钱五分,李征认交三千零二十二两七钱五

---

[1]《雍正朝满文朱批奏折全译》,上册,第197—198页。

分,胡煜认交四千六百五十两,王爱实认交一下七百八十两,张功毕认交六千零五十五两五钱,孙水认交九千七百二十余两,孙朝文认交一千二百两,杨安认交八百两,张家管认交一千零六十两,王原认交四百两。又据崔三、陈恩官供,伊等应得之二万两银子存于淮徐道台潘尚智处,臣即行令现任按察使葛继孔自潘尚智处催取送来。此项一并共计二十二万零四百九十六两银子,加上原漕运总督施世纶前任巡抚吴存礼已查之崔三等人之银,共为三十五万余两⋯⋯⋯⋯

朱批:此之所奏,朕以为不甚透彻。该等之不但此时,早在十年前即有此种准备,人皆如妖魔一般,兹用何招术,伊等亦决不会交出。不如慢慢查访,使案看似已结,先安其心,再观其情,严密监视,切勿疏忽。若如此仍无动静,再开导伊等曰:你们应爱惜生命,何必自寻死路,徒便宜了他人,等语威吓之。倘且不招供,则再予重责,若仍隐忍不供,亦即正法耳,有何可惜。况且赵世显所捞之财乃天下尽知,如今去了何处?伊等即便惜己之财拒不招吐,亦应供出其主隐瞒之情。对此等贪婪之人,朕不追究到底决不罢休。若有丝毫隐瞒抵抗,必匡之以法。慢慢定会查明,对此类蠹贼,不可仁慈,凡有请托求情,分毫不可宽让,务必仰副朕意,切勿有半点姑息迁就。[1]

雍正帝痛斥,"人皆如妖魔一般",可见社会贪婪之心、手段之多已到无奇不有之境。雍正帝有旨,"对此等贪婪之人,朕不追究到底决不罢休",好!赞!

雍正元年七月二十七日(1723年8月27日)《山西巡抚诺岷奏报查出栾廷芳亏欠银两数目折》

山西巡抚臣诺岷谨奏:为奏闻事。公额伦岱等到晋,现正会审苏克济之案,俟案审明另折具奏外,臣前曾请旨,将栾廷芳暂留山西,查审其侵蚀之各款。兹据大同府知府徐惟恩等查报栾廷芳所经管之钱粮内开:栾廷芳亏欠库银十六万余两、仓米三万六千余石、豆二万五千余石、草五十八万余捆。等语。又据太原府知府郭洪等查报栾廷芳经办之军需钱粮内开:栾廷芳自五十六年起,至六十一年,因采买喂驼草料及做驼鞍褥之羊毛,欺蒙浮报侵蚀之银共计二十七万七千九百余两。另大同捐纳银多领十三万一千八百余两。等语。除以上之外,伊指称军需自四府三州所征之银,除正项应用者外,其自己又侵吞多少,现正逐项彻底清查。该等亏空侵蚀之银,既然俱应以其家产抵赔,现清查之数若不当即记录在案,清查事毕,则难追取。臣前为栾廷芳一案请旨时,即命严交该知府等,将栾廷芳家严加看守,所有物品

---

[1]《雍正朝满文朱批奏折全译》,上册,第234—235页。

一律不得出宅。钦此。兹已令知府徐惟恩、知州张宏等逐一清查记数,加封固守。栾廷芳亏欠仓库钱粮各项,俟查明后,再照例补参,侵蚀之银待清理完毕时再另行议奏外。谨将现已查出之处顺便奏闻。朱批:看守虽是,但不可靠此,唯靠他自己,以朕恩去说。若再不能抵还,则将其法办,此并非推卸于家即一了百了之罪。告诉他,应先将他给别人及别人强索于他之物私下去各处全取回来,若有蛮横不给者,详细抄录,由尔密奏于朕。[1]

雍正元年八月初五日(1723年9月4日)《刑部尚书佛格等奏请特查长芦盐商积欠银两久悬折》

刑部尚书臣宗室佛格等谨奏:为积欠久悬,有名无实,特请清查,仰祈睿鉴事。臣等查得,长芦承追张霖等名下入官赃帑共银一百七十五万八千余两,自康熙四十五年起至今,将二十年,仅完银二十二万五千六百九十余两,未完银一百五十三万二千两。当张霖被参定罪时,据直隶巡抚题结,御史查勘既经估计产业共值百万,皆系有名有项,彼时即应就其所有立行追变,似可早完,何以至今所完不足十分之二?检查案卷,当日该抚等草率塞责,并未将某人某项,逐细查明是何人名下,应该多少产业,着于何处?或有现银即交,或须变价解交,分行于各该管地方官及巡盐御史、盐法道并巡抚,一体遵行,勒限严追,亦断不致延挨无完,若斯之久也。乃该抚只图脱卸,交于巡盐御史,而御史盐差系一年一换,既无催追之专责,复无不力之考成,惟知照案依行。盖视承追为故事,以致将二十年之久,不过存纸上之虚文,终于帑项无补……[2]

自康熙四十五年(1706)起至今,尚有未完银1 532 000余两,康熙帝何以如此仁慈耶?

雍正元年八月初七日(1723年9月6日)《镶白满洲旗副都统达色奏报无奏事折》

镶白满洲旗副都统奴才达色谨奏。奴才达色无奏事。朱批:尔缘何无奏事,初次不奏,尚待何年?殊玷厥职。身为一旗副都统,朕如是垂问,一事不奏,已属违旨;观测各官所奏,权衡是非再奏,更属狡诈。不奏却称无奏

---

[1]《雍正朝满文朱批奏折全译》,上册,第255—256页。
[2]《雍正朝满文朱批奏折全译》,上册,第268—269页。

事,乃弥天大谎。不专心思索,顾惜心血,不忠且懒;不仰副主子垂问之意,乃大不敬也。若无奏事,为报答朕之此恩,写十张奏来。[1]

因之前雍正帝有过旨,无事也要报无奏事。达色是奉旨行事的老实人,果真写了"无奏事"三字上去。不料雍正帝大怒,一番痛骂之后,命其"写十张奏来"。是达色傻得可爱,还是雍正帝蛮横得可爱耶?

雍正元年九月十三日《刑部尚书佛格等奏请斩太监魏珠折》

刑部等部尚书臣宗室佛格等谨奏:为遵旨会议事。臣等会同前往魏珠家中,经暗中详细查看,伊于原修之院外,将山脚东侧向里刨六尺余,向下刨二尺余,使长八丈,宽六丈,铲平,然后砌墙圈入院内。里面种三架葡萄,堆一堆粮、草。在其大门外街上,陵寝院墙口对面,有一座旧破损石桥,为挡此桥,砌墙一道。然陵寝院墙口却被此墙遮住。将此询问魏珠,据告督:今年二月,我派家人斗巴尔、王福买下此房,加以修缮,斗巴尔等如何刨山砌墙圈围之处,我不知道。四月,我随梓宫前来,每日在陵寝内。嗣后我家人又如何挡大门外之桥而砌墙之处,我不知道。本月十六日,我回家才看见。或以为墙外系非禁地而砌墙等语。

经将魏珠拿获严讯,据供曰:我派家人王福、斗巴尔于此地买房,于今年二月,王福等寄信告我曰:本月初九日,买姓穆之人二十八间草房,现于此处维修等语。何日开修我不知道。我随圣祖仁皇帝梓宫前来,每日在陵寝内。四月十五日拜佛前来房中,我家人才告我欲取山根之土砌墙。我以陵寝院外众人居住之处与风水无关,即准照家人之言维修是实。今审问之时,我才知晓院外之山亦与风水有关。我该死,我尚有何言可辩等语。故魏珠本应照建陵寝处以外,墙院二十里以内,刨山取石、修坟、建台、湖者,杖一百,遣边卫充军之律例,枷号三个月,鞭百,惟魏珠荷蒙圣祖仁皇帝重恩,圣主又施重恩,然并未思竭诚报效,于梓宫附近并不恭敬小心,于梓宫安放地宫前,即维修住房、院落,任意刨禁地之山,铲平修院,又挡路砌墙,以致遮住关系陵寝风水之院墙口,珠属不敬违法,不可照一般律例拟罪,将魏珠照大不敬律例立即斩首,其房屋、家产、人口俱抄没入官,挡陵寝院墙口所砌之墙毁之。此非臣等擅便之处,谨奏请旨。刑部尚书臣宗室佛格、户部尚书兼管工部尚书事臣孙渣齐、大学士臣萧永藻、刑部郎中臣淳柱、主事臣常鼐。朱

---

[1]《雍正朝满文朱批奏折全译》,上册,第271页。

批：三法司会议具奏。[1]

魏珠原是一名哈哈珠子（小太监），因为人忠厚、办事谨慎，后升为康熙帝身边的传旨太监，可见深得康熙帝信任。刑部尚书佛格以魏珠在东陵寝院外众人居住之处挡路砌墙大不敬罪名，要"立即斩首"，这是在上纲上线、是要置其死地。但雍正帝并不驳回，而是批"三法司会议具奏"，实已将魏珠的"死罪"放到了议事日程上。即使不"立即斩首"，其日子也可想而知矣。据外国传教士介绍，雍正帝下令用九根铁链锁铐赵昌（康熙朝太监总管）示众。看来，雍正帝对康熙帝身边人赵昌、魏珠等人咬牙切齿、恨之入骨，必欲除之而后快。

雍正元年九月十八日（1723年10月16日）《山西巡抚诺岷奏报自栾廷芳家中挖出藏银数目折》

朱批："知道了。栾廷芳物件单就近变价以补其亏空。"
山西巡抚臣诺岷谨奏：为奏闻事。切臣奏报自原任知府栾廷芳家中挖出八万两银两一折内蒙御批垂问：此银如何得知掘出的？臣原凭猜测派人去挖，但一挖即挖出一些，于是鞠问其弟及其家人，陆续挖得之。后衙役亦出首些许。兹据徐惟诺[恩]册开，共得银十五万八千七百余两、得金三百五十余两，俱已入库。此外还有裘皮绸缎、首饰衣服、马匹等物件。故照徐唯诺[恩]报册抄录奏览。朱批：即便如何追究，唯先将其十八万两亏空全部补完。完后尚有其报年羹尧出资十万两一事。此等对象及十八万两之外者有乎？还是总共只有这些？以前交了多少？著奏来。此事密之。初五日，东厢房地内掘出银七万二千八百五十两，曹刃十七日，东边尹二屋里掘出银一万七千七百七十七两七钱。十八日，正房内掘出银二万八千一百九十九两四钱。二十七日，西边房内掘出银二万八千七百九两五钱。以上共银十五万八千七百三十七两一钱。[2]

雍正元年九月二十一日《护军统领衮泰等奏报缉拿太监魏珠管家等情折》

署理九门提督事务之护军统领衮泰、内务府总管李延禧谨奏：为请旨事。雍正元年九月初二日，办事王大臣等查封了太监魏珠家产，交付我等。除清查完毕另行具奏外。因魏珠管家张成全居于东安县之马坊村。故即遣

---

[1]《雍正朝满文朱批奏折全译》，上册，第336—337页。
[2]《雍正朝满文朱批奏折全译》，上册，第351页。

提督衙门官员一名、内务府官员一名前往缉拿查封家产。据伊等返回禀报：我等初三日到达张成全家，张成全不在家；据其妻曰：我主子九月初生日，我丈夫前往山陵尚未回来。等语。遂即沿村周围一带寻找，自张成全内弟之子孟贵文家觅得张成全所骑骡子二头、衣服一套。以此证物将孟贵文锁拿究问。据其供称：张成全乃我姑父。八月二十九日坐车前往山陵，九月初三日晚骑骡与家人辛力一同来到我家，扔下二头骡子，脱下衣服，改换穿上我的布衣，让其家人辛力去天津卫其四弟张成德处，其自称前往雄县，遂步行而去。等语。故派人前往雄县、天津卫张成德家捕拿，张成全、辛力俱不在，遂将张成德锁拿带来。经鞠问张成德：尔兄张成全是藏于尔兄弟亲戚家中，或在何处，须从实供来。据供：我现有兄弟三人，二兄为张成全，三兄为太监，改名为王得勇进了宫内，现为古董房大太监。张成全未来我家，是否藏在亲戚家，我不得而知。等语。除已派出番子四处缉拿张成全外。太监王得勇即为重犯魏珠管家之胞弟，现于大内行走，如何处置之处，祈请皇上训示。为此谨奏，请旨。朱批：将王得勇亦拿下，鞠问何缘改姓入宫，其兄逃往何处亦着审问。张成全拿获归案时再奏。[1]

雍正帝下令拿下康熙朝晚年大内行走的魏珠胞弟王得勇、追缉魏珠管家张成全，并旨张成全拿获时再奏。可见雍正帝对魏珠一案之重视程度。

雍正元年九月二十一日《两江总督查弼纳奏请由前任督抚子弟赔补两江亏空钱粮折》

臣查弼纳谨奏：为请旨事。两江亏空钱粮三百二十余万，其年已久，催征徒有其名，实际完纳甚少。国帑空虚，官民遭殃，臣忧心切切，会同三巡抚缮折条陈，因见识浅陋，未得弥补亏空之良方。跪捧朱批谕旨，伏读之下，方知臣对其事不明就里。皇上至圣至明。如同天日，仁爱小民，体恤无辜新手，圣怀宽仁至极，洞鉴其中情弊，实臣所难料及也，臣唯竭尽愚忱，钦遵训旨，奋勉效力耳。窃惟，州县官员亏空钱粮，岂能皆为自行挥霍，其乃多系上司勒索所致。州县官员搜刮民脂民膏上送司道府官，司道府官以此奉送督抚，以顺应其之索求。究其根源，盖因督抚贪婪而致仓库亏空。钱粮被暗中侵蚀无影无踪，而州县之亏空又设法逃脱审理挪为他用，每年催而不完，贪污之臣反携数十万银两茫然无事而去，而数百涉事亏欠之州县官及其妻子家口成百上千人将照例遭受严审，以致生活无著，毫无办法，国帑数百万两钱粮亦无着落。于此不追查贪赃富豪、予以赔偿，催令贫穷不堪之州县官又

---

[1] 《雍正朝满文朱批奏折全译》，上册，第363—364页。

有何益……臣闻两江之贪官无过于前任总督长鼐者。其贪婪异常，残暴至极，家业富殷，天下无人不知。其继位总督赫寿虽无恶名，却图钱财，家资亦为丰厚。伊等在任期间之所作所为，断难逃皇上明鉴。兹两江亏空钱粮，不可不分别由伊等子辈完偿。臣不敢稍有徇情，据实谨奏。伏乞饬命将伊等之子解送江南，分别偿还亏欠。（朱批：虽甚有道理，但若未公然抓住把柄亦为不可，务必要有一合理之理由，着缮本具奏。不但这几人，藩臬（布按）道台人等，原即名声恶劣家财富裕本应列入者亦着列入。若找理由，引诱其以往之下属书办予以查问，岂不得之理。若未获实据，其贪污侵蚀之赃尚不明有几笔，朕即降旨强令清偿，将俾日后为督抚者为难。现若揭露其贪赃四百万两，伊亦俱认不讳，朕如何治罪，亦不致有何议论，如此做来方才为宜。）原任巡抚吴存礼虽令赔补其所欠税银，此责亦难免，仍应分偿。至原江西巡抚王企埥原本名声不好，现已赴军中。江西之亏欠钱粮伊应分摊，或交付其原籍催缴，或将其子弟家中信用之人送往江南催征之处，俟奉训示再钦遵施行。如此则无须牵连新任，亦不必摊派于民，钱粮即有着落矣。天下之人，皆知贪官奸吏断无幸免，为官者无不恪守清廉，（朱批：朕心即为此也，甚是。）百姓益承享太平也。应否之处，伏乞圣主批示遵行。为此谨奏，请旨。臣查弼纳亲书。朱批：如此而为。不但朕以为很要紧，亦惩治了奸究。剩下的不多了，尔等料理起来亦即容易了。[1]

雍正帝在两江总督查弼纳的一份奏折上多次朱批，在雍正元年并不多见。查弼纳揭露，"州县官员亏空钱粮，多系上司勒索所致，盖因督抚贪婪而致仓库亏空"，应该是抓到了亏空之要害。

雍正元年九月二十八日（1723年10月26日）《山西巡抚诺岷等奏报审理苏克济父子之情折》

山西巡抚臣诺岷等谨奏：为奏闻事。切臣等前审理知府裘章等首告苏克济一案，苏克济承认其任内侵蚀银两共计四百二十万两是实，但未就赔补亏空之项吐露实供，故臣等奏请将其子革职，与苏克济一并夹讯。奉旨：苏克济及其子俱革职，由审案之臣严审具奏。钦此钦遵。当即将苏克济父子提堂，将皇恩法典钱粮之要复行开谕，苏克济父子仍坚持原供。遂夹讯苏克济四子达哈塔及三子达最，而后即令夹讯苏克济，苏克济遂即供称：我任巡抚十二年余，贪污诸多银两，因我父子服用奢华，随得随即顺手挥霍掉了。

---

[1]《雍正朝满文朱批奏折全译》，上册，第366页。

且近几年军需运米喂驼之事亦耗资甚巨,银两进出数目皆由我家人赵七记载,赵七死后,无据可查。现我愿以仅有之一百万两银两抵偿。我父子现有家产共值银二十万两,此俱系赃银购置者,一时难以变价,俱请入官。再我兄各子家产值银二万两,家人马四、守常家产值银一万两,我父子衣服、首饰器皿等物值银七万两,此俱变价于五个月内交付。我在任之际,馈送借给亲朋之银五十余万两,追讨此银,半年内陆续交付。我父子本年地租银为五千两,借给范毓彬之银本利相加共计三万两,此银即行讨回,年内交付。我原借给赵七之人之银,曾欲留做垫补亏空,经查尚未追完之银为九万两,算此之项,共计银九十二万余两,我一年限内再借七万余两,凑是一百万两。除此以外,若有丝毫隐瞒,我父子虽正法,即使抛尸露骨亦心甘情愿。我父子罪探至极,上负于主恩,下愧于祖父,虽死亦难抵罪。唯苏克济我年迈有病,不堪酷刑,我父子愿服律例。等语。叩首供答。臣等窃惟,如此贪婪枉法之人,上负朝恩,下害百姓,殊干法纪,臣等祈请,现亏空各项,除苏克济承担垫赔之一百万两外,其余银两,则对原参各官于苏克济名下贪污之项严加清查,由伊等分别赔补,断不准摊派于民,有累继任。臣等将所有垫赔之事议定后,再对苏克济父子拟罪,另行缮本,由臣额伦岱、涂天相亲携面奏皇上外,现审理之情,谨先缮折奏闻。山西巡抚臣诺岷、署理布政司印务侍读学士臣田文镜、按察使臣高成龄、领侍卫内大臣公臣额伦岱、刑部侍郎臣涂天相。朱批:知道了。就这么办。[1] 雍正元年六月初审结算450万两,九月下旬本人供认420万两。

这是雍正元年九月地方官学举报属实的山西"大老虎",贪污受贿420万两,骇人听闻。

雍正元年十月十一日《护军统领衮泰等奏报清查魏珠家产及其处置折》

署理步军统领事务之护军统领臣衮泰,内务府总管李延禧谨奏:为请旨事。太监魏珠及其家人张成全房产。经查,京城有房宅、游廊、楼阁、灰房共九百零三间,热河庄屯等处有房宅、游廊、灰房共四百零一间,田一百二十二顷,家奴丁妇子女二百四十一口。其中张成全家奴,王达子等五丁出逃。当铺二爿、本金一万三千二百三十三两五钱。太监魏珠银内。以民人张继善之名买兵部曹头之缺之银为九千六百两……查张成德之三顷四十二亩地及裘皮绸缎纱等衣服被褥共计二百十九件,戏装一套、器皿杂物既系其兄张

---

[1] 《雍正朝满文朱批奏折全译》,上册,第389—390页。

成全之物,将此交付地方官员变卖,其所得之银送交广储司。为此将其家产数目缮造汉文清册一并谨奏,请旨。朱批:依议。[1]

魏珠并非大官,甚至也不是小官。他只是一个可以通天的小人物——康熙帝身边的太监,居然在京城有房903间,热河有房401间,田一百二十二顷,家奴丁妇子女二百四十一口。口称奴才,俨然已是一名地主!

雍正元年十月十七日《山西巡抚诺岷奏请调转州县官员以便清理亏空折》

朱批:狠狠抓住,毫不姑息。若乘此机会清理,日后于尔颇为有利。但若留下些麻烦,举措虽好,亦是枉然。凡事唯有坚持到底,贯彻始终才行,其间不可稍有姑容。[2]

痛快。这符合雍正帝的性格与做派。"坚持到底",好!"不可稍有姑容",好!《内务府奏报追还赵昌欠银办法折》

雍正元年查得,赵昌于康熙四十九年三月,由内库以一厘利银借走五千两银。本利总计应交银为五千五百两,其中除去已交之银七百七十两,既然仍欠银四千七百三十两未交,拟将赵昌家现有之三千一百九十两银入库,其余尚缺之银数,拟由赵昌放贷之银内取出补足交库。查得,守赵昌祖父之坟共有男女大小共十一口。朱批:将此赏之。[3]

原来,"空麻袋背米""借鸡生蛋",古人早已有之。赵昌借银五千两银去生息,居然"欠银四千七百三十两",拖赖十几年不还。康熙四十九年三月借的银子,至雍正元年仍未清!名义上是"借",与骗、与抢何异?

(二)雍正朝的头号"大老虎"年羹尧

年羹尧文武兼备、才华与功勋都出众,是康、雍朝十分罕见而又特殊的一个重要人物。笔者在上海图书馆古籍部见过年羹尧著作的《治平胜算全书》《年大将军兵法》等15万字兵书。由于年羹尧出类拔萃,早在康熙朝中期,他就得到了康熙帝的接见和重用,六年中连升六级。他20岁中举,21岁中进士,康熙四十八年(1709)九月,还未满30岁,就被康熙破格出任四川巡抚。年羹尧仕途光明,

---

[1] 《雍正朝满文朱批奏折全译》,上册,第427—429页。
[2] 《雍正朝满文朱批奏折全译》,上册,第440—441页。
[3] 《雍正朝满文朱批奏折全译》,上册,第591页。

凭的是自己的才干,与皇四子胤禛没有什么关系。"四十八年陛见,赐上用服饰。擢制川陕,辞朝赴任,命侍卫佛伦、拉锡持茶郊送二十里外。"[1] 这个荣誉是康熙帝给的,与皇四子胤禛毫无关系。电视剧《雍正王朝》里把年羹尧出任要职,写成是四阿哥向康熙帝推荐促成,于史无据,与史不合,乃编导戏说。

康熙帝爱才惜才破格用才,也严格要求之。早在康熙四十八年(1709)十月十二日,康熙在宫中召见了这位年轻的四川巡抚,既寄予厚望,又对其谆谆教诲:"……尔须使百姓相安,钱粮渐次清查可也。刑名尤宜慎重,盗贼须行严缉……八旗汉军中任督抚者如张长庚、白如梅、屈尽美、张自得、韩世琦、贾汉俊等皆以贪污致富,而今伊等子孙零落殆尽,可见做官不善之报,尔不可学从前汉军行事。总之,以安静为要!""安静"二字指不要瞎折腾,不要扰民,不要贪。

康熙帝特别指名道姓地点了好几个前任者名字,以此告诫年羹尧,这些人"皆以贪污致富,而今伊等子孙零落殆尽,可见做官不善之报"。然,年羹尧在康熙手里尚存敬畏,未敢放手大贪,并不等于到雍正时代仍不敢大肆贪婪。康熙五十七年(1718),康熙帝授皇十四子大将军王统帅20万大军西征时,特选年羹尧作其总后勤部长。四年里,年羹尧与皇十四子关系甚为密切,此事后来也成为雍正整肃年羹尧的借口之一。

但,年羹尧与皇十四子的关系是在后,他与皇四子的关系是在前,而且更非同一般。"推其原故,正由在雍邸时托以心腹,共其秘计,纳其妹以重私亲之谊,其时即指天誓日、生死不相背负。"[2]

雍正元年,青海20几万人叛乱,对雍正新政权构成严重威胁。雍正朱批:"年羹尧于军旅事务边地情形甚为熟谙,且其才情实属出人头地。"[3]"西边事务,朕之旨意,总交年羹尧料理调度。"[4]

然,这都是雍正初年的事。当初,青海20几万人大规模动乱被平息后,雍正还说了一大堆肉麻之极、无以复加、令年羹尧陶醉的迷魂曲。如,雍正二年三月二十九日(1724年4月22日),雍正在年羹尧《奏谢鹿尾折》上朱批:"前西海势涌,正当危急之时,……今如此出于望外,好就将此奇勋自己认起来,实实面愧心惭之至……据理而言,(尔等)皆朕之功臣;据情而言,自你以下以至兵将,凡实心用命效力者,皆朕之恩人也。言虽粗鄙失理,尔等不敢听受,但朕实实居如此心,作如此想。"

又道:"朕实不知如何疼你,方有颜对天地神明也""不但朕心倚眷嘉奖,朕世世子孙及天下臣民当共倾心感悦,若稍有负心,便非朕之子孙也,稍有异心,便非

---

1 《永宪录》卷一,中华书局,1959年,第54页。
2 孟森:《清世宗入承大统考实》。
3 《朱批谕旨·高其倬奏折》,元年四月初五日朱批。
4 《宫中档雍正朝奏折》,台北故宫博物院印行,第一辑,元年五月初九日岳钟琪折朱批。

我朝臣民也。"[1]

对于雍正帝后来为何要杀年羹尧？研究者有两种意见。一种意见认为，年羹尧在拥戴四阿哥称帝上台中卷入太深，雍正帝卸磨杀驴，要杀功臣灭口。另一种意见认为，年羹尧即如雍正帝所指，罪有应得，该杀。笔者以为，这两种意见不仅都有道理，而且，似乎都有论据。但雍正帝对年羹尧萌生杀机，必有其最初始之强烈动因。

依笔者之见，雍正帝整肃年羹尧最初始在政治上的考虑与迫切，可能要远重于对年羹尧经济问题上之考虑与迫切。简言之，之所以急于从肉体上消灭年羹尧，政治上的原因是主要的，经济上之原因是次要的，尽管年羹尧在经济上的问题已非常严重，尽管年羹尧在经济上的问题也足够被判死罪。现论证如下：

1. 雍正帝最初公开向其开刀发难，并非源于年羹尧贪婪

雍正三年二月初二日（1725年3月15日）上御乾清门听政。是日，诸王、贝勒、贝子、满汉文武大臣以日月五星、同耀共次，亘古难逢，恳请皇上陛殿受贺。

二十一日，上谕年羹尧："据岳钟琪奏称，苦苦脑儿（青海）郡王额尔德尼所属部落穷困流离，资生窘乏。尔身为抚远大将军，凡西陲军务，调发粮饷，绥辑远人，皆尔之责。理应酌量事势缓急，人口多寡，尽心筹划办理。乃岳钟琪以额尔德尼等窘乏情形密札相商，尔仅发银一万两为赈济之用。此诸部落流离失所之众，岂万金所能遍济？尔何不思及也。是知尔于诸务皆未实尽其心矣……今尔既不能筹划于未然，又不克拯济其现在。如诸部落内或有一二窘急万难，自存潜逃，远匿窜入策妄阿喇布坦之地者，朕必从重治罪，断不姑宥。"[2]

如果单纯是因为一万两银不够用，雍正帝完全可以谕其再议，也完全可以谕旨部议，更完全可以直接谕旨给出一个合理数字。何至于因这么一件事就定论"是知尔于诸务皆未实尽其心"？又何至于由此发出"如诸部落内或有一二人自存潜逃，朕必从重治罪，断不姑宥"之重磅炮弹？可见，这只是雍正帝要向其开刀发难的一条借口，只是欲加选一个突破口罢了。

而这一条借口，这一个突破口，并不是从年羹尧贪婪、经济方面着手，而是从苦苦脑儿（青海）郡王额尔德尼所属部落穷困流离、年羹尧处置不当着手。这个"不当"，又是从岳钟琪奏称着手的。而岳钟琪的奏称，极有可能正是受了雍正帝引导而来。如果雍正帝真的只是担心资金投入不够，追加投入即可。何须用有

---

[1]《朱批谕旨·年羹尧奏折》，雍正二年三月二十九日朱批。
[2]《雍正朝起居注》，第一册，第430—431页，雍正三年二月己丑二十一日条。

一人窜入策妄阿喇布坦之地，朕必从重治罪？由此足证，当雍正帝已开始准备对其从重治罪、张网以待时，根本丝毫未牵涉其经济问题。

紧接着，是年三月二十三日上御干清门听政。

> 上谕："览年羹尧奏称，委赴南坪筑城知州边鸿烈，守备孟继光，不恤番民，欲令寒冬入山砍木，且出言恐吓，以致各寨番民惊慌生事，曾经一面缮折奏明，一面调兵劝抚。……或是年羹尧从前有心隐匿具题，抑或被属员欺瞒遂尔朦混具题之处，着年羹尧明白具奏。"[1]

事隔一个月之后再向年羹尧的发难，仍是青海各寨番民的事。为什么雍正帝对年羹尧发难从青海入手？因为年羹尧青海之功天下皆知。雍正帝必要想方设法对年羹尧的青海之功有一个新的说法，必要将年羹尧的青海之功大打折扣乃至有过，才能方便对其下手。否则，年羹尧不服，军心不服，民心也不会服。很快，雍正帝就亮出了另一手。

> 上曰："览年羹尧所奏本内，字画潦草，且将朝干夕惕，写作夕阳朝乾。年羹尧平日非粗心办事之人，直不欲以朝乾夕惕四字归之于朕耳……今年羹尧既不以朝乾夕惕四字许朕，则年羹尧青海之功，朕也在许与不许之间而未定也。朕今诘责年羹尧，必推托患病，系他人代书，未曾看出。夫臣子事君必诚必敬。陈奏本章，纵系他人代书，而年羹尧岂有不经目之理？
>
> 观此，则年羹尧自恃己功，显露其不敬之意，其谬误之处断非无心。即如查弼纳、何天培庆贺日月合璧、五星联珠二本，阅其纸，既洁白而字画亦甚端楷。将此二本一并发与年羹尧，着明白回奏。"[2]

雍正帝公开与年羹尧翻脸了，或曰，雍正帝公开收紧套在年羹尧脖子上的绳索了，然，有一字一句责其贪婪、经济方面的内容吗？丝毫没有。

雍正帝是何等精明之人？他早已暗中秘密调查清楚，那个将朝乾夕惕误写为夕阳朝乾的庆贺本子是他人代书、非年羹尧本人亲笔。但雍正帝仍以纵然系他人代书，年羹尧岂有不经目之理，以此判定其断非无心，是有意为之。故，"年羹尧青海之功，朕也在许与不许之间而未定。"

最后这句话，才是雍正帝心中真正想要说的话。至此，雍正帝为什么一再要在青海额尔德尼等诸部落身上大做文章，就不难理解了。

---

[1] 《雍正朝起居注》，第一册，第 464 页，雍正三年三月辛酉二十三日条。
[2] 《雍正朝起居注》，第一册，第 464—465 页，雍正三年三月辛酉二十三日条。

2. 对年羹尧翻旧账、反咬一口

有清一代，唯雍正帝继位始终受人质疑和揭露抨击，雍正帝本人穷尽一切手段，反而越描越黑。于是，倒打一耙、反咬一口，转移视线，推卸责任，便成为雍正帝出奇料理的另一招数，助其上台立有奇功的年羹尧，自然在劫难逃。

在年羹尧缴上戴铎往日禀帖后，雍正帝这么朱批："朕藩邸门下之人，向者唯倬（羹尧）与戴（铎）二人肆无忌惮，曾在朕前敢作不法之语。昔日年羹尧启折中有'今日之不负皇上，即他日不负王爷'之语，彼时朕手批切责，有云'尔此语真乱臣贼子之言，观今日之负我，知他日必负皇父之谕，朕欲将其启折奏参于皇考前，因伊再三恳求而止。'""朕深知戴铎行止妄礼，罪实当诛，而近日不将戴铎置之死地者，实恐年羹尧等奸邪小人加朕以杀戴铎灭口之名也。"[1] 难道四阿哥谋储，是因受年羹尧挑唆之结果？雍正帝翻旧账、对年羹尧反咬一口，岂不是欲盖弥彰，反而证实他的上台不是先帝传位而来，是与年羹尧合谋篡位得逞而已？

雍正帝竟以此要挟威逼年羹尧，称据此可"足以灭你一家"。如果雍正毫无争储野心，如果四阿哥是正人君子，如果年羹尧确是"乱臣贼子"，为什么四阿哥当时不向皇父举报此事？为什么在夺位称帝得逞后不仅大搞过河拆桥把戏，还要对年、戴、隆、延众多心腹功臣都倒打一耙？这与年羹尧的经济问题又有何关涉？

雍正帝之所以要翻旧账、要对年羹尧反咬一口，实是因为雍正帝要杀戴铎灭口的把戏已被年羹尧、隆科多看穿，而年羹尧、隆科多卷入四阿哥谋位之深，知其内幕之广，却又远在戴铎之上，年羹尧、隆科多能不为自己今后命运乃至性命安全考虑乎？

请看雍正帝如何透露出这方面内情："前年羹尧以戴铎奏折示给人看，却又以手捂住朕昔之批语，直是要引起人们怀疑，以为其中有什么秘事。朕究竟有何秘事，尔可具实奏来，若有一字一句隐瞒，则必招天诛地灭。"雍正甚至据此定论：年羹尧"与戴铎结党营私，煽惑众听"。[2] 天诛地灭就是要夺其性命，有一字一句提到年羹尧的经济问题了吗？

雍正帝天生疑心病深重，又心机深沉，年羹尧、隆科多、戴铎已成雍正帝心患大敌，雍正帝已对年羹尧怒吼"必招天诛地灭"，还能逃脱被雍正帝诛灭之命运乎？

有人却提出："三年四月，奉降职上谕后，年羹尧如略知韬晦之道，就该轻车简从赴杭州将军之任，从此谨慎自持，或能保全残生。但他依然大模大样，到任后'仍以大将军气象'。随从尚有千余人，要另建房屋百余间才能容纳。雍正杀年羹尧之念，可能萌于此时。"[3]

杨先生认为年羹尧不懂得韬晦之道非但根本不符合当时事实，而且，年的韬

---

1 《上谕内阁》，雍正三年六月初八日谕。
2 《永宪录》卷三，第 250 页。
3 杨启樵：《雍正帝及其密折制度研究》，上海古籍出版社，2003 年，第 87 页。

晦之计在雍正眼里,简直是小巫见大巫,早就被雍正看穿了:

> 上谕……年羹尧往杭赴任时,一车两马、仆从数人,布围轿、车等语。年平日狂妄贪污狼藉之处不可枚举……而为此困苦怨望之状,其意不过欲使人见之,谓朕挫折清介效力之臣,令不美之名归之于朕耳。掩其赃私,以示廉洁。此等狡诈,将欲欺谁?[1]

须知,雍正本人就是韬晦高手,年的以上这点韬晦小计,根本瞒不过雍正。杨先生认为年羹尧不知、不会韬晦,因年另建房屋百余间排场过大而招致杀身之祸,看来是站不住脚的。

试问,既然年羹尧失宠后往杭赴任要百余间房屋才能容纳,则之前得势时其排场规模必更为显赫了得。那时,雍正为什么不因年排场过大而抓、而招致杀身之祸?连康熙帝身边的太监尚且可以拥有几百上千间房,年羹尧是雍正的大舅子,又是大将军,更是雍正的头一头二号功臣,岂能因为年去杭州后有百余间房就会招致雍正对其的杀机?如此判断能令人信服吗?

雍正要杀年羹尧之念,已经到了急不可耐、不择手段的程度。请看雍正以下谕旨:"朕闻得早有谣言云,帝出三江口,嘉湖作战场之语。朕今用你此任,况你亦奏过浙省观象之论,朕想你若自称帝号,乃天定数也,朕亦难挽;若你自不肯为,有你统朕此数千兵,你断不容三江口令人称帝也。此二语不知你曾闻得否?再,你明白回奏二本,朕览之实实心寒之极,看此光景,你并不知感悔。上苍在上,朕若负你,天诛地灭,你若负朕,不知上苍如何发落你也。"[2]雍正帝竟然说年羹尧企图自称帝号,岂不是在捏造罪名?

"传闻隆、年之狱,阿、塞之死,皆文觉赞成。"[3]若年羹尧果然有杀头之罪,按国法、程序法办即可,何须去与僧人谋划?这是依法治国?

至此,年羹尧方觉头上三尺寒光之剑已紧贴脖颈,这才伏地求饶:"臣今日一万分知道自己的罪了。若是主子天恩怜臣悔罪,求主子饶了臣,臣年纪不老,留下这一个犬马给主子效力;若是主子必欲执法,臣的罪过不论哪一条哪一件皆可以问死罪而有余,臣如何回奏得来。除了皈命竭诚恳求主子,臣再无一线之生路。伏地哀鸣,望主子施恩,臣实不胜呜咽。谨冒死奏闻。"[4]

然而,为时已晚。雍正三年五月十九日(1725年6月29日),雍正在四川巡抚汪景灏奏折上朱批:"如年羹尧这样禽兽不如之才,要他何用?朕再不料他是

---

[1]《永宪录》卷三,第202页。
[2]《文献丛编》,第8辑,《年羹尧奏折·奏谢调补杭州将军折朱批》。
[3]《永宪录》续编,第358页。
[4]《年羹尧满汉奏折译编》,天津古籍出版社,1995年,第368页。

此等狗彘之类人也。""要他何用",明显是要"天诛地灭"、是雍正帝要他年羹尧之头之代名词,提到过一字一句经济问题否?

雍正帝整肃年羹尧虽是由政治原因引起,但并不因此即可掩盖、否定年羹尧是雍正朝之大贪官、大老虎;也并非对其大肆贪婪罪行不要揭露和谴责。笔者用以上笔墨只是想要说明,雍正帝要杀年羹尧,首先是政治原因,是要灭口,但是首先要用年羹尧的经济问题,来掩盖其要杀年羹尧的政治原因罢了。片面强调年羹尧的经济问题,就上了雍正帝用年羹尧的经济问题掩盖其要杀年羹尧政治原因的当。

在说清楚以上这些情况后,下面,再来揭露和谴责年羹尧的经济问题。

据当时与年同在陕西并署陕抚的镶白旗汉军都统范时捷揭露,年羹尧贪婪无厌,且知之甚悉。

> 年羹尧因运米四万石至军前。照依西安起运,每石费银三十六两之例,不于西安买米,私向沿途买运,侵蚀脚价银四十万两零。自恐败露,止以总用银一百四十四万两报部。捐纳事例每驼一只,米一石,各折银七十二两。年羹尧皆额外勒银三十六两,计共捐银六十一万六千余两,年羹尧共婪银三十余万两。年羹尧保题各官。悉多营私受贿。赃私巨万。用伊家人魏之耀、严大等,过付经收。擅用私票一万二千张,作引十二万道行盐。拿获私盐处李乾胜,擅令销案。题补官员,受谢规银四十佘万两。勒索捐纳人员额外银二十四万两。收受赵之恒金珠等物值银二十万两。收受乐户窦经荣脱籍银十万两。收受宋师曾银一万两并玉杯等物。私占咸宁十八处盐窝。勒案西安、甘肃、山西、四川效力人员每员银四千两冒销四川军需银一百六十余万两。又加派银五六十万两。冒销西宁军需银四十七万余两。运米四万石至万前。冒销运脚价银四十余万两。侵用康熙六十年至雍正三年各员俸工银十四万九千余两。借名建筑布隆吉城,冒销工料银十九万两。隐匿夔关历年税银八万八千两,又加派军需粮规银五万余两。将拿获私茶取罚赎银四万余两入己。侵用河东盐政盈余捐修银五万六千两。将现贮西安未用米一万石控称运至西宁,冒销脚价银四万六千两。将宁夏各衙所贮仓耗米一万四千石并不题报。并收留宁拴养马匹工料银一万五千两入己。侵用城工余剩银一万六千两……[1]

节省出运输费脚价银四十万两本是好事,是年羹尧的智慧。但年羹尧将其侵吞己有,就构成贪婪污点,好事变成了坏事。毫无疑问,年羹尧已成雍正朝贪

---

[1]《永宪录》卷三,第186页,第250—252页。

官污吏中职权最高,胃口最大,贪污手段最多,最肆无忌惮,穷凶极恶的大老虎。

雍正帝"赐年羹尧自尽,斩(其子)年富、邹鲁于市"。

> 上谕:"年羹尧不臣之心显然。俱因丧心病狂、昏聩颠倒之所致。……朕念年羹尧青海之功,不忍加以极刑。着交舆提督阿齐图,令其与自裁。……年羹尧之子甚多。惟年富居心行事与年羹尧相类,着立斩决。其余十五岁以上之子发遣广西、云南、贵州极边烟瘴之地充军。年羹尧之妻系宗室之女,着发还母家。年羹尧及其子所有家资俱抄没入官。其现银将百十万发往西安,交与岳钟琪、图理琛(继续)补(办)年羹尧川陕各项侵欺案件。其父兄族中有现任候补文武官员者俱着革职。年羹尧嫡亲子孙将来长至十五岁者,皆次第照例发遣,永不许赦回,亦不许为官。日后有隐匿过继年羹尧之子孙者,以党附叛逆治罪。著内阁明白记载。邹鲁着改为立斩。其亲弟兄子侄着发往黑龙江,舆披甲之人为奴。"[1]

可见,年的最大问题仍是在"不臣之心"上。

年羹尧被处决一年以后,雍正五年正月十二日(1727年2月2日),雍正帝在四川布政使佛喜的奏折上批道:"年羹尧深负朕恩,擅作威福,开贿赂之门,奔竞之路,因种种败露,不得已执法,以为人臣负恩罔上者戒,非为其权重权大疑惧而处治也。"[2]

雍正帝此话真假参半。年羹尧擅作威福,开贿赂之门,奔竞之路,句句真实。其种种败露,也是真实。然,年案之发端,实起于雍正帝疑其"有二心",发端于"年羹尧与隆科多、戴铎结党"。年羹尧与隆科多、戴铎本是雍正帝死党、恩人、心腹、功臣,何来"结党"之罪?直至年羹尧与隆科多被处以几十款大罪、重罪,雍正帝也并拿出年羹尧与隆科多真正谋反之罪证,更并无一条三人有结党谋反之罪证。

雍正帝说,非为其权重权大疑惧而处治,当然也是真话。但还是有其难言之隐,那就是疑惧年羹尧与隆科多、戴铎会揭其心病,揭其种种篡改历史、伪造历史之疮疤。所谓"朕御极之始,将隆科多、年羹尧寄以心膂,毫无猜防,所以作其公忠,期其报效。孰知朕视为一体,伊等竞怀二心"。[3]

年、隆、戴案的真正要害,实是在这里。

综上,年羹尧案从一开始就是一个政治案件。当然,如果单从年羹尧巨贪而言,仅此一条就可定其死罪。若年羹尧仅是巨贪,作为一国之主,既然国法俱在,有何必要去与一名僧人密议年、隆、戴案?故,即使年羹尧不是巨贪,雍正帝也照

---

1 《永宪录》卷三,第253—254页。
2 《朱批谕旨·佛喜奏折》,五年正月十二日折朱批。
3 《雍正朝起居注》第一册,第497页,雍正三年五月己未二十二日条。

样必会罗织其他罪名置其于死地。

试看戴铎、延信、赵昌、八阿哥、九阿哥等人中，首先的重要罪名并不是巨贪罪？不是照样都死于雍正帝手下？因此，年羹尧案的政治因素，要远大于经济因素，只不过年羹尧案的政治因素远不及经济因素那么显眼，民愤亦多集中于年羹尧的经济方面罢了。

年羹尧贪得无厌，这是毫无疑问的。年羹尧之所以贪得无厌，是权力滥用、权力不受限制、行为不受监督的结果。西方国家有"上帝要灭亡某人，先令某人疯狂"之谚语。如果改为皇帝要灭亡某人，先令某人疯狂，也完全可以。

须知，年羹尧早在康熙朝就地位显赫，为何那时尚未如此疯狂？雍正帝一面对年羹尧大灌甜言蜜语，肉麻到无以复加，一面又对年羹尧过手的成千上万的钱粮放任不问，毫无任何监察程序，这与雍正帝对其他所有官吏都严察有加形成了鲜明对比。这就不排除雍正帝对年羹尧有欲擒故纵、先令其疯狂，再张网以待的可能性。

英国历史学家艾克顿公爵说："权力产生腐败，绝对的权力产生绝对的腐败。"

年羹尧贪得无厌的根源，是年羹尧的权力不受任何监控、约束。而年羹尧的权力是雍正帝给的，年羹尧的权力不受任何监控、约束，以致疯狂敛财、无法无天，同雍正帝用人中对年的放纵、失察也有很大关系。如果年羹尧没有引起雍正帝的猜忌，如果雍正帝仍对年羹尧信任如初，年羹尧的经济问题会翻抖出来吗？乾隆帝与和珅，不就是很好之例证吗？

（三）"大老虎"隆科多：国格、人格、勇气均胜出年羹尧

隆科多及隆科多案与年羹尧及年羹尧案，既有相同之点，又有不同之点。

相同点是对胤禛而言，年、隆都是拥戴他的有恩之人、有功之臣，此其一；年、隆都是贪婪之官，并最终都受到雍正帝的严酷打击，此其二；雍正帝对年、隆的严酷打击首先是从政治方面入手，顺带经济领域的抄家没收并株连家族，此其三。此三点皆同。

不同点在于，隆在拥戴雍亲王、雍正帝上台称帝的关键时刻，其直接的功劳、作用，要远大于年之上，因为年当时远离京城千里之外；雍正帝上台后，隆远非年那么张狂；隆的贪婪胃口与贪污手段，也远非年那么大、那么多；隆也远非年那样直至死到临头才悔悟求饶，他早就预计到自己在雍正帝手里终将难逃一死，故，他早就开始转移财产，早就开始急流勇退。

在其与沙俄边界谈判时，他能不惧沙俄威胁，仍坚持将国家主权放在至高至上，这是他委曲求全、顾全国家大局之国格；他不似年羹尧那样面对求生痛哭忏悔、跪求活命；当他确认难逃一劫后，他冒死、宁死也要说出历史的重大真相。笔者以为，无论国格、人格，还是政治智商、视死如归之勇气，隆科多都远在年羹尧

之上。他和年羹尧最终都死在雍正帝手里，这是历史的必然，因为他们的主子是雍正帝。

　　隆科多对自己的经济问题也有供述："自知身犯重罪，将私取金银预行寄藏菩萨保家，收受赵世显银一万二千两；收受满保金三百两；收受苏克济银三万六千余两；收受甘国璧金五百两、银一千两；收受程光珠银五千两；收受六格猫眼映红宝石；收受姚让银五百两；收受张其仁银一千两；收受王廷扬银二万两；收受吴存礼银一万二千两；收受鄂海银一千五百两；收受佟国勷银二千四百两；收受佟世禄银二千两；收受李树德银二万一千四百余两；收受菩萨保银五千两。"[1] 无论相对于年羹尧、还是山西巡抚苏克济，隆科多只是一只大苍蝇。

　　隆科多的经济问题，从公布的罪状看，主要是收受礼金和礼品，这与年羹尧直接大肆侵吞国家银两，情节性质都有很大不同。再从数额看，最大的一笔是收受苏克济银三万六千余两；最小的一笔是收受姚让银五百两。这与年羹尧动辄吞进几万两、十几万两、几十万两，甚至一百几十万两相比，简直称不上是只大老虎，充其量，只是一只大苍蝇罢了。隆科多将所收受的姓名及数字详细列单，应是可信之据。将这些可信之据全部加加起来，也就是 120 600 两。在下级向上献媚送礼成风的年代，隆科多的以上经济问题，实在算不了惊天动地的大案。

　　可见，隆科多触犯雍正帝龙颜大怒的，并非贪污受贿，而是另外几件事。如，查隆科多私抄《玉牒》，收藏在家，大不敬之罪一；将圣祖仁皇帝御书贴在厢房，视为玩具，大不敬之罪二；妄拟诸葛亮奏称"白帝城受命之日即是死期已至之时"大不敬之罪三；圣祖仁皇帝升遐之日，隆科多并未在皇上御前，亦未派出近御之人，乃诡称伊身曾带匕首以防不测，欺罔之罪一；狂言妄奏："提督之权甚大'一呼可聚二万兵'，欺罔之罪二。"[2]

　　以上诸条中，真正的要害是两条，即首条"隆科多私抄《玉牒》，收藏在家"。

　　有研究者认为，《玉牒》里并无什么文章可做。如果真是那样，隆科多为什么要私抄一份收藏在家里？雍正帝又为什么要为此大发雷霆，要把它列为第一款大罪？还是雍正帝在小题大做？雍正帝是个精细之人，他小题大做把它列为第一款大罪，总有其更深层原因吧？

　　隆科多私抄满文《玉牒》的底稿，是从宗人府官员阿布兰手里要来的。而阿布兰是宗人府内公开、热烈支持皇十四子为储的。康熙六十年，康熙帝亲自撰写平藏功碑碑文，并在布达拉宫前立碑，在碑文中就提到皇十四子为抚远大将军之事。这件事，阿布兰也是参与者。隆科多在这样的政治背景下向阿布兰私要私抄满文《玉牒》，而阿布兰又居然也同意出借其满文《玉牒》底稿给隆科多，显得两

1,2《清世宗实录》卷 62，第 948—949 页，雍正五年十月丁亥初五日条。

者都有着心照不宣、不言自明的政治意图。如果这是犯大罪、违重规行为,那么,隆科多和阿布兰明知这是犯大罪、为什么还要做?如果隆科多没有强烈的内在驱动,他又何必去向一个同自己在政治上有异见的人暴露他自己的意图并与之合作?

隆科多私抄满文《玉牒》的底稿,只是雍正帝整肃隆科多的借口。最令雍正帝无法容忍的,是隆科多向奉旨审讯他的顺承郡王锡保供出:"圣祖仁皇帝升遐之日,隆科多并未在皇上御前,亦未派出近御之人。"[1]

因为这就把雍正帝所伪造的十一月十三日早晨康熙帝曾向隆科多及七位皇子宣布由皇四子继位的神话、鬼话、假话,完全揭穿,彻底否定了!把十一月十三日晚上7—9时康熙帝逝世后,由隆科多向四阿哥传旨由皇四子继位的神话、鬼话、假话,也完全揭穿,彻底否定了!请特别注意,隆科多用的"之日"两字,是指这一日、这一天。

康熙帝临终这一日,即当日晚上7—9时康熙帝去世前的一整天里,隆科多从未在康熙帝身前出现过,也未派任何人去皇上御前。在当事人隆科多这样确凿的事实和权威记载面前,居然仍有专家学者坚持——康熙帝去世前夕,已向隆科多及七位皇子宣布由皇四子继位"确有其事",岂非咄咄怪事?

隆科多已亲自、正式把雍正帝最大的阴谋,最大的政治谎言公开地、郑重其事地给揭穿了,雍正帝还能放过他吗?笔者之所以坚持雍正帝杀年、隆的主要原因是灭口,原因和依据就在于此。

二、雍正朝反腐的时代背景与局限性

(一)雍正朝反腐肃贪的时代背景

雍正元年正月辛巳初一日(1723年2月5日),元旦第一天,雍正帝在十一道谕旨中就已明确指出,要"严杜徇私纳贿",又历数了官场种种"互相侵拿""分肥入己"之恶行:"……藩库钱粮亏空,近来或多至几十万。盖因巡抚之资用,皆取给以藩司。或以柔和交好,互相侵拿。或先勾致藩司短长,继以威制勒索,分肥入己,徒供一身汇缘自奉之费。罔顾朝廷帑藏财用之虚。及事发难掩,惟思加派补库。辗展累民,负国营私,莫此为甚。州县积谷,本为备荒之计。水旱欠收之岁,待此拯济,于民生最有关系。今皆视为正供之余项,借出陈易新之名,半为胥吏中饱,半为州县补空。……属员缺出,委署虽由两司详请,其实巡抚操其权。下属钻营嘱托,以缺之美恶,定酬赂之轻重。摄篆之人,久则年余,近亦数月,往往视为传舍。

---

[1]《清世宗实录》卷62,第947页,雍正五年十月丁亥初五日条。

行同行劫。不恤小民之脂膏,但饱溪壑于无厌,务偿得署傀遗而止。"[1] "今之为官者,钓誉以为名,肥家以为实。"

他在乾清宫召见诸王、满汉大臣时面谕:"若明知有弊,而不加以整顿,必加朕以懈弛不理(政)之名也,此亦非治国经邦之道也。朕若竭力整顿,而内外大小臣工不能革面洗心,何以为政?……朕屡召大小臣工开诚布公,谆谆教谕至再至三,今见尔等居心行事,究竟积习未除,不得不再加切谕,使尔等共知朕心。即如赵世显、苏克济、李树德等大员,任意贪婪亏空库帑,朕既不严加处治,若复听其脱然事外,不行追补,何以使人知所畏惧。且朕意欲使天下贪吏知妄取之物,既不能中饱私囊,贻及子孙,虽贪婪总属无益。幡然悔悟,亦澄清吏治之一法。"[2]

又云,"朕事事不及皇考,惟有洞悉下情之处,则朕得之于亲身阅历,而皇考当日所未曾阅历者。朕在藩邸四十余年,凡臣下之结党怀奸,夤缘请托,欺罔蒙蔽,阳奉阴违,假公济私,面从背非,种种恶劣之习,皆朕所深知灼见,可以屈指而数者,较之古来以藩王而入承大统者,如汉文帝辈,朕之见闻,更远过之"。[3]

他接着又说:"皇考以八龄即登大位,于人情之诈伪何由而知?在大小臣工方,欲自行其私,又孰肯敷陈其弊?在朕居于臣子位,定省承欢,又有不便直言之处。以朕为皇考之爱子尚不能言,则皇考能从何处知之乎?祗此一节,朕由阅历而得之,而其他宣猷敷政则不及皇考之万一。惟有事事黾勉效法而行。"[4]

以上这段话,看似是在为皇父"八龄即登大位,于人情之诈伪何由而知"作辩护,其实含有讥嘲皇父登大位时什么都不懂、什么都不知。相比之下,他登大位时已过不惑之年,官场的"种种恶劣之习,皆朕所深知灼见"。其实,"知"是一回事,"行"又是一回事。

雍正八年在谕内阁时,他又谈到这个问题:"我皇考圣祖仁皇帝,澄叙官方,深恶贪墨之蠹国病民,所以警戒训饬之者至也。祗以圣心宽大慈祥,未曾将侵蚀国帑,贪取民财之人置之重典,姑且包涵,望其徐徐感化,此实如天之仁也。乃不肖官员等,不但不知感激悛改,勉为廉吏,且恃有宽大之恩,心无畏惧,将侵盗贪墨视为固然。数十年来,日积月累,亏空婪赃之案不可胜数。朕若不加惩治,仍容此等贪官污吏拥厚资以长其子孙,则将来天下有司皆以侵课纳贿为得计,其流弊何所底止?"[5]

应该说,雍正帝看到了社会,特别是官场的弊端,他看得不仅准,而且看得颇为深入、透彻,而且已经到了不得不下大决心化大力进行严肃整治的地步。

---

[1]《清世宗实录》卷 3,第 69 页,雍正元年正月辛巳初一日条。
[2]《雍正朝起居注》第一册,第 338 页,二年十月丁亥十七日条。
[3]《雍正朝起居注》第一册,第 798 页,四年十月初二日条。
[4]《雍正朝起居注》第一册,第 799 页,四年十月初二日条。
[5]《清世宗实录》卷 91,第 223 页,雍正八年二月丙辰十七日条。

从各地官吏的奏折，也可看出侵拿、亏空现象之普遍、之严重。比如：雍正元年正月初八日《都察院左都御史朱轼奏陈减革加派清厘亏空积欠等事折》、正月二十五日《翰林院检讨汤炎奏请严大吏勒索以绝亏空之源等五事折》、二月初四日《翰林院检讨李兰奏请复设巡按御史以清吏治折》、二月初十日《山东道监察御史张令璜奏陈清盘户部银库等三事折》、同日《掌浙江道事秦国龙奏陈耗羡宜禁暗加、丁粮宜从地起折》[1]、三月二十二日《苏州织造胡凤翚奏查明李煦亏空银数折》、四月十八日《川陕总督年羹尧奏报栾廷芳侵蚀钱粮冒销银两折》、五月初六日《直隶巡抚李维钧奏陈清查通省亏空情形折》、六月初八日《山东巡抚黄炳奏请按地摊丁以除穷民苦累折》、六月十九日《山东巡抚黄炳奏复审李元龙贪污一案迟延缘由折》、七月初二日《川陕总督年羹遵旨查明傅宁所得银两等事折》、七月初三日《刑部尚书佛格等奏遵议奸商刘康时包揽京仓工程情形折》、七月初六日《云南巡抚杨名时奏陈禁革规礼羡余加派等项事折》、七月十五日《安徽布政使董永文奏报清查库银接受交盘事宜折》、七月二十三日《西城监察御史于国璧奏请禁重耗、滥差之弊折》、八月初十日《通政使右通政钱以堪奏请严亏空之例折》、八月十三日《鸿胪寺卿李凤翥奏请严耗费之禁折》、八月十四日《刑部右侍郎卢询奏陈严禁亏空事宜折》、八月二十七日《河南巡抚石文焯奏陈详议完补亏空之法折》……

从以上《雍正朝汉文朱批奏折汇编》中可知，贪污、亏空，已成为康雍正朝普遍现象，各部、各省皆然。

康雍朝贪污、亏空之严重，已到触目惊心的地步，从《雍正朝满文朱批奏折汇编》中，也已洞如观火、历历在目。雍正朝反腐肃贪，已刻不容缓。

（二）雍正朝反腐肃贪的局限性

笔者在撰写这个章节时，认真拜读了原华东师范大学历史系博士、现上海财经大学历史学教授王志明先生《雍正反腐败的政治极限》一文，深为赞赏。

王志明先生认为，"雍正反腐败在清代最有成效，但为维护皇权和专制主义中央集权的统治基础，雍正在反腐败时也向军事势力和官僚势力让步，在不同程度上宽免了功臣后代、满族、八旗、官僚等权贵阶层的腐败行为，此为雍正反腐败的政治极限。"[2]

笔者认为，雍正反腐败的政治极限，正是雍正朝反腐肃贪的局限性之所在。

王文在《对功臣后代的袒护》一节中通过大量举证后指出：雍正五年二月甘肃巡抚石文焯参世袭一等精奇尼哈番赵之璧，因为赵之璧应赔父赵弘燮赃银不

---

[1] 这应该是雍正朝较为正式且有案可查的摊丁入亩创议者。
[2] 王志明：《雍正反腐败的政治极限》，《江汉论坛》2004年第2期。

依限交纳，按律应革去世职、严追还项。雍正认为赵之璧之祖赵良栋劳苦功高，"格外施恩及其后裔，着将赵之璧从宽免革职衔，其应追银两亦着免追，与伊等养赡，以示朕优眷功臣之至意，所有承追督催各官亦免查参。"[1]

雍正七年，福建总督高其倬告"休海澄公"黄应缵因承袭世职事行贿平和县知县张渭烈、张珂，应行革职，雍正为其辩解说："若地方有司平日不开贿赂之门，惯行勒索，则黄应缵亦何至以财请托罹于罪戾。是其罪全在知县张渭烈、张珂也。今欲得受贿情由，应将知县二人严加审讯便可定案。黄应缵之祖父着有忠勋，若以承袭之事致干黜革，朕心不忍。黄应缵从宽免革职衔。"[2]

柳国勋在任湖北驿盐道时，扣存工料工食银等一万四千余两为己有，署湖北巡抚徐鼎欲行追赃，雍正开脱说扣存工料工食银"乃沿习地方陋规，与脏私有间，情尚可恕。朕念其先世效忠殉难，义节可嘉，着将此项银两从宽豁免"。[3]

雍正七年五月，湖北布政使黄焜贪赃犯法，刑部判为斩立决，雍正"念伊祖殉难有功，从宽改为斩监候。其应追各项果能照数完补，仍加恩减等发落"。[4] 雍正六年九月，南阳镇总兵李永升因军政革职，"该旗奏伊名下应追未完银两，伊情愿变产扣俸完纳"。雍正后来查《康熙实录》方知，李永升之祖为四川总督李国英，为功臣后代，宽免追赔。又特别告诫说嵇曾筠父、钱以垲祖，以及赵申乔、杨宗仁等人功臣，"其任内一切应赔银两"皆宽免，不由其子孙赔补。[5] 又命"八旗通查，凡有祖父阵亡尽节及伟绩殊勋载在国史而子孙犯法问罪及亏空拖欠者，无论已结未结，着该旗大臣等秉公据实确查具奏"。[6]

经统计，八旗功臣之后"共六十二员，名下应追未完银两共五十四万六千零九十五两，金五百两，米一千七百二十一石"，雍正说："此各项钱粮俱系国家公币，非朕所得私自用恩豁免者，着将内库银两照数拨补，代为伊等完项。其或拟以充发监候及妻子家属入辛者库等罪者，概行宽释"。[7]

"在'朕即天下'的社会里，'国家公币'与'内库银'并无本质区别，雍正以'内库银'替功臣后代'完项'，不过是让这些功臣后代更感戴皇恩而已。"王先生说得好，说得透彻。

在《保护八旗的利益》一节中，王文通过大量举证后又指出："八旗武官以多种形式侵蚀钱粮，他们以士兵生活需要名义向国库借钱不还是普遍存在的腐败现象，故而在清理钱粮时他们要'代兵分赔银两'，但他们能拖则拖，一味抵赖。

---

[1]《上谕内阁》卷五十三，五年二月二十四日。
[2]《雍正朝起居注》第四册，第2767页，七年四月三十日。
[3]《雍正朝起居注》第四册，第2871页，七年六月十四日；雍正《上谕内阁》卷82，七年六月十四日。
[4]《雍正朝起居注》第四册，第2781页，七年五月初七日。
[5] 雍正《上谕八旗》卷六，六年九月初五日。
[6]《上谕内阁》卷七十三，六年九月初五日。
[7] 雍正《上谕八旗》卷七，七年十一月戊寅初八日；《清世宗实录》卷88，第182页，七年十一月戊寅初八日。

在雍正六年,雍正规定'代兵分赔银两'在一千两以上之满官可开列进呈,皆由皇帝恩免。"

这一宽免政策在执行时理解有误,办案人员对赔银在一千两以下的案犯并未申报恩免,雍正指出"岂有多者从宽而少者转行勒追之理,此乃从前开列疏忽之处,着将千两以下者一体宽免"。[1] 可见这项恩免政策使满洲武官受益颇广。雍正七年九月,雍正又"将甘肃、西宁、大同历年军需各案应赔倒毙驼只银两全行豁免"。[2]

其实这些"倒毙驼只"大多是虚报的,豁免赔偿,实际上就是认可军队侵贪。

雍正十年,满人马尔赛为内阁大学士,当他贪赃枉法案件逐渐败露时,雍正念其为勋臣世家,而当时内阁中出身满洲者又仅他一人,于是多次为他"暗为消弭",不能代为暗销的数万两赃银也全部豁免,此外还"赐帑金以固其操守"。[3]

盛京兵部侍郎永福、原任将军唐保柱等人应赔人参银两逾限未完,本拟变产追赔,也为雍正所免。[4]

三阿哥诚亲王允祉"在皇考时侵币斐赃,逋欠累累,朕恐其完公之后家计未能充裕,两次共赐银十五万两,俾其饶足。而允祉每以该旗该部催追数百两、数千两之处琐屑渎奏,怨忿不平,朕皆宽宥之"。[5]

王文在《向官僚势力让步》一节中通过大量举证后又指出,陕西潼关抚民同知菩萨保侵匿税银四、五千两,又额外索要其他银两,潼商道张正瑗知情后当面报告陕西巡抚和总督,并会同陕西按察使、布政使审明案情。最后陕西方面大员欺上瞒下,"令该同知倒填年月,自首银二千两上下弥缝,和同完结"。[6]

雍正在登基之初,曾命怡亲王允祥管理户部事务,清查办理户部库币亏缺事宜。允祥不愿陷入向下属讨债的事务纠缠中,奏说户部亏空历年已久,清查之后应开恩宽免,当时雍正似也同意了允祥的请求。

后来查出户部亏空之项竟多达 250 余万两,允祥奏请将来以"余平饭银"(户部官员的一项生活补贴)陆续代为完补。这时雍正改变了原来的旨意,认为户部历年该管官员侵蚀国币,藐视国宪,若不责令赔补则难以清弊窦,于是饬令开报追还。

但由雍正指派负责开报追还的孙渣齐却"高下其手,甚属不公,以致追完之数甚少,拖欠之项甚多,累年不能清结",这显然是孙渣齐与户部官僚通同作弊,对抗清欠,故而到雍正八年只追还十分之一、二。雍正帝搞清查追欠,从康熙末

---

[1]《上谕内阁》卷七十三,六年九月初三日。
[2]《雍正朝起居注》第四册,第 3119 页,七年九月戊寅初七日。
[3] 雍正《上谕八旗》卷十,十年十月初八日。
[4]《雍正朝起居注》第四册,第 2801 页,七年五月十七日。
[5]《雍正朝起居注》第五册,第 3642 页,八年五月十九日。
[6] 雍正《朱批谕旨》,六年七月二十五日。

年就开始了。到雍正八年只追还十分之一、二,可见进展并不顺利,谈不上工作效率颇高。

其时怡亲王允祥已抱病不瘳,雍正述说了户部追欠的情由及宽免决定:"中外之人但知户部多年亏项自怡亲王查出,甚至无识小人有谓王过于搜求者,而不知王之请免追究请为代完,几番陈奏之苦心若斯之恳切也。数年以来,在各该员名下追出者不及十分之一、二,而怡亲王以余平饭银代为完补者则已十之八、九。然则各员之应完而不完者,其银岂可免乎?其罪尚可贷乎?今春朕见怡亲王抱恙未痊,因思王从前恳切陈奏之意,特降谕旨,将各员未完银两概行免追,以遂王之初愿。"这虽然是为怡亲王宣德,实际上也是雍正不得已而为之。之前因清欠失职的孙渣齐曾被拘留,此时也免罪释放。[1]

雍正朝"反腐败的节奏、宽免的限度都是由皇帝一人决定的,国家法律也要随皇帝意志而摇摆不定"。此论不仅中肯,且甚为尖锐。由于一切都要随皇帝意志而摇摆不定,无制度、规章可循拖欠是否缴付,全由雍正一人说了算。这是人治,且是畸形人治。如,山东盐商欠银,自顺治八年到康熙五十一年,共有400余万两,全被豁免。这虽说是商欠,其中相当部分也是落入官员腰包。[2]

在清查各地拖欠钱粮时,年份较远的也一概宽免。如江苏省历年欠银达2600余万两,康熙五十一年前的欠项免查。这些欠项中除民欠外,官侵吏蚀占有较大比例,免查即是默认了贪官的非法所得。此论一针见血。[3]

雍正帝对自己认可的官员,也会实施特免。如,傅尔丹在阿尔泰将军任内,办理钱粮不清,应赔银两甚多,雍正认为,"此乃管办钱粮人员不妥,故为所累。傅尔丹自署理黑龙江将军以来,竭诚办事,效力勤劳,伊名下应赔银两俱从宽免。"[4]

王士俊是雍正赏识的人才,他在广东肇高雷廉道任内隐匿羡余银两,署广东总督阿克敦上奏要求革职追查,雍正知情后说:"向来各处税银为地方官隐匿私用者,相延已久,乃通省之小弊",并责备阿克敦不为国家爱惜人才。[5]

雍正还开了将功抵钱的特例,他在七年曾说:"凡官员等名下应赔银两,若伊有效力之处,准其扣算。大学士陈元龙在广西巡抚任内有应行追赔之项,查伊曾有效力之处,着准其照数扣除。"[6]

雍正对表现较佳的老臣也给予宽免。据四川巡抚宪德参奏,在赵世显亏空案内,原大学士张鹏翮名下应追赔十万两银,"请将伊家产清查,并将伊子给事中张懋诚等解任着追"。雍正念及张鹏翮"服官效力多年,人亦小心谨慎",将应赔

---

[1] 雍正《上谕八旗》卷八,八年五月初十日;《清世宗实录》二年八月己未。
[2] 雍正《上谕内阁》卷七十二,六年八月二十七日。
[3] 《雍正朝起居注》第四册,第2589页,七年二月初八日。
[4] 雍正《上谕内阁》卷六十二,五年十月十一日。
[5] 雍正《上谕内阁》卷六十一,五年九月十七日。
[6] 雍正《上谕内阁》卷七十七,七年正月二十八日。

十万两银免去八万，由其子张懋诚在任上赔二万两完结。[1]

宽严如何区分把握，并无制度，无章可循，全由雍正个人印象、个人意志决定，这就难免有失公正、有失公平。如，山东巡抚塞楞额参蒋陈锡在山东捐谷一案内应追赔银230余万两，因蒋陈锡子蒋洄时任山西按察使，居官尚可，雍正大为豁免，仅赔20余万两即可了结。[2]

王志明教授总结道："雍正在反腐败时对像年羹尧和隆科多那样的军事、政治显贵集团决不留情，毫不让步，但根本原因不是他们如何腐败，而是他们影响了皇权，皇帝对他们不满后再找出情由加重打击力度罢了。就总体而言，雍正反腐败在清朝是最为彻底的，其宽免忍让政策也是清代向文官武将让步的最低极限。即使如此，雍正反腐败的最终目的也是为了重新调整国家、官僚和百姓之间的利益分配，稳固皇权和中央集权的统治地位，而不是一切为百姓。"

此论总结得好，好就好在他点出了雍正反腐的实质，好就好在他并不人云亦云，并不只停留在对表面形象上作结论。[3]

由于雍正反腐清赔的宽严并无制度和法定程序，一切仅凭雍正帝个人情绪，因此，宽可以无边，严可以无底。对十阿哥允䄉的追补，除去应该追补的数额大约6万两左右外，雍正又趁机扩大打击，因为后来实际已追补了60多万两，雍正仍不放过，又没收了允䄉家的所有金、银，抄了允䄉的家。又如十二阿哥允裪。十二阿哥允裪是个毫无政治野心的老实人，五十六年署内务府总管，康熙临终前数日被委任镶黄旗满洲都统，并未闻其贪污。只因十二阿哥允裪突闻皇父去世、四阿哥突然登台，竟大为惊慌失色，逃回家里，这便引起雍正不满，要抄其家。当内务府向雍正报告，十二阿哥家里实已无财可收，雍正仍不放过。逼得这个老实人只得去大街摆地摊变卖家物。十四阿哥允禵是雍正帝同父同母的同胞兄弟，康熙朝末期宫中内外舆论都传说四阿哥抢了十四阿哥的接班人位置，用孟森的话说，雍正帝"恼羞成怒"，不仅将十四阿哥手下人铐起来示众，甚至永远停发十四阿哥俸薪和禄米。仍不罢休，又以十四阿哥任大将军时领兵"糜费"为由，勒令其退赔100万两白银，再将其调出京城之外，软禁于汤山附近寺庙隆福寺，不许其母子见面。至于八阿哥、九阿哥，更是地毯式抄家，彻底革命了。

从雍正帝一宽一严中，雍正帝反腐清赔的局限性和随意性，已是显而易见的了。

---

[1] 雍正《上谕内阁》卷七十八，七年二月二十三日；《雍正朝起居注》第四册，第2624页，七年二月戊戌二十三日。

[2] 雍正《朱批谕旨》，山西按察使蒋洄。

[3] 笔者在撰写本书《雍正朝反腐肃贪之局限性》一节时，尚未拜读到王教授这篇佳作。在撰写过程中，意外有幸喜读之，深感王文对这个问题的研究，不仅竟与余不约而同，更比余对此问题的研究更为系统且精深。征得王教授同意后，遂在书中大量引用，并向读者推荐，同时，谨再此向王志明教授为我提供许多资料致谢并致敬。

三、雍正帝与权贵官商

　　早在康熙朝时,三阿哥胤祉,四阿哥胤禛,九阿哥胤禟等,依仗皇子的特殊身份和地位,都成了商场上呼风唤雨、财大气粗、强买强卖、巧取豪夺的皇家商霸。康熙帝睁一眼闭一眼,但康熙帝本人从未直接、公开纵容皇子搞官商,倒是一再训诫,不许皇子宫内干预朝政,也不许皇子宫外仗势欺民。对于大臣,康熙帝也时有赐予小件的物质奖励,如,鹿尾、貂皮、人参、衣物等,更常用的是富含浓厚文化因素的精神奖励,如匾额、扇子、御制诗词书法作品,并未搞过薪禄双倍、更无赐银开店铺之类纵容官商。

　　四阿哥胤禛称帝后,一方面仍坚持皇子不许干预朝政的历史传统,另一方面,却又直接、公开、赤裸裸地纵容支持搞官商。尤其是对他所宠信的大臣如张廷玉等,更是大开绿灯。而且,还时不时频频搞起了双倍薪禄等花样。

　　雍正元年(1723)十一月,雍正帝谕旨:"怡亲王(胤祥)于皇考时敬谨廉洁,家计空乏,举国皆知。朕御极以来,(怡亲王)一心翊戴,克尽臣弟之道。从前兄弟分封,各得钱粮二十三万两,朕援此例赐之,奏辞不已,宣谕再四,仅受十三万;复授裕亲王例,令支官物六年,王又固辞。……命王所兼管佐领俱为王属,加护卫一等一员,二等四员,三等十二员,每佐领增亲军二名。三年二月,以王总理事务谨慎忠诚,从优议叙,复加封郡王,任王于诸子中指封。八月,加俸银万两。"[1]

　　允祥作为康熙帝曾经喜欢过的皇子竟"家计空乏",这同他后来长期被康熙帝圈禁当有很大关系。

　　但,雍正帝虽以"从前兄弟分封,朕援此例赐之"作为依据,其实依据并不充分。康熙帝赐赏十万两银给十四阿哥,不仅因为十四阿哥平定西藏有功,而且,这十万两银并非全部赐赏给十四阿哥一人,是赐赏给全体有功将士。从《抚远大将军允禵奏稿》中可知,十四阿哥收到10万两银后,已及时赏给了全体有功将士。

　　雍正帝赐赏二十多万两银给臣弟允祥,这数目已远远大大超过了康熙帝赐赏康熙五十七年(1718)万里辛勤西征平藏的将士。允祥固辞不收,在雍正朝,可能也仅允祥一人有此表现。说明允祥为官,十分谨慎,而且确实不贪。这也是允祥对四阿哥深知其人作出的英明之举,或云,识时务之举。

　　再以雍正帝的另一位宠臣张廷玉为例。

　　雍正八年(1730)三月,雍正命张廷玉暂理户部三库事务。四月,赐银2万

---

[1]《清史稿》卷320,《允祥传》,第9077—9078页。

两。"廷玉固辞,上谕曰:此朕藩邸之物,今无用处,特留以赏有功。汝非大臣中第一宣力者乎?当体朕心,不必再辞。"[1] "九月,赐白金一万两为修葺屋宇之用"。雍正八年(1730)仅五个月内,雍正已赐银张廷玉3万两。

雍正帝不仅多次向张廷玉巨额赏银,还赏给张廷玉一座典当铺,并令胤祥代表皇帝赏银3.5万两作为本金;以上累计,已达6.5万两。雍正帝对商业并不重视,一向是持压抑态度。却主动赏给张廷玉一座典当铺,还主动赏给张廷玉3.5万两作为本金,让张廷玉做无本经商。在圆明园东苑赐房张廷玉之后,又在城里"赐第西安门外",再另外赏装修费、搬迁费"银一千两";又主动提出恩准给张廷玉放假回乡(安徽)扫墓,又"赐银一万两,为祠宇祭祀及长途资斧之用",以上累计,已7.5万两。并"着安徽巡抚徐本前往致祭,(张廷玉)所过地方,派兵护送,文武官员迎接,按照大学士鄂尔泰进京之例,回京时亦照此遵行。内廷所刻书籍共52种,杯饤颁赐,交江南织造高斌用官船运回送至桐城,内务府制安车一辆,选良马四匹以赐"。[2]

"雍正时,张廷玉在朝,十数年来,六赐帑金,每赐辄以万计。"[3] 乾隆十三年(1748)十二月,张廷玉在《自订年谱·序》中感慨地写道,"……(廷玉)中年滥邀恩遇,遂参大政与朝列者几五十年,而冰渊自凛有如一日。"

对雍正帝赤胆忠心、肝脑涂地,大红大紫、权贵显赫的张廷玉,在雍正帝死后十三年,居然也终于写下前五十年之政治生涯"冰渊自凛有如一日",实在意味深长。无数宫中悬秘事,尽在廷玉不言中矣。

(一) 李煦——康雍朝炙手可热的官商

李煦,清康雍间人,正白旗满洲,祖籍山东莱州府。其父李士桢,原来姓姜,清崇德八年(1642)过继给正白旗满洲佐领李西泉为子,遂改姓李。李士桢做过广东巡抚。

李煦早年历官内阁中书、韶州知府、宁波知府、畅春园总管。三十二年(1693)出任苏州织造,并先后8次兼任巡视两淮盐课监察御史。康熙四十四年(1705)因预备康熙帝第五次南巡有"功",议叙加衔为大理寺卿。五十六年(1717)又以"补完盐课亏欠",议叙加户部右侍郎衔。

曹寅是《红楼梦》作者曹雪芹的祖父,李煦的妹丈,也是内务府的包衣。曹寅不但自己任苏州、江宁织造二十余年,而且他的父亲和两个儿子先后都任过江宁织造。

曹寅和李煦一样,也担负着玄烨交付的特殊使命。他们是玄烨在江南的特

---

[1] 《澄怀主人自订年谱》上册,光绪六年庞山刻本,雍正八年卷,上海图书馆古籍部藏。
[2] 《澄怀主人自订年谱》上册,光绪六年庞山刻本,第10页。
[3] 陈康祺:《郎潜纪闻初笔》,卷13。

派心腹,甚至江苏巡抚的某些奏折也得通过李煦代递……玄烨六次"南巡",常把织造衙门当作他的行宫。在经济上,曹寅、李煦几乎轮流把持了两淮巡盐御史这样一个"肥缺",并能以"内府""上用"等名义,肆意搜刮,在供应皇室豪华享受的同时,日益增添他们自己的荣华富贵。

曹寅死后,李煦得到玄烨的认可,直接参与曹家公私事务的处理,实际上成了曹寅的儿子曹颙、曹頫这两个年轻的江宁织造继任者的保护人。

李煦在康熙三十二年至六十一年(1693—1721)苏州织造任内给玄烨的奏折,其数量不但比曹寅、曹颙、曹頫父子三人在同一时期所递的奏折多出几倍,而且也是整个康熙时期官员中缴回朱批奏折数量最多的一个。

李煦曾于康熙五十二年(1713)强买苏州民女,送给玄烨的第八子胤禩。因此,玄烨死后,李煦也未能逃过胤禛的打击。

雍正元年(1723)三月,雍正帝以"李煦亏空官帑"为名,下令"将其家物估价,抵偿欠银",并将其房屋赏给年羹尧。五年(1727),因"谄附阿其那"(即胤禩)耐被捕下狱,定为"奸党",发往打牲乌拉,不久就死在那里。[1]

李煦的特殊身份,使他成了一个通天人物,同时,也成了康雍朝一名炙手可热的打着皇家招牌的官商。

早在康熙四十八年十二月初六日(1710年1月5日),两江总督噶礼就参奏过曹寅,密报康熙,曹寅和李煦亏欠两淮盐课银三百万两,请求公开弹劾他。康熙把曹寅看成是"家人",噶礼要求公开弹劾曹寅,康熙没有批准。但事关重大,康熙也不得不私下谆谆告诫曹寅和他的大舅子李煦,必须设法补上亏空。但曹寅面对茫茫债海,已经无法弥补,也没有能力可迅速地挽回局面。

康熙五十四年(1715),又查出曹寅生前亏空织造库银37.3万两。康熙只好再次做安排,让两淮盐政李陈常和李煦代为补还。直到康熙五十六年,才总算把这笔账补上。康熙帝照顾曹家,是看在曹玺和曹寅的情分,到了曹頫这一辈,就疏远、淡漠了许多。康熙曾经明确对曹頫说:"念尔父出力年久,故特恩至此。"

康熙六十一年,因李煦、曹頫拖欠卖人参的银两,内务府奏请康熙,严令李煦、曹頫将拖欠的银两必须在年底之前交清,否则就严加惩处,康熙当即就批准了。并有谕旨:"风闻库帑亏空者甚多,却不知尔等作何法补完?留心,留心,留心,留心。"[2] 康熙帝一连用了四个留心,向其发出提醒与警告。

康熙帝还提醒、警告他:"两淮情弊多端,亏空甚多,必要设法补完,任内无事方

---

[1] 《李煦奏折》,故宫博物院明清档案部编,中华书局,1976年,《前言》。
[2] 康熙四十九年八月二十二《苏州织造李煦奏盐法道李斯佺病危预请简员佐理折》;转引自故宫博物院明清档案部编:《关于江宁织造曹家档案史料》,中华书局,1975年,李希凡《红楼梦》作的《前言》。

好,不可疏忽。千万小心,小心,小心,小心。"[1]"两淮亏空近日可曾补完否……。"[2]"亏空太多甚有关系,十分留心,还未知后来如何,不要看轻了。"[3]

康熙五十四年十二月初一日(1715年12月26日),上御畅春园澹宁居听政,部院各衙门官员面奏毕后,上曰:"曹寅、李煦用银之处甚多,朕知其中情由,故将伊等所欠银廿四万两,令李陈常以两淮盐课羡余之银代赔。李陈常所赔银十六万两,理应缴部…若不缴部,仍付曹寅等,则愈致亏空,无所底止矣。"

曹寅死后,李煦在奏折中虽然把曹寅临终写的那样狼狈而又凄惨:"……当其伏枕哀鸣……又向臣言江宁织造衙门历年亏欠钱粮九万余两,又两淮商欠钱粮,去年奉旨官商分认,曹寅亦应完二十三万两零,而无财可赔,无产可变,身虽死而目未瞑。"[4]

但是,直到雍正年间跌在茫茫债海而不能自拔的曹頫被抄家时,却还有"住房十三处,共计四百八十三间,地八处,共十九顷零六十九亩",另外还放有债银"连本利共计三万二千余两"。这样的家业难道是曹玺每年俸银陆拾伍两和曹寅"每年应支俸银一百伍两"所能购置的吗?这是李希凡先生41年前的发问,41年后的今天重读,还是那么的振聋发聩、发人深省。

对李煦要求代管盐差一年以盐余偿还曹寅亏欠,康熙朱批:"曹寅于尔同事一体,此所奏甚是。惟恐日久尔若变了,只为自己,即犬马不如矣。"[5]

正所谓"金满箱,银满箱,转眼乞丐人皆谤""因嫌纱帽小,致使锁枷扛……昨怜破袄寒,今嫌紫蟒长,乱哄哄,你方唱罢我登场"。曹雪芹在《红楼梦》卷首借甄士隐之口道出的四大家族的兴衰变化,寓意深刻。

李煦的官商,从其将大内2 200多斤人参外售一折,即可见一斑。康熙六十一年十月二十三日(1722年12月1日)《内务府奏请严催李煦曹頫送交售参银两折》

> 查康熙六十年三月二十五日,本府具奏,请将库存六种人参,总共二千二百一十六斤二两二钱,仍照康熙五十七年例,俱交织造三处售卖,并将售出银两交与江南藩康,所交银两数目,由织造官员明白奏闻,并着该藩司亦将实收银数,呈报户部,即由户部照数送交内库等因在案。该项出售之人参,已于是年四月十二日交付管理三处织造事务郎中李煦、孙文成、员外郎曹頫等。八月二十日,曹頫呈称:我分到之六种人参七百三十八斤十一两四钱,

---

[1] 故宫博物院明清档案部编:《关于江宁织造曹家档案史料》,"前言",中华书局,1975年,第6页。
[2] 康熙五十年二月初三日《江宁织造曹寅奏进晴雨录折》,《关于江宁织造曹家档案史料》。
[3] 康熙五十年三月初九日《江宁织造曹寅奏设法补完盐课亏空折》,《关于江宁织造曹家档案史料》。
[4] 康熙五十一年七月二十三日《苏州织造李煦奏请代管盐差一年以盐余偿曹寅亏欠折》,《关于江宁织造曹家档案史料》。
[5] 康熙五十一年七月二十三日《苏州织造李煦奏请代管盐差一年以盐余偿曹寅亏欠折》。

共售银一万七千二百七十两九钱七分七厘五毫内,现在收得银八千两,已交付藩司,其尚未收得之银,即当如数交库。

又,苏州织造郎中李煦取去之六种人参七百三十八斤十一两四钱,应交之银,分厘未交。

查李煦、曹頫取去售卖之人参,已将两年,虽经多次催问,面李煦竟无交付,曹頫亦仍有九千二百余两未交。李煦、曹頫取去人参,究竟售与何人,抑或将售参之银伊等自己使用,既不可料。应即行文,严令彼等在年前即行送交,倘再推延不交,应即奏请将李煦、曹頫严加议处。为此,谨奏请旨。[1]

因为曹玺的妻子孙夫人是康熙帝儿时的乳母,康熙帝为报答其养育之恩,便派曹玺到南京去做江南织造督监,随着康熙朝六十一年盛世,曹家也享受了半个多世纪人间富贵。此外,江南织造还四次承担了康熙帝南巡时下榻行宫的职能,平时,江南织造还承担了统战联络、秘密监视秘密汇报的职能。因此,康熙帝对曹家采取了睁只眼闭只眼的态度。

"睁只眼",即时时关注,时时警告教育。"闭只眼",因为曹家亏空的钱粮,有些,确是取自于皇家,用之于皇家。不仅直接用于康熙帝南巡,甚至八阿哥、宗室平郡王纳尔苏,有时也从曹家哪里弄钱。曹家在地方上显赫一时,也是玩弄雁过拔毛,拆东墙补西墙的把戏,且终究还是皇帝家忠实又能干的奴才。即便如此,康熙帝对曹家人也只是宽恩而已,并未如雍正帝直接店铺、再直接送几万两银子作本,平白让其生财的事。直至康熙六十一年十月二十三日,离康熙帝去世仅20天,康熙帝还在审批内务府满文奏销档并对李煦、曹頫取去人参销售拖欠银子一事作出朱批。

因为雍正帝的奶妈非曹家人,更因为曹家人曾直接给过八阿哥银子,又间接帮助过十四阿哥修缮花园,因此,雍正帝非但不可能对曹家人有像康熙帝那样的宽恩,相反,无论在语气态度上,还是在动真格上,都截然不同,就并不奇怪了。同样,康熙朝曹玺、曹寅在上奏时,经常把"江宁织造臣××"作首语,到雍正朝,则经常以"江宁奴才曹頫跪奏"作首语。

例如,雍正二年正月初七日(1724年2月1日)曹頫奏谢准允将织造补库分三年带完折,雍正的朱批:"只要心口相应,若果能如此,大造化人了。"这是雍正帝明显对其不屑,嘲讽的语气态度,与康熙帝为其担忧批评有所不同。

雍正二年闰四月二十六日(1724年6月17日)《曹頫等奏售参银已解交江南藩库折》

---

[1] 故宫博物院明清档案部编:《关于江宁织造曹家档案史料》,中华书局,1975年,155页。

李煦、曹頫、孙文成三人,即依照奏准折价计算,将由库拨交之头等参五斤,每斤按银六十一两二钱计算,合银三百零六两;二等参七斤,每斤按四十九两二钱计算,合银三百四十四两四钱;上等普通参十五斤,每斤按三十七两二钱计算,合银五百五十八两;普通参一千三百三十五斤十两六钱,每斤按二十九两二钱计算,合银三万九千零一两三钱四分五厘;次参六百三十七斤五两四钱,每斤按十七两六钱计算,合银一万一千二百十七两一钱四分;芦须二百十六斤二两二钱,每斤按一两八钱计算,合银三百八十九两四分七厘五毫,总共合银五万一千八百十五九钱三分二厘五毫。其中分为三份,每份交银一万七千二百七十一两九钱七分七毫五毫。奴才等三处,将应交之售参银,共五万一千八百十五两九钱三分二厘五毫,均由各处按数解交江南藩库。孙文成于康熙六十一年五月初七日交完,李煦于康熙六十一年腊月十七日交完,曹頫于雍正元年七月初八日交完。为此谨奏。

传旨:"人参在南省售卖,价钱为何如此贱?早年售价如何?着问内务府总管。钦此。"(译自内务府满文上传档)[1]

雍正帝并不因为参银已解交完就为止,还要追问为什么参价比以前便宜了?说明雍正帝在这一方面比康熙帝更严、更细、更精、也更苛。这与雍正帝的个性有关,更同他所面对的对象有关。如果对象是同一政治圈子的人,或者,雍正帝对某人的印象还可以,就不会对其更严、更细、更精、更苛。这方面内容本书前已多次举例。

根据雍正帝的旨意,内务府总管来保于同年同月同日又奏:

查康熙五十三年,交崇文门关监督尚志杰售卖之二等参,每斤银七十二两,上等普通参,每斤银六十四两;普通参,每斤银四十八两;次参,每斤银三十二两;芦须,每斤银七两。康熙五十四年,交崇文门关监督尚志杰售卖之头等参,每斤银八十二两;二等参,每斤银五十八两;上等普通参,每斤银四十八两;普通参,每斤银三十二两;芦须,每斤银七两。康熙五十五年,交崇文门关监督尚志杰售卖之头等参,每斤银五十九两;二等参,每斤银四十六两;上等普通参,每斤银三十七两;普通参,每斤银三十一两;次参,每斤银二十两五钱;芦须,每斤银二两四钱。康熙五十七年,交三织造曹頫、孙文成、李煦等售卖之头等参,每斤银六十一两二钱;二等参,每斤银四十九两二钱;上等普通参,每斤银三十七两二钱;普通参,每斤银二十九两二钱;次参,每斤银十七两二钱;芦须,每斤一两八钱。康熙六十一年,由内务府派官售

---

[1] 故宫博物院明清档案部编:《关于江宁织造曹家档案史料》,中华书局,1975年,第161页。

卖之上等普通参,每斤银六十两;普通参,每斤银四十两;次参,每斤银十八两;芦须,每斤银四两八钱。从这些售价看来,三织造售参之价,比五十三年、五十四年、六十一年均少。

内务府总管来保,把康熙五十三年(1714)至六十一年(1722)各等级参的售价,汇报得非常清楚。但雍正帝仍不满意。

> 太监刘玉、张玉柱传旨:"人参在京时人皆争购,南省价贵,且系彼等取去后陆续出售者,理应比此地多得银两。看来反而比此地少者,显有隐瞒情形。此等事尔等理应先行查出参奏,今当朕询问时,始将缘由奏出。凡事交付尔等后,只是怕多说,招人怨恨,此后如仍如此,遇事不查出参奏,只等朕降旨,朕断不容许也。着将此明白查奏。钦此。"(译自内务府满文奏销档)[1]

封建社会里不仅有官官相护,仗势欺人大鱼吃小鱼,白吃白拿更是常事。雍正十一年十月初七日(1733年11月13日),庄亲王允禄在审讯绥赫德中,明明审出是平郡王及下人白拿人家古董,却在奏折中倒打一耙,将绥赫德列为钻营老平郡王:

> 据绥赫德供称:奴才原有宝月瓶一件,洋漆小书架一对,玉寿星一个,铜鼎一个,于今年二三月间交与开古董铺的沈姓人拿去变卖。后来沈姓人带了老平郡王的小儿子,到奴才家来,说要书讲架、宝月瓶,讲定讲架价银三十两,瓶价银四十两,并没有给银子,是开铺的沈姓人包着拿去的。奴才并未见老平郡王,老平郡王也无差人叫奴才。原来给过书架价银三十两,是我家人四虎儿在古董铺里要了来的;瓶价银四十两没给,我使家人二哥催过。后来我想,小阿哥是原任织造曹寅的女儿所生之子,奴才荷蒙皇上洪恩,将曹寅家产都赏了奴才,若为这四十两银子,紧着催讨不合,因此不要了是实。
> ……因其不吐实情,随传唤原平郡王讷尔素第六子福静讯问,据供:因寻古玩,有开古董铺的沈四引我到绥赫德家,看定几件,我即携物回家,留沈四讲价或该多少,我八月务必清还,目下无银。本日绥赫德使二妇女来我家说,所看定的古玩要送我。我说不白要,价值多少,八月务必清还,目下无现银。二妇女说,既无现银,我们家有无利息的银子,要使就有。因此,借他家银子三十八百两,系绥赫德的第四子,同他家赵姓、孟姓家人送来,我们收了。
> 据绥赫德之子富璋供称:上年十一月内,有卖古董的沈四将老平郡王的

---

[1] 《关于江宁织造曹家档案史料》,第161—162页。

儿子六阿哥带到我家拿了几宗古董去。后来又要借银子，我父亲使我同家人赵地藏保、孟二哥，将三千八百两银子送到老平郡王府，见了，将银子交给了六阿哥。他原要给二分利息，我们不敢要利，也并未要文约是实等语。

将此处研讯绥赫德家人地藏保，据供：雍正十年十一月，我跟随富璋初次送银五百两，二次送银银三千三百两，富璋进府里去来，我并没进去。还有我们家人孟二哥也曾跟去。因何送银银情由，我不知道是实。

再四严加详讯，绥赫德供供：奴才来京时，曾将官赏的扬州地方所有房地，卖银五千余两。我原要带回京城养赡家口。老平郡王差人来说，要借银五千两使用奴才一时胡涂，只将所剩银三千八百两送去借给是实。……奴才如今已经七十余岁，岂有求托王爷图做官之意？因王爷一时要借银，我胡涂借给了，并没有别的情由等语。

此皆系大士鄂尔泰等交出，应办理之处，办理军机处业经办理讫。[1]

大学士鄂尔泰之所以迟迟未交出，是想拖延隐瞒平郡王府的官商内幕而已。而这种强取豪拿并非平郡王府一家，请看雍正十三年十二月十六日（1736年1月28日）内务府对奉旨宽免，分赔，代赔，著赔折。

雍正八年三月内，"正黄旗汉军都统咨送，原任散秩大臣佛保收受原任总督八十馈送银银五千两，笔帖式杨文锦馈送银四千四百两，原任织造曹寅家人吴老汉开出馈送银一千七百五十六两。"雍正十三年七月内，厢黄旗满洲都统咨送，原任织造郎中曹寅家人吴老汉供出银两案内，原任大学士兼二等伯马齐，"欠七千六百二十六两六钱"。

雍正十三年十一月内，正黄旗满洲都统咨送，原任织造郎中曹寅案内开出喀尔吉善佐领下原任尚书凯音布收受馈送银5060两。[2] 雍正元年，与曹家既是亲戚又患难与共的苏州织造李煦，因亏空获罪，更因曾为雍正政敌效力被革职抄家。雍正元年六月十四日《内务府总管允禄等面奏查抄李煦家产并捕其家人等解部事》

总管内务府事务·和硕庄亲王允禄，内务府大臣来保等面奏：据总督查弼纳奏折内称：李煦亏空银三十八万两，查过其家产，估银十万九千二百三十二两余，京城家产估银一万九千二百四十五两余，共十二万八千四百七十七两余。以上抵补外，尚亏空二十五万一千五百二十三两余。又，折内称：随从李煦之家属十四名口等因。复过据京城查过折称：李煦家属十五

---

[1]《关于江宁织造曹家档案史料》，第192—196页。原注：雍正汉文奏销档内也录有此件，全文完全相同，唯此处写明是"此旨系大学士鄂尔泰等交出"。故据此补全。

[2]《关于江宁织造曹家档案史料》，第202—204页。

名口。查此等子女既均在苏州,当传知总督查弼纳逮捕,并将沈毅士一同解送交部。等因。奉旨:依议。钦此。[1]（译自内务府满文奏销档）

雍正元年一边查抄李煦一边谕旨将李煦房屋赏给年羹尧。
雍正元年八月初十日（1723年9月9日）《内务府奏李煦、石文贵等房屋图样请览折》

> 总管内务府为遵旨查奏事:案查雍正元年三月十二日奏石文贵、托和齐、李煦等房屋图样请览一折请,奉旨:李煦亏空官帑,着将其家物估价,抵偿欠银,并将其房屋赏给年羹尧。钦此。[2]

既是将其家物估价,抵偿欠银,则应全部归公才是,何以前面先赏人员,后面又赏其房屋？雍正一直说要公私分明,其实也是看人头办事,公私并不分明矣。

对李煦的查抄,因雍正元年尚未对隆科多动手,故,隆科多也是执行查抄的得力者之一。据隆科多审查确认,李煦的亏空,有相当大一部分确为相关商人所欠,商人已认可担赔。见雍正二年七月二十四日《步军统领隆科多等奏李煦亏空银两处理情形折》

> 钦奉雍正二年七月二十二日谕旨:据江南总督查弼纳查出李煦亏空银内,减去商人担赔少缴秤银三十七万八千八百四十两,此项银应由商人头目等追赔。现已派色楞额、李周望等稽查两淮盐务,着即交伊等查明。再,李煦所信任办事人沈毅士,亦交色楞额、李周望等审讯之处,着隆科多、卢询及内务府大臣会议具奏,并将查弼纳原折交给舅舅隆科多阅看。钦此钦遵。
>
> 臣等会议议得,查弼纳查出李煦亏空银内,应减去商人担赔少缴秤银三十七万八千八百四十两,又,查弼纳复查明盐纲陈哲功等情愿承担赔偿等语。查此项银两均系由两淮盐纲等向盐商凑取,缴给李煦时即少缴秤银,以致李煦亏空,理宜向盐商等追赔,偿还李煦所欠。现应知照稽查两淮盐务色楞额、李周望等,向盐纲等催缴办结。沈毅士既为李煦所信任紧要之人,亦应知照查弼纳,送交色楞额、李周望等审办。李煦之子及家人内如有应讯事件,仍令查弼纳审讯。再,查弼纳奏称:李煦买得上赏稻田一百八十亩,或交织造官胡凤翼照常耕种,或交地方官变价之处,应俟总管内务府咨文遵行。又,李鼎称:郭茂之长子郭苍书现住京城,问我的父亲李煦,就知现住

---

[1]《关于江宁织造曹家档案史料》,第205—206页。
[2]《关于江宁织造曹家档案史料》,第206页。译自内务府满文奏销档。

何处。亦应由总管内务府就近问明李煦，郭苍书现住何处，严审其有无隐匿李煦财务。等因。现已将郭苍书逮捕，即由内务府严讯具奏。其稻田一百八十亩，既无须耕种，着交地方官估价变卖。为此缮折具奏请旨。交奏事官双全转奏。奉旨：依议，分别提交该处。钦此。[1]

李煦的家财、房屋、田地全部没收后，还有200余口家仆男童幼女，全部当牲口一样变卖，但苏州无人敢买，雍正下旨，（先）交年羹尧拣取后，交崇文门监督变卖，此事见雍正二年十月十六日（1724年12月1日）《内务府总管允禄等奏李煦家人拟交崇文门门监督变价折》

总管内务府事务·和硕庄亲王臣允禄、内务府大臣兼散秩大臣常明、内务府大臣来保、李延禧等谨奏：为请旨事。准总督查弼纳来文称：李煦家属及其家仆钱仲璇等男女并男童幼女共200余名口在苏州变卖，迄今将及一年。南省人民均知为旗人，无人敢买。现将应留审讯之人暂时候审外，其余记档送往总管内务府衙门，应如何办理之处，业经具奏……

当经臣衙门查明，在途中病故男子一、妇人一及幼女一不计外，现送到人数共二百二十七名口，其中有李煦之妇孺十口，除交给李煦外，计仆人二百十七名，均交崇文门监督五十一等变价。其留候审讯钱仲璇等八人，侯审明后亦交崇文门变价。为此缮折旨。送请总理事务王、大臣阅过，交奏事双全、员外郎张文彬等转奏。

奉旨：大将军年羹尧人少，将送来人着年羹尧拣取，并令年羹尧将拣取人数奏闻。钦此。[2]

人口非牲口。李煦家原有家仆并男童幼女共200余名，应由国家分配其工作。雍正令交年羹尧先拣取，这是对年羹尧之偏宠。交年羹尧拣取后再交崇文门变价，此事之后却又将八阿哥托人在苏州私买女子定罪，其做法大失公正公平。若八阿哥托人在苏州私买女子是罪，雍正令交年羹尧先拣取再拉到北京变卖，岂非明知故犯？再请看雍正如何处置八阿哥托人在苏州私买女子事。

雍正五年二月二十三日（1727年3月15日）《内务府总管尤禄等奏讯过李煦及赫寿家人为胤祀买女子并送银两情形折》

查从前讯问问李煦如何买过苏州女子送给阿共那一案，令其据实供出。

---

1 《关于江宁织造曹家档案史料》，第206—208页。译自内务府满文奏销档。
2 《关于江宁织造曹家档案史料》，第208—209页。译自内务府满文奏销档。

李煦供称：康熙五十二年，阎姓太监到苏州说，阿其那命我买苏州女子，因为我受不得阿其那的威胁，就妄行背理，用银八百两，买五个女子给了。又，总督赫寿亦向我说过求买女子。

王存供称：我的主人在江南时，有阿其那派阎姓太监，曾向我的主人取过两次银去。首次给了两千两，二次给了一千两。问其他事，俱与满福所供相同。

奉有谕旨：据奏，赫寿两次只送给阿其那银三千两，等语。朕从前即知阿其那自赫寿取银二万两，建造允禵花园。除此二万两外，赫寿复给若干之处，尔等将赫寿之子逮捕，严审具奏。所议李煦，着即依行。钦此。

遵即陈具夹棍，追讯赫寿之子英保：你的父亲赫寿，素与阿其那极好，建造允禵花园，还是你的父亲给银二万两。由此二万两看来，你的父亲送给阿其那甚多，只说了给了三千两，这样说可以么？现除问出银数以外，又给多少？你们那一个家人给的？交给了谁？将各情由都据实招出。供称：我的父亲在总督任时，我才十二三岁，稍长，我的父亲亲就身故，因为我年纪小，我的父亲送给阿其那多少银两，我实在无从知晓。如果知道，现奉谕旨问我，我原属死罪的人，不敢隐瞒以求死。从前给银三千两，亦是我们的家人王存供的，若问王存，估量着就知道。

问王存，供称：我的主人在时，阿其那还差人取过银两。康熙五十二年，阎姓太监去江南取银时，由我的手给了一万两。康熙五十三年，阎姓太监又去江南取银，由我的手一万两银给了。嗣后不记得年月，佛姓侍卫去江南取银时，由我手又给了四千两。我的主人在康熙五十四年冬十二月来到京城，佛姓侍卫又来取银，我把二千两送到佛姓侍卫家中交了。再，我们的家人薛达在时及身故的时候，除了给了这二万两以外，并没有再给银两的事。

问镶白旗满洲副都统佛保，供称：我在侍卫时，阿其那派我去江南从赫寿取了银四千两。又，赫寿来京时，又派我取了银二千两是实。奉旨：着交该部。钦此。[1]

康熙朝长61年，将受处分皇子的家奴赐给另一个皇子，仅有一次——康熙四十七年九月一废太子，同年十月初一日，康熙帝对诸皇子、在廷诸大臣面谕："八阿哥胤禩向来奸诈，尔等如以八阿哥系朕之子，徇情出脱，罪坐旁人，朕断不允……世祖六岁御极，朕八岁御极，俱赖群臣相助。今立皇太子之事，朕心已有成算，但不告知诸大臣，亦不令众人知，到彼时，尔等只遵旨而行"。[2]

---

[1]《关于江宁织造曹家档案史料》，第210—213页。
[2]《清圣祖实录》卷235，第345页，康熙四十七年十月癸卯初一日。

在康熙帝上述面谕发布一个月以后,康熙帝下令革去大阿哥胤禔的郡王爵位,圈禁于府中,撤回他在上三旗所分全部佐领(6名)破格划给十四阿哥胤禵;其包衣佐领及浑托和人口一半均分给胤禵。[1]

康熙帝此举,有着鲜明的政治背景。他先是谈到"世祖六岁御极,朕八岁御极",又反对诸臣立八阿哥为储,继尔又说"今立皇太子之事,朕心已有成算,但不告知诸大臣",在以上这种情形下,又迅速作出将大阿哥郡王府中上三旗所分全部佐领划给十四阿哥的这个决定。这个决定,同"今立皇太子之事,朕心已有成算"紧密联系着,是围绕"今立皇太子之事"的一个重大政治暗示。而且,对所有皇子而言,康熙帝一生仅此一次重大破格。

但雍正帝破格向王、大臣多次赐银、赐房、赐包衣佐领及浑托和人口给十三阿哥、年羹尧、张廷玉等,纯是为了示恩、是为了笼络人心。

再则,康熙朝内,至多是借银生息图利,未见由皇帝直接出面给银、给铺面房开当铺令其图利。到雍正朝,雍正帝却公开由他带头主动支持张廷玉等人用公款行商。

上有皇帝开头先例,下必会趁机风行。由皇帝出面动用国库银子令大臣空手发财图利,此乃雍正帝开的先河。从此之后,这个弊端越来越严重。笔者谓雍正帝与官商风气之坏甚于康熙朝、康熙帝,由上可见矣。

四、康熙帝为何反对"火耗加派"

"火耗"与"火耗加派"并不是雍正朝才出现的新问题,区别在于康熙帝、康熙朝与雍正帝、雍正朝对"火耗加派"的不同态度与不同政策。简言之,康熙帝坚决反对"火耗加派",雍正帝明知"火耗加派"并不好,却同意作为一既利官俸、又利国库的权宜之计。而这个权宜之计并不是越搞越小,反而是越搞越厉害。直至雍正帝去世,"火耗加派"已从当初的权宜之计,变成了长久之计。

早在康熙七年(1650),年仅16岁的少年天子即已指出:"官员滥征私派,苦累小民,屡经严饬而积习未改,每于正项钱粮外,加增火耗,或持易知由单不行晓示,设立名色,恣意科敛,或入私囊,或贿上官,致小民脂膏竭尽,困苦已极。"[2]

康熙帝看得很清楚,滥征私派,必苦累小民。加增火耗,要么进入私囊,要么贿赂上官,必致小民困苦已极。他不仅把加增火耗的原因剖析得清清楚楚,对加增火耗的利害关系,也剖析得清清楚楚。那就是,加增火耗,利百官、害小民。

---

[1]《清圣祖实录》卷235,第349—350页,康熙四十七年十一月癸酉初一日。
[2]《清圣祖实录》卷26,第363页,康熙七年六月戊子二十一日。

清沿明制。康熙朝的官吏俸禄,与明代基本相同。一个正七品知县,年俸45两,总督从一品,年俸180两,月俸仅15两,经常入不敷出。此外,火耗(集中零星碎银熔铸标准银锭中消耗损失)问题也确实存在。为此,康熙帝又提出:"所谓廉吏者,亦非一文不取之谓。若纤毫无所资给,则居官日用及家人胥役何以为生,如州县官止取一分火耗,此外不取便称好官。"[1]

一方面,康熙帝把火耗压到最低;另一方面,康熙帝又三令五申火耗不许加重加大。康熙十八年(1679)京师地震,康熙帝借机又重申为官不义必上干天和:"民生困苦已极,而大臣长吏之家日益富饶,……此皆地方官吏谄媚上官,苛派百姓,总督、巡抚、司道又转而馈送在京大臣,以天生有限之物力,民间易尽之脂膏,尽归贪吏私囊,小民愁怨之气,上干天和,以致召水旱、日食、星变、地震、泉涸之异……"

"外官于民生疾苦,不使上闻,朝廷一切为民诏旨亦不使下达,虽遇水旱灾荒,奏闻部复,或则蠲免钱粮分数,或则给散银米赈济,皆地方官吏苟且侵渔,捏报虚数,以致百姓不沾实惠,是使穷民而益穷也,如此有不上干天和者乎?

总之,大臣廉,则总督、巡抚有所畏惮,不敢枉法以行私;总督、巡抚清正,则属下官吏操守、自洁,虽有一二不肖有司亦必改心易虑,不致大为民害。此等事,非朕不素知,但以正在用兵之际,每示宽容。今上天屡垂警戒,敢不昭布朕心,严行诫饬,以勉思共回天意,作何立法严禁,务期尽除积弊,着九卿、詹事、科、道会同详议具奏,特谕。"[2] 康熙帝把火耗问题的根子归结为上梁不正、贫富差距拉大和小民愁怨,是正确的。只因当时要解决三藩大规模用兵,把此事搁下了。但他仍不忘谕旨此事"作何立法严禁务期尽除积弊,着九卿、房事、科道会同详议具奏。"原则是"严禁"。

康熙二十三年(1684)康熙帝第一次南巡,在无锡惠山,对江宁巡抚汤斌谕示:"朕欲周知地方风俗,小民生计,有事巡行。凡需用之物,皆自内府储备,秋毫不取之民间。恐地方有不肖官员,借端妄派,以致扰害穷民,尔等加意严察,如有此等,即指名提参,从重治罪。"[3]

康熙帝还看到对商民的赋税名目太多,不利国计,种种税外之税、溢额(超过规定的份额)应行停止:"重困商民,无裨国计,种种情弊,莫可究诘。朕思商民皆吾赤子,何忍使之苦累?今欲除害去弊,正须易辙改弦。所有现行例收税溢额,即升加级记录,应行停止。"[4]

---

[1]《清圣祖实录》卷239,第383页,康熙四十八年九月乙未28日。
[2]《康熙起居注》第一册,康熙十八年七月壬午三十日;《清圣祖实录》卷82,第1052页,康熙十八年年七月壬午三十日。
[3]《清圣祖实录》卷117,第224—225页,康熙二十三年十月庚申三十日。
[4]《清圣祖实录》卷124,第317—318页,康熙二十五年三月丙申十二日。

康熙二十八年(1689)他第二次南巡,他又就只可征正额、不许多收,否则从重处分郑重谕旨:"凡有利于民生,必令群占实惠"。"有不肖有司,借端词讼,朘削民生,着该督抚严行禁饬。自今应力除积弊,凡商民抵关,交纳正税,即与放行,毋得稽留苛勒,以致苦累,违者定行从重处分。朕早夜孜孜,惟冀官吏军民士农商贾无一人不获其所,故于民生吏治,图维区画,务极周详。"[1] 康熙认为,"致治安民之道,首在惩戒贪蠹,严禁科派,而后积弊可清,闾阎不扰。"[2] 他再次重申:"有不肖官吏侵蚀私征者,察出从重治罪。"[3] "有科敛累民者,以军法治罪。"[4]

康熙帝之所以始终反对火耗加派、始终反对以各种名目税外有税或正额以外的溢税,是因为他始终坚持"民为邦本,必使家给人足,安生乐业,方可称太平之治"。[5] 是因为他始终坚持"凡事从公起见,方可以服人"。[6]

因此,巧立名目、火耗加派同康熙帝的"民为邦本"是相冲突的,在康熙帝看来,火耗加派就是对小民不公,更不可将加派制度化、合法化,这就是康熙帝始终反对火耗加派的理由和原因。

五、对养廉银政策得失之思考

(一) 养廉银的若干要害问题

关于养廉银制度之由来,研究、介绍者已很多,本书不再重复。当下,多数研究、介绍者(包括海外学者)几乎都将雍正帝推行养廉银作为一项财政、赋税的制度改革,而且几乎都是给予了充分肯定、赞美的"一边倒"评价。

据笔者所见,给予肯定、赞美的理由与依据,主要集中在以下三点:第一,康雍朝官吏的薪俸入不敷出,生活艰难已到了难以维持的地步,不得不通过加派耗羡来解决之;第二,由于以前耗羡加派没有制度约束,官员加派毫无节制。推行养廉银制度后,加派有了节制规定,人民(主要是农民)的负担较前减轻了;第三,由于推行养廉银制度,官吏收入稳定,贪污、亏空、挪用现象大大减少,户部收入却明显增加,因此,养廉银制度是一项利国益民的好制度。说其好者,不仅有当时的督抚、州府等众多官员为人证,当下海内外的许多研究、介绍者,还都列有数据,作出分析,立论有理有据。

雍正帝推行的养廉银制度,真的那么美好,真的是一项利国益民的好制度,

---

[1] 《清圣祖实录》卷139,第520页,康熙二十八年二月己酉十一日。
[2] 《清圣祖仁皇帝御制文》第一集,卷十,《敕谕》。
[3] 《清圣祖实录》卷211,第140页,康熙四十二年正月壬午二十六日。
[4] 《康熙起居注》第二册,康熙四十四年二月癸酉初九日。
[5] 《康熙政要》卷1,第1页。
[6] 《清圣祖实录》卷220,第221页,康熙四十四年月四壬辰二十九日。

真的那么值得全盘肯定、鼓掌赞美吗？对此，笔者很不以为然。笔者始终觉得，雍正帝推行的养廉银制度，尚存在着许多要害问题，不仅利弊共存，究竟是利大于弊、还是弊大于利，还值得再研究。

雍正朝官吏的薪俸入不敷出，生活艰难已到了难以维持的地步，这个问题究竟应该由国家政府去解决，还是必须、唯有转嫁给人民百姓身上去解决？是应该通过由国家发展经济、增加国家财富这个途径去解决，还是只有通过加派人民（主要是农民）的赋税负担作为唯一途径去解决？这本应是研究评价养廉银制度究竟利国益民与否时第一个应该要回答的要害问题之一。

官吏的贪污、亏空、挪用，主要是因薪俸入不敷出，生活艰难造成，还是贪得无厌的贪欲与对生活的奢侈、攀比、官场潜规则等诸原因造成？这也应该是研究评价雍正帝推行养廉银制度究竟利国益民与否的另一个要回答的要害问题之一。

为什么对官吏薪俸入不敷出、生活艰难，就要迅速摆到议事桌上作出什么决定，又必须通过养廉银制度去迅速的解决，而对广大人民（主要是农民）的入不敷出，生活艰难，为什么就没有迅速拿出什么财政制度的改革、迅速地去解决？难道广大人民（主要是农民）的入不敷出、生活艰难，不比官吏的生活艰难更为严重、更为迫切吗？

对养廉银制度拍手叫好的，据目前史料所见，几乎都是官吏所说。他们都是养廉银制度的既得利益者，当然要叫拍手叫好。

养廉银制度真的减轻了人民、主要是农民的负担了吗？还是真相与此相反，养廉银制度大大扩大了社会的贫富不均？如果养廉银制度果真是一个利国益民的好制度，是一个成功的财税制度改革，雍正帝为什么将它作为一项权宜之计，并宣布到一定的时候要考虑取消它？

评价养廉银制度的标准、数据与分析，是站在维护帝王、维护官僚的统治利益上去头头是道，还是应站在国家社会的历史走向中，站在广大人民百姓的切身利益上去头头是道？

雍正五年正月甲辰十七日（1727年2月7日），雍正决定所有官吏加薪一级："凡属京官，自大学士、尚书以下，主事以上，内大臣、都统、前锋统领、护军统领、步军统领以下，参领以上；凡属外官自督抚以下，知县以上，武官自将军提镇以下、参将以上，俱着加一级。其王公等管理部门、都统事务者，应如何加恩之处，着宗人府议奏。"[1]

这就很清楚地说明，能享受的，只是京城在廷的大学士、尚书以上，内大臣、都统、前锋统领、护军统领、步军统领以上，外官督抚以上。其他人概不享受。可见雍正当初搞养廉银是为上层高级官吏设置、享受的，也并非是"阳光普照"。

---

[1]《雍正朝起居注》第二册，第932页，雍正五年正月甲辰十七日。

表面上,大部分官员普加一级,而实际上上层高级官吏的养廉银,是原定薪俸的几十倍,甚至一百多倍、二百倍!

令人高兴的是,虽然当下许多论著都在人云亦云地对养廉银制度全盘或基本肯定,还是不乏有真知灼见者,还是有学者对雍正朝的养廉银制度提出了一分为二的评价。例如,1984年中国社科院历史所薛瑞禄先生的专论《清代养廉银制度简论》、1998年中国人民大学何平先生的专著《清代赋税政策研究:1644—1842》等。

以笔者陋见,官吏的薪俸是国家定的,如果定得低了,低到官吏不能生活,那就说明定得不合理,应予提高。提高的幅度,既要按国力之能力,还要考虑与平民之差距,两者均不可偏废。当国力之能力能够提高官吏的薪俸而压制、搁置、拖延不予提高,那是皇帝、统治阶层的错误与责任。当国力之能力尚未能提高时,则只能紧衣缩食、与人民同甘共苦,与国家共命运,这是任何时代、任何国家都会遇到的、带普遍性的问题,也是社会发展中的一个规律。因为,官吏的生活再艰难,总不及小民之艰难吧?

官吏薪俸不高,并不是雍正朝新出现的问题,甚至也不是清朝新出现的问题。怎么面对,怎么考虑,怎么解决,不仅康熙帝与雍正帝在财政理念上、在财政政策的实施上有所不同,也必会在财政效果上有所不同。

关键在于,是先顾及官吏薪俸,还是先顾及民生、民心,还是兼顾两头以求得平衡,以求社会稳定。康熙帝坚持把民心、民生放在前面,对官吏采取约束、限制的政策;雍正帝则是把解决提高官吏薪俸放在前面,用火耗加派作为养廉银财政来源,这就是康熙帝、雍正帝在火耗加派上的根本不同之处。

在封建社会,企求皇帝把民生、民心放在首位,只能是幻想。皇帝至多是在口头上把民生、民心放在首位。开明的皇帝,必会在限制官吏不得肆意妄为横行霸道上做点规矩;开明的皇帝,也必会在限制向人民百姓横征暴敛上做点规矩。这两条做好了,社会基本上就稳定了,民心也就能赢得了。这两条有一条做不好,其治国安民就必然会出现这样那样的问题。

清朝统治者是少数民族中的满族贵族入关统治大多数汉人,无论在人口数量还是在文化上都不占优势。因此,对额外加派这类问题,清朝顺、康二帝格外注意,至少,上层在统治的策略和把握上,尚有这样那样的顾忌。"清政府作为新建立的政权,必须推行优于故明前朝的政策,才能取得民众的支持和拥护,并建立起牢固的社会基础。基于这一要求,清政权定鼎北京不久,便致力于以明代万历年间原额为准,建立新的赋税征收体制,剔除明季的赋税加派。"[1]

顺治元年(1644)七月,天津总督骆养性启奏请豁免明季加派钱粮,但征正额及火耗每两加三分。摄政王多尔衮以此为贪婪,严行禁革,如有违禁,即以犯赃

---

[1] 何平:《清代赋税政策研究:1644—1842》,中国社会科学出版社,1998年,第2页。

论,审实论斩。[1] 康熙帝继承了这个理念和政策。康熙四年(1665)正月,康熙帝闻守令暗加火耗,令科道纠参。[2] 康熙二十四年(1685)四月在蠲免直隶钱粮时又谕,"今军国之需,只在樽节制度自可足用,必使百姓乐业,家给人足,无一夫不获其所,始慰宵旰。"[3] 康熙五十二年(1713)十月又对大学士等面谕,"朕意国用已足,不事加征。"[4]

在足用即可、不事加征这一财政理念下,康熙帝一直主张对民宽仁,反对加派苛征。康熙五十五年七月又谕,"看各(海)关监督所欠钱粮甚多,此辈未派之先,人争愿去。及至到任,钱粮即缺。此皆不分好歹,多带人役,苛收钱粮之故。向年杭州有一(海关)监督问巡抚王度昭,钱粮如何不致缺额?王度昭告以钱粮宽征,断不缺额。"[5]

可见,即便多带人役,若狂法苛征,仍照样缺额。老百姓是通情达理的,合法合理的正常征收,断不缺额。这也从另一个角度反映出,过去以往大量钱粮拖欠缺额,不排除有正当合情合理的抵制因素在内,不能对拖欠缺额不分青红皂白,一律与贪污受贿相等看待。

康熙朝,即便在平三藩、国家财政十分紧张之时,康熙帝仍十分在意寻求最佳之平衡点,力求在国与民、局部与全局、支出与征收之间,取得平衡。康熙十七年七月,康熙帝在给广东巡抚金俊的谕旨中写道,"广东地方当用兵之后,尔到彼处务加意抚绥,保靖崖疆,惠养百姓。军中粮饷固属急需,而民生疾苦尤宜体恤。必令兵民相安,方为两全之道。"[6]

康熙帝不仅反对加派,即搞提前预征,也属犯法违禁:"州县官来年预征钱粮,督抚察参,照私派例将州县官等革职拿问。"[7] 康熙帝还经常向大学士等官吏训谕:"治国之道,莫要于民……安有加增田赋而全不累民之理。"[8]

因此,当有人向康熙帝提出耗羡加派时,理所当然受到拒绝。

(二) 再论康熙帝反对火耗加派

康熙帝之所以反对火耗加派,首先是基于他对人民百姓,特别是广大农民之艰辛的透彻之了解。康熙二十八年(1689)九月上谕大学士:"小民生计最多苦辛,今人动称耕九余三,谈何容易。农民终岁勤动,辛遇有秋,而谷价又贱。欲办

---

[1] 《清世祖实录》卷 6,第 67 页,元年七月甲午条。
[2] 《清圣祖实录》卷 14,208 页,四年正月壬辰条。
[3] 《康熙起居注》第二册,第 1316 页。
[4] 《清圣祖实录》卷 256,第 534 页,五十二年十月丙子条。
[5] 《康熙起居注》第三册,第 2299 页。
[6] 《清圣祖实录》卷 71,第 910 页,七年正月丙申条。
[7] 乾隆《钦定大清会典则例》卷 16,《吏部》。
[8] 《清圣祖实录》卷 166,康熙三十四年正月戊寅条。

人口衣食,与来岁耕种之资,犹恐不足,安得宽然有余? ……自古帝王生长深宫,少知稼穑艰难与民生疾苦。朕轸念民艰,时常巡省,周谘博访,悉知穷檐困踬之状,实可哀怜。朕前见国用颇充,已将递年各省钱粮次第蠲免。但国家经费出入,当酌剂盈虚,务期上安下全,公私交济。不得漫无筹画,支左诎右。"[1]

康熙帝强调指出的,还是要兼顾国家与民生两头,"不得漫无筹画,支左诎右"。何谓漫无筹画?计划、政策脱离实际,全然不顾小民生计之艰难,将百姓作为取之不尽的榨油机,一会儿一个政策,一会儿又变另一个政策,条条政策都是加大榨取之压力,条条政策都是折腾百姓,这就是"漫无筹画",这就是"支左诎右"。

雍正帝说:"历年户部库银亏空数百万,朕在藩邸知之甚悉。"[2] 可见,雍正帝首先关注的,是户部库银。雍正帝首先筹划的,是户部库银的数字如何通过清理亏空升上去。对于康熙帝强调指出的"自古帝王生长深宫,少知稼穑艰难与民生疾苦",帝王应走出深宫,应"时常巡省,周谘博访,悉知穷檐困踬之状",这些,雍正帝至多口头上说说,骨子里并无多大兴趣。雍正帝真正感兴趣的,是户部实收银数字,是如何国家不花一分钱,却有效解决了从总督到县令的俸禄大幅增加,又增加国库收入。

常见有人著文道,雍正帝因勤政忙碌无空出宫,实是美誉过头之语。雍正帝勤政忙碌当是事实,但,他从不巡幸,不是无空,主要是担心害怕有人会谋害他。雍正帝道:"朕实有防范之心,不便远临边塞,此朕不及皇考者也。"[3]

无论雍正帝是出于统治需要的策略出发,故而也会经常把爱民之句放在口上诵念,还是雍正帝心中确实也有一颗爱民之心,也必要采取种种措施以显示爱民之举,当官员拮据与百姓拮据两难时,当支出与征收不能平衡时,雍正帝必是以牺牲百姓利益、满足官员利益作取舍。这与康熙帝"务期上安下全,公私交济。不得漫无筹画,支左诎右",还是有明显区别的。

雍正帝虽也说过,"……过于苛刻,必致剥民,督抚等大员严紧一分,则州县官必于百姓加紧一倍。如能宽容一分,则小民必得一分之惠。"[4] 话说得固然中听,但做法则又是另一回事。因为,养廉银从雍正初期就开始推行了,到雍正九年,雍正帝还在焦躁由于过于苛刻,必致剥民,这说明过于苛刻剥民之相,当时已司空见惯,此其一也。其二,推行养廉银后,督抚的薪俸一下子扩大了 200 倍以上,在此情形下,户部库银居然还额外增加百万多两,这毕竟是雍正帝批准这么办形成的,其实,这又何尝不是雍正帝满心欢喜的。

---

[1] 《康熙起居注》第三册,第 1900—1901 页;《清圣祖实录》卷 142,第 559 页,康熙二十八年九月十七日庚戌条。
[2] 《上谕内阁》,雍正二年十一月十三日谕。
[3] 《雍正朝起居注》第一册,第 798 页,雍正四年十月初二日。
[4] 《清世宗实录》卷 103,第 367 页,九年二月乙卯条。

康熙帝反对火耗加派的另一个原因是,虽然私行加派现象早已存在,那毕竟是非法行为。一旦康熙帝批准照办,原先的非法行为摇身一变就成合法行为,则官吏暴征更会有恃无恐,州县加派必会更加穷凶极恶。其罪名不仅要落在康熙帝头上,小民将更加因此遭殃。康熙帝本无此意,当然不愿背这个罪名,这说明他对历史存有敬畏,对民心民意存有敬畏。

康熙六十一年十月初二日(1722 年 11 月 10 日)(此时离康熙帝逝世仅一个多月),康熙帝对领侍卫内大臣等面谕:"巡抚噶什图密奏,欲加通省火耗以完亏空。此折朕若批发,便谓朕令加征;若不批发,又谓此事已曾奏明,竟自私派定例,私派之罪甚重。火耗一项,特以州县官供应甚多,故于正项之外,略加些微,以助常俸所不足,原属私事(个人行为)。若公然如其所请,听其加添,则必致与正项一例催征,将肆无忌惮矣。所以噶什图奏折申饬批发。"[1]

直到康熙帝临终前一个多月对此的预料是正确的,即,只能"开条缝",不能将其制度上合法化,更不能大张旗鼓。否则,就如打开了"潘多拉"。康熙帝坚持:"惟有益于民生之事朕即允行,否则,断乎不行也。"[2] 在他看来,应该由国家承担的责任,就不应该转嫁到百姓头上去。康熙二十五年(1686),大学士王熙请裁无益之费:"青衣皂隶直省十一处皆设,所费颇多,似应裁革。"康熙帝则以为,"若再行裁减,恐支应不敷,致借端科派,重累小民。"[3]

康熙帝的坚守与担忧不无道理,"官员们将养廉银作为个人收入,全数装入私囊"。雍正让各省督抚"自行量度"[4] 耗羡征用。这势必形成"耗外之耗"。

(三) 雍正帝支持将"加派"这个权宜之计玩大玩强

用耗羡加派作养廉银,远非原先设想的把无节支向有节支、无规则向有规则纳入轨道那么能控、美好。但在雍正帝看来,政府不花一分钱,用耗羡加派这个权宜之计,既解决了全国自上而下各级官吏皆大欢喜的大大加薪,又能使户部库银每年额外平白多进百万两以上,天上掉下个大馅饼、大元宝,真是"利国益民"的大美事,何不乐而为之。

雍正帝天生是位最擅权宜之计的高手,他不仅同意火耗加派,还又"创造性"地提出让各省督抚"自行量度"耗羡征用,以便把这个"大馅饼"做大,令"利国益民"的大美事锦上添花、美上加美。至于因此形成了耗外之耗,对雍正帝何损?对户部何损?对自上而下各级官吏又何损?至于百姓因各省督抚"自行量度"、形成耗外之耗,令百姓损上加损,雍正帝承诺,到将来某个时候再考虑取消它:

---

[1] 《清圣祖实录》卷 299,第 894 页,康熙六十一年十月甲寅初二日条。
[2] 《清圣祖圣训》卷 8,《圣治》,康熙五十二年四月甲寅谕大学士等。
[3] 《康熙起居注》第二册,第 1442 页,康熙二十五年二月二十九日。
[4] 《清世宗圣训》卷 6,《圣治》,雍正六年四月壬寅上谕内阁。

今提解火耗,原一时权宜之计,将来亏空消除,府库充裕,有司皆知自好,则提解自不必行,火耗亦可渐减。

惟火耗不定分数,倘地方遇差多事繁之时,则酌计可以使用,或是年差少事简,则耗羡即可量减矣。又或偶遇不肖有司一时加增,而遇清廉自好者自可减除矣。若酌定分数,则将来竟成定额,必致有增无减。[1]

雍正帝预计担忧的"将来"是多长?有路线图、时刻表吗?没有。但雍正有一个已描绘的远景,即府库充裕时、有司皆知自好时,或遇清廉自好者,自可减除时。那么,府库如何算充裕?怎样才算充裕?有司何日才会觉悟到能主动减除耗羡?从未见有人考虑,也从未见有人规划,也并未见雍正帝有所考虑,并未见雍正帝有所规划。

但雍正帝毕竟已承认这是一个权宜之计。既是权宜之计,一切均以眼前功利为主。然,利则有矣,利也大矣,功在何方?甚至,后来耗羡之利大,竟然已大到令雍正帝也为之"犯愁"的地步。可见耗羡之畸形。

雍正六年,河南耗羡征存大增,雍正帝在田文镜折上朱批:"耗羡如许之多,要他何用?可想与地方公务应用者,不令存贮太过方是。或加恩与官吏,或施恩与百姓亦可。"[2]

耗羡之巨利给雍正帝带来了意外之喜,如今,又由喜转忧,由忧几近转怒。怒从何来?雍正帝并不希望地方有太多的小金库。如今,小金库俨然成了大金库,雍正帝就不高兴了。田文镜是能臣,也是以苛刻知名之酷吏。他为了令雍正帝高兴,竟隐匿灾情不报。如今,他手中抱着个金娃娃,他会将这个金娃娃施恩与百姓吗?

耗羡所得,要么养廉,要么抵还亏空,何时何地施恩与百姓?

如今,耗羡给地方生了个金娃娃,这个金娃娃已"胖"到令雍正帝生忧的地步。犹如家中存放了巨款后,反倒担惊受怕、难以安寝一样。河南省如此,他省、全国呢?此可喜耶,可忧耶?抑或有喜有忧耶?

六、对养廉银制度优劣得失之再思考

对养廉银制度优劣得失之再思考中,似乎有一个特点:海外学者比大陆学者的评价高,当下学者的评价比前辈学者高,雍正朝的官员们及其文人们,比今

---

[1] 《清世宗实录》卷22,第352页,年七月丁未条。
[2] 《宫中档雍正朝奏折》第10辑,第508页,雍正六年五月二十八日《田文镜奏折》;转引自何平:《清代赋税政策研究:1644—1842》,第132页。

天的研究者评价高。对养廉银制度持肯定的态度,倾向于一边倒的、喝彩叫好的论者多,对其作深度研究、用一分为二观点对其作总结的少。

就笔者孤陋寡闻之所见,1984年薛瑞录先生的《清代养廉银制度简论》,就有不少罕见的真知灼见和中肯评论,很值得向读者推荐。笔者也有另一番思考,欲在此一并求得方家指教。

(一)雍正帝的养廉银改革理念与决断

早在顺治、康熙年,就有人提出用加派耗羡以解决官员的养廉,均未获准。雍正元年五月,湖广总督杨宗仁为此事再次提出。他奏称:地方上的公事开销,都是地方官勒派百姓供应,不如令州县官在原有耗羡银内节省出二成,交到布政司库房,"以充一切公事之费,此外丝毫不许派捐。"同年,山西巡抚诺岷因该省耗羡问题比较严重,要求将山西各州县全年所得的耗羡银,通通上交布政司库,一部分用作抵补无着落亏空,一部分给各官作养廉银。

雍正二年年初,河南巡抚石文焯折奏:该省共有耗羡银40万两,给全省各官养廉银若干,各项杂用公费若干,下余十五六万两解存藩库,弥补亏空,因此办公费用都出在耗羡内了,不再议捐峻民。

雍正帝在朱批中表示赞赏:"此奏才见着实,非从前泛泛浮词可比,封疆大吏,原应如此通盘合算,如何抵项,如何补苴,若干作为养廉,若干作为公用,说得通,行得去,人心既服,事亦不悮,朕自然批个是字。"[1]

雍正帝之所以对河南巡抚石文焯奏折有了明确的赞赏态度,是因为湖广总督杨宗仁与山西巡抚诺岷的奏折都只是纸上谈兵。谈的是养廉银,雍正帝却并未见到银子,也并未见到银子如何抵项,如何补苴,如何若干作为养廉,如何若干作为公用。而在石文焯的奏折中,已明确见到河南省"共有耗羡银四十万两,给全省各官养廉银若干,各项杂用公费若干,下余十五六万两解存藩库,弥补亏空",都有数字,"项项见着实,非从前泛泛浮词可比",雍正帝高兴,"自然批个是字。"但这批银子具体如何实际掌控,上面与下面还有分歧。

吏部右侍郎沈近思认为耗羡归公使火耗与额征无异,不是善法。他认为,"今日则正项之外更添正项,他日必至耗羡之外更添耗羡。"左都御史、吏部尚书朱轼也以不便于民表示反对。山西太原知府金共时值入京引见,不同意他的上司诺岷、高成龄的主张,并奏:"臣非为地方官游说也,从来财在上不如财在下,州县为亲民之官,宁使留其有余。"

雍正二年七月初六日(1724年8月24日),雍正帝作了决断:

---

[1]《朱批谕旨》,二年正月二十二日《石文焯奏折朱批》。

"……今观尔等所议……，所见浅小，与朕意未合。州县火耗，原非应有之项，因通省公费及各官养廉，有不得不取给于此者，然非可以公言也。朕非不愿天下州县丝毫不取于民，而其势有所不能，且历来火耗，皆在州县，而加派横征，侵蚀国帑，亏空之数，不下数百余万，原其所由，州县征收火耗，分送上司，各上司日用之资取给于州县，以致耗羡之外，种种馈送，名色繁多，故州县有所借口而肆其贪婪，上司有所瞻徇而不肯查参，此从来之积弊，所当剔除者也。与其州县存火耗以养上司，何如上司提火耗以养州县乎。……若将州县应得之数扣存于下，势必额外加增，私收巧取，浮于应得之数，累及小民。况属之督抚，显然有据，属之难保贪廉，此州县羡余之不可扣存者也。"[1]

雍正帝担心、防备州县将应得之数扣存于下，势必额外加增，私收巧取，却并不担心，并不防备督抚会将应得之数扣存于下势必额外加增，以属之督抚显然有据，属之州县，难保贪廉，这是个奇怪逻辑，可以说，是一个偏见与借口。所有贪污者，都可以对上有据，都有欺上瞒下两本账。督抚的账面多且大，贪污的胃口也大，这方面案例还少吗？雍正朝的"大老虎"全在督抚一级，并不在州县。这个局面与事实，同雍正帝以上的养廉银制度设计大有关系。

雍正帝的一番振振有词，并非是什么高见，但是他深知，大量银子由谁保存、由谁做账，必有肥利。与其肥利州县，不如肥利督抚。理由很简单，对雍正帝的政治统治而言，督抚的重要性远胜过州县，此其一；其二，督抚的人数数量远远小于州县官数量。与其 10 000 两银分给 100 名州县官，每人只能摊到 100 两，不如 10 000 两银分给 10 名督抚，每人能有 1 000 两，这才是把银子用在刀口上。

后来，督抚的养廉银是其正俸的 200 倍以上，州县官的养廉银只是其正俸的 10 倍左右。如，山西巡抚诺敏每年养廉银高达 31 700 两，是其原俸的 204.5 倍，河南巡抚田文镜每年养廉银高达 28 900 两，是其原俸的 186.5 倍。在这种情形下，雍正帝仍动辄赏银 10 000 两给张廷玉、鄂尔泰、田文镜，以致鄂尔泰、田文镜已不好意思再收。足见督抚大员们对养廉银已非常之满意、高兴。

在以上情形下，雍正帝仍坚持各省督抚"自行量度"耗羡征用，而非由国家通过调查研究制定政策进行规范和约束，就并不合理，也并不完善了。鄂尔泰、田文镜、诺敏等都大赞养廉银好，也就并不奇怪了。

据统计，雍正元年，仅山西、山东、直隶、河南、湖南、湖北六省的耗羡，已收到 1 898 196 两，几近 200 万两，养廉银用去 1 402 847 两，尚结余 495 349 两，雍正帝

---

[1] 《雍正朝起居注》第一册，二年七月丁未条；《上谕内阁》，二年七月初六日谕；《清世宗实录》卷 22，二年七月丁未条。

怎么会不高兴？[1] 然，雍正元年山西巡抚诺敏每年养廉银，是其原俸的204.5倍，这个事实已足可以证明，在同样的物价和家庭人口基本不变的情形下，山西巡抚诺敏与普通农民的贫富差距，一下子扩大了200倍以上，这是极不合理、极不公平的。这种极不合理、极不公平，完全是雍正帝的养廉银制度造成的！研究者只注意到未推行养廉银制度前，各州县耗羡加派无章可循、无序随意，增加了农民额外负担。试问，各州县耗羡加派后，贫富差距已扩大200倍以上，这是降低人民负担么？

未推行养廉银制度前，各州县耗羡加派尺码不一，多少不均。推行养廉银制度后，全国硬性规定统一必收，不仅各州县耗羡收入大大增加，户部库银也大大增加。以雍正元年而论，六省的耗羡，已收到1 898 196两，几近200万两，这200万两是正供赋税以外加派的。叫好者只强调推行养廉银制度后，每两正供赋税少了一分二分，却无视几近200万两这个大头，是否只见芝麻，不见西瓜？

再则，从正项赋税数据看，"康熙六十年（1721）田赋税2 879万余，盐课银377万余，雍正十二年（1734）田赋税2 990万余，盐课银增加到399万余，关税从康熙中叶200余万，增加到乾隆十八年（1753）432万。"[2]

雍正帝的养廉银制度，是在正供赋税不断增加、关税不断增加的前提下推行的。养廉银制度在形式上、表面上减少了农民细微负担，实际上骨子里并没有减少负担，是在增加。以上两笔钢性大数据就是铁证。

又，"总督、巡抚的养廉银定额过高，而府县官员的养廉银定额却定得太低，尤其是不入品级的吏胥差役却未定给养。"[3]

雍正帝推行的养廉银制度，只解决了少数地方总督、巡抚等大官吏的养廉银问题，并未真正解决广大基层官员的养廉银，更未解决京城以外军队武官的养廉银，这是雍正帝推行的养廉银制度的明显缺陷。直言之，养廉银大大提高了总督、巡抚等大官吏的待遇，并未彻底解决基层官员的待遇。

（二）雍正帝推行养廉银制度的最大缺陷，是混淆了法与非法的界限

雍正帝满意"国家财用充足"。[4] 雍正帝也满意"库帑渐见充裕"。[5]

田文镜道，"耗羡未归公时，原系各州县所得，各上司因其得有耗羡，于馈送节礼之外，恣意勒索，借名派捐……及至地方一有公务，仍派里民，小民受累，此耗羡未归公之情弊也。自耗羡未归公之后，各上司俱得有足用养廉，不敢向州县

---

[1] 参见薛瑞录：《清代养廉银制度简论》，《清史论丛》第5辑，中华书局，1984年，第148页。
[2] 薛瑞录：《清代养廉银制度简论》，第153页。
[3] 薛瑞录：《清代养廉银制度简论》，第156页。
[4] 《上谕内阁》，雍正五年十二月二十日谕。
[5] 《清世宗实录》卷67，第1020页，雍正六年三月癸丑条。

勒索派捐。各州县亦俱得有足用养廉,反得实在归己,日用既足,又不至亏动正项钱粮仓谷。至于一切公事……既不取捐于官,又不派及于民。数年以来,民间竟不知有派款一事。上下各足,彼此相安,此耗羡归公之成效也。"[1]

田文镜说得头头是道,唯有一条他只字不说,自耗羡归公、推行了养廉银制度,他的养廉银是他原来正俸的 186.5 倍。

从耗羡归公后所产生的弊病看,我们对他不应估价太高。如果当时雍正帝作出决断,一举取消耗羡的征收,并从国家财政中支付各级官员的养廉银,那么,养廉银制度实施后的格局就可能更有改观。[2]

但,这是绝对不可能的。其之所以不可能,并非雍正帝智慧不够,更决非雍正帝魄力不够,实是雍正帝的财政理念,或云雍正帝的改革理念有障碍,与前任前朝有所不同。

肯定养廉银必须用加派解决的主要理由,是所谓官员俸薪过低。官员俸薪过低是国家的职责,与小民何干? 官员俸薪过低,就必须向小民额外加派解决吗? 例如,官员入不敷出中,有一条是向上司送礼。

如果雍正帝真要改革,应颁布法令,应明文取消下官向上司送礼这一陈规陋习,必可大大降低官员入不敷出之负担,必可大大净化社会之风气,也必会受到官员之欢迎。颁布这样的法令,进行这样的改革,是决无可能实现的吗? 是脱离实际的空想、是并不实际的幻想吗? 不见得。

(三) 试与康熙帝、康熙朝薪俸作比较

平三藩期间,清廷下令从康熙十四年(1675)起,停发内外大小臣工薪俸长达五年之久。若官吏犯有过失,还要罚俸,称议罪银。[3]

官员是政府的骨干,理应有固定、稳定、合理、合法的收入。如果雍正帝政府有财力但不想解决,这是对官员不负责任,也是对国家不负责任。如果雍正帝政府有困难,则应精减人员、紧缩开支。甚至也可用降低税收去解决。无论哪一种情况,都不应该转嫁到百姓头上去求得解决。

平三藩是全国性大规模的残酷战争,人力、财力、物力巨耗,却又必须全力以赴,夺取胜利。这种特殊的非常时期,康熙朝清廷下令停发内外大小臣工薪俸长达五年,虽有理由,也有不合理之处。

笔者想要表述的是——连薪俸都停发了,还会有人送礼金、收礼金吗? 还会有人肆无忌惮地贪污吗? 想送、想贪,也没门。

事实是,这五年恰恰是同仇敌忾、意气风发、社会风气最干净的时候,并不因

---

1 《朱批谕旨》,雍正六年七月十一日《河东总督田文镜奏折朱批》。
2 薛瑞录:《清代养廉银制度简论》,第 155 页。
3 《皇清奏议》卷 21,金世鉴:《请复官俸以养廉耻疏》;转引自薛瑞录:《清代养廉银制度简论》,第 144 页。

为入不敷出,而大肆贪污。康熙朝私吞成风,恰恰是平三藩胜利之后,恰恰是康熙朝中期经济发展最好、官员收入最稳定的时候。康熙朝较大的贪污案件,并不出现于康熙朝前期,多集中出现在康熙四十九年—五十八年(1710—1719年)。康熙朝前期停薪俸的五年中,还不许官员违禁,犯错犯法官员还要罚款,说明康熙朝前期康熙帝对内外大小臣工非常严格。雍正元年既无战争也无灾害,内外大小臣工薪俸照发。再入不敷出,难道比康熙帝平三藩时还要艰难吗?

以雍正帝之魄力,以雍正帝之严厉,果断停止官场上的一切礼金,果断停止一切往上送、往下索之陈规陋习,违者严处,并不是不可以实行。雍正帝当时已推行密折制。如有阳奉阴违、我行我素、顶风索要者,可以密折举报,查实严处,谁敢任性?这个法令并不多花一分钱,远比用向老百姓多加派搞什么养廉银好。但,雍正帝不想搞、不愿搞,奈何?雍正帝就是想用从老百姓头上加派来为官员加薪,又奈何?

雍正帝在晚年总结时道:"自行此法以来,吏治稍得澄清,间阎咸免扰累,此中利益乃内外之所共知共见者。"[1] 吏治稍得澄清,似可采信;间阎咸免扰累,则未必见得矣。远不及康熙帝那么得民心,应是明显不争之事实。

康熙帝一度用内外大小臣工停俸来度过国家最艰难时期,同雍正帝用加税加派来肥官,孰优孰劣,孰是孰非,应让广大百姓投票说话才好,用雍正帝的话、用田文镜的话,恐怕不及广大百姓的判断更为客观。

雍正帝推行的养廉银制度,作为一个对财政改革的权宜之计,在其初始阶段,有其一定的效果,直言之,就是甜头。雍正帝明知是非法,明知这不是正道,但他躺在这个甜头上,不想再继续改革了。雍正帝喜欢迷恋个人独裁。养廉银制度的实施,已完全纳入他个人独裁的轨道。他虽然口头上说"将来"要取消,但眼前并不想改变这个轨道。直至其离世,也丝毫未作任何改变,反而在全国推行。雍正帝是一个务实性很强的君主,每年平白多进几百万两银子,使他很在乎。只要老百姓不起来造反,这几百万两银子就每年稳定递进,帝王与官员皆大欢喜,相安无事,谁能道其不好呢?

笔者对雍正帝养廉银制度的评论,基本上已经表述。现归纳如下:

养廉银制度有其产生的社会条件,其实施后,也有一定的社会效果。但,正供以外再额外加派,从一开始就是非法的;用非法手段肥官,用损民去肥官,当然更是非法的、不道义的;雍正帝坦陈养廉银制度是权宜之计,但又并不打算对其非法性再进行改革,也并不打算实际减少人民百姓的沉重负担,相反,又提出各省督抚"自行度量"耗羡征用,这就势必进一步扩大人民百姓的沉重负担。养廉银制度使督抚收入为原俸的200倍以上,若按康熙七年(1668)督抚年薪100两

---

[1]《清世宗实录》卷157,第918页,三年六月乙亥条。

的标准,则诺敏俸银扩大了 317 倍,田文镜俸银扩大了 289 倍雍正朝的"总督养廉,多者若陕甘、云贵,至二万两,少者若浙闽、四川,亦一万三千两。其间一万八千、一万五千各有差。"这才是"划时代",这个"划时代",已不是山西一省,而是全国推行,是以牺牲人民百姓的利益为前提、作交换的结果。

雍正六年(1728)二月,雍正谕旨:"朕因国家政事,资借大臣之力,而使之分心家计,朕心不忍。五部大臣内,除差往外省署事之人外,俸银、俸米着加倍给与。"[1]

从雍正元年(1723)推行养廉银制度,一下子将督抚薪俸扩大 180—200 倍以上,到雍正元年(1723)又将五部大臣的俸银、俸米加倍给与,雍正帝是"真爱民"还是"真爱官",已经一目了然。至少,其父康熙帝强调的要"两全之道",雍正帝已全然抛到了脑后;康熙帝强调决不可把非法加派作为合法加派强加于人民百姓,雍正显然也早已抛到了脑后。

> 秦汉以来,对官员胥吏擅自加征赋役从法律上作出明确而比较严密的惩罚规定的,要数唐朝。在唐前期,《唐律疏议·户婚律》分别对"非法而擅赋敛"及"以法赋敛而擅加益"两种情况作出量刑规定。唐后期,实行两税法改革之后,明文规定官吏不得在"两税外加敛一钱",否则要以贪赃枉法论罪。[2]
>
> "加耗"之名的存在为仓场不法官胥从中渔利开了方便之门。[3]
>
> 清代经收官胥以"火耗"为名的加征同样是惊人的。一般是加收税额的十分之三四,也有加至十分之五六的,甚至出现了"税轻耗重",即加耗超过正税的。不过,清代的"火耗",不能由仓场官胥独吞,必须与上级官员分赃,所以当时人有"州县存火耗以养上司"的说法。[4]

很显然,"火耗加大加派"就是上下串通、肥官坑民的合法工具。

权宜之计者,终究只是权宜之计。把一个主要是为官僚服务、又深得官僚欢迎的权宜之计吹成一枝花,实是"饱汉子不知饿汉子饥"的秀才议论。秀才们是站在帝王、官僚一边寻章摘句、评功摆好,还是站在广大百姓一边说话,其数据、理由肯定都会完全不同。

乾隆帝即位后,几次想改掉它。因为雍正之前顺、康二帝一直"视加派为最不祥之事",乾隆帝也认为"多取累民"。但,木已成舟,而且,所有大官都大赞此船如何之好。当乾隆帝令廷臣复议时,大学士鄂尔泰、刑部侍郎钱陈群、湘广总

---

[1] 《清世宗实录》卷 66,第 1016 页,雍正六年二月庚戌条。
[2] 陈明光:《中国古代的纳税与应役》,商务印书馆国际有限公司,1996 年,第 121—122 页。
[3] 陈明光:《中国古代的纳税与应役》,第 130 页。
[4] 陈明光:《中国古代的纳税与应役》,第 131 页。

督孙嘉淦皆言:"耗羡之制,行之已久,征收有定,官吏不敢多取,计已定之数与策定之前相较,尚不逮其半,是迹近加赋,实减征也。且火耗归公,一切陋习,悉皆革除,上官无勒索之弊,州县无科派之端,小民无重征之累,法良意美,可以垂诸久远。"御史赵青藜亦言:"耗羡归公,哀多益寡,宽一分则受一分之赐,且既存耗羡之名,自不得求多于正额之外,请勿庸轻议变更。惟御史柴潮生,以为耗羡乃今日大弊……诏从鄂尔泰诸臣议。"众大臣非但抵制变更,而且要"垂诸久远"。

但乾隆帝仍不放心,在廷臣商榷甚久后,又逾半年以上,至十一月乙丑,由大学士等归纳内外诸臣覆到各奏,统为一议,奏略如下:

"耗羡归公,法制尽善,不可复更,众议佥同,其间有一二异议者,皆系不揣事势不量出入之论"。

第七章　雍正朝的几个文化现象及反思

一、雍正朝文字狱

尽管乾隆帝说："朕从不以语言文字罪人。"[1]其实乾隆帝的说和做并不是一回事。乾隆帝越是说得好听，越不是那么回事。清代文字狱比中国古代前几个朝代更为厉害。康、雍、乾三代，也是文字狱一代比一代更为厉害。

何为文字狱？"统治者为迫害知识分子，故意从其著作中摘取字句，罗织成罪"，此即文字狱。但文字狱不仅针对知识分子，它实际上也针对除皇帝以外所有在其统治下的一切人员。所谓文字狱，其义实为"因文字犯禁或藉文字罗织罪名、清除异己而设置的刑狱"较切。

雍正朝文字狱的特点，是许多大案都有雍正帝亲自过问，甚至直接由雍正帝手中、口中产生，例如：据大学士等归纳，"国家毫无所私，可以久远遵行，弗庸轻改。"

乾隆帝谕："朕御权以来，颇有言其不便者，……今据回奏，大抵以官民相安已久，不宜复议更易，此事当从众议，仍由旧章，着照大学士等所议行。"[2]即使乾隆帝想改，即使乾隆帝认为"多取累民"，朝廷上下已盘根错节，都讲了养廉银如何之好，如何不可更改之理由。乾隆帝深谙法不罚众，奈何？

所谓的"养廉银"，完全是取之于民，却完全用之于官。而养廉银如何取法，又完全是为官者定，谁可监督？孟森先生说："人民有权监督财政，尤为根本。"[3]其言固善，但在当时，由人民监督财政是不可能实现的。养廉银之本质，恐怕终究不脱"官官相护、肥官累民"八个字吧。

（一）汪景祺案

浙江杭州人，雍正初年，他的朋友胡期恒任陕西布政使，是其上司年羹尧的

---

[1] 《乾隆六年九月丁亥二十五日着孙嘉淦奏明谢济世注书具奏谕》，《清代文字狱档》，上海书店出版社，2007年，第3页。
[2] 孟森：《清朝历史的教训》，台海出版社，2017年，118—121页。
[3] 孟森：《清朝历史的教训》，124页。

心腹。汪景祺前往探访,乘机投书,做了年羹尧的临时幕客。汪景祺这次西游著有《读书堂西征随笔》二卷,雍正二年献年羹尧。年羹尧因罪抄家,《西征随笔》亦即被缴进宫中。书中有"鸟尽弓藏""狡兔死,走狗烹""功臣不可为",讥古代皇帝"疑、畏、怒、厌,以此四者待功臣,有不凶终而隙未者乎?"[1]

雍正读后咬牙切齿,随即朱批:"悖谬狂乱,至于此极!惜见此之晚,留以待他日,弗使此种得漏网也。"[2]

年羹尧死后七天,雍正三年十二月十八日(1726年1月20日),汪景祺因作《西征随笔》斩首示众,妻子发遣黑龙江给穷披甲人为奴,亲兄弟、亲侄均革职,发戍宁古塔,五服内的族亲现任及候选候补者一律革职,令其原籍地方官管束。[3]

汪景祺被处斩后,枭首示众,据说其头颅在北京菜市口枭示。不但汪景祺自己丢掉脑袋,连妻子儿女也跟着遭殃,"期服"之亲也受到流放之刑。所谓"期服"之亲,上及祖父伯叔,中及兄弟,下及子孙亲侄,涉及面甚大。

(二) 查嗣庭案

查嗣庭,字润木,号横浦,浙江海宁人,康熙四十五年(1706)进士,选入翰林,经隆科多保奏,授内阁大学士大夫,后又经左都御史蔡王廷保奏,授礼部左侍郎。

雍正四年九月乙卯二十六日(1726年10月21日)谕内阁、九卿、翰詹科道等:

> 查嗣庭向来趋附隆科多。隆科多曾经荐举。朕令在内廷行走,授为内阁学士。后见其语言虚诈。兼有狼顾之相。料其心术不端,从未信任。及礼部侍郎员缺需人,蔡珽又复将伊荐举。今岁各省乡试届期,朕以江西大省需得大员以典试事,故用伊为正考官。今阅江西试录、所出题目,显露心怀怨望、讥刺时事之意。上闻,世宗以其怨望毁谤,谓为大不敬。

据《清稗类抄·狱讼类》云:或曰:查所出题为"维民所止"。忌者谓"维止"二字,意在去雍正之首也此说常为史家所征引。据法式善《清秘述闻》载,当年江西乡试三题为"君子不以言举人"一节、"日省月试一句""山径之溪间"一节,并无"维民所止"题。查嗣庭曾著《维止录》,其中记事有于雍正不利者,如首页云:"康熙六十年某月日,天大雷电以风,予适乞假在寓,忽闻上大行,皇四子已即位,奇哉。"《维止录》是查嗣庭获罪的原因,疑后人因此附会为试题。

清史专家邓之诚先生在《清诗纪事》中记其《除夕感事》句:"能餐白石家堪住,解作黄金吏待廉",称其"语含讥刺"。又《代皇子寿某》云:"柳色花香正满枝,

---

[1] 汪景祺:《读书堂西征随笔》,《功臣不可为》,上海书店出版社,1984年,第55—56页。
[2] 故宫博物院,《掌故丛编》第3辑,民国十七年(1928)。
[3] 《上谕内阁》,三年十二月十八日谕。

宫廷长日爱追随。韶华最是三春好,为近龙楼献寿时。"邓之诚认为:"皇子与所寿者,俱不知谁某。玩'宫廷长日爱追随'一语,非椒房即内侍也。交通宫禁诸王,岂能免于雍正之时,而况曾为隆科多所荐举乎!乃知嗣庭杀身之祸在此。"

朕料其居心浇薄乖张,必有平日纪载。遣人查其寓所及行李中,则有日记二本。悖乱荒唐、怨诽捏造之语甚多。又于圣祖仁皇帝之用人行政,大肆讪谤。以翰林改授科道为可耻,以裁汰冗员为当厄。以钦赐进士为滥举,以戴名世获罪,为文字之祸。以赵晋正法、为因江南之流传对句所致。以科场作弊之知县方名正法为冤抑、以清书庶常复考汉书为苛刻、以庶常散馆为畏途、以多选庶常为蔓草、为厄运,以殿试不完卷黜革之进士为非罪。热河偶然发水,则书淹死官员八百人,其余不计其数。又书雨中飞蝗蔽天。似此一派荒唐之言,皆未有之事,而伊公然造作书写。至其受人嘱托、代人营求之事,不可枚举。又有科场关节,及科场作弊书信,皆甚属诡秘。今若但就科场题目,加以处分。则天下之人必有以查嗣庭为出于无心,偶因文字获罪,为伊称屈者。今种种实迹现在,尚有何辞以为之解免乎?尔等汉官读书稽古,观前代以来,得天下未有如我朝之正者。况世祖、圣祖重熙累洽。八十余年,深仁厚泽。沦肌浃髓,天下亿万臣民,无不坐享升平之福。我皇考加恩臣下,一视同仁。及朕即位以来,推心置腹,满汉从无异视,盖以人之贤否不一。……朕今日之谕,盖欲正人心,维风俗。使普天率土,永享升平之福也。尔等承朕训旨,当晓然明白,勿存疑愧避忌之念。但能恪慎供职,屏去习染之私,朕必知之。朕惟以至诚待臣下,臣下有负朕恩者,往往自行败露。盖普天率土,皆受朝廷恩泽。咸当知君臣之大义,一心感戴。若稍萌异志,即为逆天。逆天之人,岂能逃于诛戮。报应昭彰,纤毫不爽。诸臣勉之戒之。查嗣庭、读书之人。受朕格外擢用之恩。而伊逆天负恩。讥刺咒诅。大干法纪。着将查嗣庭、革职拏问。交三法司严审定拟。[1]

雍正五年(1727)五月辛酉谕:

内阁等衙门议奏、查嗣庭蒙恩擢用。历官至礼部侍郎。阴怀二心。忍行横议。臣等谨将查嗣庭所著日记,悖逆不道大罪。并夤缘请托关节私书。逐款究审。嗣庭亦俯首甘诛。无能置喙。除各轻罪不议外。应照大逆律、凌迟处死。今已在监病故。应戮尸枭示。查嗣庭之兄查慎行、查嗣瑮、子查澐、侄查克念、查基、应斩立决。查嗣庭之子查克上、在监病故。次子查

---

[1]《清世宗实录》卷48,第730页。

长椿、查大梁、查克缵、侄查开、查学,俱年十五以下。应给功臣之家为奴。所有财产、查明入官。得旨:查嗣庭、着戮尸枭示。伊子查沄、改为应斩监候。……查嗣庭之胞兄查嗣瑮、胞侄查基、俱免死流三千里。案内拟给功臣之家为奴各犯。亦着流三千里。其应行孥解之犯。该抚查明、一并发遣。查嗣庭名下应追家产。着变价。留于浙江。以充海塘工程之用。[1]

查嗣庭戮尸、枭首后,亲族或斩或流放,牵连的江西官员统统革职。由于汪景祺、查嗣庭都是浙江人,雍正进而迁怒于浙江士人。查嗣庭下狱的次月,即雍正四年(1726)十月,清廷特设浙江观风整俗使,专职监视士人,整顿士风(接着东南各省相继设立观风整俗使)。十一月,又下诏停止浙江士人乡试、会试。

吏部侍郎沈近思上疏拥护,说汪、查等人使"越水增羞,吴山蒙耻",条陈整顿风俗、约束士子的十条建议,雍正批转浙江巡抚和观风整俗使议行。雍正六年(1728)八月,经浙江总督李卫请求,雍正才解除停止乡会试的诏令。

(三) 陆生楠、谢济世案

陆生楠,举人出身,以军功迁授吴县知县。引见时,雍正见他应对滞讷,"举动乖张",便把他扣下来留京学习办事,后改工部主事。再引见时,雍正见他傲慢不恭,所呈奏折又写有"五经四书中如'惠迪吉''从逆凶',何以异于佛老"等句,觉得是在讽刺自己。雍正进而想到他是广西人,与谢济世是同乡,而李绂原先做过广西巡抚,"平日必有与李绂、谢济世结为党援之处。"于是命把陆生楠革职,也发配阿尔泰。

陆生楠在阿尔泰著有《通鉴论》十七篇,竟成陆生楠"通鉴论案"的祸源。

雍正七年(1729)五月,驻守阿尔泰的振武将军、顺承郡王锡保疏劾陆生楠《通鉴论》,文中"抗愤不平之语甚多,其论封建之利,言辞更属狂悖,显系排议时政",《通鉴论》随本缴进。雍正得奏,于七月初三日谕内阁,对《通鉴论》中的"狂悖"议论逐条加以批驳。批驳完,雍正"提议"将"罪大恶极,情无可逭"的陆生楠就地正法,命九卿、翰詹、科道定拟陆生楠应治之罪。年底,陆生楠在阿尔泰军中被处死刑。

郡王锡保在疏劾陆生楠的同时,也对谢济世参了一本,说谢济世所著《古本大学注》毁谤程朱,书随本缴上,即谢济世注大学案。雍正读过后颁谕内阁,认为谢济世不仅毁谤程朱,而且对时政"恣意谤讪",尤切齿于《注》中所云:"拒谏饰非必至拂人之性,骄泰甚矣"一句,咄咄逼问道:"试问谢济世:数年以来伊为国家敷陈者何事?为朕躬进谏者何言?朕所拒者何谏?所饰者何非?除处分谢济世

---

[1]《清世宗实录》卷57,第868页。

党同伐异、诬陷良臣之外,尚能指出一二事乎?"命朝臣议谢济世应治之罪。众臣拟谢济世与陆生楠一同处死。

雍正心血来潮,密谕锡保在杀陆生楠时,把谢济世一同绑赴刑场,最后却又宣布谢济世免死,不知雍正此番出奇料理又出何意。

(四)曾静、吕留良案

雍正六年九月二十六日(1728年10月28日)傍午,陕西西安的一条大街上,川陕总督岳钟琪正乘轿回署,突然有人拦轿投书。这就是曾静、吕留良案。

吕留良、吕葆中父子被开棺戮尸,枭首示众;吕毅中斩立决;吕留良诸孙发遣宁古塔给披甲人为奴;家产悉数没收。吕留良学生严鸿逵,开棺戮尸,枭首示众,其孙发遣宁古塔给披甲人为奴;学生沈在宽,斩立决;黄补庵(已死)嫡属照议治罪;刊印、收藏吕留良著作的车鼎丰等四人判斩监候,另二人同妻子流放三千里外,还有十数人受杖责。

曾静,湖南郴州永兴县山村的一名秀才,因不愿再参加科举而在乡村教书,人称"蒲潭先生"。他在自己写的《知新录》《知几录》两书中,揭露了雍正的"十大罪状":"谋父、逼母、弑兄、屠弟、贪财好杀、酗酒、淫色、诛忠、好谀任佞",雍正亲作辩护词,并配以曾静供词及忏悔录,集成钦定《大义觉迷录》一书,刊后颁发全国所有学校,命教官督促士子认真观览晓悉,玩忽者治罪。又命刑部侍郎杭奕禄带领曾静到江浙一带等地宣讲,命兵部尚书史贻直带领张熙到陕西各地宣讲。

雍正曾谕旨:"朕之子孙将来亦不得以其诋毁朕躬而追究诛戮",然而雍正十三年(1735)十月,雍正死后不到2个月,乾隆帝就命将曾静、张熙解到京师,于十二月,将二人凌迟处死,并将《大义觉迷录》列为禁书,不许私藏,更不许私再刊印。

曾静案属"现行犯",发端却见于其书信文字与投名状。然曾静案发后,吕留良早已死去60余年。吕留良与曾静更从无谋面。仅仅因为曾静读过吕留良的书,就将已死去60余年的吕留良再从地下挖出来开棺戮尸,枭首示众,儿子杀头、诸孙发配,一桩与死者其实并无责任关系的文字案,何须惨不忍睹至此?又何须株连早已死去60余年者后人至此?

(五)屈大均案

《大义觉迷录》在广东巡讲时,广东巡抚傅泰从张熙供称钦仰广东"屈温山先生",想起本省著名学者屈大均,号翁山,猜想"温山"是"翁山"之讹。于是追查屈大均所著《翁山文外》《翁山诗外》诸书。果然发现其中"多有悖逆之词,隐藏抑郁不平之气"。

屈大均已死三十多年,其子屈明洪(任惠来县教谕)自动到广州投案,缴出父亲的诗文著作和雕板。刑部拟屈大均戮尸枭首;因屈明洪自首,故免死,将屈明洪及其二子遣戍福建,屈大均诗文禁毁。

(六)"清风不识字"案

翰林院庶吉士徐骏,是康熙朝刑部尚书徐乾学的儿子,也是顾炎武的甥孙。雍正八年(1730),徐骏在奏章里,把"陛下"的"陛"字错写成"狴"字,雍正见了,马上把徐骏革职。后来再派人一查,在徐骏的诗集里又找出了"清风不识字,何事乱翻书""明月有情还顾我,清风无意不留人"诗句,雍正认为这是存心诽谤,照大不敬律,斩立决。

雍正十一年(1733)四月雍正帝也想学康熙重开博学鸿词科,下诏征举士人,谁知响应寥寥,只得作罢。人才凋零,文治废弛,一至于此,雍正文字狱的消极影响,亦于此可见。

雍正朝只有短短13年,文字狱约20起,比顺、康两朝的总和还多。

二、雍正朝文字狱的第一位受害人与最屈受害人

(一)雍正朝文字狱的第一位受害人

当下所见98%以上的论文,都举年羹尧为雍正朝第一名受害者。此论大可商榷矣。

雍正帝公开斥责年羹尧字体潦草,对其将"朝乾夕惕"写成"夕惕朝乾"大发龙威,时为雍正三年三月二十三日(1725年5月5日)。[1]

其实,早在二年冬天,雍正帝就已经在开始暗示对年不满,为整肃年羹尧不断作舆论准备。然从文字狱角度、从"证据确凿"抓到把柄角度看,雍正帝指责年羹尧字体潦草,将"朝乾夕惕"写成"夕惕朝乾",时为三年三月二十三日(1725年5月5日),这是千真万确的。那么,雍正三年三月二十三日是雍正朝文字狱的最早开端吗?非也。雍正三年三月,乃雍正帝执政已三年多。而他搞文字狱的真正最早开端,其实从康熙帝去世的第二天就开始了。

康熙帝十一月十三日晚去世,十一月十六日宫内第一次用满文宣布传位于四阿哥,十一月二十日始向国人颁示汉文版康熙遗诏。但,十一月十四日晚,四阿哥已经开始自称"朕",并已经开始以皇帝名义任命总理大臣;与此同时,四阿哥又以皇帝名义任命延信为抚远大将军,速赴西宁接任,又密谕延信在途中收缴(实为诈取或强夺)康熙帝给皇十四子的所有朱批。

---

[1] 《清世宗实录》卷30,第461页,雍正三年三月辛酉二十三日条。

十四阿哥对四阿哥上台还完全蒙在鼓里,根本毫不知晓,更谈不上有对新皇帝、新王朝有一字一句的文字攻击,按理,雍正帝搞文字狱,无论如何也搞不到十四阿哥身上去。即使如此,雍正帝对十四阿哥整肃打击,还是从文字上下手。

雍正帝迫不及待要收缴(实为诈取或强夺)先帝存放在十四阿哥手里的朱批,尤其是要毁灭十四阿哥手里有不利于其四阿哥仓促登台的证据,这只是第一步。因为当时宫廷上下乃至全国舆论都在盛传皇十四子是新皇储,在当时的西藏及青海文献中,包括在达赖喇嘛与之相关的文献中,都已将皇十四子记为皇太子。

四阿哥迫不及待要收缴康熙帝给皇十四子的所有朱批后的第二步,就是要对皇十四弟倒打一耙,诬其不自量力,诬其对储位存有妄想。四阿哥的第三步,就是要将十四阿哥与所有人隔离,不让十四阿哥有说明历史真相的机会,也不许任何人接近十四阿哥以了解历史真相。

如果说,文字狱是皇帝以文字为据罗织罪名,用来打击、陷害对手的特权与利刃,那么,十四阿哥与父皇之间的书信往来,何罪之有? 四阿哥尚未正式登台称帝,就已经首先开始从文字上下手,又迅即将十四阿哥赶出京城,圈禁于远离京城之汤山,圈禁于远离京城之隆福寺小庙,这比年羹尧的文字狱提早了实足三年四个月。

雍正帝的同父同母同胞兄弟——十四阿哥,才是雍正帝、雍正朝文字狱最早的受害人,而且是其本人并未写过任何攻击言论文字却遭终身隔离、软禁之灾的第一个受害人。

(二)雍正朝文字狱还有一位最屈的受害人——隆科多

生性机警、谨慎,非但并没有在文字上被雍正抓到任何辫子与借口,而且,四阿哥能从一名普通皇子一夜之间龙袍加身,对其上位最大、最直接的功臣,就是隆科多。但四阿哥上台后,还是很快就抓到了隆科多的辫子与借口。突破口居然还是在文字上。倒并不是隆科多自己真正写了什么对雍正不敬或不利的东西,而是他曾向宗人府官员阿布兰借去一份满文《玉牒》底稿,私抄、私藏了一份。

隆科多私抄、私藏了一份满文《玉牒》底稿,至多不过是违规罢了,何罪之有? 甚至,"将圣祖仁皇帝钦赐御书贴在厢房",也构成"大不敬罪"。[1]

雍正五年(1727)十月,隆科多因私藏玉牒(皇室宗谱)被从中俄边界谈判召回,随即付审。诸王大臣合议隆科多犯有四十一条大罪,第一条就是私抄满文《玉牒》底稿。得旨,永远圈禁,家产追补赃银,其二子也受处分。

隆科多与十四阿哥一样,并无文字狱之罪行,却也因文字而招祸,受到终身

---

[1]《清世宗实录》卷 62,第 947 页,雍正五年十月丁亥初五日。

圈禁,与外界隔离。

次年,隆科多就死于禁所。

三、大字报、大批判之发明者与推行者

在雍正帝、雍正朝之前,在中国两千多年封建社会里,由皇帝亲自写"大标语"挂在官员宅厅上或刻在官员墓碑上,从未见过有过,雍正帝是第一个,也是仅有的一个。雍正帝凡事都喜欢出奇料理,这一出奇料理,可谓空前绝后。

(一) 钱名世案

对于年羹尧平定青海之功,雍正帝本人有过口头的,也有朱批的,用词比钱名世更肉麻不堪。但同样的事、同样的话,雍正帝可以说、可以做,别人却不可以说、不可以做。

雍正二年(1724),钱名世有诗赠年羹尧,歌颂年羹尧平定青海之功。"分陕旌旗周召伯,从天鼓角汉将军。""鼎钟名勒山河誓,番藏宜刊第二碑。"还加注:"公(年羹尧)调兵取藏,宜勒一碑,附于先帝(康熙帝)平藏碑之后。"

雍正三年(1725),年羹尧案发,钱名世再次受到牵连。雍正四年(1726)三月壬戌三十日,雍正帝下旨:"将钱名世革去职衔,交与刑部,从重治罪。向来如钱名世、何焯、陈梦雷等,皆颇看文名,可惜行止不端,立身卑污。而钱名世谄媚性成,作为诗词,颂扬好恶,措词悖谬,自取罪戾。但其所犯,尚不至死。钱名世革去职衔,逐回原籍禁锢,御书'名教罪人'四字,由地方官制成匾额,张挂于钱名世所居之宅。""凡文学正士,必深恶痛绝,共为切齿。可令在京现任官员,由(有)进士、举人出身者,仿逸人刺急之意,各为诗文,纪其劣绩,以儆顽邪。并使天下读书人知所激劝。其所为诗文,一并汇齐,缮写进呈。朕御览过,给付钱名世。"[1] 又命"加以刊刻,颁于全国各府州县学,使读书士子观览知悉。如不知此书,一经发现,就将该省学政、该州县教官一体治罪"。

第二个月,四月二十一日雍正帝又对内阁、九卿、詹道、国子监谕道:"朕念治世之大闲莫重于名教,其人为玷辱名教之人,死不足蔽其辜,生更以益其辱,是以不即正典刑。褫职逐归,且亲书'名教罪人'四字,令悬其门,以昭鉴戒。复命在京大小臣工,由(有)制科出身者,或为歌诗以刺其恶。钱名世谄媚奸逆,特书与匾额,并令诸臣赋诗以昭惩创者,亦非仅为此宵小一人,盖欲使天下臣工,知获罪名教,虽腼颜而生,更甚于正法而死,凡读书之士,皆期仰体朕心,人人争自濯磨

---

[1] 《雍正朝起居注》第一册,第702页,雍正四年三月壬戌三十日条。

之故也……如谓朕于负罪之人不加诛戮，尚赐以匾额，且令在廷赋诗与之，视黜恶之典同儿戏，则大非朕激劝风励之深心矣。"[1]

雍正帝亲自发动、布置了对钱名世的这场大批判，还要亲自检阅这支大批判队伍，还要亲自验收这场大批判成果。于是，个个摩拳擦掌、人人斗志昂扬，对钱名世群起而攻之，并争相表演，极尽辱骂讽刺之能事。

在京奉诏作诗的，共三百八十五人之多。"廉耻俱沦丧，甘心媚贼臣""怪尔颜何厚，偏偏诡媚词"。还有人写"负涂一豕玷儒绅"句，骂钱名世是一头猪，被雍正帝御览后，批准收入《名教罪人》合集。正詹事陈万策的诗有这样两句："名世已同名世罪，亮工不异亮工奸"，既工整，又骂得痛快，深得雍正帝欣赏。

并不是所有参加大批判者都有功，弄不好自讨苦吃的也大有人在。翰林院侍读吴孝登的诗作被认为"谬妄"，遭发宁古塔，给披甲人为奴，所受惩处比"正犯"钱名世重得多。还有侍读陈邦彦、陈邦直兄弟的诗也有问题，都被革了职。

雍正帝亲书"名教罪人"四字，令悬其门后，并未完事。又命常州知府、武进知县每月初一十五去钱家查看，如不悬挂，奏明治罪。

钱名世离京时，奉诏作诗的三百八十五人，每人都作作了讽刺诗为钱名世"赠行"。雍正亲自审阅后，辑成《御制钱名世》（又名《名教罪人》），命钱名世自己掏钱、自费出版，"加以刊刻，颁于全国各府州县学，使读书士子观览知悉。如不知此书，一经发现，就将该省学政、该州县教官一体治罪。"

（二）雍正帝在政敌墓碑上刻字"雪恨"

阿灵阿，康熙朝领侍卫内大臣、理藩院尚书。康熙四十七年（1708），他曾与揆叙、王鸿绪等人共举八阿哥允禩为皇太子。五十五年（1716）卒。

康熙四十七年举八阿哥允禩为皇太子时，除九阿哥胤禟，十阿哥胤䄉，十四阿哥胤禵，康熙帝的哥哥福全外，还有满都护、景熙、吴尔占、苏努、阿布兰、阿尔松阿、阿灵阿、佟国维、鄂伦岱、揆叙、王鸿绪、马齐、何焯、张明德、魏珠、噶达浑、勒席恒、七十、秦道然、陶赖、张廷枢、吴尔占、普奇、经希、色亨图、马尔齐哈、常明、德宁、汝福、栾廷芳、武正安、鲁宾、揆叙、五格、二德、阿尔逊、郭允进、徐元梦、巴海、鲁尔金、乌尔陈、苏尔金、库尔陈、法海、佛保、达尔当阿、托时、查弼纳、萧永藻、高成龄等众多大臣、武官。

康熙帝认为这是大学士马齐示意诸大臣的结果，对这样的拉票选举，康熙帝不满意、也不予认可，并严厉谴责了马齐。

阿尔松阿，阿灵阿之子，康熙五十七年（1718）任领侍卫内大臣、刑部尚书。雍正二年以父子均为允禩党人，革职。雍正四年（1726）处斩。

---

[1] 《雍正朝起居注》第一册，第722页，雍正四年四月癸未二十一日条。

阿灵阿、阿尔松阿都是康熙朝重臣。阿尔松阿于雍正元年(1723)十月至十二月为刑部尚书；雍正元年(1723)十二月至雍正二年(1724)十月，先后任礼部尚书议政大臣、兼管八旗满洲火器营事务。雍正二年十月丁酉二十七日(1724年12月12日)，雍正帝召诸大臣谕曰：

"前因刑部尚书不得其人，阿尔松阿往天津料理盐务时，甚属明白可嘉，以为可而用之。乃降旨之时，疑(朕)欲杀伊，抵死固辞。此即廉亲王当封王之日，以为不知死期(何日)之意也。若亲王、尚书之职皆视为杀人之具，则朕实不能行赏罚于天下矣。朕居大位，朕心甚愧。阿尔松阿自受任以来，竟与朕结冤。反复劝之不听，咸之不畏，既不能回其心令一有罪之人，总理天下刑罚大事，其名岂可居乎？况伊无心为朕出力，是朕，虽勉强用之，亦于国事无益。朕既嘉而用之，又复彻以求退，此也欲加朕以轻进退大臣之名耳。朕奈之何？唯有任过而已。刑部尚书员缺，以色尔图调补。阿尔松阿，朕亦不株，令伊在文武各职中，自行拣择行走。伊欲退职，俟时亦听之。"[1]

无论是听上去、还是看上去，不仅合情合理，甚至是仁至义尽。当年雍正帝对年羹尧之所言、之朱批，其甜蜜酥心，远胜于此，直令年羹尧晕头转向、忘乎所以。待到令其自尽，方大梦初醒，然毕竟为时已晚。看来，廉亲王八阿哥与议政大臣阿尔松，甚至隆科多等人还阿尚为清醒。他们居然早已看出，雍正帝任其职，即死期不远之日。不仅廉亲王八阿哥与议政大臣阿尔松阿有此预感，就连雍正帝呼为舅舅、天下第一功臣、恩人的隆科多，康熙帝去世第二日封隆科多为总理大臣时，隆科多就对儿子玉柱预言："白帝城受命之日，即死期将至之时。"[2]

为什么八阿哥、隆科多、阿尔松阿等人都会有这种强烈而又严重可怕之预感？是他们的脑神经都出现了同样的病状了吗？事实胜于雄辩。八阿哥、隆科多、阿尔松阿骄狂了吗？非但并不骄狂，从他们早有预感可知，他们都小心谨慎，勤于政务。阿尔松阿甚至拒任大官。但，即便如此，八阿哥、隆科多、阿尔松阿等人仍无一幸免。事实证明，他们的预感是正确的。伸头一刀，缩头也是一刀。即使年羹尧如八阿哥、隆科多、阿尔松阿等人不骄狂，雍正帝也必会找到或制造出其他种种理由来，这种事实还少见、不足证明吗？

雍正二年，雍正帝开始对阿尔松阿下了第一手："本朝大臣中，居心奸险，结党营私，惟阿灵阿、揆叙为甚。当年二阿哥之废，断自圣衷。岂因臣下蜚语遂行废立？乃阿灵阿、揆叙攘为己力，要结允禩等，造作无稽之言，转相传播，致皇考

---

[1]《雍正朝起居注》第一册，第349—350页，雍正二年十月丁酉二十七日。
[2]《清世宗实录》，卷62，第947页，雍正五年十月丁亥初五日。

愤懑，莫可究诘。阿灵阿子阿尔松阿柔奸狡猾，甚于其父。令夺官，遣往奉天守伊祖墓，令其思过""着允祀（八阿哥廉亲王）将阿灵阿、揆叙碑文磨去，另于阿灵阿碑上镌刻'不臣不弟暴悍贪庸之墓'，于揆叙碑上镌刻'不忠不孝阴险柔佞揆叙之墓'，以正其罪，昭示永久。"[1]雍正帝对十四弟，也是用"守伊父墓，令其思过"之策。

雍正四年（1726）正月，噶尔弼去盛京上任后，雍正帝命诛阿尔松阿，妻子没入官。九阿哥是在保定被"天株"的，葡萄牙传教士穆经远是在青海西宁被处毒死的，阿尔松阿是在盛京（沈阳）郊县被处斩的。雍正帝何以对这些人如此咬牙切齿、恨之入骨？阿尔松阿被处斩后，雍正帝说过，他终于"得以雪数十年积恨"。[2]

原来，雍正帝痛恨阿灵阿父子及揆叙，并非仅雍正朝内事，已"数十年"之久。他痛恨三阿哥、八阿哥、九阿哥、十阿哥、十四阿哥等等众兄弟，又何尝不是如此？

但开棺戮尸、焚尸扬灰，墓碑刻上皇帝辱骂之文，都已超出了政治斗争之需要。门上挂黑匾，发动数百人群起而攻之，更多的是为从精神上折磨、打击对手。用雍正帝的说法，"死不足蔽其过"，所以，要令其生不如死。历史上之所以曾经长期以来称雍正帝是暴君，并不仅仅因为他杀人过多，也特指他整人的手段、手法特阴险、特残忍。试以他对八阿哥及八弟媳手段、手法为例。

雍正帝对八阿哥下手，并不是直接在八阿哥身上，而是先动八弟媳："允祀之妻亦不可留于允祀之家……今尔等前去将谕旨降于允祀之妻，革去福晋，外家（娘家），降旨于外家人等，另给房屋数间居住，严加看守。尔等回来后，再将此旨降于允祀。嗣后伊（允祀），若痛改其恶，实心效力，朕自有加恩处。若因逐回伊妻怀怨于心，故意托病不肯行走（办公），必将伊妻处死，伊子亦必治以重罪。"[3]

允祀之妻居然"毫无畏惧，忿然而去""令其自尽，仍散骨以伏其辜。""散骨谓扬灰也，非邸抄之讹，宗人府议罪如是耳。"[4]

将允祀之妻驱逐出京城、单独囚禁，事后再告知允祀，令其从此永别，这是给允祀当头一棒，是要令其生不如死。又令，若允祀因此托病在家，必将伊妻处死，伊子亦必治以重罪，此举更是要令允祀生不如死。雍正帝并不马上处死允祀，而是先在思想上、精神心灵上令其受尽折磨，然后再令其身体、生理上呕吐不止而死。

直到乾隆元年（1736），乾隆帝以阿灵阿墓碑立祖茔前，墓已迁而碑尚存，命去之，这幕荒唐的政治戏才算结束。乾隆帝登上政治舞台后，类似这种因雍正帝"出烂污"忙着为他"擦屁股"的事，做了很多。允祀的后代后来在辽宁改为王姓方得以生存，足见当时株连之森严。

1,2《雍正朝起居注》第一册，第354页，雍正二年十月戊戌二十八日。
3 《雍正朝起居注》第一册，第683页，雍正四年正月辛酉二十八日。
4 《永宪录》卷4，第268页。

四、清代最大的著作权案

《古今图书集成》，全书共 10 000 卷，目录 40 卷，原名《古今图书汇编》，康熙帝命三阿哥诚亲王胤祉统筹负责。实际策划并主编者陈梦雷(1650—1741)，字则震，号省斋，晚号松鹤老人。福建侯官(今福州市)人。康熙四十年(1701)完成初稿，四十五年缮成清本，初名《汇编》，呈请康熙皇帝过目后，改名《古今图书集成》。未及刊行，圣祖驾崩。但，此书在圣祖驾崩前已经完稿，而且已经呈请康熙皇帝过目并定名，完全应该也可以冠以圣祖康熙帝钦定。

梦雷，资质聪敏，少有才名。12 岁中秀才，19 岁中举人，康熙九年(1670)成进士。选庶吉士，散馆后授编修。可以说是才华出众、少年得志。

但梦雷仕途不顺。前受三藩之一靖南王耿精忠之牵连，后又受李光地之牵累而入狱。康熙二十一年(1682)，经刑部尚书徐乾学救援，陈梦雷免死，改成奉天(今辽宁省)尚阳堡。到戍所后，陈病倒；家中父、母先后去世；妻子也在流放地亡故。陈梦雷万分悲痛，仍手不释卷，刻苦著述。在奉天 17 年，一面教书，一面著述。

康熙三十七年(1698)九月，康熙帝巡视盛京(今沈阳)，48 岁的陈献诗，奉旨被召回京师。康熙帝未因梦雷受三藩之一靖南王耿精忠之牵连而弃之。次年，49 岁时入内苑，侍奉康熙帝第三子诚亲王胤祉读书。

梦雷在教学中见现有类书"详于政典"，"但资辞藻"，决心编辑一部"大小一贯，上下古今，类列部分，有纲有纪"的大型类书。这一想法得到了文化根底深厚的三阿哥胤祉的支持，特拨给"协一堂"藏书，并在城北买"一间楼"，雇人帮助缮写。

自康熙四十年(1701)十月起，年逾五十的陈梦里根据"协一堂"藏书和家藏图书共 15 000 余卷，开始分类编辑。经过"目营手检，无间晨夕"的辛勤劳动，历时六年，于康熙四十五年(1706)56 岁时修成，共一万卷。

康熙并未因其曾在耿精忠手下任事而对他猜疑弃用，相反，对其工作十分赞赏，对其使用十分恩宠，赐其住宅，还曾亲临陈梦雷书斋，并亲笔为其书斋题一联："松高枝叶茂，鹤老羽毛新"。陈梦雷感涕之余，即以"松鹤"为其书斋名，晚年自号松鹤老人。

康熙六十一年(1722)十一月，康熙帝逝世，其四子胤禛以阴谋得位。胤禛即位后，诚亲王胤祉被贬斥，陈梦雷再受牵连，于雍正元年(1723)一月，被再度流放到黑龙江，这时陈梦雷已 72 岁。他的命运真是坎坷不平，也真是令人同情。

雍正帝下令由经筵讲官、户部尚书蒋廷锡重新编校已经定稿的《古今图书集成》,并去掉陈梦雷名字,代之以蒋廷锡,此书遂成康雍年间最大的著作权案。

其一,《古今图书集成》的原创策划、主编毫无疑问都是陈梦雷,清样首版出版人应是诚亲王胤祉;此书"被外国誉为康熙百科全书",是中国、也是"世界百科全书之冠"。[1]

该书于雍正四年(1726)用铜活字排印,六年书成。用当时的开化纸和太史连纸两种,纸质细软洁白,印刷精良,装潢富丽,极其美观大方。

雍正六年(1728),用铜活字印刷成书,仅印64部,每部525函,5 020册,1.6亿字。雍正帝虽也功不可没,却总有贪前人、他人之功之嫌。如果雍正将陈梦雷署名主编,将蒋廷锡署名副主编或续编,就还其本来面目了。但无论从政治上考虑,还是从雍正的个性上考虑,雍正帝都不肯、都不会那么做。

其二,《古今图书集成》非但删除了陈梦雷的名字,梦雷还再一次遭流放的命运。雍正元年(1723)被流放于卜魁(今齐齐哈尔)。从此,这位一代文秀成了一位形象模糊不清甚或生死下落不明的人物。直至他死后244年,才由辽宁社科院的著名清史学者张玉兴先生在《关于陈梦雷第二次被流放的问题》一文中考证清楚:陈梦雷于乾隆五年(1740)死于流放地。

陈梦雷的主编名字被删除,完全是雍正钦命所为,蒋廷锡本人,也并未以"主编"自居,且在其一生著作中,也未将此书列入自己著作书目,其人品学问,比起雍正在《古今图书集成》之为,反倒更令人赞赏。

五、雍正帝与寺庙、方丈

(一) 雍正帝与大觉寺交往

雍正四年十二月乙丑初八日(1726年12月30日),上谕礼部:

> 朕在藩邸时披阅经史之余,每觐释氏内典,实契性宗之旨,因时与禅僧相接,惟性音深悟圆通,能阐微妙,其人品见地超越诸僧之上。朕于西山建大觉寺,为其静修之所。及朕嗣登宝位,凡体国经邦,一应庶务,自有古帝王治世大法。佛氏见性之学,与治道无涉。且以旧邸熟识僧人,仍令主席京师。天下或以朕有好佛之心,深有未可反污性音之修行。而性音亦力辞、愿归隐,性音遂安禅于庐山隐居寺四年。于兹谨守律规,谢绝尘境,即本省大吏尽不知不闻也。今闻其圆寂,朕心深为轸恤。着照玉林加恩之例,追赠国师,并赐与谥号,交内阁撰拟其语录,著入经藏,以彰其真修翼善之功,该部

---

[1] 李默主编:《清朝的文化奇葩》,广东旅游出版社,2013年,第48页。

即遵谕行。[1]

以上268字,雍正帝欲言又止,迷雾重重,但我们仍不妨细细剖析,从中得出几个尚能够明确的事实,也从中提出几个仍不清楚的疑问来。

雍正说,"朕于西山建大觉寺,为其静修之所",当不是他当皇帝后于西山建大觉寺,而是藩邸时所为。但西山大觉寺古已有之,并非雍亲王四阿哥所建。雍正藩邸时出资帮助修缮,当是事实。雍正说,他藩邸时于西山修建大觉寺,为其静修之所,是习修佛禅,难道仅止于此,再没有别的原因了吗?

至于"佛氏见性之学,与治道无涉",这本是常识,人尽皆知。雍正为什么要在这里抬出这么一句人尽皆知的常识?雍正作这个解释时,已是皇帝身份。他于藩邸时在西山修建大觉寺为其静修之所,如果不联系"佛氏见性之学,与治道无涉",也完全可以,也完全正常。为什么他偏要加上这么一句?是画蛇添足,还是此地无银三百两?此是第一个疑问。

第二个疑问,雍正藩邸时,最高身份为亲王。雍亲王为什么要"以旧邸熟识僧人,仍令主席京师"?

第三个疑问,既然雍亲王在"与禅僧相接,惟性音深悟圆通,能阐微妙,其人品见地超越诸僧之上",则理应将性音留在京师,至少,仍应留在大觉寺才对,为何称帝后反要令其去庐山隐居?既然性音"人品见地超越诸僧之上",又何须再令其"谨守律规,谢绝尘境,即本省大吏尽不知不闻"?换言之,性音"谨守律规,谢绝尘境",是性音自觉之行为,还是雍正强行规定之行为?从雍正对礼部谕旨看,似是性音自觉去江西庐山隐居。然,据笔者研究发现,性音去江西庐山隐居,完全是奉雍正之命;性音在庐山隐居"谢绝尘境"、不许他与人接触、不许他与人交谈一语,也完全是奉雍正之命。那么,雍正又为什么要这么做?

第四个疑问,既然雍正对性音如此严酷,如此无情,为什么又要在性音死后,"追赠国师,并赐与谥号,交内阁撰拟其语录,著入经藏"?是雍正虚情假意,还是雍正必须这么做、不得不这么做?雍正又为什么不得不这么做?

第五个疑问,北京西山大觉寺是古寺,并非新建。它位于北京市海淀区阳台山麓,始建于辽代咸雍四年(1068),古称清水院,金代时大觉寺为金章宗西山八大水院之一,后改名灵泉寺,明重建后才改为大觉寺。

雍正出生于康熙十七年(1678),早在雍正出生前600多年,大觉寺就早已存在。为什么雍正偏要对礼部说,"朕于西山建大觉寺"?雍正做事一向极细心周密,说话喜欢克字克句,这个"建"字,显然并非指创建,是指修建。那么,柏林寺离雍和宫很近,大觉寺在海淀西山,雍正为什么要舍近求远,特意投银子去修建

---

[1] 《雍正朝起居注》第一册,第879页,雍正四年十二月乙丑初八日条。

大觉寺？除了他自己所说"为其静修之所"外，是否还另有目的、用途？

第六个疑问，性音法师逝世于庐山归宗寺。据《庐山归宗寺志》记载："国师塔在寺右里许，即古灵溪观地，塔惟衣钵，真身迁北京西山大觉寺矣，塔左有御碑亭。"

原来，雍正四年迦陵禅师圆寂后，曾被葬于江西庐山归宗寺，后奉雍正之命，于雍正六年十月即法师逝世两年后，又将其灵骨迁移至京西大觉寺，塔铭曰"国师圆通妙智大觉禅师传临济正宗三十四世迦陵音和尚塔"。

在灵骨被迁之后，庐山归宗寺弟子们又为迦陵禅师建造衣钵塔以当胜迹，并于同年十二月，得到雍正皇帝褒赐的碑文，追赠迦陵性音和尚为"国师谥圆通妙智大觉禅师"，并于迦陵衣钵塔旁立有御碑，以示恩宠绵延。所以，江西庐山归宗寺国师塔实为迦陵禅师衣钵塔，而迦陵禅师真身舍利塔，应在北京西山大觉寺塔院内。

为什么性音逝世二年后，雍正已经在江西庐山归宗寺为其建塔、建御碑亭后，再要将其灵骨迁移至京西大觉寺？还要再赐碑文，在衣钵塔旁立碑石？

(二) 雍正与性音的交往及恩怨悬念

雍正称帝前后与迦陵性音和尚的交往和恩怨悬念，原北京西山大觉寺管理处主任孙荣芬先生执笔，作过专题介绍：胤禛在藩邸时，延请迦陵为上宾，时常与其省究禅宗奥义，甚至引其密参帷幄，运筹夺嫡即位的机要。既然胤禛得位后与文觉禅师策划过对八阿哥、九阿哥的处置密案，那么，为谋位而利用和尚禅师的智慧，不仅很有可能，而且更有可能。因为，谋位的迫切性与重要性，比起得位后如何处置政敌，显然更为迫切、更为重要。而大觉寺的地理位置，比雍和宫旁之柏林寺，更不招人显眼，更隐秘。这是符合胤禛秘密政治需要，也是很符合胤禛凡事都喜欢密不透风之性格的。

迦陵和尚以一介禅僧，结识并受知于雍亲王胤禛，始于康熙五十一年(1712)。此时，弘历(当时还未具有弘字辈身份与名字)已出生在避暑山庄围墙外狮子沟草房，已经周岁。

据笔者考证，弘历出生在避暑山庄围墙外狮子沟草房一事，胤禛对皇阿玛康熙帝一直隐瞒到康熙六十一年三月，隐瞒了十二年。据笔者研究康熙帝应该早已知道，但佯装不知而已，不使胤禛过于难堪。

弘历9岁左右，第一次由热河往北京时，很有可能就先临时寄养在大觉寺。因此，胤禛捐银子给大觉寺，至少有2次。一次是为修建大觉寺，一次是为送弘历入大觉寺寄养。大觉寺内及当地民间有弘历少年时在大觉寺习禅，因不肃发笑受到当时迦陵性音和尚戒尺的棒喝，可能源于此。而胤禛与迦陵性音关系之日深，当也与此有关。

第七章　雍正朝的几个文化现象及反思　｜　271

换言之,迦陵性音知道、掌握着雍亲王大量政治的、个人私生活方面的内幕。

据雍正自己曾说起,在此之前,雍亲王府常举办法会,胤禛也常召高僧论禅,有人举荐了迦陵。几番辩谈之后,可能互觉机缘相契,于是,在雍亲王未登大位前,迦陵便已成了雍王府和柏林寺往来的一位常客。之后,雍亲王又将性音举荐为大觉寺住持。弘历少年时送大觉寺而不是就近送柏林寺,一来,大觉寺隐蔽性比柏林寺好,二来,可能大觉寺住持性音为人谨慎更能得雍亲王信任和放心。

雍正在其后来编写的《御选语录》中,有对迦陵的一段追忆:"……壬辰(康熙五十一年)春正月。延僧坐七(即约请和尚们静坐七天),二十、二十一随喜同坐两日(雍正也坐两日),共五枝香(点燃五枝香的时间)即洞达本来,方知惟此一事之理。然自知未造究竟,而迦陵性音乃踊跃赞叹,谓已彻元微……",雍亲王胤禛与迦陵之私谊可见一斑。

在这段时间里,迦陵与雍亲王胤禛之间除了参究辩难禅理外,是否已经参与涉及了夺嫡继位的策划和密议,虽然极有可能,在胤禛称帝后、性音被逼离开大觉寺,很有可能已对大觉寺进行了一次清理,相关材料已销毁殆尽,之后已难得而见。但迦陵在此期间,编撰过《宗鉴语要》一书(上、下两卷,镌板于柏林寺宗鉴堂),书中以语录体多处记载了雍王充溢机锋和隐喻的禅语,对于了解康熙末年胤禛的内心思想,颇有启示和参考价值。

> 雍亲王千秋,竖如意云:威音那畔不假,炉鞴钳锤不假,雕凿裁培,直教遍尘遍刹,无不赖其辉。若有一法过于此,光明过于此,寿量过于此,我此如意端直作如意用。击一下云:今日化为轮王髻中宝珠,照耀四天下去也,为人一一点出。是眼司见,是耳司闻,是鼻辨香,是舌谈论大地人争。敢道他不知,只是不敢承当,未免辜负尊贵。一路只得借此为标准,普令遍法界,一草一木,尽截以为筹,贮于石宝中,以满其寿之量。且道,法界还赴也未?欲知赖及万方,只因化被草木。遂放如意云:不见道,尧舜之君,犹有化在。[1]

从现在已知的材料看,雍正和迦陵的亲密关系大约持续了十年,即,康熙五十一年至六十一年(1712—1722),其热度最高的时期,在康熙五十九年(1720)。这十年左右,即,康熙五十一年至六十一年,正是四阿哥谋储谋位最为关键的时期,也是雍王府宫女钮祜禄氏在热河狮子沟怀孕、生育、哺育弘历的那段最艰难时期。当时尚在潜邸的雍王,对京西名刹大觉寺"特加修葺",力荐迦陵性音任该寺主持。当年秋九月,雍正亲自撰文并书丹《送迦陵禅师安大觉方丈碑记》,在记文中盛赞迦陵"净持梵行,志续慧灯,闲时偶接机锋,不昧本来面目,是可主持法

---

[1] 迦陵:《宗鉴语要》上卷,北京《大觉寺志》藏版。

席而能以宏阐宗风者也……"一时间,迦陵所得恩宠,可谓无以复加了。

然而,雍正登极之后,这位与新皇帝有着特殊关系,本应是宠冠京师的大和尚,却突然辞卸院务,扔下诸多徒子徒孙,于雍正元年春,"飘然而南",过起了"巴瓢一笠山栖水宿,居无定止"的既像被放逐、又如旷野逃亡般的生活。直到雍正四年秋,才回到江西庐山归宗寺,独居静室,闭门不问世事,并于当年九月二十九日,以微疾小恙示寂。

迦陵的突然南行、隐居和遽然死去,可以说,迷雾重重,悬念丛生,其举动,多有令人不解之处。当时人如何猜测议论,今天已不得详知。

但从雍正四年十二月雍正对内阁的上谕中,仍似可看出一些端倪。

初看雍正这番上谕,似乎满溢着君臣之义和念旧之情,并表明自己处处以大局为重,在处理政、教的关系上,弃取割舍均出之于理,一切都是正大光明之辞。但如果结合迦陵晚年的实际处境,并细细品味对照,则又会感到,这番上谕用心之良苦,不过是借此"说事",在借题发挥,多有言外之意、弦外之音,用以掩盖天下人之耳目与议论,才是其本意。

雍正在藩邸时交接僧道,多韬晦其外,密议其内。但后来他又害怕臣工们议论他是依靠沙门夺位,又依靠沙门参政,所以,特地表明:"以朕嗣登宝位,凡体国经邦,一应庶务,自有古帝王治世大法。佛氏见性明心之学,与治道无涉也。"

雍正登极,迦陵便南行,本已令禅林不解。迦陵之死,更让他的弟子们觉得不明不白,因此才有其弟子"纵使英雄也丧身"与"千载恨难申"之叹。雍正当然深知这一点,所以,才会在评价性音"人品见地、超越诸僧之上"后,解释性音在他登极后突然出走的原因:

"且若以旧邸熟识僧人,仍令主席京师,天下或以朕有好佛之心,深有未可"。又说"性音亦力辞归隐",竭力把它搞成是性音主动执意为之。其实,这样解释恰恰表明了迦陵的被放逐和悄然而逝,与雍正有直接的关系。其原因不仅是深谙帝王之术的雍正在重行"狡兔死,走狗烹;飞鸟尽,良弓藏"的旧套,而且也是掩饰旧污、保护个人名誉必然要用的手段。更何况,这位与其交往十载左右的迦陵禅师,可能非常了解许多绝不应该为外人所知的雍正藩邸旧事,甚至能详细道出雍亲王与其父皇康熙帝的恩怨情仇来。例知,康熙帝为何直至六十一年三月、弘历已12岁时才被接见?四阿哥又为何要对父皇康熙帝隐瞒弘历之出生、之经历。

以笔者之见,恰恰是以上这几点,也许才是迦陵被放逐、并以微疾而遽然身死的深层原因。

据今天北京西山大觉寺所藏的迦陵画像、书板等相关资料,推测当时惹恼雍正的原因,可能有两条:一是迦陵的语录中,有许多记录雍亲王与僧衲交往的内容,在雍正看来,都属于不能保存、流传的"机密文书",如上文提到的《宗鉴语要》和《宗鉴指要》,这类记载几乎俯拾即是——但雍正无法容忍。一经发现,如骨刺在喉,决非拔除即可了事,必穷追彻查,销毁殆尽方能罢休。

另一个原因,是迦陵的弟子们为其师取祸被逐而死,深知其因的嗣法门人,能不怨恨在心?所以难免或形色于面、或言之于人。

如迦陵的付法传人,大觉寺的继主方丈佛泉实安和尚,在迦陵圆寂后,悲愤之情,不能自已,留下了不少怀念先师、讽喻世情的文字。除了《老和尚像赞》和《国师勘三藏》一诗外,在《佛泉安禅师语录》卷五"佛事"一节中,于大觉寺弟子们为迦陵做佛事的描述中,就捎带着语及雍正,看上去沉痛悲切,实则机锋处处时隐时现,颇勘玩味。

雍正元年(1723)春,迦陵承新登大宝的雍正帝之令,突然辞卸寺务、南游江西庐山,一瓢一笠,山居水宿,过起了放逐式的生活。

雍正四年(1726)迦陵示寂于归宗寺。迦陵圆寂后,雍正帝谕令迁其灵塔于京都西山,封其为"大清国师",追赠谥号"圆通妙智"。然而,数年之后,雍正态度竟突然大变,竟说其品行、学问一无可取,诏令削黜国师封号,还把他的语录从经藏中撤了出来。雍正帝之喜怒无常,再次毕现。雍正帝之喜怒无常,无疑与他的政治利益、政治需要、政治情绪息息相关。

迦陵性音禅师晚年及身后的这些升沉荣辱,当与雍正皇帝沉起经历有直接的关系。其以一介禅僧,得与一代帝王结识,究竟是幸运还是不幸?这里面恩怨情仇,宫廷政治忌讳颇深颇多。近三百年来,研究者聚讼纷纭,但个中情由,一时还很难分明。

今北京西山大觉寺藏有一幅迦陵和尚画像,是当年供奉于寺内"影堂"之物。这幅画像的上端,有"大觉堂上第二代继席法徒实安"题写的《老和尚像赞》一则,对于间接了解迦陵与雍正帝的关系,很能发人深思。像赞曰:

"欲要赞,只恐汙涂这老汉。欲要毁,又怕虚空笑破嘴。既难赞,又难毁,父子冤仇凭谁委?不是儿孙解奉重,大清国内谁睬你!咄,这样无智阿师,怎受人天敬礼。"这里的父子指谁?是康熙、雍正父子?还是雍正、弘历父子?还是统指这两对父子?再,父子冤仇又是何所指?大清国内谁睬你,这个"你"是谁?为何会出现"大清国内谁睬你"之局面?"这样无智阿师,怎受人天敬礼",这个无智阿师又是指谁?难道说,用弘历这枚棋子,是迦陵为四阿哥出的主意?"既难赞,又难毁"六字更是意味深长,话外有话。

很明显,这则像赞中,既有"棒喝"之语之文,又有愤激之言之责,充溢着嗣法弟子对先师结交最高层的"微词"。明明谥为"妙智",赞语却称"无智"。

而"父子冤仇凭谁委"一句,更是事关玄机,深意存焉。这句话的原意是:由谁来道出他们父子(似暗指康熙帝和雍正父子)间因传位而结怨、为仇的原委呢!可见局内人深知许多内幕,但迫于朝廷高压,不可留下更多文字,只得用佛家禅语作掩眼法也!

迦陵圆寂后,他的继主大觉寺方丈实安,成为临济正宗三十五世传人,终于在《老和尚像赞》中抒写了对迦陵因聪敏而伤自身的泣血之叹,虽有点遮遮掩掩、半明半暗,却也颇堪玩味。如:

"舌尖带剑欲伤人,纵使英雄也丧身。不是三藏暗捉败,几乎千古恨难伸!"

由于种种复杂的原因,更由于雍正有销毁史料的毛病,当年迦陵与雍正之间交往的具体细节,今天已很难大白天下了。但通过残存的一些文献资料,尚可理出几缕蛛丝马迹来,甚至或能够窥测到康、雍易位之际,缁衣黄冠密参帷幄的一二真实背景。

本文仅就近年大觉寺披露的与迦陵、雍正有关的零星资料,结合此前某些专家的研究成果,略加梳理,并附上笔者个人的一些粗浅观点,庶几能为后来的深入研究,做一点基础性工作。期待方家贤达,尤其是北京大觉寺的专家,能为读者提供更多、更新的研究成果。[1]

(三)柏林寺、福生寺与大觉寺关系

柏林寺位于北京东城区现雍和宫大街戏楼胡同1号,明清两代均有修葺和增建,离雍和宫东侧仅约150米,即是雍王府最近的寺庙柏林寺。也因此,柏林寺很可能是四阿哥最早涉足的寺庙、应是他最早在寺庙习佛的地方。

柏林寺于元至正七年(1347)始建,明正统十二年(1447)重建。规模最大的一次修缮,是在康熙五十二年(1713),为庆祝康熙60寿辰,由时年35岁的雍亲王胤禛主持重修。这实是胤禛借题发挥,也是胤禛向世人、首先是向皇阿玛及众弟兄告白他好佛的一次重要活动。

福生寺,旧名弥陀庵,是一座汉传佛教寺院,地处北京丰台区长辛店镇张郭庄村内。康熙时,四阿哥也曾募捐修缮,雍正时封其僧为禅师,寺内有雍正御碑。明清皇帝到潭柘寺、戒台寺上香时,福生寺有时就成皇帝途中休息的行宫。

据当地村里的老人传说,雍正即位与福生寺住持相助也有牵连。相传,福生寺与清代雍正皇帝取得帝位也有一段故事。当年,雍正皇帝还是皇子时,康熙皇帝并不太喜欢他。但雍正有野心,他一心想当皇帝,于是,以信奉佛教作掩饰,而且,还表现得十分虔诚。康熙末年要四阿哥祭祀敬天时,再三要其虔诚。可见,

---

[1] 据北京西山大觉寺管理处研究室的同志对笔者介绍,原管理处主任孙荣芬先生的文章是集体研究成果,孙荣芬主任是执笔者。无论是集体研究、还是孙荣芬主任负责执笔,都值得重视。因为,这犹如已向社会打开了一扇门窗。雍亲王称帝前后与大觉寺的内幕,很有历史价值和阅读价值,值得再深挖、深研。

康熙帝对四阿哥礼佛并不虔诚,是心中有数的,并时加以训诫。

四阿哥礼佛并不真正虔诚,在朝圣五台山时也时有表现,并受到了父皇处分。

康熙帝曾先后5次朝圣五台山,分别是康熙二十二年二月、二十二年九月、三十七年三月、四十一年二月、四十九年二月。前3次,四阿哥都未随驾。唯一的一次随驾,是康熙帝第4次朝圣五台山,由太子、四阿哥(时年25岁)、十三阿哥随驾。就是这唯一的一次随驾后,康熙帝敕令,从今往后,皇四子一生不得再上五台山。究竟是什么原因惹得康熙帝发此大火,至今尚未找到答案,此乃又一谜也。

但从此以后,雍正终其一生,果然再未登级五台山。

那么,康熙帝为何会对四阿哥作出这个决定?是否同四阿哥礼佛并不真正虔诚大有关系?

是年,四阿哥作《恭谒五台过龙泉关偶题》《将至五台山月下作》《清凉纪游一十四首》等诗。

试举《清凉石·其二》为例,诗云:"体本清凉自解烦,天然秀色蓄云根。曼殊说法今何在,参客空寻趺坐痕。"

四句中,倒有三句是在讪讽嘲骂五台山和文殊菩萨,岂止是不虔诚而已?

又如,《射虎川台麓寺》,诗云:"精蓝郁起碧岩幽,此日斋诚驻紫骝。东指凤城双阙迥,西瞻鹫岭半空浮。梵钟缥缈香云外,宝翰昭回古殿头。神表天弧开净域,河沙浩劫颂宸游。"

如果说,四阿哥的字很漂亮,那么,他的诗则实在平常,并不怎么样。四阿哥以射虎川台麓寺为题,却又对康熙帝射虎川一事只字不提。

据诸多史料记载,康熙四十一年二月二十四日(1702年3月22日),康熙帝回銮、途经长城岭西路旁的红崖村时,惊动一只老虎。众侍卫紧张护卫,康熙帝骑马冲出,张弓放箭,将老虎射死。估计还射了不止一箭。山西巡抚穆尔赛为此特奏:请将红崖村改名,"虎为居民行旅患,久矣。幸遇天子车驾莅上,毙斯兽以安厥土,应锡嘉名,以垂永久。"[1]

陪驾大臣高士奇在《扈从清凉山三首》诗中,有"泉因见龙发,川以射虎昭"句,可见此事并非虚传。当地官民均为此欢欣鼓舞,四阿哥居却装聋作哑、一字不提。康熙帝胸怀宽广,当然不会因此而有计较。但已经看出四阿哥表面谦恭,内心骄狂、虚浮的秉性。

多年之前,四阿哥的诗中已很能说明这一点:"懒问沉浮事,闲娱花柳朝。吴儿调凤曲,越女按鸾箫。道许山僧访,碁将野叟招。漆园非所慕,适志即逍遥。"[2]甚

---

[1] 《射虎川碑记》,诗见赵林恩辑:《五台山诗词总集》,转引自王铁牛:《康熙皇帝与五台山》,《五台山》,2006年,第8期。
[2] 《清世宗诗文集》卷25,《雍邸集·园居》,转引自《雍正传》,第52页。

至还有《布袋和尚呵呵笑》:"我笑那李老聃五千言的道德,我笑那释迦佛五千卷的文字,干惹得那些道士们去打云锣,和尚们去敲木鱼,生出无穷活计。又笑那孔子的老头儿,你絮絮叨叨说什么道学文章也,平白地把好些活人都弄死。还有一笑,我笑那天上的玉皇,地下的阎王,与那古往今来的万万岁,你带着平天冠,衣着衮龙袍,这俗套儿生出什么好意思,你自去想一想,苦也么苦,痴也么痴,着什么来由,干碌碌大家喧喧嚷嚷的无休息。"[1]

康熙帝在《庭训格言》里再三教导诸皇子,要真孝,不要伪孝;要心存敬畏,不可目空一切、无法无天。四阿哥大言不惭地把玉皇大帝、佛、孔子,人间帝王(是否也包括父皇康熙帝)全都咒骂、嘲笑一番,还谈得上什么真孝,还谈得上什么心存敬畏?

当康熙四十九年二月初二日(1710年3月2日)康熙帝第五次、也是最后一次去五台山朝圣时,带了皇太子二阿哥、三阿哥、八阿哥、十阿哥、十三阿哥、十四阿哥六位皇子,四阿哥果然已被排除在外。据《实录》记载是年二月初二日从畅春园出发,十一日到达,三月初五日返回畅春园。[2]

在以上背景下,四阿哥既用好佛迷惑众人,其在寺庙的政治活动,当会更加隐秘和巧妙。福生寺在京城去西部门头沟区东南的潭柘寺的必经之路上,其规模比大觉寺要小得多,反而更方便利于安排线人活动而不招人现眼。

传说,一天四阿哥又去潭柘寺进香,途经福生寺时,被住持拦住,劝他立即回畅春园,否则会要误了大事。雍正闻言,信知其中必有玄机,于是马上回畅春园,正赶上康熙皇帝病危。一心想做皇帝的雍正自然不肯放过这个天赐良机。

这个传说真真假假、真假混杂,在逻辑与细节上都有明显瑕疵。四阿哥要了解畅春园动态,可直接在畅春园安放耳目,何需远在丰台长辛店福生寺效劳?若福生寺传说完全是凭空捏造,则京城寺庙星罗棋布,为什么偏要选一个貌不惊人的福生寺说事?进行一番分析之后,事情可能如下:四阿哥曾派僧人在畅春园为康熙帝祈福延寿诵经,或许,本来就是同福生寺住持的合谋所为,用数百僧人无形之中已不动声色地将康熙帝与外界隔断联系。十一月十三日凌晨1—3时四阿哥接到康熙帝要其速去畅春园的谕旨后,四阿哥不明就里尚犹豫不决,遂先去或派心腹去远在丰台长辛店福生寺与住持密谋。福生寺住持认为这是一个极佳机会。四阿哥本来早就有此意,听了福生寺住持密议后,速与畅春园、大内、文、武诸多方面有所勾结,决心孤注一掷。四阿哥接到康熙帝要其速去畅春园的谕旨后竟然拖延8—10个小时才去,是否与此有关?

康熙帝去世第二天晚上,其间未见四阿哥与众兄弟、众大臣有任何会议与程

---

1 《悦心集》卷3,转引自《雍正传》,第53页。
2 《清圣祖实录》卷241,第398页,康熙四十九年二月丁酉初二日。

序,突然以在乾清宫大殓之名,将所有兄弟、大臣诓进宫内,实为一网打尽、迫其就范?这个"良计",是否很有可能出于福生寺住持?或者,福生寺住持有可能是参与者之一?

为了答谢福生寺住持的珍贵及时的忠告或高参,雍正帝成功后,问住持有何要求?住持说,"不要金,不要地,只求翻建福生寺"。于是,雍正帝下旨重修福生寺,修建完成后的福生寺成为长辛店地区非常著名的寺院,且雍正皇帝钦赐御碑。

余以为,以上分析推断似乎真假难辨、若有若无。无法肯定,也无法否定。

总之,寺庙住持如大觉寺迦陵、福生寺住持、文觉禅师等,都对四阿哥登极称帝、整肃政敌有过奇功、出过大力就是了。民间还有四阿哥调集 3 000 僧人进入畅春园,名义上是为康熙帝却病增寿,实际上是暗中不动声色隔离康熙帝。如果 3 000 僧人是夸大其词,则 1/10 即 300 人,要不动声色,不懂干戈,巧妙地隔离康熙帝寝宫,300 人也足够有余。

无论怎么说,无论福生寺住持助其夺位尚有多少难以自圆其说之处,十一月十三日这一天,尤其是四阿哥进入畅春园之后,康熙帝实际上已被架空、隔离,当是不争之事实;康熙帝寝宫实际上已被四阿哥完全控制,任其一人自由进出,如入无人之境,毕竟也成事实。

故,雍正称帝后,多次拨款修庙(包括道观),以示报答。例如,雍正十年十二月十一日(1733 年 1 月 26 日)奉大行皇帝谕旨:"柏林寺着雍和宫给银五百两。嗣后每年以此为例。"雍正称帝前,多次出资缮修大觉寺,称帝后又是御匾,又是捐资。表面上,是四阿哥要报答佛菩萨、寺庙保佑之恩。而四阿哥对其真正实实在在具体为其谋划出力做事者,无论是大觉寺方丈如迦陵和尚,还是白云观道士如贾士芳,一旦四阿哥帝梦成真或为其服务过河之后,却都难逃对他们疑之、弃之、杀之、放逐之下场。

奇怪的是,到了乾隆时代,乾隆帝在许多地方、许多事情上,似乎总是要对雍正帝所作要改弦更张。例如,贤良寺是怡亲王府改建的寺庙,雍正皇帝命玉琳的后辈实恒当住持。但,雍正皇帝去世后,乾隆皇帝马上痛批木陈忞、玉琳一派。说:"木陈忞大有名望,深被恩礼,而其所著《北游集》,则狂悖乖谬之语甚多。至其夸张(雍正皇帝)恩遇处,尤为庸鄙。又玉琳国师弟子骨严行峰著《侍香纪略》一书,为诞妄荒唐,供人喷饭。此等之人,在国典则为匪类,在佛教则为罪人。其过犯不与平人等,朕一经察出,必按国法、佛法加倍治罪,不稍宽贷。"

对于父皇在畅春园内将皇祖康熙帝圣容与佛像并列受供拜,不仅八阿哥对此提出过异议,乾隆帝后来也婉转提出过异议。

这是弘历为乾隆帝后,对自己少时被生身之父强送入大觉寺一事的不满与反叛,还是弘历为乾隆帝后,对先父雍正帝的许多作法厌恶而公开改弦易辙?也许,两者兼而有之吧?

雍正称帝前,身为雍亲王时,对京西名刹大觉寺"特加修葺",并力荐迦陵性音任该寺主持,是想藉此控制京师寺庙及僧人这支庞大的特殊队伍的特殊力量与关键时刻特殊作用;雍正称帝后,又想搞儒、释、道三教合一,是想藉此控制并扩大这支庞大的特殊队伍的特殊力量与特殊作用为其政治统治、思想统治、宗教统治发挥更强、更好、更得心应手之作用。

当四阿哥羽毛未丰之时,用寺庙作其情报机构或分支机构,用僧人作其线人或高参,用僧人作其侍卫负责特殊任务,用僧人掩人耳目完成其特殊使命,都是雍亲王、雍正帝称帝前后在政治舞台上的又一出"奇料理"。

六、雍正朝的祥瑞说与造假风

雍正帝的祥瑞说,极为混乱、矛盾。他一会儿推崇、宣传祥瑞说,一会儿又否认、抵赖祥瑞说,称"朕素不言祥瑞"。[1] 这是因为,康熙帝特在乾清宫东暖阁郑重其事地对诸皇子、众大臣面训过:"朕之生也,并无灵异;及其长也,亦无非常,八龄践祚,迄今五十七年,从不许人言祯符端应。如史册所载,景星庆云、麟凤芝草之贺,及焚珠玉于殿前,天书降于承天。此皆虚文,朕所不敢,惟日用平常,以实心行实政而已。"[2] 因此,雍正帝便不得不多次宣称:"朕从来不言祥瑞。"[3]

但其骨子里,仍是"君即天"的君本位统治思想在作怪。对祥瑞采用推崇还是否认,都不过是其不同时期的不同需要、用不同的方法与形式而已。

问题在于,康熙帝是一贯、明确、讨厌、反对祥瑞说的,因此,雍正帝围绕祥瑞说上的种种花样,都是在康熙帝统治思想尤其是不搞祥瑞说的思想上的政治倒退、是历史倒退。

雍正帝积极宣传、推崇祥瑞说,在雍正朝的头几年尤为活跃。这是因为雍正得位不正社会舆论对其不利、雍正帝在政治上陷于被动却又无法摆脱而玩弄起祥瑞说的政治把戏,也是其"君即天"君本位统治思想的配套工程。

康熙帝说,"朕生平从不作欺人语,欺人即自欺。"[4] 雍正帝则与此相反,从他上台称帝起,一直、一再告诫臣下不可对他欺隐,他自己却一直、一再在欺人,也一直、一再在自欺。

与"君即天"配套的天谴、天诛说,连同雍正帝积极推崇宣传的祥瑞说,既是

---

[1] 《上谕内阁》,七年八月十八日上谕。
[2] 《清圣祖实录》卷275,第697页,康熙五十六年十一月辛未二十一日。
[3] 《清世宗实录》卷88,第178页,雍正七年十一月甲戌初四日。
[4] 《清圣祖实录》卷232,第317页,康熙四十七年正月庚戌初二日条。

雍正帝用来惑人欺人,作为他巩固皇位之手段之一,也是雍正帝用来从中得到自我安慰、自我麻醉的政治游戏。

雍正朝、雍正帝搞祥瑞说"报瑞谷",具体是什么时候开始?据冯尔康先生介绍,是雍正元年八月开始:"元年八月,大学士等奏称:江南、山东出产的麦,谷,大多双歧、双穗,蜀黍有一本四穗的,这都是'皇上圣德之所感召',请宣付史馆。"雍正同意了。这是报瑞谷的开始。不过这时只报一本两穗、四穗,以后则越报越多,越离奇了。二年(1724),顺天府尹张令璜进呈瑞谷,一茎四穗。同时,大学士等报雍正亲自耕种的丰泽园稻田,大量出现多穗稻,且"穗长盈尺,珠粒圆坚"。五年(1727),田文镜奏报河南所产谷子,有一茎十五穗的,雍正很高兴,说这是田文镜忠诚任事感召天和的表现。其他官僚不甘落后,大幅度多报。陕抚张保送进一茎十二穗的麦子,据说"颖粒坚硬,茎本丰茂"。总兵官马魏伯奏报鄂尔坤图拉地方的屯田,麦子高产有一茎十五穗的。七年(1729),黔抚张广泗报告,新近改土归流的地区,稻谷粟米一茎数穗,多的达十五六穗,稻谷每穗四五百粒、七百粒,粟米每穗长至二尺多。雍正命把他呈进的瑞谷及图重新绘画刊刻,颁发各省督抚观览。十二年(1734),镇箪镇总兵官杨凯,侍郎蒋洞分别折奏改土归流地区谷子一茎五六穗,或十余穗,雍正把他们的奏折及谷本图样发给廷臣观看。雍正还把地方官奏报的瑞谷,制成《嘉禾图》《瑞谷图》,亲自作跋……

蓍草,瑞芝。元年四月,马兰峪总兵官范时绎进呈蓍草,说是顺治的孝陵所生,雍正命廷臣传阅,百官"惊喜赞颂以为奇瑞"。七年(1729),康熙景陵的圣德神功碑建成,领侍卫内大臣尚崇痹奏称碑亭仪柱石上生出瑞芝一本,长六七寸,"祥光焕发",雍正说这是"上天特赐嘉祥,以表扬我皇考功德之隆盛"。十年(1732)和十二年(1734)官员都奏报景陵生瑞芝,雍正命宣付史馆,昭示中外。[1]

雍正元年八月戊午大学士等奏称,"江南、山东出产的麦,谷,皆两歧双穗。蜀黍一干四穗。内池莲房同茎分蒂,诸瑞叠呈。实皆皇上盛德之所感召。请宣付史馆下部知之。"[2]

可见,雍正朝的祥瑞说,从一开始就是为宣扬雍正帝"皇上盛德之所感召"而产生、而服务的。也因此,雍正朝的祥瑞说,从一开始就是雍正帝的心腹、臣僚们,为迎合雍正帝的政治需要,而不断制造的。

据笔者从《清世宗实录》相关记载分析来看,雍正朝的祥瑞说,其背景,一开始就同雍正帝"遣官告祭景陵"(即清东陵康熙帝陵)直接有关。

围绕景陵的祥瑞说,冯先生介绍了雍正七年、十年、十二年,却遗漏了也是最早的雍正元年九月初一日(1723年9月29日):"上(雍正帝)出至陵寝门外,向

---

[1] 冯尔康:《雍正传》,第432—433页。
[2] 《清世宗实录》卷10,第183—184页,元年八月戊午十一日条。

北跪哭，执事诸臣恭率校尉等先奉圣祖仁皇帝龙盾入宝城，次奉孝恭仁皇后龙盾入宝城时，诸王大臣及各官仰见有祥云五色自西北起，覆于景陵缭绕不散，皆以为圣祖峻德神功之瑞应，皇上至诚大孝之感格焉，随奉安梓宫于各宝床，陈册宝于各石案毕，恭闭元宫石门。上复入陵寝门于祭台前奠献毕，上依恋不舍，哭无停声。群臣再三跪劝，上方出至幄次更礼服。"[1]

显而易见，围绕景陵的最早祥瑞说，时间应是雍正元年九月丁丑初一日，背景是圣祖仁皇帝龙盾和母后孝恭仁皇后龙盾入宝城地宫安放。制造五色祥云覆于景陵缭绕不散，与其说这是在歌颂圣祖仁皇帝德峻德神功之瑞应，不如说这更是为歌颂雍正帝至诚大孝之感格而实在。

十分巧合的是，雍正帝围绕景陵的祥瑞说，也是只字不提雍正元年九月，只提雍正六年景陵芝英产于宝城顶上："朕即位之初，孝陵蓍草丛生，六年之秋，景陵芝英产于宝城山上，以至双歧五秀之嘉禾、九穗盈尺之瑞谷、五星聚于奎壁、黄河清于六省、骈实连株之应，卿云甘露之祥……是以连年丰稔，今又蒙上天特赐嘉祥以昭示福佑万民之象。"[2]

雍正帝用"以至"二字，显然有将雍正朝所有的祥瑞，都归源于东陵景陵芝英产于宝城山上之后如何如何祥瑞不断，却又只字不提雍正元年围绕景陵的祥云五色自西北起，覆于景陵缭绕不散这个源头，令人好生奇怪，逻辑上又好生矛盾。

雍正帝显然并非是因疏忽而遗忘、遗漏雍正元年皇考、皇妣安放宝城地宫时有五彩祥云覆于景陵缭绕不散这个这个祥瑞之源。这件事是真有，哪怕是巧合，还是无中生有、纯属编造？如果是真有，哪怕是巧合，雍正帝为什么只字不提？如果是无中生有、纯属编造，那么，编造的目的就是为大肆宣传，雍正帝又为什么也只字不提呢？

所以，无论是真有，哪怕是巧合，还是无中生有、纯属编造，雍正帝都在有意要对此避而不谈，想要淡化，想要绕过去。

雍正朝的种种祥瑞，自元年起至十三年雍正朝结束，各种祥瑞之出现、各地对祥瑞之奏折，从未停顿止息。其出现之地方，自遵化清东陵的景陵起，京师、直隶、河南、山西、山东、江苏、云南、贵州、广东、广西、陕西、甘肃、四川……几乎全国各地都出现，雍正帝也几乎都作了朱批，却独对雍正元年围绕景陵的祥云未作朱批，这不是很值得玩味、很值得思考的吗？这是否微妙反映了雍正元年先帝和太后落地安葬时，雍正帝极其矛盾与复杂的心态。直言之，有一种难以言表又挥之不去的愧疚心结？

笔者在《论康熙帝之死》中，比较详细地剖析了康熙帝之死的种种不合正常

---

[1] 《清世宗实录》卷11，第196—197页，元年九月丁丑初一日条。
[2] 北京故宫图书馆藏《大义觉迷录》，北方妇女儿童出版社，2001年。

情理、种种不合宫廷礼制规定,以及雍亲王种种不合正常情理、种种不合宫廷礼制规定的行为表现,特别是雍正帝在遭到谋父篡位的舆论谴责后,竟然毫无洗刷辩护清白之证据,从而得出判断结论:康熙帝非正常死亡,雍正帝有无可排除、无可否定谋父之嫌疑。[1]

在康熙帝蹴跷之死后半年不到,雍正帝又以不许太后与十四弟母子相见,不许太后与十四弟母子单独说话,不断严厉打击处罚十四弟的作法,致使太后自尽,招致逼母致死的宫内外舆论谴责。

无论雍正帝是否真的存在谋父篡位和逼母致死,雍正元年先帝和太后落地安葬时的时代背景与政治氛围,就是在以上这样的场景下进行的。所谓"诸王大臣及各官仰见有祥云五色自西北起,覆于景陵缭绕不散",无论是否为雍正帝私下布置营造,还是诸王大臣及各官主动迎合编造,都是为洗刷雍正帝谋父逼母作辩护作美化而为之。雍正元年(1723)雍正帝之所以有意对"祥云五色覆于景陵缭绕不散"要避而不谈,要淡化,要绕过去,就是因为景陵同康熙帝之死、同雍正谋父太敏感,很容易引人联想和议论。而九月一日奉孝恭仁皇后龙盾入宝城,与五月二十三日皇太后无疾猝亡,时间上又太近,很容易再次燃起雍正逼母之舆情。尽管臣僚已将"祥云五色自西北起,覆于缭绕不散"完全归之于雍正"皇上至诚大孝之感格焉",雍正帝还是不想引火烧身,还是要采取避而不谈,淡化,绕过去态度。雍正六年(1728)雍正帝皇位已坐稳,这才对"六年之秋景陵芝英产于宝城山上"心无余悸地鼓吹起来。

雍正七年十月丙午日(1729年11月25日),上御太和殿,总理陵寝事务领侍卫内大臣崇廛奏言:"景陵圣德神功碑亭仪柱之右,产瑞芝一本于石上,长六七寸,光华焕发,实属奇祥。得旨:朕从来不言祥瑞……惟是建立景陵圣德神功碑甫经勒石告成,而瑞芝即产于碑亭之右。仰见上天特赐嘉祥以表扬我皇考功德之隆盛,朕心不胜庆慰。"[2]

同一件事、同一个地方、同样之祥瑞,要不要大肆宣扬,完全按政治需要与时机恰当与否作决定,同所谓"朕素不言祥瑞"没有本质关系。不能因为他曾经地说过"朕素不言祥瑞",就可真的可以相信他"朕素不言祥瑞"的鬼话、假话。

康熙帝死后,雍正帝先是搞了供奉先帝御容,遭到八阿哥质疑,认为自古从无这个规矩做法。之后,雍正帝又在先帝行宫畅春园建庙造寺。雍正帝的种种奇特反常之举,如同他后来搞《大义觉迷录》在全国颁行适得其反一样,反而招致社会舆论对他的更大更多的抨击。

因此,在先帝、母后之死的事件上,一方面,雍正帝大有先帝、母后之死,他终

---

[1] 《清史论丛》,中国社科院历史所清史研究室,2007年,第117—132页。
[2] 《清世宗实录》卷87,第159页,雍正七年十月丙午初五日。

于如愿以偿、如释重负而得逞感；另一方面，雍正帝又无法扑灭由此而生的深深的罪恶感与道德良心上的内疚。他在畅春园建恩佑寺，他宣扬景陵有祥云不散，正是这种心态和需要的反映。

如果说，种种祥瑞说，雍正帝都很需要，也都心安理得受之，那么，雍正元年九月，所谓"诸王大臣及各官仰见有祥云五色自西北起，覆于景陵缭绕不散"，虽然雍正帝也很需要，但却根本无法心安理得受用之。这也是雍正帝对种种祥瑞说都有朱批，却唯独对雍正元年九月景陵祥瑞说没有朱批、只字不提的原因之所在。

雍正帝的心腹们很知道主子需要什么，所以，都非常主动、起劲。而且，上下一吹一和，配合得也甚为默契。尽管他仍在说，"朕治天下，以实心实政为务，不言祥瑞。"[1]

就在同年同月，雍正七年（1729）正月，雍正帝在云贵总督鄂尔泰的奏折上朱批："今据云贵广西总督鄂尔泰折奏，恭逢万寿令节云南四府三县卿云呈现。又引《孝经》援《神契》之语曰：'天子孝，则卿云见'，朕之事亲不敢言孝，但自藩邸以至于今四十余年，诚敬之心有如一日，只此一念，可以自信。"[2]

雍正自陈不敢言孝非止一次，当下称雍正诚孝者却都视而不见。他对鄂尔泰奏报"云南四府三县庆云呈现"很是高兴。对鄂尔泰拍马屁"天子孝，则卿云见"之说，反倒不敢坦然受之。

尽管雍正帝本人已坦陈"朕之事亲不敢言孝"，却常见有人一再赞誉雍正帝诚孝，并以康熙帝赞誉四阿哥"洵是伟人，甚为诚孝"为据，与雍正帝本人之言、之朱批，大相径庭。有人用雍正帝以下谕旨作为论据："古帝王以丰年为祥瑞，而不以景星、庆云、灵芝、甘露为祥瑞，以贤才为宝，而不以珠玉为宝。"[3]

似乎雍正帝真的并不想搞祥瑞？其实并非如此。笔者觉得，这条朱批正好说明：雍正帝推崇祥瑞说是明知故犯，更足见其政治上的虚情假意与政治上的欺骗性，史学工作者应予揭露之、批判之。例如，鄂尔泰就不停在奏报"滇省广南府城三月初七日日丽中天，庆云拥护，自午至酉（上午 11 时至下午七时）万众欢呼"。[4]

对于鄂尔泰的忠心和擅长迎上，雍正帝谕批："夫君臣上下本为一体。设人君有义安百姓之心，而其臣不能宣布德意，以成善治，或上官有抚字群黎之念，而其民不能感化以成善俗，皆不足召天和而征瑞应也。鄂尔泰以公忠之心，行抚绥之

---

1 《清世宗实录》卷 77，第 3 页，雍正七年正月甲寅初九日。
2 《清世宗实录》卷 77，第 196—197 页，雍正七年正月甲寅初九日条。
3 《朱批谕旨》，雍正三年正月二十日，福建巡抚黄国材奏朱批。
4 《清世宗实录》卷 83，第 110 页，雍正七年七月庚申十七日。

政……是以数年之中叠见庆云醴泉之瑞,此盖上天恩赐,以表着贤臣之善绩也。"[1]

雍正帝把祥瑞归结为君臣上下一体、和衷共济、上天表彰贤臣善绩之征象。祥瑞更是直接应验在了他本人身上,且看他在多次表白"朕从来不言祥瑞"后又怎么说。雍正七年十一月癸酉初三日(1729年12月22日)谕满汉大臣:"今日冬至礼天于圜丘,天气晴明和霭,迥异平时。……每逢祭祀典礼,或先期风雨,或过后阴寒,而本日行礼之时,必霁暄和,此万耳万目所观瞻,历历不爽者。天道至公,惟佑善人。一念善天赐之福,一念不善天降之灾。"[2]

不仅如此,他还亲自下令武英殿将祥瑞刊刻后颁发各省督抚观览。贵州巡抚张广泗进黔省端谷,得旨:"朕从来不言祥瑞,是以降旨自雍正五年以后,各省所产嘉禾俱停进献。今据贵州巡抚张广泗奏称,新辟苗疆风雨应时,岁登大有,所产稻谷粟米之属,自一茎两穗,至十五六穗不等。稻谷每穗四五百粒至七百粒之多,粟米每穗长至二尺有奇。特将端谷呈览,并绘图附进。朕览各种端谷硕大坚好,迥异寻常……着将张广泗所进端谷图交与武英殿绘画刊刻颁赐各省督抚俾观览之共知。"[3]

康熙朝没有督抚敢奏称祥瑞,是因为督抚知道康熙帝不信、厌恶这套东西。到雍正朝,从雍正改元一开始,臣属就搞祥瑞。据《实录》记载,雍正帝十三年,祥瑞搞了50余起。

因为臣属都明白,雍正帝所谓从不言、不搞祥瑞是假话,他骨子里是非常喜欢、也非常受用祥瑞说,他要把祥瑞说吹得天花乱坠,为其巩固皇权。这才会如此起劲。

七、康熙帝的南苑书房

康熙帝一生好读书,年轻时因读书过劳而咯血。自康熙二十六年二月二十二日(1687年4月3日),首次驻跸畅春园,至六十一年十一月十三日(1722年12月20日)病逝于园内寝宫,即34岁起至离世,凡36年,在畅春园度过大部分时间。康熙帝住畅春园,是为"避喧听政",也是为避喧读书。这从他把自己起居的寝宫取名清溪书屋,就不难看出。

畅春园不仅有他的清溪书屋,还有康熙帝为太子胤礽及其他皇子皇孙读书而置的无逸斋。无逸者,不许一日暇逸之意矣。畅春园的湖边还散落有清源书

---

[1] 《清世宗实录》卷87,第167页,雍正七年十月辛酉二十日。
[2] 《清世宗实录》卷88,第176页,雍正七年十一月癸酉初三日。
[3] 《清世宗实录》卷88,第178页,雍正七年十一月甲戌初四日。

屋。清源者,探本溯源之意,也是读书精进之意矣。康熙帝晚年作《畅春园西新园观花》,有"寸阴惜鬓短,尺影逐时长。心向读诗奥,精研莫可荒"句。

康熙帝一生手不释卷,并深知"尽信书不如无书"之理。故,在对诸皇子《庭训》中,又特有"读书不要被书骗了"的读书经验之谈。

笔者曾专程去南京,在中国第二历史档案馆翻找所藏档案时发现,康熙帝在京城还有一个藏书、读书的理想场所,那就是南苑。

南苑属北京今丰台区,当时分旧宫与新宫。有说旧宫为明代所建,新宫为康熙朝所建。从南苑书房规模之大、之多看,为康熙朝所建的可能性更大更多一些。直到晚清、北洋政府时期仍有修理档案,则清朝遗留的可能性更大一些。内中,仅一处楼殿,就分别置有头层书房(档案内原名如此,下同)、二层书房、三层书房。说明藏书有三层楼面,俨然已是一座藏书十分丰富可观的藏书楼了。

南苑除了有这处三层楼面的藏书楼外,还有另一处"榆荫书房"。顾名思义,这里的书房周围环有高大茂盛的榆树,树冠庞大。除这两处外,从档案上看,还有另外一处叫"二间书房"。

这还没完,从档案记载上看,还有东书房五间、西书房五间、穿堂书房二间、顺山书房二间、套书房四间、北淡思书房三间。新宫共有书房七处、三层楼面不计在内,另有23间。

雍正帝在入住圆明园以后,除了大建楼宇殿阁、大炼丹药外,至今未见其有在圆明园刻苦读书的任何记载。他在圆明园的读书画像更多的是用来作秀。因为,好不容易在圆明园地图上找到一个深柳读书堂,先是安置《十二妃子像》或云《十二美女像》,后又被改作筑设道教斗坛场所。在读书堂安置《十二美女像》或筑设道教斗坛场所,还能静心读书乎?若去北京紫禁城养心殿参观即可见,除养心殿东西两侧有不少嫔妃居住的寝舍及大殿西边有御茶房外,东西暖阁藏书也仅作点缀而已,无论是《起居注》《实录》,还是《朱批谕旨》里,都很少见到其在养心殿或圆明园如何刻苦读书的文字记载。曾见到雍正帝皇子时代和龙飞后的读书画像,也很少有这方面的内容记载。

在中国古代历史上,康熙帝称得上是一位刻苦读书学习的模范,是对西方科技文化兴趣最浓、最开放、学习最认真、应用面最多最广的皇帝,是举世公认,应该没有什么争议的了。

八、康雍朝对中国文化的贡献与损害

这个标题有点大,本人与本章节都无法胜任。但这个标题又很有必要研究。鉴于此,本章节打算通过一些个例,蜻蜓点水地点一下,以待贤达深论之。

康雍两朝或曰康雍两帝对中国文化的贡献,有一个共同的特点,就是两朝或两帝既满汉文并重,又能在吸纳西方文化上为我所用。其不同之处在于,康熙帝吸纳西方文化,根本上为大我所用;雍正帝吸纳西方文化,基本上为小我所用。大我者,国家也;小我者,个人也。

康熙朝较为重要的文化成果,如《古今图书集成》初稿完成、《全唐诗》编成、《康熙字典》、唐甄《潜书》等,都出现或完成于康熙四十四年至四十九年(1705—1710)之际,即康熙帝 52—57 岁这一段。这是因为,这个阶段国家政权已稳固,康熙帝认识到汉文化的先进性与重要性,从而把对汉文化的认可、依靠、重视,都迈进、上升到了一个新的高度。康熙帝本人对国家统治的驾轻就熟及大国君主的风度、气质及对文化的热爱,也促进他必会着手一些大的文化工程。因而,《古今图书集成》《全唐诗》《康熙字典》等不仅在清代有着重要影响,就是在整个中国历史、中国文化史上,也有着重要影响。

相比之下,雍正帝执政的头六七年,其主要精力投入在清除政敌、整顿吏治、追补钱粮亏空上;后六七年,其主要精力投入在西部用兵、平定准噶尔、改土归流上。雍正帝尊孔、题匾,这只是姿态,并非文化成果。由于雍正帝即位过程的特殊经历,他对文化的重视程度,远不如他对权力那么用心,他的密折制度与严密的特务统治政策,也并不利于文化的繁荣,只会束缚文化的发展。

试以顾炎武、唐甄为例:顾炎武(1613—1682),汉族,思想上一直持拥明反清立场,又一再拒绝为清廷做事效力。这样一个异己分子,如果在雍正帝手下,很难预料结果会如何。至少,不会出版他的书,似可肯定。

顾炎武一生坎坷,似无官运,但学问了得。其名言"读万卷书,行万里路",享誉大江南北,成为多少求知者的门径之路。他的"天下兴亡,匹夫有责",更是激励了无数爱国者的满腔热血。他的"不廉则无所不取,不耻则无所不为",当为做官者和所有立足社会者的行为准则。他的"生无一锥土,常有四海心",又是何等宽广的胸怀。他在《日知录》中,更是明确提出,学问当为世用,而不应停留在追求名利或一官半职、或仅是为求吃饭糊口上。他强调"君子之为学,以明道也,以救世也"。在"明道救世"这一经世思想的指导下,顾炎武提倡"利民富民"。他认为,"今天下之大患,莫大乎贫"[1]。因而他认为"有道之世","必以厚生为本"[2]。他希望能逐步改变百姓穷困的境遇,达到"五年而小康,十年而大富"[3]。他不讳言"财""利"。他说:"古之人君,未尝讳言财也。……民得其利,则财源通而有益于官;官专其利,则财源塞而必损于民。"[4]他认为问题不在于是否言财言利,而在于利民还是损民,在于"民得其利"还是"官专其利"。他认为自万历中期以来,

---

1 顾炎武:《顾炎武文集》卷一。
2,3 顾炎武:《日知录》卷二,上海古籍出版社,2014 年。
4 顾炎武:《日知录》卷十二。

由于"为人上者"只图"求利",以致造成"民生愈贫,国计亦愈窘"的局面。由此,他主张实行"藏富于民"的政策,认为"善为国者,藏之于民"。并且指出只有这样,才是真知其"本末"的做法。[1] 他还明确地宣称,他之所以写《日知录》,目的就是:"意在拨乱涤污,法古用复,启多闻于来学,待一治于后王。"[2] 他主张"合天下之私以成天下之公,此所以为王政也"。[3] 他的这种利民富民和"财源通畅"的主张,以及对"私"的适当肯定,都反映了当时资本主义生产关系萌芽状态下新兴市民阶层思想意识的觉醒。

顾炎武的思想,是文明闪光的思想,是历史前进的思想。他的"学问当为世用"的主张,当是一切读书人、做学问者的座右铭。

康熙十七(1678)、十八年(1679)之间,他拒绝了熊赐履的美意,没有入仕。加上这之前他又一而再三的反清活动,如果遭遇到雍正帝手中,不是杀头,便是坐牢或流放。他的书和主张能在康熙朝出版,应得益于康熙帝、康熙朝颇为开明、较为宽松的文化政策。

再以唐甄《潜书》的出版为例,《潜书》为4卷本,明末清初唐甄(1630—1704)撰写,他是四川达州(今达县)人,与黄宗羲、顾炎武、王夫之合称为明末清初"四大启蒙思想家";与遂宁吕潜、新都费密,合称"清初蜀中三杰"。

他潜心于先秦诸子百家,摒弃汉代以下学者著作,尤不满汉儒经学和宋代程朱理学,晚年对王阳明学说十分崇拜。《潜书》原名为《衡书》,意在"权衡天下",后因自己接连遭遇不幸,改其名为《潜书》,意即"潜存待用"。这一点,与顾炎武颇为相同。

康熙四十四年(1705)起,《潜书》初仿《论衡》之体,名叫《衡书》,13篇,署名唐大陶,意在权衡天下,由其女婿王闻远刊刻出版。后来逐渐增加到97篇,改名《潜书》,署名唐甄,意为潜而待用。

"不忧世之不我知,而忧天下之民不遂其生。郁结于中,不可以已,发而为言",这段《潜存》中的话,表述了作者的写作动机。作者前后历经30年,书终成。

> 四十(岁)以来,其志强,其气锐,虽知无用于世,而犹不绝于顾望。及其困于远游,厄于人事,凶岁食糠粞,奴仆离散,志气销亡,乃喟然而叹曰:"莫我知也夫!"不忧世之不我知,而伤天下之民不遂其生。郁结于中,不可以已,发而为言。有见则言,有闻则言。历三十年,累而存之,分为上下篇:言学者系于上篇,凡五十篇;言治者系于下篇,凡四十七篇;号曰《潜书》。上观天道下

---

[1] 顾炎武:《日知录》卷十二。
[2] 顾炎武:《顾炎武文集》卷六。
[3] 顾炎武:《日知录》卷四。

察人事,远正古迹,近度今宜,根于心而致之行,如在其位而谋其政。[1]

这是一位典型的身无分文、心忧天下、爱国爱民的知识分子,也是一位生于末世(中国最后一个封建社会)、有着中国传统文化人坚强个性和韧性、已具有初步民主启蒙思想的思想家。

《潜书》的主要内容,是对封建专制制度和专制君主进行批判,具有初步的民主启蒙思想。书中提出了"乱天下者惟君""天子之尊,非天帝大神也,皆人也"的论点,揭露了自秦以来2000年的封建制度下,表面看来是大将杀人,偏将杀人,卒伍杀人,官吏杀人,其实是皇帝杀人,主张给专制君主治罪。

书中揭露了封建制度下的社会不平等,说"王公之家,一宴之味费上农一岁之获",而"吴西之民,非凶岁为粥,杂以荻秆之灰",即使这样,"无食者见之",也会觉得是"天下美食也"。从而发出了"不平以倾天下"的警告,提出"天地之道故平"的平等原则。

《潜书》和黄宗羲的《明夷待访录》具有相同的观点。在当时很受重视,"每一篇出,人争传写",说明对后世有一定的影响。

唐甄还是幸运的。他死后第二年,他花了30多年心血的力作就在其女婿手上出版了。倘是遇在雍正手里,或难逃灭顶之灾。

唐甄赞赏孟子的"民贵君轻"思想,提出"天子之尊,非天帝大神,皆人也"[2] "天子虽尊,亦人也"[3] "自秦以来,凡为帝王者皆贼也"[4] "杀一人而取其匹布斗粟,犹谓之贼;杀天下之人而尽有其布粟之富,而反不谓之贼乎!三代以后,有天下之善者莫如汉。然高帝屠城阳,屠颍阳;光武帝屠城三百。使我而事高帝,当其屠城阳之时,必痛哭而去之矣;使我而事光武帝,当其屠一城之始,必痛哭而去之矣"[5]。

不仅言辞犀利,已具朴素辩证唯物主义思想。

试看雍正手下好些心腹大官,尚且受文字狱之灾,就连年羹尧那样的功臣、恩人、皇亲国戚,也都要受文字狱之灾,唐甄只是一个小民草根,其文字却如此狂热,这与雍正的"君即天""逆天岂能不遭天谴""天诛",都是直接发生对抗的,若唐甄活在雍正朝,能不遭"天谴""天诛"吗?能不遭株连之灾么?还能望其出版刊行乎?

唐甄虽只是一介小民草根,他的思想观点也不乏光明灿烂之点,如:"人之情,道德不如人,则不知耻;势位不如人,则耻之。贤者不与立,则不知耻;妾妇不

---

[1] [清]唐甄:《下篇下・潜存》,《潜书》,中华书局,1963年,第204页。
[2] 《抑尊》,《潜书》。
[3] 《善游》,《潜书》。
[4],[5] 《下篇下・室语》,《潜书》。

为礼,则耻之。有不忍小辱而甘蒙天下之大辱者,是又不可以不察也。"[1] "立国之道无他,唯在于富。自古未有国贫而可以为国者。夫富在编户,不在府库。若编户空虚,虽府库之财积如丘山,实为贫国,不可以为国矣。"[2] "求贤之道,勿问孰为贤,孰为不肖,当先观进贤之人。盖贤不肖各有其类。"[3]

近朱者赤,近墨者黑。围着皇帝转的是些什么人,或看皇帝重用的是些什么人,就大致可知皇帝是个什么样人。

现代学者谓此书是我国启蒙思想史上的重要著作,开后世资产阶级思潮之先河。顾炎顾、唐甄的以上著作,不仅都可在康熙朝顺利出版,还可在社会上流行,影响了一代又一代人。

---

[1] 《上篇下·贞隐》,《潜书》。
[2] 《下篇上·存言》,《潜书》。
[3] 《下篇上·主进》,《潜书》。

第八章　雍正帝生活奢侈远超康熙帝

在研究、介绍雍正其人其事如林似潮的文著中，最早较为集中涉及雍正帝生活奢侈者，应推海外杨启樵先生。2000年，杨先生以中国一史馆藏雍正朝内务府活计档为史料，在其新著《揭开雍正皇帝隐秘的面纱》内、以《雍正侧影——私生活奢侈豪华的一面》为章节之题，生动揭示了雍正帝生活奢侈豪华的一面，令人耳目一新。

2002年7月，上海书店出版社再版杨先生《揭开雍正皇帝隐秘的面纱》，笔者得见全书内容后，喜忧相交。喜者，笔者一直觉得雍正帝的圆明园远比康熙的畅春园更奢侈豪华；雍正帝的西陵也远比康熙的东陵规模豪华奢侈。杨先生的《雍正侧影——私生活奢侈豪华的一面》一文，开了个好头，甚喜也。忧者，笔者对杨先生《揭开雍正皇帝隐秘的面纱》内的其他许多重要观点，如，"康熙生前实未立遗诏，也不会留下一鳞半爪暗示接班人的文献""遗诏仅是一种形式，和皇位继承一无牵连""康熙瞩望雍正嗣缵大统，由身掌重兵的胞弟允禵辅弼"等等，据笔者研究所得观点与杨先生的文章俨然完全相反，遂产生要与杨启樵先生商榷的想法。从2005年至今，这个商榷一直从未间断。

另外，雍正之奢侈，除杨先生所举内务府活计档外，雍正帝的朱批奏折、实录、起居注内也大量可见、可证。故，揭示雍正帝生活奢侈豪华的这一方面，似还可再扩大展延。在本书围绕康雍作比较研究的思考中，自然、也必然会就雍正帝生活奢侈远超康熙帝这一方面，再作探索。例如：

一、象　牙　席

象牙席，是用象牙制作、供人坐卧休息的席子。象牙席，顾名思义，是先把象牙切割、加工成象牙丝，再由工匠人工编织而成象牙席。象牙的主要成分是一种由磷酸钙和有机体构成的类似骨的材质原料，这种材质因含有弹性硬蛋白，所以它的弹性和光泽都非常好。象牙的这些特性，使它成为高级工艺雕刻的一大门类和主要用材之一。

象牙自古就是珍贵稀有物品。将象牙加工成象牙丝,再用象牙丝编织成象牙席,不仅材料质地极其珍贵,其消耗糜费的人工,更是令人惊叹。因此,康熙帝执政61年,从未闻有人上贡,当然也从未闻康熙帝享用。

雍正帝享用象牙席,见之于雍正十二年四月《清世宗实录》:

> 庚午,谕大学士等:朕于一切器具、但取朴素适用,不尚华丽工巧。屡降谕旨甚明。从前广东曾进象牙席,朕甚不取,以为不过偶然之进献,未降谕旨切戒。今则献者日多,大非朕意。夫以象牙编织为器,或如团扇之类,其体尚小。今制为座席,则取材甚多,倍费人工,开奢靡之端矣。着传谕广东督抚,若广东工匠为此,则禁其毋得再制。若从海洋而来,从此摒弃勿买。则制造之风、自然止息矣。[1]

有见研究者引用这段史料,以此论证雍正帝节俭,余则不以为然。

首先,上有所好,下必所迎。地方与官吏上贡,不会反其道而行之。雍正帝的日用乃至嗜好,非但并不是"但取朴素",恰好与此相反,是个极为讲究之人。至少,与其父皇康熙帝相比较,是个极为讲究之人。

广东地方与官吏上贡象牙席,正是迎合了雍正帝生活极为讲究,才进贡的。所谓"禁其毋得再制",其实只是"下不为例"的代名词,决非拒受,更决非拒用。北京故宫有图示中那张镶边、做工精致而又宽大的象牙席,就是雍正帝使用的。

而象牙席子的使用率甚为有限,一年之中,仅夏季三四个月。中华人民共和国接收故宫后,在清点库存文物时,从杂物堆中发现了用草帘裹着的象牙席,虽历经百年,仍完好如初。

雍正帝下谕不再复制或不再进口,是否就是节俭,这要从其生活的宏观总体与其大量的日用习惯去分析才可论断,其论断也才较为公允客观。如果雍正帝生活在宏观总体上及其大量的日用习惯上一向朴素节俭,则雍正帝下谕不再复制或不再进口,主要就是从反对奢侈浪费、坚持节俭出发的。反之,如果雍正帝生活在宏观总体上与其大量的日用习惯上都甚为追求讲究豪华,则以下不为例发旨,就不过只是作秀罢了。

雍正帝其人,"天无二日"专断独尊的意识与性格作风极强。因此,雍正帝下谕不再复制或不再进口,本质上也是从"天无二日"专断独尊的意识与性格作风出发。顺、康二帝就都未使用过象牙席,雍正帝是清军入关定北京为首都后,第一个使用象牙席的皇帝,也是史无前例、独此一张使用象牙席的皇帝!雍正帝下谕不再复制或不再进口,其本质要件在于保持此象牙席史无前例、独此一张矣!

---

[1]《清世宗实录》142卷,第790页,雍正十二年四月庚午二十五日。

到了乾隆五年(1740),那一年的贡单中,就有三处进贡象牙席的记载。这也是完全符合乾隆帝好大喜功、极尽豪华之个性与作风的。

乾隆帝非常孝敬母亲,则皇太后也理应享用这份稀世珍品。乾隆帝又经常去热河避暑山庄,则避暑山庄寝宫也应备份一张。

二、鼻烟壶

据说,这个东西在西方传入中国之前,在国外本来称之为"瓶",而非称之为"壶"。"瓶",口小腹大的器皿,如酒瓶、油瓶、药瓶、花瓶等,鼻烟瓶显然也符合这些要件。"壶",是有手把有嘴口轻巧方便的器皿,如酒壶、油壶,甚至古时用以解小便的夜壶等。被称为鼻烟壶的玩意,既无手把又无嘴口,并无构成壶的要件,为什么也要称之壶呢?

在清朝赵之谦《勇庐闲话》一书中,有所提及。明万历九年(1581),意大利传教士利玛窦携带鼻烟、自鸣钟、万国图等贡礼,进行传教活动,后进贡给皇帝。但从现存明代宫廷档案"利玛窦所献方物"单中,未见鼻烟的记载。至其刚传入时,中文称为"士拿乎""士那富""西腊""布露辉卢""科伦士拿乎"等,均为外来语译音。

清代王士祯在《晋祖笔记》中写道:"鼻烟以玻璃为瓶贮之。瓶之形象种种不一,颜色具红黄紫白黑绿诸色,白如水晶,红如火齐,极可爱玩,以象齿为匙,就象鼻之,远纳于瓶"。可见,原称鼻烟瓶,且多以玻璃为料制之。

有人提出,到了雍正年间,雍正帝根据鼻烟是用鼻子来闻的特点,把"士拿乎"命名为"鼻烟",至此,鼻烟开始有了中国名字。

这个说法不能不令人疑窦丛生。鼻烟起源于美洲,1503年,西班牙修道士帕尼随同哥伦布第二次到美洲探险,发现了印第安人的奇特习俗——吸闻鼻烟,鼻烟由此被带回欧洲,并于17世纪盛行起来。说明早在1503年之前,美洲印第安人已经制造了这种东西。即使当时美洲印第安人对这种东西尚没有正式名称,1503年后,哥伦布第二次到美洲探险回欧洲并于17世纪盛行起来时,这种东西必然已经有了正式名称,不会没有名称就盛行起来。

鼻烟传入中国,是在明代隆庆年间,到1722年康熙朝结束,在中国已有150年的历史。在中国150年中,鼻烟只有"士拿乎"这个洋名,从没有中国名字,这似乎不大可能,也不大合乎常理。顺治帝命宫内制作几十个铜质雕龙鼻烟容器,也总得对它有个名称,不会说制作几十个"士拿乎"吧?在长达150年中,鼻烟是用鼻子来闻的这个明显特点,乃至这个唯一特点和功用,只有雍正帝一个人发现?只有到雍正朝才发现?这似乎也不大可能,也不合常理。再者,雍正帝是个惯于精细、挑剔之人。既然"壶"的构成必须具有器皿手把、具有嘴口、轻巧方便的特点,而被雍正帝"命名"的"壶"却又恰恰既无手把又无嘴口,并无构成壶的要件,为什么雍正帝还偏要称之为"壶"呢？无论从雍正帝挑剔的个性,还是从壶的要件,将两者结合起来分析看,将鼻烟瓶改名鼻烟壶的事,都不大可能是雍正帝一个人发明的专利。王士禛在《晋祖笔记》中写道:"鼻烟以玻璃为瓶贮之。瓶之形象种种不一,颜色具红黄紫白黑绿诸色,白如水晶,红如火齐,极可爱玩,以象齿为匙,就象鼻之,远纳于瓶。"

退一步说,即使雍正帝将鼻烟瓶改名鼻烟壶,这玩意也只是宫内少数人享用。扩大到官吏武将,也仍是少数人享用。少数人享用的稀少罕见之物,要在全国、全民社会中流行起"鼻烟壶"这个称呼,似乎也不大可能。

与雍正帝命名"鼻烟"或鼻烟壶的说法相反,笔者以为鼻烟壶得以在中国形成流行名称,应来自民间社会。清道光年间五口通商后,广州有商行利用国产的烟叶原料仿制进口鼻烟,自此,鼻烟和鼻烟壶开始在社会上流行起来。到了晚清末年,鼻烟慢慢被旱烟、水烟、纸烟代替,才最终被社会淘汰。

鼻烟壶由本来只是一件实用器具,或实用加玩赏的功能,慢慢开始向收藏加玩赏的功能演变,遂使鼻烟壶这个器具的名称固有并流行开来。

雍正帝有没有下旨将鼻烟瓶改名鼻烟壶,未见确凿史料。即使雍正帝将鼻烟瓶改名鼻烟壶,要在全国全社会得到认同并风行流行,也非一朝一夕可以奏效。例如,有的地名被政府改了,但当地人乃至外乡人仍以旧的老地名呼之,就是一例。

康熙朝中后期,宫廷已设制造鼻烟壶的作坊,不可能不对这个产品有个规定的名称。到雍正、乾隆时期,则达到了高峰。清代皇帝用烟,主要来自广州。康熙朝粤海关奏折中,多有进贡鼻烟的记录;康熙帝本是厌恶吸烟的,但鼻烟无明火不冒烟,又有醒脑提神功能,有限使用,乃属正常。雍正朝以后,初步形成定例,每年粤海贡鼻烟两次,每次二箱(八大瓶),直至清末。此外,南方数省的总督、巡抚,每年端午、万寿、年节(以后简称"三大节")等,也多有贡进鼻烟者,其数量不定,多者比粤海关之贡还要多。

笔者以为,国外的鼻烟瓶进入中国后慢慢改名鼻烟壶,一个十分重要的原因,同中国关于"壶"的文化内涵大有关系。

据我国最早的一部解释词义的专著,也是第一部按照词义系统和事物分类来编纂的词典《尔雅》释义,"宫中衕(古时宫中道路)谓之壶。"又据此引申指内宫,泛指妇女居住的内室。如,明·王思任《高妇于节烈传》"至壶以外事绝口不问",即不问宫外事之谓。同样道理,壶政,即宫内事务;壶闱,也作内宫,本为后妃所住宫闱。

把鼻烟瓶改名鼻烟壶,最根本的原因,是因为鼻烟瓶进口到中国后,无论明代还是清代，一直是宫内用品。开始时，只是简单的小瓶。由于是宫内用品，瓶的用料开始向贵族化、珍贵化倾向发展，于是，玉石、玛瑙、象牙，就多被选中。在今天，玻璃是个极为普通的东西。但几百年前，玻璃在中国，是个极为珍贵的进口货。鼻烟壶刚刚初始进口时，多为玻璃制作，属奢侈品。

鼻烟壶的真正所指，应是有精美内画的鼻烟壶。由宫内用品向民间流行有精美内画的鼻烟壶之转向，这才是鼻烟壶名称产生与风行的原因。其逐渐完成之过程，应是乾隆朝至嘉庆末年道光初期。从这一点上来看，鼻烟壶的定名与流行，应该是乾隆朝鼻烟壶的进一步精制和流行，与雍正帝个人并不相干。之所以有雍正帝将鼻烟瓶进入中国后改名鼻烟壶之说，如同某些研究者说雍正帝认定、册封了七世达赖喇嘛一样，是要为雍正帝身上多增加一个"创新"之砝码吧？

16世纪后，鼻烟通过欧洲、菲律宾、日本、朝鲜传入中国东北地区，那儿的游牧民族在马背上无法用烟筒吸烟。因此鼻烟的传入正适合他们野外吸闻的特点，为了让鼻烟壶具备坚固，不怕摔碰，游牧民们用了各种玉器、金属、骨角材料来制作。鼻烟壶与酒壶、水壶一样，遂成为游牧民族随身携带的常用物品，这也是由瓶名改为壶名的重要原因之一。

总之，从鼻烟瓶到改称鼻烟壶，这是一个渐进的、自然而然的过程，并非某人用行政命令、一纸公文、一夜之间即可全国风行之结果。年羹尧曾向十四阿哥赠送鼻烟壶、望远镜（清代叫千里眼）。康雍乾三帝都向大臣赐赠鼻烟壶。俄国钦差大臣到中国朝拜康熙皇帝，献上了彼得大帝送给清皇宫的一大批珍贵礼物，而康熙皇帝回赠的礼品，是每人一件由皇室工场制作的精美的鼻烟壶。到了清代嘉庆时期，中国的鼻烟壶曾作为国与国交流最珍贵的礼品又流传到海外，名闻遐迩。其壶体用料，诸如翡翠、宝石、象牙、玉石、瓷器、漆器、骨料、金属等材料。越是珍贵材料制成的鼻烟壶，越能反映出主人的身份和审美情趣。

鼻烟壶虽小，中国传统艺术的全部技艺：绘画、书法、烧瓷、施釉、碾玉、冶犀、刻牙、雕竹、剔漆、套料、荡匏、镶金银、嵌螺钿、贴黄等等，都用在了鼻烟壶上。古代鼻烟壶之所以在今天仍有如此可观的收藏价值，其用料珍贵、工艺精致，特别是具有浓厚的文化历史内涵分不开。

以下，再来看看雍正帝对鼻烟壶是如何热衷、又是如何讲究的。

雍正元年，是雍正朝的开局之年。人们都知道雍正帝勤政，却很少知道雍正帝还是一个大玩家，而且，他一上台就是一个大玩家。因此，他当皇帝的13年，勤政之余，也是当大玩家的13年，其生活格调情趣与康熙帝大为不同。

雍正元年正月初九日（1723年2月13日），十三阿哥怡亲王胤祥谕：

> 尔等照金星五彩玻璃鼻烟壶样式烧珐琅鼻烟壶几件。遵此。二月初四日，做得铜胎画红蝠万寿黑珐琅鼻烟壶一件、铜胎玉兔秋香珐琅鼻烟壶一

件。三月十五日又一件铜胎画红蝠万寿黑珐琅鼻烟壶一件。四月十一日做得铜胎岁寒三友珐琅鼻烟壶一件、铜胎节节双喜珐琅鼻烟壶一件。四月十八日做得金胎錾花五彩鼻烟壶一件。恰亲王呈进讫。四月廿九日做得铜胎黑地五彩瑶池王母珐琅鼻烟壶一件、红福百安珐琅鼻烟壶一件、莲艾中心珐琅鼻烟壶一件。八月初四日做得铜胎节节双喜珐琅鼻烟壶一件。郎中保德呈进讫。九月十二日做得秋英十锦珐琅鼻烟壶一件、福寿长春鼻烟壶一件。郎中保德呈进讫。九月廿二日做得铜胎画珐琅西番花鼻烟壶一件、莲瑞同心珐琅鼻烟壶一件。九月廿七日做得黑地画西番花铜胎珐琅鼻烟壶一件、黄地画西番花铜胎珐琅鼻烟壶一件。怡亲王呈进讫。

请特别注意雍正元年正月初九这个日期。而且,从雍正元年正月怡亲王奉旨,到九月下旬,在不到一年的时间里,宫内造办处已至少特制了17把鼻烟壶。平均每月制作1.5把。既有五彩玻璃珐琅,大部分都是铜胎珐琅。五月二十八日郎中保德又奉怡亲王谕:"尔等或用玛瑙,或用别样(玉)石做鼻烟壶一件、笔架一件、香盒一件、水盛一件备用。遵此。于六月二十五日做得玛瑙鼻烟壶一件。"

雍正二年正月奉怡亲王谕:"于五月初四日做得五毒鼻烟壶一件、镶嵌福儿鼻烟壶一件。八月十四,镶嵌玉兔秋香鼻烟壶一件、镶嵌蟾宫折桂鼻烟壶一件。"

雍正三年正月十九日,黑玻璃用泥银合烧鼻烟壶一件。传旨:"嗣后烧珐琅并磁器,俱照五彩罐上花样画。尔仿此样亦烧做儿对。再照此黑玻璃用泥银合烧鼻烟壶样式亦烧做几件。"五月十二日,在众多小活计(小摆设)中,又增添沉香佛手鼻烟壶一件,镶嵌福寿长春玳瑁鼻烟壶一件、双寿玻璃鼻烟壶一件。养心殿已有玻璃烧制作坊。五月十九日,总管太监张起麟交珐琅红地白梅花鼻烟壶一件。传旨:尔等照此鼻烟壶画下样来,嗣后如做鼻烟壶俱照此样烧造。钦此。于十月二十九日做珐琅鼻烟壶四个呈进。四年正月至七月又做五对。

如此看来,雍正的头三年不仅每年都在烧制(其实何止头三年,终其雍正一朝十三年,每年都在不断烧制),而且,雍正一直在不断提出自己个人的、新的具体要求。至少,在把玩鼻烟壶上,无论在制作规模和数量上,还是在个人特加的具体规定要求上,雍正帝无疑比其父康熙帝,更为精致、也更为挑剔。是雍正帝的艺术审美水平比其父康熙帝更高级?还是雍正帝的万机余暇比其父康熙帝更宽绰?雍正朝的鼻烟壶比康熙朝的鼻烟壶更精致,客观上带动或推动了鼻烟壶制作的精致,但,这同人民百姓之民生又有何关系?这同国计向前又有何关系?康熙帝将制作精美的鼻烟壶作为国礼赠予外国元首,雍正帝则不断按个人审美情趣要求鼻烟壶精益求精,究竟孰高孰低?或许,这个问题也可作为史家与读者茶余酒后一个见仁见智的新的议论话题?

九月初十日,员外郎海望(此人因侍候雍正帝得心应手而龙颜大悦,后来升内务府总管，再后来又升为大臣）交绿色玻璃鸡鼓鼻烟瓶一件，随乌木座。传旨："着照此款式做红玻璃，两头或烧珐琅，或錾花镀金，中间夔龙款式，尔等酌量配合。"

雍正七年正月，做福寿长春镶嵌盆景、紫檀木镶嵌书格、镶嵌蟊泵配珊瑚枝、镶嵌双喜玉福寿绵长盒、镶嵌紫檀笔筒、蓝玻璃瓶金花、白石盒芝仙宙主寿荫帚凛嵌砚盒、旧玉嵌盒子面。四月初三日，郎中海望持出白玻璃鼻烟壶一件，上嵌西洋珐琅片。奉旨：此瓶内珐琅片如何镶嵌之处？着问先年做过的陈匠人是如何嵌上的？以便镶嵌上送进来。钦此。说明雍正的勤政精力和记忆力，也毫不吝惜地用在鼻烟壶的样式与工艺方法、工艺程序上。

八月十六日，郎中海望持出夔龙式嵌蜜蜡鼻烟壶、象牙嵌玳瑁、沉香夔龙块式鼻烟壶。奉旨：此鼻烟壶样式俱好，着存下样式仍交进。钦此。

雍正曾以费工时为由，希望象牙席不再复制，实是作秀之举，不仅在鼻烟壶的把玩上再次应验，弘历继位后，象牙席就又破规制造多条。雍正对鼻烟壶提出特殊要求，当然是为满足个人嗜好，是为满足个人使用。那么，夔龙式嵌蜜蜡、象牙嵌玳瑁等等，难道就不费工时么？自雍正元年正月起，几乎每年每月不间断按雍正的特殊要求特制专供，难道不费工什么？

雍正七年三月三十日，太监刘希文传旨："着查有早交出圣祖年制款黄色珐琅中间画寿字背壶式鼻烟壶，此鼻烟壶照样烧造的未见交进，原样亦未交进。再有圣祖年制款红色一树梅珐琅背壶式鼻烟壶，照样烧造的见过，其原样亦未交进。钦此。"说明雍正不仅不断对鼻烟壶制作提出新想法、新要求，对康熙年印象深刻的鼻烟壶原件，雍正也要网收为快。

雍正八年三月初六日，据圆明园来帖内称，郎中海望持进画飞鸣食宿雁珐琅鼻烟壶一对呈进。奉旨：此鼻烟壶画得甚好！烧造得亦甚好！画此珐琅是何人？烧造是何人？钦此。海望随奏称："此鼻烟壶系谭荣画的，炼珐琅料是邓八格，还有太监几名、匠役几名帮助办理烧造等语奏闻。奉旨：赏给邓八格银二十两、谭荣二十两，其余匠役等尔酌量，每人赏给银十两。钦此。"因为鼻烟壶制作深得雍正喜欢，竟赏银每人二十两！

雍正九年二月初四日，做得黑地珐琅一树梅鼻烟壶、蓝地珐琅画芍药鼻烟壶、黑地珐琅五彩流云画玉兔秋香鼻烟壶、桃红地珐琅画牡丹花鼻烟壶。一个月内连续特供4把，每周1把新的！雍正是个地道、内行，而又十分挑剔的鼻烟壶迷！

雍正十一年二月廿二日传旨："黑地画珐琅白梅花鼻烟壶胎子款式甚好，嗣后俱要照此样做。钦此。"至十二月黑地白花鼻烟壶共烧造九对。雍正十二年四月初一日，传旨："做端阳节江山锦绣象牙瓶花一对，五月初二日做得。做端阳节各色玻璃鼻烟壶六十个，俱配铜镀金盖、象牙匙，于五月初三日做得。"一下子一批做60个，显然是用来赏赐臣下用的。居然全部镀金盖、象牙匙，不仅精巧气派，也相当奢华。

在鼻烟壶上，雍正不仅自己奢华，也把这股奢靡奢华之风，推到全国官吏之中，消耗的，则是小民之血汗也。

三、衣食奢华远超康熙

千古一帝康熙，他在历史上的贡献，读者耳濡目染、知之者甚多。这位千古一帝在生活上如何一生崇尚节俭，则知之者可能不多，或可能知之不详。2008年9月，笔者专程去天津南开大学拜访，求教杜家骥、白新良两位教授。先是杜教授赐读其64万字大作《清朝满蒙联姻研究》，在白新良教授府第，白教授又签名亲赐65万字巨著《康熙皇帝传》。捧之拜读，又是喜欢，又是敬谢。《康熙皇帝传》中有专门介绍康熙帝如何崇尚节俭一节，笔者拜读后，深感这是近年来同类论著中最为系统详细者。该书详细介绍了法国传教士白晋所著《康熙皇帝》中的记载：

从康熙皇帝可以任意地支配无数的财宝来看，由于他的国家辽阔而富饶，他无疑是当今世界上最富有的君主。但是，康熙皇帝个人的生活用度绝不是奢侈豪华的。因此可以认为，他严格地遵守着国家的基本法。王公贵族自不必说，即使皇帝本人，不是以公共利益破格花费的款项，也是国法所不容许的。在中国，由于寄食于宫廷的官吏和御膳房的人员极多，皇室费用不能不远远地大于欧洲豪华奢侈的宫廷。然而，康熙皇帝本人的生活是简单而朴素的。这在帝王中是没有先例的。实际上，像康熙皇帝这样闻名天下的皇帝，吃的应该是山珍海味，用的应该是适应中国风俗的金银器皿。可是康熙皇帝满足于最普通的食物，绝不追求特殊的美味；而且他吃得很少，从饮食上未看到他有丝毫铺张的情况。

皇城范围很大，仿佛是一座美丽的城市。建筑物上铺着金黄色的琉璃瓦，看上去相当壮观。从建筑物的宏伟以及其他方面，马上就可以看出这是闻名天下的大皇帝居住的地方。如从建筑物的内部和房间，特别是皇帝的内室来看，装饰着两三张壁画，用金属镶嵌的饰物和相当粗糙的彩色织锦。这种织锦在中国是很普通的，所以用不着节约。除此之外，其他装饰几乎就是内室的整洁了。

康熙皇帝在距北京二里远的地方建立了一座离宫。（笔者注，就是地处海淀的畅春园）他很喜欢这个离宫，一年有一半以上时间都在这里度过。他让人在这座离宫内挖了两个大池塘和两三条水沟。除此之外，在这里再也看不到像康熙皇帝这样有财势的君主应有的豪华迹象了。这个离宫布置得确实是整洁而朴素。无论从建筑上看，还是从占地面积来看，这座离宫远不如巴黎近郊的几个王公的别墅。

从日常的服饰和日用品方面，也可以看出康熙皇帝喜欢朴素的美德。其大致情况如下：冬天，他穿的是用两三张黑貂皮和普通貂皮缝制的皮袍，这种皮袍在宫廷中也是极为普通的。此外就是用非常粗糙的丝织品缝制的御衣，这种丝织品在中国也是极其一般的，只是穷苦人不穿而已。

在阴雨连绵的日子里，他常常穿一件羊皮呢绒外套，这种外套在中国被认为是一般的服装。在夏季，有时看到他穿着用苧麻布做的上衣，苧麻布是老百姓家中常用的东西。除了举行仪式的日子外，从他的装束上能够看到唯一奢华的东西，就是在夏天他的帽檐上镶着一颗大珍珠。这是满族人的习惯风俗。

在不适于骑马的季节，康熙皇帝在皇城内外乘坐一种用人抬的椅子。这种椅子实际上是一种木制的轿，粗糙的木材上面涂着颜色，有些地方镶嵌着铜板并装饰着两三处胶和金粉木雕。骑马外出时，几乎也是同样的朴素，御用马具只不过是一副漂亮的镀金铁马镫和一根金黄色的丝缰绳。

除康熙皇帝之外，亚洲的君主们在所到之处，都喜欢炫耀自己的豪华和奢侈。这种情形在康熙皇帝周围是看不到的。我们觉得这是因为康熙皇帝确信一个帝王的伟大不在于有华丽的外表，而在于有高尚的品德。……然而，康熙皇帝却过着朴素的生活。就其衣着来看，丝毫没有奢侈浪费的感觉。这并非由于他爱财和吝啬。他自己虽然力求节俭，但对用于国家的经费却特别慷慨，只要是有利于国家、造福于人民的事业，即使支出数百万两的巨款，他也从不吝惜。

除此之外，不少文献也都记载了康熙皇帝自奉俭约的情况。如据法国传教士张诚记载，在北征噶尔丹期间，为了节约军粮，康熙皇帝曾下令军队每天只吃一顿饭，并且自己带头执行。另据《清圣祖实录》记载，一直到了康熙皇帝晚年，他还拒绝太医要他服用补药的建议，宁愿甘于粗茶淡饭，并为此赋诗明志。这一方面是出于养生的需要，同时也说明他长期养成的节俭习惯不易更改。诗云：淡泊生津液，清虚乐有余。鬓霜惭薄德，神惫恐高誉。苦好山林趣，深耽性道书。山翁多耄耋，粗食并园蔬。[1]

对于自己个人的生活，康熙皇帝十分节俭；对于宫中的日常用度，他也大力予以裁减。如康熙二十四年十月庚戌传谕工部他下令减少宫中的酥油乳酒供应："天下之物力有限，当为天下惜之。今酥油乳酒供给有余，尔等会同庆丰司酌

---

[1] 白新良等：《康熙皇帝传》，百花文艺出版社，2007年，第783—785页。

量收取。足用则已，不可过多。"[1]

康熙二十九年春，又因天旱，他下令，"减省宫人及所用器物，并命查核前明宫中所用具奏。大学士等经过查核，回奏道：前明宫中，每年用金花银共九十六万九千四百余两，现在都已充作军饷。又查前明光禄寺每年送交宫中所用各项钱粮二十四万余两，现在每年只用三万余两；明朝宫中每年用去木柴二千七百八十六万余斤，现在每年只用六七百万斤；明朝宫中每年要用红螺炭一千二百零八万斤，现在每年只用一百余万斤。明朝各宫林帐、舆轿、花毯等项每年共享银二万八千二百余两，现在一概不用；明朝宫殿楼亭共七百八十六处，我朝数目则不及其十分之一。前明建造宫殿，其九层基址以及所有墙垣俱用临清砖，木料俱用楠木。现在紫禁城内只是在万不得已时始行修造房屋；修建时，不但基址不用一块临清砖，即使所有墙垣，也都是寻常砖料；所用木材，只是一般松木。又按照《三礼》规定，天子应有六宫、三夫人、九嫔、二十七世妇、八十一御妻。照此推算，使用宫女当有数千人之多。唐太宗是唐朝一个有名的贤君，历史记载他即位后一次遣发宫人达到三千人。以此估计，其他皇帝所用宫女当皆不下数千人。现在除慈宁宫、宁寿宫外，乾清宫妃嫔以下，使令老媪、洒扫宫女以上，总共算起来，只有一百三十四人。不仅三代以下无有，即使三代以上，也未有如此者"。[2]

为了限制宫中消费，他还经常过问宫中开支情况。如谕大学士："一月内杂项修理即用银三四万两，殊觉浮多。明代宫中一月用万金有余，今朕交内务府总管，凡一应所用之银，一月止五六百两。并合一应赏赐诸物，亦不过千金。从前光禄寺一年所用银两，亦甚浮多，朕节减大半。工部情弊甚多，凡有修理之处，将司官、笔帖式俱奏请派出，每月支出钱粮，分晰细数，造册具奏。"[3]

对于国家非生产性的开支，他也多次下令削减或加以禁止。如此前"光禄寺一年用银一百万两，工部一年用银二百万两，至康熙四十五年时，康熙皇帝分别将其压缩到十万两和二三十万两"[4]。此前，理藩院"每年赐供应外藩宾客用银八十万两"，经过康熙皇帝下令裁减浮费，至康熙四十九年，"一年止需银八万两"[5]。

此前户、工两部每年"所用钱粮其数过多"，康熙帝曾下令"十日一奏闻"，以上严控。至康熙四十九年（1710），所用已经极少。对于官吏之间的互相馈赠和不事生产、"聚集徒众以千百计"的寺僧，他也严加指斥。

在他的影响下，各级贵族的奢靡之风有所节制。康熙三十九年，康熙帝说："朕听政以来，一应服食俱从节俭，诸王大臣亦皆效法，不用金银器皿、金镫等物，

---

[1] 《清圣祖实录》卷122，第297页，康熙二十四年十月庚戌二十三日。
[2] 《清圣祖实录》卷144，第584—585页，康熙二十九年正月己酉十七日。
[3] 《清圣祖实录》卷201，第44页，康熙三十九年九月丙午十七日。
[4] 《清圣祖实录》卷227，第274页，康熙四十五年十月乙巳二十一日。
[5] 《清圣祖实录》卷242，第405页，康熙四十九年四月辛酉二十六日。

此时较从前,十分之内已减九分矣。"[1]

畅春园建筑如何朴素,现在已看不到了。恩佑寺山门系雍正元年所建,其风格当与恩佑寺主建筑和谐协调,是为历史印迹。虽是皇室家庙,远不及今日许多旅游胜地之豪华。避暑山庄乃康熙朝时初建,虽经乾隆帝不断扩建,但康熙帝当时常用的殿屋建筑,如,澹泊敬诚殿,寝宫烟波致爽殿,都朴实无华,均无金碧辉煌的豪华之处。直到乾隆十九年(1754),澹泊敬诚殿才全部用楠木改修,故后来又称楠木殿。

笔者曾三次实地瞻仰热河山庄,除外八庙等宗教建筑金碧辉煌外,山庄的老建筑都只是宽敞明亮而已,毫无奢华之迹。

康熙帝还言传身教,将儒家经典中有关节俭的理念与自己的实践心得告诫皇子们。

> 训曰:民生本务在勤,勤则不匮。一夫不耕,或受之饥;一妇不蚕,或受之寒。是勤可以免饥寒也。至于人生衣食财禄,皆有定数。若俭约不贪,则可以养福,亦可以致寿。若夫为官者,俭则可以养廉。居官居乡只廉不俭,宅舍欲美,妻妾欲奉,仆隶欲多,交游欲广,不贪何以给之?与其寡廉,孰如寡欲?语云:"俭以成廉,侈以成贪。"[2]

> 训曰:"朕为天下君,何求而不得?现今,朕之衣服有多年者,并无纤毫之玷,里衣亦不至少污,虽经月服之,亦无汗迹,此朕天秉之洁净也。若在下之人能如此,则凡衣服不可以长久服之乎?"

> 训曰:"老子曰:'知足者富。'又曰:'知足不辱,知止不殆,可以长久。'奈何世人衣不过被体,而衣千金之裘犹以为不足,不知鹑衣袍缊者,固自若也;食不过充肠,罗万钱之食犹以为不足,不知箪食瓢饮者,固自乐也。朕念及于此,恒自知足。虽贵为天子,而衣服不过适体;富有四海,而每日常膳除赏赐外,所用肴馔,从不兼味。此非朕勉强为之,实由天性使然;汝等见朕如此俭德,其共勉之。"

康熙帝用老子"知足不辱,知止不殆,可以长久",批评有些人身穿价值千金的名贵裘衣仍不知足。康熙帝认为,衣服不过是用来披盖身体而已。他曾说过,我虽然贵为天子,对衣服的要求不过是合身而已。每日用餐,除了要赏赐外,自己吃的从不超过两种以上。你们既已看到了,就要学习如我一样节俭的品德,要

---

[1]《清圣祖实录》卷 201,第 43 页,康熙三十九年九月乙巳十六日。
[2]《圣祖仁皇帝庭训》,又书名《庭训格言》,近又有书名《康熙教子秘语》等不一。经笔者核对,圣训内容都相同无误,唯因编者不同而在注释上大同小异。

相互勉励也这样做。

训曰:"尝闻明代宫闱之中,食御浩繁。掖庭宫人,几至数千。小有营建,动费巨万。今以我朝各宫计之,尚不及当日妃嫔一宫之数。我朝外廷军国之需与明代略相仿佛。至于宫闱中服用,则一年之用尚不及当日(明代宫闱)一月之多。盖深念民力惟艰,国储至重,祖宗相传家法,勤俭敦朴为风。古人有言:'以一人治天下,不以天下奉一人。'以此为训,不敢过也。"

"以一人治天下,不以天下奉一人",这是康熙帝对统治方法的高度提炼和浓缩,万不能机械地、表面地理解为不需要、不接受天下万民侍奉一人那么简单。康熙帝此处的"不敢过也",就是心中固守的敬畏。生活中的"不敢过",就是不奢侈、不浪费、不过分。

训曰:"朕所居殿现铺毡片等物,殆及三四十年而未更换者有之。朕生廉洁,不欲奢于用度也。"

康熙帝说,他起居、办公殿屋内的地毯,有的已用了三四十年都不肯更换。贵为大国天子的皇帝仍能如此节俭,贪官炫富、攀比,岂不低俗可笑、可哀可厌?

训曰:"我从前曾往王公大臣等花园游幸,观其盖造房屋,率皆效法汉人各样曲折隔断,谓之套房。彼时亦以为巧,曾于一两处效法,为之久居即不如意,厥后不为矣。尔等俱各自有花园,断不可作套房。但以宽广弘敞,居之适意为宜。"

避暑山庄的澹泊敬诚殿,寝宫烟波致爽殿,都朴实无华,都不见雕梁画栋、金碧辉煌,都以宽广弘敞、居之适意为宜,显然都是秉承了康熙帝的理念设计、规划并建造。不仅避暑山庄如此,笔者在玉泉山静明园内所见明清楼宅,也多是素雅风格,虽为明代所遗当与自康熙帝以来清代历届统治者都秉承了康熙帝的居住理念与风格大有关系。

雍正帝是怎么说、怎么做的呢?雍正二年八月初三日,雍正帝在乾清宫召诸王、贝勒、贝子、文武大臣时说:"朕之身,上承祖宗大统,为天下臣民主。尔等应以大统视朕躬,不应以昔日在藩之身视朕躬也。"[1]同年同月二十二日在乾清宫听政毕召诸王、贝勒、贝子、文武大臣时又一次重复强调:"尔等毋犹视朕身为昔日

---

[1]《雍正朝起居注》第一册,第286页,雍正二年八月癸酉初三日条。

之雍王,当念朕身为皇祖之身,承太祖、太宗、圣祖之天下社稷之身,朕为令主。"[1]

雍正帝一个月内两次在乾清宫强调"不应再以昔日在藩之身视朕躬,应以大统视朕躬",蕴藏着三个信号:

1. 说明直至雍正二年八月下旬,诸王、贝勒、贝子、文武大臣中还有许多人仍将四阿哥视作雍亲王,并不真正认可其皇帝身份;
2. 雍正帝觉得有必要再从政治上强调一下自己的皇帝、令主身份;
3. 雍正帝觉得也有必要再从生活待遇上强调一下皇帝应享的隆福。

所以,在大内,他拒绝入住乾清宫,迁入养心殿;在宫外,他拒绝入住畅春园,而精心大力扩建圆明园。

四、圆明园之谜

研究、介绍圆明园,除了圆明园的建筑、景点、文物外,以下几个人文问题,也是很有必要再研究、再探讨的。

首先,胤禛究竟何时正式入住圆明园?胤禛究竟何时扩建圆明园?胤禛又究竟为什么不住畅春园、非要扩建圆明园?圆明园与雍和宫是什么关系?圆明园与弘历母子又是什么关系?圆明园在雍亲王、雍正帝不同的政治生涯中,究竟有何不同的地位与作用?从雍亲王、雍正帝与圆明园的关系中,我们还可以联想、感悟出一些什么?等等,都在圆明园之谜的谜面内。

(一) 雍正何时正式入住圆明园

目前有 2 种记载。据《清实录》记载:"康熙四十六年十一月己未(十一日,1707年 12 月 4 日),皇四子多罗贝勒胤禛,恭请上幸花园进宴。"[2] 于是,便见有人把这条记载,就作为胤禛入住圆明园的最早记录。其实,这个结论大可再细细推敲。

有必要先研究、介绍一下康熙四十六年的时代背景及圆明园之来历。康熙四十六年是康熙帝南巡之年,也是胤禛首次恭请父皇临幸花园进宴之年。事隔九日(戊辰二十日)皇三子允祉也恭请父皇临幸花园进宴。

在此之前十个月,是年春天正月,康熙帝南巡,是走水路、乘御舟:"丙子(22日),是日上南巡、自畅春园启行,驻跸南苑。阅溜淮套河工。命皇太子允礽、皇长子多罗直郡王允禔、皇十三子胤祥、皇十五子允禑、皇十六子允禄随驾。自畅

---

[1] 《雍正朝起居注》第一册,第 302 页,雍正二年八月壬辰二十二日条。
[2] 《清圣祖实录》卷 231,第 312 页,康熙四十六年十一月己未十一日。

春园启行。驻跸南苑。己卯（25日），上至（天津）静海县杨柳青登舟。"[1]就是说，是年康熙帝乘御舟南巡，没有命三阿哥、四阿哥随驾。三阿哥、四阿哥恭请父皇临幸花园进宴，有以上这个背景在内。

是年康熙帝南巡半年后，康熙四十六年"六月丁亥（初六日），上巡幸塞外，命皇太子允礽、皇长子多罗直郡王允禔、皇十三子胤祥、皇十五子允禑、皇十六子允禄、皇十七子允礼、皇十八子允祄随驾，自畅春园启行。"[2]就是说，是年康熙巡幸塞外去热河避暑山庄，仍又未令三阿哥、四阿哥随驾。

未随驾的皇子并非仅四阿哥一人。是年康熙帝乘御舟南巡时，三阿哥、八阿哥、九阿哥、十阿哥、十二阿哥、十四阿哥等诸皇子都未随驾同行。是年，康熙帝南巡与巡幸塞外去热河避暑山庄，两次随驾的皇子班子，基本上是一样的。顺便说一句，康熙四十六年，是康熙帝驻跸避暑山庄时间最长的一次（另一次为五十六年）。

这些，本来都属自然现象，其他皇子如五阿哥、七阿哥、八阿哥、九阿哥、十阿哥、十二阿哥、十四阿哥等，均未做出什么特殊反应，唯独四阿哥，率先对此作出了反应，即，恭请上幸花园进宴。

康熙四十六年十一月，四阿哥恭请上幸花园进宴。毫无疑问，这个花园，就是后来的圆明园。

那么，是否据此就可得出，康熙四十六年四阿哥已正式入住是园了呢？不能！就像康熙四十一年闰六月康熙帝已带皇太后、诸皇子及王公大臣驻跸热河，康熙四十二年开始兴建山庄，但避暑山庄的正式建成，不能记载为康熙四十一年一样。

圆明园之来历与胤禛正式入住圆明园的答案谜底，见之于四阿哥称帝后御制的《圆明园记》："圆明园在畅春园之北，朕藩邸所居赐园也。昔在皇考圣祖仁皇帝听政余暇，游憩于丹陵沜之涘，饮泉水而甘，爰就明戚废墅，节缩其址，筑畅春园。熙春盛暑，时临幸焉。朕以眇眇，拜赐一区……宅居于兹安吉也。园既成，仰荷慈恩，赐以园额曰：圆明。"[3]

许多研究者只热衷宣传、介绍康熙帝赐圆明园给四阿哥胤禛，却从不研究介绍康熙帝为什么会赐圆明园给四阿哥胤禛，实有点本末倒置之嫌。圆明园最初的规模与规格等级，远非今日我们概念中之圆明园，此其一；其二，圆明园在尚未定有圆明园之名前，四阿哥与众多弟兄均已在畅春园周围居住。这种居住，犹如宾馆招待属临时阶段性质，并无正式固定不动产产权。四阿哥独具慧眼、捷足先登，抢先一步，恭请上幸这座明代废弃花园进宴，是他在现场向父皇要求，要求父

---

[1]《清圣祖实录》卷228，第284页，康熙四十六年正月丙子二十二日。
[2]《清圣祖实录》卷228，第300页，康熙四十六年六月丁亥初六日。
[3]［清］于敏中等：《日下旧闻考》，北京人民出版社，1983年，卷八十。

皇把这座明代废弃花园，作为除四贝勒府之外的园林住宅正式赐给他。

遗憾的是，许多研究者对雍正帝御制《圆明园记》中"朕以扈跸，拜赐一区"这8个重要之字与重要内容，居然往往视而不见，轻视放过。而这8个字，已明确记载并明确告诉了我们：四阿哥曾在这座明代废弃花园向康熙帝拜求，恩准赐他这块地方。这个地方"林泉清淑，依山傍水"，四阿哥希望能在这个地方安居。

从地理条件上看，这个地方当然远胜京城东边的四贝勒府。而且，这个地方离南面的畅春园，距离不超过1里地，500米左右，比起京城东边的四贝勒府距离畅春园十几公里，大大缩短，已是近在咫尺了！

康熙四十六年（1707），康熙帝乘舟南巡，及这一年康熙帝去热河避暑，都没有带四阿哥！四阿哥有一种过敏的失落感，他很要想方设法改变、扭转这个局面，要缩短与父皇之间的距离。

四阿哥什么时候向父皇提出要求搬到畅春园附近居住这个要求的呢？《清实录》等中没有直说。结合《圆明园记》中"朕以扈跸，拜赐一区"8个字，再结合《清实录》中康熙四十六年十一月四阿哥"多罗贝勒胤禛恭请上幸花园进宴"，则就不难理解，时间就是康熙四十六年十一月。也就是说，四阿哥在康熙四十六年十一月恭请康熙帝去现场，作了实地考察。康熙四十六年十一月"多罗贝勒胤禛恭请上幸花园进宴"，实际真相如此。也有可能，在此之前，四阿哥已经看中了这个地方并偶尔在此小住，但并不具有正式的永久性的居住权。为此，四阿哥要求父皇把这块地方赐给他，以取得正式的居住权。后来，在乾隆帝钦定的《日下旧闻考》中，明确记载圆明园为"康熙四十八年所建"，两者前后相距三年左右！康熙四十八年以后，经康熙帝同意，由三阿哥设计策划，又有多名其他皇子在附近园居。

通过这两条史料的比较，可以说明并证实：尽管四阿哥在畅春园向康熙帝拜求，恩准赐他一块地方；尽管康熙帝也去现场作了实地考察，甚至四阿哥也在实地恭请上幸花园进宴，但康熙帝并未当即恩准！康熙帝正式恩准乃是康熙四十八年（1709）！

为什么康熙四十六年、康熙四十七年都未恩准，康熙四十八年康熙帝恩准了呢？这同四阿哥当时的爵位只是贝勒有关，同宫廷制度对皇子居住的等级规定有关。康熙帝不会轻易违章违制，轻易破坏制度规定。在四阿哥向父皇提出"拜赐一区"要求的第三年，即，康熙四十八年三月，二阿哥复立太子的同时，三阿哥、四阿哥、五阿哥均已晋升为亲王，这时，扩大、改善四阿哥的居住质量和待遇，不仅必要，而且理所当然，条件成熟了，也符合规制了。

虽然，康熙四十六年、康熙四十七年康熙帝都未恩准，但从康熙四十六年起，这座与畅春园同为"明戚废墅"的旧园可能已获准开始修葺并扩建。而正因为还在修葺并扩建，因此，康熙四十六年时四阿哥尚未正式入住。乾隆帝钦定的《日下旧闻考》中记为"康熙四十八年所建"，雍正御制的《圆明园记》中所谓"园既成",当然就包括并经历了康熙四十六年、康熙四十七年不断修葺、小规模扩建的过程。由于康熙四十八年"园既成",这才有康熙帝"锡以园额曰:圆明"之结果。

因此,四阿哥正式入住圆明园,应以乾隆帝钦定的《日下旧闻考》中明确记载的圆明园为"康熙四十八年所建"为准,当是不应置疑的权威性史据!

(二) 雍正何时扩建圆明园

康熙四十八年所建的圆明园,无论在面积上还是在规格规制上,都不可能超过圆明园南面的畅春园。据园林专家推测,雍亲王藩邸的圆明园,"具体范围大致是和前湖及其周围,面积为六百亩左右的略近方形的地段。园门设在南面,与前湖、后湖恰好在一条南北中轴线上,成较为规整的布局。"[1]

"雍正二年(1724)正月,奏准为圆明园扩建工程采办木植。"[2] 雍正二年已设立圆明园八旗,管领5 252人,专司旗卫圆明园之责。[3]

雍正三年(1725)八月二十七日至二十九日,雍正帝首次驻跸圆明园。[4] 自此,圆明园正式成为皇帝御园。三年十月、十一月,制做四宜堂、会心处(在九洲清晏)等6面匾额。[5] 本年增设包衣三旗、管领131人,归圆明园八旗印房统领,亦负圆明园护卫之责。本年,雍正御制《圆明园记》谓:"即位三年,修葺台亭丘壑,辟田庐,营蔬圃,建设轩挥。又于园之南构殿宇朝署值所,御以听政。"说明雍正朝第一次扩建完成是雍正三年(1725)。

雍正四年正月丙午十三日(1726年2月14日),"上由神武门诣寿皇殿行礼毕,出西直门,幸圆明园驻跸。"[6] 有谕:"每日办理政事与宫中无异",廷臣皆应"照常奏事。"[7] 六月,传旨做御笔匾额26面。除分布于九洲清晏、天然图画、牡丹台、杏花春馆、廊然大公潜景外,尚包括饮和(在上下天光)、如意馆(在洞天深处)、瑞应宫(在日天琳宇)等处。

八月,造办处《活计档》中首次见到"同乐园""铺面房"字样。可知同乐园、买卖街当已修建。本年,弘历赐居于桃花坞桃源深处。缩春轩、品诗堂、乐善堂皆是时书室。

综上,圆明园是雍正二年兴工扩建,雍正三年初具规模。雍正时期的圆明园,经雍正帝题署的建筑群景就有正大光明,勤政亲贤,九洲清晏,缕月云开等28处。原康熙时西直门到畅春园的御道,也往北延伸,一直通到圆明园大宫门前的广场。到乾隆九年(1744),乾隆朝的首次扩建完成;乾隆十六年(1751),长

---

1 王道成主编:《圆明园——历史·现状·论争》,北京出版社,1999年,第128页。
2,4,7 杨乃济辑:《圆明园大事记》,中国建筑工业出版社,2008年,转引自《槛外论道》。
3 崇贤:《圆明园营志详考》。
5 方裕谨辑:《圆明园各殿座匾名表》。
6 《雍正朝起居注》第一册,668页,雍正四年正月丙午十三日。

春园建成。长春园,因雍正四年(1726)赐弘历住园内长春仙馆而赐名。绮春园,大约完工于乾隆三十七年(1772)。

至此,圆明园历时 60 多年,前后经历了康熙时 600 亩左右、雍正时 3 000 余亩、乾隆时 5 200 余亩三个扩建阶段。

(三) 雍正为什么要扩建圆明园

雍亲王时期,圆明园面积 600 亩左右,不足康熙帝行宫畅春园的 1/2。雍正上台仅三年,一下子就扩大了 5 倍,达到 3 000 余亩! 雍正为什么要如此迫不及待地大规模扩建圆明园? 难道 1 200 余亩的畅春园还不够他避喧听政? 难道 8 400 余亩、相当于 2 个颐和园、8 个北海、比历时 60 多年最终完成的圆明园还要大 1 000 余亩的避暑山庄,也不够雍正避暑之用? 仅此一项圆明园大规模扩建,赞誉雍正帝节俭,不大兴土木,恐怕就言不符实了。

常见有人以雍正忙于勤政才无暇去避暑山庄,雍正自己也标榜无暇去避暑山庄。那么,紫禁城内不住乾清宫,搬住养心殿,是因为乾清宫无法勤政而搬住养心殿的吗? 1 200 余亩的畅春园已无法供雍正勤政,必须大兴土木将圆明园面积扩大 5 倍方能勤政吗? 雍正生前就决定,他死后,要入葬在远离北京 120 多公里、远离先帝东陵 200 多公里、周界约 100 公里,面积达 800 余平方公里,不惜工本新建的西陵,也是与勤政有所关联么? 雍正用"以防不测"保证生命安全为名,执政 13 年中从不去避暑山庄。但他也从不入由大内去圆明园必经之路的畅春园办公,也从不在畅春园歇夜入住,而是迫不及待地将圆明园扩大 5 倍,这与能否保证勤政,显然已并无关联。

那么,这一切究竟是什么原因呢? 有人分析,这与康熙帝之死不正常,雍正心存内疚,更心存恐惧,因而时时处处要躲避康熙帝。这个分析虽有一定道理,但尚不彻底,并不能以此彻底全部解决问题。因为,虽然雍正从不在畅春园办公,更不在畅春园宿夜,却常去畅春园祭拜康熙帝遗像。雍正还命莽鹄立精绘康熙帝圣容,不仅在景山寿皇殿供奉,也在养心殿、圆明园供奉。如果完全用雍正心存内疚,更心存恐惧,因而时时处处要躲避去解释一切,以上所说,就解释不通。

在不排除雍正对先帝心存内疚,更心存恐惧,因而时时处处要躲避的心理外,雍正时时处处要躲避先帝的影子,应该另有别的更重要、更敏感、更直接的原因。那就是: 康、雍改朝换代后,雍正时时处处要改旗易帜,时时处处要标新立异,时时处处要在改旗易帜中,一吐长期以来不被父皇重视、重用的怨气与愤恨! 如果从这个角度去审视,去解读,就不难理解以上这一切!

从这个角度去审视,去解读,就不难理解雍正为什么从不在畅春园办公,更从不在畅春园宿夜;就不难理解雍正为什么不住乾清宫而要搬住养心殿;就不难理解雍正为什么一次也不去避暑山庄,而要迫不及待地大规模扩建圆明园;就不难理解雍正为什么不入葬东陵,非要另建西陵——他就是要时时处处要改旗易帜,时时处处要与先帝分道扬镳,雍正时代的一切,应以雍正帝为中心。生时如此,死时也这样,如此而已!

圆明园才是雍正真正的发迹之地,而并非后来改称雍和宫的雍王府,这是雍正为什么要扩建圆明园的第二个重要原因。

雍亲王时期,他正式在圆明园入住,是康熙四十八年至六十一年(1709—1722),时间共13年。雍正实际执政时间,也是13年。这当然只是一个偶然巧合而已。但,雍正真正的发迹之地,并不是东城雍王府,实是海淀圆明园。因此,雍正13年里,雍王府一直处于被冷落,被闲置状态。此事见乾隆九年(1744)乾隆帝《御制雍和宫碑文》,内有"旷而置之,日久萧寞"字句,即指此。

雍正十三年八月二十三日(1735年10月8日)雍正暴亡,雍正梓宫当夜从圆明园送乾清宫。19天后,九月十一日移停东城雍王府,梓宫移此前,雍王府的中路殿宇已按乾隆帝之命加班突击,将原绿色琉璃瓦改为黄色琉璃瓦,雍王府后又改为喇嘛寺院的雍和宫,这里才重新受到世人关注。

乾隆二年(1737)三月,雍正梓宫送易县清西陵泰陵。乾隆九年(1744),乾隆帝下旨将雍和宫的中路殿宇及西路跨院改建为喇嘛寺庙,仍沿袭旧名雍和宫。其东路花园改建为东书院行宫,作为雍正子孙礼佛的休息行宫,并将雍正圣容遗像供奉于雍和宫中。

可见,四阿哥称帝后,在13年中,雍和宫的地位并未因四阿哥称帝而突出。雍和宫地位的突出,反而是在雍正死后,是乾隆帝营造的。所谓弘历诞生于雍和宫说,也是有意乾隆帝要突出雍和宫地位的另一个重大原因。实际上,将雍正梓宫移停雍和宫,也是有意在为弘历诞生于雍和宫的前奏曲而预先造势。

康熙帝逝世后,从畅春园移停乾清宫,从乾清宫移停神武门北景山寿皇殿。乾隆帝却偏不这么做,自有其特殊的、也是深远的政治需要。

与雍正13年里雍和宫"旷而置之,日久萧寞"相反,雍正13年里,圆明园的规模、人气、地位、作用和影响,天天向上,日益繁荣。这是因为,雍正不愿意将乾清宫、畅春园、避暑山庄作为国家的政治中心,他要改旗易帜,他要将养心殿、圆明园作为国家的政治中心,以此作为改朝换代的重大标志,也以此作为彻底倾吐、发泄过去长期以来不被父皇重视、重用的怨气与愤恨!

除此之外,雍正素有畏暑之疾。圆明园依山傍水,地形宽广,也是扩建圆明园的因素之一。但这个因素,是以服从于以上雍正要改旗易帜这个政治理念,雍正还要借此发泄过去长期以来不被父皇重视、重用的怨气与愤恨这个政治用意、这个大布局为前提。因为,不仅畅春园的政治地位日渐降低,南苑和避暑山庄的政治地位,在雍正朝也是日渐降低的。唯一突出上升者,圆明园也。

（四）雍和宫与圆明园之关系

康熙三十一年（1692）十二月，四阿哥14岁成婚时，康熙帝将前朝明代的5间太监官房（平房）拨给四阿哥作为分府居宅。康熙三十三年（1694）五月，四阿哥正式迁住，此即为四贝勒府。康熙四十八年（1709）三月，四阿哥与三阿哥、五阿哥一同晋为亲王，四贝勒府随即升为亲王府。据研究分析，至迟早在康熙四十六年（1707）七月，四阿哥已向父皇要求将前朝明代废园（圆明园前身）赐其居住。至迟康熙四十八年（1709）起，四阿哥已正式迁住圆明园。（见上文）

理论上，四阿哥在四贝勒府、亲王府共居住了28年。而真正实实在在居住，也就15年光景。后面13年，基本上居住在圆明园矣。

四阿哥韬光养晦、积极准备谋储、夺位应是他正式入住圆明园之后。

四阿哥正式迁住圆明园，不仅是四阿哥生活环境的一大转变，更是政治生涯中一个重要的转折点。其一，四阿哥已由贝勒晋为亲王；其二，四阿哥迁住圆明园后，大大缩短了雍和宫与畅春园的距离，这里距畅春园仅500米左右；其三，四阿哥真正下决心谋储，只能在康熙五十一年（1712）十月康熙帝第二次废黜太子之后；其四，也因此，四阿哥谋储的真正的行动实施，都是在圆明园内，时间上，就是康熙五十一年（1712）至康熙六十一年（1722）十一月，十年时间。

有一个历史之谜长期未解，甚至长期未见有人提出。那就是：康熙六十一年（1722）十一月十三日凌晨1—3时康熙帝召四阿哥"速至"，四阿哥中午11时左右才迟迟入宫，竟足足延迟了8—10个小时！这8—10个小时，在康雍两代所有官家史记中始终全是空白！而这8—10个小时内，四阿哥究竟在哪里？在干什么，非常关键。康雍两代所有官家史记中始终对此只字不见，完全是空白，这就益发显出其诡秘与疑问。然长期以来，未见有人对此发问，更未见有人对此追究。

笔者以为，康熙帝凌晨1—3时召四阿哥"速至"，四阿哥不可能抗旨不去。从史记"皇四子闻召驰至"看，四阿哥接旨后马上就去了，并不存在某人所说的"因故不去"。既然"皇四子闻召驰至"，为什么官家史记中又实实足足延迟了8—10个小时才进入畅春园呢？！既然"皇四子（已）闻召驰至"，则这8—10个小时里，四阿哥在哪里，他在干什么？

笔者分析以为，四阿哥就在圆明园内！因为，四阿哥离开天坛斋所后，不可能去紫禁城大内，更不可能去雍和宫，他又长时间不进入畅春园，唯一可去之处，只有圆明园矣！

这里距畅春园仅500米，便于四阿哥掌握动态，也便于四阿哥活动，可进退自如。四阿哥之所以迟延8—10个小时不进畅春园，说明他已清楚知道父皇召其入宫，绝不是要其接位，因此，他才迟迟不入。不仅不入，他还要趁此机会力图对康熙帝实施反控制。

当其时，四阿哥有两个天赐良机。良机一，康熙帝召其入畅春园行宫，这给了他极大的活动便利条件；良机二，康熙帝已开始病重，这给了他决心一搏的勇气和有利时机。但，还需要一点时间，还需要有一个过程。经过8—10个小时，这个过程终于完成了，四阿哥这才姗姗来迟进入畅春园。而以上这一切，不可能进入畅春园后再决策，都是在入畅春园前，也只有在圆明园决策！所谓圆明园是他真正的发迹之地，原因在此。

有人提出，康熙帝凌晨召四阿哥"速至"，就是要传位给他。如果当时真的是有如此好事，他还不赶快去？为什么要足足延迟8—10个小时才进入畅春园？！

康熙帝凌晨召四阿哥"速至"，据康熙朝《清圣祖实录》记载，是"上疾大渐，命趋召皇四子于斋所，谕令速至"。[1]

《清圣祖实录》是雍正朝完成的，如果康熙帝是日凌晨召四阿哥"速至"就是要传位给他，《清圣祖实录》怎么会对此只字不记？怎么会记成"上疾大渐，命趋召皇四子于斋所，谕令速至"？为什么不记成"上疾大渐，命趋召皇四子继承大统"？既然《清圣祖实录》是在雍正朝完成，为什么不将这头等大事明确明记？

四阿哥足足延迟8—10个小时才进入畅春园后，父子见面后，《实录》这样记载："皇四子闻召驰至，巳刻（上午9—11时）趋进寝宫。上告以病势日臻之故。"（同上）如果康熙帝是日凌晨召四阿哥"速至"就是要传位给他，父子见面后，康熙帝尚可清醒说话，怎么会只字不提要其继位一事！？

事情很清楚，康熙帝之所以趋召皇四子，是因为身体健康的缘故。奇怪的是，是日皇四子"三次进见"，只是"问安"，始终不见其急召太医，也始终不见太医如何救治康熙帝的任何活动。"戌刻（晚7—9时）上崩于寝宫。"[2]

四阿哥十年磨一剑，这把剑终于磨成了。正是这把剑，无声无息、不动声色地要了康熙帝的老命！这个成功，是圆明园带给四阿哥的成功。

康熙六十一年（1722）三月，四阿哥在圆明园策划安排父皇与皇孙弘历相见，改变了弘历隐姓埋名12年的"地下生活"。雍正九年（1731），雍正嫡福晋乌喇那氏病重，雍正命其赶紧转移到畅春园，不想看到其死在圆明园，怕坏了圆明园的风水。圆明园不仅给四阿哥带来了好运，也给弘历带来了好运。

雍正十三年八月二十三日（1735年10月8日）雍正暴亡当夜，赶紧转移到乾清宫。弘历继位后，畅春园只是维持原状，也是步先帝之路，多次大规模扩建圆明园。

常见有人著文，用康熙六十一年（1722）三月四阿哥在圆明园宴请父皇康熙帝并将弘历引见给康熙帝，作为其争储关键一举。甚至常见有人著文：康熙帝一见弘历即喜，遂默定弘历为第三代接班人！康熙帝默定弘历为第三代接班人

---

[1] 《清圣祖实录》卷300，第901页，康熙六十一年十一月甲午十三日。
[2] 《清圣祖实录》卷300，第902页，康熙六十一年十一月甲午十三日。

之说,几乎已路人皆知,却至今无一人一文列出有效证据!

要之,"默定"两字,本身就很油滑!"默定"是心理活动,无须证据,说有就有。"默定"说把康熙帝喜欢皇孙与选择默定第三代接班人,用等号等于、等同起来,将之混为一谈。然时至今日,康熙帝一生重要的满汉文档案中,没有一条可证明康熙帝有默定弘历为第三代接班人之印记!

追根溯源,"默定第三代接班人"说是弘历本人继位多年后,他自己制造的!!

在成者为王,败者为寇,一切以皇帝的是非为是非的理念影响下,谎言重复了一千遍,居然就成了真理,就成了真实历史!

追溯弘历制造的康熙帝有默定弘历为第三代接班人之意思之来由,时间"依据"是康熙六十一年(1722)三月,四阿哥两次在圆明园恭请父皇康熙帝进宴,更来自同年七月,四阿哥又在热河狮子园恭请父皇康熙帝进宴并会见弘历母子。

以上三件事,康熙末年的《清圣祖实录》是这样记载的:

康熙六十一年,"三月丁酉(十二),皇四子和硕雍亲王胤禛恭请上幸王园进宴。"[1] 只字未提到弘历。同年三月,"庚戌(二十五日),皇四子和硕雍亲王胤禛恭请上幸王园进宴。"[2] 在《清圣祖实录》中,对于康熙六十一年三月皇四子两次在圆明园恭请父皇康熙帝进宴一事,都只字未提弘历。

三月在圆明园会见弘历后,"四月丁卯(十三日),上巡幸塞外,命皇三子和硕诚亲王允祉、皇四子和硕雍亲王胤禛、皇五子和硕恒亲王允祺、皇八子多罗、贝勒允禩、皇九子固山贝子允禟、皇十三子胤祥、皇十五子允禑、皇十六子允禄、皇二十子允祎、皇二十一子允禧、皇二十二子允祜,随驾。是日、自畅春园启行。"[3] 仍只字未见带到弘历。是年七月在热河狮子园:"秋,七月癸卯(二十日),皇四子和硕雍亲王胤禛恭请上幸王园进宴。"[4] 却仍只字未提弘历。

一个极为严肃的问题不能不提出来:从康熙帝三月二十五日在圆明园首次见到弘历,到七月二十日在热河狮子园首次见到弘历生母钮钴禄氏,前后总共不过短短四个月时间,康熙帝见到并观察弘历也仅极短四个月,就把百年之后第三代接班人大计脑袋一拍就决定了?!如果康熙帝当时确有这个意思,连当时年仅12岁的少年弘历都已看出来、体悟到了,老谋深算的雍亲王应该看得更为清楚,应该体悟得更为深刻,而且毫无疑问,这是对雍亲王政治上极其重要、极其有利的。如此极其重要、极其有利的政治信息与政治决定,在完成于雍正朝的康熙末年《清圣祖实录》中,怎么会从头至尾只字不记?!这无论在情理上还是在法理上,都是决不可能之事!

---

1 《清圣祖实录》卷297,第877页,康熙六十一年三月丁酉十二日。
2 《清圣祖实录》卷297,第877页,康熙六十一年三月庚戌二十五日。
3 《清圣祖实录》卷297,第879页,康熙六十一年四月丁卯十三日。
4 《清圣祖实录》卷298,第888页,康熙六十一年七月癸卯二十日。

不仅如此，雍亲王称帝后秘密立储时，也并未将康熙帝已有默定弘历为第三代接班人之事作为秘密立储之依据。推而广之，康熙帝逝世后，立于东陵的圣祖仁皇帝满汉文圣德神功碑，也只字不见默定弘历为第三代接班人说！立于西陵的世宗宪皇帝满汉文圣德神功碑，也只字不见默定弘历为第三代接班人说！只在裕陵的高宗纯皇帝满汉文圣德神功碑上，方始可见康熙帝默定弘历为第三代接班人说！如上，康熙帝默定弘历为第三代接班人说可信乎？！

弘历毫无疑问是清朝大有作为、有着极为重要影响的皇帝。但是，愈是大有作为、愈是有影响的皇帝，愈是会对自己的出身，愈是会对自己的童年，愈是会对自己十分忌讳的事，要遮天盖地，要篡改历史，要制造各种神话故事或光怪陆离的光环。康熙帝默定弘历为第三代接班人说，正是弘历这位大有作为、有着重要影响的皇帝精心制造的神话与光环！

约在康熙二十九年（1690）建成的畅春园，面积约800亩。在雍正帝手里，扩建后的圆明园面积达3 000余亩，是畅春园的3.75倍近4倍。雍正帝将圆明园扩大了5倍以上！[1]

弘历后来又不遗余力不断扩建圆明园，同乃父雍正帝一样，有着同样的圆明园情结，同样的圆明园政治理念，同样的圆明园政治需要，同样的圆明园异曲同工之妙！

雍正帝、乾隆帝筹建扩建圆明园，是中国园林史上的杰作，这一点，曾是中国园林建筑史上的辉煌。但雍正帝、乾隆帝筹建扩建圆明园，完全是为皇帝、皇家享受奢华服务，也是为在京城再造一个政治权力中心，丝毫不是为广大百姓享受服务，这也是毋庸置疑的！

五、再说《十二美人图》

十二美人图经历了一场图中美人是否雍正妃子？是12位妃子还是4位妃子？最后又回到是否雍正妃子的研探过程。

故宫博物院著名专家朱家溍先生独具慧眼地观察到，画中墙上有"破尘居士"题字，并钤"圆明主人"玺等，都能说明画中墙上之书法作品是雍亲王的亲笔；而画中室内外的背景，应都是写实的画法，并且地道是那个时代的家具陈设；所绘人物面貌，也近似肖像的画法，这个估计已被许多专家所赞同，并且曾以《雍正十二妃》的画名所命名。朱老先生还纠正说："我虽然说可能是雍正的妃，但看来只是四个女子的面貌，不像十二个女子的面貌。"

---

[1] 主编王道成，副主编方玉萍：《圆明园——历史·现状·论争》，北京出版社，1999年，第128—129页。

之后，朱家溍先生又从内务府档案中木作的其中一条记载中发现："雍正十年八月二十二日（1732年10月10日），据圆明园来帖，内称司库常保持出由圆明园深柳读书堂围屏上拆下美人绢画十二张，说太监沧州传旨：着垫纸衬平，各配做卷杆。钦此。本日做得三尺三寸木卷杆十二根。"

朱家溍先生郑重提出："现在新发现了这条档案，已经证明没有这个可能了。""因此，可以得出结论：这十二幅不是雍正妃的画像，只是'美人绢画十二张'而已。"他进一步论证，"如果是雍正之妃，或雍亲王时期的侧福晋，无论当时她们是活人还是已经死去的，最低限度当年曾经是侧福晋，那么到了雍正十年，在档案上也要概称为'主位'，不能写作'美人绢画十二张'。"[1] 朱家溍先生如此严谨又如此坦然磊落，令人敬佩。

从绢画规格看，每幅长184厘米、宽98厘米，几乎与真人大小无异。从画中背景及家具摆设看，是圆明园雍亲王藩邸无疑。从她们的服装、气质、神韵看，又并不像是普通宫女。雍亲王个性那么高傲，也不可能用这么高的规格，去为普通宫女大量的作画，更不大可能把宫女的画像高挂在府内。再从画中人物线条和用色看，也不像完全是中国传统画法。

综合以上诸条，雍亲王称帝后，令善于绘画的意大利传教士郎世宁遵命按雍正帝的意思和要求作画，是很有可能的。画中女子的身份，只能是雍亲王称帝前后的福晋或妃子，不大可能是其他人。但又并不是完全依每个福晋或妃子作模特儿，而是按雍正帝的审美情趣与审美观念对画像作了特别艺术处理。之所以12位女子的发型、头饰、服装、服饰、鞋子全部是汉装而非满洲贵族女子装束，原因可能就在此。雍正七年后，雍正后宫增加了大量年轻汉族美女，原因也在此。

笔者以为，此画创作应同雍正七年后雍正后宫大量增加了人数，尤其是年轻汉族美女这段史实有关。画像背景中墙上有"破尘居士"题字，并钤"圆明主人"玺等，很可能是雍正帝有意、特意把背景时代设计、放到藩邸时代，以避免他人议论其好色。但有一个关键：无论西洋传教士郎世宁参与与否，谨慎至致的雍亲王会兴师动众作这么多，这么大规格与真人大小无异的《十二美人图》吗？雍亲王时代的皇四子，也并不具有十二个福晋的资格与事实。

然，即使画中的十二美人不是他的正式福晋与侧福晋，也当是他心中喜欢的女子，或他认为的美女就是这个样子，则是毫无疑问的。

笔者因此觉得，十二位美人很有可能是雍正七年后、雍正后宫增加扩充的大量年轻汉族美女中之一部分。她们已经进入圆明园，但尚未正式册封，雍正却又特别喜欢，于是特命作画。从画像风格和色彩艺术处理特点看，已有中西合璧风格，很有可能郎世宁已参与其中。而雍亲王藩邸时代，未经康熙批准同意，郎世

---

[1] 朱家溍：《关于雍正时期十二幅美人画的问题》，《故宫退食录》，紫禁城出版社，2009年。

宁不大可能参与单为雍亲王制作这么多、这么大规格的《十二美人图》。未经康熙同意,雍亲王恐怕也不敢私下制作这么多、这么大规格的《十二美人图》,郎世宁更不敢私自擅作。即使雍亲王想保密,这么大的动作也保不了密。雍亲王已把十二美女像高挂在府内又怎么保密?因此,《十二美人图》不大可能出于雍亲王藩邸时代,极有可能出于雍正帝命题作画之后。

有研究者提出,(1) 从图中可看出雍正喜欢娇弱,削尖下巴,细腰的女人,(2) 美人周围"满布雍正自己感兴趣的东西,一部分代表着他真实拥有的堂皇富丽,一部分代表着他向往的文人清雅"。笔者以为,这是真凭实据、真知灼见之说。

是否可以由此大胆推论:

第一,可见,雍正帝并非如他自己所说不爱美色。雍正帝为此作画也好,为此作画屏也好,画中人是福晋、妃子也罢,不是福晋、妃子只是传统概念上的美女也罢,都并非要害重点。要害重点在于,雍正帝特希望能经常看到这些画中美女,也特希望这些符合他审美情趣与审美观念的美女能经常"陪伴"他,哪怕是意念上、精神上的满足。总之,他很爱美女。雍亲王藩邸时代的他,还不能完全如愿。进入雍正帝时代的他,已能完全如愿了。《十二美人图》正是他已能完全如愿的印证。

也许,"十二"是隐喻十二个月,无论春夏秋冬月月都有他中意美女相伴行乐;也许,"十二"是个明明确确的数字概念,是在明喻画中美女是他于宫中最喜爱的十二个女子。朱老先生细究后指出,虽名《十二美人图》或曾名《雍正十二妃》,也"只是四个女子的面貌,不像十二个女子的面貌"。那么,是否有这样的可能——雍正特别宠爱其中四位,所以,另外 8 位的脸也命画师以这四位为模特儿?要知道,雍正帝对呈进的鼻烟壶,就经常提各种细节要求和审美要求的。

所以,其一,无论他以《雍正十二妃》命画,以《十二美人图》命画,还是以《雍亲王行乐图》命画,都是在突显他有众多中意美女相伴行乐之意。这与《雍正行乐图》的画题完全一致、同样具有纪实之意义。

其二,雍正帝对西方文化,对西方传教士,总体上是持封闭、排斥态度。偶有所用,也首先是为雍正帝个人享乐服务,或为其政治需要服务。《雍正刺虎图》如此,《雍正行乐图》或《十二美人图》也是如此。这是本节之所以要再费一点笔墨、再说《十二美人图》之原因。

六、另建西陵

雍正帝不仅大力扩建圆明园,而且,连死后的陵寝也早就规划好了。笔者在前面章节中曾提出,雍正帝对国家的新经济增长点从无规划,但这并不妨碍他早早地规划他在世时行乐的圆明园,也不妨碍早早地规建营造死后的陵寝规模与豪华气派。只不过,这个规划不是着眼在皇祖、皇父安卧长眠,广阔、现成的东陵,而是远离东陵293.4公里、600里之外的河北易县城西15公里处永宁山下,那儿离北京有120多公里之远。

雍正帝抛开现成、广阔的东陵不用,为自己另建西陵,这要动迁多少民居,要多侵占多少农田、土地? 笔者以为,雍正帝大力扩建圆明园,另建西陵,多侵占了广阔农田、土地,毫无必要。

分析雍正帝另选址、另建西陵的原因,不能光听雍正帝及其所谓风水先生的话,要同他紫禁城内不住乾清宫,迁入养心殿;不住避暑山庄也不住畅春园联系起来看。试问,乾清宫、畅春园、避暑山庄的风水有问题吗? 可见,根本就不是什么所谓的风水问题,完全是雍正帝自己在思想、心理上另有不肯告人或难言之隐的问题。抛开有争议的内容不谈,即使单从节俭的角度上说,如此大大折腾,本来就是一个完全可以避免、可以节约、可以简单处理的问题。但雍正帝偏要复杂化,偏要另起炉灶,偏要另选址、另建。

雍正帝之所以要在起居、办公,乃至身后陵寝等地点上处处要与康熙帝能避则避、能分则分,除了思想、心理上存在这个情结外,另一个重要原因,就是唯有在起居、办公,乃至身后陵寝等地点上同先帝起居、办公遗址、故居乃至陵寝等都分开、另起炉灶重建扩建,才能在享受规格上超过前任康熙帝,才能更突显改朝换代后雍正帝的个性乃至任性之特色。

至于另建西陵规模之大,更是令人咋舌,面积竟达800余平方公里。如果雍正帝不折腾,不另起炉灶,至少,这800余平方公里可以节约下来的吧? "明朝的财政制度并没有明确区分国家的收入和支出与皇帝的个人收入和支出的关系,所以君主个人的开销与公共财政密切相关。……他的权力不受任何道德的限制。"[1]

"明代家国一体的政治体制使宫廷与政府密不可分,其基本原则是国王与官僚共享物质财富。……我们很难确切地知道哪些是皇帝个人的开销,哪些是国家支出。"[2]

"户部尚书没有执行主管,没有审计主管,没有统计主管。……他只是皇帝的臣仆。"[3]

清沿明制。"皇帝是宫中的财务主管。"[4] 雍正帝对并没有明确区分国家的收入和支出与皇帝的个人收入和支出的关系,很为受用,他不想对此作任何触动与改革。与之相反,对官员俸低,他则用向农民扩大加派的养廉银这项所谓的

---

[1] 黄仁宇:《十六世纪明代中国之财政与税收》,生活·读书·新知三联书店,2001年,第7—8页。
[2] 黄仁宇:《十六世纪明代中国之财政与税收》,第10页。
[3] 黄仁宇:《十六世纪明代中国之财政与税收》,第17页。
[4] 黄仁宇:《十六世纪明代中国之财政与税收》,第12页。

"改革"去解决之,这是一个极大的反差与矛盾,也是评价雍正帝功过是非中的一个极大讽刺。

雍正初年之所以设立会考府,首先是表明了对前任、前朝政府在财政拖欠上的不满,更因为此举可以迅速直接增加户部库银。还因为,会考府只是清查旧账,而且只清查宗室其他成员,尤其是反对派成员与地方官员,并不清查皇帝开支。会考府清理拖欠功不可没,但会考府并不负责国家财政管理。在明朝的政治体制下,除了皇帝以外,没有一个中枢机构来管理帝国的财政。所有重大的国家财政支出,全由皇帝一个人拍板说了算。事前只有报告从无讨论,事后只有使用支出之报告,也无支出之审计。

在财政领域中,事无巨细都要皇帝处理,有些事情甚至微不足道,诸如变更税课司局,某县需要从产地运进多少食盐,赏赐给朝贡使团多少匹绸缎,这些琐事也都要由皇帝做最后的裁决。所有具体的行政事务也都要皇帝参与。皇帝确实也很累。

雍正帝理应对这些弊端了然于胸,理应在设立会考府的同时,考虑设立一个中央政府的中枢机构来统一管理帝国的财政,但雍正帝并不急于财政机构的改革。他急于的是把前任前朝积累的钱粮拖欠,限期追赔清退。至于如何继承康熙帝崇尚节俭、严于律己、决不奢靡,如何节约压缩皇帝、皇宫、皇室开支,更是置之度外了。也可以说,他把国库的大把银子,相当一部分都用在扩建圆明园、另建西陵上了。

对于雍正帝为什么拒入东陵、另建西陵,学术界和民间有着各种不同的版本。民间流传雍正帝畏惧、害怕、躲避康熙帝要对其报应,其说法由来事出有因,亦并非完全无迹可寻;否定或驳斥民间流传的畏惧说、报应说,似乎也有理有据。一时似乎陷入了公说公有理、婆说婆有理、莫衷一是之地。

否定或驳斥一方认为,如果雍正帝真的相信、畏惧报应说,他就不会去做必遭招致报应的伤天害理之事;如果雍正帝真的相信、畏惧报应说,他就该知道,是福不用求,是祸躲不过的道理。如果确实存在报应说,即使躲开东陵、又如何躲得过报应?言下之意,雍正帝拒入东陵、另建西陵,并非是因为畏惧、害怕、躲避康熙帝的东陵。

但是,历史最看重的是事实。事实是,雍正帝确实一直始终用了许多借口、在许多地方、用各种方式与康熙帝分道扬镳、另起炉灶,这是事实。在大量的"巧合"与事实背后,必会有某种原因存在或规律在有形、无形地起作用。

我们不妨先看事实。雍正帝上台之初,先是以不忍在先帝长期起居、办公的乾清宫居住,遂提出迁入乾清宫月华门外西边的养心殿。雍正帝有畏暑弱点,照理,畅春园和南苑是康熙帝以前经常入住的园林行宫。热河山庄更是康熙帝每年的避暑办公之地。这些地方因长期使用,运行与管理都很顺畅便利。但,自从康熙帝在畅春园突然蹊跷去世后,雍正帝至多在畅春园作短暂的礼节性停留,从不在畅春园留宿,这是事实。雍正帝甚至突发奇想,在康熙帝先前常住的畅春园清溪书屋旁改建恩佑寺,祈求保佑平安,这也是事实。

雍正四年起,将扩建后的圆明园树立为除大内以外、中国第二个政治与权力中心。至于承德的避暑山庄,自康熙帝去世,在雍正帝执政的13年中,一次也未去过。这同他之后的接班人乾隆帝弘历经常去畅春园与避暑山庄入住,形成鲜明对比。

无论雍正帝心中是否隐藏着畏惧、害怕、躲避康熙帝要对其报应的心理阴影或情结,他处处要与康熙帝的生活遗迹尽量拉开距离、能避开则避开,这也确是事实。而如果他身后的陵寝若与东陵永久性同在一处,则显然与以上这一强烈心结、这一系列做法大相径庭,也是他不希望之事。明代永乐帝朱棣迁都北京,其陵寝也建在北京昌平县,他以后的十二个皇帝也都葬在长陵的两侧,统称十三陵。康熙帝去世后,理所当然地安葬在先父顺治帝所在的东陵。独雍正帝,处处要与康熙帝的生活遗迹尽量拉开距离,能避开则避开的情结,显然又更加强烈地发生了作用,他当然决不会死后再进入东陵。

有人仍以风水确有瑕疵,为雍正帝另选址建陵辩护。这其实是雍正帝以此在掩饰真相。

雍正七年十二月壬寅初二日(1730年1月20日),雍正帝谕大学士等:"朕之本意,原欲孝陵、景陵之旁,卜择将来吉地。而堪舆之人俱以为无可营建之处。后经选择九凤朝阳吉壤具奏,朕意此地近依孝陵、景陵,与朕初意相合。及精通堪舆之臣工再加相度,以为规模虽大,而形局未全,穴中之土又带砂石,实不可用。今据怡亲王、总督高其倬等奏称,相度得易州境内泰宁山太平峪万年吉地,实乾坤聚秀之区,为阴阳和会之所,龙六砂水无美不收,形势理气诸吉咸备等语。朕览所奏,其言山脉,水法条理分明,洵为上吉之壤。但于孝陵、景陵相去数百里,朕心不忍。且与古帝王规制典礼有无未合之处,着大学士九卿详悉会议具奏。寻议……今泰宁山太平峪万年吉地虽与孝陵、景陵相去数百里,然易州及遵化州皆与京师密迩,实未为遥远……得旨:大学士九卿等,引据史册典礼陈奏,朕心始安。一应所需工料所项,俱着动用内库银两办理。规模制度务从俭朴。其石像等件需用石工浩繁,颇劳人力,不必建设,着该部遵行。"[1]

这条谕旨十分虚伪,因为泰陵的实际规格、规模都远超康熙帝景陵。

这更是一出君臣密切配合的双簧戏。雍正四年,选择万年吉地一事就交给张廷玉开始办理。张廷玉是大臣中最能领会雍正帝心思的心腹大臣之一,一句"堪舆之人俱以为无可营建之处",就是以张廷玉为首的堪舆小组迎合雍正帝的意见。

---

[1]《清世宗实录》卷89,第190—191页,雍正七年十二月壬寅初二日条。

须知,"东陵陵区在清代占地有 2 500 平方公里"[1]。在雍正帝之前,只有顺治帝孝陵、康熙帝景陵两个陵寝。这么大一片风水宝地,竟然"俱以为无可营建之处"? 竟然安置不下一座雍正帝的陵寝?

实际上,遵化州之东的九凤朝阳沟已经离开了孝陵、景陵两个陵寝所在的陵区。即使遵化州之东的九凤朝阳沟真的"形局未全,穴中之土又带砂石,实不可用",也完全可以在东陵内另选。雍正帝拒入东陵后,乾隆帝的裕陵、咸丰帝的定陵,同治帝的惠陵,直至晚清的西太后,不是都进入东陵了吗? 可见,"无可营建之处"也好,"穴中之土又带砂石,实不可用"也罢,都只不过是为迎合雍正帝拒入东陵、另建西陵而制造的借口而已。

那么,雍正帝为什么要拒入东陵呢? 原清东陵文物管理处研究室主任晏子有先生对此提出了的意见,笔者认为分析得相当中肯合理。

晏先生指出:"关于西陵陵区的开辟,世人有两种说法。一是说世宗因谋父篡位,内心不安,怕遭到父亲的惩罚,不敢在圣祖景陵附近为自己建造陵寝,只好另辟陵区。

另一种说法,世宗是一位心高志大的皇帝,他不甘居于人下,哪怕这个人是他的父祖。而如果在东陵陵区内为自己建造陵寝,当然不敢公然超过祖宗。于是就另起炉灶,在泰宁山下为自己选下了陵址。

结合泰陵的建筑物进行考察,我们认为第二种说法比较接近于实际。因为尽管在泰陵初建时,世宗曾经表示,陵寝'规模制度,务从俭朴'。但是其建筑规模实际上已经超过了孝陵。而且虽然世宗一再表示'其石像生等件,需用石工浩繁,颇劳人力,不必建设'。但是后来他的儿子高宗皇帝,又为他补建了石像生。从而使得泰陵在建筑物的规制上,已经超越了他的前辈。在西陵陵区内修建的泰陵,不但绝大部分建筑物数量与世祖的孝陵相同,而且石牌坊建了三架,甚至超过世祖的孝陵。这在一定程度上满足了世宗的虚荣心理。

另外,关于世宗的即位,在当时的朝廷和民间有着极为不利于胤禛的传闻。宫廷中甚至有人说他是杀父篡位。这场风波,一直到世宗驾崩后,仍然未能平息。这对世宗皇权的巩固,是一个极为不利的因素。为了显示出自己掌握的皇权的力量,从而慑服反对者,所以世宗另辟陵区,用提高自己陵寝的地位,扩大陵寝建筑规模的手段,来达到镇服反对者的目的。西陵陵区的开辟,应该说就包含着这样的考虑在内。"[2]

笔者觉得,晏子有先生的立论非常精辟,十分赞同。无论是民间传说的惧怕情结,是政治上的分庭抗礼、逞威任性,还是虚荣心上的超越景陵,都同康熙帝直

---

[1] 徐广源:《清东陵史话》,新世界出版社,2001年,第4页。
[2] 晏子有:《清东西陵》,中国青年出版社,2000年,第18—19页。

接相关,并不是同康熙帝没有关系。

　　清西陵共有七架石牌坊,最引人注目的当属泰陵大红门外的三架石牌坊。另外,雍正皇帝泰陵的神道起点金水桥,也远比康熙帝的景陵更宏伟、更漂亮;圣德神功碑楼后面的河面上又修建了一座七孔石桥,这也是清东陵所不能比拟的。"在我国明清两代其他的帝王陵墓之前,也建有石牌坊,比如明十三陵、清东陵、沈阳的福陵和昭陵,但都为一架,西陵却有三架,一架居中朝南,两架稍后分列东西,和北面的大红门构成一个宽敞的四合院的格局,这在全国都是独一无二的。"[1]

　　但清代定鼎北京后,帝王陵寝仿效汉人子随父葬礼制,康熙帝身后也遵循这个礼制安葬于先父顺治帝入葬的孝陵以东。区别仅在于,顺治帝是在景山火化后放入东陵地宫,康熙帝则仿效汉人,不用火化,遗体入葬地宫。这是符合中国古代《周礼》中就"先王之葬居中,以昭穆为左右"规制的。

　　雍正年间,"西陵风水墙长 40 多里,陵区周围长 152 里。""情桩外又开辟二十里宽的官山,严禁百姓过往,进入陵界者,轻则捉拿问罪,重则立地处死。"[2]这么大一片土地,仅仅因为雍正帝拒入东陵、另建西陵的一己私欲,就成了皇家禁地,还用三道颜色各一的木桩为界,人民百姓赶出陵区,不得入内。

　　从雍正帝拒住乾清宫、迁居养心殿;拒住畅春园、扩建圆明园;拒入东陵、另建西陵的一系列行为看,却使排除雍正帝心中有畏惧、躲避康熙帝的心理阴影,仍可明显看出,他的内心深处隐蔽着对皇父先帝有一股埋藏很深、怨恨强烈的父子情结。这股埋藏很深、怨恨强烈的父子情结同康熙帝至死不松口,更不肯亲笔写下传位于四阿哥直接有关。正是这股埋藏很深、怨恨强烈的父子情结,才会使他如此使性、任性,才会使他如此处处与康熙帝分庭抗礼。这种处处与康熙帝分庭抗礼的行为,是四阿哥对先帝发泄怨恨、进行报复的心理与行为。设若康熙帝临终前真有传位于他之决定并留下铁证,四阿哥就不会如此这般处处反常。

　　除了在衣食住行乃至陵寝规格、规模上都要超过皇父先帝外,除了要极大满足世宗的虚荣心理外,还有对康熙晚期自己在政治上、功名上、威信上,都远不如三阿哥、八阿哥、十四阿哥的一步登天后的报复心理与行为。

　　这与乾隆帝弘历称帝后对皇祖发自内心真挚强烈的怀念与感恩,形成强烈对比。乾隆帝弘历对畅春园无比热爱、眷恋、毫无畏惧、躲避心理,还安排太后在此居住所。乾隆帝也从不惧怕有人会谋害他,不仅常去热河避暑山庄,还模仿皇祖六下江南。乾隆帝的智商、文化、身体、精力都远胜雍正帝,但不敢超过执政 60 年,因为皇祖执政 61 年。(实际上他后来又在嘉庆朝做了 3 年太上皇)

　　笔者相信,如果康熙帝临终前真的选定四阿哥继位是事实真相,雍正帝就决不会存在有以上这许多难以言说又难以释怀的对先帝疏远、躲避、使性、任性、有

1,2 陈宝蓉编著:《清西陵纵横》,河北人民出版社,1998 年,第 2—3 页。

那么深难以言表的怨恨复杂之情,也就决不会有如上一系列之怪异行为,这也是他对先帝施以报复已达极限之花样、之"出奇料理"吧。

八、痴迷炼丹、企求长生

希望健康长寿,乃人之天性,非但无可非议,理当提倡与正确引导。中国历代帝王希望健康长寿之欲望,比普通常人更为强烈、更为迫切。因为,帝王的健康长寿,标志着皇位、政权、宫廷享受的绵长与延续。秦始皇求仙药希冀长生不老,汉武帝造承露金盘,唐太宗服印度婆罗门灵药,都为此追求折腾,当然,都失败了,也必然会失败。

对于如何养生、延年,康熙帝用理论联系实际,并结合自己实践心得,在对皇子教育时,从各个方面给予了训导,此事可见时下各种版本《庭训格言》。

例如,康熙帝训曰:"若俭约不贪,则可以养福,亦可以致寿。……若夫为官者,俭则可以养廉。"[1]

俭可养廉,与高薪养廉,显然是两种思路、两种途径。康熙帝主张前者,雍正帝采信后者,统治理念与路径都完全不一样。

康熙帝还认为,养生与饮食关系极大。一方面,"病从口入",人的许多疾病,是从口入的"吃"中得来的。另一方面,食补胜于药补。故,康熙帝训曰:"养生之道,饮食为重。设如身体微有不豫,即当节减饮食,然亦惟比寻常稍减而已。今之医生,一见人病,即令勿食,但以药物调治。若或内伤饮食者,禁之犹可,至于他症,自当视其病由,从容调理,量进饮食,使气血增长。苟于饮食禁之太过,惟任诸凡补药,鲜能资补气血,而令之充足也。养生者宜知之。"[2] 这段话很有辩证观念,对当下正热衷于减肥者,也颇有启示。

康熙帝又认为,心志专一,利于养生。康熙帝训曰:"人果专心于一艺一技,则心不外驰,于身有益。朕所及明季人与我国之耆旧善于书法者,俱寿考而身强健。复有能画汉人或造器物匠役,其巧绝于人者,皆寿至七八十,身体强健,画作如常。由是观之,凡人之心志有所专,即是养身之道。"[3]

这是因为,人生最忌是个"乱"字,心乱了,对外可以絮事,对内可以打扰血气,使失正常。凡恼、怒、恐、怖、喜、忧、昏、疑,都是乱,为多病短寿根源之一,不但养病时不应乱,即平居时亦忌心乱。

心神不安,情性躁急,为致病致死之总因。故安心法,为卫生第一要诀。心

---

[1] 赵润田编著:《康熙教子秘语》,东方出版社,2014年,第27页。
[2] 赵润田编著:《康熙教子秘语》,第142页。
[3] 赵润田编著:《康熙教子秘语》,第217页。

可以主动一切。心定则气和,气和则血顺,血顺则精足而神旺,精足神旺者,内部抵抗力强,病自除矣故治病当以摄心为主。人之心志有所专,则心不乱。心不乱,精神不分不散,就有利于养生。

对于用求仙、炼丹企求长生不老,康熙帝一向持讥笑、反对态度。康熙帝训曰:"吾人年岁老而经事多,则不轻易不为人所诱。每见道士自夸修养得法,大言不惭,但多试几年,究竟如常人齿落须白,渐至老惫。观此,凡世上之术士,俱欺诳人而已矣,神仙岂降临尘世哉? 又有一等术士,立地数十年或坐小屋几载,然,能久坐者不能久立,能久立者不能久坐。可知其所以能此,乃邪魅之术耳。此皆朕历试之,而知其妄者也。"[1]

早在康熙五十六年十一月辛未二十一日(1717 年 12 月 23 日),上御乾清宫东暖阁,召诸皇子及满、汉大学士、学士、六卿、詹事、科道等人,谕曰:"……人之有生必有死。如朱子之言,天地循环之理,如昼如夜。孔子云:'居易以俟命。'皆圣贤之大道,何足惧乎?"

又谕曰:"朕年五十七岁,方有白须数茎,有以乌须药进者,朕笑却之曰'古来白须皇帝有几,朕若须鬓皓然,岂不为万世之美谈乎?'""朕享天下之尊、四海之富,物无不有,事无不经,至于垂老之际,不能宽怀瞬息,故视弃天下犹敝屣,视富贵如泥沙也。"[2] 有人却批责康熙帝恋权,未必确切。

康熙二十八年二月,他南巡到南京,有一个叫王来熊的人向他敬呈上一本《炼丹养生秘书》,他不看内容就随即对大臣们说道:"朕经史之余,所阅载籍多矣。凡炼丹修养长生及师巫自谓知前者,皆妄诞不足信,但可欺愚民而已。通经明理者,断不为其所惑也。宋司马光所论甚当,朕有取焉。此等事朕素不信,其掷还之。"[3]

秦始皇、汉武帝、唐太宗、宋徽宗等追求长生不老的失败,并未能阻止雍正帝重蹈覆辙;父皇康熙帝语重心长的面谕与庭训,也未能阻止雍正帝兴师动众、大规模炼丹的折腾。雍正帝寻仙、炼丹,实在是政治上、思想上的一大历史倒退。

雍正帝痴迷炼丹,并非始于称帝之后。早在藩邸时,他就写过一首《炼丹》诗:"铅砂和药物,松柏绕云坛。炉运阴阳火,功兼内外丹。光芒冲斗辉,灵异卫龙蟠。自觉仙胎热,天符降紫鸾。"[4]

雍正二年七月初二日(1724 年 8 月 20 日),他在给年羹尧的朱批中,就对长生不老流露出渴求之意:"京中有一姓刘的人,久有名的,说他几百岁,寿不可

---

[1] 赵润田编著:《康熙教子秘语》,第 232 页。
[2] 《清圣祖实录》卷 275,第 697 页,康熙五十六年十一月辛未二十一日。
[3] 陈捷先:《康熙写真》,浙江文艺出版社,2003 年,第 198 页。
[4] 《世宗皇帝御制文集》。

考。"¹雍正六年(1728)上半年,雍正听说陕西有个叫"狗皮仙"的道士,便命岳钟琪密访:"此人果有些奇异否?朕若着他来京见朕,其意如何?"²紧接着,雍正八年三月二十四日(1730年5月10日),雍正又向各省督抚下达访仙求道谕旨。

雍正访求仙道的旨意下达仅一个多月,怡亲王允祥逝世,年仅44岁。允祥的过早去世,加之雍正身体的日益不支,更加大、加快了他求仙、渴求长生不老药的决心和步子。

同年五月,雍正谕旨各省督抚访求名医及修道之人,"可留心访问,有内外科好医生与深达修养性命之人,或道士、或讲道之儒士,俗家,倘遇缘访得时,必委曲开导,令其乐从方好。不可迫之以势。厚赠以安其家,一面奏闻,一面着人优待送至京师,朕有用处。竭力代朕访求之。不必预存疑难之怀,便荐非人、朕亦不怪也。朕自有试用之道。如有闻他省之人,可速将姓名、来历密奏以闻,朕再传谕该督抚访查。不可视为具文从事,可留神博问广访,以副朕意。缜密为之。"³

第一个响应者是浙江总督李卫,很快就给雍正推荐来"脉理明白、方剂稳当"的监生谢鹏;雍正的另一位得力大臣田文镜也不示弱,推荐了修炼养生有奇术的道士贾文儒;山西巡抚石麟推荐了医道通明的知县官钟元辅;福建巡抚赵国麟还邀道人同往山东崂山访求高人。由于雍正称帝前,曾有武夷山高人早就算出胤禛是"万字命",因此,李卫又特别派人再赴武夷山访求那位仙道高人,但并无结果。

笔者始终怀疑,所谓的武夷山高人,纯是戴铎捏造,用此推动四阿哥谋储,并以此吸引四阿哥对自己的重视。

雍正既在藩邸时就十分迷信炼丹,龙尊之后,其炼丹、服丹一事就更有着得天独厚、无比优越的条件。炼丹要有炼丹炉,炼什么丹就要耗用什么炉。其大小、形状、构造都有不同的要求。甚至炼丹开炉的时间,也大有讲究。什么时辰、烧炼什么丹和烧炼时间的长短,都有严格规定。烧炼的时间还要与天、地、人、季四象、五行、八方、九星方位、十二月份、十二时辰、二十八星宿等等都有一套极为严格的程序和对应关系。道家或道士中有专精此行的道士,俗称炼丹道士。

用炉就要耗用大量炭、煤。清内务府《活计档》有许多原始的记载。内务府所记用煤38.4万斤、用炭8.4万斤,这只是雍正晚年炼丹的部分用煤量。据中国第一历史档案馆档案专家李国荣先生考证,从《活计档》记载可以知道,雍正把圆明园东南隅背山面水、十分僻静的秀清村当作开炉炼丹的实验基地。

笔者想要指明的一点是,即使雍正八年(1730)的八月京师大地震,即使雍正已在圆明园反省自己"勤政敬事之心实不及平时"。⁴ 但仍并未能警戒阻止其停

---

[1]《文献丛编》第六辑。
[2]《雍正朝宫中档》第十二辑。
[3]《雍正朝宫中档》第十六辑。
[4]《雍正上谕档》,雍正八年八月二十一日;《清世宗实录》卷98,第302页,雍正八年八月丙寅十六日。

止炼丹。

雍正八年的八月十九日（1730年9月30日）上午九时至十一时之间，京城忽然发生大地震。尤其是畅春园附近灾情特别严重，地面开裂、冒烟、遍地黄水，其他地方尽流黑水、红水。紫禁城内太和殿一隅震颓；圆明园、畅春园等处许多宫殿几乎全被毁坏。雍正抢先表白，这次地震"非臣工之咎，其过实在朕"。九月二十五日，雍正在给大学士马尔赛的谕旨中寄语各省督抚："从前修炼养生之人，不必送来。若有医学精通之人，及通晓性宗道教者，以为调摄颐养之助。"又谕："上年吾弟（怡亲王十三阿哥允祥）奏称，京师白云观近有一人，通晓心性之学。朕令召来一见。王以未曾深知不敢令其入见。朕云，其人之学术精粗深浅，朕面询即知。弟召来一见无妨。逾数日，遵旨进见。"[1]雍正帝为求长寿，已饥不择食，迫不及待矣。

就在地震还在余震的九月上旬，福建巡抚赵国麟除了邀道人去山东崂山寻访高人外，还向雍正奏报："臣乡里中有关帝阁道人邱养庐者，与臣相识20余年，年已50余岁。虽无学问内养之功，然勤于修炼、颇异庸俗。臣已遣人邀至济宁州，托言臣有足疾欲访名医及修炼之人。"

地震后次年的雍正九年十月二十二日（1731年11月21日），浙江总督李卫又给雍正上奏折复查访天台山张紫阳真人及葛仙翁道场仙迹情形。李卫在奏报中告称："诸志俱载紫阳真人为张用诚，字平叔，乃台之临海籍。唯天台山寺则载，张伯端，字平叔，天台人，遇仙后，改名用诚，号紫阳真人。诸志稍异……至仙翁葛元，字孝先，志载、入赤城山学道得仙，为太极左仙翁，宋政和中封冲应真人。"雍正随即在李卫奏折上批道，"天台山闻得有紫阳真人洞府，未知可有道场观宇否？可详细留心访查。若有可应修理振兴处，密议奏闻。向来知天台僧院亦甚多，可有大丛林、有名望寺院否？可将天台总景绘一图呈进。再随便徐徐，或如熬山用纸山米家做法，或堆一盆景。不用大，务小巧为妙，亦不急速制造，得时送来，以备玩玩。再，葛仙翁道场亦在天台山，未知与紫阳真人仙踪一事否？闻得仙翁道场俱皆消磨，符箓皆归龙虎山，未知从何代废坠？今若振兴复旧，可能查其遗迹传闻整理否？朕有一心愿，可代朕详细查考议奏。若系两事，紫阳真人道场更为紧要。特谕。"雍正最后又强调、叮嘱一句："朕专为紫阳真人仙迹起见事也，卿可知否？"

看来，雍正不仅要李卫寻查紫阳真人的仙迹，还大有要把天台山有名望的寺院、道观及环境做出模型，在京城或圆明园仿造之意。

"炼丹，是道教企求不死成仙的一种修炼方术。外丹，是指用天然矿物为石药原料，用炉鼎烧炼，以制出一种所谓服后不死的丹药。历史上的炼丹道士，有

---

[1]《清世宗实录》卷98，第309—310页，雍正八年九月辛卯二十五日。

主张炼制和服食黄金、丹砂的金砂派；有提倡以铅料、水银为至宝大药的铅汞派；还有极言用硫黄、水银合炼以求神丹的硫汞派。内丹，是指通过（人体）内炼使精、气、神在体内聚凝不散而成丹，达到养生延年的目的。""雍正曾极力推崇金丹派南宗祖师张伯端，把他封为'大慈圆通禅仙紫阳真人'，并敕命在张伯端的故里建造道观以做崇祀。从雍正四年（公元1726年）开始，雍正皇帝就经常吃一种叫'既济丹'的丹药。"[1]

"在皇宫，除了有专门进行道教活动的钦安殿外，雍正还请道士们在太和殿、乾清宫等主要宫殿安放道神符板，在他的寝宫养心殿安设斗坛，以求神道保护。雍正为做法事，还在苏州定做道士们穿的丝缎法衣，一次就是60件。雍正还在圆明园建了几间房子专门给道士娄近垣等人住，以便随时请这些道士祈祷修炼。"[2] 太和殿、乾清宫是顺治帝、康熙帝办公理政场所，从来没有安放道神符板之举。雍正在此安放道神符板，求神道保护，他坐在乾清宫时，心中究竟有什么惧怕？

看来，雍正除了炼丹服丹企求长生不老外，还期待道士们安放道神符板、为其画符祈祷，排除恐惧，以求平安之用。

雍正十二年三四月间，雍正帝还曾两次赏发"丹药"。这些御赐"丹药"，就是在圆明园御用炼丹点炼制的。

据中国第一历史档案馆档案专家李国荣先生从雍正十一年十一、十二月《活计档》记载考证：

> 十一月十七日，内务府总管海望、太医院院使刘胜芳同传，圆明园秀清村（炼丹处）用桑柴1 500斤、白炭400斤。十二月初七日，内务府总管海望、太医院院使刘胜芳同传，圆明园秀清村用铅火盆罩，口径一尺八寸、高一尺五寸一件，红炉炭200斤。十二月十五日，内务府总管海望、太医院院使刘胜芳、四执事执侍卫李进忠同传，圆明园秀清村用矿银十两、黑炭100斤、好煤200斤。十二月二十二日，内务府总管海望、四执事执侍卫李进忠同传，秀清村银用白炭1 000斤、渣煤1 000斤。[3]

> 雍正下旨向圆明园运送物品157次，平均每月2、3次……共有黑煤192吨，木炭42吨，还有大量铜、铁、铅、硫黄、矿银等物品。甚至死前12天，还在运200斤黑铅运入圆明园。雍正十三年八月初九日，圆明园二所用牛舌头黑铅200斤。黑铅是炼丹常用原料，更是一种有毒金属。过量服食可使人致死。这批黑铅运入圆明园12天后，雍正就在圆明园内暴亡。这不

---

[1] 任冀湘编著：《中国帝王死因探秘》，中国时代经济出版社，2006年，第149页。
[2] 任冀湘编著：《中国帝王死因探秘》，第151页。
[3] 李国荣：《雍正炼丹秘事》，《紫禁城》1996年第3期。

是偶然巧合,而是有着因果关系的丹药中毒事件。[1]

早在1934年就有人提出:"世宗之崩,相传修炼饵丹所致,或出有因。"[2] 1981年,杨启樵先生在香港三联书店首版《雍正帝及其密折制度研究》中,也提出雍正"是服饵丹药中毒而亡"。[3] 1987年,档案专家杨乃济先生通过中国第一历史档案馆所藏清内务府造办处《各作成活计清档》等第一手材料,撰写了《雍正帝死于丹药中毒说旁证》一文,对雍正帝圆明园炼丹活动作了大量系统有据的研究介绍。[4]

至此,炼丹、服丹中毒发作要了雍正帝的命,是客观、可信的。

笔者想要朴充一点的是,雍正在圆明园炼丹,除了大量自己服用外,还常作为奖品恩赐大臣、将军。除了延年益寿,还希望服用后"多子"。甚至,雍正对田文镜道,尔已七十(岁),仍望尔能生子。

可见,雍正在圆明园炼的丹中,也有"雍氏伟哥"的壮阳春药在内。雍正赏给鄂尔泰、张廷玉、岳钟琪、河道总督嵇曾筠及部分其他将军的丹药中,也有可能包含这类丹药。但当下研究、介绍雍正在圆明园炼丹,只提延年益寿,似还不够全面。高阳先生早就指出:"长生不老四字为两事,长生是长生,不老是不老……何谓不老？说得坦率些,就是性机能保持正常。"[5]

颇有意思也是颇为蹊跷之处,雍正年十月初十日(1732年11月27日),雍正给田文镜的朱批里还写道:"(此丹药)性不涉寒热温凉,征其效亦不攻击疾病,惟补益元气,是乃专功。"[6]雍正帝讲得很清楚,此丹药不是治病用,"惟补益元气,是乃专功",他要田文镜"放心服用"。可是田文镜服用后,第二个月就死了。其实岂止是"正常",直令人反常、"不正常"也。雍正七年后,由于政权巩固了,政敌被杀的杀,关的关,基本上已都摆平了,相对以前而言,雍正帝多少有了一点"闲"。而帝王一旦有了些"闲",也就开始贪图女色,疾病也就随之暴露了出来。朝鲜史料中就有"雍正晚年沉淫女色,病入膏肓"的说法,这同雍正七年后后宫一下子扩充到37人,雍正八年雍正在圆明园开炉炼丹、服丹,及前面提到的《十二美人图》,再结合朝鲜史料及高阳先生的说法,均可互为佐证之也。

---

1 李国荣:《雍正炼丹及其死因》,《光明日报》1999年2月5日。
2 金梁:《清帝外纪·世宗崩》,1934年金氏铅印本。
3 杨启樵:《雍正帝及其密折制度研究》,上海古籍出版社,2003年,第280页。
4 杨乃济:《雍正帝死于丹药中毒说旁证》,《南开学报》1987年第4期,第17—25页。
5 高阳:《清朝的皇帝》,海南出版社,1997年,第413页。
6 《朱批谕旨》《田文镜奏折》,雍正十年十月初十日奏折朱批。

第九章　来华使节与传教士对康熙帝之评价

外国传教士和外国来华使节从他们的各自亲自接触康雍二帝的亲身感受视角，详细记载并介绍了对康雍二帝的评价。总体来说或就所见到的多数记载来看，绝大多数外国传教士和来华使节对康熙帝的印象、评价比较好，比较高，也比较详细；对雍正帝的印象、评价，普遍或多数比较差，比较低。还时有矛盾。以下，分别将比利时传教士南怀仁、法国传教士张诚、法国传教士白晋、俄罗斯特使萨瓦、法国传教士宋君荣、美国学者恒慕义、意大利传教士马国贤及朝鲜来华使节的记载及笔者之点评呈献如下。

一、比利时传教士南怀仁的记载介绍

比利时传教士南怀仁，1660年（清顺治十七年）进京，为协助年迈的德国传教士工作，并为康熙帝讲述天文学、数学、哲学和音乐。因坚持西方天文学遭清廷官员杨光先诬害入狱，1669年（康熙八年，是年康熙帝16岁）命令释放，并任命其为钦天监监副（朝廷天文气象官员）。

康熙帝平三藩时，命南怀仁监造火炮。1682年（康熙二十一年，是年康熙帝29岁）上巡察东北，命南怀仁随驾，遂留下南怀仁所著《鞑靼旅行记》，并流传欧洲。1688年（康熙二十七年）一月（公历）南怀仁在京逝世，享年65岁。康熙帝特谕表彰其功绩，赐银200两安葬。

1682年（康熙二十一年）初，平定三藩后的是年三月（公历），康熙帝巡幸辽东祭祖。南怀仁记载了康熙帝率队进入吉林城时的情景：

> 他亲切地接近老百姓，力图让所有人都能看见自己，就像在北京时的惯例一样，他谕令卫兵们不许阻止百姓靠近。所有的百姓，不管男女，都以为他们的皇帝是从天而降的，他们的目光中充满异常的喜悦。为一睹圣容，他们不惜远涉跑来此地，因为，对他们来讲，皇帝亲临此地是从不曾有过的事情。皇帝也非常高兴于臣民们赤诚的感情表露，他尽力撤去一切尊严的夸

饰,让百姓们靠近,以此向臣民展示祖先传下来的朴质精神。[1]

这是康熙帝之前中国封建社会史无前例之壮举、之壮景,也是康熙帝之后,雍正帝执政13年期间从未出现过之壮举、之壮景。康熙帝直接亲近百姓的场景不仅出现在北京、东北,在西北宁夏,在江南苏州等各地,康熙帝都始终尽最大努力去接近亲近人民群众。这与雍正帝13年中始终蜷缩在养心殿或圆明园,始终害怕、躲避人民群众,形成了鲜明强烈的对比。对比一,康熙帝热爱人民不是停留在口头上,更不是政治作秀,而是实实在在的;对比二,人民群众包括边疆少数民族热爱、敬仰康熙帝,都是发自内心,是至诚至愿地热烈拥护,也是实实在在的;这与雍正帝用高压驱动大臣对其敬畏服从,具有很大不同。笔者捧读好书后,特地专程去人民日报出版社,向人民日报出版社和该书编辑致谢。

南怀仁在书中写道,

> 归途的第一天,我们一行人抵达一条河流边,其时河流水位增高,无法徒步涉渡。恰好附近有一艘小船,皇帝先上了船,其次是小皇子和皇族中最显贵的人物。其他的王公贵戚和百官,以及大批的随从,都只能留在岸上。……大家都急不可耐地想渡过河去。正当这个时候,皇帝命小船返回,高声呼唤:"南怀仁(南怀仁是我的中国名字)在哪儿呢?"皇舅回答说:"在这里呢。"皇帝立刻说:"让他上船和我一道过去。"就这样,在所有留在岸上的人们中,我首先渡过河去了。
>
> 第二天,又出现了完全一样的情况。……皇帝让我和另外几个人和他一起过河去,其他人都留在河这边。作为他最重要的近戚之一,皇帝的舅父又即岳父,向他表示:"南怀仁住在我的帐篷里,和我同桌吃饭,我也应该过河去。"皇帝回答说:"您老不要(先)过河,我会把南怀仁安置在我的帐篷里,在那吃饭就行。"到达对岸后,皇帝和两位西域王子,以及他敬重的鞑靼阁老坐在一块儿。夜空明澈,皇帝看着半圆形的天空,让我用汉语和我的母语把主要的星座讲给他听,以此他想要表明他对自然科学知识的了解。他又拿出来几年前我们为他制作的小型星座图表,依据星座的位置说出时刻来。在周围的贵族国戚面前,他为能显示自己的学问而感到得意。
>
> 回到北京后,有两位亲王访问过我——他们是朝廷中最重要的贵族,他们曾对与我同住的神父说:"说到皇上对南老爷(这是他们对我的尊称)的恩宠,那可是没得说的。皇上情绪不好的时候,只要一看见南老爷,就

---

[1] [法]白晋等:《老老外眼中的康熙大帝》,人民日报出版社,2008年,第63页。

立刻转好了。"[1]

与其说这是康熙帝对南怀仁个人的器重,不如说这是康熙帝对西方科学文化的重视与强烈兴趣更为贴切;康熙帝在个人情绪不好的时候,只要一看见南老爷,就立刻转好了,这不仅是对南怀仁个人的喜欢,更是康熙帝对西方科学文化的喜欢,是对国家需要的珍视。

因为,正如南怀仁所说:"几乎所有人都知道,我不仅是一个传教士,而且是当前历法的制定者,这一历法现已遍行于中国各地。特别是杨光先被罢黜放逐后,我向中国再度输入欧洲天文学,这更是广为人知。"[2]

二、法国传教士张诚的记载介绍

法国传教士张诚是康熙朝另一位十分重要的人物。他与传教士白晋共著《实用几何学》,还编成《满文字典》四卷,为康熙用汉、满两种文字编译几何、三角、天文、哲学教本多种,为"西学中用"做出了一定的贡献。不仅如此,因当时清政府理藩院无人通晓俄语,康熙帝还重用张诚,命他作为中方翻译,并代表中方与中方官员共同参与中俄边界谈判。

1689年,沙皇俄国对我西北边陲屡次侵犯,酿成边界事端。中俄两国政府议定进行边界谈判。张诚被委以重任,与荷兰籍传教士徐日升充当这次谈判的中方拉丁语翻译(根据资料实际上徐日升是一号人物)。

这两位耶稣会士的角色"早已超出了单纯翻译的职责。因为徐日升已接受了康熙皇帝的全部嘱托,他熟知皇帝的意愿并保证使之付诸实施,可以说他在某种程度上控制着谈判的进程。皇上颁布谕旨是针对这两位调停人,(反)而不是针对正式谈判代表。康熙皇帝宣布:'我赋予你们和你们所随同的大员们同等的尊荣,以协商这一重要事务。'为便于前往尼布楚谈判,康熙赐予张诚和徐日升三品顶戴。"[3]

索额图是中方首席代表,但真正进行谈判并决定谈判进行的,是徐日升和张诚,可见康熙帝对他们之信任。徐日升和张诚没有辜负康熙帝的信任,胜利完成了这一重大任务。

这与雍正朝发生的沙俄特使用卢布收买传教士(翻译)和雍正身边的总理大

---

[1] 《老老外眼中的康熙大帝》,第65—66页。
[2] 《老老外眼中的康熙大帝》,第67页。
[3] [法]伊夫斯·德·托玛斯·德·博西雅尔夫人:《耶稣会士张诚》,大象出版社,2009年,第12页。

臣马齐,致使这次谈判完全朝有利于沙俄进行,根本不同。

> 康熙皇帝问(张诚),欧洲人制造的枪那么好,为什么不把它们带到中国来?张诚神父向皇帝解释说,作为传教士,神父们不能携带武器,但闵明我或许会给皇帝陛下带枪来。[1]

从张诚的记载中还可生动见到康熙帝是如何对待前线将军,如何对待噶尔丹使臣:

> 皇帝派宫廷大臣陪同三位亲王、诸皇子及其皇兄前去迎接费扬古将军。他们在离营地1法里的地方相遇。费扬古将军到达行在时,康熙亲自出帐相迎,将军则向皇帝跪请圣安。当将军靠近皇帝、拥吻其膝盖时,皇帝将他扶起并请入帐中;两人密谈良久。
>
> 同日,康熙召见噶尔丹使臣。这位使臣向皇帝保证,一旦噶尔丹知道皇帝许其归顺并不咎既往,他就会前来臣服。皇帝体面地派遣这位使臣携书复命,复信称:如果噶尔丹80日内亲自来降,他将受到优厚的礼遇,清军也不会继续向前推进;如果过了这一期限,皇帝将率军征讨。[2]

这与雍正帝对待前方将军的态度完全不一样。当前方用兵不利时,雍正帝将责任全部推在前方将军身上,杀的杀,关的关,降的降,调的调。自己并未从根本上查找原因,认错、承担。从收复雅克萨城、尼布楚条约签订,可以看出康熙帝在军事斗争、外交斗争中的高超水平,从而也显出雍正帝在军事斗争、外交斗争中的无能。

康熙三十六年(1697年)2月(公历)张诚还亲自听到康熙帝对皇子教育、管束之严厉:"行前他召见负责诸皇子学业的两位主要官员,并谕令他们,对诸皇子要严加敦促,必要时可以惩戒,以使诸皇子走上正途。如果他回銮京师后发现这两位官员未能尽职尽责,那么他们将会因失职而被砍头。"[3]在山西和陕西交界地过黄河时,因船小人马众多渡河场面混乱不堪,"康熙皇帝亲自指挥留在河对岸的军队继续渡河,一部分马匹泅水而过。"[4]

雍正帝执政13年,从未有过一次上马亲征,从未有过一次亲自视察水利,当然也从未有过一次在宫外直接亲近人民百姓,从未在前方或现场亲自指挥作战。

---

[1]《耶稣会士张诚》,第30页。
[2]《耶稣会士张诚》,第54—55页。
[3]《耶稣会士张诚》,第57页。
[4]《耶稣会士张诚》,第59页。

前面提到过康熙帝如饥似渴地向南怀仁学习西方(欧洲)科学文化,在张诚的记载里,也同样可以见到:"(康熙)皇帝对我们的科学酷爱有加,他甚至计划让我们把所有的科学书籍都译成他们的语言文字,这不仅仅是为了他个人的学习(他已开始满腔热情地学习这些科学并取得了令人难以置信的成功),而且是为了向诸皇子讲授这些科学,然后再将这些科学书籍在帝国内公开刊行,传于子孙后代。"[1]

这与雍正帝对待西方科学文化的态度完全不同,这同雍正帝把很大精力物力投入在炼丹追求长生不老和"性福",根本不同。看来,康熙帝在开放、引进西方(欧洲)科学文化上并不是只局限在宫廷内,而是与国家富强这个宏大目标联系在一起,与先本人学习,继皇子学习,再国内公开刊行,再子孙后代学习的宏大计划联系在一起。可惜,由于雍正的谋父篡位得逞,这一宏大计划未能完全实现。

为张诚等欧洲传教士最为高兴激动的,是康熙帝1692年(康熙三十一年)宣布撤销禁教法令。在此之前,康熙帝对来华传教士有过戒规:"须知会在各省的西洋人非常谨慎地行事,不要给老百姓制造动乱的机会,也不要让地方官因宗教问题而抱怨基督徒。"

朝廷将这一谕旨抄寄各省督抚,并命令他们在帝国所有城市张贴。这道谕旨同时又公告:"查得西洋人仰慕圣化,由万里航海而来,现今治理历法,用兵之际力造军器火炮,差往阿罗素,诚心效力,克成其事,劳绩甚多。不辞劳苦,编纂实用奇妙之书籍。"

又公告:"各省居住西洋人并无为恶、乱行之处,又并非左道惑众,异端生事。喇嘛僧道等庙尚容人烧香行走,西洋人并无违法之事,反行禁止,似属不宜。相应将各处天主堂俱照旧存留,凡进香供奉之人仍许照常行走,不必禁止。"[2]

康熙帝允许欧洲传教士在华传教,不是无条件,不是放任不管。作为中国帝王的康熙帝,对国家政权的稳定,对社会治安的稳定,必定非常敏感和高度关注。不得滋生动乱,不可令地方官对传教士在华活动萌生不满,这看似极为简单的两条,就把传教士在华传教的全部活动全部关进了中国制度的笼子里。传教士是通过推展西方科技文化乃至绘画、音乐等来推动传教。康熙帝则在确保国家政权稳定,确保社会治安稳定的前提下,将西方科技文化乃至绘画、音乐等拿过来为我所用,为国家服务。这是开明君主的英明之举。

在白晋于1693年(康熙三十二年)10月11日(公历)写给韦朱的信中还有以下内容:"已病危10多天的皇帝凭借着张诚神父献给他的药物刚刚摆脱了死亡的阴影。……皇帝当众说张诚神父救了他的命。"[3]实践证明,西方科技文化确

---

[1] 《耶稣会士张诚》,第88页。
[2,3] 《耶稣会士张诚》,第91—92页。

有其可取之处。

而"御医因未能用中药治好皇帝的病,而被刑部判处死刑,但皇帝传旨为他们减刑,改判流放"。[1]

这与雍正帝对待道士贾士芳的做法截然不同。雍正帝先是对道士贾士芳的导引术赞叹不已,突然又以莫名其妙的借口将其处死。

在1701年10月7日张诚致身在法国的哥哥的信中,我们看到,由于欧洲传教士的到来与他们对中国的介绍,进一步扩大了中外贸易:"几年来,大量欧洲船舶驶入广东省的沿海口岸和福建省的厦门港,也有少数船只驶入浙江省的宁波港。英国船只来得特别多,而且贸易额巨大。有人向我们保证,从今以后,法国商船每年都将直接来中国,这将为我们之间的信件往来提供极大的便利,其传递速度将比前几年快得多。"[2]

张诚还在信中由衷地惊叹:"这位伟大的君主在其御座上驾轻就熟地统治着这一人口众多、处处安乐祥和的国家,真是令人钦佩;在其宽和的统治下,人们不知道在欧洲司空见惯的凶杀和暴力为物。"[3]中国人、中国帝王在统治国家方面,并不比西方人与西方帝王能力差;当时(康熙四十年)前后,中国人民安居乐业与社会治安,都胜过路易十四王国。

从张诚信中还知道,当时中国已引进了玻璃制造业,已能制造相当精美的玻璃器皿。[4] 在1694年(康熙三十三年)1月7日(公历)张诚致函在福州的梁弘仁信中还看到道:"沙皇使节马勒曼(Malleman)现在在此,他说意大利语;徐日升神父和我曾为他担任翻译。康熙皇帝对其礼遇有加,却未接受沙皇的信件和礼物,因为沙皇此前也曾这样对待中国使臣。"[5]

可见,康熙帝的民族自尊心与国格、人格非常鲜明强烈,在外交细节上又非常精细,做到有理有节有利,分寸火候把握及礼节,都恰到好处。

一方面,康熙帝既在开放引进西方科技文化上下决心,投大力;另一方面,也不失时机地把中国文化推展出去。康熙帝通过"白晋当时以皇帝特使的身份赴法向路易十四赠送一些中国图书(49册)"。[6] 而且,中文不好的传教士,是得不到康熙帝赏识的。[7]

康熙帝一面从西方引进先进的文化科技,同时,又以必须学会中文作为驻华首要条件。

---

[1]《耶稣会士张诚》,第93页。
[2,3]《耶稣会士张诚》,第100页。
[4]《耶稣会士张诚》,第107页。
[5]《耶稣会士张诚》,第126页。
[6]《耶稣会士张诚》,第141页。
[7]《耶稣会士张诚》,第142页。

三、法国传教士白晋的记载介绍

法国传教士白晋对康熙帝的了解、介绍也是相当全面和生动。从某种角度上看,白晋对康熙帝的了解,更为深入。如,白晋还仔细观察并大为赞美康熙帝的用人之道:

> 康熙皇帝煞费苦心地从各省总督中选拔重臣,为此作出了令人难以置信的努力。此外,他在监督官吏们的行动方面表现出来的耐心细致,也是异乎寻常的。吏部在选拔和委任官吏之前,会向康熙皇帝呈送候选人调查书,但康熙皇帝并不只凭这种调查书来任命官吏,他会委派自己信得过的人对候选人进行秘密调查,了解清楚情况后再任命。而康熙皇帝很善于从本质上评价一个人,所以常常有一些未被吏部推荐的人却得到了他的提拔而担任要职。一旦发现优秀人才,康熙皇帝会立即予以破格提拔,委以重要职务,公开赐予他们特殊地位和优厚待遇。但是,皇帝如果发现他们在施政中犯了过失,哪怕这种过失很小,也一定要予以免职。
>
> 对于被控有受贿行为的官吏,康熙皇帝则更会毫不宽容地予以制裁,命令有关部门对犯罪的官员进行审判,然后断然免除其职务,课以严刑,对任何人都绝不留情。中国的大小官吏更迭频繁,完全是出于以上的原因。
>
> 在我们到达北京后的4年内,官吏的变动异常频繁。我们亲眼见到,各省的总督、巡抚几乎全都被调动过,北京的各部尚书也多半更换过。之所以如此,是因为康熙皇帝对他们严加监督,就连那些最不引人注意的过失,也很难长期在他面前瞒天过海。[1]
>
> 像吏部尚书,尽管他是皇帝长子的岳父,当他触犯律令时,也立刻被罢免了。[2]

可见康熙帝执法之严。

> 总而言之,康熙皇帝在政治上公正无私,依法行事,唯贤,并把这些视为施政中应当恪守的信条。[3]

---

1 [法]白晋等:《老老外眼中的康熙大帝》,人民日报出版社,2008年,第16—17页。
2 《老老外眼中的康熙大帝》,第16—17页。
3 《老老外眼中的康熙大帝》,第17页。

据白晋亲眼所见,"康熙皇帝本人的生活,却是非常简单朴素的,超过了先前的所有帝王。他吃得很少,从不铺张浪费,不追求精细的美食,而只满足于最普通的食物。

从康熙皇帝日常的服饰和日用品上,也可以看出他身上所具有的朴素美德。他冬天穿的皮袍是用两三张黑貂皮和普通貂皮缝制而成的,这种皮袍在宫廷中极为普通;此外他的御衣都是用非常平常的丝织品缝制的,这种丝织品在中国是极其一般的,除了很穷苦的人,其他人都能穿得起;阴雨天时,他常常穿一件很普通的羊毛呢绒外套,也没有什么异常之处。在夏季,有时看到他穿着用普通麻布做的上衣,就是中国老百姓家中常见的那种麻布。除了举行仪式的场合外,他的装束上唯一能够看到的称得上奢华的东西,就是在夏天他戴的帽子的帽檐上镶着一颗大珍珠,而这是满族人的风俗习惯。

平常不骑马的时候,康熙皇帝在皇城内外乘坐一种用人抬的椅子,这种椅子类似于木制的轿,粗糙的木材上面涂着油漆,有几处镶嵌着铜板,几处点缀着金粉木雕等简单装饰。他骑马外出时也是同样的朴素装束,御用马具只不过是一副漂亮的镀金铁马镫和一根金黄色的丝绒编制的缰绳。

康熙皇帝确信,一个帝王的伟大,体现在他的高尚品德中,而不是体现在华丽的外表上。与此相反,他在君主应有的风度上,在君主应有的语言规范和君主应有的诚信上,则完全是我行我素,毫不讲究。"[1]这一点,雍正帝并未继承,雍正帝的穿戴、起居所用,是非常豪华讲究的。"康熙皇帝希望做一位被臣民爱戴的英明君主和仁慈国父。"[2]这是他一生的理念和习惯,也是他一生矢志不易的目标。"康熙皇帝特别讨厌萎靡不振的生活,喜欢在艰苦中经受磨炼,无论多么辛苦他也斗志昂扬。"因为,"他深知满族人之所以能够征服汉族据有天下,就是因为他们的民族强悍勇猛,善于作战,富有攻击性,而一旦满族人沉迷于懒散安逸的生活之中,他们就很难维持自己在中国的统治地位。"

在巡视旅行的时候,"康熙皇帝经常穿着十分粗糙的装束,在山林中纵马奔驰,不时射取猎物。他就这样从早到晚、在马上度过,以至于一天之中,竟要更换九至十匹坐骑。在不得不步行的时候,他常常徒步走上很长一段时间。傍晚回到驻跸处后,他也不会休息;不管到达何地,他都像在北京那样勤奋地处理政务,孜孜不倦。他不断批阅奏章,决定要事,当天的政务决不拖延到第二天,为此,他常常工作到深夜,就这样以睡眠时间来弥补打猎娱乐花费的时间。这样的生活并非只有几天,而要持续两三个月,并且在此期间,他往往一天也不休息,直到狩猎结束。"

张诚多次看到,"不等到侍从人员来到指定地点时,皇帝就不会更换衣服,而

---

[1]《老老外眼中的康熙大帝》,第17页。
[2]《老老外眼中的康熙大帝》,第19—21页。

是满身尘土、汗流浃背地继续打猎。有时候侍从们会给皇帝在身后撑起好几把遮阳伞，皇帝却不愿使用，常常在炎热的阳光下一坐就是好几个小时。"

"康熙皇帝喜欢那些能够吃苦耐劳、富有牺牲和奉献精神的人，对这样的人赐予他们特殊的荣誉，而对于那些追求安逸享乐的人，他一定要予以严厉斥责。"[1] 他"一向厌恶衰萎不振、庸庸碌碌的生活"。[2]

在这样的理念和选人标准下，康熙帝怎么可能会把以"天下第一闲人"自居的皇四子选为大清江山的接班人？

"康熙皇帝常把自己最器重、最喜欢的孩子们送到禁卫军中去经受磨炼""通过观察他们的工作态度、了解他们的才能，皇帝能够把有能力担任国家要职的年轻人，提拔到重要岗位上来。"

正是在这样的理念和选人标准下，康熙五十七年（1718），康熙帝把30岁的皇十四子胤祯（即允禵）破格授为大将军王，指挥带领20万大军（对外宣称30万大军），赋予生杀大权，代其亲征，以此作为其接班人人选的训练与考验。从康熙帝"你干得好""大得人心"，为其在布达拉宫东山下树碑，京城夹道欢迎，欢声如雷，在乾清宫为其搞千人庆功看，康熙帝对所选的接班人选非常满意。连西方传教士看得如此清楚，都这样说，已经把当时康熙帝秘密立储的背景、氛围与历史真相以旁观者的身份作了点明与点评。

据传教士们接触，"康熙皇帝能言善辩。"[3] "他勤于政务，事必躬亲，并在听取大臣和内阁意见后亲自处理。在决定一切重大事件之前，他先把奏章送到阁老院。只有这些阁老（大学士、议政大臣）是审议事情后向皇帝提出书面意见的帝国大臣。然后，皇帝亲自对此作出决定。未经皇帝审核，这些大臣和内阁的决定是没有任何效力和作用的。""他必习惯于对一切重要事情多方获取情报，由许多人秘密去做，然后内阁公诸众。""甚至在特别接见时，他也询问多，极少首先发表自己的意见。他倾听别人所讲的一切，然后在空余时加以思考。很难找到一个皇帝像他这样认真思考自己看到和听到的一切。"[4]

如果不是出自外国传教士的纪实，真的很难令人相信一位大国的封建帝王会对自己如此约束。白晋因此得出结论："这正证明康熙皇帝具备英明君主的品德，甚至可以肯定地说，这位皇帝是自古以来君临天下的最完美的英明君主之一。"[5]

在法国传教士张诚的日记中，"皇帝陛下对于那种认为有吉日忌辰和幸运时

---

[1]《老老外眼中的康熙大帝》，第24—25页。
[2]《老老外眼中的康熙大帝》，第31页。
[3]《老老外眼中的康熙大帝》，第27页。
[4] 中国社会科学院历史研究所清史研究室编：《清史资料》第一辑，中华书局，1980年，第198—200页。
[5]《老老外眼中的康熙大帝》，第50页。

刻的迷信说法十分轻视,他明确地告诉我们:他认为那些迷信不仅毫不可信,毫无价值,而且对国家有害,特别是如果执政者盲从迷信的话。"[1]

1730年6月28日(雍正八年)白晋卒于北京,享年74岁。之后遗体也安葬在京郊正福寺墓地。

在以上多国多位传教士亲身接触的纪实中,几乎都异口同声地赞美了康熙帝。下面,再来看看当时亲身接触过雍正帝的外国使节们,怎样记载介绍雍正帝。

四、法国传教士宋君荣

法国传教士宋君荣(1689—1759),1722年(康熙六十一年)来广州,1759年(乾隆二十四年)死于北京。他在中国度过了大半生(37年),且通晓汉文与满文。他亲自写的《有关雍正与天主教的几封信》,有大量详细的可信史料,对我们了解或评论雍正帝,弥足珍贵。

例如,雍正对苏努及其子孙的处置。

(雍正)皇帝很清楚,亲王们只不过是因为不愿放弃天主教义才受到控告的。然而就从那时起,皇帝决心不惜任何代价,根除自己家族中的天主教徒。他企图用强制的办法迫使亲王们弃教,把上述奏折批转给帝国的各位大臣和九个部即是开端。

正当他们商议之际,木克登(沈阳的满语名)总督(即奉天将军——译者)的信使来到了。这位大人请求皇上允许他们在木克登城内为士兵建造营房,士兵们从前只有在乡村才有房子。

皇帝佯装大怒,说:苏努做了十年木克登将军,他在那里都干了些什么?他的继任人都干了些什么?这些从未有人禀报过。要没收苏努的财产来建造房屋,让苏努的继任人嵩祝和唐保柱负责执行。倘若苏努的财产不够建房之用,他的那些继任人要出一部分。

没有一个人敢向皇帝说,自大清建国以来,木克登的士兵是奉命住在乡下而不是住在城里的。大家都很明白,皇帝决心臆造苏努的所谓罪过,以便找借口来惩罚他的后代,而苏努的后代除了是天主教徒而外根本无别的过错。[2]

在不计其数的百姓的目睹之下,身负九道重镣的若瑟亲王被带到那里。……亲王被按跪在地上……

---

[1] 《老老外眼中的康熙大帝》,第170页。
[2] 杜文凯编:《清代西人见闻录》,中国人民大学出版社,1985年,第153页。

……皇帝说,苏努之子是一伙叛逆,是乱臣贼子,是糊涂虫,应将他们处死。皇帝是在一个仪式上,向聚会的满族王公大臣说这番话的。时隔不久,顺天府尹来到被他看押极严的若瑟的牢房。他把若瑟的一个姓马的仆人赶走,给他留了一个六尺宽、十尺深的房间。府尹叫人在前墙开了一扇小门,旁边开了一扇窗子。又在门前五尺远的地方筑起了一堵高似屋顶的墙,墙上设置了一个转柜,以供传递吃喝。[1]

若瑟亲王便血已有好几天了。这种病加上两年来身带九副重镣,在那阴暗潮湿的牢房里所受的苦难,终于在 8 月 14 日夺去了他的生命,年仅三十三岁半。

亲王死在小院中央,浑身是血。8 月 17 日(死在牢中 3 日后),人们把他装进一口很次的棺材,连镣铐也不给去掉。官员们下令,到西门城外的所有店铺都关门闭户。灵柩在一大群士兵的押送下被弄到离城约四里的一个叫"四里园"的地方,在那里连同尸体一起焚烧掉,不能烧尽的部分深埋进土里,然后让车辆和骡马在上面压踏。京城府尹派人把镣铐送归刑部,并令许多士兵守卫在那里,禁止任何人停留。整个城郊都在传说,有个王爷因为是天主教徒而被活活烧死。[2]

究竟是尚有奄奄一息时就被拉出去活活烧死了,还是两年来身带九副重镣,在阴暗潮湿的牢房里受尽折磨致死后再被拉出去在露天野地焚尸扬灰、再用车辆和骡马在上面碾压,都是暴君所为。

有人说,雍正帝并不残暴;也有人说,雍正帝很仁慈。用以上当时亲历亲见过的老外的记载,不难鉴别,说雍正帝并不残暴的这些评价实在远离历史真相,实在是在误导读者,不是秉笔直书的应有之义。

据宋君荣记载,雍正帝也曾招待传教士,且规矩很大,但很有作秀、政治功利的企图。因为,"皇帝每说出一句他想使人高兴的话时,我们都须双膝跪下,往地上磕头。每次向他敬酒也都要这样做。"

"这位君主如此盛情地款待我们之时,正值俄罗斯使臣(萨瓦)在朝之际。皇帝知道萨瓦先生是欧洲人,他担心这位贵人回到俄国后,只讲欧洲人在中国受到虐待,尽管他们为清帝国做了很多事情。"[3]

与雍正帝亲自交往过、通晓满汉文、并在中国生活了 37 年的法国传教士宋君荣在雍正五年(1727 年 10 月 8 日)写于北京的信件,对我们全面认识了解、评价雍正帝,无疑又提供了一份很具权威性的史料。

---

[1]《清代西人见闻录》,第 157—159 页。
[2]《清代西人见闻录》,第 165 页。
[3]《清代西人见闻录》,第 168—169 页。

五、俄国特使萨瓦

雍正五年四月初一日(1727 年 5 月 21 日),俄国特使萨瓦在从北京前往边境途中,向本国政府报告:"当今的中国皇帝没有任何人感到满意,因为他压制本国人民。比起罗马的尼禄还有过之无不及。他已把数千人迫害致死,成千上万的人惨遭掠夺,以致破产。他的二十四个弟兄中,只有四人得宠,其他的弟兄,有的被处死刑,有的被严加监禁。""中国宫廷内虽然人很多,且极豪华,但人民却因饥饿而濒于死亡。"[1]

《雍正编年》的编者还在此页末附加了一条按语,"萨瓦对雍正帝的印象,显然来自在华传教士。"这是很有可能的,因为萨瓦同某些传教士私下有着十分紧密的关系。这也就说明,对雍正帝的印象不好,不只是俄国使节,还包括欧洲在华其他传教士们。

那么,为什么康熙朝众多在华传教士对康熙帝的印象、评价那么高、那么好,雍正朝的传教士对雍正帝的印象、评价那么低那么差呢?

萨瓦对雍正帝的印象,也未必仅仅完全只来自其他在华传教士的二手二传。雍正四年十月十一日(1726 年 11 月 4 日),他进京见过雍正帝,并呈递国书。

萨瓦从彼得堡启行时接受过政府密令,凡矿区及一切有价值土地和战略要地均不能归中国,俄要在北京设商务领事,可在中国自由免税贸易,等等。

这一年,俄国特使萨瓦不仅从雍正帝手里取得了大批领土,"雍正五年十一月,俄国商队 205 人,马队 1 650 匹,大车 637 辆浩浩荡荡抵京。在京期间,交易总额一千万法郎。俄方出口松鼠皮 100 万张,银鼠皮 20 万张,狐皮 15 万张,貂皮 10 万张,俄方进口中国丝绸、棉布 100 万尺,茶叶 3 万磅及金、银等。"[2]

这次贸易,显然也是按沙俄的预定计划成功实施,是以俄方的巨额顺差收场。萨瓦回国后,俨然成了俄国的功臣。又是升爵位,又是升职务(西伯利亚总督)。照例,他应对雍正帝感恩,多说些好话。可是,他在给本国政府的报告中,对雍正帝毫不留情地痛骂一顿。与其说是痛骂,不如说是揭露、抨击更为准确。

由于他是外国人,并不直接卷入雍正同他兄弟之间的政治斗争,因此,身处雍正年的他,又是来自异国他乡,他对雍正帝的揭露、抨击,对今天的读者要了解当时社会现状及当时社会对雍正帝的舆论舆情,无疑具有较高的参考价值。

---

[1]《雍正编年》第四卷(雍正朝),第 261 页,雍正五年四月丁亥初一日条,转引自《1619—1792 年俄中两国外交文献汇编》。
[2]《雍正编年》第四卷(雍正朝),第 297 页,雍正五年十一月二十五日条。转引自[法]加斯东·加恩《彼得大帝时期的俄中关系史》。

萨瓦说,雍正帝压制本国人民,人民因饥饿而濒于死亡,这显然不是雍正帝的功,是雍正帝的过。雍正五年四月丁亥初一日(公历1727年5月21日)萨瓦在从北京前往中俄边境途中,向本国政府报告说:"当今的中国皇帝没有任何人感到满意,因为他压制本国人民,比起罗马的尼禄,有过之而无不及。"[1]

这同雍正帝恼怒地说"舆论不足为信",倒是完全合拍的。

凡此种种,都道出了一个无情的事实:在雍正时代,国内外对雍正帝的评价,远不如康熙帝。以下史料再次有力证明了这一点。

六、美国学者恒慕义

1943年美国学者恒慕义先生主编、华盛顿国会图书馆出版的《清代名人传略》,对康、雍两帝的评论,也是外国人评论中的一份重要材料。

恒慕义先生在《清代名人传略》中写道

玄烨十四岁(1667年8月25日)亲政,但鳌拜仍然垄断朝政。1669年6月经过细心的策划,皇帝与索额图(皇后之叔),把鳌拜逮捕下狱,并惩处了这个宗派集团。1673年当是否要对南方的吴三桂、尚可喜、耿精忠以及孙延龄实行削藩政策这个问题提出来时,这位年轻的统治者再一次显示出他的胆略。

玄烨以青年君主罕见的远见卓识不顾大多数朝臣的劝阻,坚持撤销他们的军权。当这几支军队起而叛乱时,他立即决定平叛,经过八年的艰苦作战终于平定了他们。这次胜利的两年之后,又从郑氏手中夺得了台湾(1683)。这些重要的军事胜利巩固了新王朝,使皇帝得以转向其他政事。[2]

玄烨这位青年君主之所以后来能顺利实施自己的治国理念,之所以后来能统治61年之久成为中国历史上执政时间最长的皇帝,同他果断解决鳌拜,果断解决三藩,有很大关系。

玄烨的统治在许多方面表现了容忍与和解的精神。和晚明的几位帝王相比较,他躬自节俭,讲求实效,勤于政事。他在位期间,帝国财力日见充裕,大部分年月都很安定繁荣。他一直关注治理黄河及其支流的工程以求尽量减轻灾害,增加大运河的航运量。在六次南巡当中(1684、1689、1699、1703、1705、1707),他不辞辛苦亲自视察水利工程,促使掌事官员勤于任事,注重

---

[1]《清代西人见闻录》,第289—290页。
[2]《清代西人见闻录》,第290—293页。

效率。虽然他对贪官并未执法如山，却不断提拔那些有廉洁之声的官员。他在位期间的确有些高级官员形成宗派集团，但他根据御史的奏折常常能够制止这类活动。

1670年玄烨发布了一道包括十六条道德格言的劝善诏书，每条只有简练的七个字。

皇帝同意在帝国进行全面测量。此项工作进行了九年之久（1707.12.10—1717.1.1），遍及十八省以及满洲和蒙古地区。1718年完成了帝国全图，以后由马国贤（Matteo Ripa）刻在四十四块铜版上。这幅全图经过修改在巴黎（1730—1734）和海牙（1737）重新制版，大约在三十年以后，连同新加入版图的准噶尔和中国土耳其斯坦部分的一幅新地图终于完成。

他每年都要在（畅春园）那里度过几个月。就是在这个园子里，他向耶稣会教士学习了几年数学，并为他们在附近安排了住处。[1]

尤其难得的，恒慕义先生不仅是外国著名学者中，少数具体点评康熙帝之死和雍正继位之谜者，而且，其观点也十分锐利："1722年冬玄烨崩于畅春园。官方消息表明他已病了几天，但几乎无人料到他死得这样快。他的第四子胤禛在步军统领隆科多的支持下登上帝位。"如果雍正继位确是康熙帝指定，雍正继位完全符合继承制度与程序，何需隆科多用武力支持？又何需用杀隆科多灭口？有清300年传位继位历史中史无前例也。

某些史家说胤禛杀害其父攫取了帝位，以防他的兄弟们先下手；有的说他下此毒手或许是为了保全他自己的性命。然而，他的宝座是被激烈争夺过的则是事实。[2]

恒慕义先生对这个问题并未简单下结论，但他以史家目光与手中之笔忠实反映出了当时宫里宫外朝野舆情对雍正继位的两大质疑：其一，几乎无人料到康熙帝死得这样快；其二，皇四子下此毒手或许是为了保全他自己的性命，说明皇四子的某些活动已被康熙帝有所觉察、有所怀疑、有所防范，从而促动皇四子铤而走险。恒慕义先生的这个分析与笔者十多年来坚持不懈的考证研究，是不谋而合、非常接近的。换句话说，70多年来的许多新发掘的考证与研究，使得当时由于受档案证据的限制而只能作为传说、推测的东西，随着时间的推移与史料发掘与积累，对这个悬案的求索，已越来越接近于历史的本来面目。

---

[1]《清代西人见闻录》，第269页。
[2]《清代西人见闻录》，第294页。

那些反对过他的人后来都受到他的惩处,在玄烨的十五位年长的追求帝位的皇子中,和他友善的三位兄弟,即胤礼(果亲王,谥毅,1697—1738)、胤祥和胤禄,生活得很好,另外两位,胤祺(恒亲王,谥韫,1680—1732)和胤祹(履亲王,谥懿,1686—1763)仅仅得到宽恕,胤祐(淳亲王,谥度,1680—1730)和胤祸(愉郡王,谥恪,1693—1731)这两位似乎对斗争漠不关心,其他五位,胤禔、胤礽、胤祉、胤禩和胤禟均死于狱中,胤䄉和胤䄶两人一直被拘禁到1735年胤禛死后才得释放。死在狱中的五位,至少有两人受尽了折磨。

当代美国学者恒慕义先生与200多年前许多欧洲来华传教士的历史记载评价,基本上是一致的:"(康熙帝)是中国历史上最受称赞的皇帝之一。"[1]

七、意大利传教士马国贤的《清廷十三年——马国贤在华回忆录》

意大利传教士马国贤1710年28岁前后时到达澳门,1711年29岁前后时到达北京,在北京生活、工作了13年。康熙帝去世时,马国贤就住在畅春园。第二天紫禁城内的大殓,马国贤也是部分在京传教士们参与者之一。因此,马国贤对当时当事的记载,就格外珍贵和重要。

值得注意与推荐的,还有李天纲先生翻译《清廷十三年——马国贤在华回忆录》的导言。李天纲先生通晓英文并兼有传教史、教会史研究之长,这就为他译作《清廷十三年——马国贤在华回忆录》具有了他人无法企及的优势。更为值得注意与值得推荐的,是李天纲先生在导言中极具学术个性、又颇具思想光芒的亮点。

例如,他提出:"中国内部的改朝换代、割据动乱和内陆平定,不断地隔断人们的注意力,使得人们不能始终把目光投向正在酝酿突变的东南沿海,这才是18世纪以后的中国看起来很'封闭'的主要原因。然而,当'礼仪之争'闹到北京以后,自觉强盛的康熙还是愿意面对挑战,并非采取消极的'鸵鸟政策'。正是在这个意义上,中外学者们都认为18世纪中西文化交流的一度中断,梵蒂冈不合时宜的'中国礼仪'禁令起了负面作用,导致了中国社会更加封闭。"[2]

康熙并未采取消极的"鸵鸟政策",而且,中西文化交流的一度中断,同当时梵蒂冈不合时宜的清规戒律也大有关系。我觉得,李先生与许多中外学者的上

---

[1] 杜文凯编:《清代西人见闻录》,中国人民大学出版社,1985年,第294—295页。
[2] [意]马国贤著、李天纲译,《清廷十三年》,上海古籍出版社,2004年,第24页。

述分析不仅在总结清代历史上有着重要意义,相当中肯,就是用这个观点来分析当下中外关系,也是很有现实意义的。当下中国不正面临着——一方面,西方呼吁中国改革开放,与此同时,西方又对中国在各个领域提出许多这样那样不合时宜的清规戒律,对中国进行围堵、遏制、禁运、制裁乃至威胁吗?

李先生认为,"十八世纪的清朝仍然显示着外表的强势,但是这种强势只在中国的疆界内部才有效,'有效'的征象,就是'礼仪'。然而,'中国礼仪'和'觐见礼仪'受到来自内陆的俄罗斯的挑战,也受到来自海上的英吉利的挑战。历史选择了'礼仪'作为突破口,向表面强大的中华帝国发起挑战。这种挑战只是象征性的,一直要等到欧洲列强的'坚船利炮''声光化电'发达到足以远航'远东',清朝在军事、经济、外交上全面溃败,才真正察觉到:据守旧物不行了,六合混一的时代到来了。"[1] 痛快淋漓,一针见血。

所谓清朝仍然显示着外表的强势,所谓这种强势只在中国的疆界内部才有效,说穿了,就是在老百姓面前,它是无比强势和强大,甚至在来华使节、来华传教士面前,它也是无比强势和强大的。但在欧洲列强的"坚船利炮"面前,它在军事、经济、外交上全面溃败了。而一个国家、一届政府真正的强大,不应该显现在老百姓面前,应显现在外国针对中国的军事、经济、外交压力与挑战上。

在这方面,康熙帝显然做得比雍正帝更漂亮,更成功,更有效。李先生认为,"中国越来越和世界联为一体了,已经不可能孤立于世界之外。从历史学的角度看,离开了中国与外部世界关系的叙述,很难再有一部独立的、自成一体的'中国史'了。"李先生进一步提出:"我们应该承认十六世纪以后的中国历史已经是全球历史不可分割的一部分,(我们)应该用一种全球的眼光来看中国。"[2]

清史大家戴逸先生及何芳川先生、耿升先生、于沛先生等许多有远见的著名学者,都提出了这个问题。在北京故宫博物院八十华诞暨国际清史学术研讨会上,戴逸先生总结归纳后指出:"传统的封建国家要进入近代社会,必须是政治、经济、军事、文化的多方面持续发展,相互促进。康雍乾盛世在经济总量和综合国力方面雄居世界的前列,但国内尚有很多的滞后因素,政治、经济、文化未能协调前进,未能形成生产力的持续发展,未能走进产业革命的临界点,失去了与西欧国家并驾齐驱的机会。"[3]

从以上多项数字与事实看,康雍乾时代不只是外表强大,而是足够强大。不仅相对于汉、唐、宋、明时期,就是面对当时的西方欧洲世界,也是足够强大的。但皇权至上,以天朝上国自居,蔑视新事物,墨守成规,不肯迈脚睁眼看世界,自

---

[1] [意] 马国贤著、李天纲译,《清廷十三年》,第 24 页。
[2] 《清廷十三年》,第 24—25 页。
[3] 《故宫博物院八十华诞暨国际清史学术研讨会论文提要》,《论康雍乾盛世》,2005 年 8 月,第 7—9 页,内部交流本。

满自足,故步自封,随着这种习惯势力和陈旧观念不断积累、不断发酵,终于酿成不治之症,断送了盛世光辉。

于沛先生提出:"在(研究)编纂清史时要有世界眼光,这已是广大史学工作者的共识。不仅要把清史放到世界历史的范畴中去分析、研究和评价,既要着眼中国历史的发展,又要联系世界历史的发展进程。"[1]

把整个清代纳入同时期世界历史发生深刻变化的重要的转折时期这个大背景中去研究,无疑是一种新的历史视野,是一种新的历史研究途径和方法,很有必要。

我想试图补充表述的是,在 1662—1795 年(康熙元年至乾隆六十年)这 134 年间,世界上还没有哪一个国家比中国更强大、更先进,在这种情形下,乾隆帝自高自大,并不奇怪。我们希望乾隆帝向谁看齐呢？但有所长,必有所短。任何国家都不可能十全十美。当其时,中国清政府的多项世界第一令乾隆帝陶醉了,自满自足了,这是他的历史局限性。而当其时,中国清政府足够富强,毕竟是中华民族历史上曾经最辉煌的一页、毕竟是中华民族历史上曾经最为辉煌的时期之一。

在当时的历史条件下,康熙帝在引进西方科学文化上,能做得比前朝、前任好,就值得肯定和赞许;如果雍正帝、乾隆帝在这方面做得比前任差,就值得后人去研究、总结并批评。但我们也不能要求前人超越历史条件,去做事实上无法做到的境界或目标,这也是历史唯物主义与历史辩证法对历史研究的要求。

下面仍回到马国贤身上来。"马国贤在北京宫廷卷入很深,有很长时间陪伴康熙皇帝一起度过,因此《清廷十三年——马国贤在华回忆录》对清初宫廷描写细致入微,很多地方比清朝官方的"实录"和"起居注"以及民间士大夫的笔记更详细。"[2]

"向来的皇帝内廷生活,是由历朝的《起居注》和本朝《实录》记载的。这些官样文章,其实都是作过修改的,没有真切的感受,更是受了很多裁剪。把它们拿来作为信史,不但要加以补充,还要用别的资料来作佐证。"[3] 李先生说得很对。

因为马国贤同当时中国宫廷权力斗争既没有利害关系,又无个人功利目的,因此,马国贤的记载,应具有可贵的客观性与可信度。[4]

---

[1] 国家清史编纂委员会·编译丛刊总序,转引自《耶稣会士张诚》,大象出版社,2009 年。
[2] 《清廷十三年》,第 27 页。
[3] 《清廷十三年》,第 35 页。
[4] 20 世纪 80 年代以后,陆续有学者用《清廷十三年——马国贤在华回忆录》来补充和验证康熙朝的历史,提供一些重大事件的背景,或者在另一种眼界下解释中国和西方的早期交往经验。除了一些二手、三手的转述外,比较系统的翻译是,刘晓明编译的《清宫十三年:马国贤神甫回忆录》,发表在北京《紫禁城》杂志,在 1989 年第 1—6 期,1990 年第 1、2、4、5、6 期,共 11 期上连载。另外,《承德师专学报》1986 年也发表了邢维贤译《马国贤神父回忆录:清宫服务十三年》。据我所知,早在 1949 年,王老(钟翰师)在第 48 期《燕京学报》上发表的《清世宗夺嫡考实》中,就提到过马国贤,距今已 60 年矣。

第九章　来华使节与传教士对康熙帝之评价　　341

我们从李译的导言中还得知,康熙命令皇三子胤祉、十五子胤禑、十六子胤禄跟格里德学习音乐";"马国贤更是马上被召入宫,为康熙画肖像画,随侍左右。"[1]还得知,康熙要求今后所有来京的外国人必须先学汉语:"西洋新来之人,且留广州学汉话,若不会汉话,到京里亦难用他。"[2]还得知,"马国贤又打听到,雍正是接受了一个佛教法师的建议才建造该喷泉的。喷泉按风水走向,从一个龙头的口中流出,永不停息,保佑雍正万年安泰。"[3]

康熙帝接触西方传教士远比雍正帝要早得多,但所谓风水这类的事,康熙帝从不会做。李天纲先生提出:康熙或许从传教士那里感染过类似的文明对话的理想,或许他对自己向欧洲遣派使节的举动没有深思,但是,"十几年中他为了解决'中国礼仪之争'的努力,突破了明清皇帝不主动与周边朝贡国家联络,更不与'大西洋'国家沟通的成例。康熙时期的中西交流,为十九世纪清朝与欧洲'列强'全面交往奠定了相当多的制度基础。"[4]

李天纲先生的这个说法与归纳,在此之前似乎还无人这么说或这么归纳,实具有学术研究中的创新贡献。笔者觉得,李天纲先生的这一创新贡献,是他深思熟虑的结果,对此,笔者深为敬佩。李天纲先生不是停留在单纯、单一的翻译上,而是通过翻译马国贤的《清廷十三年》,加进了他自己的研究,提出了之前无人提出的见解。例如他提出康熙为十九世纪清朝与欧洲"列强"全面交往奠定了相当多的制度基础,就是学术研究中的创新贡献。

例如,清末同治、光绪年间"洋务运动"中间,聘用西洋人蒲安臣等充当出使使节,延请西洋人旦卢格等充当新政顾问,都是援引了圣祖康熙定下的"成例"。

从马国贤回忆录中记录的情况看,康熙晚年在与欧洲教会和西方国家交往过程中遇到了"中国礼仪"和"觐见礼仪"两大难题。中国第一次和欧洲相遇,这些难题是史无前例的,或许可以说,李鸿章说的中国"三千年未有之大变局",至少在康熙年间就已经发生了。康熙皇帝和清朝礼部对此作了认真的处理,表现出了既努力想与欧洲沟通,又竭力要保持天朝威仪的尴尬。倘说康熙的态度是保守的,他却是积极地与罗马联络,商议解决中国天主教会内部的"中国礼仪之争";倘说康熙是开放的,他又是固执地要用对待周边四服朝贡邦国的礼仪来对待阖翊列强。因此,不考虑到十八世纪的历史环境,简单地断言康熙晚年对待西方文化采取了"开放"的或者"封闭"的态度,都是武断的。[5]

李天纲先生分析、论述得相当精辟。任何领袖或帝王,都无法避免历史时代

---

[1] 《清廷十三年》,第33页。
[2] 《清廷十三年》,第6页。
[3] 《清廷十三年》,第10页。
[4] 《清廷十三年》,第23页。
[5] 《清廷十三年》,导言,第23页。

的局限性。任何领袖或帝王,都无法做出超越时代环境允许的事业和目标。我们主要看他比前朝前任多做了什么,我们要看他为当时代和后时代带来了什么。从这个意义上说,李天纲先生对康熙帝与中国最后一个封建王朝与外部世界的关系,其分析与论述,相当精辟,也相当精彩。

总之,李天纲先生译作《清廷十三年》的这篇导言,不仅内容丰富,立论出彩,读后受益匪浅。

这个"导言"还有没有美中不足之处呢?恕余直言,不妨举例说明。其一,康熙帝究竟逝世于北京何处?在李天纲先生译作的《清廷十三年》里,竟然全部写作圆明园。例如,"1722 年 12 月 20 日,康熙皇帝在圆明园驾崩。"[1] "作为'内廷供奉'的马国贤,长期生活在紫禁城和圆明园康熙身边生活。耳濡目染,自然听闻到了很多康熙朝的秘闻。"[2] 康熙皇帝驾崩的时候,马国贤正好在圆明园里。[3]

在这篇"导言"里,李天纲先生把康熙帝的日常起居乃至与马国贤的交往,最后把康熙帝的逝世,全部定格在了圆明园,这是一个明显的译作硬伤。李先生把康熙帝误记忆为雍正帝了,雍正帝倒是在圆明园驾崩的。如果李先生仅在书中偶尔一次这么写,完全情有可原。李先生却在书中一而再、再而三这么写,就成为译作硬伤了。

据我所知,康熙帝只是在晚年,很偶尔且极少去圆明园,更从未在圆明园住宿,更不可能逝世于圆明园。雍正帝倒是经常在圆明园居住、工作,并暴亡于圆明园。李先生显然是记忆有误、将康熙帝误写为在圆明园驾崩了。而某些资深研究者尚且将瞻宁居写为康熙寝宫,李先生并不深耕清史,所以,以上笔误,我以为完全可以谅解。因为多数读者会在阅读中自觉修正。

需要与李先生认真讨论、辨析的是康、雍改朝换代之际发生的两个重大事件,即康熙帝之死与雍正帝继位真相。这两件事具有重大因果关系,是紧密相连的,马国贤又是众位传教士中少数直接对此作过笔墨记载之外国人,因而他的记载,就更加引人注意。故,李先生为此作导读,我们当然也必须格外重视与较真。我想,李先生对此应该也可以理解的吧。在《清廷十三年》第二十二章,有《康熙皇帝之死——葬礼——惩罚两个高官》三个小标题。

> 陛下在海子旧御忽然染上了炎症。……因为病了,陛下就回到了畅春园……一二天后,欧洲人赶到这里来询问陛下的病情。[4]

---

[1] 《清廷十三年》,导言,第 8 页。
[2] 《清廷十三年》,导言,第 35 页。
[3] 《清廷十三年》,导言,第 37 页。
[4] 《清廷十三年》,第 104 页。笔者注,"海子"指北京南苑,"炎症"指偶感风寒感冒。

这说明：当时开始时康熙帝的病情并不严重，如果严重，传教士的记载中必会反映出来。康熙帝感冒的头二三天，居然未见召太医；欧洲人赶来询问病情，说明康熙帝与传教士关系很密切。看上去，似乎一切都平平常常。最为关键也是最藏有玄机的是下面两大段文字。

1722年12月20日（笔者注，即康熙六十一年十一月十三日），在所住的佟国舅的房子里吃完晚饭后，我正在和安吉洛神父聊天。当时我们听到了一种不寻常的低沉的嘈杂声，好像还有一些其他的声音从宫中渐渐响起。鉴于对这个国家的了解，我马上把门锁上，对同伴说：要么是（康熙）皇帝死了，再要么就是北京爆发了叛乱。

请读者，尤其是研究者特别留心注意：这是马国贤在现场的第一感觉，第一反应，而且，他用白纸黑字记载下来留给了后人，成了历史。如果第二天他参加、看到大殓场面后，没有说过这是一个危险地方，没有说过他要马上离开这个危险地方，那么，十一月十三日吃完晚饭后他看到场景后萌生的，只不过是一种猜测。

但是，如果第二天他亲自参加、亲自看到康熙帝大殓场面后认为京城是一个危险地方，必须马上离开，那就不是猜测，而是一种判断，是马国贤一个应对时局的计划和决心。这个应对时局的计划和决心同他的第一感觉、第一反应"要么是（康熙）皇帝死了，再要么就是北京爆发了叛乱"紧密相连，说明马国贤的政治敏感度相当高。历史已经证明：马国贤的第一感觉、第一反应，都是正确的。

叛乱发生在宫廷，就是宫廷政变。叛乱也好，宫廷政变也罢，那都是中国人的事，与马国贤这位外国人何关？既然马国贤判断京城与宫廷已是危险地方，说明马国贤已判断京城与宫廷出现了不正常情况。但马国贤还不便就此直截了当地说——康熙皇帝死了后，四阿哥爆发了叛乱与宫廷政变。不管怎么样，马国贤已判断京城与宫廷出现了不正常，而且对自己有生命威胁，有生命危险，必须马上离开（说穿了就是逃离）。

而这种判断与态度，实质上已把自己与四阿哥在政治上分道扬镳了。如果马国贤判断康熙帝是正常病逝，四阿哥是正常继位，他就不会朝爆发了叛乱这个方面去思考，就不会觉得不正常，更不会觉得自己有危险，更不会下决心要马上离开这里。我们继续往下看。

为了摸清这次骚动的原因，我爬到我们居处的墙头上瞭望。墙角下有一条马路环绕，我吃惊地看到数不清的骑兵，相互之间谁也不说话，驾着马疯狂地往四面八方去。几次看过他们的行动后，我终于听到一些步行的人说：康熙皇帝死了。我随后就被告知，御医们断定皇帝不治后，陛下指定了第四子是继承人。雍正即刻继位,人人都服从了他。新皇帝关心的第一件事情,就是装殓好他父亲的遗体,在当天晚上,由他自己骑着马,还有他的兄弟、孩子和皇亲国戚们随从者,更还有无数手持利剑的士兵们与他们一起,护送灵柩回到北京的宫里。次日凌晨,我和安吉洛神父及希普一起收拾行李,其目的是回北京去,以表示我们对康熙逝世的哀悼。但是,当天我们没有被获准随队前往。[1]

马国贤对康熙帝之死和雍正立刻继位究竟持什么立场、什么态度?他当时不便直说,但他还是说了。这就是:"北京爆发了叛乱""我无法表述出自己内心的悲伤和惊恐的程度。"[2] "为了防止再度发生这样不幸的事件,我决定离开这座危险的巴比伦,越快越好。"[3]马国贤对四阿哥上台已用"北京爆发了叛乱""无法表述出自己内心的悲伤和惊恐的程度"形容之,已"决定离开这座危险的巴比伦,越快越好",这才是马国贤对四阿哥上台最真实的政治态度,这还有什么疑问吗?

按照《圣经》的说法,巴比伦是邪恶之地,因为她毁坏了圣殿,掳掠了神的百姓和圣洁的器皿。马国贤把康熙帝死后、雍正即刻继位并正在祭祀大殓的地方,喻为是邪恶之地巴比伦,决定离开,而且是越快越好,因为马国贤内心充满了悲伤和惊恐。马国贤对康熙帝之死与雍正继位究竟是什么立场态度与心情,还须另费笔墨吗?

但李天纲先生并不这么看。李先生认为,马国贤已亲耳听到,"御医们断定皇帝不治后,陛下指定了第四子是继承人"。李先生认为,这就是康熙帝正常病故、雍正正常继位的有力证据。

如果真是这样的话,老皇帝正常病故,临终前已指定继承人,外国人马国贤要惊恐什么?他有什么要惊恐的?他又为什么决定要离开这座危险的巴比伦,而且是越快越好?

李先生显然并未充分注意到马国贤当时当地最真实的政治态度、思想感情与行动决定,而是对马国贤所听到的东西未作深入剖析,就代马国贤作了皇四子是合法继位的历史表态。

李先生显然并未充分注意到,所谓"御医们断定皇帝不治后,陛下指定了第四子是继承人",并不是马国贤在事发第一现场听到,对此,马国贤写得很清楚、很明白,而且十分具体,他是随后被告知的。即使马国贤爬在墙头上所听到的"御医们断定皇帝不治后,陛下指定了第四子是继承人",难道不也是康熙帝死后、四阿哥对所派兵士所布置、所宣传的东西吗?须知,马国贤爬在墙头上所已看到、所已

---

[1] 《清廷十三年》,第 105 页。
[2,3] 《清廷十三年》,第 106 页。

听到的一切,都已经是康熙帝死后、四阿哥指挥、导演的一切,还有什么疑问吗?

马国贤当晚并未去紫禁城,他最快被告知之时,也要待第二天随众人一同进入紫禁城乾清宫(摆放康熙帝灵柩的宫殿)。所谓"随后就被告知",实际上就是第二天康熙帝众皇子、众大臣突然听到的、震惊天下的消息后,"随后就被告知"的一切。

总之一句话,马国贤同康熙帝众皇子、众大臣被告知的,都是康熙帝死后,四阿哥已经完全控制局面后,四阿哥想说、四阿哥想宣传的东西,也正是四阿哥竭力在掩盖真相、竭力在编造伪史的东西。

一个无可争辩的事实是:康熙帝从偶感风寒到去世整整七天。这七天中,所有官书中竟然无一天出现御医二字,更不见御医如何救治。甚至于,七天中所有官书连急召太医的字眼都没有!试问,清代官方史籍中,何处有"御医们断定皇帝不治"之记载?再试问,为什么所有清代官方史籍中都找不到这句记载?连雍正九年成书的《清圣祖实录》和成书于乾隆朝的《清世宗实录》中都无影无踪的东西,能作为信史定论吗?冯尔康先生也提出,可用马国贤这句话作为铁证。其实,这个所谓铁证,如上验证,根本就禁不住考验,是沙滩上的竿子,一推就会倒的。与铁证说恰好相反,马国贤的详细记载,倒是正好有力揭露了雍正当时种种不正常,时局恐怖,阴谋,诡异,刀光剑影的铁证。

上文提到,王锺翰先生早在 20 世纪 40 年代末就引用过马国贤的《清廷十三年》:"至十六日宣读遗诏,并未宣布汉文,而以'宣读清字诏书……即与宣读汉字诏书无异'为谕,良足以骇天下人之听闻。此即所谓'一言而定'也。观其临事之周密,即事前之深谋可知。乃以轻言细语了之,深心人作浅语,固知其语更深。虽巧不可阶,其如难逃天下后世之明鉴何!后来种种传闻,散播人口,并非事后野人之语,如云:'圣祖皇帝在畅春园病重,皇上就进一碗人参汤,不知何如,圣祖皇帝就崩了驾'之传说,岂皆祀党所能捏造?证之意大利人马国贤身临其境目击其事之记载,驾崩之夕,号呼之声,不安之状,即无鸩毒之事,亦必突然大变,可断言也。"[1] 王老早年留学于美国,是通晓英文和满文的清史大家,他的意见自然受到重视。

2002 年 4 月和 2005 年 8 月,笔者分别在北京、大连拜见求教王老和戴逸、朱诚如、冯尔康、李治亭等众多前辈,其中之一就是向王老求教他所引马国贤的原始版本出典。时年王老已 91 岁高龄,对 1949 年前所用的马国贤的原始版本,当时虽再三努力在书房翻找仍难找到。2004 年 4 月李天纲先生译的《清廷十三年》面世后,笔者记得也曾专门打电话向已调入复旦大学历史系任教的李先生请教有否康熙帝"驾崩之前,痛苦号叫",承李先生在电话里告之,在马国贤的《清廷十三年》里,并无这个内容。

---

[1] 王锺翰:《王锺翰学求论著自选集》,《清世宗夺嫡考实》,中央民族大学出版社,1999 年,第 304 页。

杨启樵先生2012年反驳笔者时提出,马国贤虽在畅春园内,但不可能听到康熙帝在寝宫的动静。故,金先生云马国贤听到康熙帝在寝宫痛苦号叫,是无稽之谈。看来,有必要就这个问题的澄清,再作深入讨论。

对王老所说"驾崩之夕,号呼之声",余以为可以有两种理解或解释。"驾崩之夕",可以指是康熙帝临终弥留之际或断气之后寝宫内有人号呼。据《清世宗实录》记载,"戌刻(下午7—9时)圣祖宾天。上(皇四子雍正)哀痛号呼,擗踊不已。"[1]当夜有"号呼"之状,不仅赫然可见,而且还有皇四子"擗踊不已"之记。那么,难道当时"号呼"者,仅皇四子一人一嘴耶?

马国贤虽不可能直接听到康熙帝所在寝宫的动静固然是实,但他就在畅春园内,凭他在政治上的敏感,凭他在宫内的人脉,很有可能他已探听到、或别人当时就告诉了他以上情况。至迟,第二天有那么多人集合在乾清宫大殓,他也很可以从参加大殓的畅春园内寝宫之人那里被告知的、昨晚畅春园寝宫内的"号呼之声"。至少,"驾崩之夕,号呼之声"与《清世宗实录》里所记载"圣祖宾天,上(皇四子雍正)哀痛号呼,擗踊不已",毫无出入之处。

而王老著作中所说"驾崩之夕,号呼之声",显然不单是指皇四子雍正一人,而是指除皇四子以外还有的其他人。当时除皇四子以外,并无任何其他皇子与大臣。这些除皇四子以外的"号呼之声",应是康熙帝身边的内侍太监、御前侍卫或其他宫勤人员。因为王老后面一句话"即无鸩毒之事,亦必突然大变,可断言也",是王老对当时场景的定性之语。驾崩之夕,号呼之声,不安之状,这个不安之状,当不仅是指皇四子之表演,还应是指康熙帝身边的内侍太监、御前侍卫等因突然事故大变而出现的不安之状的号呼之声。

笔者在上面已列举其他传教士语:"几乎无人料到康熙帝会这么快死去"。以此也足可证之,当时除皇四子一个人外,所有其他兄弟、大臣,无一人料到康熙帝会这么快死去,且当时所有兄弟、大臣,并无一人在现场。就连隆科多,在康熙帝断气之前,他也始终并不在畅春园内寝宫现场。然马国贤第二天完全有可能已"随后就被告知"这一切,从而知道昨夜畅春园内寝宫"驾崩之夕,号呼之声,不安之状"。

那么,王老著作中所说的"驾崩之夕,号呼之声,不安之状",除康熙帝身边的内侍太监、御前侍卫外,有没有可能也包括康熙帝本人呢?笔者始终以为,这是极有可能的。

民间野史或传说虽不登史学大雅之堂,有时竟也确能反映出一些历史真相的端倪迹象。例如,乾隆帝弘历为雍亲王私生于热河草房,光绪帝为慈禧太后所毒害,等等,以前都曾作为是"传说",现在最终都已获得证明,确为历史真相,就

---

[1]《清世宗实录》卷一,第31页,康熙六十一年十一月甲午十三日。

是最好例证。

据民间野史或传说,康熙帝临终前因发怒,将身上褂珠(或枕头)向四阿哥扔砸过去,此事当已无考,不能证信。但从中折射出了一个信息,即康熙帝临终前因四阿哥种种所为而大怒。有无这个可能呢?笔者以为完全可能。

第一,据《清圣祖实录》记载:康熙六十一年十一月"甲午(十三日)丑刻(凌晨1—3时)上疾大渐,命趋召皇四子于斋所,谕令速至"。四阿哥何时进畅春园寝宫呢?"巳刻(9—11时),趋进寝宫。"[1]

四阿哥迟到了实足8个小时以上,而四阿哥明明半小时就可到达,康熙帝能不对此大怒乎?又,四阿哥敢于抗旨8个小时以上不到,说明康熙帝此时已对四阿哥失控、已对局面失控,康熙帝能不对此大怒、能不对此痛苦号叫?

第二,从是日中午10时前后四阿哥进畅春园寝宫起,直至晚上7—9时去世,在长达至少13个小时里,四阿哥进出寝宫5次(雍正七年自云),官书中却既不见四阿哥急召太医,也并不见四阿哥急召众弟兄。可见当时康熙帝实际上已完全处于四阿哥的控制、隔离之中,康熙帝能不对此大怒乎?

第三,据笔者考证,早在是年九月,康熙帝与皇十四子、抚远大将军王早已就六十一年回京事宜密折来往多次(见《抚远大将军王奏稿》)。根据康熙帝与皇十四子密折来往内容和上年行程惯例,皇十四子应于十一月中旬抵京。而至十一月十三日皇十四子仍未到京,并已中断同他联系消息,康熙帝料定其中必已生变故。从种种情形判断,变故原因就在四阿哥身上,意在破坏、废止康熙帝传位大事,康熙帝能不对此大怒乎?

然,一切均为时已晚。据传说,康熙帝怒斥四阿哥后,四阿哥伏地不停地对其叩头。在这种形势下,康熙帝除痛苦号叫,还能怎么样?这个内容怎么可能被记载,被保存?只能用传说记载和保存。

无论否定者怎么反对,我坚信并坚持以下个人观点:在以上事实前提和逻辑前提下,加上康熙帝坚强之个性,他当时死不瞑目,痛苦号叫,是很有可能的,甚至是必然的。在以上事实、局面和当事人个性、历史逻辑下,指望康熙帝在面临当时上述既成事实后却毫无反应,甚尔默认接受,也是决无可能之事。

更必须指出,康熙帝病情真正剧变乃至发生死亡,都是发生在四阿哥进入寝宫之后,且环境、形势都是在以上这3个特定情形下,加上十一月十三日始终未见太医活动的记载,又毫无对康熙帝诊病的片纸只字记载,凡此种种,余至今坚持认为:康熙帝决非正常病故,四阿哥为篡位而谋父,用谋父而篡位的阴险阴谋,不可排除。当下所有认为康熙帝肯定是正常病故者,有清官书中未见任何记载,主张正常病故者,至今也毫无任何史证举证,也没有对以上疑问能作出任何

---

[1]《清圣祖实录》卷300,第902页,康熙六十一年十一月甲午十三日。

足以否定之的解答。是主张正常病故者无法否定或解答,还是研究深度尚不够深入,留待历史和读者去结论之。

四阿哥为篡位而谋父,用谋父而篡位的另一佐证,就是四阿哥一上台就对康熙帝身边人下毒手,因为他们都是康熙帝身边对四阿哥当时当地所为的知情人。至少,他们对四阿哥之种种谋父之嫌疑是知情人。且看马国贤又怎么说:

> 康熙皇帝死后不几天,上述的葬礼还在进行的时候,颁布了一条谕令,以一种让整个帝国感到吃惊的方式显示了他的掌权。
>
> 在他的命令下,官员赵昌(康熙帝的太监总管,他对寝宫情况应是主要知情人之一)被抓了起来,戴上了重重的镣铐,宣判以枷刑处死。木枷是一种戴着走的板子,有200磅重。这位傲慢朝臣的财产被没收充公,家人受罚为奴,妻妾被分配给他人。陛下(雍正)在他的一份谕旨中宣布,他之所以要如此地惩罚赵昌,是因为他太傲慢,还滥用职权迫害欧洲人。[1]

为什么康熙皇帝死后不几天,葬礼还在进行,雍正就急于开杀戒?为什么全国都会因此而吃惊?与马国贤对此有一个定性语:为了要显示他的掌权。

雍正并不是欧洲传教士的保护人。无论雍正后来又用其他什么借口,都是镇压之需要,目的是急于要杀人灭口,也是要杀一儆百,杀鸡给猴看,要以此封锁其他知情人之口。因为,雍正要打击惩处的不仅是赵昌一个人,康熙帝晚年的心腹太监梁九功、魏珠、李玉等,后来全部都被处理、被处分了。如果雍正帝确为康熙帝指定继位,康熙帝身边的心腹之人怎么会都对雍正如此态度?雍正又为什么会对康熙帝身边的心腹之人如此态度?

通过马国贤目击雍正对勒什亨的处置过程,我们对雍正其人阴险和残暴之了解,更应该可以入木三分了:

> 比赵昌的下场更惨的要数是他的亲密朋友勒什亨。这位大人物几个月前去了澳门,意在购买一些昂贵和漂亮的欧洲玩意,打算献给康熙皇帝。接到(康熙)皇帝驾崩的消息后,他急忙赶回来,并打算把他收集的珍物送给新皇帝。他的朋友们十分清楚朝政中发生的变化。比如目睹赵昌被打入牢房,此外还有许多他所认识的其他贵族们,都劝他延期回来。然而,他却相信他那饱含奇技淫巧的礼物会产生奇效,把他们的忠告置若罔闻。

勒什亨是谁?努尔哈赤长子褚英的后裔,贝勒苏努之子,曾任领侍卫内大

---

[1]《清廷十三年》,第106页。

臣,御前行走。马国贤用变化两字,既客观纪实,也多少藏含玄机。变化可以指正常变化,也可以指不正常变化。对勒什亨而言,则是不利的变化。这从下面的记述中可以清楚看出。请注意,马国贤对勒什亨的朋友们用词,一是十分清楚朝政中发生的变化,二是对勒什亨的朋友们劝他延期回来,用词是"忠告"。

  (勒什亨)回到北京后,他把自己的厚礼献给了皇帝。皇帝照单全收,给了他很大的面子。这些我都是亲眼所见,因为陛下刚刚登基,命令希普和我在宫里做事。几天以后,勒什亨奉召进宫,他春风得意地来了……然而,他发现自己得到的远不是他所期待的。他刚刚踏进门槛,在靠近希普和我站立的地方,皇帝的第十三个兄弟就命令他跪下,并以陛下的名义,要他立即充军去,去参加抵抗准噶尔头人策妄阿布坦(Tsoo-wang-ar-pat-tan)的战役。此外,还宣判他有重罪嫌疑,并且必须承担所有宣判后的有关费用。面对这个意外打击,不幸的勒什亨被吓懵了。

马国贤用"不幸的"三字,显然是暗示了对勒什亨的同情,是针对勒什亨拒绝朋友们建议他延期回来的忠告置若罔闻的惋惜。

  过了一会儿,他(勒什亨)才鼓起了勇气,卑谦地提出:他既缺乏军中生活经验,而且身体状况很糟糕,完全不合适去服这项兵役。他请求仁慈的陛下给予赦免。但是亲王完全懂得皇帝的意思,坚持这个命令,他回答说:"勒什亨,你最清楚朝廷的规矩,服从,不要多说,否则强制执行。"说完亲王转身就走了。勒什亨回到显然被搜查过了的家里,房子里的所有亲人都被拘禁了起来,大家知道了他的不幸消息,看见他回来后都极其惊恐。他躺在床上痛苦地哭泣的时候,他的仆人在为他准备出发的行装。第二天他就离开首都,到陕西充军去了。到达了目的地后,他被带到一个房子里,皇帝的一个兄弟也关在这里。这个亲王被怀疑向他违法地提供了资金去购买那些礼品,这些礼品过于豪华,任何私家个人都负担不起。
  虽然被分别关在不同的房间里,两个流放者却设法互相通信,卷入反叛活动,但最终败露了。他们两人都被上了镣铐,带回北京。
  悲惨的勒什亨受了三次大刑,他的腿被夹在两块木板之间挤压,木板压在一起的巨大压力,几乎要把他的骨头弄断。在此酷刑之下,他承认了自己有罪,但是没有牵连出亲王。他的招供被公之于世,在他招供书的底下,写着他的死刑宣判,是由礼部宣布的。
  朝廷判决勒什亨斩首,这在中国是非常耻辱的事情,就像欧洲的绞刑一样。但是皇帝没有批准这个判决,而是命令把他重新带回陕西。

这决非是雍正要对他施于仁政,而是更骇人听闻之残暴。

  于是他又被戴上了镣铐,不允许见任何家人,也不让任何仆人来照顾他。他到达目的地后,在一个喇嘛庙里被关了好几个月。最后他被告知,皇帝命令他自尽。刽子手打开了他的镣铐,给了一杯毒酒、一条绳子和一把短剑,就是没有留下食物,让他可以选择他喜欢的死法。第二天,刽子手回来,准备收尸,却看见他还活着。就敦促勒什亨必须马上执行死刑。勒什亨脱下镶满金子的盔甲大衣,送给这人以换取更多的时间。刽子手收下礼物,却跑到官员那里报告说他还没有自尽。又过了一天,发现他还活着,刽子手就用一包沙袋把他闷死了。此后,他的尸体被焚毁;悲剧还没有完:他的骨灰还要被随风飘散(焚尸扬灰)。[1]

  从以上马国贤目击所记大量的、触目惊心的介绍及他个人表露于中的情感态度与倾向看,能得出马国贤是认为康熙帝是正常病故,马国贤认为雍正是正常继位的历史结论吗?说雍正是暴君者,除了"民间传说""野史"外,还有如上众多当时在华的西方传教士的详细记载。至于说雍正是暴君,可一概归入"民间传说"政敌造谣乎?

  史景迁先生在耶鲁大学历史系任教时正式招收的第一位博士研究生郑培凯先生,在主编史景迁作品《雍正王朝之大义觉迷》之《总序》里感言:"即使是优秀的译本,也难免鲁鱼亥豕之误。"[2]

  翻译之难尽如意,岂圈外人所能体悟?笔者对李天纲先生译《清廷十三年》中导言部分的赞美与商榷,也欢迎所有读者包括李先生在内再予以批评指教之。

八、《朝鲜李朝实录中的中国史料》之诸多矛盾

  认为雍正篡位与认为雍正正常继位的人,居然都能从《朝鲜李朝实录中的中国史料》中找到佐证,足见《朝鲜李朝实录中的中国史料》中,其自相矛盾之处多多。

  据《朝鲜李朝实录》记载:"康熙皇帝在畅春园病剧,知其不能起,召阁老马齐曰:第四子雍亲王胤禛最贤,我死后立为嗣皇。"[3]然《朝鲜李朝实录》又记载,康熙六十一年朝鲜冬至行正使全城君李混等回国后向阳王报告雍正嗣位时说:"或

---

[1]《清廷十三年》,第107—108页。
[2] [美]史景迁:《雍正王朝之大义觉迷》,广西师范大学出版社,2011年,第13页。
[3] 吴晗辑:《朝鲜李朝实录中的中国史料》第11册,中华书局,1980年,第4378页。

称秘不发丧,或称矫诏袭位,内间事秘,莫测端倪,而至于矫诏,则似是实状。"[1]这两条史料,无论其内容还是观点,显然都是自相矛盾的。

如果前引史料确有此事,清代官方史书怎么会毫无记载?雍正帝本人又怎么会从不提起?即使雍正七年颁布《大义觉迷录》,内有雍正帝事隔多年后编造的隆科多与康熙皇帝三、七、八、九、十、十二、十三子共8人面谕接受传位旨意,其中也并无马齐。可知,康熙帝在畅春园召马齐并告之传位雍亲王云云,并无其事。

那么,李朝实录中康熙帝召马齐纯是凭空捏造?非也,事出有因。据笔者研究,虽查无实据,也事出有因。即,康熙六十一年十一月十三日(1722年12月20日)康熙帝临终前,是有满文遗言,且是有记录的。目前所见记录如下:"……若我能欢喜去了……雍亲王第四阿哥……人……贵重……我……很……像……大统……把……继位……坐说了……此谕旨……将……交付内阁。"[2]

"交付内阁"很可能就是交付给马齐。十一月十三日康熙帝满文遗诏文本,即海峡两岸目前所见满文康熙遗诏文本的文物原件,是康熙帝生前布置、制作并已经完成的满文康熙传位遗诏原件。这个原件,当时必然是完整的,至少,十三日至十四日必然是完整的,其上继位人的名字,必然是清楚明确的,诏书绝对不可能是残缺、断档,也绝对不可能在继位人的名字部分模糊,莫衷一是。康熙帝生前布置传位于谁,马齐应是知情人、明白人。若康熙帝确实传位皇四子,当雍正受到谋父篡位的攻击后,马齐理应站出来说话,更理应把康熙帝生前满文遗言记录本这张王牌拿出来,既是为雍正正名、为他洗刷谋父篡位的罪名骂名,也是为捍卫康熙帝的遗志得以澄清。

那么,既然马齐手中有这张王牌或是知情人,为什么始终不站出来说话?为什么始终沉默不语?他有必要沉默吗?雍正为什么能容忍马齐沉默。

以上,是对朝鲜李朝实录中的相关问题,结合最近几年相关研究不得不涉及的再研究,以供读者比较。除此之外,尚有几处再须深入讨论者。如,肃宗大王四十六年庚子(即清康熙五十九年,1720),九月丁丑,告讣使李颐命等抵沈阳,以沿路所闻驰启曰:"清主尚在热河,太子事依旧无他闻。燕中地震,屋宇颓陷,人多压死。西征之兵,屯戍多年,西鞑远遁,不得交战,病死相续云。"[3]

近年对此条引用者,多强调其中"太子事依旧无他闻"这一句,实在甚为表面化。

从康熙五十七年至五十九年(1718—1720),代其亲征的皇十四子、抚远大将军王胤禵(允䄉)独当一面,统领二十多万大军在西部负责政治、军事、宗教、民族

---

[1] 吴晗辑:《朝鲜李朝实录中的中国史料》第11册,第4485页。
[2] 金恒源:《雍正帝篡位说新证》,《史林》,2004年第4期,第123页。
[3] 《朝鲜李朝实录中的中国史料》第11册,第4352页。

事务已头尾三年。胤祯出征后,康熙帝在接见进京的青海蒙古和硕特部盟长亲王罗布藏丹津等时特别强调:"大将军王是我皇子,确系良将,带领大军,深知有带兵才能。故令掌生杀重任。尔等或军务,或巨细事项,均应谨遵大将军王指示。如能诚意奋勉,即与我当面训示无异。"[1]

康熙六十年(1721)大将军王胤祯返西宁前,是年九月,康熙帝特钦定御制《平藏功碑》碑文。据《卫藏通志》记载,此碑曾立于拉萨大昭寺前,后被雍正毁掉。康熙六十一年四月,皇十四子、大将军王胤祯重返青海时,康熙帝又特别御诗一首:"去年藏里凯歌还,丹陛今朝宴赏陪。万里辛勤瞬息过,欢声载道似春雷。"[2]

据朝鲜史料记载,康熙帝与皇十四子、抚远大将军途中分手时,"父子相对,亲赐玉玺以送。"[3]

康熙帝不仅于康熙六十年九月先为胤祯在拉萨立平藏功碑,还早早为胤祯返京亲自精选122匹御用马供其返京时使用。六十一年正月,即胤祯重返西宁前两个多月,又两次在乾清宫专为胤祯庆功"宴赏";不仅为胤祯庆功"宴赏",还令众大臣包括已退休的大臣、众皇子相陪。以上康熙帝所为,都是为树立、抬升胤祯威望。但是,这两次宴赏,又恰恰唯独没有四阿哥胤禛,而以祭祖扫墓作借口,将四阿哥胤禛调出宫外、调出京城。

在康熙六十一年四月初五日(1722年5月19日)"千叟宴"上,康熙帝作七律一首,最后两句是:"万机惟我无休暇,七十衰龄未歇肩。"[4]

康熙帝在专为胤祯庆功的御宴上,当着众多皇子、大臣乃至已经退休的六十五岁以上老臣们的面,公开表述"七十衰龄未歇肩"。当然就是在暗示他"歇肩"后,要把这副担子交给皇十四子胤祯。康熙末年这两次最高规格的重要场合,都未令四阿哥参加,已很能说明康熙帝的立储意志。但此举也极大刺激了四阿哥。康熙末年康熙帝《立秋在六月》的诗句:"庚伏虽云尽,依然六月中……杖藜西顾意,数问奏边功。"[5]康熙帝还曾一再向十四阿哥胤祯叮嘱"人心最为重要,你须将此日夜放于心上"。[6] 那么,胤祯又完成得怎么样呢?以上朱谕仅半年后,康熙五十八年七月,康熙帝就此作出了评价:"尔甚得土司、回子们之心,今后获益者多于汉人。朕之此言断勿使汉人闻之。"[7]对胤祯的工作进展,康熙帝甚为满

---

[1]《抚远大将军奏稿》,第42页。
[2] 王志民、王则远注:《康熙诗词集注》,《示平藏将士》,内蒙古人民出版社,1993年,第704页。
[3] 朝鲜史料《备边司謄录》,第73册,第252页。转引自金承艺:《胤祯,一个帝梦成空的皇子》,《近代史研究所集刊》第6期;杨珍:《满文档案中所见允禵皇位继承人地位的新证据》,《中国史研究》,1990年第3期,第162页。
[4]《康熙诗词集注》,第702页。
[5]《康熙诗词集注》,第717页。
[6]《康熙朝满文朱批奏折全译》,第1570页。
[7]《康熙朝满文朱批奏折全译》,第1404页,康熙五十八年七月初九日《胤祯奏闻四川总督年羹尧等献物折朱批》。

意。胤祯抵达庄浪后随即阅兵、调兵,康熙帝称赞:"办理得好。"[1]

　　康熙五十九年(1720)康熙帝虽未正式宣布新储君人选,但无论从他公开的,还是内部的谈话、态度与举措,他把权力、政绩的机会放给了谁,他把威望的树立投在了谁的身上,他对四阿哥说过要他把人心日夜放在心上这样的话吗?他对四阿哥说过要他成为志坚男子汉这样的话吗?从来没有!这个话唯一只对皇十四子胤祯(允禵)说过。

　　从当时宫内宫外、全国军民乃至边疆的舆论上,这个答案在当时,已是公开的秘密。朝鲜使节并不掌握以上内情,作出"太子事依旧无他闻"的记叙,余以为很正常。但综合各种史料后不难判断,康熙培养新太子一事,当时正在按部就班地稳步前进、稳步实施之中。

　　胤祯离京后,还有一份奏请人藏或取吐鲁番折。折中又透露出了另一个十分重要的信息,即:"臣出征前,蒙皇父训旨,出来以后,心内所虑者,皇父必将儿臣作为志坚男子汉。"[2]

　　可见,康熙帝说要选一个"牢固可托之人",是专针对皇十四子而言的。迄今为止,没有任何档案史料记载能证明,康熙帝要选一个"牢固可托之人"是针对皇四子所言。雍正称帝后,也并未直言"牢固可托之人"就是他,只是转弯抹角故弄玄虚、滑头滑脑笼统地说康熙帝说要选一个"牢固可托之人",故弄玄虚地暗示自己就是康熙帝要选的那个"牢固可托之人"。

　　雍正这么做,或篡改历史,并不奇怪。奇怪的是有些研究者完全只采信雍正的说法,并不顾及康熙帝的原话及对象,也不面对满文朱批奏折的文献事实,在毫无档案证据的情形下,即一再著书立说,宣传康熙帝所说的那个"牢固可托之人",就是皇四子雍正。并以朝鲜史料为证。而上述朝鲜史料称康熙帝对马齐道欲传位皇四子,康雍两朝又均无记载,雍正本人也从未公开直接举证提起,就连马齐本人也从未提起,足证此说不实,不可采信。

　　早在五十七年胤祯未离京出征前,胤祯在皇父必将儿臣作为志坚男子汉之后,又当即表示:"我虽遵旨能坐而建功,亦多羞耻……若不能令父喜悦,虽有功名,超越古人,有何希罕,有何体面?臣不为功名效力……为子之人,以父母之心为心……若坐享其成,继承之事,我今世断不承受……"[3]

　　很显然,"牢固可托之人"同"继承"直接有关,但胤祯不愿意坐享其成。"若坐享其成,继承之事,我今世断不承受。"联系到康熙要其日夜把人心放在心上,务使成为志坚男子汉,这个"继承之事",除了皇位继承,还有其他解释吗?胤祯

---

[1]《康熙朝满文朱批奏折全译》,第1373页,康熙五十八年三月初五日。
[2]《康熙朝满文朱批奏折全译》,第1358页,康熙五十八年正月十九日。
[3]《康熙朝满文朱批奏折全译》,第1359页,康熙五十八年正月十九日。

不肯遵旨坐而建功，他一定要通过政绩，通过人心所向，通过建功立业来证明自己是志坚男子汉，来证明自己名正言顺、理所当然、众望所归地继承。

通过以上满文原始档案及朝鲜史料的举证、质证，当下许多仍在宣传康熙帝晚年始终未明确接班人选，或云临终指定皇四子继位，何其苍白无力？

朝鲜李朝实录中的诸多矛盾之处，不仅表现在内容上，也表现在对中国的矛盾心态上。而且，朝鲜李朝实录中内容的诸多矛盾，同对中国的矛盾心态，是紧密相关的。

例如，其中云："盖城门失火，殃及池鱼，此德秀之所深忧……大抵中国有事之日即我国受弊之兆也。康熙既没之后，祸乱之作，十居八九。内乱既作，而或他敌复生，或真人始起，则彼不可仍据中土，必以宁古塔为巢穴。夫山海关之外，东北距沈阳，沈阳西北皆蒙古地方，蒙古若乘其残衅，以一部截其归路，则彼进不得达于宁古塔，退不得复入山海关，其势或迸于凤凰城，或南出于金、复州，或出于暖阳。金、复州与我宣沙浦相对，暖阳则是我西塞江边七郡对冲之地。若自此取路掠得清北诸郡，直由薛罕岭由咸镜道复渡豆满而北，则可达于长白山之侧，而为宁古塔之捷径，此即向年胡差穆克登所觇处也。此其一可忧也。假令彼人无中路遮绝之患，顺归宁古塔，彼之境界，先春岭以南，与我北路烟火相望，一带豆满江略限彼我界而已。至若茂山、甲山之间，直是空荡荡无人之地，而路接南关，最为捷径。万一有忧，将何以制之？此其二可忧也。今何可只以骚扰为虑，不为警动振作乎？"[1]

一方面，"中国有事之日即我国（朝鲜李朝）受弊之兆"，另一方面，"中国有事之日"也想趁火打劫、火中取栗，掠我"长白山之侧"。这已远不是"城门失火，殃及池鱼"，而是对中国别有用心、不怀好意了。

又如，"大臣备局堂上请对入侍，领议政赵泰耆萄曰：'胡皇意外丧逝，讣勅将至……，且彼国不豫建太子，似必有五公子争立之事。彼若有事，我国亦难免延及之患，岂可不深忧而预虑哉。'"[2]

请注意，朝鲜使节当时在京城、在宫内外所闻并向国王汇报中，康熙帝不是突发不治，不是普通的突然死亡，而是意外丧逝。什么意外？没有细载。也许，某些详细的口头细述不敢或尚不能定论故尔未记，怕得罪新皇帝。但朝鲜使节当时所记康熙帝意外丧逝，这与当时许多欧洲传教士所记无人料到康熙帝这么快死去，是不谋而合，是完全一致的，也是值得重视的。

又如"乙卯，谢恩使全城君混等入彼境，驰启曰：入送军官于凤凰城，探问勅奇，因甲军马姓人闻之，则皇帝去月十三日崩逝，十五日第四子即位，十六日发

---

[1]《朝鲜李朝实录中的中国史料》下编卷七，第4375页。
[2]《朝鲜李朝实录中的中国史料》下编卷七，第4374页。

丧,勑使当于三十日间到凤城云矣。我国每以胡皇死必有变乱为虑,及见此状启,崩逝日子与湾尹所报相左,勑行又过期不来,人皆疑惧,都民有骇散之心,而西路尤甚云。"[1]

朝鲜使节当时所记,"人皆疑惧,都民有骇散之心",与意大利传教士马国贤亲自目击的十三日康熙帝崩逝当晚的恐怖气氛及第二日大内大殓时的恐怖气氛,也是不谋而合,也是完全一致的。但增加了一条细节——康熙帝崩逝日子与湾尹所报相左。

值得注意的还有如下一句:"其夜以肩舆尸还京城,新皇哭随后,城中一时雷哭,如丧考妣。"[2]这个肩舆,当是指人抬的轿子无疑。康熙帝既已死,为什么不是用马车载其平卧着走,竟让其坐轿子走?新皇哭随后,为什么没有其他年长皇子如三阿哥、五阿哥、七阿哥、八阿哥、九阿哥、十阿哥、十二阿哥,唯独只有十三阿哥(据雍正朝官书所载)?

余一直怀疑、不相信十三日深夜转移康熙帝遗体时有十三阿哥参加。理由有三:

第一,十三阿哥在以上8人中年资最小,何以8个弟兄中年资最小者倒是参加护送遗体,年长兄弟反而无一人参加?

第二,以上8位弟兄中,除十三阿哥无爵位外,其他7位弟兄都有爵位。最高的是亲王,还有郡王、贝勒、贝子。何以亲王、郡王、贝勒、贝子都未参加护送遗体,反而毫无爵位、职务的十三阿哥参加护送遗体?于情于理都说不通。

第三,十三阿哥是被康熙帝关押时间最长,最后释放者。仅此一条,就不可能独由十三阿哥参加护送遗体,其他年长有爵位皇子反而全部拒之门外之理。故,所谓十三阿哥参加护送遗体,在当时那么紧张的情形下,决无可能。这纯是雍正事后编造伪史的门面需要,是为遮人耳目需要。然毕竟还是露出了马脚。即使当时十三阿哥真的参加了护送遗体,三阿哥、五阿哥、七阿哥、八阿哥、九阿哥、十阿哥、十二阿哥中为什么无一人参加?据笔者研究,康熙帝遗体由隆宗门进入乾清宫时,张廷玉竟然早已在乾清宫匍匐跪接。为什么康熙帝临终时刻三阿哥、五阿哥、七阿哥、八阿哥、九阿哥、十阿哥、十二阿哥都在畅春园内,却无一人在康熙帝临终现场?为什么转移康熙帝遗体时以上众多皇子也并无一人在现场?为什么康熙帝遗体由隆宗门进入乾清宫时,不是众多皇子跪接,而是张廷玉在乾清宫匍匐跪接?须知,从后来事态发展过程分析,篡改并伪造康熙帝传位诏书的"有功之臣",正是张廷玉。

至于将康熙帝遗体不用棺木、也不用马车,不仅让康熙帝死后仍要吃苦受

---

[1] 《朝鲜李朝实录中的中国史料》下编卷七,第4375—4378页。

[2] 《朝鲜李朝实录中的中国史料》下编卷七,第4378页。

罪,更是雍正秘而不宣的政治需要。所谓秘而不宣,是指对都在畅春园内的三阿哥、五阿哥、七阿哥、八阿哥、九阿哥、十阿哥、十二阿哥秘而不宣康熙帝之死的消息。"以肩舆尸还京城",可以不事声张,可以秘密进行。凡此种种,不是秘不发丧,又是什么?

有人说,雍正继位没有阴谋,是正大光明,是名正言顺。请问,以上一连串行为,是正大光明?是名正言顺?不是阴谋?是正常继承需要?如果雍正确系正常继承,用得着如此诡诈、如此见不得人吗?

然李朝实录又说,"十三日丧出,十五日发丧,十九日即位。其间日子虽多,此非秘丧也,新皇累次让位,以致迁就。即位后处事得当,人心大定。"[1]

"此非秘丧"四字,颇具讽刺意味。"新皇累次让位"六字,则更颇具讽刺意味。四阿哥韬光养晦、蓄势待发非止三年五载,怎么可能存在"让位",还"累次让位"?若真有"累次让位"一事,官书怎么会只字不提,雍正又怎么会大肆渲染?至于"人心大定"四字,看四阿哥生母、皇太后大闹乾清宫,事事处处令新皇被动难堪之状,看四阿哥众弟兄对其继位之愕然、之质疑、之厌恶,看康熙帝身边太监之惨状、之恐怖,与其说人心大定,不如说刀光剑影,高压之下更为准确。

下面这个记载,更为令人发笑,"辛丑,清使额和纳、广福入京,颁雍正元年朔。上迎勅于西郊,还宫,受勅。接见时,上(新皇)勅额和纳胡叫乱语,摇头挥手,举止乖常,见者骇之"。[2]

这真是闻所未闻、见所未见。新皇帝雍正为什么要对朝鲜使节额和纳摇头挥手,举止乖常,令人骇之?是不是雍正接到耳目所报,朝鲜使节对雍正继位过程的议论,令雍正大为恼火?因为朝鲜使节针对雍正继位确曾有过"或称秘不发丧,或称矫诏袭位,内间事秘,莫测端倪,而至于矫诏,则似是实状"的报告,雍正帝当面对其咬牙切齿,歇斯底里,胡叫乱语,也就一点也不奇怪了。否则,就不是雍正帝了。

但朝鲜使节或政府似乎并不因为雍正帝大为恼火、声色俱厉,就收回前见。之后,到雍正元年又再次提及:"九月癸未,进贺正使密昌君樴复命……丙戌,密昌君樴奏:'雍正继立,或云出于矫诏,且贪财好利,害及商贾。或言其久在间阎,习知民间疾苦,政令之间,聪察无比。臣亦于引见时观其气象英发,语音洪亮,侍卫颇严肃。且都下人民妥帖,似无朝夕危疑之虑矣。'"[3]

如果说,康熙帝刚去世时,朝鲜使节汇报国王"或称(雍正)矫诏袭位,似是实状",重心还只在一个"似"字上,到雍正元年,经过朝鲜——沈阳——北京——紫

---

[1]《朝鲜李朝实录中的中国史料》下编卷七,第 4378 页。
[2]《朝鲜李朝实录中的中国史料》下编卷七,第 4380 页。
[3]《朝鲜李朝实录中的中国史料》下编卷七,第 4387 页。

禁城宫廷的多次往复与打探，终于采信了"雍正继立，或云出于矫诏"，并再次将这个情况向国王作了奏报。并奏报了雍正贪财好利，害及商贾的问题。

雍正十三年（1735），朝鲜大正十一年正月甲戌，副使朴文秀言："清皇为人自圣，多苛刻之政，康熙旧臣死者数百人。置五星御史，讥察朝臣，故人皆惴惴。殖货无厌，怨声载道。年近六十，不立太子，其势不久，然则将为我忧。"[1]

如果单从事实现象上看，对于雍正即位后的新气象，朝鲜使节也并未全盘抹杀。如"为人自圣""多苛刻之政""人皆惴惴""殖货无厌""怨声载道"都是当时现状之实录。"其势不久"四字，也道出了朝鲜对雍正帝这个人，对雍正帝执政施政之不满。"其势不久"四字，也道出了朝鲜希冀早日结束雍正帝的执政施政之愿望。雍正帝果然其势不久，是年八月（农历），雍正帝的执政施政理念、方法与手段，随着雍正帝的暴亡，都结束了。

李朝实录中对雍正帝时而揭露，时而赞美，褒贬不一的矛盾态度，既是游离于相邻大国矛盾心态的真实反映，也是对雍正帝这个人物的真实刻画与记载。

下面这个记载，也真实反映了雍正帝这个人物在皇子、皇帝身份变化初始阶段，思想变化的真实记录："己卯，陈慰正使砺山君枋、副使金始焕行到沈阳，以道路所闲驰启曰，康熙皇帝升遐翌日，急马通讣于十四王，而使同征之宗室公延新（信）代领其众。又使以陕总督年羹尧协助军务，十四王则拨马还京。"

又曰："康熙皇帝子女众多，不能偏令富饶，诸子女受赂鬻官，若漕总盐务等职，随其丰薄而定赇多少。且于京外富民之家，勒取财产，多至数十万，小或累万金，而田园人畜，亦皆占夺，人或不与，则侵虐万端，必夺乃已，而不禁。新皇帝亦尝黩货致富，及登大位，前日所占夺者，并还本主，而勅谕诸昆弟曰：朕在邸时，虽不免夺人利己，而未尝伤害人命。他余昆弟则杀人伤人，朕甚悯之。朕既悔过改图，诸昆弟果有贫穷者，则户部之物，系是经费，朕不敢私用；而内库所储，可以随乏周给。尔等所夺民财，限一年并还其主。若久不还，致有本主来诉，断不以私恩贳之也。"又谕廷臣曰："朕久在间阎，稔知官吏之善恶，某也廉，某也贪，闻之亦详，宜可斥退，而朕姑含容以开自新之路，各自勅励，以遵朕旨，当擢用。如不然，复蹈前习，当以法重勘，当其时无谓朕少恩也。"[2] 这段话虚虚实实、真真假假。以四阿哥之凶狠，他在巧取豪夺、强横霸道上决不会比其他兄弟心慈手软。所谓"朕在邸时，虽不免夺人利己，而未尝伤害人命"，不过是美化自己而已。

再则，那已是四阿哥皇子时代之事。身为皇帝后，他已不需要通过去民间社会经商来巧取豪夺、强横霸道。或许，他要通过抑制众兄弟、贵族集团的贪得无

---

1 《朝鲜李朝实录中的中国史料》下编卷七，第 4477 页。
2 《朝鲜李朝实录中的中国史料》下编卷七，第 4382—4383 页。

厌,会给国家带来负面影响,或尾大不掉给皇权形成威胁,要果断结束或限止这种现象。

不管怎么说,这毕竟也是历史多少有点进步的表现,也是他欲有所为的表现之一,仍应当给予肯定。

第十章　雍正帝骂名之根本原因：人心所向

雍正帝的骂名本来是个存在了近300年的历史事实，现在搞成了一个理论争议话题。争议的核心是：雍正帝的骂名应不应该存在？即，雍正帝骂名的理由与事实究竟存在与否？或者说，这些骂名对雍正帝而言，究竟冤屈不冤屈？产生雍正帝骂名的主要原因或云根本原因是什么？

历史上凡有志搞改革的历史人物，无非是成功与失败两种结局。因改革失败而遭骂名的，北宋宰相王安石即是一例。王安石改革之所以失败，并非其思想落后，而在于其主客观条件不符。"天变不足畏，祖宗不足法，人言不足恤"，这三句话其实并不是王安石本人所说，却很符合他的思想。[1] 三不畏的思想，在当时，无疑是比较先进的思想。

20岁时的青年毛泽东曾评论王安石改革："（王安石）可谓有专门之学者矣，而卒以败者，无通识，并不周知社会之故，而行不适之策也。"[2] 司马光将王安石事业之败与人品高下作了区分："人言安石奸邪，则毁之太过；但不晓事，又执拗耳。"[3] 这与黄庭坚的以下观点相同："余尝熟观其（王安石）风度，真视富贵如浮云，不溺于财利酒色，一世之伟人也。"[4] 据明末冯梦龙纂辑的《警世通言》，有《拗相公饮恨半山堂》，写王安石变法失败告老还乡时，沿途所见所闻，都是百姓对他变法的不满和怨愤，因之抑郁、悔恨而逝。

总之，王安石改革之失败，既有统治集团内部的矛盾与分歧或曰阻力等内部原因，又有改革时机与时代环境条件不能契合的外部原因。

雍正帝不仅主张改革，且执政前期十分勤政，又刚毅严猛，用当下许多研究者之观点，雍正帝改革成效卓著。又是十分勤政，又是成效卓著，如此，则雍正帝的骂名从何而来，又为何会滚滚不断、绵延300年之久呢？

有研究者认为，"雍正的留下骂名，主要不在他本身的过错，而是他的对立面所造的舆论及其影响，也有后世与他持有不同政治观点的人对他不断批评

---

[1] 杨仲良：《皇宋通鉴长编纪事本末卷第五十九·神宗皇帝·王安石事迹上》。
[2] 中共中央文献研究室编：《毛泽东年谱》上卷，中央文献出版社、人民出版社，1993年，第19页。
[3] 黄以周等：《续资治通鉴长编拾补·卷五》。
[4] 黄庭坚：《跋王荆公禅简》。

的结果。"[1]这种观点认为,雍正留下骂名的主要原因,与雍正本人无关,主要是雍正帝的政敌造谣攻击与民间野史流传之故,即主要原因在外部。而且,"当时人的许多指责不合情理,它只反映了被整的那部分人的情绪,并不值得同情和深信。"[2]

之后,冯先生又将雍正骂名的深层次原因归纳为三条:"其一,受罚者的怨恨。其二,储位之争的后遗症与世俗同情弱者的观念相结合。其三,改革政治和严猛的方针政策造成的。"[3]

冯先生认为,以上这些就是雍正帝骂名的深层次原因。

然,在笔者看来,以上各条都并不是雍正帝骂名产生并流传的根本原因。与冯先生归纳主张的雍正帝骂名主要原因为"外部说"相反,笔者认为,雍正帝骂名的主要原因在于雍正帝自身,在于雍正帝自身的言、行,即,雍正帝骂名的主要原因在于雍正帝自身的内因上;冯先生所说的种种外部原因,无一不同雍正帝自身的言、行这个内因互为因果。内因才真正是雍正帝骂名产生的深层次原因。

要之,雍正帝的政敌对雍正帝造谣攻击,无论其人数还是其能量、强度,能胜过雍正朝国家机器自上而下、铺天盖地的宣传能量、宣传强度吗?雍正帝本人伶牙俐齿,能言善辩,权术更是炉火纯青,他对政敌禁锢、镇压之手段更是令人生畏,怎么会在社会舆论上处于下风?再者,雍正帝的政敌基本上都早在雍正朝前期就已被严厉镇压或遭"天诛"、或被终身监禁,早已失去人身自由。这些早已死去或早已失去人身自由之人,怎么可能左右、操控当时全国的社会舆论、并且能长达数百年之久?冯先生所说的怨恨雍正帝的政敌、确实存在。当雍正帝暴亡,乾隆帝登台后,雍正帝的政敌也好、怨恨者也好、严猛的方针政策造成的损失者也好,都应不复再存在。储位之争的后遗症,与广大老百姓又有何利害关系?与外国使节、外国在华传教士又有何利害关系?他们的绝大多数,也并未站在雍正帝这一边。因此,冯先生的"外部原因说"并不能真正解决雍正帝骂名产生的深层次原因。

再者,近300年来,雍正帝身上的骂名,也并非全是民间流传,300年来还有那么多当时在华的西方传教士目睹之纪实,还有那么多中国专家学者一代一代的研究考证成果。那么多专家学者的考证及研究成果,也全都是受了雍正帝政敌影响之结果吗?也都可以归入民间流传乎?

又说,骂名是世俗同情弱者、同情失败者所致。若论失败者,康熙朝储位斗争中,最早、最大的失败者是二阿哥允礽。允礽一出生,即无母(母后因难产而

---

[1] 冯尔康:《雍正传》,人民出版社,1985年,第584页。
[2] 冯尔康:《雍正传》,第585页。
[3] 冯尔康:《雍正帝》,中华书局,2009年,第184—186页。

死)。允礽2岁就被封为太子,自此当了37年,近40年太子。允礽不仅长得一表人才,在康熙帝离京期间,经常在宫廷代理国政。无论在血统上(嫡子),在年龄上(38岁),在从政经验上,在组织上(已结有太子党),与众兄弟相较,他都处于绝对优势、无人能敌。却终于二立二废,被软禁终身并死于居所。若按所谓世俗同情弱者、同情失败者理论,舆论应倾斜在二阿哥允礽一边才对。然,这种舆论同情,终康熙一朝并未出现,至雍正朝结束也未出现。

又说,是雍正帝的严猛政策造成的。明代朱元璋反贪,不仅严猛,几近残酷。然,舆论并未同情被剥皮、被充草的被示众者。世人也并未因朱元璋此举太严猛,而谴责朱元璋。

看来,以上解释,都解决不了雍正帝骂名的深层次原因。至少,雍正帝骂名主要为外因构成说尚不能令人真正信服。

在雍正帝的严厉高压与国家机器大张旗鼓铺天盖地的政治宣传下,社会舆论仍不在雍正帝一边;甚至在雍正帝的封官许愿金钱诱惑下,许多官员仍拒不接受雍正帝的官家宣传,仍接受"他的对立面所造的舆论",这实际上是人民大众已作出的是非判断和政治选择,是时代社会与历史选择的反映,归根到底,是人心所向的结果。

一、骂名由内而外的传播

(一) 从皇室内部由内而外

雍正帝骂名的产生,从其产生之过程看,并非首先是因其改革政治和严猛的方针政策造成,也并非首先是民间传说,首先它的最早出现是统治集团内部、皇室内部由内而外的传播产生的。早在雍正帝尚未正式即位施政,其政治改革和严猛的方针政策尚未有任何一条出台,从康熙帝一死,对雍正帝的骂名就产生并传播开来了。这说明雍正帝的骂名与其改革和严猛等并无直接的首要的关系。至少,骂名产生最初始时,与所谓进行改革和政策严猛等并无直接的首要的关系。

为什么雍正、乾隆、嘉庆、道光等祖孙四代连续执政128年都未能扭转雍正帝骂名,甚至雍正帝骂名的社会舆论几乎长近300年仍未能解决?这个历史事实本身和历史过程本身都已足可说明,雍正帝骂名的产生与长久,实质上是一个人心所向问题。

雍正帝虽然可动用全部国家机器反复宣传,也搞了许多"史料"以"举证",但广大人民群众仍不买账、不肯信、不肯接受。归根结底,这是人心所向决定的,不是雍正帝的几个政敌所能决定的。

康熙帝逝世于康熙六十一年十一月甲午十三日晚戌刻(1722年12月20日

下午7—9时)。当时,三阿哥、七阿哥、八阿哥、九阿哥、十阿哥、十二阿哥等年长皇子都在畅春园内,还有六位大学士、大臣也都在畅春园内,居然无一人知晓康熙帝逝世,也并无一人在现场,这是极不正常的;当晚将康熙帝从畅春园内向紫禁城转移,以上雍正帝的众多兄弟与六位大学士、大臣也无一人知晓,无一人参加。这也是极不正常,极不符合正常情理的。十一月十四日晚在乾清宫突然举行康熙帝大殓,四阿哥突然在乾清宫以新皇帝身份指挥一切,众兄弟面对这突如其来的两件大事毫无思想准备,遂产生怀疑、抵触情绪,四阿哥谋父、篡位骂名油然而生。这同冯先生所归纳的"受罚者的怨恨""储位之争的后遗症与世俗同情弱者""改革政治和严猛的方针政策"这三条都毫无关系。

在康熙六十一年十一月十四日(1722年12月21日)晚乾清宫康熙帝大殓之前,四阿哥同众兄弟的关系相当好,至少表面上是如此。在康熙六十一年十一月十四日晚乾清宫康熙帝大殓之前,四阿哥同众兄弟的争储,是背靠背、各自活动,并不存在公开矛盾和斗争。也更不存在如冯先生所说的"不同政治纲领"的斗争。[1] 康熙帝连皇子争储都严令禁止,视为违法,怎么会允许皇子有冯先生所说的"不同政治纲领"? 四阿哥的"政治纲领"是什么? 在哪里?

十一月十三日晚将康熙帝从畅春内向紫禁城转移,十一月十四日晚乾清宫康熙帝大殓,根据中外史料记载与揭露,都是在武力支持下、都是在恐怖气氛中进行并完成的。在以上形势下,无论四阿哥是否真的存在谋父、篡位,对其谋父、篡位之骂名随即产生,是很自然、也是很必然的事。在当时形势下,众兄弟不对四阿哥产生谋父、篡位之疑问和骂名,可能吗? 将四阿哥谋父、篡位之骂名简单归之于政敌造谣攻击或同情失败者,客观公平吗?

雍正帝谋父、篡位的骂名首先是从皇室内部由内而外传播,而且,完全是因为四阿哥全部的一系列不正常、不合情理、不合程序的言行所产生,这样分析,是否更接近当时之历史事实呢?

(二) 从宫内到宫外,从京城到内地

雍正帝谋父、篡位的骂名,从康熙帝逝世的第二天就开始了,地点就是紫禁城乾清宫。四阿哥纵然有天大的本事,又怎能封住宫内所有人之口?

在雍正七年(1729)雍正帝钦定的《大义觉迷录》中,就有

> 据广西巡抚金𫓧奏报,有造作逆语之凶犯数人,陆续解到。讯据逆贼耿精忠之孙耿六格供称,伊先充发在三姓地方时,于八宝家中,有太监于义、何玉柱向八宝女人谈论:圣祖皇帝原传十四阿哥允禵天下,皇上(四阿哥)将

---

[1] 冯尔康:《雍正传》,第49页。

"十"字改为"于"字。又云：圣祖皇帝在畅春园病重，皇上（四阿哥）就进一碗人参汤，不知何如，圣祖皇帝就崩了驾。皇上就登了位。随将允禵调回囚禁。太后要见允禵，皇上大怒，太后于铁柱上撞死。皇上又把和妃（二阿哥女人）及其他妃嫔，都留于宫中等语。又据达色供，有阿其那之太监马起云向伊说：皇上令塞思黑去见活佛，太后说："何苦如此用心。"皇上不理，跑出来。太后甚怒，就撞死了。塞思黑母亲，也即自缢而亡等语。又据佐领华费供称，伊在三姓地方为协领时，曾听见太监关格说，皇上气愤母亲，陷害兄弟等语。

……八宝乃允䄉都统时用事之鹰犬……何玉柱乃塞世黑（九阿哥）之心腹；太监关格系允禵亲给之太监；马起云系阿其那之太监；其他如允禵之太监马守柱，允䄉之太监王进朝、吴守义等，皆平日听受阿其那等之逆论，悉从伊等之指使。是以肆行诬捏，到处传播流言，欲摇惑人心，泄其私仇。昨据湖南巡抚赵弘恩等一一查出，奏称：查得逆犯耿六格，吴守义、达色、霍成等，经过各处，沿途称冤，逢人讪谤。解送之兵役，住宿之店家等，皆共闻之。凡遇村店城市，高声呼招，你们都来听新皇帝的新闻，我们已受冤屈，要向你们告诉，好等你们向人传说。又云：只好问我们的罪，岂能封我们的口！等语。[1]

这就证明，雍正帝谋父、篡位的骂名，是从宫内传到宫外的。其中，有一些是失实、走样、变形了。如，"塞思黑母亲也即自缢而亡。"

传言中失实、走样、变形，是流传中正常现象，因为它毕竟是流传。但同凭空捏造造谣，应有所区别。康熙帝一度将起居注官笔帖式停掉，就因为在记录、传达中，有按个人主观领会不一而致失实、走样、变形之误。起居注官笔帖式在记录、传达中尚且会有走样之事，苛求流传不得有任何不走样，否则就属造谣，也并不公平。

雍正的母亲、皇太后也曾领养过九阿哥（塞思黑）。皇太后很有可能是自杀身亡。宫内流传太后甚怒，就撞柱而死、或自缢而死，这都属于细节。关键是太后是不是自杀了，是不是自杀身亡了。将太后自杀传为"塞思黑母亲也即自缢而亡"，因九阿哥（塞思黑）也称乌雅氏为母后，所以，这个细节有误，并不是关键所在。关键所在是，"皇上气愤母亲，陷害兄弟"是不是确有其事。

从康熙帝众多皇子原太监们"只好问我们的罪，岂能封我们的口"的语句看，从他们宁死无惧、誓死要揭露"新皇帝的新闻"看，从"我们已受冤屈，要向你们告诉，好等你们向人传说"看，从他们所揭露的内容看，与完全无事生非造谣攻击，也并不是一回事。

如果他们完全是在无事生非造谣攻击，押解他们的兵丁，为什么不予阻止？这些圈内的消息灵通人士们宁死无惧也要揭露"新皇帝的新闻"，是不是多少已

---

[1]《大义觉迷录》。

取得了押解兵丁的同情之结果?

从广西巡抚金共给雍正帝的奏折中可知,康熙帝众多皇子原太监们宁死无惧要揭露"新皇帝的新闻",并非雍正七年才开始,"雍正四年十二月间准咨太监一名刘应试,又五年十月间准咨太监一名米儿,或为悖逆之语、或为怨望之语。"[1]

雍正帝的专政机构,怎么能容许这些人在雍正四年沿途造谣呼叫,直到雍正七年仍在明目张胆地故伎重演?

在雍正帝给湖南巡抚王国栋的朱批中可知,对于从京城宫内流放到广西的这帮原康熙朝阿哥们太监寄予同情的,不仅是押解他们的士兵,还有地方大员。

> 朱批:你地方上百姓如此风习而不能觉,知而不肯奏闻,他处发觉特命钦差来究审,而又不能将此等一类匪物究出,今从京指名交与你数人审究,原为恐奸民闻风远扬,方着你就近作速设法诱问,今但将此已经问出口供而令彼此推卸、耽延时日,总不能体察其出之谁口,亦可谓才德兼全、忠诚任事之巡抚矣,此卡人犯自然亦解京审问者,再究问出他人自然亦在你地方,只须必还有几名人犯来方可也。
>
> 至陈帝西传播流言一案,臣将得自何人之处设法诱问,委曲开导,刑讯数次,总不能实供得自何人,复发按察司郭朝祚、护岳常道孙元、署长沙府知府杨辅臣分别研讯,朱批:胡说,溺职之极。[2]

雍正帝发火"你地方上百姓如此风习而不能觉",说明已不止是几个雍正政敌在沿途造谣,而且已成"地方上百姓如此风习",作为巡抚"而不能觉",更严重的是"知而不肯奏闻"。巡抚大员与押解他们的士兵一样,居然对恶毒攻击当今皇帝的现行"知而不肯奏闻"!? 这也是雍正政敌之罪之过乎? 雍正帝怒斥为"溺职之极",笔者以为是人心之所向,可乎?

从该案奏折看,涉案地域已从宫内到京城,从京城扩大到陕西、广西、浙江、湖南、湖北、安徽,此岂是雍正四年(1726)就被雍正帝毒死的八阿哥、九阿哥等几名政敌所能为之? 若八阿哥、九阿哥几名手下太监流放途中沿路呼喊就能战胜雍正帝政府的御制钦旨,又岂不是有力表明了人心之所向?

(三) 从中国到外国

史景迁先生揭露:"清末(1899),当时流亡日本的中国维新人士无意间发现了《大义觉迷录》抄本";"清末留学日本的革命党人发现此书,结果书中暴露清朝皇室

---

[1] 《清代文字狱档》第九辑,《曾静遣徒张倬投书案》,上海书店出版社,2007 年,第 563 页。
[2] 《清代文字狱档》第九辑,第 567 页。

的权力斗争,以及吕留良、曾静反满言论,又成为革命党人攻讦清廷的材料。"[1]

雍正帝钦定的《大义觉迷录》不仅在京城,也不仅在国内,还竟然流传至东瀛日本,这还竟然成为革命党人攻讦清廷的材料,是雍正帝、乾隆帝当初未曾料到的吧?

二、骂名自上而下的扩大与热播

雍正七年,雍正帝出版钦定《大义觉迷录》,所有国家官员及赶考者人手一册。雍正帝下令:"通行颁布天下各府州县远乡僻壤,俾读书士子及乡曲小民共知之。""此书因而广行天下,一时人尽皆知。雍正自逞笔舌之能,撰文辟谣的结果,反倒弄巧成拙,非但未能端正视听,竟引起天下之人竞相窥视宫廷斗争。"[2]

这个致"天下人皆知"之局面,"是他的对立面所造的舆论及其影响"吗? 不是,是雍正帝自己一手造成的,是雍正帝在全国强推《大义觉迷录》人手一册,读书士子及乡典小民共知之而造成的,是雍正帝自己越描越黑的结果。

雍正帝下令"颁布天下各府州县远乡僻壤",如此规模与力度,远比几个政敌在宫内极有限范围埋怨传播,不知要强过多少倍。至于"后世与他持有不同政治观点的人对他不断批评",这同雍正的对立面已是两回事,已是两拨人。他们实际上充当了甲乙两方中间的仲裁方。广大人民群众及历史研究者反而从《大义觉迷录》中发现了雍正本人所言的更多破绽和更多宫廷内幕。雍正帝骂名的扩大热播,实是由雍正帝自身的行为造成,是他勒令自上而下全国范围将《大义觉迷录》大力宣传却越描越黑、弄巧成拙的结果,这才是雍正帝骂名流行全国、迅速传播的主要原因。八阿哥、九阿哥等几名流放的太监,何来这么大的能量? 何能历史这么长久?

有人为其辩护,将之归结为"言多必失",笔者也不敢苟同。《大义觉迷录》之失,不在于雍正帝"言多",而在于也"言而不实",在于雍正帝不诚实、不真实——尤其是涉及父子关系、母子关系、兄弟关系、继位过程部分。雍正帝关于华夷之辩的部分,用词造句也很多,并无什么"言多必失"。非但没有"言多必失",而且,说得相当出彩。为什么? 因为他的情是真的,他的话也是真的。从不见有人对此提出质疑和批评。可见,广大人民群众及历史研究者,是能够辨别真伪的。

广大人民群众及历史研究者,都并非雍正帝政敌同党,他们的智商也未必低

---

[1] [美]史景迁:《雍正朝之大义觉迷》,广西师范大学出版社,2011年,第5页、第259页。
[2] [美]史景迁:《雍正朝之大义觉迷》,广西师范大学出版社,2011年,第259页。

于帝王。广大人民群众及历史研究者正是从雍正帝大量言不由衷、言而不实中，进一步增大了雍正帝与人民群众之间的信任危机。归根结底，这仍是人心所向决定的，并不是雍正帝的几个政敌所能决定的。

三、违背儒家传统价值观

中国儒家传统文化及这个文化孕育的价值观，在中国已经扎根了几千年。它不因改朝换代而改变，也不会因某个帝王的强权政治、高压手段而改变。任何人，如果冒犯了、跨越了这条底线，就会被人们所不齿。冒犯者的地位越高，名声越大，对人民的压制越大，被人们所不齿的反弹强度也就越大。加上清代帝王是满洲贵族，而汉族文人学士又视满人为夷族，视满人统治为夷族统治。这种民族文化心理犹如催化剂和膨胀剂，将中国儒家传统文化的价值观在面对思想压制中，反而会更强烈，表现得更坚强。

例如，在中国儒家传统文化及这个文化孕育的价值观中，忠孝与诚信是两个重要原则。而在广大人民群众及历史研究者看来，雍正帝恰恰冒犯了、跨越了这两个重要原则，这两条重要底线。这是雍正帝大失人心，社会舆论长期以来对其不利的主要原因。

那个远离京城，地处湖南穷乡僻壤、年纪50岁左右的一介书生曾静，同雍正帝政敌死党毫无瓜葛。曾静罗列的雍正帝11条罪状："谋父、逼母、弑兄、屠弟、贪财、好杀、酗酒、淫色、诛忠、任佞。"[1] 完全、全部冒犯了、跨越了中国儒家传统文化及这个文化孕育出的价值观中的忠孝与诚信这两个重要原则。雍正帝长期以来骂名滚滚而来，根源在此。尽管雍正帝说"君不可谤"（原句为"君上尚可谤议乎"）[2] 广大老百姓却不依不饶，与之对抗，仍骂名不绝。

在中国儒家传统文化中，百善孝为先。"事父母能竭其力。"[3] 儒家传统文化要求并规定事奉父母必须竭尽其力，一个连自己父母都不能尽孝的人，怎能相信他会为天下人效力？同时，儒家传统文化又指出并批评"色取仁而行违"，如果一个人只是在表面上装作仁厚样子，实际所为完全与仁义背道而驰，此乃虚伪不齿之行，为正人君子所不取。

雍正帝在这个问题上，翻手为云、覆手为雨，每每言行不一，反而引起了人们普遍反感。例如，他一会儿自认"不敢自谓尽孝"。[4] 一会儿又说，"诸昆弟中，独谓

---

1 《大义觉迷录》。
2,4 《大义觉迷录·雍正上谕》。
3 《论语·学而》。

朕诚孝。"[1]

　　本书在前章已作揭露,康熙六十一年十一月十三日(1722年12月20日)凌晨1—3时,康熙帝以"上疾大渐"急召四阿哥,"谕令速至"。四阿哥理应半小时即可到达,竟拖延了8—10个小时进入畅春园。当康熙帝告知"病势日臻之故"后,仍不见其急召众兄弟、众大臣商议,也不见四阿哥急召太医救治。从中午11时左右到晚上9时前后长达10个小时左右,始终只字不见四阿哥如何救治父皇,直至其死亡。雍正帝说众兄弟中他最诚孝,部分研究者也说他最诚孝,而如上记载均白纸黑字见之于康、雍两朝实录,雍正帝诚孝在哪里?天下有如此对待父亲病危之诚孝?以上记载并非野史传说,更非雍正帝政敌造谣攻击。谋父之骂名是由以上事实而来,岂能全部归之于雍正帝政敌造谣攻击或是野史传说所诽谤?又岂能因雍正帝自辩而全部否定?

　　中国儒家传统文化中,一向对言不由衷者深为鄙视。常言道,大善不言,是为大善;大恶欲隐,是为大恶。"色取仁而行违。"[2]"巧言令色,鲜矣仁。"[3]如果花言巧语装模作样,这种人就缺少仁心了。如果只是在表面上装作仁厚的样子,实际所作所为完全与仁义背道而驰,那就是虚伪。四阿哥在为雍亲王后,曾多次宴请父皇。康熙帝道:"凡人尽孝道,欲得父母之欢心者,不在衣食之奉养也。唯持善心,行合道理以慰父母而得其欢心,其可谓真孝者矣。"[4]

　　雍正帝即位之初,太后的一系列态度言行,令雍正帝在政治上十分被动,难堪。当要把九阿哥流放到大西北时,太后劝其"何必如此用心",雍正帝竟"拂袖而去";当太后谕旨要调十四阿哥回京时,雍正帝不仅不切实遵行,还将派去之人扣押不回,致使太后蒙羞受辱,绝望中,以死抗争,自杀身亡,逼母之说,实由此而起。逼母说是雍正帝自己酿成耶?是政敌造谣攻击或是野史传说耶?

　　再看雍正帝的为君之道。早在雍正帝藩邸时代,康熙帝就对诸皇子训诫过:"好疑惑人,非好事……凡事开诚布公为善,防疑无用也。"[5]

　　然,雍正帝一生至死都在疑惑人。一方面,他特别喜好秘密政治、暗箱操作、特务统治;另一方面,他又特别喜好用甜言蜜语,用韬晦,伪装迷惑人。

　　中国儒家传统文化要求君子"不逆诈,不亿不信"。[6] 即,不瞎猜别人会欺骗我,不臆测别人会不信任我。雍正帝即一直在瞎猜别人欺骗他,对他不忠。隆科多、年羹尧、延信、戴铎这些心腹功臣并无不忠。但雍正帝怀疑他们"存有二心",

---

[1] 《大义觉迷录·雍正上谕》。
[2] 《论语·颜渊》。
[3] 《论语·学仁》。
[4] 《庭训格言》,新疆人民出版社,2001年,第80页。
[5] 《庭训格言》,第226页。
[6] 《论语·宪问》。

怀疑为其治病的道士贾士芳,便全部杀之。然,贾士芳是政敌吗?是存有二心吗?

其实,将三阿哥、八阿哥、九阿哥、十阿哥、十二阿哥、十四阿哥均称为政敌,并不名副其实。政敌者,政治敌人也。这些兄弟对四阿哥蹊跷登台疑惑不解,不满不服,但并没有要推翻他,更没有要组织推翻他的敌对组织。但雍正帝仍非欲杀之而心安。

三阿哥、八阿哥、九阿哥等兄弟实是死于雍正帝的疑心中,三阿哥、八阿哥、九阿哥等兄弟并不有什么非杀不可之死罪。这些兄弟之死,实在并非罪有应得。按孟森先生的说法,是雍正帝"恼羞成怒",即"因其内疚而激为残忍"[1]。

又云:"不使大臣怨乎不以。"[2] 治国者必须重用有才干的大臣,使他们产生一种自己未被遗弃的自信感。雍正帝不仅使许多兄弟、大臣总有被遗弃的感受,雍正帝还对在职使用的臣属中,用极为卑劣的手段挑拨离间。

又云:"君使臣,以礼。"[3] 即使是君主,使用臣属时,也不可以失礼。可是,我们从大量满汉朱批中经常可看到,雍正帝对大臣之咒骂,或用句阴森、恶毒、刻薄,或用句轻薄、油嘴滑舌,全然没有君王风度,根本无"君使臣以礼"的尊重人格的意识。

又云:"政者,正也。"[4]

政治之要旨,是正大光明之行为。雍正帝的一系列重大行为,却霾雾重重。先帝之死,霾雾重重;他继位之过程,霾雾重重;兄弟之死,霾雾重重;功臣之死,霾雾重重;甚至其后、妃之死,也是心机深藏不露、深不可测,杀人不用刀、不见血。其嫡福晋之死、年贵妃之死,甚至太后之死,概莫如此。以致宫廷上下里里外外,怨望如此之广,岂是少数几个政敌造谣所能造势,又岂是一批受整肃者之怨恨所能定势。连弘历的生母钮祜禄氏都发谕旨,死后坚决不与雍正帝葬在一起,雍正帝为人之形象,可想而知矣。

归根结底,是中国几千年来根深蒂固、深入人心的儒家传统文化的价值观,对雍正帝其人其事作出了道德水准之批判、之鞭笞,使雍正帝身上的骂名无法摆脱。这个骂名,在雍正帝还健在、还执政时就已存在,就无法令雍正帝释怀;即使他死后,又怎么可能随着他一起埋入坟墓?这是历史的烙印,即使帝王使用政权力量或政治宣传,也无法彻底抹掉历史的烙印。

雍正帝的政敌不甘失败对雍正帝展开其攻击的可能性,当然是存在的,但是其一,只是极少数人。相对于雍正帝庞大的政府机构,人数根本微不足道;其二,其能量也是极为有限的。雍正帝不仅是铁腕统治,权术炉火纯青,报复欲极强,

---

[1] 孟森:《明清史论著集刊正续编》,《清世宗入承大统考实》,河北教育出版社,2000年,第264页。
[2] 《论语·微子》。
[3] 《论语·八佾》。
[4] 《论语·颜渊》。

且口才也相当出色。他动用全部国家机器及舆论工具自上而下铺天盖地的声势力量，怎么会敌不过少数几个失势落魄之人？而且，这少数几个对雍正怨恨之人早在雍正朝前几年就都被处决了。雍正帝本人执政13年，他儿子接下去又执政63年，他孙子又接下去执政22年。祖孙连续执政几近100年，而骂名仍不绝止，这是雍正朝前期就被处决掉的几名政敌用造谣生事所能做得到的吗？

为什么人们对明火执仗、宫廷政变上台的唐太宗李世民不用这样骂名，却偏对再三自称正常合法继位的雍正帝骂名多多？这100年至300年的骂名，只能用人心所向不在雍正帝一边解释之罢。

四、雍正帝本人的成败与失落

无论雍正帝本人的感觉如何，不仅兄弟们对他的成败、失落看得清楚，就是世人、在华的外国人也看得很清楚。

他的成功之处多多。首先是他的韬光养晦、瞒天过海、出神入化、炉火纯青。企图在政治舞台上崭露头角的人，谁不知道要韬光养晦？八阿哥也并不张扬，且以贤扬名。四阿哥他不仅瞒过了众兄弟，使得众兄弟对他都不设防，他甚至瞒过了天子皇阿玛，连得在位61年的康熙皇帝都败在了他手下，他真正是"瞒天过海"。虽然，康熙帝晚年对他有所警惕，有所告诫，毕竟没有掌握他真正的把柄。虽然，康熙帝晚年对他有所防范，每当有重大活动，如康熙朝六十年（1721）大庆、康熙六十一年（1722）在乾清宫为十四阿哥举办盛大隆重庆功宴（又称"千叟宴"），都将四阿哥调出京城。甚至，在十四阿哥即将回京之前，已先将四阿哥调出宫内，先去通县查勘粮仓，又去天坛代祀，然而这一切，都未能把四阿哥控制住。

他的韬光养晦是成功的，他的出其不意、缜密周全、果断出手，更是了得。笔者始终认为，雍正称帝，表面上是兄弟争储、黑马胜出，实质上是在父子斗法、父败子胜，是康熙帝输，功亏一篑、一败涂地、彻底输光；皇四子决战决胜，一步定局，大获全胜。皇四子终于一步登天。虽然四阿哥谋储多年，但他真正动手，也就一个多星期左右。而且，他并未当过一天太子。他是跳过了储君阶段。他是一夜之间、一步登天当上皇帝的。

众兄弟之所以对四阿哥上台不服，其实并不是不服在输赢上，而是在于对四阿哥仓促上台的合法性上存有疑问。在众兄弟眼里，皇阿玛康熙帝究竟怎么死的，不明不白，四阿哥是唯一嫌疑人。因为这一天只有四阿哥一人在康熙帝身边，而康熙帝之死又无任何病历记载。在众兄弟眼里，四阿哥究竟怎么成为继位人，也是不明不白。因为四阿哥在康熙帝身边十几个小时，居然拿不出任何康熙帝要其继位的证据来。康熙帝逝世后第二天晚上大殓时,内阁、礼部、翰林院等都毫无动作程序。是四阿哥自己自说自话、自导自演,自称皇帝、指挥一切的。如此,众兄弟怎能接受?

无论在众兄弟眼里,还是当时社会舆论,已共认或默认十四阿哥才是老皇帝精心培养、准备托付的继位人。与其说社会舆论同情十四阿哥。不如说,社会舆论同情老皇帝更为恰当。对老百姓而言,由十四阿哥继位上台还是四阿哥继位上台,都差不多。但对老皇帝康熙帝而言,十四阿哥被四阿哥搞下去,老皇帝康熙帝为立储而付的心血,全都付之东流矣。

因此,雍正帝身上谋父、篡位的骂名,既是社会舆论对雍正的鞭笞,也寄托了对老皇帝康熙帝立储失败的同情。

而四阿哥是一个目的至上,不择手段之人。舆论在他眼里,根本不屑一顾。这就更加大了舆论对他的压力。这个压力加大本无人操作,是因雍正帝的行动自然而然形成。例如,据雍正帝自述,每当他在殿上责斥八阿哥廉亲王时,廷上大部分官吏脸色都同情八阿哥,并不站在雍正帝一边,便是最生动的例子。

四阿哥帝梦成真,他成功了。但,他并未赢得人心。这就是雍正帝身上骂名的根本原因。这个根本原因不是外部强加给雍正帝身上,完全是雍正帝自作自受。

乾清宫康熙大殓时,母后公开不给他面子,政治上极不支持,处处令其被动、难堪,他采用了一个"忍"字,原因如上。

问题在于,在乾清宫康熙大殓时,皇太后对四阿哥的帝梦成真进行了一连串的发难。皇太后在一连串的发难后,突然"无疾而终"(雍正帝语)。皇太后在无可奈何中以死抗争,这成了皇太后生前对雍正帝的最后发难,也是最大的发难。于是,太后自杀身亡,雍正逼母随之由宫内传出。

在谋父、篡位骂名尚未及洗刷干净的情形下,又很快增加上雍正逼母骂名。被孟森先生揭露的、雍正帝的"恼羞成怒",更变本加厉地发泄在了兄弟身上。雍正四年(1726)8月,九阿哥允禟被从青海流放地押回途中,在保定监所受尽折磨后,腹泻不止而亡。一个月后,八阿哥在监所受尽摧残后,呕吐不止而死。

雍正帝谋父、篡位、逼母、屠弟的骂名由此而来。骂名远不止这四条,但主要的是这四条。这四条骂名中,究竟有多少是捏造者造谣?究竟有多少是无中生有、政敌或怨恨者强加在他身上?

雍正骂名已成势在必然,并非全部政敌造势之所为。

四阿哥虽然帝梦成真,但仍很失落。这是因为,虽然四阿哥以阴谋得位、得位不正,但四阿哥还是想要登台后有一番作为。

雍正于康熙六十一年十一月二十日(1722年12月27日)登基,当月二十九日他在给大学士、六部尚书、侍郎的上谕中就提出:"政事中有应行应革能裨益国计民生者,尔等果能深知利弊,亦着各行密奏。"[1] 雍正二年十月丁亥十七日(1724 年 12 月 2 日)在乾清宫召满汉文武大臣面谕:"望尔等辅朕为尧舜之君。"[2] 笔者用四阿哥帝梦成真后、有一股强烈的"圣主情结"在雍正心内起伏冲动形容之。

依雍正之智商、之魄力,他本可以像李世民那样,虽得位不正,仍可干一番伟大事业。但四阿哥帝梦成真后,他的"圣主情结"日渐西下、消退,最后把精力投入美女和炼丹上去了。

雍正五年(1727),他召大学士、九卿面谕时坦陈:"朕即位五年以来,虽悉心竭加意整理,而尚毫无就绪。"[3]

雍正帝执政五年后,下一步国家走向怎么走,他连方向、头绪都尚未就位,世上有如此出色、卓越改革家乎?

雍正七年(1729),他终于公开不得不向天下人宣告:"不敢(将自己)比于古之圣君哲后。"[4] 雍正七年(1729)的这句公开告白,实是对雍正二年(1724)"望尔等辅朕为尧舜之君"抱负失败之小结,实是他从得逞、得意到失望、失落之流露。

他搞"改土归流",却把过失推到鄂尔泰身上;他搞会考府,勒限追欠,结果却仍不得不将勒限一拖再拖;他搞"西部用兵",消耗了五千多万两银子,最终却以失败收场。他搞了一本《大义觉迷录》,作为为官者、读书人乃至穷乡僻壤村野妇叟无人不知,结果却又适得其反。他原以为只要自己勤政、苦干几年,就能成为"尧舜之君"。不料"为君之难、朕尤为难"。

雍正前期,他从一开始登上龙椅的几分得意中,竟一年不如一年地转为失落。政敌扫除后,他反而患上了失眠。他前八年那么辛苦、那么勤政,反而从不生病。雍正八年(1730)春,竟大病一场,差一点送命。雍正八年起他加大痴迷炼丹,标志着他从踌躇满志、跃跃欲试,到感叹"为君难",再到公开宣告"不敢(将自己)比于古之圣君哲后",是一段从得意到失落的过程。

雍正改元之初,他对自己的政治期望何等之高,又有多少人对他翘首以盼?这一切,随着他大叹"为君难",随着他公开宣告"不敢比于古之圣君哲后",全部跌落到低谷。

雍正八年的那场大病及大肆炼丹活动,把他的心中难言之失落,实已经推到了一个前所未有之新高峰。其后的炼丹活动,除允祥之早逝、他本人生理之需外,也实是他政治抱负失落之后,他多少有点开始厌倦政治,开始寻找另一种人生出路、开始寻找另一种生活方式的必然结局。

---

[1] 《上谕内阁》,康熙六十一年十一月二十九日谕。
[2] 《雍正朝起居注》第一册,第 342 页,雍正二年十月丁亥十七日。
[3] 《雍正朝起居注》第二册,第 933 页,雍正五年正月甲辰十七日。
[4] 《大义觉迷录》。

五、雍正朝国土的大量流失

虽然雍正朝的知识分子及国人被思想钳制"莫谈国事",这并不能磨灭他们的爱国热情。雍正四年(1726)七月中俄《布连斯奇界约》的签订,使得中方在阿尔泰山和喀尔喀蒙古边界损失了大片国土。俄方得到了意料之外的大片面积,喜出望外之情久久不能平息。老百姓当然不会知道内幕。但内阁、理藩院如何会不知道?他们的合理方案被雍正帝断然否决,而俄方特使居然能贿赂收买雍正帝身边大臣,使谈判完全按有利俄方的方案进行。这件事肯定会令雍正的光辉形象陡然失色。雍正帝成了一个自以为无所不知、无所不能,其实不过是内斗内行、外斗外行的帝王。

《布连斯奇界约》《恰克图条约》使得俄侵占中方蒙古领土合法化,把原属中国的贝加尔湖一带和唐努梁海(今图瓦)以北叶尼塞河上游地区划入俄版图达60万平方公里。老百姓固然还蒙在鼓里,但此事上上下下不仅牵涉到多部门、多人,更还直接牵涉到当地许多地方,骂名怎会不广,又怎能阻挡得住?仅仅是雍正帝为要显摆大国,君主的"天恩",雍正帝一声令下,中国从安南(今越南)边界主动后退120里。雍正帝的"天恩"是国之喜、国之利,还是国之哀、国之害?

六、雍正朝经济滑坡

雍正朝的经济,如果不与康熙朝作比较,只简单直观户银数据,似乎形势大好,从雍正元年(1723)的 23 611 919 两,至雍正八年的 62 183 349 两,一路上升。

但若将雍正朝前期与康熙朝中后期横向比较,差距就立刻突显出来了,此其一。

雍正朝头三年的库银(2 361万两—4 043万两),都并未超过"康熙三十三年 41 007 790 两、康熙四十七年 47 184 788 两、五十八年 47 368 645 两水平……";雍正四年(1726)库银,也不过与康熙五十八年库银基本相同(同上)。雍正头年库银比康熙五十八年反尔还要减少 2 375 万两,几乎只及康熙五十八年库银的50%!雍正三年库银比康熙五十八年要减少 693 万两。

相对于康熙五十八年库银数,雍正朝头三年始终是呈严重倒退状,则头三年人民生活水平与状况可想而知,能得免骂名吗?

若从整个雍正朝经济发展形势走向看,整个雍正经济发展呈马鞍形。即,中间高、两头低。其高峰期在雍正七、八两年,从雍正九年(1731)起直至雍正十三年(1735)雍正朝结束,始终一路滑坡,呈倒退状。雍正十三年户银 34 530 485 两,一跌到底,倒退到雍正三年的 40 434 744 两还不及!

通过以上比较,雍正朝的经济,喜耶?忧耶?就总体宏观走向而言,是上升耶,是倒退耶?

雍正朝的人口、耕地,一直在逐年增加、扩大。但从《实录》中雍正朝政府征收的农作物数量看,反而不及康熙朝(参见本书第五章《雍正朝的经济问题》)。是发生了天灾?是雍正帝大发慈悲,少征少收?都不是。雍正帝连康熙朝历年拖欠都在勒限清退补缴,怎么会当朝现年大发慈悲、少征少收?

从当时俄罗斯、朝鲜使节给本国政府的报告中可知,雍正朝的老百姓"怨声载道"(朝鲜使节语)、"没有人说他好"(俄罗斯使节语)。其实也并非完全如此,雍正朝的在廷大臣、总督、巡抚收入扩大了一二百倍,个个称赞"皇上隆恩"。贫富差距一下子扩大一二百倍,老百姓怎么会不"怨声载道"?怎么会"说他好"?政治上对抗不行,武装造反更不行,于是,老百姓就玩起了"软磨"。逃税、拖欠就成了常用手段。

雍正朝头三年的库银之所以比康熙三十三年还少许多,其实是老百姓抵制雍正朝政策也是雍正帝统治的现状直接反映。这个直接反映,一部分是通过对雍正帝的骂名发泄,一部分就通过"软磨",消极对抗,逃税、拖欠进行之。

为什么康熙朝经济与财税不见大起大落?因为康熙帝要推行德治和仁政,不主张大起大落。康熙朝的税收和农作物征收长期稳定,老百姓真心实意拥护、接受康熙帝的统治,所以,康熙朝的户银,一直呈稳定状,且一直呈稳中有升状态。尤其是康熙五十一年(1712)二月康熙帝颁布"滋生人丁永不加赋",大得人心。

为什么康熙帝在 61 年(实际执政 56 年)中骂名那么少(几乎没有),雍正帝在位 13 年骂名就那么多,还那么久?不从雍正帝身上找原因,完全怪罪在早已死去多年的八阿哥、九阿哥"造谣攻击",能服众否?

七、雍正帝的阴险、残暴

政治斗争、权力斗争历来是残酷的,封建社会的宫廷权力斗争尤其如此。康熙帝下令,将为八阿哥算命的张瞎子凌迟处死,又何尝不残忍?但从古至今,几乎无人咒骂康熙帝是暴君。为什么?因为在他 56 年执政中,类似凌迟处死张瞎子事件属于极为少见之例。更何况,张明德妄言八阿哥命相"贵不可言",触犯了康熙帝的政治底线,杀张明德,是为威摄众阿哥不可对大位存非分之想,更不可蠢蠢欲动。

雍正帝说，"朕性本最慈，不但不肯妄罚一人，即步履之间，草木蝼蚁，亦不肯践灵滔损。"[1]雍正帝说，他连走路都生怕踏坏草、踩死蚂蚁，如此虚伪之言，谁会信？

试以康熙帝下令杀张明德与雍正帝令八弟媳（八阿哥嫡福晋）自尽再焚尸扬灰作比较。八阿哥嫡福晋只不过说了一些对雍正帝不满的话而已。平心而论，她也没说错什么，只是提早揭穿了雍正帝要杀八阿哥的诡计罢了。充其量，八阿哥嫡福晋不过是个言论上有过失的思想犯而已。将其圈禁在家，已属严厉。将其驱逐出宫、单独囚禁，已处分到极顶了。何至再令其自尽，又何至再对其死后焚尸扬灰？

苏努父子不过是接受西方耶稣会士宣传入会信教而已，雍正帝并无证据证明苏努父子里通外国。将苏努父子逐出京城、流放山西，已属严厉。何必折磨致死，再焚尸扬灰、骡马碾压？

吕留良更非现行犯。只因曾静读过吕留良的书，就将早已死去几十年的吕留良开棺戮尸。在康熙帝废止殉葬制后，雍正帝不止一次地搞开棺戮尸，岂不是残暴？

八阿哥、九阿哥又何至死罪？以笔者看来，康熙帝刚死之时，八阿哥对四阿哥充满疑问与怨恨。在封其亲王兼总理大臣后，八阿哥已经在为雍正帝工作。对十四阿哥的许多抗拒、咆哮，雍正帝都令八阿哥去做工作。十四阿哥最终也都接受了八阿哥的规劝而妥协、而让步。

当有人鼓动九阿哥"造反"生事时，遭到九阿哥严词拒绝："哪有指望我们兄弟争天下之理？"并严肃警告，再发此言，必严办之。

在以上情形下，雍正帝仍对八阿哥、九阿哥这两个兄弟极尽摧残折磨后，毒害致死，岂能以一句"政治斗争需要"为其作轻描淡写之申辩？

据笔者研究，雍正帝在自己生母皇太后之死、嫡福晋之死、年贵妃之死上，其行为、与一系列做法也同样是非常阴险、残暴。

（一）雍正帝与生母皇太后乌雅氏的母子关系

雍正朝后宫中，地位最高的女性，当是皇太后，即雍正帝的生母乌雅氏。乌雅氏10年内共为康熙帝生过3个皇子、3个公主，可见，她很得康熙帝宠爱。她是四阿哥与十四阿哥的生母。四阿哥与十四阿哥之间，本来还有一个小阿哥，6岁时生病殁了。

这里特别要提出的一点是：康熙帝临终的这一天，乌雅氏和其他好几位妃子都在畅春园内，但始终都不曾在康熙帝寝宫的临终现场出现过。特别是康熙

---

[1]《大义觉迷录》。

帝临终的这一天，无论是白天还是晚上康熙帝临终前的弥留时刻众妃也都未在现场，这是极不正常的。如果康熙帝临终前确已决定并指定皇四子继位，皇四子怎么会不让母后与康熙帝临终之前的弥留时刻见上最后一面？在这天晚上，四阿哥把康熙帝遗体伪装成坐着并秘密搬出畅春园、迅速转移去大内，当时除四阿哥外，所有其他皇子和母后、其他母妃及多位一品大员，也都不在寝宫现场，都不知道康熙帝已死，也都并不知道四阿哥将康熙帝转移去大内之事，只有隆科多武装护送的部队参与之。因此，对康熙帝十三日晚突然故世，第二天十四日晚上众兄弟、众大臣又突然分别接到通知、分别进入大内，晚上突然在大内乾清宫大殓，京城九座城门又突然全部关闭，大殓中四阿哥突然自己称帝，众位皇子兄弟都对这两个突如其来的惊天大事想不通，无法接受；太后乌雅氏对此也想不通，也无法接受。于是，乌雅氏与九阿哥的母后就不给四阿哥好脸色看，就开始公开跟四阿哥作对。

先看雍正是怎么说："及皇考升遐之日，母后哀痛深至，决意从殉，不饮不食。朕稽首痛哭，奏云：皇考以大事遗付冲人，今圣母若执意如此，臣更何所瞻依，将何以对天下臣民，亦惟以身相从耳。再四哀恳，母后始进水浆。"[1]

康熙帝去世，雍正帝的生母，也就是皇太后为什么要绝食，滴水不进？早在康熙二十三年，康熙帝就已宣布坚决废除"殉夫"这种陋习。作为康熙帝的老婆，而且自己儿子已接班当皇帝，自己已是当今皇太后，为什么还偏要决意去"殉夫"呢？从下面她一连串的行为、表态中，我们已不难找到原因。

四阿哥乃乌雅氏亲生长子，长子四阿哥当上新皇帝，母后理当高兴。可是，太后竟说"皇帝（指四阿哥）诞膺大位，理应受贺，至于我行礼，有何关系？况先帝丧服中，即衣朝服（脱丧服换太后朝服），受皇帝行礼，我心实为不安。着免行礼（实际就是拒绝新皇帝率百官向太后礼拜庆贺）。是日，王大臣等有缮折固请（坚持请求），皇太后仍不允。上（雍正帝）又再三恳请，奉皇太后懿旨：王大臣等既援引先帝所行大礼，恳切求请，我亦无可如何。今晚于梓宫前谢恩后，再行还宫"[2]。

皇太后已发话，要拜，去乾清宫拜康熙帝的棺材，我决不受拜。此事在《雍正朝起居注》里，也有官方的正式记载："上年十二月初四日，诸王（皇子）、大臣请上尊号，皇太后屡辞不允。""今恭上册宝典礼，极应举行，母后圣意仍欲迟迟。""圣祖仁皇帝升遐以来，皇太后哀痛迫切，无间晨夕（从早到晚一直不间断痛哭）屡上尊号，辞让再三。"以上都是雍正的原话。

面对四阿哥突然称帝皇太后当时已无法阻止或改变，但她却可以对本应进

---

[1] 《大义觉迷录》。
[2] 《清世宗实录》卷1，第36—37页；《雍正朝起居注》，第一册，第29页，康熙六十一年十一月癸卯二十二日。

行的上皇太后册宝典礼,屡辞不允。皇太后对恭上宝册"屡辞不允",明摆着是誓不接受皇太后身份。那么,乌雅氏誓不接受皇太后身份,对四阿哥称帝又意味着什么呢？四阿哥当然心知肚明,现场目睹的人,当然也都心知肚明。四阿哥又急又恼,却又无计可施。他虽然权术炉火纯青,却未曾料到生母皇太后在他正式宣布登极的这一天,会给他来这一手。

作为康熙帝德妃的乌雅氏,原先住在后宫东六所即东宫中间的永和宫。现在母以子贵、身份大变,已贵为皇太后,理应搬入养心殿西南的慈宁宫,这样才与皇太后身份相称。但是,种种必需程序,乌雅氏竟然全部一一拒绝之：太后凤冠,不戴；儿子当上皇帝要受百官叩头朝贺礼拜,乌雅氏竟公开宣称"与我有何关系"？要拜,去乾清宫拜先帝灵柩；册封,不受；迁住慈宁宫,不搬。这一连串的表现,令这位新皇帝雍正十分难堪,政治上陷入了很大被动。这个很大被动,与雍正政敌造谣攻击,毫无关系。

皇太后回永和宫后又有旨:"我自幼入宫为妃,在先帝前毫无尽力之处,将我子为皇帝,不但不敢望,梦中亦不思到(做梦也未想到。如果康熙帝真的决定要四阿哥继位,生前又那么宠爱四阿哥的生母,怎么可能四阿哥的生母对此始终一点也不知道?)我原欲随先帝同去,今皇帝说、太后圣母若随皇父同去,我亦随太后圣母同去,哀恳劝阻,未遂其志。若穿锦绣、受我子行礼,实为不合。"[1]

太后说,虽然她绝食寻死没有成功,但她决不穿太后朝服,也决不接受这个新皇帝儿子率领百官的叩头行礼。

天下哪有用这种态度对待亲生儿子登基做皇帝的皇太后？说穿了,就是皇太后对胤禛仓促蹚跷登台称帝,政治上不认可,态度上不高兴,行动上不配合。太后用"三不"作为其政治对抗！

为什么皇太后要这么公开做呢？因为选择并决定皇位继承人,既是国之大事,也是皇帝家里的家事。无论康熙选择并决定皇四子还是皇十四子继位,康熙会对皇四子、皇十四子的生母守口如瓶吗？因此,康熙究竟选择并决定了哪个儿子继位,无论是选定皇四子还是皇十四子,作为他们的生母德妃,不会毫不知情。正因为德妃对此心里一清二楚,料定是四阿哥违背了康熙的遗愿和遗志,在瞒天过海、大搞废立自专,所以,她才会这样呼天号地,处处令四阿哥被动、难堪。这也是她在当时局面下、唯一所能做的事,也是她被逼上梁山后的最大之抗争。

雍正对皇太后的公开发作,也毫无办法。他明知道太后喜欢十四弟胤禵,就先对亲弟胤禵府上的下人下手,先把十四弟的侍卫、太监抓起来,再上铁链枷锁大拷示众。这还只是外围战,是杀鸡给猴看。其真实目标当然是十四弟。果然,雍正元年四月初三日(1723年5月7日),雍正借去东陵之机,将十四弟赶出京

---

[1]《大义觉迷录》。

城、软禁在京城外的汤山,随即又下令,将胤祯"其禄米永远停止"。就是说,要停止发薪、停止供粮,而且要"永远停止"。

这是雍正的一箭双雕,既欲置其弟于死地,又可令皇太后伤心、痛心。

果然,皇太后闻讯后,马上就病倒了。病倒之日是五月二十二日。第二天,二十三日晚13—15时,皇太后就驾崩了!

是皇太后急症不治病故的吗?不是!且看雍正自己怎么说:"皇太后抚时增感与日俱深,疾虽未形积哀实久,忽焉违豫,遽尔宾天。"[1]雍正的意思是说,虽然皇太后外表看不出有什么病,因为她悲哀过度,突然去世了。这是雍正的烟幕,雍正企图用这拙劣的烟幕将真实内幕掩盖了。

真实内幕是,当太后得知雍正将十四弟逐出京城,又下令将"其禄米永远停止"后,她担心小儿子被害,便以太后身份发谕旨,要将小儿子召回皇宫到她身边来。雍正表面上不得不执行,但暗中阻止。雍正非但不将十四弟召回,还把派去的人扣押在京城外。实际上就是对抗太后谕旨,以此令她难看,以此羞辱她。太后左等右等仍见不到小儿子,心急如焚。雍正这样做,既是对前段时间太后作天作地的报复,同时,也是在向太后施加压力。太后在受到羞辱与绝望中,既不想看到小儿子死在大儿子手里,又对残酷冰冷的现实无可奈何。她便选择了眼不见为净,深夜吞金自杀了。民间传说是撞柱而亡,余觉得这个可能性不大。

太后吞金自杀,实际上是她以死抗争,令雍正脸上更为难堪。太后一死,宫里马上就传出雍正逼母的话来。在太后死后第二天,雍正才真正遣使召允禵回京。雍正还规定:允禵回京时,"随从不得(超)过10人。"

太后死后第三天,允禵入遵化门(进出清东陵必经河北遵化城门),"见守备迎接皆摘去(帽上红)缨,(方)知"太后已去世,一路哭回北京。等十四弟回宫,太后已死去3天。雍正再以此羞辱其十四弟,说,你真无福气,父皇死,你没看到,现在母后死,你又没看到,你是无福之人。

雍正喜欢并擅于在政治上斗垮对手后,再在肉体、心灵、精神上不断打击、摧残对手,雍正对同父异母的八阿哥、八弟媳就是这么做的,对大臣阿灵阿、宗室苏努及乌尔陈父子,对文人钱名世,乃至早已过世几十年的吕留良,同父同母的十四弟,也是这么做的。

雍正的生母乌雅氏皇太后是因为受到雍正的高压,难堪,羞辱绝望后,被逼自杀的。

当时,湖南有一个教书的曾静,他给雍正定的骂名中,有一条就是逼母。现在,已有越来越多的专家共识,雍正用阴刻手段逼母,作为对其报复的可能性是存在的。

---

[1]《雍正朝起居注》第一册,第32页,雍正元年五月二十三日辛丑条。

太后已公然站在他的对立面，也是十四弟最大的政治保护伞。将她逼走、"随先帝同去"，已成为雍正不二选择。太后之死与康熙之死，只相隔半年时间。皇四子雍正"诚孝"耶？阴险、残暴耶？他谋父、逼母骂名全是谣言耶？

（二）雍正帝与嫡福晋

雍正朝后宫中，除太后之外，宫中地位最重要的女性，是嫡福晋（即雍正的第一位原配夫人）乌喇那拉氏。

乌喇那拉氏 14 岁就嫁给四阿哥，婚后第三年，康熙三十三年（1694），她生育了四阿哥第一位儿子弘晖。然，康熙四十三年，弘晖 9 岁时，就病逝了。从此，直至雍正九年九月二十九日她 54 岁病逝，即，从 18 岁后，再未生育过。

据雍正帝对嫡福晋的评价，"结褵以来，四十余载，孝顺恭敬，始终一致"。评价似乎还不错。但，雍正"九年九月己丑（二十九日），皇后病笃移驻畅春园"。在皇后病重期间，雍正对她的态度，就令人心寒了。

嫡福晋乌喇那拉氏在圆明园病重时，雍正帝就在圆明园，为什么不去看视，为什么不抓紧时间先在圆明园抢救，而是急于将其转移到南边畅春园？雍正无非是担心、忌讳皇后会死在圆明园。而雍正朝九年以来，圆明园还未死过人，雍正不愿破此风水、不愿破此先例。

"未刻（下午 1—3 时），皇后病逝。上痛悼不已，又欲亲临含殓，诸王大臣等恳请节哀并停止亲往，上勉从之。"这是御用文人们在玩弄文字游戏，将就在圆明园内的雍正帝不去看视病重在园内的皇后归咎在大臣身上。

皇后转移到畅春园的当天下午就死了，这说明当时皇后病得很重。重病者急需的是抢救，抢救时间要分秒必争，重病者需要的是亲人的温暖和关爱。这几条，雍正在嫡福晋身上都未做到。雍正登极，皇后已 46 岁，但无子女，雍正帝对嫡福晋的真实感情已可想而知。

从领侍卫内大臣丰盛额等奏折中还可知，皇后病逝后，又规定遗体不许进皇宫，道场就放在畅春园大殿，但大殿也只能放三天，三天后再要移到园内农村庐殿，畅春园有一千多亩地，很大。而紫禁城皇宫内外站岗的士兵，一律不准戴白孝。

雍正帝对嫡福晋的情义是深是浅，是真是假，如上，已可洞若观火。

（三）雍正与钮氏真相

钮氏，即乾隆帝生母钮祜禄氏。她 13 岁进入四贝勒府时，并不是四阿哥的女人，只是四贝勒府中一个粗使丫头，即一般的普通宫女，并不存在康熙帝指婚四阿哥的任何记载与事实。

康熙四十二年（1703）13 岁的钮祜禄氏进四贝勒府中事雍亲王，康熙五十年

(1711)八月,19 岁的钮祜禄氏生育弘历,但此时她并无名分。康熙六十一年(1722)三月,康熙帝在圆明园接见弘历时,钮氏仍未取得正式名分。钮祜禄氏的正式名分,是雍正元年(1723),雍亲王已当皇帝后,弘历已 12 岁时才具有。康熙帝在圆明园第一次见到弘历时,弘历已 12 岁,钮祜禄氏也仍未出面。

据查,四阿哥一生共恭请康熙帝幸园侍宴有 11 次,除 1 次外,其他 10 次都是在康熙五十年弘历出生后宴请的。再细查则又可知,康熙五十一年七月、五十三年七月、五十四年七月、五十五年七月、五十六年七月、六十年闰六月,以上 6 次,均是在热河狮子园恭请康熙幸园侍宴。可见,康熙帝、四阿哥、弘历、钮氏 4 人,早在五十一年七月就同在狮子园,之后又有至少 4—5 次 4 人都一同在狮子园,但四阿哥却始终对弘历在狮子园出生、生活一事,只字不提,康熙帝与皇孙弘历、儿媳钮氏也从未见面。这是为什么?因为四阿哥当时尚未摆平这件事,他只能千方百计掩饰、隐瞒拖延之。

直至康熙六十一年三月弘历已 12 岁,四阿哥不能再拖,不能再瞒了,才在圆明园精心安排康熙与弘历第一次见面。

弘历究竟出生在什么地方,本来是一个非常简单、很容易解决的问题。但是,雍正做皇帝在位 13 年,一直对此只字不提,不表态。钮氏当皇太后 30 年,她健在时,也一直对此只字不提,不表态。可见,在雍亲王、雍正帝、钮氏来说,此事实有难言之隐之处。

直到乾隆四十二年皇太后死了,死后第 5 年的乾隆四十七年,乾隆当皇帝近半个世纪了,他才第一次公开说,他出生于雍和宫。为什么他父母健在时他不说,非要等父母死了好多年后再这么说呢?对于弘历究竟出生在什么地方,这个话题当时就议论纷纷了。为什么要拖延 47 年、拖延了这么长时间后再说呢?这是因为,一,先帝、皇太后都早就死了,不再存在面子问题了;二,最为关键的是,他做皇帝已 47 年,地位绝对稳固,他已拥有无比强大的话语权和宣传机器。他可以"指鹿为马",他说他生在雍和宫,那就是雍和宫,谁还敢说半个不字?

就在乾隆四十七年乾隆第一次说,他实在是出生于雍和宫之前 15 年左右,他又亲自命意大利传教士、宫廷画师郎世宁作一幅写真。康熙五十四年,郎世宁 27 岁时来中国,一直活到乾隆三十一年,寿命 78 岁,所以,他与康雍乾三帝都很熟悉。雍正帝曾请郎世宁吃过饭,郎世宁为雍正帝画过宠物狗,画过雍正帝的美女图,还无中生有地精心伪造了一幅《雍正刺虎图》,总共画过 40 几幅。因此,他对雍正非常熟悉,画雍正人物图,驾轻就熟。

"写真,世宁善绘",这 6 个字,是乾隆帝亲笔题在此画卷上的。这幅《平安春信图》,笔者以为叫《雍正父子图》更为恰当,这幅图应该作于乾隆年代的乾隆三十一年郎世宁去世之前。

乾隆帝是杰出的政治家。他在生身之父雍正帝去世 47 年近半个世纪后,在郎世宁也去世16年后，更是，在太后去世5年后，在以上三个人都去世之后，他这才巧妙地转弯抹角地透露出了这个宫廷内幕。这与康熙五十一年七月、五十三年七月、五十四年七月、五十五年七月、五十六年七月、六十年闰六月，四阿哥六次在热河狮子园恭请康熙幸园侍宴，却只字不提弘历，是完全可以合拍佐证的，这个背景，与弘历生母即皇太后后来谕旨，她死后决不与雍正帝合葬，也是完全可以合拍佐证的。

最近，有一位叫黄河的朋友，从北京给我寄来一份新材料。据他对《红楼梦》的研究，曹雪芹借金陵十二钗之一的史湘云的词，用推背图，用文字藏头诗的笔法，暗中透露出弘历是雍亲王强暴了一个姓李的宫女所生。这个说法，与热河当地口头流传宫女叫李金桂是一致的。但当地口头流传那个叫李金桂的宫女故事是民国时代，而曹雪芹死于1673年，即乾隆二十八年。也就是说，曹雪芹早就在《红楼梦》中巧妙地揭露了这件事。但直到他死后隔了148年之后，才终于有人把这个口头流传用文字书面公开于众。因为，148年之后，清朝被推翻了，公开于众，也不会杀头坐牢了。

有人认为，这是汉族人为丑化清代皇帝，丑化雍正帝。曹雪芹是满族人，他的亲姑夫是平郡王纳尔苏，说弘历是四阿哥强暴了一个姓李的宫女所生，这是曹雪芹在乾隆二十八年之前，在《红楼梦》中暗中透露的。这同汉族人丑化清代皇帝，丑化雍正帝，应该扯不上任何关系。

我们来看曹雪芹是怎么透露弘历身世的。

在《红楼梦》中，史湘云判词描述如下：后面又画几缕飞云，一湾浙水。其词曰，富贵又何为？襁褓之间父母违。展眼吊斜晖，湘江水浙楚云飞。[1]

这位叫黄河的朋友认为，"襁褓之间父母违"，谐音就是，"强暴之奸父母伪"。隐指乾隆是其父雍亲王对姓李的宫女"强暴之奸"后得到的龙种："母伪"，隐指乾隆登上帝位以后，为了掩盖自己生母的卑贱身份，便伪称养母钮祜禄氏是自己的生母。

此外，这位叫黄河的朋友还认为判词前的画，也藏有天机。借《推背图》之法，"几缕飞云，一湾逝水"暗含"缕飞云，一湾逝"六字：再借谐音，"缕飞云"可念作"李妃孕"，"一湾逝"可念作"移完氏"。"移完氏"的隐意是，弘历诞生下来后，即被移交完颜氏抚养：完颜氏即乾隆养母钮祜禄氏。完颜作为姓氏，原是金朝的老姓，金朝灭亡后，完颜就改称钮祜禄了。

毛泽东说，《红楼梦》不光是一部谈情说爱、吊膀子的书，而是充满了斗争。又说，"《红楼梦》我至少读了五遍，我是把它当历史读的。开始当故事读，后来当历史读。"据黄河还有其他人研究，《红楼梦》中的贾敬，是雍正帝化身，贾母，就是

---

[1] 黄河：《红楼梦隐考——十二钗判词藏隐康雍乾朝秘史》，《红楼研究》2013年，第145—146页。

太后钮祜禄氏的化身。当然,这些观点能否成立,还可以进一步考证。

这位叫黄河的朋友还在电话里告诉我,曹雪芹还用同样的手法,揭露了雍亲王如何用药方谋父,如何篡位。雍正帝暴亡时,肚子邦邦硬,面孔非常难看。这跟笔者 2005 年在浙江人民出版社的《正本清源说雍正》拙著里的描述,不谋而合、非常相近。

无论钮祜禄氏是生母还是养母,她至少亲自含辛茹苦养育了少年弘历 9 年多。依笔者的研究,钮祜禄氏的确是弘历生母。如果弘历真的是姓李的宫女所生,雍正帝要册封她,也照样可以册封她。康熙帝册封的汉族嫔妃还少吗?

正是因为弘历深知钮祜禄氏为他受了 12 年的委屈,吃了很多苦。因此,弘历做皇帝后,对太后非常孝顺,乾隆帝六下江南,有四次侍奉太后同下江南。太后在世时,乾隆帝每次下江南,她都参加了。还三次同上泰山。最为奇妙的是,每次去避暑山庄,乾隆帝必侍奉太后同去狮子园,并多次去自己的出生地狮子园宴请太后。又多次以草房为题作诗,转弯抹角地透露他出生在这里。又动用 3 000 多两黄金做了一座金塔,专门收藏每次梳头时掉下来的头发。乾隆帝对爷爷也非常怀念敬重,相比于纪念太后与皇祖,乾隆帝对生父雍正作的诗词,则少之又少。

乾隆五十五年(1790),乾隆帝在《乐善堂集》序中还亲笔写过,"余生九年始读书。"因此,乾隆帝亲笔透露他"少年时入室,幡然者不知此是谁",这个少年,本书前已分析应当是指他 9 岁左右。

但是,无论如何,弘历不可能迟到 9 岁才开始读书。所谓"余生九年始读书",实际上应是暗指他 9 岁才首次回京进入圆明园。这同郎世宁的画中少年弘历的身体外形也是吻合的。他 9 岁左右进入圆明园时,竟然不认识站在自己面前的老父亲雍亲王。乾隆帝的这条御笔,已在无声之中,他自己就把所谓康熙帝晚年看中弘历、定为第三代接班人的神话给戳穿了。康熙帝要把弘历定为第三代接班人,怎么可能直到他 9 岁时才令他开始读书?怎么可能让他比普通皇子皇孙读书还要迟晚四五年?有这样培养第三代接班人的吗?

康熙帝第一次见到弘历,是康熙六十一年七月,到十一月中旬康熙帝去世,中间只有 4 个月时间。康熙帝培养皇子接班人,花了几十年时间都没解决,他看到弘历后到去世一共只有 4 个月时间,就决定他为第三代接班人了?这符合康熙帝作重大决定的个性风格与政治程序吗?再说,当时,弘历的生母连名正言顺的正式身份都没解决,弘历本人的弘字辈的名字是四阿哥后来当皇帝后才敲定下来。在以上弘历母子连正式身份都没解决的情形下,康熙帝怎么可能就已经决定弘历为第三代接班人了?如果弘历真的出生于雍和宫,根据制度规定,皇子皇孙出生后,宗人府必要及时向皇帝报告皇子皇孙出生时间,生母是谁,在什么地方出生,大人小孩的平安情况。然后宗人府同内务府一起合议，为皇子皇孙起名字，呈报皇帝批准。

按规定，雍亲王的儿子，即康熙帝的所有皇孙全部是弘字辈。但弘历出生后，因长期不在雍和宫，雍亲王又将他放在承德避暑山庄外的狮子沟山沟农村里长期隐瞒不报。之后又偷偷摸摸把他寄养到北京西郊的大庙里。因此，直到弘历12岁前，他的名字不叫弘历，只有小名，叫元寿。

有研究者从宫内活计档档案中发现，直到雍亲王当了皇帝后，直到雍正元年正月下旬，无论在内务府给雍正帝的奏折上，还是在雍正帝给内务府的谕旨上，都不见弘历这个名字，都叫他小名或乳名元寿。元旦的"元"，长寿的"寿"。[1]

康熙帝第一次见到弘历时，这个事实上的孙子连弘字辈的正式名分、名字都未定，都没有，康熙帝怎么会突然脑袋一拍，就敲定他为第三代接班人了？若康熙帝真有选择第三代接班人计划，他早就在谋划了。如果康熙帝真有指定弘历隔代继位这件事，雍正帝上台前后必会大吹特吹。但是，雍正帝活着时，直至临终，也始终没公开说过康熙帝决定弘历为第三代接班人。

弘历为什么要制造这个神话故事呢？一是要掩饰他生父雍正帝的继位真相，二是要掩饰他自己的出生真相，要掩饰他生母的真相。

皇帝历来是说假话谎话的高手，所谓第三代接班人，就是一个典型。

据北京西山大觉寺方丈透露，雍亲王曾一度将少年弘历、当时叫元寿的孩子寄放在大觉寺，为此，雍亲王对大觉寺迦陵方丈礼遇有加，大把送银子。但雍正称帝后，马上勒令迦陵方丈离开北京，到江西庐山独居，不许乱说乱动，不许向外界任何人一字一句提到他。从此，迦陵方丈就独自一人在江西庐山隐居，直至逝世。

康熙帝首次接见弘历生母，时间是六十一年七月，地点是在避暑山庄围墙外的狮子园，即弘历出生的那个地方，康熙帝谕旨："令其生母一同来见。"钮祜禄氏这才在四阿哥嫡福晋的带领下，出来给康熙帝请安。

还有一个情况值得注意：钮氏的身体状况非常好，后来高寿到86岁。乾隆帝长寿，同其母亲的长寿基因有关系。但钮氏一生，只有高宗一子。高宗弘历生于康熙五十年八月，当时钮氏年仅19岁。之后，直至康熙六十一年，钮氏也只有年仅31岁，正值生育旺盛期，但12年中再未生育。如果说，这是因为钮氏当时尚没有正式名分，那么，雍正称帝后，雍正元年，钮氏已册封为妃子，但自雍正元年至雍正十三年，她31岁至44岁，身体很强健，却依然从此再未生育。

为什么钮氏年轻力壮，身体那么好，却19岁生育弘历后再未生育？因为生育弘历后，12年里，她一直远在京城200多公里外的承德狮子沟山沟里。12年后，雍亲王已是皇帝了。他的老婆从4个扩大到8个，又从8个扩大到37个，根

---

[1] 参见杨启樵：《揭开雍正皇帝隐秘的面纱》，上海书店出版社，2002年，第144页。

本轮不到她了。

正是雍正帝长期疏远冷漠钮氏的缘故,所以,雍正帝死后,乾隆帝生母竟马上预先明确谕旨,她死后、坚决不与雍正帝合葬在一起!按照常理,她的儿子继位做了皇帝,她死后理所当然应该与先帝葬在一起,这是制度规定,也是无上荣耀。为什么皇太后钮氏谕旨说她死后坚决不与雍正帝合葬在一起?因为皇太后钮氏对四阿哥雍亲王,即后来的雍正帝太了解了的缘故,也是皇太后钮氏对雍亲王即后来的雍正帝恨之入骨才会这样说、才会作出这样决定的缘故。不仅皇太后钮氏表态她死后、坚决不与雍正帝合葬在一起,就是乾隆帝本人,他活了89岁,他死后也不葬在西陵,而是葬在几百里外皇爷爷康熙帝所在的东陵。乾隆还定了一条奇怪的规定,以后皇帝逝世后,一律隔代分葬东西陵。

当地热河还流传,弘历在妈妈肚子里很有可能怀胎十一个月,所以,身体才这么强壮。

乾隆二年(1737),乾隆帝遵照皇太后的本意,在泰陵东北约三华里的东正峪,为自己生母选择了吉地,营建了一座占地56亩,附带敬佛楼的泰东陵。就是说,在皇太后与乾隆帝的共同策划主持下,乾隆帝生母皇太后的泰东陵,与雍正帝泰陵,要相隔三里之远!这也是钮氏有了话语权、决定权以后,她对雍正帝深知其人的一个了结吧?

(四)雍正与年贵妃

年贵妃,即年大将军年羹尧的胞妹。四阿哥称帝前后,她已为其带病生育了3子1女。表面上,四阿哥对她感情最深。其实,并非完全如此。四阿哥只是始终在利用她,当其完成利用价值后,便被打入冷宫,促其早死。

四阿哥称帝前后,所有的儿子,均按爱新觉罗谱系,全都是弘字辈,如,弘晖、弘盼、弘昀、弘时、弘历、弘昼、弘瞻,唯独侧嫡福晋年氏的3名儿子,无一按弘字辈取名。而且,最终都无一存活。(弘历是四阿哥称帝后,12岁时才正式取得弘历大名)

从其生育时间与生育节奏看,她第一次生育是康熙五十四年,生女儿。以此推测,年氏"事世宗潜邸"当在康熙五十二、三年前后。

值得注意的是年氏的生育高峰期,分别在康熙五十九年、康熙六十年、雍正元年,一年接一个生。而这个时期(即康熙五十九年—雍正元年)正是四阿哥谋储、夺位最为重要、最为关键、最为激烈,也是政治风险最大的时期。查这个时期内,后宫中没有任何其他女子为四阿哥生育。可见,四阿哥在谋储夺位最关键、重要、激烈,也是风险最大的时期内,他最倚重、倾情的女子,唯年氏一人!

年氏在身体并不强健的情况下,康熙五十九年、六十年、雍正元年,接连不停地生育,这与当时年氏哥哥、四阿哥的大舅子年羹尧在政治上的不断高升有关。

换言之，在以上时期，之所以是年氏得四阿哥专房之宠，是四阿哥经过政治考虑后，有意为之的深谋之举。通过对年氏的宠爱，与年羹尧拉近关系，为他以后政治上利用年羹尧令其出力发挥作用。

康熙帝去世第二天，乾清宫大殓时，宜妃（五阿哥恒亲王胤祺、九阿哥贝子胤禟生母）坐着轿子，如入无人之境，毫不客气地闯进乾清宫。雍正帝的生母、皇太后更是事事处处公开与雍正作对。在这种局面下，年氏在后宫中对即位之初的雍正帝"赞襄内政"，有着宫中其他女性无可替代的重大作用与特殊贡献，"赞襄内政"，是年妃死后雍正朱谕中亲自说的。

年氏由贵妃升为皇贵妃，是雍正三年（1725）十一月，这时年贵妃已病危。但这个晋升，已实在没有任何实际意义。因为没有几天，当月二十二日，年贵妃就逝世了。也许，雍正知道其即将不在人世，才有意这么作秀的吧。

对于年氏病逝，雍正在同一日谕旨中，有着如下说明：年贵妃"秉性柔嘉，持躬淑慎，朕在藩邸时事朕克尽敬慎，在皇后前小心恭谨……朕即位后，贵妃于皇考、皇妣大事，悉皆尽心、力疾、尽礼，实能赞襄内政。"[1]这说明，年家兄、妹在胤禛争储、夺位、称帝中，都立下过汗马功劳。

照理，四阿哥帝梦成真、龙袍加身后，应好好善待年贵妃才对，然事实并非如此。对年贵妃之死，雍正自己是这么说的："妃素病弱，三年以来，朕办理机务宵旰不遑，未能留心商榷诊治，凡方药之事，悉付医家，以致耽延日久。目今渐次沉重，朕心深为轸念。贵妃着封为皇贵妃。倘事出，一切礼仪俱照皇贵妃行。"[2]

所谓"凡方药之事，悉付医家"，就是雍正对年贵妃之病，只派御医了事，自己"三年以来"从不去过问，犹如将其打入冷宫。雍正不打自招，对年妃之病耽误拖延日久。最恶劣、最令人心寒的是最后一句。即，在已经"耽延日久，目今渐次沉重"情形下，雍正不是真心诚意重于组织救治，而是虚伪地封贵妃为皇贵妃。所谓"倘事出"，实际已是在暗示可以准备后事了。

雍正既已公开发出"倘事出，一切礼仪俱照皇贵妃行"之旨，知情人已经都明白，皇帝并不想真心留住她，如果皇帝真想留住她，怎么会对她生病病重耽误拖延日久？怎么会未"三年以来能留心商榷诊治"？又怎么可以在已经耽误三年之久后提前暗示可以为其准备后事？既然皇帝不想留住她，太医还敢花大力留住她吗？

年贵妃之死，一半是因病，一半是被雍正气死、急死的。因为，她知道的事太多了。因为，自雍正三年下半年起，雍正要杀年羹尧的迹象，已十分露骨。年妃不先死去，雍正要杀年羹尧就无法实现。雍正对年妃、年羹尧都是先政治利用，再过河拆桥。对年妃，可谓杀人不见血；对年羹尧，逼其自己了断杀人灭口；对八弟媳，则勒令自尽，再焚尸扬灰。

1,2《雍正朝起居注》第一册，第65页，雍正三年十一月十五日乙酉条。

四阿哥帝梦成真后，竟然三年以来，对病重的年贵妃不去过问，犹如已将其打入冷宫，年妃还要时刻担心哥哥被杀，在这种状态下，她还会不加快死去吗？雍正对年贵妃的所作所为，实是在巴望其早死。

果不其然，年贵妃一死，雍正马上就下令要年羹尧自裁。

（五）雍正帝与兄弟关系逆转

雍正帝与八阿哥。康熙四十七年一废太子后，康熙帝召在廷满汉大臣面谕："……于诸阿哥中举奏一人（为太子）。"众大臣一致推举八阿哥为新太子，这就埋下了四阿哥与八阿哥之间不共戴天的仇恨。但表面上，四阿哥与八阿哥之间当时仍看不出有任何芥蒂。

例如，蒙古贵族向八阿哥献马，八阿哥亲自从中挑了一匹转送四阿哥，可见两人关系还不错。当康熙帝要处分八阿哥时，九阿哥、十四阿哥提前身藏毒药，计划以死抗争、以死相救，并把这一计划预先告诉了四阿哥。如果四阿哥同九阿哥、十四阿哥政治上完全对立毫无共同语言，九阿哥、十四阿哥决不可能把如此重要机密之事预先向四阿哥泄露秘密并邀他共同行动。当康熙帝同意在畅春园附近为八阿哥、九阿哥再建房舍，并交三阿哥办理时，三阿哥选了一处离四阿哥圆明园很近的地方，这就说明三阿哥、八阿哥、九阿哥等当时与四阿哥关系是融洽的，否则，三阿哥不会作这样选择。

康熙五十七年康熙帝特授十四阿哥为抚远大将军，超授王爵（破格封王）领兵20万（康熙帝特谕对外宣称30万），赋生杀大权，甚至宣布，听从十四阿哥指挥，如同听朕指挥无异。八阿哥眼看谋储无望，遂顺应局势与九阿哥、十阿哥、十二阿哥等转而支持十四阿哥。

十四阿哥出京时，康熙帝亲自在太和殿授予大将军印，赐其领正黄旗（上三旗）纛。诸王、贝勒、贝子、公、二品以上大臣，俱在午门广场列候。三阿哥、四阿哥奉命带领文武官员亲往送行至德胜门。四阿哥还以兄弟之情在德胜门设宴送请十四阿哥出征。但，以上这一切，都只是四阿哥韬晦之计的一部分，都只是四阿哥虚伪、伪装的一部分。四阿哥称帝后，也曾表白，他在藩邸时代，与众弟兄并无矛盾。虽然如此，雍正帝还是公开表示："朕自揣精神力量，可以经理有余，惟于弟兄之中，此数人万难化诲，既不感恩，又不畏法，使朕心力俱困。"[1]

这实际上已是在发出务必诛灭八阿哥、九阿哥的信号。三阿哥后来被圈禁于景山，与康熙帝的总管太监梁九功一样，死于景山禁所。

但八阿哥、九阿哥的死法就惨了。据有关史料介绍，八阿哥、九阿哥被分别囚禁于高墙之下无窗的小屋。小屋之小，不能站立，不能卧睡。吃饭、大小便，全

---

[1]《上谕内阁》，雍正三年二月二十九日。

由狗洞大小的转盘转进转出。小屋密不透风,被囚之人犹如置入蒸笼,大汗不止。又因四壁无窗,暗无天日。不止如此,还身带9条粗重铁链,将手、足、头、身锁绕全身。雍正四年八月二十四日(1726年9月19日),九阿哥腹泻不止,死于黑牢。九月初十日,八阿哥因呕吐不止,亦死于高墙下之黑牢。这两兄弟死状何其如此蹊跷,又如此凄惨?

雍正七年,雍正不意泄漏了"天机":"朕早夜筹思,总无可以料理措置……万不得已,将阿其那、塞思黑、允䄉分别拘禁,而不料阿其那、塞思黑相继皆伏冥诛。朕之办理此事,皆默告天地、虔对皇考,熟思慎重,量其轻为宗社国家之大计,置朕身于度外之举,此心可以对上天、皇考。至于众口之褒贬,后世之是非,朕不问也。"[1]

八阿哥、九阿哥皆死于雍正帝之手,且其手段极其残暴,雍正"弑兄、屠弟"的骂名随即由此而来。

雍正帝对这个骂名,显然早有思想准备。对于"众口之褒贬,后世之是非,朕不问也"。所谓"朕不问也",其实就是"朕不顾也"之拷贝。雍正帝对社会舆论,向来无所谓、无所惧,也无可奈何。雍正帝对社会舆论不以为然的三无态度,也是促动社会舆论对雍正帝有所反弹,对其不依不饶、骂名不断的原因之一。

雍正帝的骂名,实同雍正帝的阴险、残暴大有关系。

八、雍正帝过河拆桥、众叛亲离

雍正韬晦待时暗中谋储,并非因受戴铎挑唆之故。四阿哥深藏谋位欲望与大计,这个内因才是其韬晦主要原因。早在康熙五十二年(1713)戴铎向雍亲王呈进劝进书,可谓竭尽奴才献忠之能事。四阿哥告之以"我若有此心,断不如此行履。"[2] 透露出四阿哥谋储另有高招妙计。康熙五十五年(1716)戴铎向四阿哥密折奏告武夷山高人算命预言其主子"万字命",这给了四阿哥极大的精神鼓舞。康熙五十六年(1717)康熙帝在乾清宫东暖阁召诸皇子、满汉大学士、九卿等面谕中痛斥:"或有小人,希冀仓促之际,废立可以自专,推戴一人以期后福。朕一息尚存,岂肯容此辈乎?"[3] 这是不是康熙帝已在向戴铎、四阿哥以上活动发出严重警告?

在康熙帝的严重警告下,远在福建而又政治敏感的戴铎向四阿哥提出谋求退路的方案,他认为台湾远离大陆,处海洋之中,沃野千里,而台湾道兼管兵马钱

---

1 《大义觉迷录》。
2 《文献丛编》第3辑,《戴铎奏折一》。
3 《清圣祖实录》卷275,第697页,康熙五十六年十一月辛未二十一日。

粮,我不如谋调这个职务,"替主子屯聚训练,亦可为将来之退计"[1]。康熙五十六年(1716)康熙帝在乾清宫的严重警告,远在福建的戴铎怎么会马上知道？即使知道了,又为什么急着要为四阿哥提出以台湾预作退计、预作退路？因为私自谋储属违法行为。更何况,康熙帝已发出"朕一息尚存,岂肯容此辈乎",使政治上相当敏感的戴铎有泰山压顶之感。美其名为主子雍亲王预作退路,又何尝不是为保自己小命预作退路？

不管怎么说,戴铎主动投拜四阿哥,而且对他肝脑涂地、忠心耿耿。在四阿哥面临政治危机或政治压力时,他心甘情愿为主子两肋插刀。这样忠心的奴才,应信任重用之,何来死罪？戴铎后来有贪污罪吗？戴铎后来有背叛雍正行为吗？都没有。但四阿哥称帝仅几年时间,就处心积虑要杀戴铎,以致引起年羹尧对戴铎心生同情。雍正居然为此发怒,斥年羹尧、隆科多与戴铎"结为一党"。

雍正对戴铎如此,对年羹尧、隆科多、延信等功臣又何尝不是如此？这样一个惯于过河拆桥、口蜜腹剑之人不招骂名,谁招骂名？

历来研究雍正继位的学者,对隆科多、年羹尧、张廷玉三人的作用都给予了充分重视与研究,却忽略了、小觑了康熙帝身边的一等侍卫拉锡。其实,拉锡是个能通天的人。拉锡不仅是康熙帝身边的重要侍卫,还常常接受康熙帝在侍卫专职以外的各种特殊任务。这样的特殊身份,一旦假传圣旨(康熙帝曾预见过这种可能性,并预见过一旦出现,无人发觉并阻止),则后果不堪设想。尤其是康熙帝临终前后数日,拉锡在雍正谋位过程的关键时刻,他在当时当地的地位,有着任何其他人无可替代的特殊作用。但多数人对这一点似乎多显得并不在乎,也不甚了解。

常言道,做贼心虚。当时社会舆论集中在雍正谋父、篡位、杀弟杀功臣上,并无特责其收买勾结康熙帝侍卫。然,雍正帝却迫不及待地急于要表白澄清这一问题。特谕旨:"朕在藩邸时,不特不与人结仇,亦并不与一人结党……朕在藩邸有年,与舅族皇后家及诸姻卧戚并无过于亲切往来之处,亦众所共知者。再,并无满汉大臣及内廷执事人、侍卫等一人结交亲密往来也。"[2]

雍正帝在睁着眼睛说瞎话。十一月十三日晚康熙帝去世并转移遗体时,三、八、九、十、十二等众位阿哥无一人在场或知情,畅春园内6位重臣也无一人在场或知情。然,张廷玉竟已早就"在乾清宫匍匐跪接"了。[3] 若雍亲王事先与张廷玉毫无勾结,何以当晚会出现这种不正常的诡秘情景？

下面,从雍正元年正月十一日(1723年2月15日)拉锡给雍正帝的密折,很

---

[1]《文献丛编》第3辑,《戴铎奏折(五十六年折)》;转引自冯尔康《雍正传》,第55页。
[2]《雍正朝起居注》第一册,第5页,雍正二年八月二十二日。
[3]《张廷玉自订年谱》上册,第24页,光绪六年庞山刻本,上海图书馆古籍部藏书。

能说明他与拉锡关系这个问题。拉锡奏道:"奴才本一介蒙古卑奴,蒙先帝圣祖仁皇帝自幼抚养,随侍御前,荣授以一等侍卫……随侍三十载矣。于当今皇上,奴才未效一日之力,即授以副都统乃至都统。如此重恩,奴才诚不能仰报于万一。"[1]都统是部级官爵,何以拉锡未为雍正帝效一日之力,却一下子将一个素昧平生的侍卫,火箭式上升到部级官爵,而且还四个月连升四次?雍正帝是个严厉、挑剔之人,怎么可能对一个毫无政绩功劳之人如此连升重用?其中必有蹊跷和原因。拉锡从无在雍正藩邸任职,雍正却在雍正元年正月半个月内将拉锡从一名前朝侍卫,不顾程序,也不顾影响,直升为满洲都统。雍正帝急报拉锡之功,同雍正帝急报隆科多之功,如出一辙。但之后两人的下场,也大同小异。

开始时,雍正帝重用拉锡。不仅委其治理旗务,还特派其从北京往杭州密捕年羹尧、再从杭州秘密押送往北京,及至执行对年羹尧抄家,都是拉锡负责操办。

如,雍正三年十月十六日(1725年11月20日)拉锡奏报于年宅抄出谕旨折:"年……闻知其京城、保定府家产抄没后,九月十二日将有关联之所有书信皆焚烧矣。就此问年羹尧。据其告称,谁没有一点私事,凡少(稍)有关联之书信,我俱烧矣,等语。再,其书房屋檐下钉有木夹之书。奴才拉锡、鄂弥达、福敏我等三人原欲开阅。后奴才虞其有何关联之处,遂派人问年羹尧。伊告曰,木板所夹者,乃谕旨也,等语,故而未看。奴才又谓鄂弥达、福敏曰,不拘此书我要带走。年羹尧虽伪装成书,装订存放,但放在此处亦不妥当。伊等俱言甚是。故奴才将连同此书夹板一同带来。另外伊匣内放有汉字朱批一件,我亦一同随身带来。此外别无书信也。再其家人所买及家中所买之无用弗籍尚有一匣,奴才亦已封存杭州矣。为此谨奏。"[2]

拉锡还奏报了年在拘押期间的言行动态,年羹尧道:"我之此罪岂可谓没有?我乃——是亦有,非亦有,亦不能全说成非。唯杀八百良民者,抑或自有明日。

观其情形颇为乖谬,仍然固执认为其所行为是。年羹尧二顿饭(不是一日三餐,是一日二顿牢饭也)照旧吃得很香(与八阿哥一样,八阿哥说还要比平时多加一碗),随便玩笑(与八阿哥、十四阿哥、戴铎等人一样),常讲鬼怪(雍正帝最怕鬼怪,年羹尧此举别有用意也)。奴才原以为年羹尧恼羞成怒,宁可一死,其样子虽非一死之人,但若自尽抑或跳水,亦未可料。"[3]

从拉锡对年羹尧抄家之彻底,对雍正帝汇报之详尽看,不能谓不忠、不尽心尽力。然,拉锡最后下场如何呢?年羹尧被诛灭(三年十二月十一日)后,还不到半年,雍正四年八月十五日(1726年9月10日)雍正帝终对拉锡翻脸:"伊从前干犯死罪(从前是指何时?死罪又是指什么犯罪事实?都含糊其辞。

---

1 《雍正朝满文朱批奏折全译》,第5页。
2,3 《雍正朝满文朱批奏折全译》,第1226页。

雍正帝不是以同样手段，同样态度对付戴铎吗？既然明知拉锡从前犯下死罪，为何一上台就对其大升特升？）……将伊议政大臣、散佚大臣、满洲都统，办理理藩院事务并赏伊世袭之职，俱革退。"[1]

不久前，拉锡在对年羹尧抄家时搜出保存极为隐蔽而又牢靠的雍正帝汉文谕批。雍正帝三令五申所有朱谕一律上交收缴，年羹尧为什么还要收藏不交？既然年羹尧抗旨不交，必有收藏之价值。年收藏不缴的雍正帝汉文谕批什么内容，不清楚。拉锡已申明未看，但雍正帝仍不能放心，仍不肯罢休？

拉锡早就提出过退休要求，这同隆科多早就提出辞去步军统领一职一样。但雍正帝过河拆桥已成习性，拉锡功劳再大，工作再小心谨慎，又怎能逃出雍正帝之手心？

雍正帝对心腹功臣隆科多、年羹尧、延信、戴铎、拉锡之翻手为云覆手为雨，伟人之举耶，小人之举耶？

生母与他发难大闹，兄弟与他分庭抗礼，心腹、功臣被他斥为"二心"，雍正处于众叛亲离地界。他的骂名，与他众叛亲离也有关系。

九、未处理好宗教人士、外交人士的关系

四阿哥在藩邸时代，与寺庙、道观关系密切，与西方驻华传教士，大多不大来往。

道士贾士芳，河南禹州人，懂医术、通晓心性之学。据顾公燮《丹午笔记》记，贾士芳曾得道人王紫珍传授，精通《易经》，能预卜人之祸福，曾居河督嵇曾筠署中，人多崇奉之。雍正知道并认识贾士芳，是通过他的十三弟、总理大臣怡亲王允祥引荐的，时间当在雍正七年(1729)。是时，贾士芳在京师白云观已颇有名气。

雍正对贾士芳，先是满意称赞，"加以隆礼"，随即翻脸无情。"加以隆礼"仅一星期后，十月初二日，贾士芳被戴上"左道妖邪"的罪名处斩，其家中十六岁以上男性亲属均处斩监候，其余人均由地方官严加看守。

雍正八年九月辛卯二十五日(1730年11月5日)，雍正帝谕内阁：

> 从前因吾弟怡贤亲王气体清弱，时常抱恙。朕谕令访问精于医理之人，及通晓性宗道教者，以为调摄颐养之助。上年吾弟奏称：京师白云观近有一人，通晓心性之学。朕令召来一见，王以未曾深知，不敢令其入见。朕云：其人之学术精粗深浅，朕面询即知，弟召来一见无妨也。

---

[1]《雍正朝起居注》，第一册，第740页。

逾数日遵旨进见，朕所询问伊不能对。及谕以心性之学，伊则伪作钦服之状，极口称颂。朕察其虚诈，中无所有，略加赏赐而遣之。后朕降旨与外省一二督抚，令其便中访问通医学道之人。随经李卫奏称："闻中州有贾士芳者，平素通知数学，臣未曾识面，不能确知其人。"朕随降旨与田文镜，将伊送来。初到时，朕令内侍试以卜筮之事，伊言语支离，启人疑惑。因自言上年曾蒙召见，朕始知即白云观居住之人也。伊乃自言长于疗病之法，朕因令其调治朕躬。伊口诵经咒，并用以手按摩之术。见伊心志奸回，语言妄诞，竟有"天地听我主持；鬼神听我驱使"等语。朕降旨切责，伊初闻之，亦觉惶惧，继而故智复萌，狂肆百出，公然以妖妄之技，欲施于朕前。伊欺世惑众，素行不端，曾经巡抚杨宗义访问查拿，伊始稍稍敛迹。厥后仍复招摇。今则敢肆其无君无父之心，国法具在，难以姑容。且蛊毒魇魅，律有明条，着拿交三法司，会同大学士定拟具奏。[1]

圣祖批其"喜怒无常"，四阿哥深知"喜怒无常"者难堪大任，急于表示已经改正。然，从他对道士贾士芳"喜怒无常"乃至立斩看，"喜怒无常"之劣根，何曾更改？

四阿哥称帝后，对西方驻华传教士采取两种态度。凡与他政敌无很深关系，又有他所需要者如画师郎世宁，则仍留宫中，为他服务。凡与他政敌有密切联系者，即使只是宗教关系，也必赶走、分隔，如苏努、乌尔陈等。大部分传教士都被赶往澳门。葡萄牙传教士穆经远因与九阿哥允禟关系密切，与允禟一同流放西宁以北大通。又以穆经远帮允禟设计密码与允禟儿子通信为由，被毒杀于西宁、枭首示众。

雍正帝对京郊西山大觉寺性音方丈，也是先利用、后驱逐京城、禁其与外界接触，终以小恙圆寂，令知情僧人十分不满。

僧人与传教士本与世俗世界分属两个层面、两个活动空间。但这两个层面、两个活动空间之间并无城墙。雍正帝对僧人、利用的时候居多。雍正帝对传教士、憎恨的时候居多。如此，僧人、传教士会拥护他、赞颂他吗？

---

[1]《清世宗实录》卷98，第309—310页，雍正八年九月辛卯二十五日。

第十一章　伟人耶,小人耶?

伟人与小人仅一字之差,这一字之差,却有着天壤之别。关键在于其人是否在历史上真正创立了伟业,其人格是高尚还是低劣。简言之,伟业是伟人创建,不能成伟人,必无伟业可言。

在古今中外的君主系列中,有不少归入到伟人之列,如,美国的林肯、华盛顿;法国的拿破仑、戴高乐;中国古代的成吉思汗、元世祖忽必烈、汉高祖刘邦、唐太宗李世民、明太祖朱元璋、明成祖朱棣、清圣祖康熙帝等。

就雍正帝而言,应该将其归入伟人,还是归入小人,既要对其人是否创立了伟业、其伟业对当时及后来历史产生何种影响去论证与判断,还要看其人人格人品是否可以归入伟人之列,才能科学界定。两者不可缺一,更不可互为矛盾。单用雍正勤政数据,来断定雍正之伟业,似乎还远远不够。希特勒也是勤政之人,希特勒非但不是伟人,还是大罪大恶之徒。

应把雍正帝归入伟人还是小人,除了应将他置于与前任康熙帝的比较中去观照,还应将雍正之时代置于当时国际世界的发展、变化这个大背景、大格局中去观照。

笔者在思考、撰写雍正帝是《伟人耶,小人耶》这一章节时,特地又从书柜中重新找出并拜读了原北京大学副校长、历史学家何芳川教授及清史大家戴逸教授的精辟论述,非常激动。笔者虽与何芳川教授素未谋面,却大有受其谆谆教导之感后,对雍正帝究竟是伟人还是小人这个题目的探索,扩大了历史新视野。

何芳川教授指出:"中华民族发展历史上永远有一个外部世界,特别是形成了统一的中央集权的大帝国,秦汉以后,汉、唐、明、清四大帝国,……前三个大帝国时期外部的世界不是特别重要,可以写,也可以不写,原因是什么呢? 原因就是无论是汉、唐,还是明这几个大帝国(到明代稍微有些变动),中国应该在当时的世界文明的舞台上占据中心的位置,她对外就是一种文明的流播。……

但是,唯独最后一个封建王朝的历史,大清帝国的历史不可以不写外部世界,因为这个时期(1644—1911年)正是世界进入近代。马克思主义经典作家所说的资本主义时代,是从16世纪开始的,正是这个时候世界走向近代的一体化。它的主角是资产阶级,近代的资本主义,它在清朝这个时候占据了世界文明舞台的中心和制高点。"[1]

因此,雍正帝应归入伟人还是小人,除了要从中国清史的研究角度去评定,还应用世界史的这面"镜子"去观察。因为,中国历史影响着世界历史,世界历史也影响着中国历史。我们应该站在21世纪的高度,而不应只站在雍正帝的角度去解读、评价其功过是非。

何芳川教授认为,"这个雍正杀人非常多,很不好。现在却说雍正很勤政等等。"[2]这与笔者多年来一直在思考、一直在探索、在求证的思想,不期而遇。在当下出版、影视、媒体对雍正帝普遍叫好的潮流下,何芳川教授能鲜明指出这个常人不敢想、不敢说的思想和观点,不仅令人敬仰,更非常之重要。余以为雍正不好,不仅在他杀人非常多,更在他杀人的理由很不正当、很不充分,而手段又非常残酷上。这样的统治,可归入伟人之列吗?

评价雍正帝是伟人还是小人,其意义不仅在于公正客观地评价历史人物,实际上更在于对雍正帝的那一套统治思想、制度政策,究竟好不好,哪些值得借鉴,哪些应该引为教训作出分析上。

正是在这个意义上,何芳川教授又提出:"我们一方面要看到康乾盛世在中国历史上的进步、积极的东西,它的功劳,同时也要看到它在中国历史上的消极的、负面的东西,如文化专制、文字狱等等。"

笔者认为,文化专制、文字狱等等固然不好,还有比这更不好、更要害的问题,即:"中国的皇帝对内都非常残暴,但对外却有一副儒家天朝大国的和善和友好的面孔。"[3]

笔者一直认为,雍正帝是个韬晦之计的高手、能手,更是权力斗争的高手、能手,是铲除政敌的高手、能手,也是篡改历史、伪造历史的高手、能手;但在对外关系上,雍正的智商显得很不够用,本领并不如有的人认为的那么强。你看他在权力斗争中,如鱼得水,凶狠有加,屡屡得逞;但在国家主权、领土守卫上,要么退让,要么力不从心。依笔者之见,他是一个对内凶狠、对外缺钙的君主。是一个内斗内行,外斗外行的君主。这样的君主,能归入伟人之列乎?

"从制度文明来说,1640年英国资产阶级革命开始,在清朝建立的前四年,到1688年结束,正好在康熙的时候,他们开始过上好日子了。两次革命把英国的制度文明的问题解决了。18世纪80年代是美国独立战争,1789年法国大革命,在制度文明方面,人家完成三大革命的时候,我们却过着一种天朝无所不有的生活。在思想领域,伏尔泰、孟德斯鸠,多少大思想家,人家在那里百花齐放、

---

[1] 《清史编纂需要一面世界史的"镜子"》,国家清史编纂委员会编译组:《清史论丛》第一辑,中国人民大学出版社,2004年,第198页。
[2] 《清史编纂需要一面世界史的"镜子"》,《清史论丛》第一辑,第200页。
[3] 《清史编纂需要一面世界史的"镜子"》,《清史论丛》第一辑,第205页。

群星灿烂的时候,我们(还)在搞文字狱,这个反差多大啊!"[1]

且不用说用西方工业革命和思想文明之进步来对比同时代的雍正帝,就用他的前任、他的父皇康熙帝的制度、政策相比,无论在事业上还是在人格上,究竟谁比谁更强?有人说,雍正比康熙强多了,"有过之而无不及"。笔者不才,试作如下陋见比较之。

一、雍正帝即位前后的自评及对执政业绩自述之评估

按雍正帝之个性,他是一个自视甚高、不甘认输之人。如雍正二年十一月在乾清宫西暖阁召诸王、满汉文武大臣谕:"古来书史所记,多言人君当臣下蒙蔽,朕以为不然。夫人君岂皆庸闇,必待贤明之臣引君之道,独无睿哲之君可以训迪臣工而引之于道乎。朕自揣生平诸事不让于人。向在藩邸时,诸王大臣不能为之事,朕之才力能办之。"[2]

但,自视甚高、自我感觉良好,与社会现状无情之现实,完全是两回事。

雍正帝不该遗忘,雍正元年即位之初他亲口对太后坦言:"臣于政务素未谙练。"[3] 此非雍正谦逊之语,也非雍正偶然之语,类似的话,他又一再重复过多次。如,雍正二年九月谕:"朕在藩邸年久,虽于群情利弊、事理得失无不周知,至如国家政事有关定例者,朕既经历未久,如何可比皇考匡正之责。尔等若复隐忍不言,是将成朕之过,使事多舛错,尔等岂能辞其责乎?"[4]

一方面,雍正帝认为自己无所不知、无所不能;另一方面,雍正帝又不得不坦陈他对国家政事有关定例即制度、政策并不熟悉了解。一旦有错误,雍正帝认为责任在大臣们没有向他预言。如果康熙帝选择四阿哥接班继位如某些人所说在思想上已考虑很久,康熙帝怎么会不考虑、不着手先解决四阿哥"于政务素未谙练"这个问题?

雍正三年二月壬午,上御西暖阁,召诸王、议政大臣、满汉文武大臣、九卿等面谕时,再次谈起因"向来从不干预政事,一切俱未周知"一事:"壬寅之冬(即康熙六十一年冬),朕赞承大统,几务箴繁,以向来从不干预政事,一切俱未周知……三年以来,叠遭皇考皇太后大事,怡亲王(允祥)、舅舅隆科多悉心办理,诸事妥帖,能体朕意,无一事劳烦朕心,所委一切大小诸事,丝毫不苟,小心敬谨,竭尽心力,

---

[1]《清史论丛》第一辑,第 202 页。
[2]《雍正朝起居注》第一册,第 373 页,雍正二年十一月乙卯十五日。
[3]《大义觉迷录》。
[4]《雍正朝起居注》第一册,第 327 页,雍正二年九月乙丑二十五日。

忠诚任事，实属可嘉。"1

雍正帝说，他以前"向来从不干预政事，一切俱未周知"。是四阿哥本人不想干预政事，还是皇父康熙帝向来不要四阿哥干预政事？据笔者对四阿哥及诸兄弟之研究，及康熙帝对诸皇子之态度与评价，显然是后者。正是这个缘故，雍正帝尚未正式即位，康熙帝去世第二天，就任命允祀、允祥、隆科多、马齐四人总理一切大小诸事。一来是为拉拢人心、稳定政局；二来也是藉此以填补自己缺少执政经验之短板。

这种情况和局面，直至雍正五年(1727)，也并无根本改变。雍正五年三月谕："朕即位五年以来，虽悉心竭力加意整理，而尚毫无就绪项。"2 雍正五年闰三月上谕："自朕办理以来，于大小政务未能洞悉周知，而其果否悉合机宜之处，亦未能自信。"3

雍正帝执政五年时的这一总结表明，他对于自己的执政治理是否都能悉合机宜仍"未能自信"。这与他长期以来毫无执政的基础而又急功近利大有关系。他的皇子时代长达45年，康熙帝从未任其任何重要职务，他当然"于政务素未谙练""于大小政务未能洞悉周知"。

那么，45年里，他的所爱，他的追求是什么呢？在以下朱谕里可清楚看出："朕仰赖皇考福庇，在藩邸数十年，优游娱乐，所蓄玩器颇有。及朕即位后，见宫中传贻古玩器皿皆质朴之物居多，实无奇异稀有人所罕见者，言之于人，亦令人难信。视朕藩邸所获，尚属不逮，朕深抱愧于怀。当日二阿哥（二立二废之太子）在东宫时，广蓄奇巧珍贵之物，数倍于皇考宫中之所有。朕所见甚多，诸臣即竭力购求，亦不能出朕所见。"4

他即位后看到，皇父宫中的古玩器皿，远比他在皇子时代觅藏的古玩要质朴得多，即使诸臣现在再竭力购求，亦不能超过他之前已经之所有。以四阿哥之文化根底，难道他不知道玩物丧志之古训？这与康熙帝年幼时立志长大后要像父皇那样治国安邦，落差何其之大？与少年天子16岁一举解决鳌拜及其死党专权，落差何其之大？与康熙帝执政61年之久，宫中古玩器皿皆多为质朴之物，远不及二阿哥、四阿哥收藏之奇异稀有，落差何其之大？

年轻力壮的四阿哥自喻为"闲客""野僧"，这与康熙三十七年(1698)父皇康熙帝批评年已21岁的"四阿哥为人轻率""喜怒无常"等是完全一致的；这与四阿哥藩邸时把大部分精力投入在搜藏古玩"优游娱乐"，把精力投入在佛教上的经历也是一致的；这与四阿哥仓促继位后，甘认"大小政务未能洞悉周知"，也是完

---

1 《雍正朝起居注》第一册，第426页，雍正三年二月壬午十四日。
2 《雍正朝起居注》第二册，第933页，雍正五年正月甲辰十七日。
3 《雍正朝起居注》第二册，第1149页，雍正五年闰三月辛巳二十五日。
4 《雍正朝起居注》第二册，第1152页，雍正五年闰三月乙酉二十九日。

全一致的。

伟人之所以成伟大,非一日一夕之功。伟人首先要有伟志(伟大志向)、日后不懈奋斗才会有建立伟业之能力与功绩。四阿哥青年时代将主要精力都投放在搜藏古玩,其规模、品相居然都已远超父皇宫中之所有(他自己亲口说的)。如此这般的"天下第一闲人"、"闲王",是伟人所当为的表现乎?四阿哥的皇子时代长达45年,有何伟大表现?他靠宫廷政变一夜之间当上了皇帝,就成伟人了,可能吗?即使他是完全正常、合法继位,他当皇子45年中毫无伟大表现,就因为他当了皇帝,他就一下子成伟人了,可能吗?

有人提出,他虽然皇子时代45年里平平常常,他执政十三年的政绩是"伟大"的。

从雍正帝头几年执政经过直至他去世看,他始终并无一个完整明晰的政治蓝图,也并无一条明晰的国家道路的前进方向与国家发展的阶段论,他只是陷于每日琐碎的事务堆中,他又喜欢独裁,事无巨细盖出自他手,雍正勤政,原因盖在于此。

即使在扫除政敌七八年之后,国家治理之局面与现状,就连雍正帝本人也极不满意,国际国内的舆论也对其极为不利,这样的封建帝王,能归入伟人之列么?

请看雍正五年四月十五日(1727年6月4日)谕内阁:"圣祖仁皇帝……当年五十圣寿之时尚未行庆贺之礼。朕临御以来虽时时有励精图治之念,爻安海宇之心,而实在善政善教可以造福于社稷苍生者,何事可以自信?"[1] 他又一次讲述了他的不自信,应该完全是他的真实意思,也应该完全是他执政已进入第五年时的真实情况。

连雍正帝本人都再四甘认,虽时时有励精图治之念,也时时有兢兢业业勤政之实,但对造福于社稷苍生之业绩,却并无自信。今日之某些专家却堂而皇之地提出,雍正帝"十三年的政绩比在位六十一年的康熙帝有过之而无不及",此论能成信史乎?

二、对康熙帝死因之分析

康熙帝究竟是正常病故,还是被皇四子谋害致死,这是皇四子究竟是正常继位还是阴谋篡位的关键要害之一,也是将雍正帝应否归入小人之列的关键要害之一。

迄今为止,没有任何证据可以从法理上充分确凿地定论康熙帝是正常病故,

---

[1] 《雍正朝起居注》第二册,第1195页,雍正五年四月辛丑十五日。

尽管当下有不少人仍在宣传康熙帝是正常病故并为雍正帝竭力辩护。与此相反，康熙帝非正常死亡的迹象及皇四子在康熙帝之死事件上种种不符合法理或情理之非正常之举及阴谋之嫌疑，至今仍无法排除与否定。

这个事件如此重大，为雍正辩解者又如此之多，有必要再归纳若干要点，再予辩论：

1. 康熙帝从十一月七日宣称受风寒感冒，到十一月十三日晚 7—9 时去世，其间有整整七天时间，为什么七天时间内官方史料上始终都只字不见太医活动之记载？为什么康、雍两《实录》内自始至终都丝毫不见太医二字？这是康熙帝正常病故应有之象乎？

据康、雍两朝《实录》记载，康熙六十一年（1722）"十一月甲午十三日丑刻（夜1—3时）上疾大渐，命趋召皇四子于斋所，谕令速至"。清代官家[1]《实录》内记载得很清楚，康熙帝趋召皇四子，没有说是为传位一事。《清圣祖实录》是雍正朝完成的，并没有记为是要传位一事，在这样明确的事实下，却偏有许多研究者坚持，当时康熙帝趋召皇四子就是为解决传位一事。奇怪的是，康熙帝与皇四子见面后尚可清楚说话，仍只字未说要传位皇四子，却偏有许多研究者仍坚持，趋召皇四子就是为传位一事。皇四子与康熙帝见面时，"上告以病势日臻之故"。[2]照理，皇四子应急召太医救治，但官吏中却自始至终不见皇四子急召太医之举。有人认为，"不召太医是不可能的。"可能与否、谁也说不清。我们只能用史料说话，用证据与事实说话。退一步说，如果皇四子已及时急召太医救治，《实录》里为什么不记？是不记对他有利？还是记载对他有利？皇四子那么聪明之人，又怎么会忘记不记？张廷玉文字功夫如此了得，又怎么会忘记不记？为什么所有为雍正帝理直气壮的辩护人都对此默不作声？

必须再次提出的是，迄今为止，海峡两岸故宫、档案馆、太医院满汉文档案内均不见康熙帝当时病情及诊断、救治过程一纸一字之记载，这是定论康熙帝正常病故缺少可靠证据，又明显违背法理、不合情理，不能令人信服之所在，也决非是康熙帝属正常病故应有之状态。

康熙六十一年十一月十三日（1722 年 12 月 20 日）凌晨 1—3 时，康熙帝趋召正在天坛斋所的皇四子"速至"，用的理由是"上疾大渐"。从天坛骑马去畅春园，不超过半小时即可速至，皇四子竟然中午 11 时前后才进入畅春园寝宫，拖延了整整 8 个多小时以上，这是极其不正常的。

杨启樵为其辩护说道，"雍正也可能夜半于中途发生事故而耽误。"[3]

因什么事故，杨未作任何说明，既轻描淡写，又毫无依据，只是一种不负责任

1,2 《清圣祖实录》卷 300，第 901 页，康熙六十一年十一月甲午十三日。
3 杨启樵：《雍正篡位说驳难》，上海书店出版社，2012 年，第 93 页。

的搪塞之语。在当时情况下,皇四子还有什么事情比火速赶往畅春园寝宫面见父皇康熙帝更为重要?皇四子又有什么理由把不到半小时即可速至,竟拖延了整整8个多小时才到?皇四子就在京城,居然拖延8个多小时才到,事后也未见其作任何说明,也未见康熙帝对其作任何追问,皇四子的行为十分蹊跷,举止十分不正常。将其作为抗旨不到,一点也并不冤屈他。这种局面至少已可说明,康熙帝对形势已经失控之事实,至少,他对皇四子已经失控,否则,他怎能容许皇四子拖延整整8个多小时不到?康熙帝对形势已经失控,对皇四子已经失控之事实,可视为皇四子正常乎?

2. 父子见面后,康熙帝只字未有要其继位的决定和意思,但却告知四阿哥,他"病势日臻之故"。此时,皇四子理应急召众兄弟、诸位在园内值班大臣共议对策。在康熙帝病危之时,他更应将众兄弟、诸位在园内值班大臣急召到场。一者,有利于救治父皇;二者,有利于他的政治清白。令人惊讶和奇怪的是,从中午11时前后康熙帝尚能清楚同他说话,直到晚上9时前去世,在长达10个小时的时间里,既不见皇四子急召众兄弟、诸位在园内值班大臣到场,也并不见皇四子急召太医入内,这是皇四子明显违背法理、不合情理的非正常表现,也是其阴险、残刻的表现。

笔者以为,正是因为十一月十三日中午父子见面时,康熙帝只字未有要其继位的决定和意思,才导致了以上这种怪异的非正常局面。如果康熙帝确已有要皇四子继位的决定和意思,皇四子决不会拖延整整8个多小时不去,更不会在康熙帝告知"病势日臻之故"之后,在长达10个小时的时间里,既不急召众兄弟、诸位在园内值班大臣,也不急召太医入内。而康熙帝病情恶化与去世,正是在皇四子到达、进入寝宫后的这10个小时的时间里!

以皇四子之精明,难道他不知道此时此刻独自一人在病危父皇身边、一旦父皇生命不测,他将难辞其责、难逃骂名之严重后果吗?以皇四子之精明,难道他不知道此时此刻正是抢救父皇生命的黄金时间吗?明摆着这么险恶的时刻,为什么仍独自一人在病危父皇身边,既不急召众兄弟、诸位在园内值班大臣到现场以示清白,也不急召太医入内以尽子孝?

与其说,谋父的骂名是雍正帝政敌造谣生事、是民间野史传说,不如说完全是雍亲王、雍正帝自己一手造成,更符合历史事件本来面目。

3. 以雍正帝之口才,当其受到谋父的舆论骂名后,他完全可以用当天这10个小时里进出5次、如何组织救治的经过说明清楚。但无论在康、雍两朝的《实录》里,还是在雍正七年他为自己辩护而出笼的《大义觉迷录》里,还是在雍正朝任何官方文史里,他非但根本没有说明清楚,甚至,终其一生,也从无一纸一句提过他当日当时是如何组织救治的。迄今为止,所有为雍正帝清白作辩护的专家学者也并无一人把当天这10个小时里雍亲王如何组织救治说明清楚。这能是康熙帝正常病故的应有之义吗？雍亲王谋父的嫌疑可以轻易排除、否定吗？

有人又以康熙帝不可能死于人参汤为其辩护。以上诸条与论析过程只字未提人参汤，雍亲王谋父的嫌疑可以就此排除、否定吗？

4. 如果康熙帝确是医治无效正常病故，当晚转移遗体时，皇三子、皇五子、皇七子、皇八子、皇九子、皇十子、皇十二子等年长皇子都理应出场，当时畅春园内还有多名后妃，也理应出场；当时畅春园内还有6名大学士、领侍卫大臣等重臣，也理应出场；以上众人，居然无一人在场，全由隆科多的武装力量深夜诡秘恐怖中进行。

以上这一切，是正大光明，还是阴影重重？是伟人之举，还是小人之为？老百姓心里有杆秤，专家学者心里也应有杆秤才是。

三、从雍正帝对后宫妻妾真实心态与行为、看雍正帝其人

从雍正帝对嫡福晋、年贵妃，乃至为其养下私生子弘历后、却被抛在避暑山庄围墙外山下狮子沟12年的宫女钮氏之诸多真相可以看出，这位皇帝的后宫，表面上风平浪静，其实，雍正帝对她们极其虚伪、阴险、残酷。这位皇帝居然把政治斗争、权力斗争中惯用的方法和手段，也全部一一用在了后宫中这些他原本都是他最亲近的女性身上。

嫡福晋、年贵妃、钮祜禄氏是雍正帝的政敌吗？不是。雍正帝为什么也要对她们极其虚伪、阴险、残酷？因为就嫡福晋而言，既存在着雍正帝喜新厌旧的问题，又存在着极担心、极害怕嫡福晋会首开病死圆明园之先例。所以，宁可先将其转移，也不肯先就地抢救。就年贵妃而言，年贵妃客观上已成为雍正帝扫除年羹尧的绊脚石，必须先扫除年贵妃，才能解决年羹尧。年贵妃是雍正后宫中被雍亲王、雍正帝充分利用后再逼死的悲剧人物。就钮祜禄氏而言，雍亲王并不真心喜欢她。康熙四十九年（1710）夏秋之际，钮祜禄氏在狮子沟（后改名狮子园）极其偶然地肚中"有了"之后，但因为雍亲王并不真心喜欢她，又要竭力掩盖这件事，竟然从此将钮祜禄氏抛在狮子沟（后改名狮子园）长达12年。因而，弘历长期不具正名，9岁才进京。直到康熙六十一年（1722）七月康熙帝亲临狮子园接见钮祜禄氏，钮祜禄氏才得以解放、离开狮子园重返北京。

无论在政治斗争中，还是在生活领域中；无论在藩邸时代，还是在龙飞帝王时代，四阿哥其人光明磊落耶，阴险、残酷耶？应称其伟人耶，应称其小人耶？

第十二章　余论：浅议近年来雍正研究之得失

一、浅析康熙帝的优势、强势与局限、遗憾

（一）善于学习,刻苦学习,理论联系实际,终身学习不息

康熙帝的学习之刻苦、学习之自觉与学习之长期坚持,把学习与安邦治国、安世济民结合起来并取得卓越成就,为历代帝王所罕见。这个优势所造就的强势,充分体现在他对事物的认知度与判断能力、指挥能力、处变不惊的定力、谨慎小心、计划周密与毅力坚韧上。

他8岁即位,14岁亲政,故又有"少年天子"之美誉。他16岁就果断智擒不可一世的权臣鳌拜,充分展露出了他过人的智谋与魄力。他忆及:"及至十七八（岁）,更笃于学,诸日未理事前,五更即起阅读,日暮理事稍暇,复讲论琢磨,竟至过劳,痰中带血,亦未少辍。"[1]

在中国帝王队伍中,如此勤奋刻苦自觉,前不见先例,后不见来者。

康熙皇帝五岁读书,有着强烈的求知欲望。为了从儒家经典和历史著作中汲取营养,学习传统的治国理论和治国方法,从一开始,康熙皇帝对经筵、日讲就极为重视。自康熙十年二月始直至其去世,半个多世纪里,除因巡幸、出征偶未举行之外,从未停止;就日讲而言,虽然这一活动开始不久便已在数量上超过了历代君主,但康熙皇帝仍只嫌其少,不嫌其多,为了争取更多的学习时间,他一再要求打破惯例,增加日讲次数。少年康熙智擒鳌拜后不到两年,康熙十年（1671）二月,经康熙皇帝（时年18岁）批准,首任命了一批熟通儒家经典和各种历史知识的满、汉官员担任经筵讲官,又从翰林院选出十人充当日讲官员。当年二月,首开经筵;四月,初行日讲。这样,在清除鳌拜集团之后不到两年,康熙皇帝即开始了自己的经筵、日讲活动。

康熙十一年（1672）闰七月。伏期刚过,因秋季经筵尚未届期,日讲活动无法

---

[1]《庭训格言》,新疆人民出版社,2001年,第62页。

开展。为此,康熙皇帝指令讲官:"方今秋爽,正宜讲书,尔等即于本凡二十五日进讲。"[1]

　　康熙十二年(1673)二月,他又要求讲官改变间日进讲旧例为每日进讲。他说:"人主临御天下,建极绥猷,未有不以讲学明理为先务,……向来隔日进讲,朕心犹为未足。嗣后尔等须日侍讲读,阐发书旨,为学之功,庶可无间。"[2]

　　当年五月和康熙十四年十一月,他又先后指示打破寒暑停讲惯例,"学问之道,必无间断,方有裨益,以后虽寒暑,不必辍讲。"[3]"天气犹未甚寒,仍令进讲。"康熙十四年底,又再次指示讲官不必于次年春季经筵后始行日讲,"着于正月二十日后,即行进讲。"[4]

　　之后,随着日讲活动的开展,康熙皇帝的热情愈益高涨。先是巡幸南苑期间,以讲官侍从,日讲于南苑东宫前殿;后来又发展到万寿节祭祀之前的斋戒日期和因病不能御门听政的空闲时间也不辍讲。[5] 笔者前已介绍过南苑书房藏书巨丰,原来康熙皇帝早就在此用讲官日讲也。

　　康熙帝把读书学习、经筵、日讲同人君治国安邦结合起来,从中得出心得。如,他言道:"孟子所谓一曝十寒,于进君子退小人、亲贤远佞之道最为透彻,人君诚不可不知。"[6]

　　又言道,"人君讲究学问,若不实心体认,徒应故事,讲官进讲后,即置之度外,是务虚名也,于身心何益? 朕于尔等进讲之后,仍再三阅绎,即心有所得,犹必考证于人,务期道理明澈乃止。"[7]

　　人君帝王的亲贤远佞,与通常意义上的"近朱者赤、近墨者黑"并不完全一样,它将直接影响到国家政策的制定,社会风气特别是上层政治空气的好坏,国家道路的走向。还又说道:"自幼读书,凡一字未明,必加寻绎,期无自误。"[8]

(二) 在海内外筑有崇高威望和人格魅力

　　他的崇高威望建立在他有口皆碑的丰功伟绩和人格魅力上。

　　他视国家统一、国家版图、社会稳定看得高于一切,任何破坏、削弱国家统一、国家版图、社会稳定的人与事,他会坚决斗争,直到取得胜利。他平三藩,收复台湾,他对蒙古、青藏、准噶尔的统治政策,基本上都是成功的。承德避暑山庄

---

[1] 《康熙起居注》第一册,康熙十一年闰七月十六日。
[2] 《康熙起居注》第一册,康熙十二年二月七日。
[3] 《康熙起居注》第一册,康熙十二年五月三日。
[4] 《康熙起居注》第一册,康熙十四年十一月一日。
[5] 白新良等著《康熙皇帝传》,百花文艺出版社,2007年,第75—76页。
[6] 《康熙起居注》第一册,康熙十六年五月十八日。
[7] 《康熙起居注》第一册,康熙十二年三月四日。
[8] 《清圣祖御制诗文一集》卷26,《杂著·讲筵绪论》;白新良等著《康熙皇帝传》,第77—78页。

外的"外八庙",就是他统战成功的典范和经典之作。

他贵为天子,却生活得十分节俭,连外国使节与传教士都为之十分惊讶和敬仰。他手握生杀大权,却坚持仁政,从不滥杀无辜。宫廷风云如此险恶诡诈,他在位 61 年,从未杀一个骨肉,也很少杀大臣。他统治的时代政策稳定,人心稳定,社会稳定,乃 2000 年中国历代帝王在位最长者。他的仁政不是停留在口头上,他实施蠲免,规模、额度之大,时间之久,乃历朝历代史无前例。

他的思想、文化政策,不仅大大有利和巩固了清政府的统治,也使康熙时代的文化成果在整个清朝处于翘首。他是满族人,却深得广大汉族官民和汉族知识分子拥戴与敬仰。

他的崇高威望和人格魅力,不仅获得了所有国人的衷心拥护与热爱,也获得了许许多多外国使节、外国传教士、外国商人、外国史料乃至外国元首的赞誉。

(三) 历史局限与人生遗憾

他最大的局限,就是始终把自己局限在国内,从没有跨出国门,去看看外面的世界。他是中国历代帝王中最勤奋刻苦学习的皇帝,是中国历代帝王中最肯实地巡察、实地办公的皇帝,也是中国历代帝王中在开放引进西方科技文化上态度最积极、开放引进力度最大的开明皇帝。但他的眼光,仍始终只是唯恐中国文化水平落后于西方科技文化上,却并未担心或关心、操心中国老百姓的生活水平是否落后于西方国家水平上。他是中国历代帝王中主动蠲免老百姓(主要是农民)赋税额度最大的皇帝,而且严格控制着官民的贫富悬殊不至畸形扩大,但也只是停留在力图维持让老百姓(主要是农民)有口饭吃、不致于灾年造反。即使康熙帝心中有藏富于民之决心,也仅是家有余粮,遇灾年不致饿死而已。他是中国历代帝王中唯一一位预见到将来中国会受西方海上之害的帝王,可是他却仍未为此规划和实际去改变实践。他基本上仍守在"以农为本"的传统社会上。

田时塘、裴海燕、罗振兴诸位先生所著的《康熙皇帝与彼得大帝》(中央文献出版社 2000 年版)将康熙皇帝与同时代的俄罗斯彼得大帝与法国路易十四作过颇为系统的比较,书中对康熙帝的时代局限揭示得颇有新意,要研究康雍乾人物及其时代,必须用心阅读。

国家版图的稳固与扩大,是国家强盛的标志之一,这是康熙皇帝的不朽功业,值得当时人和后来人为之敬、为之颂。人民百姓在康熙时代,生活基本是稳定的。康熙时代的人民百姓是否由于国家强盛、由于康熙皇帝的不朽功业,而在生活水平上有一个跨越式的大幅提高呢?至今没有看到这方面的研究成果或结论,也不可能有这方面研究成果或结论,因为康熙朝没有这个规划,没有这个蓝图与时间表。

一方面,康熙皇帝无愧于千古一帝的美誉,无愧于是中国历史上最杰出最卓越的帝王；另一方面，他基本上还是用传统的帝王术在统治中国。由于他的统治基本上是成功的，因此，他也就并不想去从根本上去改动它。

例如，他引进西方科技文化，他甚至会比较西方宗教（主要是耶稣教）与中国佛教之差异，但他并不想了解或比较中西社会制度之差异、统治方式之差异，也并不想去了解或比较中外人民百姓的生活水平之差异。他还是用传统的帝王术，将中国保持在基本封闭、自给自足、小农经济的社会格局。因此，一方面，相对于在他之前的所有帝王，无论在政绩、国格上，还是在人格、个人魅力上，他都当之无愧是千古一帝；而另一方面，相对于与他同时代的俄国罗曼诺夫王朝的彼得大帝，他的时代局限与历史局限就突显出来了。以康熙帝之能力和魄力，他本来可以把中国引领、建设得更强大，就因为不肯出去走一走、看一看，转变一下视野、转变一下思想或思路，就把这位伟人本来可以更伟大的目光和脚步给束缚住了。

康熙在位比彼得早且长 28 年，而康熙亲政掌权比彼得晚。比康熙亲政掌权晚 20 年的彼得，是怎样把俄罗斯与世界联结起来，将俄罗斯从农业社会迈向工业社会的呢？

> 彼得在亲掌政权但国内局势还不稳定的情况下，就率众到欧洲强国考察学习，并以普通劳动者身份在英国、荷兰造船场作工，以获取在他看来对俄国的发展最有用的东西。彼得因此产生强烈的紧迫感。
>
> 回国后，他以钢铁般的意志和一往无前的干劲主持颁布了 3 000 多条法令，改革行政机关、军队，建立军事工业，引入千余名各类专家，并建立众多实利主义性质的学校（数学和航海学校、海军学校、陆军学校，计算学校和居于最高地位的科学院等），同时派出一批批年轻的俄罗斯人到国外学习。[1]

中国历代皇帝几千年来雷打不动地信奉、坚守并顽固推行"朕即国家"，以国家的名义进行一己的一切活动，在这方面，康熙帝比雍正帝要做得要开明、文明得多，雍正帝在康熙帝之后，反而更顽固、更任性地在推行"朕即国家"这条老路上走得比康熙帝更远、更厉害。一切的权和利，最终都流入到皇家之家，这本来就是中国历代皇帝的"国家观"。但雍正帝比康熙帝在维护个人皇权独裁而压制百姓民权上，手段更凶狠。

1551 年是中国明朝嘉靖三十年，1651 年是中国清朝顺治八年。中国明清皇帝（如雍正帝）考虑的是如何禁矿，以免穷人聚合在一起容易生事。中国皇帝担心穷人聚合在一起容易生事，怎么还会考虑使用先进工具去扩大开采能力？皇位、皇权、家天下比国计民生更重要、更优先，这是中国两千年中所有皇帝之信

---

[1] 田时塘等：《康熙皇帝与彼得大帝》，中央文献出版社，2000 年，第 2 页。

念、之天规,在这方面雍正帝比康熙帝更强烈、更固执。

英国的封建专制王权从 1485 年都铎王朝的建立开始,到 1640 年英国资产阶级革命为止,仅有一个半世纪的时间;法国从 1589 年波旁王朝建立开始,到 1789 年法国资产阶级革命爆发为止,也不过整整两个世纪。其他国家,如德国、西班牙等统一封建王权存在的时间稍长,也只有二三百年的历史。[1]

不肯、不愿、不学、不敢使用更先进的工具去大幅度提高生产力,坚守用"家天下"的落后理念作为治国纲领,这是导致中国国家经济落后于西方世界、人民生活水平长期停滞不前、国家地位冷落于世界之林之外的主要原因。康熙帝号称千古一帝,仍安于千古以来传统的治国安邦理念上,只是把它做得更为精致、更为成功、更为出色。

前已提及,康熙帝是中国众多封建帝王中,唯一一位公开预见中国百年后将会受到西方海上威胁的帝王,这是他了不起的地方。但作为帝王,他却并未有面对中国有漫长海岸线、有广阔海洋这个最大现实而有一个发展海军的计划,也并未有海洋经营的计划。他虽已英明地认识到、预见到中国百年后将会受到西方海上威胁,却并未着手去改变它、解决它,这不能不说是他的一个历史局限。

他精心培养皇十四子接班,要他时刻把"人心"二字放在心上,要他去带兵从政去解决边疆和民族宗教,这是清代帝王治国理政的传家宝。但史料中也从不见康熙帝要皇十四子关注海洋,要他关注建设水师,要他经营海洋经济。仍固守在步兵、骑兵、有限的炮兵上。而这段时期,西方几乎所有的先进国家,都同发展海军,经营海洋经济开始。

康熙帝身上的另一个最大遗憾,就是他始终未能如愿立储;他最不愿四阿哥雍亲王、八阿哥允禩谋储,他晚年最属意于十四阿哥接班,为此,他精心竭力了 14 年。除了八阿哥允禩谋储已彻底失败外,康熙帝最不愿看到"废康熙之所立而自专"的局面,还是发生、还是眼睁睁看着废立自专者得逞了,而且,就在他眼皮底下发生、得逞了。这不能不是康熙帝身上的最大遗憾,也是千古一帝未能按自己心愿意志立储、失败与悲剧之所在。从某种角度上说,康熙帝的身体基础非常好。他之所以在大家都意想不到、他自己也意想不到的情况下突然离世,同他立储在关键时刻失败大有关系。如果四阿哥不阴谋篡位,如果十四阿哥顺利接班,康熙帝决不至于这么快就突然离世。

产生这个遗憾与悲剧的原因,一是对十四阿哥接班过程的要求过于完美,二是对四阿哥废立自专的能力乃至他的冒险一搏,太过于轻视。

---

[1]《康熙皇帝与彼得大帝》,中央文献出版社,2000 年,第 10 页。

康熙帝并不是一位浮躁、骄傲自大的帝王,但他始终不肯跨出国门看看外面的世界,始终不想了解外面世界的制度与生活,归根结底,还是自满自足、骄傲自大的思想在作怪。

二、雍正帝的优势、强势与局限、遗憾

雍正帝的优势表现在惯于、擅长于玩弄权术已炉火纯青,他似乎天生就是个善搞权术的政治家。笔者曾两次前往著名清史大家王钟翰教授北京魏公村府中客厅聆听他赐教:"雍正的继位过程和手段充分证明,他是一个野心家、阴谋家。"电视剧《雍正王朝》热播后,中央电视台在魏公村采访王钟翰教授并公开报道中,王老也是这样说的。王钟翰教授始终坚持雍正以阴谋得位,又肯定雍正帝之勤政。

笔者认为,雍正在皇子时代之所以用韬晦之计,既是他的政治权术,也实是当时的他出于无奈。因为,在宫廷内众人的眼里,他不如八阿哥。在父皇康熙帝的眼里,他不如十四阿哥。无论是用康熙帝提出的共议、选举办法产生储君人选,还是用康熙帝圣意独断择定,都轮不到他。终康熙帝一生,也并不存在"在皇四子和皇十四子两个里边选一个,最终选择皇四子"的形势局面、史料与事实。

雍正帝执政的前半生,无论其原因或动机是什么,他的勤政是在付出,这是客观存在。

雍正帝的强势,仍在于他善搞权术上。在他执政期间,大凡属于权宜之计的东西,他都基本上实现了,如,搞秘密立储,推行奏折制,设军机处,设会考府,推行养廉银,等等。

从长远看,从宏观上追究,除设会考府和摊丁入亩外,其它这些基本上是政治倒退,是为更加突出、更加强化个人独裁服务,是在畸形拉大官民贫富差距、压缩人民的权利、增大人民的经济负担与精神思想负担的权宜之计。雍正帝的文字狱,比前朝康熙帝更厉害。

雍正帝的勤政固然可敬可爱,但他对历史的负面影响,显然被低估、被掩饰了。例如,养廉银制度,实际上是雍正帝"民情亦不可令至骄慢,属员亦不可令至穷乏"统治思想与政策的结果。[1]

这种统治思想与政策,是以增加人民百姓经济负担,牺牲人民百姓利益,确保官僚阶层利益为代价、做交换,其本质是为确保巩固皇权服务,笔者坚持认为,这决不是历史进步,实是历史倒退。

雍正帝的局限,充分表现在他内斗内行,外斗外行上。他追求皇位,最为关键的

---

[1]《清史列传》卷12,《杨文乾传》。

时刻只不过几天,他赢了。他铲除异己,虽用了几年时间,他也赢了。他推行密折制,设军机处,将个人独裁推到空前极端,他也赢了。他搞秘密立储,在登位的头半年就完全按自己意志顺利实现,他也赢了。他压制言论,钳制人民思想和社会舆论,表面上或形式上,他也赢了。他搞特务统治,设粘杆处(民间称"血滴子"),他也如愿了。可见,凡是同他个人皇位、皇权有直接利害关系的目的或目标,他基本上都赢了。

但改土归流,并不顺利,激起苗乱。西部用兵,打了六七年,动用20万军民,消耗了六千多万两银子,结果以失败告终。雍正帝素以精明严厉著称,却在中俄边疆谈判中,因沙俄特使暗中用金钱贿赂雍正帝身边大臣与西欧在华传教士,致使中方损失惨重。雍正朝的经济,其户部库银数,在他执政的头4年及最后4年,均未超过康熙四十七年的中期水平。即,雍正朝13年的户银,至少有8年都低于康熙朝中期的水平。

雍正帝的最大局限,仅从以上所列举,就显出他在许多重大方面,实是对康熙朝的历史倒退,而不是将康熙帝好的方面继续发扬光大、继续前进。

雍正帝的遗憾,有以下多项:他初登政坛时,踌躇满志,很想成为一代令主、尧舜之君。后因深感"为君难",从勤政慢慢到倦政,从很想彻底改革、慢慢到凡事都爱用权宜之计;他钦定《大义觉迷录》在全国广为宣传想为自己漂白,结果事与愿违,越描越黑,骂名滚滚而来;他想统一儒、释、道三教,他为教主,结果也未能如愿;他最后只想长生不老,结果,仍事与愿违,也必然事与愿违。

雍正帝的最大局限,在于他口是心非,在于他虽然也时时把国计民生放在嘴上,而实际上,他时时处处事事都是把个人皇位、个人独裁放在至高无上、压倒一切的位置。他的抱负与他的兑现度,实存在着极大的反差。他晚年之所以会痴迷炼丹,实是从很想改革、很想作为,终于走向消极、享乐、政治退化的结果。至少,雍正帝的事不达标,雍正帝的诸多不如人愿,既不如他自己愿,更不如民心民愿,也确确实实成为无情之事实。

三、对雍正帝承上启下之再认识

承上启下的本来意思,是承接上面、连接下面。说雍正帝承上启下,当然也不错。然而,如果换上任何另一个人A或B,难道不都是处于承接上面、连接下面——承上启下之地位么?

我们现在讲雍正帝承上启下,是指他在承接上面、连接下面中所发挥的特殊的、别人不可替代的、卓有成效的作用。这个作用,当然是指他在位执政13年的政绩,是指雍正朝整个时代的历史地位与历史功绩。

如果以为雍正帝、雍正朝的头几年很勤政就是雍正朝整个时代都很勤政、整个时代都很卓有成效，则要打一个问号。因为，这种评价同雍正帝本人在他执政五年时的多次总结，无论就其政治局面而言还是经济形势而言，都有着巨大的矛盾。因为，雍正帝本人对自己头五年来的政绩也很不满意。

以笔者之见，雍正帝、雍正朝的许多制度、政策，无论与前朝相比，还是从今天回眸反思的角度去分析，并不是十分美好，它在历史上留下的许多负面的影响，是显而易见的。因此，对雍正帝的承上启下，有必要作再作一些纵向与横向的、比较性的历史分析和论证，而不应该只是简单的、人云亦云的重复、人云亦云的赞美所谓的——"雍正帝承上启下"。

例如雍正帝勤政。雍正帝勤政固然是事实，但主要集中在头五六年，把它夸大事实说成是一生，则不是事实；把它夸大事实说成雍正帝是因勤政而累死的，更不是事实。

随机以《雍正朝汉文朱批》为例，雍正八年八月 29 天内，共上奏折 66 条。有的奏折无一字朱批，有的仅朱批一个"览"字。即便八年八月 66 条全部朱批，平均日批 2.2 条。可以宣传美化成他是为工作累死的么？可以宣传美化成是勤政一生么？可以宣传美化成是工作狂？是鞠躬尽瘁死而后已？

连雍正帝的接班人弘历都在养心殿对九卿等直言道："我皇考……雍正八九年以后，召见诸臣，不似从前之密，此朕当时所熟闻而习见者。"[1]

同日，乾隆帝还在养心殿对九卿等直言道："我皇考当年时时召见九卿面加训谕……无如听受者多，领会者少，竟有亲承圣谕而出、茫然不知所谓者。"[2]

这可是乾隆帝（当时已被雍正帝秘立为太子）在养心殿亲眼目睹之事实，这个事实能证明雍正帝勤政一生么？结合本书前已列举的雍正八年至十三年满文朱批真实状况，可以说成是"鞠躬尽瘁死而后已"么？

再从户银数看雍正朝之经济走势。在他执政的头 4 年及最后 4 年，户部库银均未超过康熙四十七年的水平。即，雍正帝 13 年里，仅中间 2 年为上升高峰，其他大部分阶段户部库银都明显低于康熙朝中期的水平。面对这一重大严重的历史事实，可加其"承上启下"之美誉乎？雍正朝的大部分阶段里，户部库银及其总的走势相对于康熙朝、康熙帝而言，明显地是历史倒退！

康熙帝相比于其他中国历代帝王，在对外开放、吸收、学习、运用西方科技文化上，是做得最多、也是做得最出色的一位。那么，雍正朝、雍正帝是在康熙帝对外开放、吸收、学习、运用西方科技文化的基础上承上启下再前进一步了，还是在康熙帝的基础上反而大大倒退了呢？他执政 13 年，有在位期间如何对外开放、吸收、学习、运用西方科技文化之史料记载否？

雍正朝、雍正帝 13 年里消耗白银最大、最多的，是西部用兵。雍正帝的西部

1,2《清高宗实录》卷 37，第 772 页，乾隆二年六月初二日乙未条。

用兵指挥能力及水平，特别是在西部用兵的用将用人、用兵结果上，是在康熙帝的政绩上再前进一步了，还是在康熙帝的政绩上大大倒退了呢？

雍正朝、雍正帝的文化成果，读书人学子、广大官员队伍及人民群众的思想精神状态及言论自由等，是比康熙朝、康熙帝的统治时期更宽容、更自在了呢，还是比康熙朝、康熙帝的统治更严酷、更压抑，更倒退了呢？

雍正朝、雍正帝留给下一任乾隆帝的，究竟是一个好摊子，还是一个"烂尾楼"？当事人乾隆帝已经说话、亮出数据了，时下某些研究者还在睁着眼睛说"雍正帝为乾隆帝打下了良好的经济基础"，岂非笑话？

当时的外国使节、外国传教士、外国商人对雍正帝的评价，多数是持评价超过了康熙帝，还是多数人认为雍正帝不如康熙帝？

历经康、雍两个朝代的老百姓的口碑，即民心、民意等社会舆论，究竟是康熙帝当时更得人心，还是雍正帝更得人心？

对雍正帝承上启下的研究评价，是否不应该脱离以上诸多实际？是否不应该只停留在雍正帝作了多少朱批之勤政上？对雍正帝勤政之研究评价，是否也不应该脱离以上诸多之实际，方更能符合历史研究之本意？也更能符合雍正帝勤政之实际情况？

四、拜读冯尔康先生《雍正传》

用"浅议"两字议近年来雍正研究之得失，并非笔者故作自谦状，而是近年来雍正研究的成果如山似海，笔者所见挂一漏万，只能作浅议而已，此其一。其二，笔者所议，虽自信满满，究竟是否言中，还是不知深浅、"错得离谱"，还有待大众会诊、确认，不敢以"真知灼见"自居。再者，当今社会高手林立，名家辈出，倘能无所顾忌、畅所欲言"浅议"一两句，也足矣。

冯尔康先生的《雍正传》，平心而论，是迄今为止研究介绍雍正帝最为系统、所用资料最多、观点最新，也是冯先生众多著作中，影响最大的一部巨著、力作。凡要了解、研究雍正其人其事，不读冯尔康先生的《雍正传》，根本就谈不上了解、研究雍正其人其事。《雍正传》已成为了解、研究雍正其人其事的必读书，实是可喜、可贺、可敬、可赞之美事、好事。

《雍正传》45万字，称其巨著，名副其实。从1985年9月首版，至今已再版7—8次。可见，这是一部成功的、优秀的、深受欢迎的学术力作。也因此，冯先生想为雍正"有所辩白"的目的[1]，完全或基本已实现了。

---

1 冯尔康：《雍正传》，人民出版社，序言，第1页。

冯先生在《序言》中还谈到，他写这部书的第二个原因和目的，即，"对历史人物所特有的东西，如他具有怎样的秉赋，有什么样的信念，爱憎如何，性格又是怎样的，要作必要的考察，否则难于还原历史人物的本来面貌。雍正具有鲜明个性，而且充分表现出来了，对他的研究可以很好地阐明个人在历史上的地位及其是如何发挥作用的。笔者就是想作这方面的尝试。"[1]

人们过去多知道雍正残暴，通过冯先生的《雍正传》，现在人们还知道雍正勤政、刚毅、改革、卓越，等等。无论在学术界、在影视上、在报纸杂志，在课堂上，在各种学术会议上，冯先生树立的雍正勤政、刚毅、改革、卓越形象已深入人心、家喻户晓。这个目的和尝试，在冯先生来说，也是达到了。

冯先生说，他著这本书还有第三个目的，他想强调指出，"历史人物的个人意志来源于他所在社会的现实，并在那种情况下对社会发生影响，因而要想了解它的产生和作用，就不能离开诞育它的特定的社会条件，……把个人放到时代社会中考察，既可以阐明个人的历史地位，还可以揭示那个社会的发展状况。这就是从一个人看一个时代，这是进行历史研究的目的之一，也是一种研究方法。笔者奢想，通过雍正史的研讨，概括雍正生活时代的社会历史，说明它的状况和特点，探索中国封建社会进程中一个阶段的发展规律。"[2]

应该说，这三个目的不仅无可非议，而且，非常高尚珍贵。是值得学习，值得推广的。

冯先生还说道："读者若能通过那些资料作出自己的判断，笔者就感到欣慰了。"[3]
从这个角度上说，笔者费此笔墨，实也是为响应冯先生之心愿也。

以下问题，要向冯先生求教：

（一）十一月十三日"是康熙帝多次召见四阿哥，还是四阿哥多次进见康熙帝"？

在《雍正传》里，冯先生这样写道："在康熙弥留之日，……他多次见到乃父，说明他的来，必为康熙所召。而这时的非常召见，当有特殊使命。这件事，可作为传位胤禛的侧面证明。"[4]

如果单看《雍正传》这么写，不作考证，康熙在弥留之日多次召见皇四子胤禛，确实也可以作为康熙在弥留之日似有意要传位胤禛的一条侧面辅证。问题是，康熙弥留之日，究竟有没有多次召见皇四子？

据笔者查对，无论是康熙朝的《清圣祖实录》，还是雍正朝的《清世宗实录》，甚至就在雍正钦定的《大义觉迷录》里，都是记为"多次进见"。冯先生为了按他

---

[1] 冯尔康：《雍正传》，人民出版社，序言，第1页。
[2] 冯尔康：《雍正传》，序言，第1—2页。
[3] 冯尔康：《雍正传》，序言，第2页。
[4] 冯尔康：《雍正传》，第63页。

第十二章　余论：浅议近年来雍正研究之得失　│　409

的意思举证，把是日皇四子"多次进见"，改成康熙帝"多次召见"。一字之改，当年之历史场景和意思都完全不一样了。细看《雍正传》，就在同一页同一段中，冯先生一开始也是写"三次进见"。但在归纳时，却改成了康熙帝多次召见。

（二）畅春园父子相见，是要传位四阿哥胤禛吗？

冯先生在《雍正传》里这样写道："总起来说，胤禛讲康熙遗言传位给他，并没有留下令人确信无疑的材料，但是联系康熙生前比较看重他的情况分析，在弥留之际决定传位给他，并从斋所召其至畅春园继位是完全可能的。"[1]

笔者疑问：以康熙帝一生谨慎、光明磊落之个性和行事风格，传位大事，不可能拖到弥留之刻、并且完全只在暗箱中无声无息进行。他会采用稳扎稳打、稳步前进、功到自然成，并会对所选接班人施以重任、令其经受锻炼与考验，令其立功、大得人心、树立威望，令众人心服，然后择时宣布之。冯先生所说的"康熙生前比较看重他"（皇四子），其实并不存在。至少，即使比较看重他也并未超越其他皇子。康熙帝一生从未委任过皇四子任何重要职务，从康熙帝生前委派皇子重要职务看，康熙看重三阿哥、八阿哥、十二阿哥、十四阿哥，远胜于看重四阿哥。

退一步说，如果康熙"谕令速至"命四阿哥速去畅春园就是要传位四阿哥，若当时形势与康熙帝意图确是这样，四阿哥本人怎么会一直蒙在鼓里，怎么会一直到康熙去世他都毫无知觉、毫不知情要传位于他？康熙帝曾经说过，他选的继位人，一定会令大家心服口服。康熙帝长期乃至临终之前从未给过四阿哥重要职位，也从未令他立功建业，更从未大张旗鼓树立四阿哥崇高威望，如此，又怎能令大家对其心服口服？

四阿哥这个人聪明绝顶、政治敏锐性极强，其谋储之心又极为强烈。如果康熙命四阿哥"谕令速至"去畅春园就是要传位四阿哥，即使康熙帝没有公开这个消息，凭四阿哥之机敏也应能有所感觉。为了防止节外生枝，他应该火速赶快进入畅春园面见父皇才是。然而，情况又极其反常、与此政治背景根本就对不上。

据《清圣祖实录》记载：康熙六十一年（1722）十一月"甲午（十三日）丑刻，上疾大渐，命趋召皇四子于斋所，谕令速至。"[2] 四阿哥是什么时候进入的呢？据《清圣祖实录》记载："巳刻，趋进寝宫。"[3] 丑刻，是凌晨1—3时。巳刻，是上午9—11时。若我们取两头的中性时间，按凌晨2点至上午10点，四阿哥迟延了足足8个小时才到。而从天坛斋所赶至今北京大学西门处畅春园寝宫，骑马不超过半小时即可到达，四阿哥为什么足足迟延了8个小时才到？这，绝不正常！四阿哥向以"诚孝"标榜自居，即使四阿哥真不知道要传位于他，父皇因病"谕令

---

[1] 冯尔康：《雍正传》，第65页。
[2] 《清圣祖实录》卷300，第901页。
[3] 《清圣祖实录》卷300，第902页。

速至",他也应该"速至"才对,怎么可能足足迟延了 8 个小时才去?

排除以上这一切暂不追究,如果康熙命四阿哥"谕令速至"去畅春园就是要解决传位阿哥,那么,四阿哥既已来到畅春园,康熙就应抓紧时间布置传位大事。然,康熙见到四阿哥后,只讲"病势日臻之故"几个字,只字不提要其继位一事。难道康熙要四阿哥继位,这件大事更是急事还要对四阿哥本人保密吗? 从康熙见到四阿哥一刻起,直到康熙帝逝世,中间长达十个小时,一直始终只字未提要其继位一事,也未布置任何人转告四阿哥要其继位一事。这说明,冯先生所说"从斋所召其至畅春园继位"一事,并不存在,也并不存在可能性。

我们看清代的官家正式记载:"巳刻,趋进寝宫。上告以病势日臻之故。是日,皇四子三次进见问安。"[1]

康熙派人去天坛传旨时,告之使用的是"上疾大渐"四字;四阿哥进入寝宫后,康熙亲口对他说的,是"病势日臻之故"六字,都同继位毫不相干。这又一次证明,冯先生所说"从斋所召其至畅春园继位"一事,并不存在,也并无可能性。

但皇四子当时的回应却极其怪异,三次进见,都只是问安而已。康熙分明已当面告诉他"病势日臻",为什么四阿哥不急召太医? 历史必须用史料证据说话。在康、雍两朝《实录》中,有见到四阿哥急召太医或如何组织调度抢救康熙的记载吗? 不仅只字不见,甚至,在四阿哥遭到谋父篡位的舆论攻击之后,甚至在雍正七年雍正特为自己辩护的《大义觉迷录》中,都仍然始终不见四阿哥急召太医或如何组织调度抢救康熙的事。四阿哥只有一句"做梦也未想到"有人用人参汤一事"报复"他。

对于质疑为什么康熙不当面布置、告诉四阿哥继位一事,冯先生书中这样解释说:"胤禛说他十三日晋谒乃翁,还作了交谈,康熙为什么不当面宣布立他为储君,何劳隆科多传达? 这事是有点怪,是否他在制造谎言? 其实,这种事说怪也不怪,康熙多年不立、也不准立太子,如果面封胤禛,就不符合他的做法,他可以要求等他死后再宣布。"[2]

但冯先生在这段话之前,已在书中说过与以上观点、意思内容完全相反的话。冯先生已然采信、引用胤禛的话说,康熙临终前 16—17 个小时,已经向诸皇子宣布皇四子继位:"胤禛自己说当日继位的情形是:……至十三日,皇考召朕于斋所。朕未至畅春园之先,皇考命诚亲王允祉,淳亲王允祐,阿其那(按指允禩)、塞思黑(按指允禟),允䄉,公允祹,怡亲王允祥、原任理藩院尚书隆科多至御榻前,谕曰:'皇四子人品贵重,深肖朕躬,必能克承大统,著继朕即皇帝位。'"[3]

冯先生明明已在书中向读者介绍说康熙已对诸位年长皇子公开宣布皇四子

---

[1] 《清圣祖实录》卷 300,第 902 页。
[2] 冯尔康:《雍正传》,第 67 页。
[3] 冯尔康:《雍正传》,第 60 页。

继位,居然又马上接着说"他可以要求等他死后再宣布",不是自相矛盾吗?

(三) 隆科多是受命辅君及传诏之人吗?

冯先生完全采信胤禛的说法,并希望读者也相信、接受胤禛的说法。即,康熙临终前,已命隆科多辅助新君;康熙去世后,由隆科多宜宣布了康熙关于皇四子继位的遗诏。

冯先生书中是这样写的:"记载都说隆科多是传遗诏的人,他是如实传诏,抑或矫诏立胤禛,则说法不一,然而有一件事可以注意,雍正五年(1727),给隆科多定罪,有一条是说隆科多曾讲'白帝城受命之日,即是死期已至之时'。这是说传遗诏的人身为重臣,会被皇帝所忌而有杀身之祸。这也意味着他是受命辅佐胤禛。"[1]

说康熙命隆科多辅佐胤禛,没有任何举证,也没作任何说明。康熙去世后,胤禛命十三阿哥胤祥、八阿哥胤禩、隆科多、马齐四人辅助胤禛理朝执政。但这分明是康熙去世后,胤禛再任命的,并不是康熙生前布置的。

康熙究竟有没有命隆科多辅佐胤禛,有没有命隆科多在他康熙死后由他宣布遗诏,康熙已死、死无对证。即便真有隆科多宣布遗诏一事,这也是明显违背清制和传位程序的。

至于胤禛所说——他未至畅春园之前,康熙已对皇三子、皇七子、皇八子、皇九子、皇十子、皇十二子、皇十三子及隆科多在御榻前宣布皇四子继位一事,80多年来,早已先后有孟森、王钟翰、戴逸、商鸿逵、陈捷先、许曾重、金承艺、梁希哲、高翔、杨珍等诸位专家认真考证,胤禛这个说法是编造谎言,并非事实。特别是杨珍教授,对这件事考证最细。

杨珍教授从弘旺所著《皇清通志纲要》中揭示:"时领侍卫内大臣六人:公鄂伦岱差贝勒满都护署,侯巴浑岱(病),公马而赛,公阿而松阿,宗室公吴而占,公振恒。大学士五人:马齐、嵩祝、萧永藻、王琰、王项龄。"[2]

弘旺是谁?是八阿哥"允禩长子,生于康熙四十七年,十岁就在'内廷行走',雍正继位时已经十五岁,……他从小对康熙末年诸子争位的情况就有所听闻。至于雍正继位的内情,雍正初年他父亲(八阿哥允禩)也一定会对他详加讲述,从而使他刻骨铭心"。

杨珍教授指出:"(弘旺)这种写法,实际上是在提醒人们对不召见当朝的六个内大臣和五个大学士,只召见众皇子和隆科多面授遗诏这种不正常情况的注意。"说得太好了。

杨珍教授进一步指出:

---

[1] 冯尔康:《雍正传》,第64页。
[2] 弘旺:《皇清通志纲要》;引自杨珍:《关于康熙朝储位之争及雍正继位的几个问题》,《清史论丛》,第6辑,中华书局,1985年,第118页。

如果康熙死前确曾召见过在京皇子及隆科多。那就必定会同时召见当时在大内值班的皇十七子允礼(后封果亲王)。雍正八年五月初九日(1730年6月23日)的上谕中讲："朕御极后,隆科多奏云：'圣祖皇帝宾天之日,臣先回京城,果亲王在内值班,闻大事出,与臣遇于西直门大街……'"允礼是在听到康熙去世的消息后才赶往畅春园,说明康熙临终前并无召见在京皇子及隆科多之事。[1]

不仅《清圣祖实录》所载康熙死前召见七个皇子及隆科多授诏一事令人难以置信,康熙病危后急召众大臣、皇子传诏的说法虽然较合乎情理,但根据当时情况看,这一可能性同样是不存在的。

杨珍教授的结论是："隆科多宣布了假造的传位胤禛的康熙遗诏。"[2] 笔者对此非常赞同。

"在康熙并无遗诏、突然死亡的情况下,胤禛由于长期密谋夺位,早有充分准备,因而乘机假造遗诏继位。"[3]

笔者对此存有异议。笔者坚持康熙临终前已留有满文遗言记录,并已布置完成满文遗诏,目前所见海峡两岸各自珍藏的满文遗诏原件,都是原始文物文档。

无论怎样讲,雍正继位确实缺少康熙传位于他的有力证据,因而在以封建礼法为衡量标准的人们看来是名不正、言不顺的。雍正继位后,允祺、允禟、允䄉、允禵等人,甚至包括允祉在内,都在不同程度上表现出对他的不尊重,这恐怕不仅仅是出于嫉恨心理,怀疑他是窃取皇位而对他表示蔑视,大概也是原因之一。

冯尔康、杨启樵等人也承认,多年来,杨珍教授从满文档案及相关文献中发掘的史料很珍贵,"有功",却又对她的考证成果拒不接受,对她的以上观点及康熙属意皇十四子继位、康熙与皇十四子共同努力功亏一篑的研究成果拒不接受。天下哪有一面称其"有功"、一面又拒不认可构成功绩成果的怪事？

笔者以为,隆科多究竟有没有受康熙付托辅佐胤禛,隆科多究竟有没有宣传康熙遗诏,不能光听雍正怎么说,还应该听听隆科多本人怎么说。隆科多本人所说难道不是更有力吗？

雍正五年(1727)十月,面对雍正对他的逮捕和顺承郡王锡保等人奉旨对他

---

[1] 杨珍：《关于康熙朝储位之争及雍正继位的几个问题》,《清史论丛》,第6辑,中华书局,1985年,第119页。
[2] 杨珍：《关于康熙朝储位之争及雍正继位的几个问题》,第120页。
[3] 杨珍：《关于康熙朝储位之争及雍正继位的几个问题》,第121页。

的审讯,隆科多勇敢地说出了五年多以前所谓受付托辅佐胤禛,及所谓康熙去世后隆科多"乃述遗诏"的真相:"圣祖升遐之日,(臣隆科多)未在御前,也未派任何人近御前。"[1]

请注意,隆科多并不是说康熙去世"之时"、他不在康熙御前,而是"圣祖升遐之日"——那一天,他都不在康熙御前。不仅如此,他甚至也没有派任何人去康熙寝宫。这就把一度流传甚广的隆科多向康熙进贡人参汤,彻底否定了;这就把胤禛散布的康熙命隆科多辅佐胤禛之说,也彻底否定了;这就把康熙是日凌晨召见七位皇子及隆科多宣布皇四子继位之说,更彻底否定了。再说,康熙去世时,现场除四阿哥及极少人外,其他皇子、大臣均无一人在现场,隆科多向谁宣诏、"乃述遗诏"? 如此谎言能骗谁?

这本来就是雍正编织的,也是显而易见的一场假戏、一个骗局、一段伪史。倘若康熙果真已经在是日上午向七名皇子宣布过皇四子继位,又何需晚上再由隆科多重复向皇子宣布? 明摆着所谓康熙已经在上午向七名皇子宣布过皇四子继位一事是胤禛捏造。冯先生却提出他认为的种种"可能",目的就是要为雍正"辩白",这与他创作《雍正传》的目的是一致的。然,如此"辩白",经得起质证、考证乎?

隆科多本人明明已经郑重申明,康熙去世这一天,即十一月十三日康熙尚能说话直至去世之前他一直始终未在康熙身前,也未派任何人近御前,他本人已经把所谓康熙临终前付托隆科多辅佐胤禛,及所谓康熙向隆科多及七名皇子宣布皇四子继位一事彻底否定掉了。至少,以上场景他隆科多根本从未在场、从未参与。在这种情形下,冯先生为什么还要百折不挠、为什么还要千方百计宣传雍正捏造的伪史呢? 是冯先生不知道、未看到隆科多本人有过这一重要申明吗?

隆科多本人的以上这一申明,与他所说"白帝城受命之日,即是死期已至之时",在《清世宗实录》内,是印在同一页纸上的,都在《清世宗实录》(卷62 第947页)上。而且,"白帝城受命之日,即是死期已至之时"是隆科多大罪之第三条,他本人始终不在现场的这一申明乃隆科多大罪之第五条。凭冯先生之眼力和功力,不可能不知道以上这一重要情况吧。

令人困惑不解的是,冯先生对这一条关键性史料,居然自始至终只字不提。在《雍正传》第一章第四节《康熙之死和胤禛嗣位》中不提;在第三章第二节《年羹尧、隆科多与雍正初政》中也只字不提;在集中谈隆科多罪状的第123页上,冯先生反而突出了隆科多私藏玉牒的违法性,却对隆科多申明"圣祖升遐之日(他)未在御前,也未派任何人近御前",仍是只字不提。冯先生提到隆"自比诸葛亮",说明冯先生是完全看到、掌握这条史料的。之所以始终对这条重要史料的具体内容绕开、只字不提,是因为隆科多本人早就清清楚楚、明明白白、坚决、彻底否定

---

[1]《清世宗实录》卷62,第947页,雍正五年十月丁亥初五日。

了康熙命隆科多铺君,否定了他面聆过康熙口谕皇四子继位一事,而冯先生为了坚持要为胤禛"辩白",所以便对隆科多这一申明始终视而不见、只字不提,如此而已。

(四)康熙"必择一坚固可托之人"究竟意指何人?

雍正从未敢明目张胆扬言康熙"必择一坚固可托之人"就是指他,但字里行间却故弄玄虚,或透过暗示,给人造成一种印象,仿佛康熙"必择一坚固可托之人"就是指他。冯先生在《雍正传》中介绍雍正帝转引康熙帝的以上这段话时,也并未明确对读者说康熙"必择一坚固可托之人"就是指四阿哥胤禛。但冯先生通过他的一番分析,给读者建立两种印象:其一,康熙帝重新立储,"他究竟选中了谁,没有透露过。"[1] 其二,"康熙原本要在胤禵和胤禛两人中选择一个继承人,而最终确定了胤禛。"[2] 这样一来,对前面康熙帝所言"必择一坚固可托之人"究竟意指何人虽然暂未结论,但实际上,冯先生很快就已经列出了他的结论,康熙"必择一坚固可托之人",就是指四阿哥胤禛。

要对这个问题求得正确答案,可有两条路径。路径一,剖析雍正引用康熙帝以上这段话的全文,从中筛出雍正引用康熙帝以上这段话的目的、动机;路径二,找出康熙帝以上这段话或相近这段话的发布时间,特别是要找出此话究竟是针对谁寄予了厚望。

先看雍正即位头年八月,雍正引用这段话时的前后背景并分析其目的、动机。

雍正元年八月甲子(十七日)(1723年9月16日),孝恭仁皇后梓宫将发引,行祖奠礼,上亲诣奠献。是日巳刻上御乾清宫西暖阁,召总理事务王大臣、满汉文武大臣等面谕:"我圣祖仁皇帝为宗社臣民计,慎选于诸子之中,命朕缵承统绪,于去年十一月十三日仓促之际,一言而定大计,薄海内外莫不倾心悦服……皇考当日亦曾降旨于诸臣曰,'朕万年后,必择一坚固可托之人,与尔等作主。必令尔等倾心悦服,断不致贻累于尔诸臣也。'"

冯先生说,"不予立太子,使有功德者为君,在传子制中寓有传贤之意。这种皇子从政的传统康熙很自然地把它继承下来。"[3] 冯先生说得挺对。那么,四阿哥在皇子时代建功立业了吗?四阿哥建功超越众兄弟之上了吗?康熙帝怎么可能会把功业、威信都远在十四阿哥之下的四阿哥,"一言而定大计"便要四阿哥指点江山了?

与此相反,康熙登极六十大庆,若康熙有意立四阿哥继位,这理应是让四阿哥政治亮相,暗示用其接班、千载难逢的绝佳机会。然,康熙帝非但没有让四阿

---

[1] 冯尔康:《雍正传》,第56—57页。
[2] 冯尔康:《雍正传》,第68页。
[3] 冯尔康:《雍正传》,第71页。

哥政治亮相,反而令其远赴盛京(沈阳)扫墓。

笔者以为,四阿哥真正下决心谋储,正是在遭受了康熙帝的这一公开强烈的政治刺激、明显的公开冷落之后。康熙帝此举实际上是在发出两个暗示。其一,要让四阿哥彻底死了谋储之心;其二,是要让众皇子、诸大臣明白,他对四阿哥已有疏远防范之意。可惜的是,此举未能引起大家注意,反而刺激了四阿哥的更强反扑。

康熙六十一年(1722)正月初七、初十两次乾清宫千叟宴〔实是为大将军王、皇十四子胤禎(允禵)收复拉萨、护送七世达赖喇嘛在布达拉宫坐床成功的庆功大宴〕朝廷大臣包括退休大臣都全部到场。但康熙末年康熙朝的这两次最隆重场面的主角都是十四阿哥,并非是四阿哥。

有康熙六十一年(1722)四月御制诗为证:

"去年藏里凯歌回,丹陛今朝宴赏陪。万里辛勤瞬息过,欢声载道似春雷。"[1]

康熙末年的多首诗作,都已公开吐露出他已极打算退休、交班。如,在康熙六十一年四月初五日(1722 年 5 月 19 日)"千叟宴"上,康熙帝作七律一首,最后两句便是:"万机惟我无休暇,七十衰龄未歇肩。"[2]

康熙帝是多么想"歇肩"呵,但新的接班人尚未正式明立宣布,自己只能"鞠躬尽瘁"(康熙原话)。康熙帝在西藏拉萨布达拉宫东坡下为十四阿哥平藏将士立功立碑后,在为十四阿哥回京组织"欢声载道似春雷"后,又在紫禁城乾清宫专为胤禎平藏将士庆功的御宴上,当着众多皇子、大臣乃至已经退休的六十五岁以上的老臣们面前,公开表述"七十衰龄未歇肩"。康熙帝在为大将军胤禎平藏将士庆功的千人规模御宴上表示要"歇肩",当然已是在强烈暗示,他"歇肩"后要把这副担子交给皇十四子胤禎。

康熙帝在诗《六十一年春斋戒书》中又写道:"倦勤应不免,对越愧明昭。"[3] "一生何事不揣量,老至偷闲自可伤。"[4] "不逮精神老愈愁,银须鹤发更何求。艰难世事危心力,履薄临深岂自由。"[5]

在十四阿哥回京之前,康熙在布达拉宫前树平藏功碑,上书抚远大将军、皇十四子名字(雍正即位后以此功碑只歌颂十四阿哥为名毁掉。笔者在布达拉宫前考察发现,康熙朝最早树立的平藏功碑及碑亭,早已无影无踪)。

十四阿哥回京时,三阿哥、四阿哥奉旨率大臣郊迎。十四阿哥回京,北京夹道欢迎、欢声如雷。据康熙御诗"丹陛今朝宴赏陪"可知,康熙末年两次在乾清宫举办超大规格隆重宴会,是为十四阿哥青藏凯歌回来庆功,也是为这位准太子大

---

[1] 王志明、王则远校注:《康熙诗词集注》,蒙古人民出版社,1994 年,第 704 页。
[2] 《千叟宴》,《康熙诗词集注》,第 702 页。
[3] 《康熙诗词集注》,第 704 页。
[4] 《山中自咏》,《康熙诗词集注》,第 713 页。
[5] 《书怀》,《康熙诗词集注》,第 721 页。

造声势。

宗人府官员阿布兰已公开以接皇太子大礼跪接十四阿哥而并未受到康熙批评责怪，这是一种政治信号。不仅京城如此，远离京城几千里之外，在藏文版《七世达赖喇嘛传》及其他藏文献中，对康熙五十七年"统帅六师、驻节西宁，调饷征兵、居中调度"的十四阿哥胤祯（即允禵）的身份，记载的文字不是普通皇子，是"皇太子。"[1]

康熙六十一年四月允禵再赴甘州在京郊清河与父皇分别时，康熙与十四阿哥拥抱告别，据朝鲜史料记载，康熙当着11位皇子（包括四阿哥）的面，"亲赐玉玺以送"。所有这一切，康熙帝所选的"可托之人"究竟是谁，还有疑问吗？康熙何时为四阿哥作过这么大声势的造势活动？非但全无踪影，康熙六十一年，康熙去世前最后一次在避暑山庄所作的诗中，还在批评四阿哥："淡泊宁心和五味，养身得正胜丹砂。"[2]

与批评、讥讽四阿哥炼丹相反，康熙帝当时最关心、最牵挂的，是两个月前刚离京的十四阿哥："杖藜西顾意，数问奏边功。"[3]康熙六十一年，康熙帝最后一次登上避暑山庄最高峰，久久凝望西方，多次反复叮问十四阿哥的报功奏章来了没有。康熙去世前最后几个月里对四阿哥与十四阿哥的不同心情与不同政治期待，已经完全跃然纸上。

康熙末年六月乃至立秋时，康熙帝对四阿哥、十四阿哥的态度反差何等鲜明而又强烈，哪里有在其晚年要在四阿哥、十四阿哥中选择一个，最终选择了四阿哥之形势、之迹象、之史料、之记载？

康熙三十八年（1699）四阿哥20岁左右、康熙帝46岁，康熙批评四阿哥"喜怒无常"；康熙五十六年（1717）四阿哥38岁左右、康熙帝64岁，在戴铎为四阿哥上劝进书策划谋储、武夷山为四阿哥卜测万字命以后，康熙严厉警告："或有小人，希图仓卒之际，废立可以自专，推戴一人以期后福。朕一息尚存，岂肯容此辈乎？"戴铎随即密奏四阿哥准备去台湾为主子雍亲王"预留退计"；由此，四阿哥当时之政治压力与心情已可想而知了。

康熙六十年（1721）正值康熙朝六十大庆，康熙帝却将四阿哥调出北京，远赴盛京（沈阳）祭陵，默无声息地去、默无声息地回；康熙六十一年（1722）六七月，69岁的康熙帝在避暑山庄写诗，讽刺四阿哥炼丹；回京后，就随即将四阿哥调出大内，去通州查勘粮仓，整个过程并无一句嘉奖；四阿哥查勘粮仓回京后，康熙帝在南苑听取查勘粮仓的汇报"久议方散"，随即便声称感冒，回畅春园。却又久久不见任何人召太医，反而是康熙帝急急任命十二阿哥为镶黄旗满洲都统、任命吴尔

---

1 《户口册与历史》："皇太子亲自斟酒，表彰慰问，平易近人。"
2 《膳酒自述》，《康熙诗词集注》，第720页。
3 《立秋在六月》，《康熙诗词集注》，第717页。

占为镶白旗满洲都统并速去南郊天坛负责祭天警卫。在以上布置妥当三天之后,再命四阿哥去天坛祭天,实际上是再次将四阿哥调出大内。如此一连串行动,不是对四阿哥存疑、防范,是什么? 如若这些都是"重用""抬高"四阿哥之举,怎没有见康熙帝一句特别夸奖四阿哥之词? 与"重用""抬高"十四阿哥之举,怎么会反差如此之大?

据《实录》记载,康熙六十一年十一月庚寅初九日(1722 年 12 月 16 日),"上因圣躬不豫,特命皇四子和硕雍亲王恭代。皇四子以圣躬违和恳求侍奉左右。上谕,郊祀上帝(敬天)朕躬不能亲往,特命尔恭代。斋戒大典必须诚敬严格,尔为朕虔诚展祀可也。"[1]康熙帝虽然英明、却太过慈悲,也太轻视了四阿哥。当四阿哥露出真面目时,已晚矣。

如果正如冯先生所说,十一月十三日康熙帝已指定四阿哥继位,初九日四阿哥"以圣躬违和,恳求侍奉左右"完全是合情合理要求。康熙帝明知诸皇子谋储激烈,自己又已病重,为什么不将"慎选于诸皇子之中"的四阿哥留在身边,反而一而再、再而三地将四阿哥从身边调走,调出大内或畅春园寝宫? 祭天祀祖这类事,三阿哥等其他皇子及大臣都可代理,何必非要四阿哥去? 若是借代朕敬天要抬高四阿哥威信,为何又只说"虔诚展祀可也",并无任何抬高四阿哥威信之语?

冯先生过于强调祭天的重要性,认为命四阿哥代其祭天就是暗示用四阿哥继位,这只是冯先生的想当然而已,从可以代康熙帝祭的 25 人名单看,要谁祭天与用谁继位,两者之间毫无关系。如果要谁祭天即暗示用谁继位,25 人名单中怎么还会有众多大臣在内? 又怎么还会有皇孙在内? 早在第一次废太子之前的康熙四十六年(1707),康熙就因健康原因,要大臣、皇子恭代祭天,可见祭天与用谁继位,两者之间毫无关系。

康熙五十六年(1717)太常寺疏请致天坛应请大臣恭代时,康熙在谕大学士中已对此说得很清楚:"朕即位以来,凡大祀,皆躬亲行礼。去年,大臣等以朕年高,恐致劳瘁,请遣大臣恭代。彼时朕躬尚能亲往行礼,故不允所请。今年入夏,雨水稍不及时,虑伤稼穑,积闷之极,身体甚是不安,虽较前稍愈,犹觉无力,难以行礼。祀典关系重大,勉强而行倘略有错误,反非诚敬之意。著如所奏,遣大臣恭代。"连大臣都可以恭代,可见祭天与皇位继承毫无关系。

康熙五十九年(1720)十二月,康熙又上谕:"朕今年近七旬,不能亲谒三陵,应遣阿哥等恭代告祭。"[2]

特别是康熙六十年(1721),"大学士等遵旨议复,各坛庙遣祭祀行礼……将已封诸皇子另开一折,诸王贝勒公等并内大臣及都统等开另一折,候皇上圈出,

---

[1] 《清圣祖实录》卷 300,第 901 页,康熙六十一年十一月庚寅初九日。
[2] 《清圣祖实录》卷 291,第 824 页,康熙五十九年十二月庚申二十八日。

交太常寺。嗣后遇祭祀日开列请旨。上朱笔圈出皇三子胤祉、皇四子胤禛、皇五子胤祺、皇七子胤祐、皇十子胤䄉、皇八子胤禩、皇十二子胤裪、世子弘升、弘晟、简亲王雅尔江阿、署领侍卫内大臣事贝勒满都护、镇国公吴尔占、德普、辅国公振衡星尼、阿布兰、纳图、领侍卫内大臣马尔赛、阿尔松阿、散佚大臣宗室增盛、都统图思、海安、鲐杨、都托赖、尚书孙渣齐、赖都,交付太常寺,临祭时请旨。"[1]

可见,康熙要他人恭代坛庙祭祀祭天行礼,完全是出于健康原因。而且,经康熙批准有资格恭代祭祀行礼者,多达 25 人,这 25 人中甚至还有皇孙 2 人,大臣、都统 15 人,皇四子只是 25 人中的一个而已。而且,康熙对皇四子再三强调的,只是要他"必须诚敬""尔为朕虔诚展祀可也"。即使冯尔康、杨启樵诸先生不赞同笔者的康熙一直对皇四子有所防范,但防范失败、父败子赢等观点,则从上也得不出康熙要皇四子祭天就是暗示要其继位之推论来。

与冯先生"表明他(皇四子)在康熙心目中地位的提高,也是社会名望的提高"[2]的解读相反,笔者认为,包括先前要谁去祭陵等,也都并无要抬高皇四子其地位、抬高其社会名望的意思。如上所列,各坛庙遣祭祀行礼者还有马尔赛、阿尔松阿、吴尔占、阿布兰、纳图等多人,难道也是要提高他们的社会名望?也准备从中挑选接班人来?

从康熙五十七年(1718)皇十四子出任大将军起,百官在午门广场集合,他骑马出天安门,三阿哥、四阿哥率百官郊送、郊迎,包括达赖喇嘛,都是以迎接皇太子的礼节款待之。皇四子有过一日、一事近似皇太子的礼遇荣光吗?

在以上鲜明而又多年的事实对比下,冯先生坚持向读者推销"康熙原本要在胤禵和胤禛两人中选择一个继承人,而最终确定了胤禛"——其事实和理由还能够令人信服吗?

(五)从康熙帝与皇十四子满文朱批奏折看康熙的所言"可托之人"是谁

冯先生在《雍正传》里提出的"康熙原本要在胤禵和胤禛两人中选择一个继承人,而最终确定了胤禛"的事实——其实并不存在、只是冯先生为了要为雍正篡位辩白、一厢情愿的想象。

与雍正帝从来不敢公开明言康熙说的"必择一坚固可托之人"明确就是指他相反,皇十四子在与父皇的满文朱批奏折中,倒是真实可信地道出了康熙帝"必择一坚固可托之人"的时间、历史背景、"坚固可托之人"所指是谁等历史真相。

早在康熙五十二年二月庚戌初二日(1713 年 2 月 26 日),第二次废太子后,康熙帝就提出:"今欲立皇太子,必能以朕心为心者,方可立之,岂可轻举。"[3]

---

1 《清圣祖实录》卷 291,第 833 页,康熙六十年三月己巳初八日。
2 《雍正传》,第 56 页。
3 《清圣祖实录》卷 253,第 504 页,康熙五十二年二月庚戌初二日。

第十二章　余论：浅议近年来雍正研究之得失 | 419

康熙帝一再向十四阿哥胤祯叮嘱"人心最为重要，你须将此日夜放于心上"[1]。中国儒家传统文化历来讲求"得人心者得天下"。康熙帝一再训诫四阿哥要诚敬、虔诚、戒急用忍，却又一再叮嘱十四阿哥"须日夜将人心放于心上最为重要"，康熙帝传位究竟属意于谁，应该洞若观火也。

十四阿哥到达西宁后，小呼毕勒罕（即七世达赖喇嘛）与十四阿哥胤祯、抚远大将军王首次在古木布木寺（即塔尔寺）会面时，所有出征将军，大臣、宗室乃至青海众台吉都有一个共识："今依圣主深谋，扬三十万军威，大将军王率军出边，想必能成大事。"[2]

康熙帝在给西征大臣的朱谕中写道："朕自幼经办吴三桂、噶尔丹军务大事多……若我大军抵达取招，此非平常之功，功大也。"这是对胤祯的充分肯定与期待。[3] 当年，康熙帝亲征噶尔丹，从宁夏班师回师途中曾谕："朕两岁之间三出沙漠，栉风沐雨，并日而餐，不毛不水之地，黄沙无人之境，可谓苦而不言苦，人皆避、而朕不避，千辛万苦之中，立此大功……可谓乐矣，可谓致矣，可谓尽矣。"[4]

如今，他特命十四阿哥为抚远大将军，特地对外号称统帅30万大军以壮军威，要十四阿哥建立大功。只有建立大功，才能让所立之人"令尔等倾心悦服"。说明皇父派他领大军西征，是要他立功，是要其成为好汉、志坚男子汉，也就是经受锻炼，可成牢固可托之人，可令大家倾心悦服之人。

所以，皇十四子在给父皇康熙帝的密折中有"此事既关系臣一生之事"的话[5]，甚至有"臣之本事，皇父自幼知之，若长成好汉，臣可不辱皇父。若坐享其成，身蒙富贵之事，臣今世断不能接受"[6]。可托之人必须是能独当一面之人、有担当、有作为之人，应该毫无疑问。

最为关键的，是下面这段话："臣出征前，蒙皇父训旨，出来以后，心内所虑者，皇父必将儿臣作为志坚男子汉。"[7]这就更加明确无误了——康熙帝曾对皇十四子寄予厚望，必将他培养、磨炼成志坚男子汉，即，牢固可托之人。而胤祯认为，即使能"坐享其成"（胤祯原话），"今世也断不承受"。

"坐享其成"何意？是不是指康熙帝命其继位、做现成皇帝？下面一份奏折透露出了答案："我虽遵旨能坐而建功，亦多羞耻……若不能令父喜悦，虽有功名，超越古人，有何希罕，有何体面？臣不为功名效力……为子之人，以父母之心

---

[1]《康熙朝满文朱批奏折全译》，第1570页。
[2]《康熙朝满文朱批奏折全译》，第1379页，康熙五十八年三月二十三日。
[3]《康熙朝满文朱批奏折全译》，第1442页，康熙五十八年十二月二十三日。
[4] 陈靖宇编著：《大清后宫秘史》，中国华侨出版社，2007年，第112页。
[5]《康熙朝满文朱批奏折全译》，第1448页，康熙五十九年正月初五日。
[6]《康熙朝满文朱批奏折全译》，第1358页，康熙五十八年正月十九日。
[7]《康熙朝满文朱批奏折全译》，第1359页，康熙五十八年正月十九日。

为心……若坐享其成，继承荣华富贵之事，我今世断不承受……"[1]

皇十四子不愿坐享其成继承荣华富贵，这才是真正牢固可托之人之本色、之本领。

这份奏折十分重要：(1) 它十分明白地透露出胤祯出征前康熙帝已明确对皇十四子表示"必将作为志坚男子汉"，说明康熙要胤祯西征的目的，就是要将胤祯锤炼成一个志坚男子汉、一个坚固可托之人；(2) 如果出征前康熙帝没有同胤祯正面谈过"继承"二字，十四阿哥胤祯怎么会、又怎么敢在密折中公然同父皇康熙帝堂而皇之地说起"继承荣华富贵之事"？这里的"继承"一字，当然不是一般的升官封爵，当是皇位之继承！(3) 胤祯表示，即使留守西宁大营能"坐享其成，继承荣华富贵之事，我今世断不承受"，这也正是康熙帝执意要令胤祯通过独当一面的西征以锤炼成一个志坚男子汉、一个坚固可托之人的根本原因。

康熙帝晚年"必择一坚固可托之人"究竟意指何人，是皇四子耶？还是皇十四子耶？

(六) 关于"十"不可能改"于"的所谓清代书写"制度"

冯先生关于"十"不可能改"于"有一大段精彩的驳论，并为此提出清代早期有诏书书写制度说：

> 胤祯在位时就有人说："圣祖皇帝原传十四阿哥胤禵天下，皇上将十字改为于字"篡了位。后人就此说得更生动：康熙第十四子胤禵，原名"胤祯"，康熙的遗诏是"皇位传十四子胤祯"，雍亲王原来的名字也不叫"胤禛"（叫什么还不知道），他把遗诏的"十"字改为"于"字，"祯"字易作"禛"字，使遗诏变成"皇位传于四子胤禛"。这种观点，可以叫做盗名改诏篡位说。这是以汉文书写遗诏作前提的说法。弄清这个问题，首先要明了清代关于皇子的书写制度。在明代，书写"太子"，文前必冠以"皇"字，成"皇太子"，皇帝的其他儿子则不必带这个字。清代制度不同，书写皇子，不是"某子"，或"某某子"，一定要冠以"皇"字，作"皇某子""皇某某子"，如"皇四子"，"皇十四子"，这是制度，违错不得。说"皇位传十四子"，十四子之前没有皇字，不合清朝制度，若前面加个皇字，则原文为"皇位传皇十四子"，若将十字改为于字，遗诏变为"皇位传皇于四子"，就不可解了，是以胤禛不可能作这样的篡改。又传位给谁，应用"於"字，"於"，"于"在清代并不通用，事关国本的诏书，在关键字上写别字，容易暴露作伪者的马脚，胤禛应当考虑得到。[2]

---

[1]《康熙朝满文朱批奏折全译》，第1359页下，康熙五十八年正月十九日。
[2]《雍正传》，第65—66页。

冯先生的这一段驳论，合情合理，非常有说服力，现在已成为"合法说"驳回"篡位说"的一张王牌，几乎已成为妇孺皆知的"金科玉律"。但作为学术研究，仍有很值得深究之处。

首先，冯先生说，清代有制度，书写皇子，一定要冠以"皇"字。那么请问，这个制度在哪里？这个规定又在哪里？如果"这是制度，违错不得"，那么，顺治帝传位玄烨的诏书上，就应该将玄烨的名字前写为"皇三子"。

但事实并非如此。在中国第一历史档案馆收藏的顺治帝传位玄烨的诏书原件文物上，写的是"朕子玄烨"，并未加"皇"字。

其次，看康熙朝满汉文朱批奏折全卷可知，康熙帝平时无论口头还是书面，称呼某子都为某阿哥、某某阿哥，加上个"皇"字岂非笑话。即在康熙的满文遗言里，提到胤禛时，也是"雍亲王第四阿哥"，也并不是写"皇四子"。看来，顺、康二帝本人都未遵守冯先生所说"违错不得"的"书写制度"，就是顺、康二帝亲自布置的重要文献文物里，也都并不见"皇某子"字样。

篡改遗诏有多种方法，民间流传将"十"字改为"于"字，是最简单的方法，也是流传最广的方法。雍正正是为了要应付当时铺天盖地的四阿哥将"十"字改为"于"字的篡改说，康熙帝死后七天，十一月二十日，由文字功夫了得的张廷玉执笔的汉文版康熙遗诏里，才出现"皇四子"三字。这是雍正、张廷玉的阴谋权术所为，并不是顺康时代所谓的诏书书写制度之结果。

据笔者考证，在台湾与大陆海峡两岸分别珍藏的满文版康熙遗诏里，都不见"皇四子"三字；在汉文版康熙遗诏里虽可见"皇四子"三字，这是康熙死后多日张廷玉的"功劳"。

冯先生本来已经在书内说过："毫无疑问，这个遗诏（汉文版康熙遗诏）是胤禛摘的，不是康熙的亲笔，也不是他在世时完成的，不能作为他指定胤禛嗣位的可靠证据。"[1]

胤禛虽然没有用直接在诏书上改"十"为"于"的绌劣手法，并不等于他不存在将康熙帝精心培养的接班人"废立自专"之历史事实。胤禛"废立自专"的本质，仍是将康熙朝的原选接班人皇十四子或十四阿哥，篡改成传位于皇子或传位于四阿哥。[2]

（七）关于"不能以皇帝的是非为是非"

冯先生在"简论康熙朝的储位斗争和胤禛的争位活动"一节里，还突出强调了他的另一个新观点，即："需要特别说明的是，不能以皇帝的是非为是非。皇帝

---

[1]《雍正传》，第 62 页。
[2] 关于康熙遗诏真伪，请参阅拙著：《雍正称帝与其对手》（上海人民出版社 2008 年）之《遗诏真伪》，第 44—68 页。

所立的太子是合法的,是合皇帝之法;谋为储君,甚而自立者,是不合法的,是不合皇帝之法。这是以国君之是非为是非,是封建道德的是非观念。皇帝所立者不一定好,非皇帝所立者不一定坏,这要看当时的社会反响和其人在位时政绩两个方面。一般说来,皇帝所立太子登基,很少引起政局变乱,这是无可厚非的。自立的,可能引起政局的不稳定。但政局的不稳,是好是坏,要作具体分析,不可全盘否定。皇帝所指定的继承人可能昏庸暴虐,造成政治黑暗,自立者也可能励精图治,政治比较清明。在储君问题上,以皇帝之是非为是非,是君为臣纲的道德标准的体现,当然不能把它奉为神圣不可动摇的准则。

不能用封建伦理评论康熙朝储位之争,也就是说不要简单地指责某一个人,要看到这个事件发生的社会原因和性质,据此作出科学的评论。"[1]

这段话无论是阅读还是听读,都给人一种很全面、很高屋建瓴、无懈可击的感觉。但笔者总觉得还有什么毛病、还有什么问题。毛病和问题出在哪里呢?它把本来这是一个学术研究、学术争论问题,上升成了一个政治立场问题。似乎坚持胤禛篡位说,就是坚持以康熙帝之是非为是非,这是"君为臣纲的道德标准";即使康熙帝选择皇十四子继位,但"皇帝所立者不一定好";既然即使康熙帝选择皇十四子继位也不能把它奉为神圣不可动摇的准则,则胤禛改变康熙帝的立储意志,有什么不可以?有什么不好?

冯先生的"不能以皇帝的是非为是非"说,虽然不是豪言壮语的口号,倒也理直气壮、无可否定。那么,坚持胤禛是合法继位、是正常继位、千方百计为其辩白、千方百计力图证明胤禛确为康熙帝所选择所指定继位,难道这就不是仍在重蹈以"皇帝的是非为是非"吗?

笔者精心拜读《雍正传》不下 20 多次,得益匪浅。同时也可以负责任地说,冯先生为胤禛辩白、力图证明胤禛合法继位、正常继位的大部分材料或主要材料,乃至主要观点,主要或大部分都来自胤禛或雍正帝制造的史料;无论在继位上、在雍正帝与众兄弟或臣属的恩怨是非上、在雍正帝制度、政策的评价上,都把雍正帝放在原告乃至正确的位置——难道一切以雍正帝的是非为是非,就不是"以皇帝的是非为是非"了吗?就必须"把它奉为神圣不可动摇的准则"了吗?

冯先生一面说"不能以皇帝的是非为是非",一面又在许多方面完全以雍正帝的是非为是非,是不是自相矛盾、是不是各取所需呢?用雍正的话为雍正辩白,能令人信服乎?

例如,冯先生评论年羹尧与雍正的君臣关系时,是这么说的:"封建时代最注重名分,君臣大义不可违背,做臣子的要按照各自的官职爵位,做本分内应做的事情,行本分内应行的礼节。年羹尧本来就权重权大,又在自己权限范围以外干

---

[1]《雍正传》,第 73 页。

预朝中政务,攘夺同僚权力,滥用朝廷名器,于是召来百官侧目和皇帝的不不满、疑忌。比较起来,百官侧目尤属小事,皇帝疑忌问题就大了。雍正说不因权重权大疑惧他,这话有实有虚。雍正从政大权独揽,为人自尊心极强,又好表现自己,年羹尧的位尊权重而不能自谨,将使皇帝落个受人支配的名声,甚而是傀儡的恶名,这是雍正所不能忍受的。"[1]

这段话本身并不错,但同上面"不能以皇帝的是非为是非"一对比,就不能不发人深思。在年羹尧与雍正的君臣关系中,冯先生认为"封建时代最注重名分,君臣大义不可违背,做臣子的要按照各自的官职爵位,做本分内应做的事情,行本分内应行的礼节"。而在胤禛与康熙帝的父子、君臣关系中,冯先生则认为"不能以皇帝的是非为是非"、"君为臣纲"是"封建伦理"、"不能把它奉为神圣不可动摇的准则"。为什么冯先生要如此偏袒雍正,又要如此自相矛盾呢?

谋反、弑父、谋位、篡位,无论在封建时代还是在今天时代,都是人类所不齿。这种人和事,在任何时代都是应受揭露、受批判的。这种人和事,在任何时代都是越少越好,决非应鼓励、赞赏之。也许,冯先生认为"谋反、弑父、谋位、篡位",这些在胤禛身上都"不存在"。那么,冯先生毕竟在《雍正传》里承认:"胤禛谋位活动的特点,是善于玩弄两面派手法,外弛而内张,欺骗康熙、政敌和广大官员。"[2]

用韬晦、两面派手法、用欺骗去谋位,无论在封建时代还是在今天时代,都不是该受揭露、该受批判的吗?怎么能用"不能以(康熙)皇帝的是非为是非"这类似是而非的话去为胤禛辩解?又怎么能在与雍正的君臣关系中,年羹尧必须"注重名分,君臣大义不可违背",在胤禛与康熙帝的父子、君臣关系中,就可以不要"以皇帝的是非为是非"了呢?难道康熙帝与胤禛的父子、君臣关系必须打破,雍正与年羹尧的君臣关系则必须维护?

(八)康熙晚年"不立太子",还是"秘立太子"

冯先生说:"他(康熙帝)根本不想立太子,也没有立太子。"[3]笔者读之非常惊讶,也非常奇怪。既然康熙帝决定要废黜太子,就必定会考虑重新立太子一事。怎么可能废黜太子后就不立太子了?但是,康熙晚年"不立太子"并非是冯先生一个人在书中这么说,这是一个由来已久,也是一个人云亦云、流传甚广的说法。很久以来,许多专家学者都在书中这么说的。

笔者认为,康熙帝虽然在二废太子后没有公开宣布新太子名单,但这同"根本不想立太子"并不完全是一回事。"根本不想立太子",是指他根本没有立太子的念头、思考、计划、打算,更没有立太子的实践、努力和活动过程。

---

[1] 《雍正传》,第116页。
[2] 《雍正传》,第53页。
[3] 《雍正传》,第56页。

康熙帝虽没有公开宣布新太子名单,但并非就没有立太子的念头、思考,更并非没有立太子的实践、努力和活动过程。一句"他(康熙帝)根本不想立太子,也没有立太子",既讲了康熙帝没有公开宣布新太子名单这个事实,也把康熙帝围绕重新立储的思考、太子人选的入选标准,及康熙帝为实现重新立储的计划、实践、努力和活动过程,全部都一笔勾销,全部彻底否定了。

而事实上,康熙帝废太子同立太子,始终是交叉进行的。从废太子起,立太子的思考与实践活动就一直没有停止过,直到康熙帝生命终止。

"他根本不想立太子,也没有立太子"的这个说法,与康熙帝重新立储的思想及实践过程严重不符,与康熙帝重新立储实践活动过程中的历史事实也明显不符,有必要把它提出来,重新研究探讨。

康熙四十七年九月初四日(1708年10月17日),康熙帝从塞外回銮、驻跸布尔哈苏台行宫(河北东北端木兰围场与内蒙古草原接壤地方)召诸王大臣、侍卫、文武官员等齐集行宫,命皇太子跪于地上,宣示皇太子胤礽罪状,即拘执之。

九月十六日回宫后在午门内宣布拘禁之,幽禁于宫内上驷院。十八日遣官告祭天地、太庙、社稷,二十四日正式宣布废黜皇太子胤礽,告知天下将废黜,并由上驷院转禁咸安宫。是为第一次废黜太子。

第一次废黜太子后,并不存在要不要再立太子的问题。因为太子肯定还是要立的,只是什么时候立(何时公开宣布)、怎么立(早立还是晚立)、用什么标准立储的问题。

第一次废黜太子后的第七天,康熙四十七年十月初一日(1708年11月12日),上谕诸皇子、议政大臣、大学士、九卿、侍卫等:"……世祖六岁御极,朕八岁御极,俱赖群臣襄助。(康熙帝为什么要这样说?实是为其重新立储要'立幼'——'下点毛毛雨',不动声色中,预作铺垫也)今立皇太子之事,朕心已有成算,但不告知诸大臣,亦不令众人知,到彼时,尔等只遵朕旨而行。"[1]

康熙帝明明已在说"今立皇太子之事,朕心已有成算",怎么可以说他"不想立太子"呢?

这段话清楚说明:(1)康熙帝第一次废黜太子时,新太子人选之事已经在思考之中;(2)新太子人选虽尚未确定,但重新立储的计划方案"已有成算";(3)新太子人选和重新立储的计划方案都已"已有成算"。虽"已有成算,但不告知诸大臣,亦不令众人知",这就已经表明:新太子人选废弃明立,改用秘密立储计划、在实践中培养产生新太子人选。但许多人把康熙帝的秘密立储计划排除在立储实践之外,干脆说他根本不想立储,同康熙帝要改革立储做法,显然有很大差距,因为这两者完全不是一回事。

---

[1]《清圣祖实录》卷235,第345页,康熙四十七年十月癸卯初一日。

第十二章 余论：浅议近年来雍正研究之得失

　　康熙四十七年十一月十四日（1708年12月25日），第一次废黜太子后的第二个月，康熙帝在畅春园召集满汉文武大臣，谕："于众阿哥中，众议谁属、朕即从之。"[1]康熙帝尝试希望用选举得票多少，来产生新太子人选。若康熙帝根本不想立太子，又何必多此一举？

　　康熙五十二年（1713）二月，左都御史赵申乔陈奏立皇太子。康熙帝召领侍卫内大臣、大学士、九卿面谕："建储大事，朕岂忘怀？但关系甚重，有未可轻立者。……宋仁宗三十年未立太子，我太祖皇帝并未预立皇太子。汉唐以来，太子幼冲，尚保无事。若太子年长，其左右群小结党营私，鲜有能无事者……今欲立皇太子，必能以朕心为心者，方可立之，岂宜轻举？……凡人幼时，犹可教训。及其长成，一诱于党类，便各有所为，不复能拘制矣。"[2]

　　这实际上已经在向大臣们若明若暗地宣示：重新立储的思想和原则是两个字——立幼！而四阿哥比十四阿哥年长10岁，康熙帝重新立储立幼的思路与原则，早已将四阿哥从立储人选中排除掉了。

　　杨珍教授对康熙帝"朕心已有成算"这段话的点评解读是：

> 显得从容不迫，胸有成竹；而第二次废太子后不久谈及立储问题时，他却一再强调"太子之为国本，……立非其人，关系匪轻"，所以"岂宜轻举"，"未可轻定"。这表明他在采取了慎而又慎的立储原则的同时，对太子人选尚在挑选之中，而且要求十分严格。康熙五十六年所下可备十年之用的手书谕旨中，只是讲"立储大事，朕岂忘耶？"希望大臣们协助他解决这一问题，但却只字未提立何人为储。若此时已确定人选，为何不写入"若有遗诏，无非此言"的谕旨之中？康熙六十一年（1722年）十月二十一日，当大臣们请求明年为他庆贺七十寿辰时，他曾忧虑重重地讲："当此之际，翼翼小心，惟恐善后之策不能预料……"从而反映出他去世前不久的心情依然是比较灰暗的，对于目前的状况及身后之事都缺乏坚定信心和乐观态度。他既然考虑到自己年迈多病，万一病情突然恶化，立储之事会措手不及，但又为何迟迟不立？除了慎重的原则外，尚未有中意的人选也是原因之一。[3]

　　杨珍教授的分析非常精细。尤其是她对康熙重新立储采取"慎而又慎"、对太子人选"十分严格"的点评，深刻入理。但，直到康熙六十一年（1722年）十月二十一日，康熙仍未确立太子人选乎？他对太子人选举棋不定一直非要拖到临

---

1 《清圣祖实录》卷235，第351页，康熙四十七年十一月十四日。
2 《清圣祖实录》卷253，第504页，康熙五十二年二月乙酉初一日。
3 杨珍：《关于康熙朝储位之争及雍正继位的几个问题》，《清史论丛》，第6辑，中华书局，1985年，第115—116页。

终时刻?

"当此之际,翼翼小心,惟恐善后之策不能预料……",这段话更多的可能是指他对立储计划能否顺利兑现之担忧,未必是迟迟仍未有太子人选。因为他在返京途中讲这些话的时候之前,他所属意的十四阿哥虽远在甘肃,父子俩却已经在商量回京一事。

康熙六十一年九月十九日(1722 年 10 月 28 日),远在甘州(今张掖)的十四阿哥已经与康熙帝开始在满文密折中、父子商量十四阿哥回京一事。[1] 但甘州距京城千里迢迢、会否中途有意外,难以预料。一句"惟恐善后之策不能预料",更多的仍是他对自己的秘密立储计划能否顺利兑现之不能预料。而之后的实际实践证明,他的担忧并不是多余的。四阿哥勾结年羹尧,用欺骗、故意拖延伎俩,将尚蒙在鼓里的康熙与十四阿哥预定的回京日期大大延后了、打乱了、破坏了。

此事在雍正三年(1725)十二月十一日年羹尧死后没几天,雍正三年(1725)十二月,雍正在上谕里的一段话中,不意间露出一丝端倪:雍正元年,八阿哥允祀的心腹太监阎进,在乾清门指着年羹尧对旁边人说:"如圣祖仁皇帝宾天再迟半载,年羹尧首领断不能保。"[2]

如果康熙帝宾天再迟半载,年羹尧故意拖延十四阿哥回京的阴谋一旦暴露,年羹尧后面的策划者、那个后台老板还跑得了吗?但,这个"如果",四阿哥决不会让它出现的。

美国学者恒慕义先生分析,当时四阿哥再不动手,就会发生危险,这话很有道理。因为四阿哥虽然可设法拖延十四阿哥如期回京,但却无法完全阻挡十四阿哥回京。四阿哥必须在拖延的极限之前,把废立自专的计划实施完毕。换言之,康熙帝必须在十四阿哥抵京之前,被四阿哥"摆平"。

康熙帝临终前 21 天对大臣吐露"惟恐善后之策不能预料",决不是多余的,这个"善后之策",就是指他已苦心经营了多年的秘密立储计划。

冯先生以康熙帝五十六年在乾清宫的长篇面谕为例,分析说:"(康熙)五十六年(1717)冬天,在朝臣坚请立皇储时,康熙被迫让搞皇太子仪制,同时写出他未来的遗书,讲述他一生行事,某些政治见解和宗室内部的团结,但是没有涉及继承人的问题。"

在诸皇子中,康熙有没有意中人,或比较满意的人,以备他日立为太子呢?他曾对大臣说:"朕万年后,必择一坚固可托之人与尔等作主,必令尔等倾心悦服,断不致贻累尔诸臣也。"他究竟选中了谁,没有透露过。为此只能从

---

1 《抚远大将军允禵奏稿》。
2 《上谕八旗》三年十二月二十二日上谕。

第十二章　余论：浅议近年来雍正研究之得失　| 427

他对诸皇子不尽相同的态度作一些推测……综述康熙废太子和诸皇子争夺储位，似乎可以得出下述结论：（甲）康熙将在胤禵、胤禛两人中选择一人为储君，究竟是谁，未作最后确定，或者已有成算，但未公诸世………。[1]

就算冯先生以上的分析全部正确，既然冯先生已得出结论——康熙将在胤禵、胤禛两人中选择一人为储君，那么，冯先生的这个结论，与冯先生上文中所坚持的"他根本不想立太子"——岂不又自相矛盾？冯先生既说"他(康熙帝)根本不想立太子"，又说"已有成算，但未公诸世"。康熙帝对立储人选或立储步骤究竟是"已有成算"耶？还是"根本不想太子"耶？"已有成算"与"根本不想立太子"，又岂能同时并存耶？

与冯先生坚持的观点相反，笔者认为，五十六年(1717)冬天的长篇面谕，通篇都是在围绕传继皇位侃侃而谈，今天可见的满汉文康熙遗诏，绝大部分内容都取本于此，即是最好证明。康熙帝本人在面谕中就有"若有遗诏，无非此言"，虽未公布继位人名字，但用"他根本不想立太子"形容概括之，似与当时情形不符。

其实，康熙帝面谕中直接或间接谈到想交班的话语先后就有多次，想退休交班的思想非常鲜明而又强烈。例如："朕年将七旬，在位五十余年者""朕已老矣，在位久矣。"这分明已是想交班，而不是不想立太子，只是未可轻立，只是已有成算，但未公之于世。总之，不是不想立。"自昔帝王多以死为忌讳，每观其遗诏，殊非帝王语气，并非中心(心中)之所欲言，此皆昏瞀之际，觅文臣任意撰拟者。朕则不然。"他非但讲到遗诏二字，而且明确表示遗诏内容一定要由他亲自写。所谓亲自写，就是必须表达他的真实意旨。实际上也是在表示，继位人名单必由他本人亲自书写，不会由他人代写任意撰拟，以示必是他"中心(心中)之所欲言"即必是他心中之真实传位旨意。

"一事不谨，即贻四海之忧；一时不谨，即贻千百世之患。"说明康熙重新立储，采取了"慎而又慎"的态度与做法。康熙谕旨："新太子未明立前，先将太子礼仪、仪仗确立"。而太子礼仪、仪仗确立后，很快就付诸实践。经他批准或默许、默认可享受太子礼仪者，唯皇十四子、抚远大将军王胤祯(允禵)一人！皇十四子离京、返京，其实已在用新太子礼仪、仪仗了。

谕旨云："五十余年，每多先事绸缪"。"然平生未尝妄杀一人"。"酒色之可戒，小人之宜防"。"或有小人，希图废立可以自专，推戴一人以期后福。朕一息尚存，岂肯容此辈乎？"这里的废立二字，专指储位之废立。康熙已有所预料，故，两次提到要防小人。意即或许会有小人希图把康熙所立(或意欲所立)之人废之，自己取而代之。康熙说只要他还有一口气，决不容许这类事情发生。防小

---

[1]《雍正传》，第 56—57 页。

人,一是防小人废立自专,二是防小破坏传位、继位的制度和程序。

谕旨云:"立储大事,朕岂忘耶"? 这是康熙帝直接明确表示立储大事未忘。立储大事未怎可用根本不想立太子取代形容之?

"天下神器至重,倘得释此负荷,优游安适,无一事婴心,便可望加增年岁。诸臣受朕深恩,何道俾朕得此息肩之日也?"这是康熙帝直接明确表示,天下神器至重,他想"息肩"。"息肩",即传位交班代名词。"息肩"一语又怎可用根本不想立太子取代之?

"垂老之际,不能宽怀瞬息,故视弃天下犹敝屣,视富贵如泥沙。倘得终于无事,朕愿已足"。可见康熙帝并没有恋权。他唯一心愿是希望立储计划能顺利达标,传位继位平稳过渡、不要节外生枝才好。

以上康熙五十六年(1717)冬天的长篇面谕,分明是康熙帝专就立储大事前思后想的专论,怎么成了"他根本不想立太子"的说明书了呢?

以上 8 点,是笔者拜读《雍正传》后,一直在思索,也是一直在困惑的问题。以上困惑,有的,已向冯老师当面求教;有的,现在才书面提出来。

虽然,笔者与冯老师在雍正研究上有许多异议,有的分歧还相当尖锐,这纯粹是学术观点之异议,丝毫不影响笔者后学对冯先生学术成就与人品之敬重,这是笔者再三要向冯老师和所有读者所表明的。

后　记

当我修订完本书最后一章时,正是戊戌年采摘明前新茶与谷雨之际。新茶一年一期,多少人在翘首期待？新书之孕育岂止一年"十月怀胎"。在文稿杀青整理书桌和一大堆笔记时,喜悦、激动与如释重负、忐忑不安之心同时涌来,在心中翻滚。

十多年前,中央民族大学王钟翰教授、中国人民大学戴逸教授、中国社会科学院历史所高翔教授及《清史论丛》主编李世瑜教授、上海人民出版社许仲毅先生等先后不约而同地向笔者热情建议,写一本有关雍正继位的集大成之书,加上笔者研究之观点,供读者作进一步参考。笔者思考再三后,把精力与重点放在了后半部分,着力于再究：

(1)康熙帝之死、四阿哥究竟有无嫌疑；(2)康熙帝临终前患病已7日,特别是临终之日,宫内居然始终不见病危通知,官吏也始终不见有太医活动,甚至至今始终不见病历记载一纸一字,这决非正常病故之兆；(3)据现有可见史料,康熙帝临终前确有留满文遗言记录,并确已布置完成并留下满文遗诏,并非没有遗诏；(4)在海峡两岸分别珍藏的满文康熙遗诏原件文物上,只见满文署期康熙六十一年十一月十三日,在应该出现、应该可见继位人名字的部位,竟然两件都损坏、断档、空白、不见了；(5)在海峡两岸分别珍藏的满文康熙遗诏原件文物右部,在十一月二十日才出现的汉文康熙遗诏上,经雍正追加后方可见"雍亲王皇四子……著继朕登基即皇帝位",署期仍写康熙六十一年十一月十三日；(6)抚远大将军王、皇十四子胤禵并非是接到雍正奔丧令才回京,在康熙帝临终前2个月,父子俩即在密折来往中商定回京计划；(7)综合种种史料和迹象,皇十四子这个回京计划之实施,被雍亲王用阴谋破坏了、打乱了、拖延了；(8)孟森、王钟翰、戴逸、金承艺、许曾重、白新良、杨珍等众多教授关于康熙晚年秘密立储、精心培养皇十四子胤禵接班的研究考证及其论证,是正确有据的,并非某些人所说没有史料证据；(9)笔者在2008年上海人民出版社《雍正称帝与其对手》内,用康熙帝的10个暗示,尤其是针对"必择一牢固可托之人"究竟所指何人,提出：认为所指系皇四子者,仅是研究者观点主张,认为所指系皇十四子者,有可靠相关史料和历史事实、历史逻辑支撑,论证更为合理可信；(10)对于当下流传甚广,所谓康熙帝临终前四个月已属意于弘历为第三代接班人之说,经笔者重新考证后得出结论：这纯是弘历继位后为自己镀金、为洗刷乃父篡位而伪造的伪史，就连康雍乾三代官史也毫无此说正式记载；(11)据笔者重新考证，弘历确为雍亲王私生子，诞生在承德避暑山庄围墙外狮子沟草房(后改名狮子园)；弘历母子长期没有正式名分，弘历12岁才由其父雍亲王精心安排得到皇祖接见，目的是为摆脱弘历母子之窘境、欲借助康熙帝之权威求得私生子皇孙身份之正式认可。哪里有什么其他奢望、哪里有什么康熙帝默选第三代接班人之说，并由此决定皇四子即位之事？

笔者也曾听到看到，认为笔者苦苦之所为，均是先设定了皇四子篡位，然后围绕篡位说收集材料。笔者对此甚觉委屈，因为这种批评本身，也是首先建立在某种假定上。笔者也可以据此反驳，当下所有主张皇四子合法继位者，也是先在思维上设定皇四子合法、正常继位，然后再围绕合法、正常继位说收集材料的吗？

笔者以为，无论篡位说、合法继位说是否有一方或双方都先期思维定位，关键还是在于举证、质证能否自圆其说上，在于史料证据是否确实充分上。即使篡位说或合法继位说先有个假定，如果举证、质证充分确实，又有何不可以？切如公安部门立案是否抓捕，也是从是否构成或排除嫌疑入手。余以为对康熙遗诏真伪之争议，用证实、证伪法立论，都是可以的，也只能用证实或证伪去解决之。

笔者之所以在皇四子是否篡位、康熙晚年是否秘密立储、是否精心培养皇十四子胤祯接班上投入那么大精力且孜孜不倦，主要有两个原因：第一，必须或尽最大努力，还历史人物、历史事件之本来面目；力求还原真实，力求说真话，这是所有读者之希望，也是所有习史者之目标。无论这个历史人物、这个历史事件同某个读者、某个习史者有否血缘、感情上之联系，还原真实、力求说真话上概无例外。第二，无论古代还是近当代，政治斗争、尤其是权力斗争，即使在统治集团或上层社会中，也必须遵守制度、在程序的约束下进行之。不遵守制度、不受任何程序约束，无法无天、为所欲为者，都是个人或集团帮派野心膨胀、个人或集团帮派阴谋活动的表现。用韬晦欺骗得逞也罢，用宫廷政变得逞也罢，都不是社会正能量，都是应该受到揭露、谴责、批判、抵制的，习史人不应该为其辩护，更不应该对其欣赏、赞美之。

雍亲王皇四子究竟是用虚伪、韬晦、骗取康熙帝信任谋得皇位，还是用宫廷政变、用阴谋侥幸得逞谋得皇位，都有必要弄个清楚。因为，这是历史经验，也是历史教训。

对于雍正帝执政13年怎么看，时下的流行看法，较30多年前，有了很大变化。甚至，有了翻天覆地的变化。雍正帝从历史上的野心家、阴谋家、暴君，转身成了改革家、忍辱负重、没有他清朝早就完了，他13年的政绩和功绩比康熙帝在位61年还有过之而无不及，他是累死在办公桌上的，云云，已遍地皆见、如雷贯耳。

如果说,过去200多年来,对雍正帝的评价有所不全、有所不公,那么,30多年来对雍正帝以上人云亦云的评价,就公正全面了吗?笔者还看到、听到有人著文"向雍正学习反贪"的呼吁。如果今天的反贪要向290年前的雍正学习,这是历史进步呀,还是历史倒退呀?

笔者以为,把雍正帝置于同其前任康熙帝的纵横比较中,把雍正时代置于同当时国际社会的外部及周边世界的比较中去观照,或可对雍正帝这个历史人物、对雍正朝那个时代看得更为全面、更为客观一些。这同样是总结历史经验和历史教训之需要。

《再说雍正》或可用两句话概括之。将雍正帝同其前任康熙帝比较,无论在人品上还是在治国安邦的能力上,均不处在上风。若拿雍正帝同遥远的秦始皇比,秦始皇集权是为了干大事,也干成了大事。雍正虽也干事,但除了个人集权上是成功的外,在国家的历史走向与民生改善这两件大事上,恐怕连他自己也不甚满意。

笔者还认为,历史研究同历史批评,应该也完全可以结合进行。历史研究要不唯上、不唯书,只唯实,缺少历史批评就很难实现。当前,有分量、充分说理、挖掘新史料、有所创新或独到之见的历史批评难得一见;批评中使用讽刺、挖苦、断章取义,甚至无中生有、篡改对方原文原意、辩论中设套挖坑、对关键问题又始终避而不答、转移视线,等等,在有些著名教授身上倒是有所闻有所见。这也是需要认真对待的。

将康雍帝作个比较、重评再说雍正的想法,多年前就已有之。拖至多年今日才告一段落,如婴儿诞生与成长,也必然经历过风雨寒暑之过程。衷心感谢上海社会科学院出版社领导、编辑的艰辛与帮助,也衷心感谢北京、上海两地包括校对等所有审稿人提出的宝贵意见和建议,在多方呵护与支持努力下,终于使这个多年前孕育至今的新生"婴儿",历易数稿,终于诞生了。

随着新生儿的呱呱落地,亦喜亦忧之情也油然而生。写书人和出书人终于收获了果实,喜悦之心、激动之情难以言表。然,新生儿五官是否端正、四肢是否健全,身体是否健康,也还时时在心里打鼓。

让他(她)在阳光下、在风雨中,去经受春天之发芽、夏日之酷暑、冬日之严寒、秋季之收获吧。让他(她)去接受人们之拥抱、关爱,同时也经受侧目、闲言碎语吧。因为,这乃是每个新生儿在成长过程中,必然的、也是必不可少的。他(她)将会在阳光、风雨中坚强成长。

"无边落木萧萧下,不尽长江滚滚来",这是唐代大诗人杜甫《登高》中的感慨。

"天下之理,不可穷也;天下之性,不可尽也",这是另一位唐代大诗人王勃

《八卦大演论》中的感悟。

"学无止境,理非专有"。仅以以上这两段唐诗和最后这句话,作为这部拙作《后记》之结尾语,并以此同所有读书人、写书人和出书人共勉之。也衷心期待方家、读者对拙作提出宝贵批评和指正。

2017 年 4 月上旬于上海寓所
2018 年 5 月上旬修订

图书在版编目(CIP)数据

再说雍正 / 金恒源著. —上海：上海社会科学院出版社，2018
 ISBN 978-7-5520-2273-5

Ⅰ.①再… Ⅱ.①金… Ⅲ.①雍正帝(1678—1735)—传记 Ⅳ.①K827＝49

中国版本图书馆 CIP 数据核字(2018)第 069125 号

再说雍正

金恒源　著
责任编辑：章斯睿
封面设计：黄婧昉
出版发行：上海社会科学院出版社
　　　　　上海顺昌路 622 号　邮编 200025
　　　　　电话总机 021-63315900　销售热线 021-53063735
　　　　　http://www.sassp.org.cn　E-mail：sassp@sass.org.cn
排　　版：南京展望文化发展有限公司
印　　刷：江阴金马印刷有限公司
开　　本：720×1020 毫米　1/16 开
印　　张：27.75
插　　页：2
字　　数：526 千字
版　　次：2018 年 11 月第 1 版　2018 年 11 月第 1 次印刷

ISBN 978-7-5520-2273-5/K·438　　　定价：88.00 元

版权所有　翻印必究